KB122532

올리버 R. 에비슨 자료집 VI
1905~1908
한국의 첫 면허 의사 배출

박형우 편역

올리버 R. 에비슨 자료집 VI
1905~1908
한국의 첫 면허 의사 배출

초판 1쇄 발행 2023년 5월 17일

편역자 ㅣ 박형우
발행인 ㅣ 윤관백
발행처 ㅣ 선인

등록 ㅣ 제5-77호(1998.11.4)
주소 ㅣ 서울시 양천구 남부순환로 48길 1(신월동 163-1) 1층
전화 ㅣ 02)718-6252 / 6257   팩스 ㅣ 02)718-6253
E-mail ㅣ sunin72@chol.com

정가 81,000원

ISBN 979-11-6068-814-6 94900
      979-11-6068-239-7 (세트)

· 잘못된 책은 바꿔 드립니다.

A Source Book of Dr. Oliver R. Avison VI.
1905~1908

Edited & Translated by Hyoung W. Park, M. D., Ph. D.

SUNIN PUBLISHING

『올리버 R. 에비슨 자료집 VI』

이은직
연세대학교 의과대학 학장

연세대학교 의과대학의 역사를 되돌아볼 때마다 항상 기억되는 두 명의 의료선교사가 있습니다. 바로 호러스 N. 알렌(Horace N. Allen)과 올리버 R. 에비슨(Oliver R. Avison)입니다. 알렌은 1885년 4월 광혜원(제중원)의 책임을 맡았고 이듬해 3월에 한국 최초의 서양의학 교육을 시작하였으며, 1895년 10월 의학교육을 재개한 에비슨은 여러 난관을 뚫고 1908년 6월 한국 최초의 면허 의사 7명을 배출하였습니다. 특히 올해는 에비슨이 내한(來韓)한 지 130주년이 되는 해이기도 합니다.

널리 알려진 것처럼 에비슨은 1893년부터 1934년까지 40년이 넘는 기간 동안 한국에서 활동하였습니다. 한국명으로 어비신(魚丕信)이란 애칭을 가지고 있기도 합니다. 에비슨은 1860년 영국에서 태어나 캐나다의 토론토대학교 의과대학을 졸업하고 모교 교수가 되었습니다. 이런 성공에도 불구하고 그는 해외 의료선교사를 자원하였고, 1893년 8월 서울에 도착하였습니다. 에비슨은 1893년 11월에는 제중원 원장으로 기능이 거의 상실되었던 제중원의 운영을 정상화하는 한편, 1894년에 이르러 조선 정부와의 협상을 통해 제중원의 운영을 선교부로 이관시켰습니다.

에비슨은 제중원의 건물 및 설비에 신경을 써 1904년 9월 한국 최초의 현대식 병원인 세브란스 병원을 준공하였을 뿐만 아니라 한국인 의사 양성을 위해 의학교육 체계를 만들었습니다. 그는 한국인 학생들을 위하여 영어로 된 그레이 『해부학 교과서』의 번역을 시작으로 거의 전 과목의 한글 교과서를 편찬하였습니다.

에비슨은 1908년 7명의 첫 졸업생을 시작으로 1934년 2월 세브란스 의학전문학교(연세대학교 의과대학)의 교장직을 사임할 때까지 352명의 졸업생을 배출했습니다. 한국의 의료 문제를 해결하기 위해서는 한국인 스스로가 감당할 수 있도록 그들에게 의학을 가르쳐야 한다는 에비슨의 신념이 있었기에 가능한 일이었습니다.

이번에 출간되는 『올리버 R. 에비슨 자료집 VI』은 의학교육이 활성화되었던 1905년에서 1908년까지 에비슨의 활동을 다루고 있습니다. 이 책은 '한국의 첫 면허 의사 배출'이라는 부제처럼 의학교육이 구체적인 결실을 맺었던 1908년 6월 3일의 졸업식 장면을 수록하고 있어 더욱 의미가 깊습니다. 물론 의학교육 외에도 이 시기에 진행되었던 제중원 부지의 환수, 한국 선교부 내의 상황, 병원의 진료 상황 등도 포함되어 있습니다. 상세하고도 방대한 내용이 아주 인상적입니다.

박형우 교수는 2015년부터 『올리버 R. 에비슨 자료집』 I~V를 통해 올리버 R. 에비슨의 생애와 세브란스의 역사를 정리해 왔습니다. 그동안 에비슨 부부의 집안 배경과 토론토에서의 활동을 시작으로 내한한 이후 제중원의 운영과 서울역 앞 세브란스병원의 건립 과정 등을 다루어왔습니다. 이 자료집들은 연세대학교 의과대학의 역사를 정립하는 데 큰 이정표가 될 것입니다.

앞으로 다룰 내용은 1913년 연합의학교로의 발전 과정에서 드러난 교파 연합과 1917년 세브란스 연합의학전문학교로의 승격 과정이 되리라 생각합니다. 박형우 교수께서 앞으로도 건강을 지키면서 우리 의과대학의 역사를 꾸준히 정리해주셨으면 하는 바람입니다.

『올리버 R. 에비슨 자료집 VI』의 발간을 다시 한번 축하드립니다.

2023년 5월

『올리버 R. 에비슨 자료집 VI』

Dr. Nancy Black

Vice-dean and Professor, Faculty of Engineering,

Université de Moncton, Canada

And great-granddaughter of Dr. Oliver R. Avison.

I am excited about the completion of this sixth volume of the series of source books of Dr. Oliver R. Avison, edited and translated by Dr. Hyoung W. Park.

This document provides a window into the personal and professional works of this medical missionary doctor who left his Toronto, Canada-based practice to work over 40 years with the American Presbyterian church in Korea. As Dr. O. R. Avison's great-granddaughter, these books have inspired me to learn more about him and our Korean connections including visits to Yonsei University and Severance Medical Centre in 2017, with my family.

Our connection with these books started when my husband, John Patterson, found the first volume of the Source Books of Dr. Oliver R. Avison I (1860~1892) at the Toronto Reference Library. He wrote to Dr. H. W. Park and since then, we've become the distributors of copies of these source books to O. R. Avison's descendants in North America. While I knew some of these relatives before then, many have only become connections through our communications with the distribution of each volume of these books across 9 American states and 6 Canadian provinces. These precious books are helping new generations learn of this ordinary and yet extraordinary man and, I hope, to inspire us to make the world a much better place wherever we can.

I congratulate Dr. Hyoung W. Park for pursuing this important historical compilation in this sixth volume.

May 2023

왼쪽부터 존 페터슨과 낸시 블랙 부부, 그리고 앤 블랙 여사(2023년 4월 촬영). 앤 블랙 여사는 낸시 블랙의 어머니이며, 올리버 R. 에비슨의 4남인 더글러스 B. 에비슨의 다섯 번째 딸이다.

　　서양 의학과 고등 교육의 개척 및 정착으로 한국의 발전에 크게 기여한 올리버 R. 에비슨은 130년 전 미국 북장로교회의 의료 선교사로 내한하였습니다. 에비슨은 조선 정부로부터 넘겨받은 제중원에서 의학 교육을 재개하였고, 후에 한국 최초의 현대식 병원인 세브란스 병원 및 의학교로 발전시킴으로써 일제가 주도한 의학과 대별되는 한국 서양 의학의 토대를 놓았습니다. 특히 1908년 한국 최초의 면허 의사 7명을 배출한 후, 1913년에 세브란스를 여러 교파가 힘을 합쳐 연합으로 운영하고, 1917년 전문학교로 승격되도록 혼신의 노력을 기울였습니다.

　　한편 여러 교파의 선교사들이 서울에 종합 대학을 설립하기로 의견을 모았을 때, 이미 토론토 대학교 의학부와 약학대학의 교수로서 풍부한 경험을 가지고 있었던 에비슨이 큰 역할을 맡았던 것은 당연한 것이었습니다. 에비슨은 이 연합 기독교 대학이 1917년 연희전문학교[Chosun Christian College]로 조선 총독부의 승인을 받자 제1대 (정규) 교장에 취임하여 세브란스 연합의학전문학교와 함께 양교 교장을 18년 동안 겸임하면서 일제가 주도한 고등 교육과 대별되는 한국의 고등 교육을 정착시킨 주역으로 활동하였습니다.

　　편역자는 2010년부터 2012년까지 에비슨 박사의 출판되지 않은 타자본 자서전 원고를 3권의 에비슨 전집으로 출간한 바 있습니다.

　　올리버 R. 에비슨 지음, 박형우 편역, 올리버 R. 에비슨이 지켜본 근대
　한국 42년 1893~1935. 상 (서울: 청년의사, 2010)
　　올리버 R. 에비슨 지음, 박형우 편역, 올리버 R. 에비슨이 지켜본 근대
　한국 42년 1893~1935. 하 (서울: 청년의사, 2010)
　　Oliver R. Avison, Edited by Hyoung W. Park, *Memoirs of Life in Korea*
　(Seoul: The Korean Doctors' Weekly, 2012)

편역자는 이 에비슨 전집을 바탕으로 2015년부터 『올리버 R. 에비슨 자료집』을 발간해 왔습니다. 2015년의 『자료집 I (1860~1892)』은 에비슨 부부의 집안 배경, 교육 배경 및 토론토에서의 사회 활동을 다루었습니다.

2019년의 『자료집 II (1893~1894)』는 에비슨의 선교사 임명, 그리고 내한하여 제중원의 책임을 맡고 1894년 그 운영을 넘겨받는 과정을 다루었습니다.

2020년의 『자료집 III (1895~1898)』은 제중원을 넘겨받은 에비슨이 1895년 한국 역사상 처음으로 조직된 방역국의 책임을 맡아 체계적으로 벌였던 콜레라 방역 활동, 1895년 10월 재개한 제중원에서의 의학 교육을 다루었으며, 특히 1897년의 의학교 보고서에는 그동안 전혀 알려지지 않았던 초기 의학생들에 대한 내용이 포함되어 있습니다. 이와 함께 제중원을 중앙병원, 더 나아가 연합병원으로 발전시키려는 에비슨의 '선교 청사진'을 다루었습니다. 이 '청사진'의 실현에는 병든 한국인 치료와 의학 교육이 이루어지는, 제대로 갖추어진 병원의 구비가 가장 시급한 일이었습니다. 이 '청사진'은 단시간 내에 실현이 가능한 간단한 일이 아닐 뿐 아니라 미국 북장로교회 단독으로 감당하기에도 벅찬 큰 사업이었습니다.

2021년의 『자료집 IV (1899~1901)』는 1899년 3월 말 첫 안식년을 갖게 된 에비슨이 선교본부의 요청으로 1900년 4월 말 뉴욕에서 개최된 세계 선교회의에서 '의료 사역에서의 우의'란 제목으로 발표를 하였고, 이 강연에 감명을 받은 루이스 H. 세브란스 씨가 서울 병원의 건축을 위하여 1만 달러를 기부하였던 과정을 다루었습니다. 하지만 1900년 10월 2일 서울에 도착한 에비슨은 여러 어려움에 직면하였는데, 에비슨 자신이 발진티푸스에 걸려 사경을 헤매었고, 특히 J. 헌터 웰즈 박사를 중심으로 한 평양의 선교사들의 주장에 따라, 기부금의 반(半)만을 병원 건립에 사용하도록 결정되었다가, 기부자 세브란스 씨에 의해 전액을 병원 건축에 사용하도록 번복되었습니다.

2022년의 『자료집 V (1902~1904)』는 1902년 11월의 정초식에 이어, 1904년 9월 병원이 완공되고, 11월 정식 개원식을 갖는 과정을 다루었습니다. 병원 부지는 1902년 4월 세브란스 씨가 추가로 기부한 5천 달러로 6월 초 남대문 밖에 확보되었지만 한국 정부와의 갈등, 러시아와 일본 사이에 전운이 감돌며 치솟는 물가로 공사는 지연되었습니다. 이번에도 세브란스 씨의 추가 지원으로 9월 23일 '새로 지은 제중원'인 '세브란스 병원'의 봉헌식이 열렸고, 11월 16일 정식 개원식이 거행됨으로써 4년 만에 에비슨의 '청사진'을 실현하는데 있어 첫 걸음이었던 제대로 갖추어진 병원을 건립하게 되었습니다.

이번에 간행되는 『자료집 VI (1905~1908)』은 세브란스 병원의 개원과 함께 합류한 제시 W. 허스트 박사의 도움으로 에비슨이 학생 교육에 전념하며, 거의 전 과목에 걸친 한글로 된 의학 교과서의 편찬과 1908년 6월의 첫 졸업생 배출, 그리고 이들에게 한국 최초의 의사 면허가 수여되는 과정을 다루었습니다. 이와 함께 호러스 N. 알렌 공사의 노력으로 한국 정부는 세브란스 병원으로 이름이 변경된 제중원에 찬성금을 주었으며, 일본 공사관이 나서서 구리개 제중원 부지와 건물을 조선 정부에 반환하고 제이콥슨 기념 사택을 매입하였습니다. 이와 함께 세브란스 병원에서 1907년 8월 1일의 구한국 군대 해산 과정에서 부상을 당한 한국 군인들이 치료를 받은 것은 한국인들에게 큰 감명을 주었습니다. 8월 말 한국을 방문한 루이스 H. 세브란스 씨는 한국 선교부의 상황을 면밀하게 관찰하고 많은 도움을 주었습니다. 첫 졸업생을 배출하고 에비슨은 두 번째 안식년을 떠났습니다.

이 책은 평소 한국 의학의 역사에 남다른 관심과 열정을 갖고 있는 연세대학교 의과대학의 유대현 전 학장님과 이은직 현 학장님의 지원으로 진행되었습니다. 『올리버 R. 에비슨 자료집 VII』의 출판도 지원해 주기로 하였습니다. 진심으로 감사드립니다.

마지막으로 어려운 여건에서도 이 책을 기꺼이 출판해 주신 도서출판 선인의 윤관백 대표와 직원들께도 감사드립니다.

2023년 5월
안산(鞍山) 자락에서 상우(尙友) 박형우(朴瀅雨) 씀

축　사
머　리　말

제7부 한국의 첫 면허 의사 배출

제1장 1905년

제3장 1907

Contents

Congratulation

Preface

Part 7. Graduation of the First Licensed Seven Doctors in Korea

Chapter 1. 1905

Chapter 2. 1906

Chapter 4. 1908

제7부 한국의 첫 면허 의사 배출

Graduation of the First Licensed Seven Doctors in Korea

제1장 1905년
Chapter 1. 1905

노먼 C. 휘트모어(선천)가 아서 J. 브라운(미국 북장로교회 해외선교본부 총무)에게 보낸 편지 (1905년 1월 4일)

(중략)

저와 허스트 박사는 (1904년) 연례 회의 때 에비슨 사택에서 환대를 받았기 때문에 그를 많이 보았으며, 참으로 그와 즐겁게 보냈습니다.

(중략)

Norman C. Whittemore (Syen Chun), Letter to Arthur J. Brown (Sec., BFM, PCUSA) (Jan. 4th, 1905)

(Omitted)

I saw a great deal of Dr. Hirst at annual meeting time as we were both en[ter]tained at Dr. Avisons, and enjoying him very much indeed.

(Omitted)

호러스 N. 알렌(주한 미국 공사)이
호러스 G. 언더우드(서울)에게 보낸 편지 (1905년 1월 6일)

제646호

1905년 1월 6일

친애하는 언더우드 박사님,

　　나에게 보고된 바와 같이 브라운 씨[1]가 귀하와 에비슨 박사에게 하였던 보고서와 관련하여 귀하가 강가에 있는 귀하의 여름 별장을 통과하여 경원선 (京元線) 철로가 건설되는 것을 막을 법적 권리가 있다는 취지에 대하여, 나는 그러한 보고서를 뒷받침하는 다음과 같은 예를 인용할 수 있습니다. 1897년 3월에 경인선 철로의 공사가 시작되었을 때, 한 일본인이 소풀고개와 바다 사이의 측량된 노선을 바로 가로질러 위치해 있는 작은 농지를 소액, 내가 알기로 200엔 미만의 가격으로 구입하였습니다. 그는 이 농지에 대하여 20,000엔을 요구하였습니다. 나는 제임스 R. 모스, 한성 판윤 이채연, W. D. 타운젠드 씨, 그리고 기사인 W. T. 칼리 씨와 함께 제물포 주재 일본 영사인 이시이[2] 씨를 만나러 갔습니다. 사실상 이시이 씨는 한국의 수용권 같은 것은 인정할 수 없으며, 개인 소유자와 협의해야만 하는 순전히 사적인 거래라고 말하였습니다. 그는 협의를 위하여 그 남자를 만나기로 동의하였지만, 그와 함께 아무것도 할 수 없다고 보고하였습니다. 그 길은 한국인 거주지 앞에 있는 역으로 이어지는 대신 지금처럼 제물포 북쪽으로 우회해야 했습니다. 현재 소풀고개 역이 있는 좁고 긴 땅을 구입하였던 독일인에게도 비슷한 일이 발생하였습니다. 이 긴 땅은 측량이 이루어진 후에 구입한 것이 분명하며, 요구하는 금액이 너무 비싸서 측량이 갑자기 변경되어 큰 곡선이 만들어졌습니다. 일본인이 철도 부지를 매입한 후, 이 땅의 독일인 소유주는 자신의 땅에 세워져 있다는 이유로 작은 역사(驛舍)를 철거하였다고 합니다.

---

1) 1893년 10월 조선 해관의 제5대 총세무사로 내한하였던 J. 맥리비 브라운(J. McLeavy Brown, 1835~1926)을 말한다.
2) 이시이 기쿠지로[石井菊次郎, 1866~1945]는 도쿄제국대학 법과대학 법률학과를 졸업하고 1890년 외무성에 들어가 1891년부터 파리 공사관에서 근무하였다. 그는 1896년 인천의 영사로 임명되었으며, 1915년부터 1916년까지 외무대신을 지냈다. 그는 추밀원 회의에서 독일 및 이탈리아와의 삼국 군사동맹에 반대하였으며, 미군의 공습으로 사망하였다.

이와 같이 한국에서 확립된 일본과 독일의 전례는 귀하가 원한다면 철도가 귀하의 부지를 벗어나도록 주장할 수 있음을 나타내는 것 같습니다.

개인적으로 나는 귀하가 그렇게 주장하는 것을 보고 싶지는 않지만, 그 부동산의 공동 소유자 중 한 명이 영국인이고 변호사인 브라운 씨가 귀하가 원한다면 이렇게 방해할 수 있다고 알려 왔기 때문에 나는 이미 확립된 선례를 참고하도록 알려드릴 수 있을 뿐입니다.

귀하는 이 편지를 협상에 사용할 수 있습니다. 사본이 패독 씨에게 제공될 것입니다. 아마도 일본 당국이 만족스러운 방식으로 귀하와 협의할 것입니다.

안녕히 계세요.
호러스 N. 알렌

신학박사 H. G. 언더우드 목사,
서울

Horace N. Allen (U. S. Minister to Korea), Letter to Horace G. Underwood (Seoul) (Jan. 6th, 1905)

No. 646

January 6, 1905

Dear Dr. Underwood,

In regard to the statement made to you and Dr. Avison, by Mr. Brown, as reported to me, to the effect that you have the legal right to prevent the Gensan Railway being built through your summer place at the river, I may cite the following incidents in support of such statement: - When the Seoul-Chemulpo Railway was started Mch. 1897, a Japanese subject bought for a small sum, which I understand was less than Yen 200, a small plot of farming land which lay just across the surveyed line between Sopplekogai and the sea. He demanded Yen 20,000 for this land. I went to see Mr. Ishii, the Consul at Chemulpo, together with Mr. Jas. R. Morse, Governor Ye Cha Yun, Mr. W. D. Townsend, and the engineer, Mr. W. T. Carley. Mr. Ishii said in effect that he could not recognize any such thing as a Korean right of eminent domain and that it was a purely private transaction which would have to be arranged with the individual owner. He agreed to see the man in the interest of harmony, but he reported that he could do nothing with him. The road had then to be carried around to the north of Chemulpo, where it now is, instead of going out to a station in front of the Korean town. A similar thing occurred with a German subject who bought a long strip of ground where the Sopplokogai station now stands. This strip was bought apparently after the survey had been made, and as the price demanded for it was prohibitive, the survey was suddenly changed and a great curve made there. After the railway was purchased by the Japanese, the German owner of this land is said to have caused the removal of a small station building at that stopping place, on the plea that it stood on his ground.

This would seem to indicate that according to Japanese and German precedent established in Korea, you may insist upon the railway passing outside the limits of your ground if you so desire.

Personally I would dislike to see you so insist, but as one of the joint owners of the property is a British subject, and since Mr. Brown, a lawyer, has informed you that you may make this obstruction if you wish, I can only refer you to the precedents already established.

You may use this letter in your negotiations. A copy will be furnished to Mr. Paddock. Probably the Japanese Authorities will arrange with you in some satisfactory manner.

I am,

Respectfully yours,
Horace. N. Allen

Rev. Dr. H. G. Underwood,
Seoul

19050110

캐롤라이나 학교.
The Korea Methodist (서울) 1(3) (1905년 1월 10일), 17~18쪽

캐롤라이나 학교

캐롤라이나 학교3)는 남감리교회 여자 선교부가 한국에서 설립한 가장 오래되고 최고인 교육 기관이다. C. F. 리드 박사가 도착하고 우리 모(母) 선교본부가 한국에서 사역을 시작한 직후, 이 가장 매력적인 분야의 사역에 참여하기를 원하는 여자 선교부는 중국 선교부의 조세핀 P. 캠블 부인을 선택하여 이 사역을 시작하고 확립하였다. (......)

(중략)

캠블 부인은 참을성 있고 애정이 깃든 손길로 지금까지 이 소녀들을 간호하고, 돌보고, 먹이고, 입히고, 가르쳤으며, 그들 중 일부는 이미 유용한 삶을 시작하였다. 일부는 그리스도인 청년과 결혼하여 그리스도인 가정을 꾸렸다. 한 명은 에비슨 박사의 조수 중 한 명과 결혼하였다. 그는 에비슨 박사 밑에서 의학을 공부하고 있으며, 한국 최고의 병원에서 그를 돕고 있다.

(중략)

Carolina Institute.
The Korea Methodist (Seoul) 1(3) (Jan. 10th, 1905), pp. 17~18

Carolina Institute

Carolina Institute is the oldest and best established educational institution of the Woman's Board of the Methodist Episcopal Church, South, in Korea. Soon after the arrival of Dr. C. F. Reid and the opening of work in Korea by our

---

3) 1898년 10월 개교한 배화학당(培花學堂)을 말한다.

Parent Board the Woman's Board wishing to share in the work of this most inviting field selected Mrs. Josephine P. Campbell of the China Mission to open and establish the work. (......)

(Omitted)

With patient and tender hands Mrs. Campbell has nursed, cared for, fed clothed and taught these girls until now some of them have already entered into lives of usefulness. Some are married to Christian young men and have established Christian homes. One is married to one of Dr. Avison's helpers. He is studying under Dr. Avison and is assisting him in the best hospital in Korea.

(Omitted)

19050110

세브란스 기념 병원.

The Korea Methodist (서울) 1(3) (Jan. 10th, 1905), 23~25쪽

(중략)[4]

우리는 길고 고된 노력 끝에 세브란스 병원을 성공적으로 준공한 장로교회 선교부 형제들에게 축하를 전하며, 그들이 이제 적절한 조건 하에서 이 크고 궁핍한 도시의 고통을 치유하는 사역을 할 수 있게 된 것을 진심으로 기뻐하고 있다.

훌륭한 설비를 갖춘 널찍한 방과 구석구석에서 보여주는 세심한 생각과 계획은 그것을 본 모든 사람들, 그리고 많은 질병과 그들을 치료할 수 있는 수단이 없는 것보다 더 나쁜 상황에 처해 있는 한국인들의 힘든 몫을 감사해하는 사람들의 마음을 기쁘게 하였다. 우리는 [병원을] 많이 필요로 하기 때문에 한국의 여러 도시에 있는 다른 사람들이 세브란스 병원에 관심을 보이기를 바란다.

Severance Memorial Hospital.

The Korea Methodist (Seoul) 1(3) (Jan. 10th, 1905), p. 23~25

(Omitted)

We congratulate our friends of the Presbyterian Mission on the successful completion, after long and arduous work, of the Severance Hospital, and most heartily rejoice with them that they can now, under proper conditions, minister healing to the suffering of this large and needy city.

The roomy building, with its fine equipment, and careful thought and planning

---

4) 중략한 앞 부분의 내용은 다음 글을 인용한 것이며, 이곳에서는 생략하였다. Horace G. Underwood, Opening of the Severance Memorial Hospital, Wednesday, November 16th, 1904. *The Korea Review* (Seoul) (Nov., 1904), pp. 494~496; Oliver R. Avison, The Severance Hospital. *Korea Review* 4 (Oct., 1904), pp. 486~492

showing in every room and corner, made glad the heart of everyone who saw it and who appreciates the hard lot of the Koreans with their many diseases and sickness and their worse than no means of curing them. We hope that the Severance Hospital may be followed by others in the various cities of Korea, for they are much needed.

그림 1. 세브란스 병원의 직원 및 의학생들(1905년경). 앞줄 왼쪽에 허스트가 앉아 있고, 오른쪽으로 한 명 건너가 주현칙, 다시 한 명 건너에 에비슨과 부인이다. 뒷줄 왼쪽 두 번째가 김필순이며, 그 오른쪽이 신창희(추정), 한 명 건너가 박서양이다.

호러스 G. 언더우드(서울)가 아서 J. 브라운(미국 북장로교회 해외선교본부 총무)에게 보낸 편지 (1905년 1월 10일)

(중략)

우리는 현재 선교부와 지부의 지시에 따라 에비슨 박사가 살았던 (구리개의) 구 병원 부지를 계속 사용할 수 있을지 알아보고 있습니다. 만일 이 부지를 계속 사용할 수 있다면, 서울 지부는 사역에서 요지에 위치하게 될 것입니다. 만일 이것을 계속 사용할 수 없고 정부가 이 부지에 대한 적절한 보상금을 지불한다면, 우리는 선교본부에 이 자금의 사용에 대한 우리의 구체적인 요청서를 제출하겠습니다.

(중략)

Horace G. Underwood (Seoul),
Letter to Arthur J. Brown (Sec., BFM, PCUSA) (Jan. 10th, 1905)

(Omitted)

We are at the present time, in accordance with instructions from the Mission and Station endeavoring to see whether the old Hospital property, where Dr. Avison lived, can be retained. If this can be retained the Station will be in a fairly good position for its work. If this is not to be retained and the government pays us the amount of money due on this property, we will then in detail lay our requests concerning the use of these funds before the Board.

(Omitted)

J. 헌터 웰즈(평양)가 아서 J. 브라운(미국 북장로교회
해외선교본부 총무)에게 보낸 편지 (1905년 1월 13일)

(중략)

여기서 강조하고 싶은 것은 병원에 대한 요청이 내년에 일반적인 비율인 50%가 삭감될 것이기 때문에 삭감된 금액을 초과하지 않는 특별 기부금은 선교본부로 특별이라고 표시되어 기부된 경우에 저에게 보내야 한다는 것입니다. 저는 선교부가 동의한 것 이상은 원하지 않습니다. 에비슨 박사는 지금은 그럴 수도 있지만 자신의 경비를 선교부나 위원회의 예산으로 제한하는데 동의한 적이 없으며, 얻게 된다면 자기가 원하는 만큼 지출할 수 있다고 말하고 있습니다. 이것은 지침서에 따른 것이 아니지만 아무도 크게 반대하지 않았기 때문에 서울 병원은 특별한 특권을 가지고 있고 이의가 없는 상태에 있습니다.

현재 뉴욕의 재무 사무실에는 (평양의) 병원을 위하여 포틀랜드 제1장로교회에서 보낸 기부금이 있습니다. 나는 그것에 대하여 편지를 써야 했지만 핸드 씨로부터 답변이 오지 않았습니다. 이것은 선교부나 지부에 언급되지 않았지만, 에비슨 박사는 선교부 회의장에서 자신은 선교본부를 통하여 주일 학교에서 자신에게 보낸 모든 기금을 받는 데 아무런 문제가 없었다고 말하였습니다.

(중략)

J. Hunter Wells (Pyeng Yang),
Letter to Arthur J. Brown (Sec., BFM, PCUSA) (Jan. 13th, 1905)

(Omitted)

I wish to emphasize the fact here that as the hospital requests will be cut - the coming year, the usual proportion, which is about 50%, that special sums up to and not exceeding the amount cut out ought to be sent to me if sent to the Board and marked special. I want no more than the Mission has agreed. Dr. Avison has never agreed to limit his expenses to Mission or Board estimate, though he may have now, and says he can spend all he pleases if he gets it. This is not according to the Manual but no one has objected loud enough so the Seoul hospital goes on with special privileges and no objection.

At the present there is in the treasurers office in New York, a sum of money sent by the Sunday School of the First Pres. Church at Portland for the hospital. I have had to write about it but no answer has come from Mr. Hand. This has not been mentioned to the Mission or station, but Dr. Avison stated on the Mission floor that he had no trouble whatever in getting all the money Sunday schools sent to him through the Board.

(Omitted)

회의록, 한국 선교부 서울 지부 (미국 북장로교회) 1891~1921
(1905년 1월 16일)

(중략)

에비슨 박사는 선교본부로 편지를 쓰는 위원회에 임명되었다.[5]

(……)

지부는 타자기 계정의 200엔을 회복시켜야 한다는 의견을 표명하고, 추가 교부금의 배분을 에비슨 박사, 웰본 및 E. H. 밀러 씨로 이루어진 위원회에 회부하였다.

(……)

에비슨 박사는 사경회를 돕기 위하여 대구로 갈 수 있도록 허락을 요청하였고, 동의에 의하여 지부는 그에게 6일 동안의 부재를 허락하였다. (……)

Minutes, Seoul Station, Korea, 1891~1921 (PCUSA) (Jan. 16th, 1905)

(Omitted)

Dr. Avison was appointed a Committee to write the Station letter to the Board.

(……)

The Station having expressed its opinion that the (¥200) two hundred Yen of the typewriter account should be restored, referred the distribution of the additional grant to the Committee of Dr. Avison and Messrs. Welbon and E. H. Miller.

(……)

Dr. Avison asking permission to go to Taiku to help in a class there, Station on motion granted him permission for six days absence.

(Omitted)

---

5) 당시 미국 북장로교회의 해외선교본부는 각 지부가 매달 편지를 보내도록 하였으며, 각 지부는 회원들이 돌아가면서 편지를 썼다.

19050130

캐드월러더 C. 빈튼, 제임스 S. 게일, 찰스 A. 클라크(서울 지부 위원회)가 아서 J. 브라운(미국 북장로교회 해외선교본부 총무)에게 보낸 편지 (1905년 1월 30일)

(중략)

지부는 중앙교회의 담임 목사의 사택을 어느 곳에 두어야 하는지를 다루는 조직 단위가 아닙니다. 클라크 씨가 그 목사인데, 그 질문에 대하여 그 자신의 마음이 정리되어 있지 않습니다. 그는 현재 에비슨 박사가 이전에 거주하였던 옛 병원 위쪽의 주택에 거주하고 있으며, 적어도 그는 (조선) 정부가 궁극적으로 자주 반복되었지만, 결코 실행되지 않았던, 1년 전의 통고로 우리를 몰아내려는 의도를 실행하는 대신, 전체 자산에 대한 증서를 우리에게 양도하는 데 동의할 것이라는 희망을 여전히 가지고 있습니다.

(중략)

'부동산에 대한 서울 지부의 요구 사항을 고려하기 위한' 위원회가 임명되었으며, 이러한 요구 사항을 회원들에게 사실적으로 전달하려는 의도로 만든 다음의 표 사본을 박사님께 제출하라는 지시를 받았습니다.

소유 중	현재의 용도	장래의 용도	요구 사항
(......)			
4. 에비슨 박사 부지	에비슨 박사	병원 책임 의사	

(중략)

우리는 허스트 박사를 위한 별도의 숙소를 요청하지 않았습니다. 그는 현재 에비슨 박사와 함께 숙식하고 있으며 계속 그렇게 할 것입니다. 옛 병원 위쪽의 집은 클라크 씨가 사용하고 있으며, 제이콥슨 기념 사택은 쉴즈 양과 브라운 양에게 배정되었고 필드 박사가 내년에 다시 거주자 중의 한 명이 될 것으로 예상하고 있습니다.

(중략)

Cadwallader C. Vinton, James S. Gale, Charles A. Clark (Com., Seoul Station), Letter to Arthur J. Brown (Sec., BFM, PCUSA) (Jan. 30th, 1905)

(Omitted)

The Station is not a unit as to where the house of the pastor of the Central Church should be placed. Mr. Clark is that pastor, and his own mind is not settled regarding the question. He is housed at present in the house formerly occupied by Dr. Avison above the old hospital, and he, at least, still cherishes a hope that the government will ultimately consent to transfer to us the deeds of that whole property, instead of carrying out their oft repeated, but never executed, intention to oust us upon a year's notice.

(Omitted)

The committee was appointed "to consider the needs of Seoul Station for property", and it is under instructions to lay before you a copy of the following schedule, drawn up with the intention of bringing these needs graphically before its own members: -

On hand	Present use	Future Use	Needs.
(......)			
4. Dr. Avison's site and house	Dr. Avison	Doctor in charge of Hospital	

(Omitted)

We have asked no separate quarters for Dr. Hirst: he is boarding at present with Dr. Avison and will continue so. The house above the old hospital is occupied by Mr. Clark, and the Jacobson Memorial Home is assigned to Miss Shields and Miss Brown, with the expectation that Dr. Field will again become one of its occupants next year.

(Omitted)

19050200

[잡보.] *Woman's Work* 20(2) (1905년 2월호), 26쪽

1904년 9월 23일 선교부 연례 회의와 연계하여 O. R. 에비슨 박사가 책임을 맡는 한국 서울에 있는 새 세브란스 병원의 봉헌식이 있었다. 운집한 내빈 앞에서 에비슨 부인은 '아낌없는 박수와 기쁨의 눈물이 적지 않은 가운데' 이 계단을 올라가 병원 문을 열었다. 성조기를 늘어트린 탁자가 있는 2층의 큰 병동에서는 찬송가 '주 예수 이름 높이어'를 부르고 기도와 성경 봉독, 그리고 언더우드 박사, 마펫 박사, 남장로교회 선교부의 W. M. 전킨 목사가 인사말을 하였다. 이제 막 병원 업무를 돕기 위하여 파송된 제시 W. 허스트 박사는 '한국을 위하여 정말로 인상적인 건물'이라고 말하였다. 5명의 환자는 기존 병원에서 새 병원으로 이송되었다.

[Miscellaneous.] *Woman's Work* 20(2) (Feb., 1905), p. 26

The dedication of the new Severance Hospital at Seoul, Korea, Dr. O. R. Avison in charge, occurred in connection with Annual Meeting of the mission, Sept. 23, 1904. In presence of assembled guests, Mrs. Avison ascended the steps and unlocked the hospital doors, "amid generous applause and not a few tears of joy." In the large ward on the second floor, where the table was draped with the Stars and Stripes, "All Hail the Power of Jesus' Name" was sung, followed by prayer, Scripture reading and addresses by Dr. Underwood, Dr. Moffett and Rev. W. M. Junkin of the Southern Mission. Dr. Jesse W. Hirst, who has just gone to assist in the hospital, says it is "truly an imposing building for Korea." Five patients were transferred from the old hospital to the new.

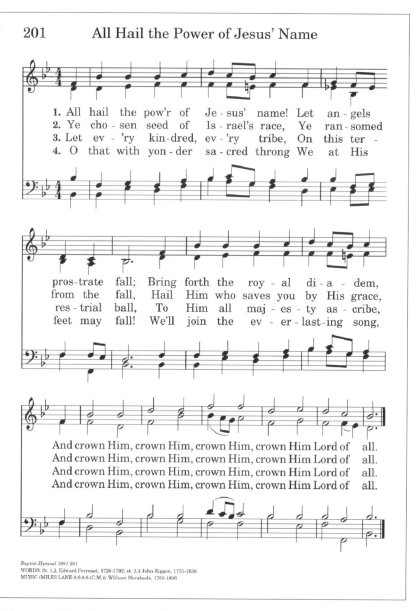

그림 2. All Hail the Power of Jesus' Name.

올리버 R. 에비슨(서울)이 아서 J. 브라운(미국 북장로교회 해외선교본부 총무)에게 보낸 편지 (1905년 2월 7일)

미국 북장로교회 선교부

세브란스 병원

한국 서울

접 수
1905년 3월   일
브라운 박사

1905년 2월 7일

친애하는 브라운 박사님,

　피터스 부인과 관련된 박사님의 편지를 오늘 받았으며, 제가 먼저 답장을 드립니다. 지난 9월에 그들이 필리핀에서 이곳에 도착하였을 때 건강이 좋지 않아 연례 회의가 끝나자마자 그녀를 면밀하게 진찰을 해보니 폐결핵을 앓고 있었고 당시 상당히 기진맥진한 상태이었습니다. 당연히 가장 먼저 떠오른 질문은 그녀가 어느 곳에서 분명 목숨을 걸고 투병할 것인지에 대한 것이었습니다. 그 질문은 피터스 씨 부부, 허스트 박사 및 저와 철저하게 논의되었고, 우리는 그 전에 미국과 이곳에서의 모든 가능성을 신중하게 제시하고 그들이 즉시 미국으로 갈 것인지 아니면 이곳에서 그녀를 위하여 할 수 있는 최선을 다할 것인지를 피터스 씨 부부가 결정하도록 하였습니다.

　그들은 이곳에서 투병하기로 결정하였습니다. 우리는 그들에게 이곳에서의 시도가 실망적인 것으로 판명되고 그녀가 귀국하고 싶어 한다면 치료의 혜택을 받기에 너무 늦을 뿐만 아니라 그렇게 긴 여정을 견디기에도 너무 늦을 것이란 점을 지적하였습니다. 그리고 우리는 그녀 자신이 단 한 번만 시도할 시간만 가지고 있는 것으로 생각해야 하며, 그녀가 이곳에서 할 것인지 미국에서 할 것인지 결정해야 한다고 분명하게 말하였습니다.

　박사님이 잡지에서 읽었을 수도 있는 것처럼, 현대적인 야외 치료법으로 한 기후에서 다른 기후에서와 마찬가지로 많은 비율로 치료가 된다는 것이 분명하게 나타났습니다. 우리는 그들에게 그녀가 고국의 요양소에 있을 때처럼 이곳에서 약간의 도전을 한다면, 미국에서 이 일을 전문으로 하여 더 넓은 범위의 경험을 가지고 있는 사람들의 보살핌을 받는 더 나은 의료 관리를 받을 수 있다는 점을 제외하고는 이곳에서 투병을 잘 할 수 있을 것이라고 말할 수 있었습니다.

그러나 위에서 말하였듯이 그들은 마침내 이곳에 남아 있기로 결정하였습니다.

이미 거의 모든 업무를 할 수 있는 선교사를 선교지에 유지하고 미국 여행 비용을 절약할 수 있기 때문에 이것이 선교본부의 승인을 받을 것이라고 확신하면서 우리는 선교부에 그들의 집에 있는 방 하나를 하루 종일 햇빛이 가득 찰 수 있도록 특별한 방식으로 수리하고, 피터스 씨가 지방으로 가지 않아도 되어 부인을 돌볼 수 있고 그녀가 집안일을 돌볼 필요가 없게 만들어 그녀의 노력을 위하여 원기를 절약할 수 있는 모든 기회를 줄 수 있도록 업무를 재배치할 것을 권하였습니다. 이것은 그렇게 되었고, 우리는 그녀에게 가능한 한 철저하게 야외 치료법을 적용하였으며, 그 결과 3개월 동안 그녀는 9파운드의 체중이 늘었고 더 튼튼해졌습니다. 우리는 그가 지방으로 가서 2주일 동안만이라도 그녀를 내버려 두고, 지부는 그를 학교 사역에 투입하고 그가 할 것으로 기대하였던 사역을 E. H. 밀러 씨가 맡아 지방에서 시간을 보내도록 조언하는 것에 투표하였습니다. 피터스 씨가 샌프란시스코로 가는 것을 승인하는 내용의 박사님 편지를 받았을 때 그 계획은 진행되고 있었습니다.

그는 당연히 가서 그의 서류를 가져옴으로써 그토록 오랫동안 그에게 매달려 있던 이 문제를 해결하고 싶어 하였고, 즉시 그 문제로 저를 만나러 왔습니다. 저는 특히 우리가 그가 시골에 가기 위하여 단 2주도 떠나는 것을 허락하지 않는 지금, 그가 어떻게 떠날 수 있을지 모르겠다고 말하였습니다. 그러나 그는 아내와 함께 머물도록 브라운 양[6]과 협의할 수 있을 것 같다고 말하였습니다. 저는 곧바로 서류를 받을 수 있을지 확신이 서지 않는 한 그녀를 이곳에 남겨두는 것은 현명하지 않다고 생각한다고 말하였으며, 그 문제에 대하여 알렌 박사와 상의하라고 충고하였습니다. 아무도 그의 필리핀 거주가 미국 내 거주와 동등한 것으로 인정될 것이라는 명확한 의견을 제시할 수 없었기 때문에, 모든 것은 그가 신청할 수 있는 판사의 견해에 달려 있으며, 만일 그가 불리한 판결을 내리게 되면 그의 건(件)은 적어도 상급 법원의 판결을 받을 수 있을 때까지 연기되어야 합니다. 그는 미국에서 2년을 기다릴 가능성이 있는데, 그런 경우 다른 이유가 없다면 그의 아내가 건강하게 그곳에 있어야 합니다.

그러나 그녀의 건강 상태는 그녀가 혼자 가는 것을 방해할 것이고, 저는 그가 그녀를 위하여 돌아와야 하는 선교본부의 바람을 충족시키지 못할 것이라고 생각하였습니다. 그래서 저는 그에게 모든 문제를 박사님 앞에 제시하고

---

6) 메리 E. 브라운(Mary E. Brown)을 말한다.

그가 지체 없이 서류를 접수할 수 있는지, 그리고 현 상황을 인지한 후 선교 본부에 추가적인 조언을 할 기회를 주지 않는지에 대하여 당국의 확실한 판단을 받도록 노력해 주기를 요청할 수 있을 만큼 충분히 길게 그의 여행을 연기하라고 충고하였습니다.

저는 알렌 박사와 상의하기 위하여 그와 함께 갔고, 그(알렌 박사)는 자신이 아는 한 아직 어떤 건(件)도 결정을 위하여 제기되지 않았기에 그가 서류를 얻을 수 있는지 말할 수 없다고 말하였습니다. 하지만 그는 그 건(件)에 대하여 호의적인 견해를 가질 가능성이 거의 없다고 생각하였습니다. 그러나 한국의 현 상황에서는 이 문제에 대하여 특별히 서두를 이유가 없었기 때문에 그는 박사님과 의사소통하는 것이 상당히 실현 가능하고 현명할 것이라고 생각하였습니다. 그는 박사님이 그가 확실히 그의 서류를 얻을 수 있다는 것을 알게 된다면 그에게 그런 취지의 전보를 보내라고 요청하였으며, 그런 경우에 그는 샌프란시스코로 갔다가 돌아올 수 있을 만큼 오랫동안 피터스 부인을 이곳에 남겨둘 수 있습니다. 그러나 박사님이 그에게 상당한 지연이 있을 것이고 그럼에도 불구하고 그에게 미국으로 가라고 충고한다면 그녀를 데리고 가는 것이 그에게 더 나을 것입니다.

이 문제는 지부에서 논의되었고, 일부는 선교본부가 그가 샌프란시스코로 가면 서류를 쉽게 받을 수 있다고 생각할 충분한 근거가 있어야 하며, 그렇지 않으면 박사님은 그가 가는 것을 조언하지 않을 것이며 따라서 지연이 있을 가능성이 매우 희박하다고 생각하였습니다. 다른 사람들은 신청이 늦어지면 호의적인 판단을 내릴 기회가 위태로워질 것이라고 생각하였습니다. 어떤 사람들은 전례를 만들 책임이 없는 판사가 그의 신청을 호의적으로 처리할 수 있지만, 워싱턴 당국은 이 경우 그들의 결정은 필리핀 거주자가 미국 거주자와 동일하며 그런 경우 현 상태에서 법원이 인정하지 않는 많은 사람들에게 문을 열어주는 법을 선언하는 것과 같기 때문에 호의적인 판결을 주저할 수 있다고 생각하였습니다. 피터스 씨 자신은 자연스럽게 사역을 정착시키고 싶어 하였고, 지체되지 않을 것이라는 희망을 가지고 있었으며, 더 힘든 우기(雨期)에 그녀와 떨어져 있어야 하는 위험을 감수하는 것보다 지금 그녀를 떠나는 것이 더 나을 것이라고 느꼈습니다.

이 문제의 이러한 모든 단계를 고려한 결과, 지부의 대다수는 그의 즉각적인 출국을 선호하였고 그는 거의 2주일 전에 서울을 떠났습니다.

따라서 그 문제는 저의 손에서 벗어났고, 비록 지부의 투표와 일치하지는 않았지만 저는 그것이 잘 해결되기를 바랄 뿐입니다.

저는 이곳에서 우리 모두가 그 문제를 어떻게 생각하였는지 박시님이 알 수 있도록 이 모든 세부 사항을 언급하였습니다.

그가 떠나기 전에 우리는 그녀의 폐와 가래를 다시 검사하였는데, 위에서 말씀드린 것같이 그녀의 체중이 9파운드가 늘었고 튼튼해지고 있었지만 카타르가 특정 건강한 부분으로 퍼져나가는 것이 분명하며, 가래에서 결핵균의 수가 감소하지 않고 여전히 폐에서 활발하게 진행 중인 병소가 있었습니다. 그래서 그녀는 여전히 투병해야 할 것이 많고, 우리가 그녀에게 줄 수 있는 모든 도움과 우리가 제공할 수 있는 가장 유리한 환경을 필요로 할 것입니다. 그가 떠나기 전에 우리는 그녀의 상태를 두 사람 앞에 분명하게 밝혔고, 그녀가 계속 회복되지 못하는 경우 돌아가야 한다고 느낀다면 너무 늦을 것이기 때문에 만일 그녀가 미국으로 돌아갈 생각을 한다면 지금 해야 하며, 지금 남아 있는 결정을 결과가 어떻든 한국에서 싸우겠다는 결정과 같다고 생각해야 한다고 설명하였습니다. 그녀는 자신의 삶의 기회가 미국에서와 마찬가지로 이곳에서 충분히 좋다고 만족하게 느끼고 있고, 두 사람 모두 오랫동안 한국에서 일하고 싶어 하였고, 그녀가 귀국하여 회복한다면 한국으로 돌아올 기회가 대단히 희박하겠지만 이곳 한국에서 회복된다면 그들이 계속해서 한국에서 일하지 않을 이유가 없을 것이며, 만일 그녀가 이곳에서 투병한다면 피터스 씨가 이곳에서 사역을 할 수 있고, 결과가 좋지 않은 경우 천국은 그곳만큼 이곳에서 가까울 것이고, 어쨌든 그녀는 마지막에 친구들과 함께하는 특권만을 만족해할 것이며, 그녀는 남아 있는 것이 최선이라고 느꼈습니다.

이 경우 더 이상 말할 필요가 없으며, 저는 그녀의 용기에 감탄하였고, 그녀의 결정이 옳았다고 느꼈다고 말할 수 있습니다.

저는 그가 합리적인 시간 내에 돌아올 수 있다는 확신 없이 지금 그녀를 다른 사람의 보살핌에 맡기는 것이 바람직하다는 점에 대하여 그들에게 동의하지 않았습니다. 그녀가 계속해서 좋아지면 좋겠지만, 만일 조류가 반대 방향으로 바뀌면 그녀는 가장 면밀한 보살핌을 받고 모든 집안일로부터 자유로워져야 하며, 아무도 그녀를 위하여 자신이 할 수 있는 것과 같은 정도로 그렇게 할 수 없기 때문에 의사의 관점에서 볼 때 그가 떠나는 것은 매우 바람직하지 않았습니다.

저는 이러한 세부 사항이 박사님을 크게 괴롭히지 않을 것이며, 이곳 서울에서 여러 번 우리에게 제시된 문제를 박사님이 알 수 있도록 하는 데 도움이 될 것이라고 믿고 있습니다. 이러한 일들은 지금까지 따라온 과정이 최선이었다는 것을 증명할 수도 있습니다.

피터스 씨가 미국에 남아 있어야 하게 된다면, 제 생각에 6월에 쉴즈 양이 안식년으로 떠날 때 피터스 부인을 떠나게 하는 것이 실현 가능할 수도 있다고 제안하였습니다.

안녕히 계십시오.
O. R. 에비슨

피터스 씨는 자신의 부재 중 브라운 양이 자신의 아내와 함께 머물도록 조치를 취하였습니다.

Oliver R. Avison (Seoul),
Letter to Arthur J. Brown (Sec., BFM, PCUSA) (Feb. 7th, 1905)

Mission of Pres. Church in U. S. A.   Seoul, Korea
                                    Severance Hospital

```
Received
MAR  1905
Dr. Brown
```
                                                                        Feb. 7th, 1905.
Dear Dr. Brown: -

Your letter re Mrs. Pieters received to-day and I take the first opportunity to reply. When they reached here from the Philippines last September and was in poor health and as soon as the Annual Meeting was over we made a thorough examination of her and found her suffering from Tuberculosis of the lungs and at that time she was very much run down. Of course the first question that came up was as to where she would make her fight for life for such it certainly is. The question was thoroughly discussed by Mr. and Mrs. Pieters and Dr. Hirst and myself and after we had carefully laid before then all the probabilities and all the possibilities both in America and here we left it with Mr. and Mrs. Pieters to decide whether they would at once go to America or make the best of what could be done for her here.

They decided to make the fight here. We pointed out to them that if after making trial here it should prove disappointing and she should then want to go home it would be too late not only to get benefit from treatment but perhaps even to stand so long a journey, and we distinctly stated that she should consider herself as having time to make only one trial and she should decide whether she would make it here ot in America.

As you may have read in the journals it has apparently been shown that so large a percentage of a cures is secured in one climate as in another under the modern methods of open air treatment. As we were able to tell them that provided she would take the some <u>dare</u> here as she would do if she were in a sanitarium at home she would be as likely to do well here as there except that in America they might get better medical supervision in that they might get under the care of those who were making a specialty of this work and thus having a wider range of experience to draw from.

But as I said above they finally decided to remain here.

Feeling sure this would meet the approval of the Board as it would mean the keeping of a missionary on the field who was already able to do almost full work and would also mean a saving of the costs of a trip to America, we recommended to the Station the fitting up of one room in their home in a special way which would enable it to be flooded with sunshine all day long and also the rearranging of Mr. Pieters duties so that he would not have to go to the country and so could look after Mrs. Pieters and make it unnecessary for her to assume the care of the house so as to give her every chance possible to save up energy for her effort. This was done and we placed her under as thorough a system of open air treatment as possible with the result that in the three months she has gained 9 lbs. In weight and is much stronger. We laid a vote on him going to the country and leaving her alone even for two weeks, advising the Station to put him into school work and let Mr. E. H. Miller spend part of his time in the country doing the work Mr. Pieters had expected to do. This plan was being followed when your letter to Mr. Pieters, authorizing him to go to San Francisco, come to hand.

He was naturally very anxious to go and get his papers and have this matter which has been hanging over him so long settled and he at once came to see me about it. I said I did not see how he could leave at this time especially when we had not allowed him to leave even for two weeks to go to the country but he said he thought he could arrange with Miss Brown to stay with his wife. I said I thought it unwise to leave her here unless he were sure he could het his papers without delay and advised him to consult Dr. Allen on the subject. No one having been able to give him a definite opinion that his residence in the Philippines would be accepted as an equivalent for residences in America it appeared that all would depend upon the particular view of the judge to whom he might apply and that if he got with an unfavorable verdict his case must as least be delayed till he could get the decision of a higher court with a possibility that he might have to wait two years in America, in which case his wife ought to be with him there under the circumstances of her health if for no other reason.

But her state of health would prevent her going alone and I thought it would not meet the desire of the Board for him to have to return for her. I therefore advised him to delay his journey long enough to lay the whole matter before you and ask you to try to get a definite judgment from the authorities as to whether he could get his papers without delay and if not to give the Board as opportunity to advise him further after being cognizant of present conditions.

I went with him to consult Dr. Allen as I and he said he was unable to say that he could get his papers as no case had yet so far as he know come up for decision. He thought it not unlikely however that a favorable view of the case might be taken. However as there was no reason under existing conditions in Korea for special haste in the matter he thought it would be quite feasible and wise for him to communicate with you and if you found he could certainly get his papers ask you to cable him to that effect in which case he could leave Mrs. Pieters here long enough to go to San Francisco and return; but if you learned that there would be considerable delay and that nevertheless you advised him to go to America it might be better for him to take her with him.

The matter was discussed by the Station and some took the ground that the Board must have good ground for thinking he could get his papers readily by going to San Francisco or you would not have advised his going and that therefore delay was very improbable; others thought that delay in making application would endanger his chances of a favorable judgement; some thought that while a judge, not having the full responsibility for setting up a precedent, <u>might</u> view his application in a favorable light, the authorities at Washington might hesitate to pronounce favorably in this case as their decision would be equivalent to making a law declaring residence in the Philippines equivalent to residence in America in which case the door would be opened to many whom the courts might not admit under present conditions. Mr. Pieters himself was naturally anxious to get the business settled and felt very hopeful that there would be no delay and felt also that it might be better for him to leave her now than to risk having to be away from her in the more trying rainy season.

A consideration of all these phases of the question led the majority of the Station to favor his immediate going and he left Seoul nearly two weeks ago.

The matter has therefore gone out of my hands and although did not coincide with the vote of the station I can only hope that it will turn out all right.

I have gone into all these details only that you know just how the matter was regarded here by us all.

Before he left we made another examination of her lungs and sputum and found that although she had gained as I said above, some 9 lbs. in weight and was growing stronger still there was an active process going on in the lungs as was evidenced by one advance of _____ the catarrh into certain fresh parts and the undiminished presence of tubercle bacilli in the sputum, so that she has still much to contend with and will require all the help we can give her and the most favorable circumstances we can provide. Before he left we laid her condition plainly before them both and explained that if she were going to think of returning to America at all she ought to do so now as it would be too late if she felt that she might want to go in case she did not continue to gain and that she ought to consider a decision to stay now as equivalent to a decision to go through with the fight in Korea no matter what the result might be. She said that she felt satisfied that her chances for life were fully as good here as they would be in America, that they had both long desired to work in Korea, that if she recovered here there would be no reason why they should not continue to live here whereas is she went home and recovered there their chances of returning to Korea would be a very slender one, that if she makes the fight here Mr. Pieters can still be at work here and that if the result be unfavorable heaven will be just as near here as there and she will in any case have satisfied only the privilege of being with her friends at the end, and that she felt it to be best to remain.

This being the case nothing more needed to be said and I can only say I admired her pluck and felt she was right in her decision.

I only disagreed with them in the advisability of his leaving her to the care of others at this time without there being a certainty that he could return within a reasonable time. If she continues to gain it will be well but if the tide turn the other way then she must have the closest care and be freed from every household care and no one else can do that for her to the same extent that he could, so that from the physician's standpoint his going away was very undesirable.

I trust that these details will not have bothered you too much and that they may serve to let you see the matter just as it presented itself to us severally here in Seoul. It is quite possible that events may prove that the course which has been followed was the best one.

It has been suggested that if it should turn out that Mr. Pieters must remain in America it may be feasible to have Mrs. Pieters go when Miss Shields goes on furlough, June I think the date is.

Yours very sincerely,
O. R. Avison

Mr. Pieters arranged for Miss Brown to stay with his wife during his absence.

윤치호의 영문 일기, 제6권 (1905년 2월 10일), 86~91쪽

[2월] 10일 (을사년 정월 7일)

내 사랑, 사랑스럽고 참을성 있고 용감하고
상냥한 아내[7]가 오늘 오후 2시 15분 세브란스
병원에서 자신이 속한 더 행복한 세상으로 떠
나버렸다.

그림 3. 윤치호의 두 번째 부
인인 마수진.

1월 13일이나 15일경 아내는 좌하측 복부
에 급성 동통 혹은 두리통(肚裏痛)을 호소하였
다.[8] 그것은 날이 갈수록 악화되어 커틀러 박
사의 진료를 받았다. 박사는 일주일 정도 동통
의 위치를 정하지 못하는 것 같았다. (......)

1월 29일 커틀러 박사는 자문을 구하러 에
비슨 박사를 찾아갔다. 에비슨 박사는 아내를
꼼꼼하게 검사하고 진찰한 뒤 체계적이고 면밀
한 치료를 위하여 병원에 입원할 것을 권유하였다. 에비슨 박사는 자궁외임신
에 대하여 설명하였다.

1월 30일, 갑진년 12월 25일 월요일 오후 4시경 사랑하는 아내는 가마를
타고 커틀러 박사의 병원에 입원하였다. (......)

(중략)

2월 7일. 사무실에 출근하였다. (......)

오후 5시경 아내를 만났다. (......) 커틀러 박사는 수술에 대하여 말하였다.

2월 8일, 수술 준비를 하였지만, 에비슨 박사가 오지 않아 수술을 하지 못
하였다. 사랑하는 아내는 수술을 받아 끔찍한 동통에서 벗어나고 싶어 하는

---

7) 쑤저우[蘇州] 출신의 마수진(馬秀珍, 1871~1905)은 미국 남감리교회 선교부가 1892년부터 상하이에
서 운영하던 중서여숙(中西女塾, McTyeire School)의 첫 입학생이었다. 그녀는 이 학교의 로라 A.
헤이굿(Laura A. Haygood, 1845~1910) 교장 및 윤치호가 다녔던 중서서원(中西書院)의 영 J. 알렌
(Young J. Allen, 1836~1907) 교장의 소개로 1894년 3월 윤치호와 결혼하여 그의 두 번째 부인이
되었다.

8) 두리(肚裏)는 '뱃속'이란 뜻이다.

것 같았다. 몹시 추웠다.

2월 9일, 나는 아침에 커틀러 박사를 방문하였다. 커틀러 박사는 그날 에비슨 박사가 올 수 없다면 자신이 직접 집도하겠다고 말하였다. (......) 오후 3시경 사무실에 있을 때 에비슨 박사로부터 즉각적인 수술이 필요하다고 생각한다는 쪽지를 받았다. 병원으로 달려가 보니 에비슨 박사, 분쉬 박사, 그리고 커틀러 박사가 수술을 준비하느라 분주하였다. 에비슨 박사가 처음으로 나에게 환자의 상태가 대단히 심각하며, 내버려 두면 환자는 출혈 때문에 언제 사망하게 될지도 모르며, 수술만이 삶의 유일한 기회를 제공해 준다고 말하였다. 확실한 죽음과 가능한 기회 사이에서 선택해야 했다. 항상 용감하고 믿음직한 사랑하는 아내는 기꺼이 수술을 받으려 하였다. 내가 무심코 불안감을 드러내면서 아내에게 말했을 때, 아내는 조금 떨리는 목소리로 이렇게 말하였다. "若然有啥事體未當心小圖(몸에 무슨 일이 생기더라도 걱정하지 마세요.) 아이들을 잘 키워 주세요." 나는 말을 할 수 없었다. 의사는 나에게 아내를 불안하게 만들지 말라고 말하였다.

해는 이미 졌고, 의사들은 커틀러 박사 병원보다 조명이나 설비가 훨씬 더 최신인 에비슨 박사 병원으로 환자를 이송하기로 결정하였다. 우리가 병원에 도착했을 무렵에는 거의 어두워진 상태이었다.

수술은 에비슨 박사, 분쉬 박사, 커틀러 박사, 그리고 나중에 합류한 허스트 박사가 집도한 가운데 저녁 7시 20분에 시작되었다. 수술은 거의 두 시간 동안 계속되었다. 8시 50분경 수술이 모두 끝났고, 의사들은 상당히 만족해하는 것 같았다. 아내의 병은 에비슨 박사가 나에게 말하였던 병, 즉 자궁외임신이라는 것이 밝혀졌다. 아내를 괴롭히던 병소는 제거되었다. 사랑하는 아내는 요통으로 상당한 고통을 받았다. 그녀는 너무도 자주 '허리 끊어졌어'라고 말하였다. 에드먼즈 양은 가엾은 아내를 위해 최선을 다하였다. 12시가 조금 넘어 병원을 떠났다.

2월 10일, 을사년 정월 초칠일 금요일. 일찍 병실로 갔다. 아내는 의식을 회복해 있었다. 아내는 가래를 뱉으려고 계속 애쓰다가 생긴 동통에 상당히 시달렸다. 에드먼즈 양과 내가 아내를 한쪽에서 다른 쪽으로 돌리려고 할 때 아내는 "윤 선생님이 도와주게 해 주세요"라고 말하였다. 얼마 후 그녀가 조금 편해져 보이자 중국어로 "我好點末儂來本哉(나는 점점 좋아지고 있어요)"라고 나에게 말하였다. 의사들은 걱정하지 않는 것 같았고, 나는 아내가 좋아지고 있다고 굳게 믿고 있었다. 나는 외부에서 중국인 관리들을 접대해야 했기에 오전 10시경 사무실로 나갔다. 오후 4시에 에비슨 박사가 보낸 쪽지를 받았다.

그 쪽지는 "오후 2시에 부인이 아주 고요히, 그러나 갑자기 돌아가셨다는 소식을 전하게 되어 몹시 안타깝습니다."라고 시작되었다. 그 쪽지를 2시간이나 늦게 내게 전달되도록 가져 온 그 사람은 바보임에 틀림없다!

병원으로 달려갔다. 아내는 내가 떠날 때까지 있었던 병실에 없었다. 다른 방에서 그녀의 시신 위로 살을 에는 듯한 차가운 바람이 불고 있었고, 귀중한 보석이 담긴 보석함이 홑이불 아래에 놓여 있었다. 충격이 너무 갑작스럽고 커서 나는 눈물조차 흘릴 수 없었다. 그저 신음하며 괴로워할 뿐이었다.

나는 가슴이 찢어질 듯한 슬픔에도 불구하고 나를 위하여 자신의 목숨을 바친 사랑하는 여인의 유해를 매장할 준비를 위해 이곳저곳을 돌아다녀야 했다. 나는 그녀를 우리 집 근처의 공터에 묻으려 생각하였다. 나는 외국인 묘지에 부지를 요청할 생각을 결코 하지 못하였다. 하지만 2월 11일, 어떤 일에서는 진심으로 동정해 주는 알렌 박사[9]를 방문하였을 때 그는 먼저 아내를 외국인 묘지에 매장할 것을 제안하였다. 그렇게 생각하자 곧바로 행동에 옮겼다. 그는 즉시 동료들에게 허가를 구하는 회람을 썼다. 그날 저녁, 알렌 박사는 매장 허가가 확보되었다는 사실을 나에게 알려주었다. 나는 이러한 호의에 대하여 훌륭하고 너그러운 알렌 박사에게 아무리 해도 충분히 감사를 드릴 수 없다.

English Diary of Chi Ho Yun, Vol. 6 (Feb. 10th, 1905), pp. 86~91

[Feb.] 10th (7th of 1st Moon, Ulsa Year)

My Darling, the Sweet, Patient, Brave and Lovely Darling passed into the happier world to which she belongs at 2:15 p. m. on this day in the Severance Hospital.

About the 13th or 15th of January, she complained of acute pains or 肚裏痛 in the lower left side of her abdomen. Getting worse day after day, Dr. Cutler was consulted. The doctor seemed unable to locate the trouble for a week or so. (......)

---

9) 당시 주한 미국 공사이었던 호러스 N. 알렌을 말한다.

On the 29th January Dr. Cutler called in Dr. Avison to consult. After careful examination and consultation the doctors advised to move her to the hospital for systematic and careful treatment. Dr. Avison spoke something about pregnancy outside of the womb.

On the 30th January, 甲辰 臘月 廿五日, Monday, my Darling went to Dr. Cutler's hospital about 4 p. m. in her chair. (......)

(Omitted)

On the 7th February, went to the office. (......)

Saw Darling about 5 p. m. (......) Dr. Cutler spoke of operation.

On the 8th February, preparations were made, but Dr. Avison not coming, no operation. My Darling seemed to be anxious to be through with it to save her from the awful pains. Bitterly cold.

The 9th February, I called on Dr. Cutler in the morning. She said she would perform the operation if Dr. Avison could come that day. (......) While in the office about 3 p. m. got a note from Dr. Avison telling me that in his opinion an immediate operation necessary. Flow to the hospital and found Dr. Avison, Dr. Wunch and Dr. Cutler busy in getting things ready. Dr. Avison told me for the first time that the case was very serious; that left alone the patient might be carried off at any moment from loss of blood; that operation offered the only chance for life. The choice was between certain death and a possible chance. My Darling, always brave and trusting, was willing to undergo the operation. When I told her - and, I betrayed nervousness - she said in a slightly trembling voice, "若然有哈事體未當心小圖. Give them good education." I could not speak. Dr. told me not to make her nervous.

The sun too far gone, the Doctors decided to have the patient removed to Dr. Avison's hospital, where lights and other equipments are more up to date then at Dr. Cutlers. It was nearly dark when we got to the hospital.

The operation began at 7:20 under Dr's Avison, Munch, Cutler and Hirst, who came in later. The work lasted nearly two hours. About 8:50 everything was done and the Doctors seemed very well satisfied. The case proved what Dr. A. had told me, viz. a case of extra-uterine pregnancy. The offending object was removed. Darling suffered much from 腰痛. She said 허리 끈어젓서, so often. Miss

Edmunds did her best for the poor Darling. A little after 12, I left the hospital.

The 10th February 乙巳 正月 初七日 Friday. Early to the sick room. Darling in her senses. Suffered much from pains caused by constant efforts to throw up phlegms. While we, Miss Edmunds and I, tried to turn her from one side to another, Darling said "Let Mr. Yun help you." Some time later, when she seemed a little easier she said in Chinese to me 找好點末儂來本哉. The Doctors seemed to entertain no fears and I was in firm belief that Darling was doing all right. About 10 a.m., went to the office, as the Foreign Office was to entertain the Chinese Ministers. At 4 p.m. a note from Dr. Avison came. It began, "I am greatly grieved to say that Mrs. Yun passed away at 2 o'clock very quietly but suddenly." It was enough the fool who brought the note had been 2 hours to reach me!

Flew to the hospital. Darling was not in the room I had left her. In another room, with the cold, biting wind blowing over her remains, the casket which contained the precious jewel was laid under a sheeting. The shock was so sudden and heavy that I could not even weep. I simply groaned.

I had to go about, in spite of the heart rending sorrows, to make arrangement for the burial of the remains of the darling woman who gave her life for me. I thought of burying her on the vacant lot near our house. I never thought of asking for a lot in the Foreign Cemetery. But on the 11th, when I called on Dr. Allen, whose sympathies were real for some business, he first suggested burying her in the Foreign Cemetery. To think was to act. He at once wrote a circular not to his colleagues for permission. In the evening of the same day, Dr. Allen informed me of the fact that the permission had been secured. I can not sufficiently thank the good and generous Doctor for this favor.

윤치호의 영문 일기, 제6권 (1905년 2월 13일), 91쪽

2월 13일 월요일, 을사년 정월 20일.

10시에 에비슨 박사의 병원에서 장례식이 거행되었다. 각국 공사관과 영사관 직원, 언더우드 부인을 제외한 선교 단체의 거의 모든 남녀가 참석하였다. 무스 목사가 장례식을 집전하였다. 게일 박사와 언더우드 박사가 그를 도왔다.

찬송가: 기초가 얼마나 단단한가, 너그러운 아버지께로, 나와 함께 하소서.

외국인 묘지로 가는 장례 행렬은 오전 11시에 병원을 출발하였다. 오후 1시경에 외국인 묘지에 도착하였다.

(중략)

English Diary of Chi Ho Yun, Volume 6 (Feb. 13th, 1905), p. 91

The 13th February, Monday, 乙巳 正月 廿十日.

At 10 the funeral was held in Dr. Avison's hospital. All the members of the legations and consulates, almost all the ladies and men of the missionary bodies - except Mrs. Underwood - were present. Rev. Moose conducted the service. Doctors Gale and Underwood helped him.

Hymns: How Firm a Foundation; Unto the Bountiful Father; Abide with me.

The procession to the Foreign Cemetery left Hospital at 11 a.m. Reached Foreign Cemetery about 1 p. m.

(Omitted)

노라 수녀(복음전도회, 서울), 편지 (1905년 2월 14일)[10]

(중략)

우리 친구들은 서울에 있는 우리 병원이 문을 닫는다고 해서 병자들을 돌보지 않고 내버려 둔다고 생각할 필요가 없습니다. 미국의 한 백만장자는 도시 성벽 밖의 건강에 좋은 널찍한 부지에 모든 최신 기구를 갖춘 대형 종합병원을 건축하도록 캐나다 인이자 현재 이곳 영국 공사관의 의사인 에비슨 박사에게 일정 금액을 기부하였습니다. 그는 또한 보조 의사의 급여도 지불합니다. 작년에 개원하였던 '세브란스 병원'은 안팎으로 시장(市場)이 있으며 모든 성문 중에서 가장 크고 가장 붐비는 남대문 바로 바깥쪽에서 남산의 낮은 경사면에 세워져 있습니다. 그것은 곧 경의선이 추가될 경부선 역을 내려다보고 있으며, 따라서 앞쪽에는 사람이 살지 않는 넓은 지역이 있고, 언덕 너머로 뻗어 있는 시장이 있습니다. 따라서 깨끗한 공기와 햇빛을 즐길 수 있으며, 기차와 전차가 지방이나 도시의 다른 지역에서 바로 문 앞으로 환자를 데려다 줄 준비가 되어 있습니다. 그것은 벽돌과 돌로 되어 있으며, 하루종일 햇빛이 들어오는 탑이 있는 건물입니다. 제가 1월 초에 그곳에 갔을 때 환자가 그 중 한 곳에서 가장 가벼운 옷차림으로 태양 광선 치료를 즐기고 있었고, 그 병동은 한낮에 식힐 수 있는 온수 배관이 없어도 편안하게 따뜻하였습니다. 벽은 타일로 마감되어 있고 환기가 잘되며, 욕실, 벽장, 병동 주방, 냉온수 시설, 전기 조명, 침대 등 모든 것이 고국의 최신식 병원처럼 구비되어 있습니다. 의사는 모든 시설을 갖춘 결핵의 옥외 치료 계획에 대하여 저에게 말하였습니다. 그는 또한 시험소를 건축하고 있으며, 일본에서 광견병 치료를 위한 파스퇴르 방식을 검토하였습니다. 한국인이 건축한 우리의 작은 병원은 이 새로운 병원과 경쟁할 수 없었고, 심지어 우리가 적절하게 지원할 수 있는 것보다 자금이 더 많았습니다. 에비슨 박사는 친절하게도 우리 고아들의 진료를 무상으로 맡아주었고, 이미 새 병원의 외래 환자와 입원 환자로 우리 사람 몇 명을 도왔습니다.

(중략)

---

10) 이 편지는 다음의 잡지에 실려 있다. St. Peter's Community Foreign Mission Association. *The Morning Calm* 16 (No. 105) (July, 1905), pp. 82~83

Sister Nora (S. P. G., Seoul), Letter (Feb. 14th, 1905)

(Omitted)

Our friends need not think that by the closing of our Hospitals in Seoul we are leaving the sick uncared for; an American millionaire gave a sum of money to Dr. Avison, a Canadian, now physician to the British Legation here, to build a large general hospital outside the city wall, which should have a healthy site, with spacious grounds and all the newest improvements; he also pays the stipend of an assistant physician. The "Severance Hospital" was opened last year, it stands on the lower slope of Nam San, just outside the south gate - the largest and most thronged of all the gates, with a market-place inside and outside; it overlooks the Chemulpó and Fusan railway stations, to which the Wiju line will soon be added, and has therefore a large uninhabited area in front, with market gardens beyond stretching to the hills; thus it enjoys pure air and sunshine, while trains and electric trams are ready to bring patients from the country or other parts of the city to the very gates. It is a brick and stone building, with towers so constructed that the sun shines into them all day long, and when I was there early in January a patient was enjoying a sun-cure in one of them in the lightest of clothing, and the ward of which it is part was comfortably warm even without the hot-water pipes, which were allowed to cool in the middle of the day. The walls are tiled, there is excellent ventilation, bath-rooms, store closets, ward kitchens, hot and cold water laid on, electric lighting, chain mattresses, &c., &c:, everything arranged as in an up-to-date hospital at home. The doctor told me of his plans for the out-of-door treatment of consumption, for which he has every facility; he is also building a laboratory, and has studied the Pasteur system of treatment for hydrophobia in Japan. Our small Corean-built Cottage Hospitals could not compete with this new one, and even those were more than our funds could support properly. Dr. Avison has kindly undertaken the medical care of our orphans gratuitously, and has already helped several of our people, both as out- and in-patients of his new hospital.

(Omitted)

19050216

[한국 정부의 세브란스 병원 보조금 요청.] 호러스 N. 알렌(주한 미국 공사)가 이하영(외부대신)에게 보낸 문서. 미원안(美原案), 규장각 18046-1 (1905년 2월 16일)

제550호

미국 공사관,
한국 서울

1905년 2월 16일

안녕하십니까,

저는 남대문 밖에 위치한 세브란스 기념 병원이 필요로 하는 것에 대하여 각하의 주의를 환기시켜 달라는 요청을 받았습니다.

이 기관은 한때 정부의 상당한 지원을 받았던 이전 정부병원을 대체하고 있습니다. 현재의 크고 완벽하게 갖춰진 병원은 미국 시민인 세브란스 씨가 그 목적을 위하여 기부한 돈으로 건립되었으며, 세브란스 씨를 통하여 두 명의 의사, 간호원 및 종사자들과 약물 및 의약품이 공급됩니다.

많은 한국인들이 이 병원에서 지속적으로 치료를 받고 있습니다. 주요 수술이 시행되고 있고, 많은 생명을 구하고 많은 고통이 완화되고 있습니다.

이 환자들을 치료하는 데에는 돈이 들며 그 일은 한국인을 위한 것이기 때문에 음식, 연료 및 등촉 비용은 다른 나라의 경우와 마찬가지로, 그리고 이 기관의 전신(前身)의 경우에서와 같이 한국 정부가 분담할 수 있습니다.

따라서 저는 각하가 이 병원의 유지를 위하여 세관 수입에서 매월 400~500엔의 소액을 충당할 수 있도록 관계 당국에 이 문제를 제기해 주실 것을 제안하고 싶습니다.

저는 이 병원에서 계속해서 내과와 외과의 진료를 받고 있는 수많은 한국인들, 남녀 및 아이들 외에도, 서울에는 외국인이 지원하는 병원 외에 진료를 받을 병원이 없기 때문에 많은 한국군들이 매일 진료를 받고 있다는 점을 덧붙일 수 있습니다.

저는 이 문제가 각하의 전적인 승인과 추천을 받을 수 있을 것이며, 각하께서 제가 제안한 조치를 취할 수 있도록 관계 당국에 이 건을 대변할 수 있을 것으로 믿고 있습니다.

저는 이 기회를 빌어 각하께 최고의 경의를 표합니다.

호러스 N. 알렌

이하영 각하,
외무대신

[Request of Subsidy to the Severance Hospital from the Korean Government.] Horace N. Allen (U. S. Minister to Korea), Diplomatic Dispatch to Ha Yong Ye (Korean Minister of Foreign Affairs). *Original Diplomatic Documents of Korea with U. S. A.*, Kyujanggak Document No. 18046-1 (Feb. 16th, 1905)

No. 550

American Legation,
Seoul, Korea

February 16, 1905

Your Excellency: -

I have been requested to bring to Your Excellency's attention, the needs of the Severance Memorial Hospital, situated outside the South Gate.

This institution replaces the former Government Hospital, which at one time enjoyed quite a government support. The present large and very completely fitted hospital was erected with money given for the purpose by an American citizen, Mr. Severance, through whose munificence two doctors, sundry nurses and attendants as well as drugs and medicines are supplied.

Large numbers of Koreans are constantly treated at this hospital: Capital operations are performed and many lives are saved and much suffering is relieved.

The maintenance of these patients costs money and as the work is for the Korean people, the cost of the food, fuel and lights might well be shared by the

Korean Government as is the case in other countries and as was the case with the predecessor of this institution.

I wish therefore to suggest that Your Excellency bring this matter to the attention of the proper authorities with the view of securing a small monthly appropriation from the customs revenues of four or five hundred yen for the maintenance of the hospital.

I may add that in addition to the la rge numbers of Korean citizens, men, women and children, who are being continually attended to medically and surgically at this hospital, many Korean soldiers are in daily attendance, as there is no other medical department to which these men may apply than the hospitals supported by foreigners in Seoul.

I trust this matter may prove to be one that will meet with the entire approval and approbation of Your Excellency that you will be able to so represent the case to the proper authorities as to bring about the arrangement I have indicated

I take this opportunity to Your Excellency the assurance of my highest consideration.

Horace N. Allen

His Excellency,
Mr. Ye Ha Yong,
Minister for Foreign Affairs

[Chinese Translation]
照會 第五百五十號 譯本

大美特派 漢城全權大臣 安連, 爲照會事, 現有南大門外 施病院之請求, 故炫提陳如左, 該病院係是濟衆佐之移設者, 而會爲 濟衆院時, 多蒙貴政府助護之惠, 支敷經費矣. 年前美國人 施比蘭士 義捐金額, 新建大座洋屋, 具爲完鏞, 且醫師二員·看護婦 幾人·助手 幾人 供給之賈泊藥料器械 等, 皆由施氏寬厚中出來也, 貴國 病人時 常來訪于該病院, 則盡心診察, 加意治療, 救許多濱死之人命, 治無數難治之病, 而貴國 病人等 留該病院 治療之際, 食物及紫油之費果係不少, 則依昔年濟衆院之例, 自貴政府 補助此等經費, 豈非美事耶, 基在他外國亦有此例也, 務望涵諒, 提議此事于主務大臣僉位, 自海關稅中, 每朔日 貨四五百元式 特爲捐助, 使該病院維持爲要, 且於該病院無論內外科, 日常治病之貴國人 男女幼少外, 特有許多兵弁不絶而來者, 除外國人病院外, 漢城內別無他處故也, 仰想此等請求必爲貴大臣嘉納, 則更爲提議于主務大僉臣位, 期圖玉成, 專特專特, 爲此, 備文照會貴大臣, 請煩查照, 須至照會者,

右照會.

大韓 外部大臣 李夏榮 閣下
一于九百五年 二月 十六日

메이 H. 헐버트(서울)가 헬렌 헐버트(오하이오 주 우스터)에게 보낸 편지 (1905년 2월 19일)[11]

한국 서울,
1905년 2월 19일

나의 소중한 헬렌에게,

우리는 성경 공부를 하는 에비슨 박사 댁에서 방금 돌아왔단다. (......)

지난 월요일[12] 아침에 우리는 에비슨 박사의 병원에서 거행된 윤 여사의 장례식에 갔었다. 그곳에는 정말 많은 사람들이 있었어. 윤 씨[13]는 그의 노부(老父)인 윤 장군,[14] 그의 어머니, 그리고 그의 4명의 아이들[15]과 있었지. (......)

수요일[16]에 잉글리쉬 부인[17]이 코바늘 뜨개질 거리를 가지고 왔었어. (......) 질레트 부인[18]이 왔고, 그 후에 벡 부인[19]이, 그리고 에비슨 부인이 왔단다. 나는 그들 중 누구도 오는 것을 몰랐기 때문에 우리는 내 방에서 옛날식의 다과회를 가졌지.

(중략)

중국인들은 폭죽을 터뜨리느라 바쁘단다. 남대문 거리는 폭죽의 잔해로 뒤덮여 있어. 나는 어느 방향이건 에비슨 박사 댁으로 걸어가는 것이 두려웠어. 한국인들은 어젯밤 정월 15일에 남산에서 등불을 들고 달에 절을 하였단다.

---

11) 메이 H. 헐버트(May H. Hulbert, 1867~1948)는 1888년 9월 15일 호머 B. 헐버트(1863~1949)와 결혼하였다. 헐버트 부부의 첫 아이이며, 딸인 헬렌(1891~1989)은 1904년 6월 미국에 도착하였으며, 1912년 스미스 대학을 졸업하였다.

12) 2월 13일이다.

13) 윤치호를 말한다.

14) 군부대신을 역임한 윤웅렬(尹雄烈, 1840~1911)을 말한다.

15) 윤치호와 마수진 사이에는 봉희(1894~ ?), 영선(1896~1988), 광선(1898~1950) 및 용희(1903~ ?) 등 2남 2녀가 있었다.

16) 2월 15일이다.

17) 1898년 1월 설립된 한성전기회사의 책임 기술자로 1900년 한국에 왔던 헨리 G. 잉글리쉬(Henry G. English, 1868~1928)의 부인인 그레이스 C. 잉글리쉬(Grace C. English, 1875~1964)이다.

18) 한국의 기독교 청년회 설립을 위하여 1901년 한국에 왔던 필립 L. 질레트(Phillip L. Gillette, 1872~1938)의 부인인 버사 A. 질레트(Bertha A. Gillette, 1875~1962)이다.

19) 미국 북감리교회의 선교사인 스티븐 A. 벡(Stephen A. Beck, 1866~1941)의 부인인 마가렛 J. 벡(Margaret J. Beck, 1867~1910)이다.

(중략)

너는 레라20)에게 편지를 쓰니?

(중략)

May H. Hulbert (Seoul),
Letter to Helen Hulbert (Wooster, O.) (Feb. 19th, 1905)

Seoul, Korea,
Feb. 19th, 1905

My dearest Helen: -

We have just come back from Avisons where we have Bible study. (......)

Last Monday morning we went to the funeral service of Mrs. Yun held at Dr. Avison's hospital. A great many people were there. Mr. Yun with his old father General Yun & his mother & his four little children. (......)

Wednesday Mrs. English came with her crocheting. (......) Mrs. Gillett came in & then Mrs. Beck & then Mrs. Avison. I did not know that any of them were coming so we had an old fashioned tea party in my room.

(Omitted)

The Chinese are busy firing off crackers. South gate street so covered with fire cracker remains. I was almost afraid to walk down the street to Avisons from every direction. The Koreans were on Nam San last night with lanterns bowing down to the moon at the 15th of the first Moon.

(Omitted)

You write to Lera?

(Omitted)

---

20) 에비슨의 딸인 레라 에비슨(Lera Avison, 1889~1969)을 말한다.

19050221

호러스 G. 언더우드(서울)가 호러스 N. 알렌
(주한 미국 공사)에게 보낸 편지 (1905년 2월 21일)

한국 서울,
1905년 2월 21일

친애하는 알렌 박사님,

나는 어제 박사님을 방문할 수 있기를 바랐습니다. 그러나 방문하기에는 너무 늦게까지 하기와라 씨[21]와의 회의를 끝내지 못하였습니다. 하기와라 씨와 대화를 나눈 후, 우리는 양 당사자에게 만족할 만하게 구(舊) 병원 재산의 양도에 관하여 합의할 수 있다는 것을 알게 되었고, 하기와라 씨는 병원에 대한 보조금 문제를 동시에 해결할 것을 제안하였습니다. 그는 또한 한국 정부가 세관의 정규 경비에 의존하기보다는 많은 돈, 예를 들면 4만 엔 혹은 병원이 사용해야 하는 3,600엔의 연간 이자를 받을 충분한 돈을 은행에 예치해야 한다고 제안하고 있습니다. 나는 박사님이 이러한 일들을 알고 싶어 할 것이라고 생각하여 편지를 썼습니다. 나는 문제가 어떻게 진행되는지 알려드리겠습니다.

안녕히 계세요.
H. G. 언더우드

---

21) 하기와라 슈이치[萩原守一, 1868~1911]는 당시 주한 일본 공사관의 서기관이었다.

Horace G. Underwood (Seoul),
Letter to Horace N. Allen (U. S. Minister to Korea) (Jan. 21st, 1905)

Seoul, Korea,

Feb. 21st, 1905

Dear Dr. Allen: -

I had hoped to be able to call upon you yesterday; but we did not get through with our conference with Mr. Hagawara (sic) until it was too late to call. After talking with Mr. Hagawara, we found that we would be able to come to an agreement concerning the transfer of the old hospital property that will be satisfactory to both parties and Mr. Hagawara proposes that the matter of a grant to the Hospital be settled at the same time. He also proposes that rather than depend on a regular allowance from the customs, the Korean government should deposit a lump sum of, say, ¥40,000.00, at the bank, or enough to give an annual interest of ¥3,600.00, which should be at the disposal of the Hospital. I thought that you would like to know of these matters and so have written you. I will keep you informed as to how matters progress.

Yours sincerely,

H. G. Underwood

19050224

제시 W. 허스트(서울)가 아서 J. 브라운(미국 북장로교회 해외선교본부 총무)에게 보낸 편지 (1905년 2월 24일)

(중략)

에비슨 박사는 대구의 겨울 사경회를 돕기 위하여 대구로 막 내려갔습니다. 그는 개인 및 공중 위생에 관한 강의를 진행하였습니다. 그의 부재는 한국인들의 도움만으로 우리(미국인)와 같은 기관을 운영하는 것이 얼마나 어려운지 알 수 있는 좋은 기회를 주었습니다. 저는 평소에 그를 괴롭히던 대부분의 문제를 볼 수 있다고 생각하였지만, 직접 닥쳐보니 그 문제가 몇 배는 더 커 보였습니다. 아마도 현지인들이 아이들과 같거나 더 나쁘게는 동물과 같기 때문에 더욱 어려웠을 것이며, 그들은 확실히 "고양이가 없으면 쥐가 살판이 난다."는 오래된 속담을 보여주었습니다.

(중략)

Jesse W. Hirst (Seoul),
Letter to Arthur J. Brown (Sec., BFM, PCUSA) (Feb. 24th, 1905)

(Omitted)

Dr. Avison has just been down at Taiku assisting them with their Winter Class. He delivered a course of lectures on Hygienes - individual & civic. His absence gave me a good chance to find out the difficulties of managing an institution like ours (American) with only Korean help. I thought I could see most of the troubles which usually beset him, but when I had to meet them myself they appeared many times larger. Perhaps it was more difficult for me because the natives are like children, or even worse, like animals and they certainly illustrated the old adage: - "When the cat's away the mice will play."

(Omitted)

19050300

해외 선교부. *The Assembly Herald* 11(3) (1905년 3월호), 128쪽

한국 서울에 새로 건축된 세브란스 병원은 주한 미국 공사 호러스 N. 알렌 님에 의해 국무부에 특별 보고의 대상이 되었다. 금화 약 2만 달러에 달하는 전체 병원 기지를 완성하는데 필요한 기금은 오하이오 주 클리블랜드에 사는 루이스 H. 세브란스 씨가 기부하였다. 현재 경비는 해외선교본부, 일부 환자로부터 받은 수입, 의사가 외국인들로부터 받은 진료비, 친구들의 자발적인 기부로 충당되고 있다. 알렌 씨의 보고서는 병원 건물과 장비에 대하여 자세하게 설명하고 있다. 건물은 건축이 현대적이며, 환자의 편안함을 위한 모든 설비와, 내과, 외과 및 간호 직원들의 업무를 용이하게 하는 모든 설비를 갖추고 있다. 본관은 30명의 환자를 수용하며, 필요한 경우 40명을 수용할 수 있다. 다른 건물은 부속 건물이며, 무엇보다도 격리 병동이 있다. 광견병 예방접종과가 설립되었고, 결핵의 현대적인 치료를 위한 시설도 마련되었다. 검사실은 모든 세균학적 검사를 위한 설비가 마련되어 있으며, 무균, 적절한 훈증, 뜨거운 공기 사용, 압축 공기, 코와 목 치료, 방사선 검사 및 기타 전기 설비를 위한 기구도 마련되어 있다. 담당 의사는 1893년부터 이 병원과 인연을 맺어온 O. R. 에비슨 박사와 최근 합류한 J. W. 허스트 박사이다. 유능한 훈련된 간호원이 담당하는 현지인 간호원 양성소가 곧 설립될 것으로 예상된다. 현지인 의학생 또한 병원 수련의 이점을 갖고 있다. 지난 몇 년 동안 거의 10,000명의 진료소 사례와 약 250명의 입원 환자가 치료를 받았다. 이 숫자는 새 기지에 마련되는 추가 설비를 고려할 때 크게 증가할 것으로 예상된다. 세브란스 씨는 자신의 고결한 기부를 절실히 필요로 하고, 그 결과가 한국에서 그리스도 왕국의 이점을 가장 효과적인 방식으로 증진 시킬 수 있는 곳에 주었다.

Foreign Missions. *The Assembly Herald* 11(3) (Mar., 1905), p. 128

The new Severance Hospital at Seoul, Korea, has been made the subject of a special report to the State Department by the Hon. Horace N. Allen, American Minister to Korea. The funds necessary to complete the entire hospital plant, amounting to about $20,000 gold, were donated by Mr. Louis H. Severance, of Cleveland, Ohio. The current expenses are met by the Board of Foreign Missions, by receipts from some of the patients, by professional fees received by the physicians from foreigners, and by the voluntary contributions of friends. Mr. Allen's report gives a full description of the buildings and equipment of the hospital. The buildings are modern in construction, with every provision for the comfort of patients, and every arrangement to facilitate the work of the medical, surgical, and nursing staff. The main building accommodates thirty patients, and can be made to receive forty in case of necessity. Other buildings are accessory, and among others include an Isolation Ward. A Pasteur's Institute has been established, and facilities have also been provided for the modern treatment of tuberculosis. A laboratory is furnished for all bacteriological investigation, and apparatus is also provided for aseptic requirements, for proper fumigation, for the use of hot air, compressed air, the treatment of the nose and throat, for X-Ray examinations, and other electrical facilities. The physicians in charge are Dr. O. R. Avison, who has been connected with the hospital since 1893, and Dr. J. W. Hirst, who has recently joined the staff. It is expected that a training school for native nurses will soon be established, in charge of a competent trained nurse. Native medical students have also the advantages of hospital training. Nearly 10,000 dispensary cases, and about 250 in-patients have been treated in past years. It is expected that this number will greatly increase, in view of the additional facilities afforded by the new plant. Mr. Severance has placed his generous benefaction where it was greatly needed, and where its results will promote in a most effective way the interests of Christ's kingdom in Korea.

19050304

[제중원 부지 환수 및 일부 민가 매입 활용 요청]. 하야시 곤스케(일본 특명전권공사)가 이하영(외부대신)에게 보낸 공문. 일원안(日原案), 규장각 18058 (1905년 3월 4일)

　　삼가 말씀드립니다. 이 지역 프랑스 교회당 북부 전면에 있는 제중원의 부지와 가옥은, 일부의 토지 및 두 채의 가옥을 제외하고 모두 귀(貴) 정부의 소유입니다. 그런데 몇 년 전 귀(貴) 부와 미국 공사간의 협정에 의하여 미국 교회가 무상으로 사용할 수 있게 된 이래, 미국 교회는 옛 가옥을 수축(修築)하고 빈 터에 두 채의 기와집을 지었으며. 구내에 있는 일부 민유지(民有地)를 매입하였습니다. 비록 포교를 위한 편의라고 해도 귀 정부가 소유한 토지와 가옥을 무기한으로 미국인이 점유하는 것은 귀 정부에게 불리함으로 이번에 위의 토지와 가옥을 상당한 액수로 배상하여 귀 정부가 환수하게 되었습니다. 환수 후 높은 지역에 있는 기와집 한 채는 고문관의 주거지로, 다른 한 채와 빈 터의 대부분은 대동구락부의 부지 및 부속 가옥으로 하며, 낮은 지역에 있는 가옥의 전부는 귀 정부에서 임의로 사용하기로 한 것은 매우 잘된 일이라고 생각합니다. 위의 환수에 대해 하기와라 서기관과 미국 공사 및 미국 선교사가 협의한 결과 일본 돈 30,289엔 90젠으로 타협되었음을 말씀드립니다. 그리고 높은 지대의 동쪽을 침입한 한인 가옥 한 채는 귀 정부가 직접 소유주와 교섭한 후 배상하시기 바랍니다. 문건은 탁지부와 협의한 후 가능한 한 시급히 결정되기 바랍니다. 이 글을 바칩니다. 삼가 말씀드립니다.

　　1905년 3월 4일 하야시 곤스케
　　이 외무대신 각하

[Request for Redemption of Jejoongwon Site and Purchase of Some Private Houses.] Hayashi Konsuke (Jap. Minister Extraordinary and Plenipotentiary to Korea), Diplomatic Dispatch to Ha Yong Ye (Korean Minister of Foreign Affairs). Original Diplomatic Documents of Korea with Japan, Kyujanggak Document No. 18058 (Mar. 4th, 1905)

敬啓, 陳ハ, 當地 佛國 敎會堂 北部 前面ニ 在ル 濟衆院ノ 敷地家屋ハ一部ノ土地及二棟ノ家屋ヲ除ク外總テ 貴政府ノ 所有タリシヲ, 前年 貴部ト 米國公使間ノ 協定ニ 依リ 米國ノ 敎會ヲシテ無償使用ヲ許シタル以來, 米國敎會ハ 舊家屋ヲ 修築シ又ハ空地ニ 二棟ノ 煉瓦家屋ヲ新築シ, 且該構內地積ノ一部ヲ 私有貴國人ヨリ買入シタリ, 然ルニ假令布敎ノ便宜トハ雖モ貴政府ノ 所有土地家屋ヲ無期限ニ 米國人ノ 占有ニ委スルハ 貴政府ノ 不利ナルヲ以テ, 此際 右土地家屋ヲ相當ノ賠償シテ 貴政府ニ 還收相成候上, 該地面中 高地ニ アル煉瓦造一棟ハ顧問官ノ住居ニ, 他ノ 一棟及空地ノ 幾部分ヲ 大東俱樂部ノ敷地及附屬家屋トシ, 低地ニ在ル 家屋ノ 全部ハ 貴政府ニ於テ任意ニ御使用相成候ハハ 極メテ好都合ト存候右還收ニ關シテハ 萩原 書記官ト 米國公使及米國宣敎師ト 協議ノ 結果 日貨 參萬零貳百八拾九圓九十戔ニテ折合相付可申, 尙ホ該構內 高地部ノ 東方ニ 侵入セル 韓人 住家 一棟ハ 貴政府ヨリ 直接 所有主ト 交涉ノ 上買上ケラレ候事ニ御取計相成度, 尙ホ 文件ハ 度支部ト 御協議ノ 上, 可成ハ 至急ニ 御決定 相成候樣致度, 此段申進候. 敬具

明治 三十八年 三月 四日　林 權助
李 外相 閣下

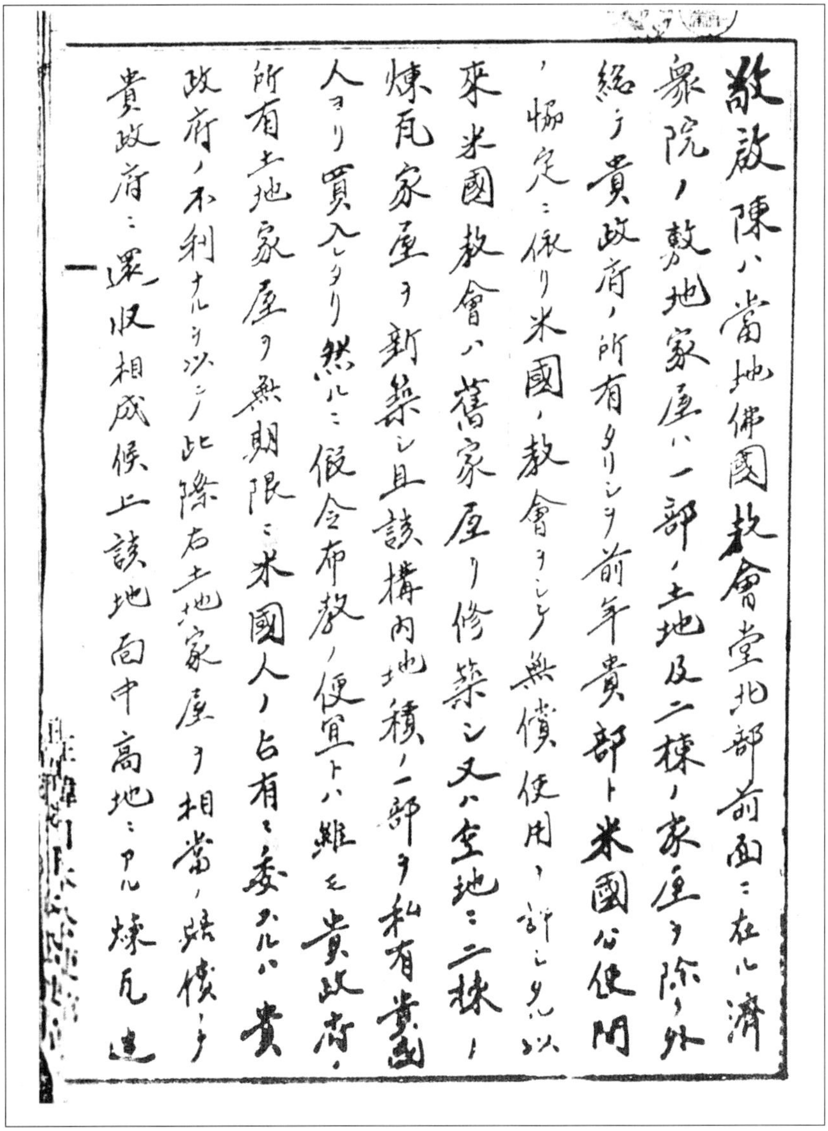

敬啓陳ハ當地佛國教會堂北部前面ニ在ル濟
衆院ノ敷地家屋ハ一部ノ土地及二棟ノ家屋ヲ除ク外
総テ貴政府ノ所有タリシヲ前年貴部ト米國公使間
ノ協定ニ依リ米國ノ教會ヲシテ無償使用ヲ許シ先以
來米國教會ハ舊家屋ヲ修築シ又ハ空地ニ二棟ノ
煉瓦家屋ヲ新築シ且該構内地積ノ一部ヲ私有貴國
人ヨリ買入レタリ然ルニ假令布教ノ便宜トハ雖モ貴政府
所有土地家屋ヲ無期限ニ米國人ノ占有ニ委スルハ貴
政府ノ不利ナルヲ以テ此際右土地家屋ヲ相當ノ賠償ヲ
貴政府ニ還収相成候上該地面中高地ニアル煉瓦建

그림 4. **[제중원 부지 환수 및 일부 민가 매입 활용 요청].** 규장각 소장.

一棟ハ顧問官ノ住居ニ他ノ一棟及空地ノ幾部分ヲ大

東倶樂部ノ敷地及附屬家屋トシ低地ニハ在ル家屋

ノ全部ハ貴政府ニ於テ任意ニ御使用相成候ハハ拙

メテ好都合ト存候右選收ニ關シテハ萩原書記官

ト米國公使及米國宣教師ト協議ノ結果日貨壹萬

零貳百八拾九圓九十餞ヲ以テ折合相付可申當未及探辣内為

地部ノ東方ニ候ヘハ韓人居家一棟ハ貴政府ヨリ

直接所有主ト交涉ノ上買上ケラレ候事ニ御取計相成

度尚ホ本件ハ度支部ト御協議ノ上可成ハ至急ニ御

決定相成候樣致度此段申進候　敬具

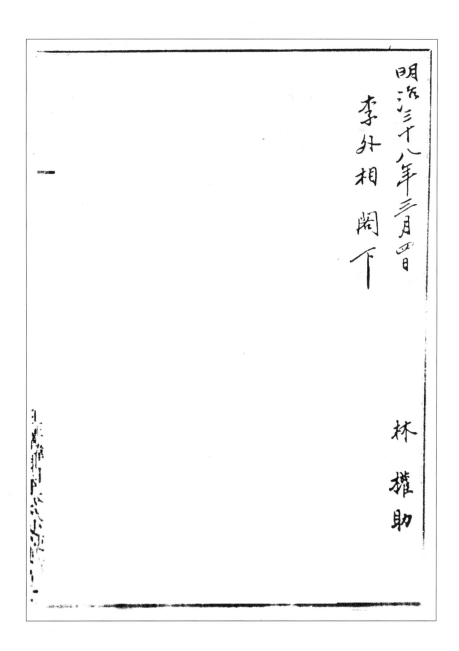

明治三十八年三月四日

李外相 閣下

林 權助

[제중원 부지 환수 및 일부 민가 매입 활용 요청]. 하야시 곤스케(일본 특명전권공사)가 이하영(외부대신)에게 보낸 공문. 일안(日案), 한문 번역, 규장각 19572 (1905년 3월 4일)

제중원 부지를 매입

삼가 말씀드립니다. 이 지역 프랑스 교회당 북부 쪽에 위치한 제중원 부지, 가옥 가운데 일부 토지와 두 채의 가옥을 제외하고는 완전히 귀 정부의 소유로 되어 있습니다. 몇 년 전 귀 부(部)와 미국 공사 간의 협정[22]에서 무상 사용의 조건으로 미국 교회에 이것을 지급한 후, 미국 교회에서는 옛 가옥을 수축하고 두 채의 기와집을 새로 지었으며 또 민유지 쪽의 일부를 매입하여 이곳을 넓혔습니다. 비록 포교 상의 편의라고 하지만 귀 정부가 소유한 토지, 가옥을 무기한 미국인의 점유에 맡겨둔다는 것은 매우 좋지 않은 일입니다. 이번에 상응하는 액수로 배상하여 환수한 후, 이곳 높은 지대에 있는 기와집 한 채는 (외부) 고문관이 거주토록 하고, 다른 한 채와 경계부의 공지는 대동구락부(大東俱樂部)로 만들며 낮은 지대에 있는 가옥 전부는 귀 정부가 임의로 사용한다면 좋다고 생각합니다. 환수 문제에 대해서는 하기와라 모모이치[萩原守一] 서기관이 미국 공사 및 미국 선교사와 일화 30,289엔 90젠에 (환수하기로) 협상을 마쳤습니다. 이곳 높은 지대의 동쪽으로는 민가 한 채의 경계를 침범하고 있으므로 소유주와 곧바로 협의하여 매입하도록 하십시오. 이상의 일을 탁지부에 공문을 보내 빨리 결정하시기를 바랍니다. 삼가 말씀드렸습니다.

1905년 3월 4일 하야시 곤스케

---

22) '귀 부(部)'는 외부를 가리키며, 협정은 1894년 9월 미국 공사 J. M. B. 실과 조선 외무대신 김윤식 사이에 체결된 협정을 말한다.

[Request for Redemption of Jejoongwon Site and Purchase of Some Private Houses.] Hayashi Konsuke (Jap. Minister Extraordinary and Plenipotentiary to Korea), Diplomatic Dispatch to Ha Yong Ye (Korean Minister of Foreign Affairs). Diplomatic Documents of Korea with Japan, Chinese Translation, Kyujanggak Document No. 19572 (Mar. 4th, 1905)

濟衆院 敷地 務圖 買入

敬啓者, 當地 佛國敎會堂 北部 前面 所在 濟衆院 敷地及家屋中, 一部 土地 與二棟家屋外. 專屬 貴政府 所有矣, 年前 由貴部 米使間 協定, 以無償使用 許 給米國敎會以來, 該會修築舊家屋, 新起二棟煉瓦屋, 且民有地面一部買添該區, 雖 有布敎上便宜, 貴政府所有土地家屋, 以無期限 委任於米人之占有, 寔甚不利, 際 此以相當賠償還收後, 該區高地, 所在, 煉瓦屋, 一棟 許住 顧問官, 其外 一棟及 幾部空地, 作爲大東俱樂部, 低地所在 家屋 全部, 自貴政府 任意 使用, 想甚便宜 也, 關其還收, 萩原 書記官 與米國公使 同宣敎師, 以日貨三万二百八十九元九十 戔 旣經協商, 該區 高地部 東方 侵入 民屋 一棟, 與所有主 直行 協議, 務圖買 入, 須將右件照議度支 斯速決定 爲盼. 敬具.

明治 三十八年 三月 四日
林 權助

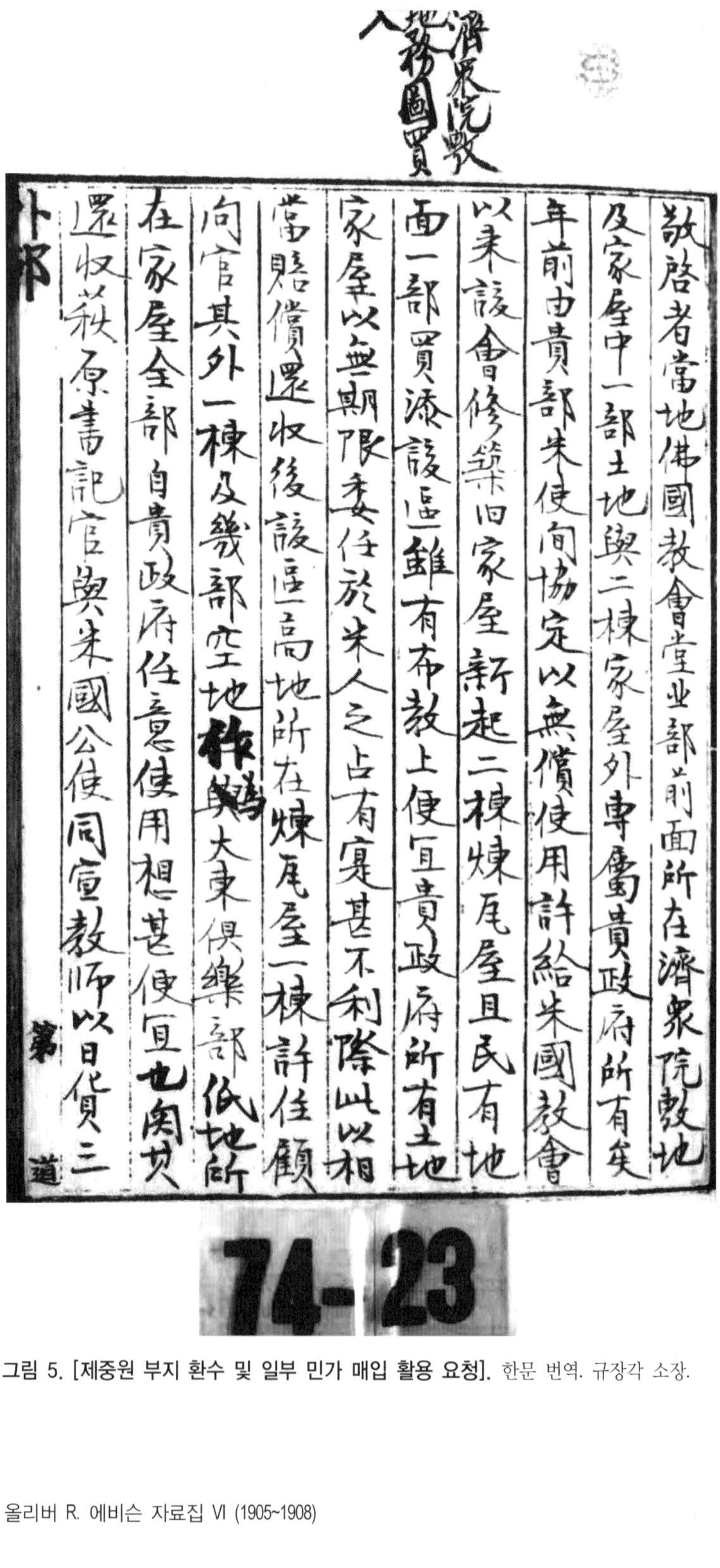

卜巴

還收萩原書記官與朱國公使同宣教師以日貨三

在家屋全部自貴政府任意使用想甚便宜七円矣

向官其外一棟及幾部空地作賣與大東俱樂部低地所

當賠償還收後該區高地所在煉尾屋一棟許住顧

家屋以無期限委任於朱人之占有寔甚不利除此以相

面一部買添該區雖有布教上便宜貴政府所有土地

以來該會修築回家屋新起二棟煉尾屋且民有地

年前由貴部朱使間協定以無償使用許給朱國教會

及家屋中一部土地與二棟家屋外專屬貴政府所有矣

敬啓者當地佛國教會堂業部前面所在濟眾院敷地

第

道

그림 5. [제중원 부지 환수 및 일부 민가 매입 활용 요청]. 한문 번역. 규장각 소장.

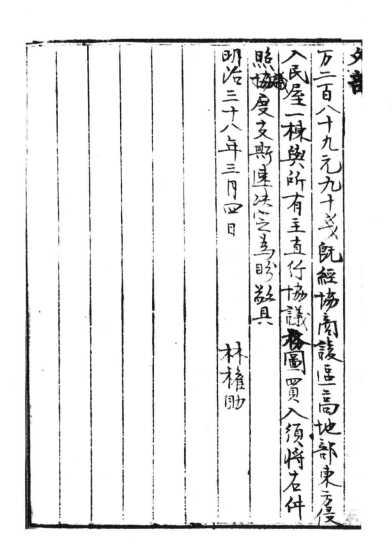

外書

万二百八十九元九十义　既經協商讓區高地部東〇侵

人民屋一棟與所有主直行協議〇圖買入須將右件

照協〇度支〇連决之為〇敬具

明治三十八年三月四日

林權助

메리 B. 바렛(서울)이 아서 J. 브라운(미국 북장로교회 해외선교본부 총무)에게 보낸 편지 (1905년 3월 10일)

(중략)

여자 사경회에 대해서는 현재 아직 제출되지 않았기 때문에 단편적인 보고만 할 수 있고, 쉴즈 양은 시골에 있습니다.

하지만 10일간의 사경회가 열렸고, 참석률이 상당히 좋았습니다. 에비슨 부인은 제 질문에 대한 대답으로, 그녀는 처음에 야고보서를 시작하여 얼마나 많이 있었는지, 어떤 것이 무엇이며, 각각 무엇을 했는지 알아보았다고 합니다. 그런 다음 그들은 복음서, 사도행전, 갈라디아서, 그리고 베드로서를 통하여 베드로를 추적하며 공부하였습니다. 그녀는 그것이 가장 흥미로운 공부이었다고 말합니다.

(중략)

Mary B. Barrett (Seoul),
Letter to Arthur J. Brown (Sec., BFM, PCUSA) (Mar. 10th, 1905)

(Omitted)

Of the womans class I can gave only a fragmentary report as now has been handed in yet, and Miss Shields is in the country.

However a ten days class was held and was quite well attended. Mrs. Avison says in answer to my question, that she first took up all the James, finding how many there were, which was which and what each one did, then they studied Peter following him thro' the gospels, Acts, Galatians, and Peters Epistles. She says it was a most interesting study.

(Omitted)

19050311

알렉산더 A. 피터스(일리노이 주 시카고)가 아서 J. 브라운(미국 북장로교회 해외선교본부 총무)에게 보낸 편지 (1905년 3월 11일)

(중략)

게다가 한국에서 사역자가 더 필요한 상황에서 사역지를 떠나는 것도 싫었습니다. 그러다가 아픈 아내를 놔두고 두 달 이상 그녀로부터 소식을 들을 수 없었던 것은 대단히 괴로운 것이었습니다. 그녀는 제가 떠날 때까지 서서히 살이 찌고 있었지만 폐가 더 나빠졌고 회복 가능성은 아직 많지 않았습니다. 필리핀에서 그녀가 앓고 있는 병의 본질을 알았더라면 우리는 결코 한국에 가지 않았을 것입니다. 그러나 더마겟과 일로일로에서 의사들의 반복적인 검사는 어떠한 위험도 감지하지 못하였을 뿐만 아니라 반대로 안심시켜 주었습니다. 에비슨 박사가 가래에서 결핵균을 발견한 것은 우리가 한국에 온 지 한 달이 지나서였습니다. 그런 다음 제가 맡은 업무를 온전히 수행할 수 있도록 상황이 조정될 수 있었기 때문에, 우리가 믿기에 성령의 인도하심에 따라 선교부 의사들의 승인을 받아 무엇이 되더라도 우리의 직분을 유지하기로 결정하였습니다.

(중략)

Alexander A. Pieters (Chicago, Ill.),
Letter to Arthur J. Brown (Sec., BFM, PCUSA) (Mar. 11th, 1905)

(Omitted)

Besides I disliked to leave the work, when workers are so needed in Korea. Then, it was very trying to leave my sick wife and not to be able to hear from her for over two months. Although she had been slowly gaining flesh up to the time I left, her lungs sere worse, and the chances of her recovery are still not many. Had we known the nature of her illness in the Philippines we would never have gone to Korea; but the repeated examinations of the doctors in Dumaguete and Iloilo not only did not ___al any danger, but were on the contrary, reassuring. It was only after we spent a month in Korea that Dr. Avison discovered the bacilli of tuberculosis in her sputum. Then, as matters could be arranged so that I would be able to do my full share of work, we decided, by the guidance of the Spirit, we trust, and with the approval of the Mission physicians, to remain at the post of our duty in Korea, come what may.

(Omitted)

회의록, 한국 선교부 서울 지부 (미국 북장로교회) 1891~1921
(1905년 3월 20일)

(중략)

동의에 의하여 여학교 기숙사에 사용될 건설 단계에 대한 문제는 의장이 임명할 위원회에 회부되었다. 후에 E. H. 밀러 씨, 게일 및 에비슨 박사가 그 위원회에 임명되었다.

(중략)

Minutes, Seoul Station, Korea, 1891~1921 (PCUSA) (Mar. 20th, 1905)

(Omitted)

On motion the question of the steps of construction to be used in the Girl's School Dormitories was referred to a Comm. to be appointed by the Chair. Later Mr. E. H. Miller, Dr. Gale and Avison were so appointed.

(Omitted)

주본 제60호. [남서(南署) 전면 소재의 제중원에 대한 구매비를 예비금 중에서 지출하는 일.]
주본존안, 규장각 17704 (1905년 3월 31일)

1. 주본 제60호

의정부 의정대신 대판(代辦)이자 군부대신인 신(臣) 권중현(權重顯)과 탁지부대신인 신 민영기(閔泳綺)는 삼가 아룁니다. 올해 3월 30일에 탁지부대신인 신 민영기가 논의를 요청한 '남서(南署) 전면 소재의 제중원에 대한 구매비 30,289원 10전을 예비금 중에서 지출하는 일'이 이미 회의를 마쳤으므로, 대신들의 가부를 표시하여 별도와 같이 첨부하고 원안(原案)을 보고하여 폐하의 결재를 기다립니다.

1905년 3월 31일 '그렇게 하라'는 재가를 받았다.

신 권 아무개
신 민 아무개

2. 1905년 3월 30일 의정부 회의록

사항: 탁지부대신이 논의를 요청한 북부 전면에 소재한 제중원의 구매비 30,289원 90전을 예비금 중에서 지출하는 일.

의정대신 임시서리 박제순(朴齊純)
참정대신 민영환(閔泳煥)
외부대신 이하영(李夏榮): 결정에 따르겠다.
내부대신 서리 이봉래(李鳳來): 가(可)하다.
도지부대신 민영기: 논의를 요청한다.
군부대신 의정대판 권중현: 지출함이 가하다.

법부대신 이지용(李址鎔): 가하다
학부대신 이재국(李載克)
농상공부대신 박제순(朴齊純)

참석   인
불참   인
가(可)
부(否)
심사 보고서

3. 남서 전면에 소재한 제중원의 구매비를 예산 외에서 지출하기를 요청하는
   문서 [제40호]

3월 7일 외부대신 제11호 조회 공문을 접수했음. 내용을 살펴보니, '남서 소재의 제중원 부지 및 가옥 중 일부 토지와 2동의 가옥이 정부에 완전히 속하는 것인데 무기한으로 미국인들의 점유에 위임한다면 이것은 매우 이롭지 못한 일이므로 상응하는 액수를 배상하고, 환수한 후에 1동은 외부 고문관이 거주하도록 하고 나머지 1동과 경계 부위의 공지(空地)는 공용지로 만들려고 하니, 잘 검토해 보고 해당 액수인 일화 30,289원 10전을 곧바로 협의하여 매입하도록 하는 것이 필요하다, 운운'의 것인바, 검토하여 보니 그 비용을 지출하지 않을 수 없기에 별지의 조서를 첨부하여 예비금 중에서 지출할 것을 의정부 회의에 제정(提呈)함.

1905년 3월 21일

탁지부대신 민영기

수신: 의정부 참정대신 조병식 각하

별첨. 예비금 지출 조서
일금 30,289원 90전 [지폐]. 남서에 있는 제중원의 구매비

Document No. 60. [Paying the Cost for the Jejoongwon Site on the Front of South District.] Document to the King, Kyujanggak Document No. 17704 (Mar. 31st, 1905)

奏本 第六十号

　議政府 議政大臣代辦 軍部大臣 [臣] 權重顯 度支部大臣 [臣] 閔泳綺謹奏 本年三月三十日 以度支部大臣 [臣] 閔泳綺 請議 南署前面所在濟衆院 購買費 三萬二百八十九元十錢 預備金中支出事 已經會議 標題可否 另具粘附 幷呈原案 伏候聖裁

　光武 九年 三月 三十一日 奉旨制曰可

　臣 權
　臣 閔

　光武 九年 三月 三十日 議政府 會議

　事項 度支部大臣 請議 北部 前面 所在 濟衆院 購買費 三萬 二百 八十 九元九 十戔 豫備金 中 支出事

　議政大臣 臨時署理 朴齊純
　參政大臣 閔泳煥
　外部大臣 李夏榮 依議
　內部大臣 署理 李鳳來 可
　度支部大臣 閔泳綺 請議
　軍部大臣 議政代辦 權重顯 支出可
　法部大臣 李址鎔 可
　學部大臣 李載克
　農商工部大臣 朴齊純

進參　　　人
不參　　　人
可
否
審査報告書

南署 前面 所在 濟衆院 購買費를 豫算外 支出 請議書 [第四十号]
　本月 七日 外部大臣 第十一号 照會를 接准ᄒ온즉 內開 南署 所在 濟衆院
數地 及家屋 中 一部 土地 與二陳家屋이 專屬政府 而以無期限으로 委任於米人
之占有 ＿甚不利以相當賠償 還收後 一棟은 許住 ᄎ部 顧問官ᄒ고 其外 一陳
及幾部空地 移作公用ᄒ릿ᄉ오니 照亮後 該價額 日貨 三萬 二百 八十九元 十錢
을 直行協議 務圖買入ᄒ심을 爲要 等因이온바 査 該費額을 不得不支出이ᄋᆸ기
別紙 調書를 從ᄒ야 豫備金 中 支出흠을 會議에 提呈事

　光武 九年 三月 二十一日
　度支部大臣 閔泳綺

　議政府 參政大臣 趙秉式 閣下
　第二 豫備金 支出 調書
　一金 三萬 二百 八十 九元 九十錢[紙幣] 南署 濟衆院 購買費

휘보. 관청 사항. 구한국 관보, 제3103호 (1905년 4월 3일)

휘보

관청 사항

탁지부에서 청의한 (......,) 남서 전면에 소재한 제중원의 구매비 30,289원 90전을 예비금에서 지출하자는 사안으로 의정부 회의를 거쳐 [폐하에게] 상주 (上奏)하니 '그렇게 하라'고 재가를 하심.

3월 31일

Bulletin. Official Matters.

The Gazette of Korean Government, No. 3103 (Apr. 3rd, 1905)

彙報

官廳 事項

度支部에서 請議호 戰捷 祝賀時 特派大使 一行 往還旅費 一萬 五千元과 外交官 服裝費 一萬 一千 九百 二十元과 南署 前面 所在 濟衆院 월購買費 三 萬 二百 八十九元 九十錢을 預備金 中 支出事로 議政府 會議를 經호後 上奏호 야 制日可라 호심

三月 三十一日

19050404

회의록, 한국 선교부 서울 지부 (미국 북장로교회) 1891~1921
(1905년 4월 4일)

(중략)

의장은 사도행전 20장으로 예배를 인도하였고 여러 명이 기도를 드린 후, 언더우드 박사는 회의 목적을 곤당골 및 병원 매각 위원회의 구두 보고를 듣고 그것에 대하여 건의를 하는 것이라고 언급하였다.

보고를 들은 후, 7명으로 구성된 위원회가 중앙교회의 부지를 살펴보고 부지에 이르는 도로의 구매와 관련된 건의를 하도록 동의되었다. 언더우드, 에비슨, 게일, 빈튼 및 허스트 박사, 그리고 F. S. 및 E. H. 밀러를 임명하자는 동의가 통과되었다.

(중략)

Minutes, Seoul Station, Korea, 1891~1921 (PCUSA) (April 4th, 1905)

(Omitted)

The Chairman led the devotional exercise from Acts 20 and after several led in prayer Dr. Underwood stated the object of the meeting which was to hear a verbal report from the Kon Dong Kol & Hospital Sale Committee and to make any recommendations in regard to it.

After hearing the report it was moved that a Committee of seven look over the central site and make recommendations relative to purchasing a roadway into the same. The motion having carried Drs. Underwood, Avison, Gale, Vinton, and Hirst and Messrs. F. S. and E. H. Miller were appointed.

(Omitted)

새뮤얼 F. 무어(서울)가 아서 J. 브라운(미국 북장로교회 해외선교본부 총무)에게 보낸 편지 (1905년 4월 7일)

(중략)

저는 2주일 동안 지방에 있었을 때 에비슨 박사로부터 무어 부인이 쇠약해진 상태에 있다는 편지를 받았습니다.

그녀는 빠르게 계단을 오르락내리락하였고 머리가 부딪혀 울고 있는 소년을 위하여 높은 약 선반까지 팔을 쭉 뻗었습니다. 그녀는 힘이 거의 없었고 가능한 한 영양가 있는 음식을 많이 먹고 있습니다.

(중략)

그녀의 인후에서 약간의 검체를 주의 깊게 검사한 후, 에비슨 박사는 결핵균을 발견할 수 없다고 말하고 있으며, 그녀의 체온이 항상 정상으로 유지되고 있기 때문에 그녀가 결핵에 걸려 있지 않지만 과도한 운동으로 인하여 출혈이 심했던 것으로 생각하고 있습니다.

(중략)

Samuel F. Moore (Seoul),
Letter to Arthur J. Brown (Sec., BFM, PCUSA) (Apr. 7th, 1905)

(Omitted)

I had been absent in the country for two weeks when I received a letter from Dr. Avison stating that Mrs. Moore had had a when in a run down condition.

She ran quickly up and down stairs and stretched her arms up to a high shelf for med. for a boy who was crying with a bumped head. She has very little strength, and is taking as much nourishing food as possible.

(Omitted)

After carefully examining the little that comes from her throat Dr. Avison says no tubercular bacilli can be found and as her temperature always remains normal he thinks she has no tuberculosis but that the hemorrhage was dire to over exertion.

(Omitted)

19050410

[제중원 반환에 관한] 약정서. 규장각 23174 (1905년 4월 10일)

제중원 반환에 관한 약정서

1905년 4월 10일, 조선 정부 외무아문을 갑(甲)으로 하고 미국 장로교회 해외선교본부의 정식 위임을 받은 책임자 C. C. 빈튼을 을(乙)로 하여 다음과 같이 약정서를 작성한다.

1894년 갑과 을 사이에 체결된 협정(이것은 미국 변리공사 J. M. B. 실이 보낸 공문 제29호와 조선 정부 외무대신 김윤식이 회답한 제24호에 실려 있다)에 의하면, 갑은 서울에 있는 정부 병원(제중원)을 을에게 인도하여 을이 자신의 비용으로 운영하도록 하며, 갑은 1년 전에 정식으로 을에게 환수 통고를 하고 양측이 합의한 금액을 지불하는 조건으로 언제든지 환수할 수 있도록 합의하였다.

현재 갑은 환수 의지를 전달하고 있으며, 을은 갑이 즉시 병원 자산을 소유하고 싶어 한다는 점을 이해하고 있다.

이에 따라 을은 다음의 사항들이 실행되는 조건으로, 전에 합의한 1년 전의 환수 통고라는 권리를 철회하는 데 동의한다.

(첫째) 1894년 9월의 합의에 따라 다음 금액을 즉시 지불한다.

의사 숙소 비용	8,500.00엔
피고용인 건물 비용	260.00엔
우물 비용	300.00엔
한옥 수리 비용	2,000.00엔
서재 비용	150.00엔
거실 수리 비용	44.90엔
최근 수리 비용	15.00엔
	11,269.90엔

(둘째) 병원 의사의 숙소로 세워진 건물을 즉각 양도하며, 갑은 을이 다른 곳에 주택을 지을 때까지의 임차료로서 1년 동안 매달 100엔씩을 지불하며, 아울러 두 세대의 두 차례 이사 비용으로 총 500엔을 을에게 즉각 지불할 것을 명시한다.

(셋째) 을은 동현(銅峴) 아래 쪽에 위치한 병원 건물들을 위의 1년 동안 사용할 수 있다.

(넷째) 갑은 을이 소유한 (제중원) 인접 자산을 매입하고자 하므로, 을은 저동(苧洞)에 소재한 을의 실제 자산 전부로 에바 H. 필드 박사가 전에 사용해 온 부지, 건물, 그 후 보수한 시설들을 총 19,020엔에 매각 양도하기로 한다. 갑은 19,020엔을 즉시 전액 지불하며, 을은 지불받은 즉시 적절한 양도 수속을 밟기로 한다. 아울러 이들 자산의 양도는 19,020엔을 지불한 날짜로부터 1년 뒤에 집행되며, 이 부지에 있는 외국산 과수 및 다른 작물들은 을의 소유로 남겨두고 자산의 양도 전에 옮길 수 있다는 데도 합의한다. 을은 지금의 합의에 따라 그 부지의 1년 간 사용을 주장할 수 있지만, 갑은 자신이 판단에 따라 빈 부지에 건물을 세울 수 있으며 이 경우 공사가 시작되기 전에 현재의 건물과 정원 주위에 적절한 담장을 쳐야 한다.

이상의 내용에 대한 증거로 1905년 4월 10일 양측은 여기에 서명한다.
이하영
C. C. 빈튼

입회인
H. G. 언더우드
S. 후루야

제중원 부지 및 건물의 반환
Redemption of Jejoongwon Site and Buildings

1904년 9월 새로 지은 제중원인 세브란스 병원이 준공되어 구리개 제중원에 입원 중이던 환자 5명이 새 병원으로 이송되었고, 모든 의료 기능이 새 병원에서 진행되었다. 일본은 구리개 제중원 부지를 조속히 확보하여 사용하도록 조선 정부에 촉구하였다. 이 반환 협상은 한국 정부를 대리하여 일본 공사관의 하기와라 슈이치 서기관이 나서 미국 공사 및 미국 북장로교회의 한국 선교부 대표인 캐드월러더 C. 빈튼 사이에 협상이 진행되었다.

협상은 1894년 9월 제중원을 미국 북장로교회 한국 선교부로 이관할 때 작성된 협정에 근거하여 이루어졌으며, 한국 정부는 11,269.90원을 지불하기로 하였고 이 부지와 건물은 1년 동안 선교부가 사용할 수 있었다.

그런데 조선 정부가 제중원에 인접하여 선교부가 소유하고 있던 자산의 매입을 원함에 따라 에비 H. 필드 박사 명의의 제이콥슨 기념사택을 19,020원에 양도하기로 결정하였다. 이 부지와 건물도 1년 동안 선교부가 사용할 수 있도록 합의하였다.

1905년 4월 10일 제중원 부지와 건물, 그리고 제이콥슨 기념사택 부지와 건물에 대하여 한국 정부가 30,289원 90전을 선교부에 지불하기로 합의하고 서명하였다.

그런데 일본 공사관은 미국인들을 즉시 내보내는 것이 한국 정부에 유리하다며, 4월 21일 매달 100엔의 임대료 1년 치와 이사 비용으로 500원을 지불하여 즉시 사용할 수 있도록 협상하였음을 한국 정부에 알렸다.23)

---

23) [제중원 부지 가옥 환수 후의 미국인 유보 권리 처리 방안의 제시]. 하기와라 슈이치(일본 임시대리공사)가 이하영(외부대신)에게 보낸 문서. 일원안(日原案), 규장각 18058 (1905년 4월 21일)

Articles of Agreement [on the Redemption of Jejoongwon].
Kyujanggak Documents No. 23174 (Apr. 10th, 1905)

ARTICLES OF AGREEMENT made this 10th day of April, 1905, between the

DEPARTMENT FOR FOREIGN AFFAIRS OF THE KOREAN GOVERNMENT, party of

the First Part, and THE BOARD OF FOREIGN MISSIONS OF THE PRESBYTERIAN

CHURCH IN THE UNITED STATES OF AMERICA, by C. C. Vinton, Treasurer,

duly authorized, party of the Second Part, as follows:

Whereas, in an agreement entered into between the party of the First

Part and the party of the Second Part in the year 1894 (contained in

despatch no. 29, from the Honorable J. M. B. Sill, Minister Resident

of the United States, and in despatch no. 24 in reply thereto, from

the Honorable Kim Yun Sik, Minister for Foreign Affairs of the Korean

Government) it was agreed that the Government Hospital (Chei Chung Wan)

in Seoul should be delivered over by the party of the First Part to be

operated by and at the expense of the party of the Second Part, being

subject to be resumed at any time by the party of the First Part upon

one year's notice, duly given to the party of the Second Part, of such

intention and upon the payment by the party of the First Part to the

party of the Second Part of certain sums as agreed; and

Whereas, the party of the First Part having now indicated its inten-

tion to give such notice of resumption, and it being understood by the

party of the Second Part that the party of the First Part is very desi-

rous of obtaining immediate possession of a portion of the hospital

property;

Therefore, it is hereby agreed that the party of the Second Part

consents to waive its claim to one year's notice as previously agreed,

upon the carrying out of the following conditions:--

(First) Immediate payment of the following sums, as per the agree-

ment of September, 1894,

Physician's house	Yen 8500.00	
Servants' quarters	260.00	
Well	300.00	Yen 9060.00

圭23174

그림 6. Articles of Agreement [on the Redemption of Jejoongwon]. 규장각 소장.

```
                          forward              Yen 9060.00

        Repairs on Korean buildings    Yen 2000.00
        Book room                          150.00
        Fixing large room                   44.90
        Recent repairs                      15.00   __2209.90_
                                               Yen 11269.90
```

b(Second) Immediate surrender of the house built as a residence for the Hospital Physician, the party of the First Part stipulating to pay monthly for a period of one year the sum of one hundred yen per month to the party of the Second Part as rental pending the erection by the party of the Second Part of a residence elsewhere, and to pay also immediately to the party of the Second Part the sum of 500 yen as expenses of twice moving two households:

(Third) The party of the Second Part may retain the use for the said period of one year of the hospital buildings situate upon the lower level of land at Tong Hyen:

(Fourth) The said party of the First Part being desirous to purchase the adjoining property belonging the the said party of the Second Part, the party of the Second Part hereby agrees to sell and convey to the party of the First Part all that certain piece of land, with buildings and improvements thereon, situated in the district known as Chu Dong, in the city of Seoul, and formerly occupied by Dr. Eva H. Field, being all of the real property of the said party of the Second Part in the said district of Chu Dong, for the sum of yen 19020, which said sum of yen 19020 the said party of the First Part agrees to pay in full for the same, and upon receipt of the said sum the party of the Second Part agrees to execute and deliver to the said party of the First Part a proper deed or deeds of conveyance for the same; and it is further agreed that delivery of said property shall be given one year after the date of the payment of said sum of yen 19020, that the foreign fruit-trees and other growing plants upon said certain piece of land shall remain the property of the party of the Second Part and may be removed before the delivery of said property; Nevertheless the party of the Second Part shall claim the use during the said period of one year of only such portion of said piece of land as is agreed hereafter with the party of the First Part, but the party of the First Part shall be free to erect buildings upon such vacant portion of said piece of land as they shall elect, and shall enclose the present residence and its remaining garden land by a sufficient fence before beginning such erection.

In witness whereof the parties hereto have herewith set their hands and seals this 10th day of April, 1905.

Ye Ha Yung
C. C. Vinton

In the presence of

H. G. Underwood
S. Furuya

19050410

캐드월러더 C. 빈튼, [병원 건물 및 기념관 양도 대금 수수 영수증].
규장각 23206 (1905년 4월 10일)

서울, 1905년 4월 10일

한국의 외부대신으로부터 30,289원 90전을 받았다. 이 돈은 오늘 외부와 체결한 계약, 즉 동현에 있는 병원 건물과 제이콥슨 기념관을 양도하는 계약에 따라 받기로 한 총 31,989원 90전의 일부이다. 나머지 1,700원은 외부대신이 1894년에 합의된 시한에 관한 조항을 이행할 때까지 지불이 유보된다. 또한 오늘부터 18일 이내에 시한에 관한 결정을 내리기로 합의하였다. 지금 문제가 되고 있는 주택 임차와 이사 비용(1,700원) 지불이 승인되지 않으면 제이콥슨 기념관의 매매는 무효가 되고, 따라서 19,020원은 반환하기로 합의하였다.

C. C. 빈튼

Cadwallader C. Vinton, [Receipt for Transfer of Hospital Building and Jacobson Memorial Home to Government].
Kyujanggak Documents No. 23206 (Apr. 10th, 1905)

Seoul, April 10, 1905

Received from the Korean Minister of Foreign Affairs the sum of thirty thousand two hundred and eighty-nine yen and ninety sen(y 30,289.90), being part of the full sum of thirty-one thousand nine hundred and eighty-nine yen and ninety sen called for by the contract entered into this day for the transfer with the Foreign Office of the hospital plants in Dong Hyun and of the Jacobson Memorial Home, the remaining one thousand and seven hundred yen being withheld until the Foreign Minister shall have satisfied himself concerning the time clause in the agreement of 1894; it being also agreed that such conclusion shall be reached within eighteen days from this date, and that if the rent and moving expense in question(yen 1700) be not allowed, the sale of Jacobson Memorial Home shall be annulled and the sum of 19,020 yen returned.

C. C. Vinton

캐드러더 C. 빈튼, [토지 매매 계약서].
규장각 23207 (1905년 4월 10일)

갑, 즉 미국 북장로교회 해외선교본부 한국 선교부의 권한을 정식으로 위임받은 재무 C. C. 빈튼은 서울 남부 저동에 소재한, 프랑스 성당과 면한 길의 북쪽을 따라 위치한 대지와 그것에 이루어진 개보수에 대한 모든 소유권과 이권을, 즉 대한제국 외부에 매각하고 양도하며 그 대금으로 19,020원을 수령하였음을 모든 사람에게 알린다. 상기 장소에 위치한 갑의 부동산은 다음의 증서에 보다 구체적으로 기록되어 있다. 1899년 3월 26일자로 필드 양에게 발행된 판윤의 증서 제3호과 제4호, 서울의 미국 총영사관 문서철 제2권 61쪽 1899년 4월 10일자에 기록됨; 1899년 3월 9일 필드 양에게 발행된 도로국 증서, 문서철 제2권 62쪽 1899년 4월 10일자에 기록됨; 1899년 9월 6일 필드 양에게 발행된 판윤의 증서 제8호, 문서철 제2권 91쪽 1899년 8월 26일자에 기록됨; 1899년 9월 12일에 필드 양에게 발행된 판윤의 증서 제9호, 문서철 제2권 99쪽 1899년 9월 21일자에 기록됨; 1899년 9월 12일에 필드 양에게 발행된 판윤의 증서 제10호. 문서철 제2권 100쪽 1899년 9월 21일자에 기록됨. 상기 자산은 갑을 대표하여 에바 F. 필드 양이 구입하여 소유하던 것이다. 계승자인 을에게 상기 부동산을 영구히 양도한다.

미국 북장로교회 해외선교본부 한국 선교부의 권한을 정당하게 위임받은 대리인이 증인으로서 그 이름을 서명한다.

미국 북장로교회 해외선교본부 한국 선교부
C. C. 빈튼
재무

Cadwallader C. Vinton, [Agreement of Property Sale], Kyujanggak Documents No. 23207 (Apr. 10th, 1905)

Know All Men by these Presents, that The Korea Mission of the Board of Foreign Missions of the Presbyterian Church in the United States of America, by C. C. Vinton, its Treasurer in Korea duly authorized, party of the first part, hereby sells and conveys to the Imperial Korean Foreign Office, party of the second part, in consideration of the payment of Yen 19,020.00, the receipt whereof is hereby acknowledged, all its right title and interest in and to that certain tract or parcel of land with the improvements thereon, situated at Chu Dong in the Southern District of Seoul, lying along the North side of the road facing the French Cathedral, and being all the real property of the party of the first part in the said locality, more particularly described in the following deeds: - Governor's deeds Nos. 3 and 4 to Miss Field, dated March 26, 1899, recorded in the Ameri- can Consulate General at Seoul, Korea, in Liber 2 page 61, on April 10, 1899; Deed of the Road Department to Miss Field, dated March 9, 1899, recorded April 10, 1899 in Liber 2 page 62; Governor's deed No 8 to Miss Field, dated September 6, 1899, recorded August 26, 1899 in Liber 2 page 91; Governor's deed to Miss Field dated September 12, 1899, No 9, recorded September 21, 1899 in Liber 2 page 99, and Governor's deed No 10 to Miss Field, dated September 12, 1899, recorded September 21, 1899 in Liber 2 Page 100. The said property having been purchased and held by Miss Eva H. Field, the grantee named in the above mentioned deeds for and on behalf of the said party of the first part. To have and to Hold unto the said party of the second part its successors and assigns forever.

In Witness Whereof the said Korea Mission of the Board of Foreign Missions of the Presbyterian Church in the United States of America, party of the first part, by its duly authorized Agent, has hereunto subscribed its name

The Korea Mission of the Board of Foreign Missions of the Presbterian Church in the United States of America

by C. C. Vinton

Treasurer

19050411

회의록, 한국 선교부 서울 지부 (미국 북장로교회) 1891~1921
(1905년 4월 11일)

(중략)

낭독된 3월 9일자 선교본부 편지에 담긴 부동산 문제를 고려하기 위하여 회의가 소집되었다. 토의가 있은 후 다음의 동의안이 통과되었다.

만일 재산 위원회가 할 수 있는 경우, 지부에서 계획을 축소하고, 가능하면 후에 대체할 부분을 삭감할 것을 제안한다.

추가 건축비에 대한 이유를 설명하는 편지를 선교본부로 보낼 2명으로 구성된 위원회를 임명한다.

언더우드 박사와 에비슨 박사가 그 위원회에 임명되었다. (......)

Minutes, Seoul Station, Korea, 1891~1921 (PCUSA) (April 11th, 1905)

(Omitted)

The meeting having been called to consider property matters arising from the Board letter of date Mch. 9th. that letter was read. After discussion the following motions were passed.

That if the Property Committee be able, the station suggests that the plans be pared down, parts cut out to be replaced later if possible

That a committee of two be appointed to write the Board showing reasons for additional cost of building.

Dr. Underwood and Avison were appointed as such Committee.

(Omitted)

19050412

호러스 N. 알렌(주한 미국 공사)이 아서 J. 브라운(미국 북장로교회 해외선교본부 총무)에게 보낸 편지 (1905년 4월 12일)

접 수
1905년 5월 22일
브라운 박사

미국 공사관
한국 서울

1905년 4월 12일

친애하는 브라운 박사님,

동봉된 것[24]은 이전 사본과 관련하여 박사님이 관심을 가질 것입니다. 나는 박사님께 에비슨 박사의 병원에 매달 300엔의 정부 예산을 받으려고 한다고 말씀드린 것 같습니다. 나는 이제 떠나기 전에 이 일을 마칠 수 있는 좋은 희망을 가지고 있으며, 그렇게 되면 나는 이 기관을 좋은 모양으로 돌보았다고 느끼게 될 것입니다.

Horace N. Allen (Seoul),
Letter to Arthur J. Brown (Sec., BFM, PCUSA) (Apr. 12th, 1905)

Received
MAY 22 1905
Dr. Brown

American Legation
Seoul, Korea

April 12, 1905

Dear Dr. Brown:

The enclosed will interest you in connection with previous copies. I think I told you that I was trying to get a government appropriation of Yen 300 per month for Dr. Avison's hospital. I now have good hopes of completing this before leaving and will then feel that I have left this institution which I fathered in good shape.

---

24) 연못골의 지도를 말한다.

19050412

호러스 N. 알렌(주한 미국 공사)이
캐드월러드 C. 빈튼(서울)에게 보낸 편지 (1905년 4월 12일)

<table>
<tr><td>접 수
1905년 5월 22일
브라운 박사</td></tr>
</table>

미국 공사관
한국 서울

1905년 4월 12일

친애하는 빈튼 박사님,

　하기와라 씨는 옛 병원 부지의 구입에 대하여 방금 나를 만나러 왔고, 나는 그에게 귀 선교부가 부동산에 대한 권리를 부여하는 원본 문서를 보여 주었습니다. 그는 한국 정부의 답변을 면밀하게 읽고 후자가 필요한 금액을 지불하면 언제든지 즉시 소유할 수 있다고 주장합니다. 나는 그 표현을 받아들일 수 없다고 대답하고 나의 이유를 밝혔습니다. 그는 이미 약 3만 엔이 지불되었으며, 현재 논쟁 중인 유일한 문제는 1년 임대료 1,200엔과 이사 비용 500엔뿐이라고 말합니다. 그는 이 1,700엔을 지불한 날부터 1개월 이내에 건물 전체를 비우는 데 동의하면 즉시 지불할 것이라고 말하였습니다. 그는 서명된 협약서를 보여주었고, 처음에 나는 제안된 합의가 전체 재산의 즉각적인 양도를 고려하고 있다는 것을 이해하였기 때문에 제3조가 포함된 것이 유감스럽습니다. 나는 박사님이 1,700엔을 받고 한 달 안에 건물 전체를 비우는데 동의하기를 바랍니다. 그렇지 않으면 문제가 계속 지연되어 내가 떠나기 전에 받기를 바라는 병원에 대한 월별 예산을 받는 데 심각한 방해가 될 것입니다. 가능하면 원만하게 한 번에 해결하도록 노력해 주세요.

　안녕히 계세요.
　호러스 N. 알렌

Horace N. Allen (Seoul),
Letter to Cadwallader C. Vinton (Seoul) (Apr. 12th, 1905)

American Legation
Seoul, Korea

April 12, 1905

Dear Dr. Vinton,

Mr. Hagiwara has just been to see me about the purchase of the old hospital site and I have shown him the original documents giving your mission the right to the property. He claims from a strict reading of the reply of he Korean Govrnt. that the latter may take immediate possession at any time on paying the necessary amount. I replied that I could not accept that rendering and gave my reasons. He says that the money, some thirty odd thousand yen, has already been paid and that the only matter now under dispute is the Yen 1,200 of one years rental and Yen 500 for moving. He says that will be paid you at once if you will agree to vacate the entire premises within one month from the date of payment of this Yen 1,700. He showed me the agreement that had been signed and I am sorry the Third Art. was included as I understood at the first that the proposed settlement contemplated immediate surrender of the whole property. I wish Dr. that you would agree to accept the Yen 1,700 and vacate the entire premises within one month, otherwise the matter will drag on and will seriously interfere with my getting the monthly appropriation for the hospital, which I hope to get before my departure. Please try to arrange this amicable and at once if possible.

Yours sincerely,
Horace N. Allen

회의록, 한국 선교부 서울 지부 (미국 북장로교회) 1891~1921
(1905년 4월 19일)

(중략)

언더우드 부인의 의료 기금이 에비슨 박사의 주문에 사용하도록 이관되었다.

(......)

동의에 의하여 전체 기지 계획을 포함한 여학교 건물 문제는 E. H. 밀러, 게일 및 에비슨 박사에 바렛 양, 언더우드 박사 및 웰본 부인이 추가된 위원회에 회부되었다.

(중략)

Minutes, Seoul Station, Korea, 1891~1921 (PCUSA) (April 19th, 1905)

(Omitted)

Medical funds of Mrs. Underwood were transferred to Dr. Avison's order.

(......)

In motion the matter of the Girls School building including plans for whole plant was put in hands of Committee of E. H. Miller Drs. Gale & Avison with Miss Barrett, Dr. Underwood & Mrs. Welbon added.

(Omitted)

19050421

[제중원 부지 가옥 환수 후의 미국인 유보 권리 처리 방안의 제시].
하기와라 슈이치(일본 임시대리공사)가 이하영(외부대신)에게 보낸 문서.
일원안(日原案), 규장각 18058 (1905년 4월 21일)

　　삼가 말씀 올립니다. 알릴 것은, 그곳 프랑스 교회당 북부 전면에 있는 제중원 부지, 가옥 환수 및 그 부근의 토지 및 건물의 매입에 대해서는 이미 각하와 미국인 사이에 조인이 되었습니다. 그런데 옛날에 귀 정부가 그곳의 가옥을 미국인에게 대여함에 있어 이와 같은 교섭에 익숙하지 않은 결과, 귀 정부에 극히 불리한 조건을 허용하였기 때문에, 미국인들은 환수 통고 후에 또한 일 년 동안의 거주 권리를 가지게 되었습니다. 따라서 귀 정부가 그것을 곧 거두어 사용하기 위해서는 미국인 등이 가진 권리에 대해 상당한 보상을 하지 않으면 안 되게 되어, 이미 조인된 계약에 의하여 지불된 금액 외에 다시 1,700원을 부담하게 되었습니다. 귀 정부가 위의 조건을 허용한 것은 부주의한 것이며, 의무를 이행할 진정한 의지가 없다면, 계약상의 의무를 효력화시켜서는 안 됩니다. 하지만 지금 그것을 다툰다면 미국인들은 그 권리를 주장하여 물러나지 않을 것이므로, 귀 정부는 수개월을 지나야 위 건물을 사용할 수 있게 되고, 따라서 환수 목적을 달성할 수 없게 되므로, 일단 미국인들의 주장을 허용하는 것이 오히려 좋은 방법이라고 생각합니다.

　　위의 계약에 의하면, 미국인이 소유한 토지 및 그 위에 있는 건물의 인도는 대금 지불 후 만 일 년이 되는 날 행해질 것이지만, 이번에 부족한 점에 대해, 미국인의 대표자와 회합하여, 토지 및 건물의 인도 기한에 관해 귀 정부에게 유리한 계약을 체결하였습니다. 일부는 즉시로, 또 다른 일부는 6월 15일까지, 그리고 전부는 10월 1일까지 인도를 마치기로 하여, 다소 귀 정부의 이익이 된다고 생각하기 때문에, 승낙되기를 바랍니다. 또한 해당 계약서는 본 계약서 및 부속서류 한 건을 함께 귀(貴) 나라 외교 고문 스티븐슨 씨에게 송부하기를 바라며, 따라서 열람을 위해 이것을 바칩니다. 삼가 말씀드립니다.

1905년 4월 21일 하기와라 슈이치
이하영 각하

[Suggestion of Process Plan against the American Right after Redemption of Site and Buildings of Jejoongwon.] Hagiwara Shuichi (Japanese *Chargé d'Affaires* to Korea), Diplomatic Dispatch to Ha Yong Ye (Korean Minister of Foreign Affairs). Original Diplomatic Documents of Korea with Japan, Kyujanggak Document No. 18058 (Apr. 21st, 1905)

敬啓, 陳者, 當地佛國教會堂北部前面ニ在ル濟衆院ノ敷地.家屋還收, 及ヒ其附近ノ土地及建物買入ニ關シテハ, 旣ニ閣下ト米國人トノ間ニ調印濟ト相成候處, 先年貴國政府ガ該地所家屋ヲ米人ニ貸與セラルルニ當リ如斯交涉ニ慣熟セラレザル結果, 公文ヲ以テ貴國政府ニ 極メテ不利益ナル條件ヲ御許容相成候爲メ, 米人等ハ還收通告後猶一個年居住ノ權利ヲ留保致居リ候ニ就テハ, 之ヲ直ニ收メテ貴國政府ノ用ニ供スル爲メニハ米人等ノ留保セル權利ニ相當ノ補償ヲ爲ササル可カラサル次第ト相成, 卽チ旣ニ御調印相成候契約ニ依リ支拂濟ト相成居候金額ノ外ニ猶千七百圓ヲ貴政府ニ於テ御負擔相成候必要ト相成候. 尤モ右條件ノ御許容ハ貴政府ニ於テ不用意ノ致ス所ニシテ卽チ眞實ナル意志ノ合致ヲ欠キタルモノナレハ, 充分ニ契約上ノ義務ヲ生シタルモノト稱ス可カラサルハ勿論ナレトモ, 今日之ヲ爭フトキハ米人等ハ其所謂權利ヲ主張シテ立退キヲ肯セザルヘク, 旁旁數閱月ヲ經サレバ右地所建物ヲ貴國政府使用ニ供スルヲ得ズ, 從テ右還收ノ目的ヲ達セザルコトト相成候ニ付, 暫ク右米人等ノ主張ヲ許容スルコト今日ニ於テハ却テ得策ト存候.

尤右契約ニ依レハ, 米國人ガ以前所有セシ土地幷ニ其上ニ在ル建物ノ引渡ハ代金拂渡後滿壹個年目ニ於テ行ハルル可キ筈ナルモ, 今回拙者ニ於テ右米人ノ相當代表者ト會合致シ, 土地及建物ノ引渡期限ニ關シテ貴政府ノ爲メニ有利ナル契約ヲ訂結致シ, 其一部ハ卽時ニ, 又他一部ハ來六月十五日迄ニ, 而シテ其全部ヲ來十月一日迄ニ引渡ヲ了スルコトト致シ候ニ付テハ, 多少貴國政府ノ利益ト相成候事ト存候間, 右御諒承相成候樣致度, 猶該契約書ハ本契約書幷ニ附屬書類一件ト共ニ貴國外交顧問スチ-ウンス氏ヘ送附致度候間, 就テ御覽相成候樣致度, 此段申進候. 敬具.

明治三十八年四月二十一日　萩原守一
李 外相 閣下

19050421

[제중원 부지 가옥 환수 후의 미국인 유보 권리 처리 방안의 제시].
하기와라 슈이치(일본 임시대리공사)가 이하영(외부대신)에게 보낸 문서.
일안(日案) 한문 번역,
규장각 19572 (1905년 4월 21일)

　　삼가 말씀 올립니다. 이곳 프랑스 교회당 북부 전면에 위치한 제중원 부지, 가옥의 환수 및 그 부근 가옥, 토지의 매입의 일을 각하께서 미국인과 조인하였는데, 검토해 보니 귀 정부가 그 땅과 가옥을 미국인에게 대여할 때 이와 같은 교섭에 서툴러서 매우 불리한 조건인데도 인허하였으므로 환수 통고 후에도 미국인들은 일 년의 거주 권리를 계속해서 보유하게 되었습니다. 귀 정부가 곧바로 공용으로 하려 하면, 미국인이 가진 권리에 상응하는 액수로 보상을 하지 않을 수 없으니, 조인된 계약 금액을 지불해야 할 뿐만 아니라 1,700원을 또 부담하게 되었습니다. 위 조건을 허용한 것은 귀 정부의 부주의에서 비롯된 것이니 만일 약속을 지키려는 진실된 의지가 없다면 계약상의 의무를 이행하지 말아야 할 것이나, 지금 서로 다툰다면 미국인들은 그 권리를 주장하며 퇴거하려 하지 않아, 수개월이 지나도 토지와 가옥을 공용할 수 없어, 환수 목적을 달성할 수 없습니다. 미국인들의 주장을 허용하는 것이 현재까지는 도리어 좋은 방법입니다.

　　위 계약에 의하면, 미국인들은 소유한 토지와 가옥을 대금을 받은 후 만 1년 후에 인도할 것입니다. 그러나 이번에 이런 부족한 점은 미국인 대표자와 회합할 때 인도 기간을 정해 귀 정부에 유리한 계약을 체결하여, 즉시 일부를, 6월 15일까지 또 일부를, 10월 1일까지 전부를 인도하기로 하였습니다. 귀 정부에 다소 이익이 되리라 생각하니, 잘 검토하고, 이 계약서 및 부속서류 한 건을 함께 외교 고문 스티븐스에게 송부 하십시오. 열람을 바랍니다. 삼가 말씀 드립니다.

　　1905년 4월 21일 하기와라 슈이치

[Suggestion of Process Plan against the American Right after Redemption of Site and Buildings of Jejoongwon.] Hagiwara Shuichi (Japanese *Chargé d'Affaires* to Korea), Diplomatic Dispatch to Ha Yong Ye (Korean Minister of Foreign Affairs). Diplomatic Documents of Korea with Japan, Chinese Translation, Kyujanggak Document No. 19572 (Apr. 21st, 1905)

敬啓, 以當地佛國敎會堂北部前面所在濟衆院敷地家屋之還收, 及其附近家屋土地之買入一事, 閣下與米國人旣經調印, 查貴政府將該地所家屋貸與米人之時, 如斯交涉未得慣熟 極以不利之條件乃爲認許 因以還收通告後, 米人等留保一個年住居權利, 貴政府若卽收供用, 對米人等留保權利, 不可無相當補償, 依調印契約支撥金額外, 一千七百元又爲負擔 寔屬必要, 右條件之許容, 出於貴政府之不注意, 卽欠眞實意志之合致者, 則卽當不可以稱之契約上義務, 今若相爭, 米人等主張該權利, 不肯退出, 仍閱數月, 土地家屋亦不得供用, 因不得達還收目的矣 許容米人等之主張, 到今還爲得策也

依右契約, 則米人等, 將所有土地家屋領收代金後滿一個年, 將可傳授, 然此次拙者會合米人代表者, 傳授期限, 爲貴政府訂結有利, 契約卽時其一部, 來六月十五日內又一部, 來十月一日內其全部 擬畢傳授, 則想有貴政府之多少利益, 照諒爲盼, 該本契約書及附屬書類一件, 并爲送附於外交顧問官須集雲矣, 俯覽焉, 敬具

明治 三十八年 四月 二十一日 萩原守一

메이 H. 헐버트(서울)가 헬렌 헐버트(오하이오 주 우스터)에게 보낸 편지 (1905년 4월 25일)

(중략)

토요일 아침에 우리는 일어나서 눈으로 하얗게 덮인 땅을 보고 놀랐단다. 4월 말에 눈이 내리고, 3인치나 쌓였다. 날씨가 맑아져서 나는 오후에 무어 부인, 샤프 부인 및 에비슨 부인을 방문하였다.

(중략)

사랑하는 헬렌, 왜 레라에게 편지를 쓰지 않니? 그 애는 너에게 편지를 여러 번 썼는데 답장이 없다며 어머니에게 헬렌이 왜 답장을 보내지 않는지 모르겠다고 계속 편지를 쓰고 있단다. 너는 친구를 그렇게 방치해서는 안 돼. 네가 그녀에게 편지를 쓰기를 바란다.

(중략)

May H. Hulbert (Seoul),
Letter to Helen Hulbert (Wooster, O.) (Apr. 25th, 1905)

(Omitted)

On Saturday morning we were surprized to wake and see the ground white with snow. I imagine snow so late in April and come up three inches. It cleared off so that in the afternoon I called on Mrs. Moore, Mrs. Sharp & Mrs. Avison.

(Omitted)

Helen dear why don't yo write to Lera, she keeps writing to her mother that she doesn't know why Helen does not answer letter she had written several and had no answers, you must not neglect your friends like that I hope you will write to her.

(Omitted)

19050428

[프랑스 교회 앞 미국인 가옥 매입 가격의 빠른 해결.]
하기와라 슈이치(일본 임시대리공사)가 이하영(외부대신)에게 보낸 문서.
일원안(日原案), 규장각 18058 (1905년 4월 28일)

　　안녕하십니까, 이번 차에 귀 정부에서 프랑스 교회 앞에 소재한 미국인 가옥 및 부지를 매입한 문권을 일체 송부하여 외교 고문관 스티븐 씨에게는 형편이나 사성을 밝히어 알게 하고, 또한 매매 계약 후에 내어준 금 1,700원 또한 전에 알린 것에 준하여 이를 속히 지불하게 하는 것이 반드시 필요하기 때문에 본관이 직접 재정고문에게 협의하여 대략 동의를 얻었으므로 각하께서도 속히 탁지대신에게 공첩을 보내길 바랍니다. 삼가 아룁니다.

　　명치 38년[1905년] 4월 28일 하기와라 슈이치

[Quick Settlement of the Purchase of an American House in front of a French Cathedral.] Hagiwara Shuichi (Japanese *Chargé d'Affaires* to Korea), Diplomatic Dispatch to Ha Yong Ye (Korean Minister of Foreign Affairs). Original Diplomatic Documents of Korea with Japan, Kyujanggak Document No. 18058 (Apr. 28th, 1905)

　　拜啓, 此次貴政府 買入之 佛國敎會堂前 所在 美人家屋 及 其敷地 文券, 一切 送付 於外交顧問 須集雲氏, 以此照諒, 而且賣買 契約 後 出給金 一千 七百元, 亦准前告, 斯速支撥, 寔屬必要, 故本官 直接協議 于財政顧問, 略得 同意, 閣下 亦速公牒 于度支大臣 爲盼, 敬具.

　　明治 三十八年 四月 二十八日 萩原守一

호러스 G. 언더우드, 올리버 R. 에비슨(서울 지부)이
아서 J. 브라운(미국 북장로교회 해외선교본부 총무)에게 보낸 편지
(1905년 4월 28일)

한국 서울,
1905년 4월 28일

A. J. 브라운 박사,
　미국 북장로교회 해외선교본부,
　미국 뉴욕 시 5 애버뉴 156

친애하는 브라운 박사님,

　박사님의 3월 26일자 전보에 따라 서울 지부는 즉시 E. H. 밀러 목사의 사택 건축 준비에 들어갔습니다. 선교지부의 1월 30일자 편지[25]는 우리가 곤당골 부지의 판매 대금으로 총 38,000엔을 받았고, 그 액수는 선교본부와의 합의에 따라 담장, 하인 숙소, 우물, 정지 작업 등은 포함하지 않고 주택만을 위한 대금으로 8,000엔이 포함된 것임을 선교본부에 알리고, 이 액수로 무어 씨의 사택을 건축하고 그 나머지로 E. H. 밀러 씨의 사택을 건축하는 승인을 요청하였습니다. 선교본부는 밀러 씨의 사택은 계속 진행하지만, 구체적인 액수를 언급하지 않고 무어 씨의 사택은 연기하도록 전보를 보냈는데, 그것은 우리가 1902년 선교부가 이미 채택하고 선교본부가 적절한 계획이라고 승인한 계획에 따라 평균적인 선교사 사택을 짓는데 우리가 필요한 만큼 사용할 수 있는 8,000엔을 나타내는 것 같았습니다. 박사님의 구체적인 지시(결의: E. H. 밀러가 1월 8일자로 브라운 박사에게 보낸 편지에 명시된 조건에 따라 한국 선교부에 곤당골 재산을 매각할 수 있는 권한을 부여하지만, 건물 교체 비용이 증가할 가능성을 고려해야 한다.)에 따라 전쟁과 그것에 동반되는 상황에 따라 건축비가 상승하는 경우 부족액을 메울 충분한 액수를 마련하기 위하여 총 8,000엔을 요청하였습니다. (1904년 1월 4일자 지부 편지[26] 4조 A와 B항, 그리

---

25) Cadwallader C. Vinton, James S. Gale, Charles A. Clark (Com., Seoul Station), Letter to Arthur J. Brown (Sec., BFM, PCUSA) (Jan. 30th, 1905)
26) Edward H. Miller (Seoul), Letter to Arthur J. Brown (Sec., BFM, PCUSA) (Jan. 4th, 1904)

고 박사님의 1905년 3월 9일자 답장을 보십시오.)

많은 계약자(일본인, 중국인 및 한국인)들이 그것들을 고려할 수 있도록 고든 씨가 준비한 시방서(示方書)를 그들에게 제공하였을 때, 우리는 예상한 바대로 작년에 유사한 건물에 대하여 지불하였던 것보다 더 많은 비용을 요구받았습니다. 선교본부에 유리하도록 할 수 있기에 우리가 제공하기를 바라는 설비와 기타 물품을 제외하고 사택 건축비로만 6,500엔에서 11,974엔까지 다양하게 요구하였습니다. 유사한 건축에 대하여 작년에 계약된 가격은 에비슨 사택 예산이 6,600엔, 샤프의 사택이 6,300엔, 무어의 사택이 6,250엔이었으며, 따라서 500엔에서 5,500엔까지의 인상이 불가피합니다.

주택, 정지 작업, 벽 및 하인 숙소에 7,000엔만을 사용하도록 승인하는 박사님의 3월 9일자 편지를 받았을 때 우리는 (박사님의 전보를 예상하며) 가장 낮은 입찰가를 받아들이려고 하던 참이었습니다. 이 경우 후자의 비용이 거의 1,000.00엔이므로 전체 주택을 위하여 6,000엔만이 남고, 최저 입찰가는 6,500엔에 추가 비용을 합산하여 단독 주택의 경우 7,000.00엔 또는 모두 합해 8,000엔이 듭니다. 비용을 1,000엔 절감하지 않는 한 계약을 체결할 수 없도록 박사님의 편지에 명시되어 있었기 때문에 우리는 당혹스러웠습니다. 이것은 한국 전역에 산재해 있는 여러 지부에 거주하는 선교부 재산 위원회의 모든 위원들에게 완전히 새로운 계획을 제출하지 않고는 실행될 수 없는 것인데, 그것은 적어도 2개월 동안의 계약 유예를 의미하며 그리고 장마 전에 건축의 착공이 거의 시작될 수 없고 따라서 1906년 초여름까지 완료되지 않는다는 것을 의미합니다.

설상가상으로 우리는 1894년 9월 7일의 협약과 1904년 10월 우리가 정한 조건에 따라 제이콥슨 기념 주택을 포함한 구 병원 부지를 한국 정부에 양도하는 계약을 막 마쳤고, 그 결과 클라크 씨와 미혼 여자 선교사들은 사택이 없게 될 것이고 우리는 정부에서 받은 돈으로 즉시 그 집들을 대체할 것으로 예상하고 있습니다.

올해는 건축비가 더 들 것을 알고, 우리는 담장과 하인 숙소 등을 제외한 이들 주택에 각각 7,000엔과 8,000엔을 요청하여 받았지만, 비록 우리가 선교부의 지시에 따라 계획된 주택의 건축에 충분한 돈을 받았음에도 불구하고, 박사님의 편지에 담긴 내용 때문에 이제 우리는 그 목적으로 얻은 돈을 사용할 수 없게 되었습니다. 우리가 요청한 금액은 주택을 대체할 것을 요구받을 것이라는 우리의 계산에 근거하였으며, 이 사실에 대한 설명과 현재 이곳의 건축 비용에 대한 그들의 지식으로 정부가 승인한 것이기 때문에, 지금 선교본부가 승인한 금액에 맞게 계획을 축소해야 한다는 것을 알았다면 우리는 판매하는 주택에 대하여 6,000엔 이상을 요구하는 것을 정당화하지 않았을 것입니다.

만일 박사님의 3월 9일자 편지에 있는 지시대로 지금 주택, 담장, 하인 숙소 및 정지 작업 경비를 7,000엔으로 제한하려는 경우, 이는 주택의 크기와 품질의 전체 변경을 의미하여, 그러한 결정은 이미 지어진 집이 너무 크고 너무 좋다는 가정에 근거해서만 이루어질 수 있습니다. 박사님이 한국과 중국에서의 가격을 비교한 것도 실제 사실을 알고 있었다면 중국에서 지은 주택과 크기와 품질이 어느 정도 근접한 주택을 이곳에서 지으려 하지 않는다는 의미이기도 합니다. 비교를 위하여 우리는 중국 허난[河南]에서 활동하며 지금 서울을 방문하고 있는 캐나다 장로교회 선교부의 한 선교사로부터 이번 주에 구한 몇 가지 공정에 대하여 자료를 제출합니다.

	허난		서울
목수 임금	.20센		1.00~1.50엔
석공 임금	.20		1.00~1.50
일반 노동자 임금	.12		.40
벽돌(대형 5엔)	5.00엔	소형	15.00
회(100파운드 당)	.25		1.10

이 항목들을 조사해 보면 정확한 상황을 알 수 있습니다. 지금과 같은 상황에서 우리가 건축하지 말아야 한다고 주장할 수도 있겠지만, 사실 우리는 매우 귀한 이 시기에 매각한 주택을 대체할 뿐이며 높은 가격을 받았기 때문에 선교본부는 우리에게 주택, 정지 작업, 하인 숙소. 및 담장을 위하여 9,000엔을 허락해도 손해가 없을 것입니다.

편지를 쓰기 시작한 이후 우리가 협상하고 있던 한 회사는 주택 당 가격을 500엔씩 인상하였습니다.

새 병원 건너편 땅은 며칠 전에 한 한국인이 창고를 지을 목적으로 1 평방 피트 당 2엔이 넘는 가격에 구입하였습니다.

우리가 지적하고 싶은 다른 점은, 주택, 정지 작업, 담장 및 하인 숙소에 7,000엔 이상을 사용하지 말라는 박사님의 지시는, 정지 작업이 거의 필요 없거나 담장이 별로 필요 없는 경우에는 광범위한 정지 작업과 긴 담장이 필요한 다른 경우에 비하여 더 좋은 집을 지을 수 있음을 의미합니다. 어떤 사람들에게는 이것은 집의 크기와 질에 있어서 부당하게 작용하는 것처럼 보일 것입니다.

건축 작업이 완전히 중단되는 것을 방지하기 위하여 우리는 주택에서 많은 것들을 없앴고, 박사님의 3월 9일자 편지에서 허용하는 액수에 맞게 계약하였습니다. 그러나 주택에는 베란다, 방풍 창, 덧문 등이 없게 될 것이므로, 우리는 박사님께서 (a) 이전 주택에서 받은 가격, (b) 작년의 실제 가격, (c) 올해 입찰자들이 솔직하게 제시한 동봉한 입찰 명세서에 명시된 인상된 가격, (d) 이곳과 중국에서의 가격 비교 등 이곳 사정을 감안하여 재고해 주시기를 간절히 촉구 드립니다. 그리고 박사님께서 총괄적으로 승인하였고, 구체적으로 지부가 승인하였던 계획대로 주택들을 완성할 수 있는 충분한 금액을 우리가 사용할 수 있도록 허가해 주십시오.

서울 지부를 대신하여,
그리고 지부의 지시를 받아,
H. G. 언더우드
O. R. 에비슨

입찰, 입찰자, 입찰가 목록

[국적]	1905년 3월과 4월	학교	E. H. 밀러 주택	클라크 (S. F. 밀러 계획)	여자	총계
일본	O. 쿠라 앤드 컴퍼니 (후에 5% 인하)	¥10,860	9,468	9,302	9,052	
중국	탄쥬징 (영창)	13,320	11,974	11,974	11,974	
일본	안도	8,625	6,730	6,730	6,730	
중국	영팅	11,000	9,600	9,600	9,600	
일본	도이 (2차 입찰)*	8,850	6,500	6,500	6,500	28,300
중국	룽창 (에비슨 박사)	8,000	8,000	8,000	8,000	
일본	M. 가토	16,057.50	11,495	11,707	11,650.50	44,915.50
한국	심 목수	12,000	8,000	8,000	8,000	
일본	오모리	9,600	7,200	7,200	7,600	
일본	호쿠리쿠	8,850	7,500	7,500	7,500	
한국	김윤오	11,800	9,000			

* 낙찰자

Horace G. Underwood, Oliver R. Avison (Seoul Station), Letter to Arthur J. Brown (Sec., BFM, PCUSA) (Apr. 28th, 1905)

Seoul, Korea,

April 28th, 1905

Dr. A. J. Brown,

Board of Foreign Missions, Presb. Church,

156 Fifth Ave., New York City, U. S. A.

Dear Dr. Brown: -

In accordance with your cablegram of March 26th, the Station proceeded at once with preparation with for the erection of Rev. E. H. Miller's residence. The Station letter of Jan. 30th informed the Board that we had received from the sale of the Kon Dang Kol property the sum of thirty-eight thousand yen (¥38,000.00) which sum included as per Board's agreement eight thousand yen (¥8,000.00) for the house alone, not including walls, servants' quarters, well, grading &c, and asked permission to build a house for Mr. Moore with this sum and also a house for Mr. E. H. Miller out of the balance. The Board cabled to go on with Mr. Miller's house, but to defer Mr. Moore's, without mentioning a specific sum, which seemed to indicate that we might use from the eight thousand yen as much as should be necessary to build Mr. Miller's house in accordance with plans already adopted by the Mission in 1902, and acquiesced in by the Board as being suitable plan, for an average missionary residence. The sum of ¥8,000 was asked for by your specific instructions ("Resolved: That the Korea Mission be authorized to sell the Kon Dang Kol property according to the terms set forth in the letter of E. H. Miller to Dr. Brown, dated Jan. 8th, 1904, provided, however, that due consideration be given to the probable increase of the cost of replacing the buildings.") in order to ensure a sum sufficient to meet the need in the event of a probable increase in the cost of building due to the war and its accompanying conditions (See Station letter, Jan. 4th, 1904, Sect. IV., A and B, and your reply of March 9th, 1905.)

On submitting specification as prepared by Mr. Gordon to as many contractors as would consider them (Japanese, Chinese and Korean), we were met with the already anticipated demand for higher price than we had paid for similar buildings last year. The price asked for the house alone varied from 6,500 to 11,974.00 Yen exclusive of hardware and other things which we prefer to supply ourselves, as we can do so with advantage to the Board. The price contracted for last year for similar work was; Dr. Avison's house account authorized to ¥6,600.00, Sharp's to 6,300.00, Moore to 6,250.00; this making an inevitable increase of ¥500.00 to ¥5,500.00. We were on the point, of accepting the lowest bid when your letter of March 9th (anticipating your cablegram) was received, authorizing the use of only ¥7,000.00 for house, grading, walls and servants' quarters. As the cost of these latter is practically ¥1,000.00 in this case, it leaves ¥6,000 for the complete house, while the lowest bid calls for ¥6,500.00 plus the extras to be supplied by sum a total of ¥7,000.00 for house alone or ¥8,000.00 altogether. This has thrown us into consternation, because we are prohibited by your letter from giving a contract, unless we can reduce the cost by one thousand yen, and this can not be done without making entirely new plans which must be submitted to all the members of the Mission Property Committee, living in the several stations scattered all over Korea, which means a deferring of the giving of a contract for at least two months; and this means that the house can scarcely be begun before the rainy season and therefore not be finished till the early summer of 1906.

To add to our difficulty, we have just finished transactions for the turning over of the old Hospital property including the Jacobson Memorial House to the Korea government as per agreement of Sept. 7, 1894 and terms laid down by us in Oct. 1904, as a result of which, Mr. Clark and the single ladies will be deprived of their houses which we expected to replace at once with the money obtained from the government.

Knowing that it would cost more to build this year, we asked for and obtained from these houses excluding of walls, servants' quarters, etc., the sums of ¥7,000 and ¥8,000 respectively, but although we have received money enough to build houses planned in accordance with the directions of the Mission, we are now by the contents of your letter prevented from using the money obtained for the purpose. Had we known that we should have to cut down the plans to meet the sum now authorized by the Board, we should not have been justified in asking more than 6,000 Yen for the houses we are selling as the amount asked was based on our computation that it would all be required for replacing the houses and was granted by the government because of the statement of this fact, and their knowledge of the cost of building here at this time.

If by your direction in your letter of March 9th you mean to limit the price of house, walls, servants' quarters and grading to 7,000 Yen at this time, it will mean an entire change in the size and quality of house, and such a decision can be based only on the presumption that houses already built are too large and too good while your comparison of prices in Korea and China too, were you aware of the actual facts, would also mean that we are not to build here houses in any degree approaching in size and quality those built in China. For comparison we herewith submit some process obtained this week from a missionary of the Canadian Presbyterian Board, working in Honan, who is visiting Seoul at this time,

	Honan	Seoul
Wages of carpenter	.20 sen	¥1.00 to 1.50
Wages of masons	.20	1.00 to 1.50
Wages of workman	.12	.40
Brick, per M. for large size ¥5.00		smaller size ¥15.00
Lime, per 100 lbs.	.25	1.10

A study of these columns will show the exact situation. It may be argued that we should not to build at such a time as this, but the fact is, we are only replacing houses sold at this very dear time, and the price received are large in proportion so that the Board will be at no loss whatever in allowing us even 9,000 Yen for houses, grading, servants' Quarters and walls.

Since the letter was started one firm with which we were negotiating has raised its price 500 Yen per house.

Land just across the street from the new Hospital was bought by a Korean a few days ago at more than 2.00 for a square foot for the purpose of erecting a store-house on it.

Another point we wish to make is that your direction to put no more than 7,000 Yen into house, grading, walls and servants' quarters means that in some cases where there is little grading and not so much walling a better house may be erected than in another case where there is extensive grading and a long wall. This would appear to work an injustice to some in the size and quality of house.

In order to prevent a complete block in building operations we have out of the houses a number of things and given contracts up to the amount allowed by your letter of March 9th., but as the houses will have no verandah, no storm windows, no shutters, etc., we respectfully urge you to reconsider the situation here in view of our statements (a) price received from the old house, (b) actual cost last year, (C) increased cost this year as shown by the enclosed statement of tenders made in good faith, (d) comparison of prices here and in China; and to allow us to use a sufficient sum to complete the houses as per plans approved by you in general and by the Station in particular.

On behalf of Seoul Station and by order of Station

H. G. Underwood

O. R. Avison

List of "Bids," "Tenders," "Estimate of Buildings."

[Nationality]	March & April 1905	School	E. H. M. House	Clark	Ladies (F. S. M. plan).	Total
Jap.	O. Kura & Co. (Later 5% off)	¥10,860	9,468	9,302	9,052	
Chinese	Tan Zue Zing (Yung Chang)	13,320	11,974	same	same	
Jap.	Ando	8,625	6,730	same	same	
Chinese	Yung Ting	11,000	9,600	same	same	
Jap.	Doi (2nd bid)*	8,850	6,500	same	same	28,300.
Chinese	Loong Chang (Dr. A.)	8,000	same	same	same	
Jap.	M. Kato	16,057.50	11,495	11,707	11,650.50	44,915.50
Korean	Shim Moksu	12,000	8,000	same	same	
Jap.	Omori	9,600	7,200	7,200	7,600	
Jap.	Hokuriku	8,850	7,500	same	same	
Korean	Kim Yun O	11,800	9,000			

* Accepted tender

한국 선교부. 1905년 5월 총회에 제출된 미국 북장로교회 해외선교본부 제68차 연례 보고서, 236, 242쪽

236쪽

한국 선교부

서울: 서해안 근처의 수도(首都)로서 버지니아 주 리치몬드와 같은 위도에서 한강 옆에 위치해 있으며, 상업 항구인 제물포에서 내륙으로 25마일 떨어져 있고 철도로 연결되어 있다. 인구는 약 30만. 1884년 선교부가 시작됨. 선교사 - 신학박사 H. G. 언더우드 목사, 의학박사 언더우드 부인, J. S. 게일 목사 부부, C. C. 빈튼 박사, S. F. 무어 목사 부부, F. S. 밀러 목사 부부, O. R. 에비슨 박사 부부, C. E. 샤프 목사 부부, A. G. 웰본 목사 부부, E. H. 밀러 목사 부부, C. A. 클라크 목사 부부, K. 웸볼드 양, E. H. 필드 박사, M. B. 바렛 양, 메리 E. 브라운 양, E. L. 쉴즈 양, A. A. 피터스 목사 부부, 제시 W. 허스트 박사

242쪽

의료 사업 - 올해는 세브란스 기념 병원이 준공되어 사용되면서 서울 지부의 의료 사업에 큰 변화가 있는 해이다. 더 이상 병원으로 사용되던 비위생적인 방에서 일할 필요가 없고, 대신 채광이 좋고 환기가 잘 되는 방에서 일할 수 있어 원기를 덜 들이고 더 나은 결과를 기대할 수 있다. 세브란스 씨의 추가적인 관대함으로 인하여 선교본부는 허스트 박사를 병원의 의료진에 추가할 수 있었고, 그의 도착은 이 중요한 업무를 수행하는데 큰 도움이 되었다.

영국 선교회 측에서 이 도시의 의료 사업을 영구적으로 폐쇄함으로써 우리 지부에 더 큰 책임이 넘겨졌고, 그래서 감리교회 여병원과 일본 종합병원을 제외하고는 우리 병원이 한국인 환자가 입원하는 유일한 곳이며, 일본인의 진료는 대부분 자기네 국적을 가진 사람들에 국한되어 있다. 올해 치료를 받은 환자의 수는 7,242명으로, 남자가 5,471명, 여자가 1,771명이었다.

The Korea Mission. *Sixty-eighth Annual Report of the BFM of the PCUSA. Presented to the General Assembly, May, 1905,* pp. 236~255

p. 236

The Korea Mission

Seoul: The capital, near the western coast, in the latitude of Richmond Va., on the Han river and 25 miles overland from the port, Chemulpo, with which it is connected by railroad; population about 300,000; Mission begun in 1884. Missionaries - Rev. H. G. Underwood, D. D., and Mrs. Underwood, M. D., Rev. James S. Gale and Mrs. Gale, C. C. Vinton, M. D., Rev. S. F. Moore and Mrs. Moore, Rev. F. S. Miller and Mrs. Miller, O. R. Avison, M. D., and Mrs. Avison, Rev. C. E. Sharp and Mrs. Sharp, Rev. A. G. Welbon and Mrs. Welbon, Rev. E. H. Miller and Mrs. Miller, Rev. C. A. Clark and Mrs. Clark, Miss K. Wambold, Miss E. H. Field, M. D., Miss M. B. Barrett, Miss Mary E. Brown, Miss E. L. Shields, Rev. A. A. Pieters and Mrs. Pieters, and Dr. Jesse W. Hirst.

p. 242

Medical Work. - This year marks a great change in the medical work of Seoul Station, as the Severance Memorial Hospital has been completed and occupied. No longer is it necessary to work in the unsanitary rooms so long used as a hospital, but instead the work can be done in well-lighted, well-ventilated rooms and we may hope for better results with a less expenditure of energy. The additional generosity of Mr. Severance has enabled the Board to add Dr. Hirst to the hospital staff and his arrival helps greatly in carrying on this important work.

A greater degree of responsibility has fallen upon the station by reason of the permanent closing of medical work in the city on the part of the English Mission, so that outside of the Women's Hospital of the Methodist Church and the general hospital of the Japanese, ours is the only place where Korean patients are admitted, the Japanese work being confined largely to their own nationality. The number of patients treated this year was 7,242, 5,471 being male and 1,771 female.

캐드월러더 C. 빈튼, 올리버 R. 에비슨(서울 지부)이 아서 J. 브라운(미국 북장로교회 해외선교본부 총무)에게 보낸 편지 (1905년 5월 1일)

한국 서울,
1905년 5월 1일

신학박사 A. J. 브라운 목사,
　　북장로교회 해외선교본부,
　　미국 뉴욕 주 뉴욕 시 5 애버뉴 156

친애하는 브라운 박사님,

　　지난 연례 회의에서 곤당골 자산의 매각, 그리고 제중원 자산의 정부 양도, 가능한 경우 되도록 적절한 문서로 옛 병원을 계속 유지하는 적절한 협상에 나서도록 임명된 위원회는 적절한 협상을 위하여 최선을 다하였습니다.

　　연례 회의에서 선교부 자산 위원회는 서울 지부에, 만일 그러한 준비를 할 수 있다면 옛 병원 자산의 문서와 중앙교회로 사용할 수 있는 더 도심에 위치한 자산, 그리고 새 사택 비용 대신에 곤당골 자산을 정부에 양도하도록 준비할 것을 지시하였습니다. (1904년 연례 회의 보고서 및 회의록, 37 및 38쪽을 볼 것)

　　그러한 양도가 이루어지도록 계속된 노력에 대하여 정부는 매번 곤당골 자산이 필요가 없다고 대답하였으며, 왕의 개인 대리인이 언더우드를 기다렸고 곤당골에 대하여 30,000엔을 제안하였습니다. 위원회는 이 문제를 고려하였고, 선교본부가 정한 조건에는 도심에 위치한 부지 확보, 새 주택을 짓기에 충분한 돈, 그리고 거래에서 최소한 5,000엔의 이익이 있어야 한다는 것을 발견하였습니다.

　　그들은 부지의 가격이 상당히 상승하였다는 것을 발견하였고, 우리가 문의한 결과 도시의 사업가들로부터 40,000엔의 가치가 있다고 들었습니다. 이 정보로 무장한 위원회는 왕의 대리인을 기다려 40,000엔을 요구하였습니다. 짧은 논의 끝에 3만 8천 엔으로 합의가 이루어졌고, 적어도 얼마 동안 구매자의 신원에 대하여 기밀로 하기로 분명하게 양해되었습니다.

그 금액 중 첫 번째 지불액은 20,000엔이었고, 이후 한 번에 8천 엔이 지불되었습니다. 특히 우리가 자산이나 증서를 양도하지 않았기 때문에 잔액인 1만 엔이 지불될 것이라는 데에는 의심의 여지가 없습니다. 38,000엔의 매매로 2만 8천 엔을 확보한 것에 대하여 단순히 영수증만 주고 증서와 자산을 보유하고 있으므로 나머지 1만 엔은 완벽하게 안전합니다. 우리들 중 일부는 이 10,000엔을 의도적으로 미지불 상태로 두어 이 불안전한 시기에 문서가 미국 공사관에 남아 있어야 한다는 생각을 가지고 있습니다.

도심 부지의 확보는 위원회가 착수한 다음 일이었고, 도시를 면밀하게 조사한 후 우리는 바로 도심 근처에서 좋은 부지를 발견하였는데, 그것은 위원회 의견으로는 거주하기에, 그리고 만일 필요하다면 그러한 주택들이 필요한 전도 기지로서 충분히 컸습니다. 위원회는 이 문제에 관한 선교본부의 서한을 해석하면서 도심 사역을 수행하는 부지를 확보하는 것이 자신들의 몫이라고 결정하였습니다. 곤당골은 우리의 도심 교회 사역이 시작된 최초의 곳이었습니다. 나중에 그것은 옛 병원 부지로 이전하였으며, 곤당골 부지를 양도할 때 우리가 구 병원 부지를 보유하게 되어 우리는 이전할 지 말할 수 없었습니다.

또한 선교부는 연례 회의에서 자산 위원회의 보고서를 채택함으로써 중앙 교회 부지를 양도 가능성(1904년 연례 회의 회의록 38쪽을 볼 것)에 포함시켰습니다. 곤당골 재산 양도에 관한 선교본부의 지시를 수행하는데 있어 선교본부의 의도는 도시 중심에서 이 업무의 지속성을 확보하는 것이며, 선교사가 그 부지에 직접 살거나 혹은 도보로 15분 거리에 있는 선교부의 다른 건물에 사는 것은 그다지 중요하지 않은 문제였습니다. 따라서 위원회는 주로 그곳에서 수행한 업무의 관점에서 부지를 선택하였습니다. 그리고 전도 기지와 하나의 거주지를 위하여 충분히 큰 부지를 확보한 후 그들은 선교본부의 지시를 충실히 이행하고 있다고 생각하였습니다. 하지만 지부는 클라크 씨의 건강 상태와 남학교가 그의 가능한 지원을 필요로 하는 것을 고려하여 클라크 씨의 사택이 도시의 동쪽에 있는 집들 중에서 연못골 인근에 있어야 한다고 결정하였습니다.

이 거래가 끝나기 전에 외부 대표가 우리를 기다렸는데, 구 병원 재산의 양도와 관련된 조건이 이행되어야 하고, 우리의 요구에 대한 항목별 보고서를 작성하고 부동산을 언제 그들에게 넘길 수 있는지 알려줄 것을 요청하였습니다. 선교지에 있는 위원회는 이것이 즉각적인 조치가 필요한 사례 중의 하나라고 느꼈습니다. 이전에 제이콥슨 기념 사택과 옛 에비슨 사택(현재는 클라크 씨가 거주함)에 할당된 기금으로 그들은 재건축 협상을 즉시 진행하고, 제이콥슨 기념 사택 부지가 연못골 부지를 채워 사택 용도로 가용하도록 받은 돈의 일부를 사용할 수 있는 상황에서 그들은 자유로웠습니다.

위원회는 선교본부의 승인으로 지출된 금액에 대하여 선교본부가 예산을 책정한 경우, 자신들은 그 액수까지 기지를 재현할 권한을 가지고 있다고 생각하였습니다. 그들은 이전의 선교본부의 결정이 우리가 연기하라는 지시로 해석하였던 후속 편지를 받을 때까지 무어 씨의 사택 건립을 승인하였다고 항상 판단하였으나, E. H. 밀러 씨 사택의 경우 이 금액에서 마련하려면 선교본부의 허가를 얻어야 한다고 느꼈습니다. 위원회는 신중한 논의 끝에 제이콥슨 기념 숙소에 대하여 받은 돈은 연못골 여학교의 여자들을 위한 숙소를 짓는데 사용해야 한다고 지부에 권고하였습니다. 그런 다음 이 기금을 그러한 용도로 사용할 수 있는지, 그리고 이 새 사택을 제이콥슨 기념 사택이라고 불러야 하는지에 대하여 약간의 토론이 있었습니다. 처음에는 웸볼드 양을 위하여 지은 사택(지금은 무어 씨가 일시적으로 거주함)을 제이콥슨 기념관이라고 불러야 한다는 제안이 있었습니다. 그러나 조지아나 화이팅 양이 여전히 우리와 함께 있었을 때 이 집을 위한 기금은 (우리가 생각하기에) 뉴욕 선교회들 중 한 곳에서 제공한 것으로 상기하였습니다. 그리고 우리는 다른 특별한 선물에 주어진 이름을 이 특별한 선물에 어떻게 부를 수 있는지 알 수 없었습니다. 서울 지부의 위원회는 이제 어떻게 해야 할지 다소 당황해했지만, 건물의 배치에 있어 추가적인 발전이 이루어질 때까지 그것을 가장 필요로 하는 사역이 이루어지고 있는 곳에 배치하는 것이 우리의 입장이라고 결정하였습니다. 제이콥슨 기념 기금의 절반과 뉴욕 여자들이 제공한 자금의 절반이 실질적으로 활용되어 우리의 필요를 충족시켰다고 생각하였습니다. 그렇게 여학교와 연계하여 동쪽의 다른 주택을 여자들을 위하여 사용하기로 결정하였습니다.

구 병원 재산을 비교적 갑작스럽게 정부에 양도하게 되어(일부는 이미 양도되었고 나머지는 10월 1일경에 양도될 예정임) 우리는 우리의 도심 사업을 수행할 곳이 전혀 없게 됩니다. 원래 의도는 아니었지만 구 병원 부지의 수리 등을 위해 투입된 금액 중에서 도심 전도 사업에 사용할 수 있도록 위원회는 구입한 새 부지에 있는 건물을 우리의 즉각적인 필요에 적합하도록 수리하기 위하여 1,000엔까지 사용을 허락할 수 있을 것이라고 생각하였습니다. 병원 부지의 양도로 정부로부터 받은 금액의 항목을 살펴보면, 총액에 대한 청구에 개별 지출 항목이 상당히 많음을 알 수 있는데, 그것들은 청구 항목에 나열하였습니다.

이 항목들을 모두 처분한 후, 위원회는 보유하고 있는 돈을 어떻게 처리해야 하는 지에 대하여 여러 가지를 권고하였습니다. 그들이 제시한 순서는 우선 순위를 의미하지 않습니다.

첫째, 그들의 선천에 있는 컨즈 씨의 사택이 완공되어야 하고 이를 위하여 5천 엔을 따로 마련해야 한다고 느꼈습니다.

선교본부는 이제 컨즈 씨의 사택 건축을 제공하고 필요한 금액의 일부만을 곤당골 기금에서 인출하는 방식을 발의하였기 때문에 우리는 황해도에 새 지부를 설립하는데 최대 3천 엔까지 사용하기를 바라고 있습니다.

둘째, 게일 박사는 가족이 유럽에 체류하고 있어 여러 해 동안 반쪽 주택에 살았습니다. 그는 내년에 귀국하여 아내를 데리고 돌아올 것으로 기대하고 있습니다. 그래서 그는 집의 나머지 절반이 건축되기를 원할 것입니다. 그리고 위원회는 선교본부가 수령한 돈의 목적을 위하여 4천 엔을 책정하는 것보다 더 나은 방법은 없다고 생각하고 있습니다. 물론 지금 책정되지만 게일 씨가 사택을 짓기 위하여 돌아올 때까지 선교본부 재무의 손에 있게 될 것입니다.

셋째, 한국 정부가 정동의 부지를 대신하여 남대문 밖의 새 부지를 선교본부에 넘겼을 때, 이 부지(남대문)의 바로 뒤쪽에서 인접해 있는 지대가 높은 부지 한 필이 있는데, 유럽인이 아닌 다른 사람이 사용하는 경우 모든 배수가 내려와야 하기 때문에 우리 소유의 부지가 유지하기에 불가능하지는 않더라도 건강에 매우 해로울 수 있습니다. 또한 주택 부지로 사용하기에 충분히 넓고, 아직 건축이 되지 않은 남대문에서 우리 대지와 연결되는 유일한 부지이며, 우리 업무의 발전과 허스트 박사가 자신을 위한 사택을 요구할 때 필요한 모든 확장을 위해 필요할 수 있습니다. 만일 즉시 확보하지 않으면 머지 않아 일본인이 사용할 것입니다. 그들이 이미 옆의 모든 부지를 소유했기 때문입니다. 그리고 확장할 수 있는 우리의 유일한 기회를 잃게 될 것입니다. 그것은 언덕의 경사면에 있는 우리 부지의 바로 위에 위치하며 정상까지 이어집니다. 이전에 이것을 확보하기 위해 매우 강력하게 노력을 기울였지만 소용이 없었으며, 우리는 그 부지가 항상 과수원으로 유지되고 그렇게 될 것이라고 들었습니다. 만일 그것이 원인이라면 아무 것도 할 필요가 없습니다. 그러나 일본인들이 한국으로 건너옴에 따라 발생한 변황에 의해 이 부동산은 이제 시장에 나왔으며 반드시 선교부가 구입해야 합니다. 그것의 가격은 약 4,000엔입니다.

넷째, 서울 남동쪽의 청주에서 새 지부가 시작되면서 건물의 필요성이 매우 크기 때문에 우리는 선교본부가 이 목적으로 3,000엔의 예산을 책정할 것을 권고합니다.

다섯째, 세 회중 가가이 선교본부에 자금을 요청하지 않고 각자의 예배당을 짓는 것이 서울 지부의 바람입니다. 그러나 우리의 중앙 기지와 관련하여 우리의 사경회와 지부 회의를 위한 공간이 필요하며, 또한 기지에서 중앙 예배당 주변에 큰 강의실을 가져 큰 회중을 수용할 수 있기를 원하고 있습니다. 그리고 그만한 액수가 남아있다면 우리는 이 목적을 위하여 선교본부가 3,000엔의 예산을 책정할 것을 권고합니다.

결론적으로 위원회는 1905년 5월 15일 서울 지부 회의에서 모든 문제가 보고서 형태로 제출되어 만장일치로 채택되었다고 보고드립니다. 우리는 여기에 두 부동산에 대하여 수령한 금액에 대한 항목별 명세서와 그로부터 지출될 금액에 대한 명세서를 청부합니다. 위쪽 반은 선교본부의 이전 승인이 적용되는 것으로 판단되며, 그중 하나, 즉 무어 씨의 사택은 박사님의 전보로 인해 보류된 상태로 있습니다. 아래쪽의 6개 항목은 현재까지 선교본부에서 승인되지 않은 것으로 파악되는 항목으로 박사님의 승인을 요청합니다.

우리는 서울 지부의 부동산 거래가 거의 끝나가고 있으며, 더 이상 재건축 작업과 그에 따른 우리의 정당한 노력에 대한 방해가 수반되는 우리 부동산의 판매 및 이전 요구는 더 이상 없을 것이라고 진심으로 믿고 있습니다. 하지만 결과적으로 우리는 부실하게 건축되고 건강에 좋지 않은 한옥보다 선교본부가 선교사들을 위하여 건강한 사택과 그 사역을 수행하는데 필요한 일부 건물을 건축하였다고 보고할 수 있어 기쁩니다.

삼가 제출합니다.
C. C. 빈튼
O. R. 에비슨

재정 보고서

수령한 돈

곤당골 부동산		38,000.00엔
옛 병원 부동산		
에비슨 박사 사택	8,500.00엔	
하인 숙소	260.00	
우물	300.00	9,060.00
제이콥슨 기념 사택	8,500.00	

하인 숙소	520.00		
부지	10,000.00	19,020.00	
한옥 수리	2,000.00		
책방	150.00		
큰 방 수리	44.00		
최근 수리	15.00	2,209.90	
임대료 등	1,200.00		
이사 비용	500.00	1,700.00	31,989.90

지출

중앙 교회(부지 등)	14,500.00엔	
중앙 교회(수리)	1,000.00	
밀러 사택	8,000.00	
클라크 사택	8,000.00	
바렛 사택	8,000.00	
무어 사택	8,000.00	
연못골 부지	3,643.00	
손해 배상	1,675.00	
임대료	1,700.00	54,578.00엔
게일 사택 완성	4,000.00	
남대문 밖 부지	4,000.00	
청주 지부	3,000.00	
황해도 지부	3,000.00	
3,000엔까지의 중앙 교회 건물 잔여금	3,000.00	17,000.00
총 계	69,989.90엔	71,518.00엔

Cadwallader C. Vinton, Oliver R. Avison (Seoul Station), Letter to Arthur J. Brown (Sec., BFM, PCUSA) (May 1st, 1905)

Seoul, Korea,
May 1st, 1905

Rev. Dr. A. J. Brown,

Board of Foreign Missions, Pres. Church,

156 Fifth Ave., New York, N. Y., U. S. A.

Dear Dr. Brown: -

The committee appointed at the last annual meeting to attend to the matter of the sale of Kon Dang Kol property and the transfer of the Government Hospital property to the Government, or preferably if it were possible the making of some arrangement whereby with proper deeds the old hospital should be retained, have had their hands full in trying to make proper negotiations.

The Mission Property Committee at the annual meeting instructed the Seoul Station (See Annual Meeting Reports and Minutes, 1904, pages 37 & 38), if such an arrangement could be made, to arrange for the transfer of the Kon Dang Kol property to the Government in lieu of deeds for the old hospital property and a more centrally located site that could be used for a central church, and cost of the new house.

After repeated effort to effect such a transfer, to all which the Government replied that they had no use for the Kon Dang Kol property, a private agent of His Majesty waited upon Dr. Underwood and offered Yen 30,000.00 for Kon Dang Kol. The committee took the matter into consideration and found that the terms laid down by the Board required the securing of a centrally located site, money enough for the new house and at least Yen 5,000.00 profit on the transaction.

They found that, the price of sites had risen considerably, and on inquiry we were told by the business men in the city, it was worth Yen 40,000.00. Armed with this information, the committee waited upon His Majesty's representative and asked forty thousand Yen (¥40,000.00). After a short conference terms were settled at thirty-eight thousand Yen (¥38,000.00) with the definite understanding that for some time at least the personnels of the purchaser should be considered confidential.

Of that amount the first payment was made of twenty thousand Yen (¥20,000,00) and subsequently one of eight thousand (¥8,000.00). There is no doubt that the balance ten thousand (¥10,000.00) will be paid, especially as we have not surrendered either the property or the deeds. Having secured twenty-eight thousand Yen (¥28,000.00) on a thirty-eight thousand Yen (¥38,000.00) bargain for which we have simply given receipts, and holding deeds and the property, we are perfectly safe for the remaining ten thousand Yen (¥10,000.00). It is the impression of some of us, that this ¥10,000.00 is purposely left unpaid so that during these unsettled times, the title should remain in the American Legation.

The securing of a central site was the next thing the committee had on hand and after a careful survey of the city we found a commanding site right near its very centre, which in the opinion of the committee, was large enough for a residence and if need be for an Evangelistic Plant that such a portion of such a house would need. The committee in interpreting the Board's letter in regard to the matter, decided that it was their place to secure some property where the central work should be carried on. Kon Dang Kol was the original site on which our central church work has begun. Later it was moved to the old hospital site, and at the time of the transfer of the Kon Dang Kol property our tenure of the old hospital property was such that we could not tell when we would have to move.

In addition, the Mission at the annual meeting had included the central church site in the probable transfer (See Minutes of the Annual Meeting, 1904, page 38) by adopting the report of the property committee. In the carrying out of the Board's instruction concerning the transfer of the Kon Dang Kol property, it was deemed that, the Board's intention was, to secure the continuance of this work at the centre of the city, and that whether the missionary lived directly on the site or on other Mission property fifteen minutes' walk away was a matter of minor importance. The committee therefore, selected the site with the view mainly to work that was to be done there; and having secured what was nearly large enough for the evangelistic plant and one residence, deemed they were fulfilling the

Board's instructions. The Station however, in view of Mrs. Clark's condition in health and the need of render- of assistance possible in the Boys' School, determined that Mr. Clark's house should be in the neighborhood of Yun Mokol among the houses in the East section of the city.

Before these transactions were completed a representative from the Foreign Office waited upon us, asking that the terms concerning the transfer of the old hospital property should be carried out, that we should put in an itemized statement of our claims and should let them know when the property could be turned over to them. The committee on the field felt that, this was one of those cases that needed immediate action. With the monies previously appropriated for the Jacobson Memorial and the old Avison house (now occupied by Mr. Clark) they were at liberty under the circumstances to at once proceed with the negotiations for the rebuilding and to use what portion of the money obtained, for the site of the Jacobson Memorial might be needed in the filling out of the site at Yun Mokol, so as to make it available for the house.

The committee considered, in as far as the Board appropriated money was received for what had been expended with the Board's sanction, they had the power to reproduce the plant up to that amount. They had always judged that, the Board's action at a previous date had sanctioned the erection of Mr. Moore's house until a subsequent letter was received, which we interpreted as instruction to delay; but we felt, for the house for Mr. E. H. Miller to come out of this amount we must secure the Board's permission. A careful discussion by the committee brought out a recommendation to the Station that, the money received for the Jacobson Memorial should be used in building a house for the ladies of the Girls' School at Yun Mokol. Then a little discussion arose as to whether such a use could be made of these funds and as to whether this new house should be called the Jacobson Memorial. It was at first proposed that, the house built for Miss Wambold (temporarily occupied now by Mr. Moore) should be called the Jacobson Memorial; but it was remembered that the funds for this house was provided (we think) by one of the New York Boards, when Miss Georgiana Whiting was still with us; and we failed to see how we could call this special gift by the name given to another special gift. The committee of Seoul Station was now somewhat at loss how to act: but decided that, in the disposition of the building it was our place to place it where work needed it most until further development. We deemed that this practically utilized one half of the Jacobson Memorial funds and one half of that provided by the New York ladies, which met our needs. It was thus decided to use the other house for ladies on the east side in connection with the Girls' School.

The comparatively sudden transfer of the old hospital property to the Government (part of which has already been handed over and balance of it is to be surrendered on or about the first of October) leaves us with no place at all to carry on our central work. Of the amount of money that was put in for repairs and so forth on the old hospital site, and which, although that was not the original intention, had made it adaptable for our central evangelistic work, the committee deemed that it would be admissible to use a portion up to a thousand Yen for the fitting of a building on the new site purchased, so as to adapt it to our immediate needs. In looking over the items as listed of the monies of the claimed from the Government in transfer of the hospital site, it will be seen that there were quite a number of items of individual expenditure which because of claims upon a total, they were listed under the head of claims.

After all these items were disposed of, the committee made a number of recommendations as to what should be done with the balance of the money on hand. Order in which they are given does not mean order of preference. First; - They felt, Mr. Kearns' house at Syent Chen ought to be completed, and five thousand Yen should be set aside for that.

Since the Board have now taken the initiative in providing for the construction of the Kearns' house and in such a way that only part of the needed sum will be drawn from the Kon Dang Kol fund; we desire that up to three thousand Yen be used in establish the new Station in Wang Hai Do.

Second: - Dr. Gale has been for years living in a half house, his family living in Europe. He expects next year to go home and bring his wife with him when he comes back; so that he will want that the other half of his house be built; and the committee considers that, the Board cannot do better than to appropriate four thousand Yen for this purpose of the money received, which of course while appropriated now, would be left in the Board's treasury till Mr. Gale returns to build his house.

Third; - At the time when the Korean Government handed over to the Board the new site outside of the South Gate in lieu of the one in Chong Dong, there was right back of and adjoining this property (South Gate), a piece of land that was high, which if occupied by other than Europeans, would result in our own property becoming very unhealthy if not untenable, as all its drainage must come down on our property. Furthermore, it is sufficiently large for a house site, and is the only piece of ground connected with our property at South Gate, which is still unbuilt upon, for any extension which may become necessary in the development of our work, and will be needed should Dr. Hirst in time require a house for himself. If it is not secured at once, it will without doubt be used by the Japanese ere long, as they have already taken up everything alongside; and our only chance for extension will be cut off. It lies directly above our present compounds on the sloop [sic] of the hill and reaches to the summit. Very strong efforts were made to secure this before, but they were unavailing, and we were told that the property will always remain or be maintained as an orchard. If such was the cause, nothing would need to be done; but swing to the changes that have been brought about by the coming of the Japanese, this property has now been put on the market, and should by all means be purchased by the Mission. It will cost about four thousand Yen.

Fourth: - In the starting of a new Station at Chong Ju, South-east of Seoul, the need for buildings is great, and we recommend the appropriation by the Board of three thousand Yen for this purpose.

Fifth; - It is the hope of the Seoul Station that, each of the three congregations will build its own chapel without calling on the Board for funds; but in connection with our central plant, we need rooms for our training classes and Station meetings, and in addition we want the Plant so that the central chapel shall have large class rooms around it, by the opening up of which, large congregations can be accommodated; and we would recommend an appropriation by the Board of three thousand Yen for this purpose, if there should be that much left.

In conclusion the committee would report that, at a meeting of the Seoul Station held May 15, 1905, the whole matter was laid before them in the form of a report which was unanimously adopted. We append herewith an itemized statement of the amount received for the two properties, as well as a statement of the amount to be expended therefrom. The upper half being those that we judge to be covered by the Board's previous approvals, only one of which, namely; Mr. Moore's house is held in abeyance through your cable. The lower six items are items thus far in our understanding not approved by the Board, and we ask your approval of them.

We sincerely trust that the real estate deals for Seoul Station are about over, and that there will no more calls for sale and transfer of our property with its attendant work of rebuilding and consequent hindrance to our legitimate labors. As a result however, we are glad to be able to report that, in place of poorly constructed and unhealthy native building, the Board will have well built healthful houses for its missionaries and some of the necessary buildings for carrying on its work.

Yours respectfully,
C. C. Vinton
O. R. Avison

Financial Statement.

Monies Received.

On Kon Dang Kol Property		¥38,000.00
Old Hospital Property,		
Dr. Avison's House	¥ 8,500.00	
Servants' Quarters	260.00	
Well	300.00	9,060.00
Jacobson Memorial	8,500.00	
Servants' Quarters	520.00	
Site	10,000.00	19,020.00
Repairs on Korea B'd'g	2,000.00	
Book Room	150.00	
Fixing Large Room	44.00	
Recent Repairs	15.00	2,209.90

Rents, Etc.	1,200.00		
Moving	500.00	1,700.00	31,989.90

Expenditures.

To Central Church (Site, &c.)		¥14,500.00
To Central Church (Repairs)		1,000.00
Miller's House		8,000.00
Clark's House		8,000.00
Barrett's House		8,000.00
Moore's House		8,000.00
Site at Yun Mokol		3,643.00
Claims		1,675.00
Rents		1,700.00	¥54,578.00
Gale's House Completion		4,000.00
Site Outside South Gate		4,000.00
Chong Ju Station		3,000.00
Whang Hai Do Station		3,000.00
Central Church Building residuary to balance or up to ¥3000.00		3,000.00	17,000.00
Grant total	¥69,989.90		¥71,518.00

19050505

회의록, 한국 선교부 서울 지부 (미국 북장로교회) 1891~1921
(1905년 5월 5일)

(중략)

예배를 드린 후, 여학교 기숙사 위원회의 보고를 들었다. 그것은 채택되었고, 자산 위원회는 계획을 짜고 설명서를 써서 선교부 자산 위원회에 보내도록 지시받았다. 또한 교육 위원회는 함께 보낼 편지를 보내도록 지시받았고, 에비슨 박사와 허스트 박사는 원하는 계획 변경을 설명하는 의학적 관점에서 보고서를 작성하도록 요청받았다.

(중략)

Minutes, Seoul Station, Korea, 1891~1921 (PCUSA) (May 5th, 1905)

(Omitted)

After devotional exercises the report of the Committee on Girls School Dormitory was heard. It was adopted & the Prop. Comm. was instructed to draw up plans and an explanatory letter to send to the Mission Property Committee. Also the Educational Comm. was instructed to prepare a letter to go therewith & Dr. Avison and Hirst were asked to draw up a statement from the medical standpoint explaining the change of plan desired.

(Omitted)

회의록, 한국 선교부 서울 지부 (미국 북장로교회) 1891~1921
(1905년 5월 15일)

(중략)

동의에 따라 연례 보고서는 작년의 보고서와 동일하게 하기로 결정하였다. 또한 에비슨 박사가 올해의 편집자로 결정되었다.

(……)

에비슨 박사를 보고서의 편집자로 임명하는 것을 재고하자는 동의가 있었으며, 이전 동의를 다시 투표하자는 것은 기각되었고 동의에 의하여 그 문제(에 대한 논의)는 다음 회의까지 연기되었다.

(중략)

Minutes, Seoul Station, Korea, 1891~1921 (PCUSA) (May 15th, 1905)

(Omitted)

On motion it was resolved that the Annual Report be the same in method as last year's report. Also that Dr. Avison be the Editor for this year.

(……)

The motion appointing Dr. Avison Editor of the report was reconsidered, and revoting the former motion was lost and the matter was on motion laid on the table till next meeting.

(Omitted)

19050524

프레더릭 S. 밀러(서울)가 아서 J. 브라운(미국 북장로교회 해외선교본부 총무)에게 보낸 편지 (1905년 5월 24일)

접 수
1905년 6월 26일
브라운 박사

한국 서울,
1905년 5월 24일

신학박사 A. J. 브라운 목사,
　　뉴욕 시 5 애버뉴 156

친애하는 브라운 박사님,

　　이곳의 새 지부에 대한 계획이 희망적으로 발전하고 있습니다. (……)
　　청주 사역의 영적 측면은 매우 고무적이었는데, 김 장로는 선비 집안인 그 지방 유력자 가문의 문을 열었습니다. 일하지 않고 생활할 수 있는 재산을 가진 한 나이든 양반이 공개적으로 유교를 포기하고 기독교로 개종하고 전도를 하고 있습니다. 그의 가족도 이제 그의 편입니다. 우리는 두 채의 좋은 초가집을 사게 되었는데, 하나는 철도역에 있는 시장에 있는데, 서점을 하려는 목적으로, 하나는 이곳 도시의 중심가에 있고 서점, 집회소, 그리고 김 장로와 저의 임시 숙소를 위한 것입니다. 그런 다음 우리는 마펫 박사와 제가 처음 이곳에 왔을 때 선택하였고, 에비슨, 허스트 및 널 박사가 확인하고 승인한 지부 부지를 매입할 수 있는 길이 열렸다는 것을 알게 되었습니다. 당연히 필요하지만 반드시 필요한 것은 아닌 좁고 긴 땅을 제외하고 매입이 완료되었습니다.

(중략)

Frederick S. Miller (Seoul),
Letter to Arthur J. Brown (Sec., BFM, PCUSA) (May 24th, 1905)

<table>
<tr><td>Received
JUN 26 1905
Dr. Brown</td></tr>
</table>

Seoul, Korea,

May 24th, 1905

Rev. A. J. Brown, D. D.,

    156 Fifth Ave., New York City

Dear Dr. Brown: -

Plans for the new station here are developing hopefully. The Lord has again and again by His help reassured our hearts that these are His plans not ours. (......)

The spiritual side of the work in Chong Ju has been very encouraging, Elder Kim having found an open door into some of the best families - homes of scholarly gentlemen. One old gentleman of independent means has openly given up Confucianism and professed and preaches Christianity. His family also side with him now. We were led to buy two good thatched houses - one in the market place at the R. R. station for a book store and for our use there; and one in the City here on the main street for a book store, meeting house, and temporary quarters for Elder Kim and myself. Then we found the way opened up to buy the station site Dr. Moffett and I chose when we first came here, and which Dr's Avison, Hirst, and Null have seen and approved. With the exception of a much needed - but not absolutely necessary strip - the purchase is complete.

19050605

[세브란스 병원 보조 요청에 대한 회답.] 이하영(외부대신)이 호러스 N. 알렌(주한 미국 공사)에게 보낸 문서. 미안(美案), 규장각 18047 (1905년 6월 5일)

외부,
서울, 1905년 6월 5일

공사님,

저는 세브란스 기념 병원에 월 4~500엔씩 지원하는 것이 바람직하다는 각하의 2월 16일자 문서27)에 지금까지 답장을 보내지 않았는데, 그 제안이 공식적으로 받아들여졌다는 확신을 줄 수 있는 위치에 있기를 바랐기 때문입니다. 이 주제에 대하여 우리가 가졌던 면담을 통하여 저는 개인적으로 각하의 제안을 강력하게 공감할 뿐 아니라 짧은 시간 내에 제국 정부의 승인을 받을 것이라고 기대할 만한 타당한 이유가 있다고 믿고 있다는 것을 이해하신다고 확신하고 있습니다. 저는 각하가 떠나시기 전에 이 문제가 확실하게 결정되었다는 사실을 알릴 수는 없지만, 그럼에도 불구하고 저는 각하가 현 사례에서 두드러지게 나타난 바와 같이 우리 국민의 복지에 매우 밀접하게 영향을 미치는 건강과 위생 문제에 대하여 각하가 항상 보여주신 진지하고 지적인 관심과 기존 조건을 개선하려는 노력에서 각하가 제공한 효율적인 지원이 머지않아 인정을 받게 될 것이라는 것을 알게 되어 각하는 어느 정도 만족하실 것이라고 믿고 있습니다.

저는 이 기회를 빌어 공사님께 저의 최고의 경의를 표합니다.

(서명) 이하영
외무대신

의학박사 H. W. 알렌 각하

---

27) [Request of Subsidy to the Severance Hospital from the Korean Government.] Horace N. Allen (U. S. Minister to Korea), Diplomatic Dispatch to Ha Yong Ye (Korean Minister of Foreign Affairs). Original Diplomatic Documents of Korea with U. S. A., Kyujanggak Document No. 18046-1 (Feb. 16th, 1905)

[Reply to the Requests for Granting Severance Hospital.] Ha Yong Ye (Korean Minister for Foreign Affairs), Diplomatic Dispatch to Horace N. Allen (U. S. Minister to Korea). *Diplomatic Documents of Korea with U. S. A.*, Kyujanggak Document No. 18047 (June 5th, 1905)

Department of Foreign Affairs,

Seoul, June 5, 1905.

Monsieur le Ministre: -

Until now I have not replied to Your Excellency's despatch of the 16th of Last February, in which you suggested the desirability of a grant of four or five hundred yen per month to the Severance Memorial Hospital, because I hoped to be in a position when doing so to give assurance that the suggestion was formally accepted. From the interviews we have had upon the subject I feel confident that Your Excellency understands that not only are my personal sympathies strongly enlisted in support of Your proposal, but also that I believe that I have good reason to expect that it will in a short time receive the sanction of the Imperial Government. Although I am not able to inform Your Excellency before your approaching departure that the matter has been definitely decided, I trust that it will nevertheless be some satisfaction to you to know that the earnest and intelligent interest you have always shown in those questions of health and sanitation which so closely affect the welfare of our people and the efficient aid you have given in the endeavor to ameliorate existing conditions, as notably displayed in the present instance, will in due season receive this measure of recognition.

I avail myself of this occasion to renew to you, Monsieur le Ministre, the assurance of my highest consideration.

(signed) Ya Ha Yong,
Minister for Foreign Affairs.

His Excellency,

    Dr. H. W. Allen,

      etc., etc., etc.,

호러스 N. 알렌(주한 미국 공사)이
올리버 R. 에비슨(서울)에게 보낸 편지 (1905년 6월 6일)

미국 공사관
한국 서울

1905년 6월 6일

친애하는 에비슨 박사님,

　　내가 한국 정부에 세브란스 병원에 대한 예산을 요청한 것이 실행될 것이라고 약속하는 외부로부터 받은 편지의 사본을 동봉합니다. 떠나기 전에 이 건(件)을 종결시키려 노력하였지만 그것이 정규 예산의 항목의 형태를 띠어야만 하고, 아직 시간이 좀 걸릴 것 같아서 박사님은 10월 전에는 그것을 받기 시작하지 못할 수 있습니다. 하지만 이 편지는 나에게 보내져, 내가 떠나기 전에 그 문제가 실질적으로 결정되었다는 것을 알 수 있었습니다. 나는 일본 당국이 그것에 대하여 호의적이며 외부 뿐 아니라 황제의 승인을 받은 것으로 알고 있으며, 게다가 스티븐스 씨는 그 문제에 대하여 항상 가장 친절하고 호의적이었습니다.

　　나는 이 마지막 문제를 이렇게 좋은 상태로 남겨두고, 박사님이 이 사람들을 위하여 실행하고 있는 선한 일에 고정적인 보조를 받게 되는데 내가 중요한 역할을 하였다는 것을 알게 되어 기쁩니다.

　　나는 이 기회를 빌어 박사님에게 작별 인사를 하고 박사님의 사업에 지속적인 성공이 있기를 기원합니다.

　　안녕히 계세요.
　　(서명) H. N. 알렌

Horace N. Allen (U. S. Minister to Korea),
Letter to Oliver R. Avison (Seoul) (June 6th, 1905)

American Legation,
Seoul, Korea

June 6, 1905

Dear Dr. Avison,

I enclose a copy of a letter I have received from the Foreign Office, promising that my request for an appropriation from the Korean Government, to the Severance Hospital, will be carried out. I have tried to have this concluded before leaving, but it seems it must form an item in the regular budget and that will take some time yet, so that you may not begin to receive it before October next. This letter was sent me however that I might know before leaving that the matter was practically decided upon. I am assured that the Japanese authorities are favorable to it and I know it has the Emperor's approval as well as that of the Foreign Office, while Mr. Stevens has been most kind and sympathetic regarding the matter all along.

I am glad to leave this last matter in such good shape and to know that I have been instrumental in getting you a fixed allowance inconsideration of the good work you are doing for this people.

I take this opportunity to bid you good bye and to wish you continued success in your work.

Sincerely yours,
(Signed) H. N. Allen.

캐드월러더 C. 빈튼, 올리버 R. 에비슨(서울 지부)이 아서 J. 브라운(미국 북장로교회 해외선교본부 총무)에게 보낸 편지 (1905년 6월 17일)

접 수
1905년 7월 17일
브라운 박사

한국 서울,
1905년 6월 17일

신학박사 A. J. 브라운 목사,
  북장로교회 해외선교본부,
  미국 뉴욕 주 뉴욕 시 5 애버뉴 156

친애하는 브라운 박사님,

박사님이 빈튼 및 게일 박사, 클라크 씨로 구성된 서울 지부의 위원회로 보낸 4월 15일자 편지가 정식으로 접수되어 지부 회의에서 낭독되었고 서울 지부는 논의 후 답변을 위하여 곤당골 매각과 구 병원 부지의 정부 양도를 담당하는 위원회에 회부하였습니다.

박사님의 편지를 우리의 답장을 위한 근거로 삼아 위원회는 다음과 같이 진술합니다.

첫째, 1904년 4월 11일 박사님과 1904년 4월 5일 재무 핸드 씨가 보고한 선교본부 재무 위원회에 따라, 그들은 매각 대금으로 도심 업무를 위한 부지를 조달하고 사택을 건축할 수 있는 권한을 받았고, 실제로 위원회는 부지 확보의 어려움에 대한 선교본부의 언급은 새로운 부지의 가능성이 없으면 매각하지 말라는 지시와 같다고 생각하였습니다. 그리고 위원회는 그들이 그것을 얻을 수 있다는 것을 알았습니다. 지부는 그 부동산 매각 수익금에서 E. H. 밀러 씨의 사택을 건축하기에 충분하게 사용할 허가를 요청할 때, 그들은 이미 무어 씨의 사택을 건축하도록 승인을 받았다고 믿었으며 매각 대금의 일부로 선교본부가 예산을 책정하지 않은 밀러 씨 사택의 승인을 요청하였습니다. 우리는 이것이 2쪽의 박사님의 첫 번째 점에 대한 답변이라고 생각합니다.

둘째, 두 번째 점과 관련하여 도로에서 적절한 입구가 있어야 하는 새 부지의 비용은 1만 엔 이상, 실제로는 1만 4천 엔입니다. 물론 이 금액은 우리에게 그랬던 것처럼 박사님께도 엄청나게 많은 것처럼 보일 것이지만, 동시에 우리는 곤당골의 동등한 부지에 대하여 3만 8천 엔을 받았다는 것을 기억해야 합니다. (이 곤당골 부지에 있는 집은 상태가 매우 열악하였고, 비위생적이라고 공표되었으며, 우리를 대리한 감정인과 왕의 대리인이 부지 가격에 대하여 언급할 가치가 없는 것으로 간주하였다는 사실을 잊어서는 안 됩니다.)

땅값은 기하급수적으로 올랐습니다. 이것이 아니었다면 우리는 곤당골이나 제이콥슨 기념 사택 부지에 대한 액수를 받을 수 없었을 것입니다.

같은 제목에서 박사님은 나머지 18,000엔을 받을 수 있는 가능성에 대하여 질문하고 있습니다. 양도 및 매각에 관한 우리의 보고서에서 박사님은 1만 엔을 제외한 모든 금액이 영수증으로 지불되었으며, 나머지 1만 엔에 대한 담보로 부동산과 증서를 가지고 있다는 것을 아실 것입니다.

중앙 교회의 부지와 관련된 박사님의 세 번째 점에서 '중앙 교회 기지'라는 단어의 사용으로 인하여 혼란이 초래되었습니다. 그것은 '중앙 전도 기지'라고 불렀어야 했습니다. 기지와 관련하여 우리는 [그것에] 중앙 교회가 있기를 기대하고 있습니다. 연례 회의에서 중앙 교회 부지가 요청되었을 때, 옛 병원 부지의 보유가 너무 불만족스럽고 불확실해서 어떤 것이 필요하다고 생각하였고 곧 그렇게 되었습니다. 그 당시 서울 지부의 많은 회원들은 곤당골이 이전할 곳이 이 도시의 북쪽 구역이 될 것이라고 생각하였고, 이곳에 사랑방, 책방, 거리 예배당, 남학교 및 여학교가 설립될 것으로 생각하였습니다. 그러나 지금 당장 서울에서 중앙 교회로부터 1마일 이내에 적절한 부동산을 가질 수 없는 실질적인 상황 때문에 지부는 클라크 씨를 연못골에 배치하기로 결정하였고, 한 부부를 도시의 이 지역에 배치하는 것부터 시작하려면 이 시점에서 더 이상의 주택은 아니더라도 조만간 한 채가 필요하였을 것입니다.

지부는 중앙 교회 부지와 중앙 기지를 하나로 결합하는 것이 가장 좋다고 생각하였습니다. 또한 선교부는 연례 회의에서 위원회에 가능한 한 중앙 교회를 이전할 부지를 확보할 것을 지시함과 동시에 선교본부에 5,000엔의 예산을 요청한 것은 선교부가 이 부지의 확보에 중요성을 부여하고 있음을 보여 주었습니다. 선교부는 예산에서 구리개(구 병원 부지) 부지를 우리가 유지함으로써 단지 도심에 있는 교회 부지 비용의 작은 부분만을 희망하면서 5,500엔의 예산을 요청하였습니다. 그리고 만일 (그 부지가) 이전 과정에서 확보된다면 5,500엔은 필요하지 않게 될 것입니다(1904년 선교부 회의록 37, 38쪽을 볼 것): 그러나 우리는 구리개(옛 병원 부지)를 유지하려는 노력에 완전히 실패하였기 때문에, 교회 부지를 우리의 도심 전도 기지와 결합할 수밖에 없었고 그래서 더 큰 것을 구입하지 않을 수 없었습니다. 따라서 현재의 이 매입은 5,500엔에 대한 요청을 없애고 해당 문제에 대한 선교본부의 우려를 덜어주고 있습니다.

박사님의 편지 3쪽에서 박사님은 현재의 사택 수를 언급하고 있습니다. 만일 박사님이 부동산의 이전에 관한 위원회의 보고서를 참조하신다면 위원회는 제이콥슨 기념 사택 기금을 바렛 양의 현 사택을 위하여 사용할 것을 추천하였다는 것을 알게 되실 텐데, 그 사택은 박사님이 편지에서 계산하지 않았다고 말한 것입니다. 물론 박사님은 그녀가 그 사택이 필요하다는 것을 알고 있고, 박사님의 계산으로 그녀를 위하여 이 사택을 실질적으로 사용하는 것은 사택의 수를 하나 줄입니다. 박사님의 편지에서 박사님은 우리가 11채의 사택을 가지고 있었고, 바렛 양을 위하여 1채가 더 필요하다고 생각하고 있습니다. 박사님이 그녀를 위하여 우리가 1채가 필요하다고 생각하기 때문에 우리는 예산이 마련되었을 것이라고 추정하였습니다. 다른 사택의 필요성과 관련하여 우리는 정동에서 그녀를 위하여 제공된 초라한 숙소를 사용하면서 웸볼드 양이 수행하였던 유능하고 효율적인 사역에 대한 박사님의 관심을 요청합니다. 무어 가족을 위한 사택이 준비되지 않았을 때, 그녀는 가장 너그럽게도 그들에게 자신의 권리를 양보하였습니다. 그녀의 이곳 사역 후반부와 그녀가 미국에 가 있는 동안 무어 가족은 그녀가 돌아오면 그녀와 이 사택에 배정될 다른 여자 사역자가 이 사택을 사용해야 한다는 명확한 조건으로 그것을 사용하였습니다.

무어 씨 사택에 대한 계약을 연기하라는 전보를 보낸 선교본부의 조치는 현재 우리를 다소 진퇴양난에 빠뜨리고 있습니다. 사택이 없이 5년 동안 기다렸던 웸볼드 양은 건강하지 못한 곳에서 다른 곳으로 이사하였으며, 마침내 (우리가 알기로) 뉴욕 여자 선교회 중 한 곳에서 그녀의 사택을 위한 특별 예산이 만들어졌습니다.

서울 지부와 한국 선교부, 그리고 이곳의 우리 교회에 있는 선교사들의 수와 관련하여 우리 교회가 이곳에 있기 때문에 우리 조직을 가진 다른 교회들과, 교리와 조직이 다른 일부 교회들이 한국과 수도에 들어오는 것을 억제하였다는 것을 기억해야 합니다. 따라서 우리 교회가 많은 수의 교회와 교파들 사이에서 사역이 분담되는 곳보다 더 많은 선교사들을 유지하고 더 큰 지부를 가질 준비가 되어 있어야 하는 것은 당연합니다.

서울 지부의 사역은 이미 언급한 바와 같이 서울에만 국한된 것이 아니라 한 도(道) 전체와 세 도의 일부를 담당하고 있습니다. 현재 빠르게 개통되고 있는 철도는 서울 지부의 사역자들이 사방에서 자신의 선교지에 더 쉽게 도달할 수 있도록 할 것입니다. 그리고 그 사업이 수도에서와 거의 마찬가지로 이루어질 수 있다면 순회 사역자들은 우리의 기관 사역을 도울 수 있고 고등학교와 신학반에서 더 나은 결과를 얻을 수 있습니다. 박사님이 편지에서 말했듯이, 한 사람은 항상 안식년에 있을 것이지만, 만일 사택들이 지방에 흩어져 있다면 거주자가 미국에 있을 때 어떻게 그 사택을 서울에서 온 다른 사람이 사용할 수 있겠습니까?

박사님은 편지 말미에 웸볼드 양이 미국에 있으며, 그녀가 돌아오면 쉴즈 양이 안식년으로 한국을 떠날 것이라고 말하였습니다. 물론 박사님은 편지를 쓸 때 이루어질 배치에 대한 생각을 가지고 있지 않았습니다. 쉴즈 양이 사용하였던 사택은 연못골로 이전할 것이며, 바렛 양과 브라운 양이 사용하게 될 것입니다. 웸볼드 양과 캐머론 양이 거의 동시에 이곳으로 올 것이고 사택이 필요하게 될 것입니다. 박사님의 편지 4쪽에서 무어 씨의 사택이 요청한 28개의 자산 목록에 없다는 사실을 언급하고 있습니다. 이것은 단순히, 그리고 이 재산 양도 위원회와 서울 지부 및 선교부 모두 무어 씨의 사택이 이미 곤당골 자산 매각을 승인한 선교본부의 편지에 의해 마련되었다고 믿었기 때문입니다.

게다가, 박사님이 우리에게 12채의 사택을 허락한 후에도 우리는 여전히 허스트 박사를 위한 사택이 없습니다. 그는 현재 독신이고 하숙을 하고 있지만, 그가 언제 사택을 필요로 하게 될지는 알 수 없습니다. 하지만 우리는 나머지 사람들 중 일부가 안식년에 있을 때 그가 올 것이라고 생각할 것입니다.

우리는 박사님의 편지에 있는 모든 점에 대하여 답변을 하였다고 생각하지만 박사님이 네 가지 질문으로 요약하였기에 우리는 요청한대로 답변하려고 노력할 것입니다.

첫째, "서울에 중앙교지 부지를 구입하였나요? 그렇다면 얼마를 지불하였습니까?"

둘째, "무어 씨의 사택을 위한 별도의 부지를 구입하였습니까? 그렇다면 얼마를 지불하였습니까?"

우리가 답한 것은 이 두 질문에 대한 것이며, 두 질문이 서로 얽혀 있기 때문에 우리는 함께 다루었습니다. 우리는 교회를 위한 부지를 포함할 수 있도록, 그리고 만일 그것이 최상이라고 생각된다면 하나의 사택을 위하여 충분히 큰, 도심과 가까운 서울의 중앙 전도 기지를 위한 부지를 구입하였습니다. 그리고 우리는 곤당골 부지에 있는 무어 씨의 이전 사택을 대신하기 위하여 새 주택을 위한 별도의 부지를 구입하지 않았습니다. 지금까지 부동산 비용은

9,989엔이었지만 협상하고 있는 것을 완료하려면 4,500~5,000엔이 소요될 것입니다.

(참고: - 언더우드 박사는 자신의 땅에 자신의 집을 지었고 현재 한 부지를 사용하지 않고 남겨두고 있는데, 지부는 무어 씨를 위한 사택을 건축하고자 합니다. 그래서 해당 부지를 구입하기 위하여 더 이상 돈을 지출할 필요가 없습니다.)

셋째, "18,000엔은 언제 지불됩니까?"

위의 8,000엔은 이미 지불되었습니다. 10,000엔은 거의 언제든지 얻을 수 있으며, 앞서 언급한 바와 같이 우리가 증서와 재산을 계속 보유함으로써 확보됩니다. 물론 들어오는 10,000엔에 대하여 선교본부가 의심이 든다면 선교지의 재무에게 공동 재산에 대하여 받아야 할 것보다 더 많은 지출을 승인하게 하거나 지불을 거부하도록 지시할 수 있습니다.

넷째, "이 편지에 언급된 사항을 고려할 때, 서울 지부에 12채의 사택을 짓는 것이 현명하다고 생각합니까, 아니면 그 돈을 꼭 필요해 보이는 다른 목적에 사용하는 것이 더 현명하다고 생각합니까?"

이에 대한 답변으로 선교본부에서 현재 계획하고 제안한 대로 F. S. 밀러 씨는 청주로, 샤프 씨는 황해도로 이적하는 것을 승인하였습니다. 선교본부가 무어 씨를 위한 주택 건축을 허가하지 않는 한, 이적을 하고 허스트 박사가 현재와 같이 계속 기숙을 할 때의 인력보다 더 많지 않은 인력으로도 여전히 사택이 하나 부족할 것입니다. 이것은 다음 표에서 즉시 알 수 있습니다.

계획된 사택의 배치는;

에비슨 및 허스트,	남대문
무어,	"
웸볼드 및 캐머론,	"
언더우드,	"
웰본,	도심
게일,	동대문
피터스,	"
클라크,	"
빈튼,	"
바렛 및 브라운,	"
E. H. 밀러	"

현재의 배치;

에비슨 및 허스트,	남대문
샤프,	"
무어,	"
언더우드,	"
클라크(방금 매각된 필드 박사의 옛 사택)	도심
웰본 ,	"
게일,	동대문
F. S. 밀러,	"
피터스 (헐어버린 옛 사택),	"
바렛 및 브라운 (옛 여학교),	"
E. H. 밀러 (한옥),	"
빈튼 (주택을 소유함),	"

필드 박사, 쉴즈 양 및 웸볼드 양은 마련되지 않았습니다.

2, 3년 안에 거의 달성될 수 없는 이적이 실현될 때까지 무어 씨는 웸볼드 양과 캐머론 양이 선교지에 도착하자마자 사택이 없게 될 것입니다. 무어 부인의 건강 상태로 인하여 지부가 한 번의 이사 계획을 세우는 것조차 불가능하기에 이것은 현재 매우 심각한 문제이며, 이적 과정에서 한 장소에서 다른 장소로 이동하는 것이 완전히 불가능하다는 점은 말할 것도 없습니다. 그래서 이것은 충분한 논의를 거친 후 무어 씨를 위한 사택 건축 요청을 반복하도록 위원회에 지시한 최근 지부 회의의 결정에서 답변되었습니다.

우리는 모든 것을 명확하게 하였으며, 이 편지와 함께 부친 위원회의 사업 보고서를 통하여 박사님이 상황을 잘 파악할 수 있을 것으로 믿습니다.

서울 지부를 위하여,
C. C. 빈튼,
O. R. 에비슨

Cadwallader C. Vinton, Oliver R. Avison (Seoul Station), Letter to Arthur J. Brown (Sec., BFM, PCUSA) (June 17th, 1905)

Received
JUL 17 1905
Dr. Brown

Seoul, Korea,
June 17th, 1905

Rev. Dr. A. J. Brown,

Presbyterian Board of Foreign Missions,

156 Fifth Ave., New York, N. Y., U. S. A.

Dear Dr. Brown: -

Yours of April 15th addressed to a Committee of Seoul Station consisting of Drs. Vinton and Gale and Mr. Clark was duly received, read by them at the Station meeting, and after discussion was by the Seoul Station referred for answer to the committee that had in hand the sale of Kon Dang Kol and the transfer of the old hospital site to the Government.

Taking your letter as a basis for our reply the committee would state.

First; - that it was clear to the committee and the Station that, in accordance with the Board's Finance Committee reported by you April 11th, 1904 and by Treasurer Hand on April 5th, they were authorized out of proceeds of sale to procure a site for central work and to erect a house, and in fact the committee considered that, the Board's speaking of the difficulties of obtaining a site was tantamount to instruction to not sell unless a new site was in view; and the committee knew they could obtain the same. The Station in asking permission to use sufficient for the erection of a house for Mr. E. H. Miller from the proceeds of the sale of that property, believed that they were already authorized to build a house for Mr. Moore, and asked permission for house for Mr. Miller out of that portion of the money received for sale, that had not been appropriated by the Board. This we think answers your first point on page 2.

Second; - In regard to your second point, the cost of new site which must have suitable entry from the road amounts to more than ten thousand Yen, in fact fourteen thousand. This amount will of course seem to you as it did to us enormously high, but at the same time we have to remember that we got thirty-eight thousand Yen for an equivalent site at Kon Dang Kol. (It must not be forgotten that the house on this Kon Dang Kol site was in very poor condition, had been declared unsanitary, and by the appraiser who acted for us and by His Majesty's representative was considered not worth mentioning in the price of the lot.)

Land prices have been going up by leaps and bounds. Were it not for this we could not have gotten the sums we did either for Kon Dang Kol or the Jacobsen Memorial site.

Under the same head you inquire of the prospect of getting the remaining eighteen thousand Yen. In our report concerning transfer and sale, you will note that all but ten thousand Yen have been paid in on simply our receipts, and that we hold the property and deeds as security for the remaining ten thousand Yen.

In regard to your

Third; - point concerning site for central church, the confusion has risen from the use of the word "Central Church Site". It should have been called, "Central Evangelistic Plant". In connection with our Plant we expect to have our Central Church. At the annual meeting when a central church site was asked for, it was because the tenure of the old hospital site was so unsatisfactory and uncertain that, some thing was thought necessary, and soon at that. At that time it was thought by a large number of members of Seoul Station that, the Kon Dang Kol transfer would be to the north section of the city, and that at this point, Sarangs, book room, street chapel, boys' and girls' school would be established; but the conditions as existent in Seoul just now led the Station to decide to put Mr. Clark at Yun Motkol, and when it was found out that suitable property could not be had within more than a mile of the Central Church, and that to begin with putting one man and his wife in this part of the city would soon have necessitated one if not more additional houses at this point.

It was deemed best by the Station to combine in one the central church site and the central plant. The fact also that, the Mission instructed the committee at the annual meeting, if possible to secure the site for the central church in the transfer and at the same time asked an appropriation on the part of the Board of five thousand and five hundred Yen for the purchase of the same simply showed the importance the Mission attached to the securing of this site. The Mission in its estimates asked for an appropriation of five thousand five hundred Yen, hoping that, by our retaining the Kurigai (old hospital site) property, only a small portion of the cost of a site for a church only in the centre of the city would be required; and if secured in the transfer, the five thousand five hundred Yen would not be needed (See Mission Minutes. 1904, pages 37 and 38): but as we entirely failed in our efforts to retain Kurigai (old hospital site), we were compelled to combine the church site with our central evangelistic plant, and thus purchase more largely. This present purchase therefore, does away with the request for five thousand five hundred Yen and relieves the Board from any anxiety on that matter.

On page 3 of your letter you mention the number of houses at the present time. If you will consult the reports of the committee on the transfer of property, sent herewith, you will see the committee have recommended the use of the Jacobsen Memorial House fund for Miss Barrett's present house which in your letter you said you did not count. Of course you realize she needs the house, and use of this house for her practically from your reckoning reduces the number by one. In your letter you reckon that we had eleven houses and needed one more for Miss Barrett; as you reckon we needed one for her, we presumed the appropriation would have been made. In regard to the necessity for another house, we call your attention to the able and efficient work done by Miss Wambold, occupying the poor quarters provided for her in Chong Dong. Most generously when no house was ready for the Moore's, she surrendered her right to them; and the Moore's occupied it during the latter part of her term here and while she was away in America, with the definite understanding, however, that on her return the house should be available for her and some other lady worker who will be assigned to this section.

The Board's action in cabling to delay contracting for Mr. Moore's house leaves us at present in rather a quandary. Miss Wambold waited five years without a home, was moved from one unhealthy place to another, till finally a special appropriation was made for her house by (we believe) one of the New York Ladies Boards.

In connection with the Seoul Station and the Korea Mission and the number of missionaries our church have here, it should be remembered that other churches of our own polity and some who differ in doctrine and polity have refrained from entering Korea and the capital, because our church is here; and it is there-fore natural that our church should be quite ready to maintain a larger force of missionaries and have a larger Station than where work is divided among a large number of churches and denominations.

The work of Seoul Station is, as we have mentioned, more than once, not confined to the city of Seoul, but takes up the whole of one province and parts of three others. The railroad that are now being speedily put through will make it more easy for workers in Seoul Station, to reach their field on all four sides. And if the work could be done thus almost as well from the capital, the itinerants are thus enabled to help in our institutional work, and secure better results in our High School and Theological classes. As you say in your letter, there will always be some one on furlough, but if the houses are scattered out in the country, how would it be possible to be occupied by others from Seoul when the tenants are away in America?

Toward the close of your letter you say that, Miss Wambold is in America, and that when she returns, Miss Shields will have left Korea on furlough. Of course when you wrote you had no idea of the grouping that would be made; by which the house which Miss Shields has been occupying is moved to Yun Mokol, and will be occupied by Miss Barrett and Miss Brown. Miss Wambold and Miss Cameron will be here almost at once and will need a house. On page 4 of your letter, you refer to the fact that, Mr. Moore's house was not on the list of the twenty-eight properties requested. This was simply and because the committee on transfer of this property and Seoul Station as well as the Mission all believed that, Mr. Moore's house was already provided for by the Board's letter which authorized the sale of Kon Dang Kol property.

In addition, after you had granted us the twelve houses, we still have no house for Dr. Hirst. He is at the present time single and is boarding, but we cannot tell how soon he may be needing a house. However, we would reckon that he would come in when some of the rest are on furlough.

We believe that, we have answered all the points of your letter, but as you sum up with four queries, we will try to answer them as asked. You ask;

First; - "Did you buy a site for a central church in Seoul, and if so, how much did you pay for it?"

Second; - "Did you buy a separate lot for Mr. Moore's house, and if so, how much did you pay for it?"

What we did answers these two questions, and as they are so interwoven, we have put them together. We purchased a site for our central evangelistic plant in Seoul, near enough to the centre of the city, to include a site for the church, and almost large enough if it were thought best, for one residence; and we did not buy a separate site for the new house to take the place of the former residence of Mr. Moore on the Kon Dang Kol property. The cost of the property thus far has been nine thousand nine hundred and eighty nine Yen (¥9989.00), but it will take four thousand five hundred or five thousand Yen to complete what we are negotiating for.

(Note: - Dr. Underwood having built his own house on his own land, leaves one site at the present time unused, on which it is the Station's desire to build a house for Mr. Moore; so that there will be no need of further appropriation of money for purchase of that site.)

Third; - "How soon is the eighteen thousand Yen to be paid in?"

Eight thousand Yen of the above has already been paid. Ten thousand Yen can be obtained almost any time, and is secured, as mentioned, by our continuing to hold deeds and property. Of course if the Board feels any doubt about the ten thousand coming in, the treasurer on the field can be instructed to decline to pay out or authorize the expenditure of more than should be received of the joint properties.

Fourth; - "In view of considerations stated in this letter, do you think it wise to build the twelve houses in Seoul Station, or do you think it wiser to use that money for some other object which appear so necessary?"

In answer to this, granted that we swarm as at present planned and suggested by the Board, Mr. F. S. Miller to Chong Ju and Mr. Sharp to Whang Hai Do, unless the Board grant the building of a house for Mr. Moore, we shall still lack one house even with our force no larger than it will be after swarming and Dr. Hirst continuing to board as at present. This can be at once seen from the following table.

Arrangement of houses as planned for;

Avison & Hirst,	South Gate.
Moore,	"
Wambold & Cameron,	"
Underwood,	"
Welbon,	Centre of City.
Gale,	East Gate.
Pieters,	"
Clark,	"
Vinton,	"
Barrett & Brown,	"
E. H. Miller	"

The present arrangement;

Avison & Hirst,	South Gate.
Sharp,	"
Moore,	"
Underwood,	"
Clark (Dr. Fields' old house just sold),	Centre of City.
Welbon,	"
Gale,	East Gate.
F. S. Miller,	"
Pieters (old house to be torn down),	"
Barrett & Brown, (old Girls' School),	"
E. H. Miller, (native house),	"
Vinton (own house),	"

Dr. Field, Miss Shields and Miss Wambold unprovided for.

In the mean time until the swarming goes into effect, which can scarcely be accomplished within two or three years, Mr. Moore would be without a house as soon as Miss Wambold and Miss Cameron reach the field. This is a very serious matter at present, as Mrs. Moore's health makes it quite impossible for the Station to plan for them to even make one removal, not to mention the utter impossibility of moving from one place to another during the process of swarming. So this was answered in the Station's action at its last meeting when after full discussion, they instructed their committee to reiterate the request for the building of a house for Mr. Moore.

Trusting that, we have made everything clear, and that the report of the committee's work coming along with the letter will enable you to get a good grasp of the situation.

Yours in behalf of Seoul Station,
C. C. Vinton,
O. R. Avison

회의록, 한국 선교부 서울 지부 (미국 북장로교회) 1891~1921
(1905년 6월 19일)

(중략)

의료 위원회: 에비슨 및 허스트 박사, 빈튼 박사, 언더우드 부인 및 샤프 씨

(......)

연례 보고서의 편집자는 에비슨 사택에서 7월 17일로 예정된 7월 회의에 모든 보고서를 제출하여 줄 것을 요청하였다.

(중략)

Minutes, Seoul Station, Korea, 1891~1921 (PCUSA) (June 19th, 1905)

(Omitted)

Medical Committee: Drs. Avison and Hirst, Dr. Vinton, Mrs. Underwood and Mr. Sharp

(......)

The Editor of the Annual report asked for all reports to be in at the July meeting, which was set for July 17th at Dr. Avisons.

(Omitted)

저명한 직책에 있는 토론토 졸업생.
The Toronto Daily Star (토론토) (1905년 6월 23일)

O. R. 에비슨 박사, 한국 왕립병원 원장, 한국 왕가의 시의(侍醫). (......) 모두 빅토리아 출신.

Toronto Graduates In Prominent Positions.
The Toronto Daily Star (Toronto) (June 23rd, 1905)

Dr. O. R. Avison, President Royal Korean Hospital, and physician to the Korean Royal family. (......) All of Victoria.

찰스 A. 클라크(서울),
C. A. 클라크의 개인 보고서, 1904~05년 7월 (1905년 7월)

(중략)

2. 연중 내내 여자 사역자의 필요성이 가장 분명해졌습니다. 에비슨 부인은 연중 대부분에 수요일 여자 사경회를, 쉴즈 양은 목요일 여자 사경회를 몇 번 진행하였습니다.

(중략)

Charles A. Clark (Seoul),
Personal Report of C. A. Clark, July 04~05 (July, 1905)

(Omitted)

2. Throughout the year the need of lady workers has been most apparent. Mrs. Avison has conducted a Wed. class for women most of the year & Miss Shields a Thurs. Class a few times.

(Omitted)

19050710

연합. *The Korea Methodist* 1(9) (1905년 7월 10일), 119, 122쪽

연 합

한국에서 교육 사업의 연합 가능성을 논의하기 위하여 6월 24일 토요일 서울의 제일감리교회에서 열린 비공식 회의의 결과, 당시 서울에 있던 장로교회 선교부의 대표자들과 만나기 위하여 당시 회기 중인 감리교회 연회에 의하여 위원회가 임명되었다. 이 두 번째 모임은 6월 26일 월요일 저녁에 D. A. 벙커 목사의 사택에서 열렸다.

토요일 모임에서 그런 열의가 일어났고, 다음에 열릴 두 번째 모임에 많은 관심을 나타내었기 때문에 서울에 있는 거의 모든 선교사들이 월요일 저녁의 모임에 참석하였다.

이 모임에서 다음의 결의안이 통과되었다:

'한국 기독교회'라고 불릴 하나의 한국인 교회를 설립할 때가 무르익었 다는 것이 선교사들의 이 비공식적인 모임의 의견이라는 동의가 있었다. 이 것은 재청되었고, 기립 투표에 의하여 만장일치로 통과되었다.

개신교 인력이 한국내 교육 사역에서 연합하자는 동의가 있었고, 진지 한 토론 끝에 통과되었다.

장로교회와 감리교회 인력들이 지금까지 따로 수행해 온 교육 사역을 연합하여 수행하기 위해 즉각적인 조치를 취하는 것이 이 모임의 의견이라 는 것이 만장일치로 결의되었다.

장로교인과 감리교인이 전도 사역에서 연합하고 각 선교부들의 관심을 끌기 위한 조치를 취하는 것이 이 모임의 의견이라는 동의가 있었고 통과 되었다.

이 모임은 교육, 전도 및 의료 사역의 신속한 연합을 이루기 위하여 여 러 선교부가 위원회를 임명하는 것이 바람직하다는 점을 제안하자는 동의 가 있었고, 통과되었다.

가을의 장로교회 공의회에서 개신교회 선교부들의 공의회 설립을 촉진 할 권한을 이 합동 위원회에 부여하도록 우리가 권고한다는 동의가 있었다.

개신교 선교사들 전원이 모여 한국 교회의 일치를 위한 계획을 세우는 것이 이번 모임의 의견이라는 동의가 있었다.

공동 편집 아래 선교사들의 정기 간행물들을 연합할 때가 왔다는 동의
가 있었고, 통과되었다.

다음은 서울에 있고 우리가 접촉할 수 있었던 일부 선교사들이 이 중요한
문제에 대하여 생각하는 것을 보여 준다.

(중략)

122쪽

왜 개신교 인력들이 한국에서 연합해야 하는가? 그 이유는 감정적인 것과
실제적인 것 두 가지이다. 감정적인 면에 관해서 나는 해리스 감독의 설교 중
의 다음의 문장에 충격을 받았다. "그 이름 안에 무엇이 있습니까? 모든 이름
보다 뛰어난 이름은 하나뿐이고 다른 이름은 없습니다. 그리고 우리는 왜 이
사람들에게 다른 이름들을 주려고 애써야 합니까? 우리 중 일부에게는 그것이
아무리 소중하더라도 그들에게는 의미가 없을 수 있고, 그들의 마음에 예수라
는 한 이름의 힘을 모호하게 할 수 있습니다!"

실용성과 관련하여 한국에서 수행되는 모든 기관 사역은 수행하려는 업무
를 수행하는 효율성은 말할 것도 없고 존경을 받기 위하여 훌륭해야 한다. 이
것은 학교와 병원 모두에 해당된다. 그러나 하나의 기관이라도 효율적으로 운
영하기 위해서는 많은 경비가 들며 종종 많은 인력이 필요하다. 그리고 연간
유지 보수 비용이 높기 때문에 선교부의 자원이 많이 소모된다. 지금까지 한
국에는 여러 기지가 있었지만 적절한 장비와 인력을 갖춘 기관은 하나도 없
다. 모든 이유는 각 선교부가 각 선교지부 또는 각 선교부에서 개별적으로 지
원하는 것이 사실상 불가능하기 때문이다.

이제 하나의 좋은 기관이 여러 개의 빈약한 기관보다 더 많이 성취할 것
이며, 따라서 빈약한 여러 기관으로 끌려가느니 좋은 기관 하나를 만들고 유
지하는데 연합하는 것이 현명한 정책이다.

병원 사역에 관한 한, 하나의 기관을 만드는데 세 선교부가 연합하면 우리
가 모든 분과에서 사역을 활기차고 수월하게 수행할 수 있게 할 것이며, 일정
수의 환자를 치료할 뿐만 아니라, 우리가 그런 일을 내려놓은 후에 이 사역을
계속할 의사들과 간호원들을 훈련시키는 일까지도 가능하게 될 것이다. 그렇
게 해서 우리의 사역은 매우 바라는 목표인, 자체적인 영속화가 될 것이며, 이
것은 아마도 치료 받는 환자의 수를 늘리는 것보다 더 중요할 것이다.

백 명의 환자를 치료하면서 간호원 열 명과 의사 다섯 명을 양성하는 것

이 수백 명의 환자들을 치료하면서 간호원도 의사도 양성하지 않는 것보다 더 낫다. 양성 업무는 병자를 치료하는 업무보다 더 많은 시간을 필요로 하며, 따라서 더 많은 인력과 원기를 절약해야 한다. 각각의 병원들이 많은 수의 환자를 치료할 수 있지만 그들도 교육을 하는 것은 가능하지 않으며, 따라서 나는 우리가 치유 사업을 완수할 수 있을 뿐만 아니라 우리 이후에 그 일을 맡을 수 있는 사람들을 교육할 수 있게 해 줄 노력의 연합과 사역의 세분화를 진심으로 지지한다.

O. R. 에비슨, 의학박사
미국 북장로교회

Union. *The Korea Methodist* 1(9) (July 10th, 1905), pp. 119, 122

Union.

As a result of an informal meeting held in Seoul on Saturday, June 24, in the First M. E Church, to discuss the possibility of union in educational work in Korea, a committee was appointed by the Methodist Conference, then in session, to meet with representatives of the Presbyterian Mission then in Seoul. This second meeting was held at the house of the Rev. D. A. Bunker, on the evening of Monday, June 26.

Such an enthusiasm had been aroused at the Saturday meeting, and so much interest was evinced in the second meeting to be held that nearly all the missionaries in Seoul were present at that meeting on Monday evening.

At this meeting the following Resolutions were passed:

It was moved that it be the sense of this informal meeting of missionaries that the time is ripe for the establishment of one Korean national church, to be called "The Church of Christ in Korea." This was seconded, and unanimously carried by a rising vote.

It was moved that the forces of Protestant Christianity unite in educational work in Korea, and after hearty discussion this was carried.

It was unanimously decided that it be the sense of this meeting that the Presbyterian and Methodist forces take immediate steps to unite in carrying on educational work heretofore carried on separately.

It was moved and carried that it be the sense of this meeting that the Presbyterians and Methodists unite in evangelistic work and take steps to bring it to the attention of the respective Missions.

It was moved and carried that this meeting suggest the advisability of the various Missions appointing committees to bring abpit the speedy uniting of educational, evangelistic and medical work.

It was moved that we recommend that power be given to this joint committee to expedite the formation of a Council of the Protestant Missions at the time of the Presbyterian Council meeting in the fall.

It was moved that it is the sense of this meeting that a mass meeting of all Protestant missionaries be held to form plans for the uniting of the church in Korea.

It was moved and carried that the time had come for the uniting of missionary periodicals under a joint editorship.

The following is what some of the missionaries, present in Seoul and whom we have been able to reach, think of this vital matter:

(Omitted)

p. 122

Why should the forces of Protestant Christianity unite in Korea? The reasons are of two kinds: sentimental and practical. As to sentiment, I was struck by that sentence in Bishop Harris' sermon in which be said: "What is in a name? There is but one Name which is above every name; there is no other, and why should we try to give these people other names, which, however precious to some of us, can have no meaning to them and can but obscure to their minds the force of the one name of Jesus!"

As to practicability, any institutional work carried on in Korea must be good in order to secure respect, not to mention its efficiency in accomplishing the work it is intended to do. This is true of both schools and hospitals. But to man and equip even one institution, so as to make it effective, costs much money and often requires many men, while the annual cost for maintenance is high and is, therefore, a heavy drain on the resources of a mission. Thus far, not even one institution in Korea has been properly equipped and manned, although we have several plants; and all because it is practically impossible for each mission to support them separately in each station, or even in each mission.

Now, one good institution will accomplish more than several poor ones, and it is therefore a sensible policy to unite in fitting up and maintaining one set of good ones, rather than to drag along with several sets of poor ones.

As far as hospital work is concerned, the union of the three missions in building up one institution would enable us to carry on the work of all the departments with vigor and ease, and provide not only for the healing of a certain number of sick people, but for the training of physicans and nurses to carry on this work after we lay it down, thus rendering our work self perpetuating-an end greatly to be desired-and perhaps, more important than to increase the number of patients treated.

It is better to treat only one hundred patients and train ten nurses and five physicians than to treat hundreds of patients and prepare neither nurses nor physicians. The work of training needs more time and, therefore, more economy of men and energy than does the work of treating the sick. While the separate hospitals can treat large numbers of patients, it is not possible for them also to educate, and so I heartily favor that combination of effort, and that subdivision of labor, which will enable us to accomplish not only the work of healing but, also, the education of those who can take up the work after us.

O. R. Avison, M. D.
Presbyterian, North

주본 제109호. [미국인 주거 권리 부담에 대한 조선 정부의 결정.]
주본존안, 규장각 17704 (1905년 7월 11일)[28]

1. 주본 제109호

의정부 참정대신인 신 심상훈(沈相薰)과 탁지부대신 서리인 신(臣) 협판 유정수(柳正秀)는 삼가 아룁니다. 올해 7월 8일 탁지부대신 서리인 신 유정수가 논의를 요청한 '제중원 환수 후 미국인 주거 권리의 1년간 부담금 1,700원을 예비금 중에서 지출하는 일'이 이미 회의를 마쳤으므로, 대신들의 가부를 표시하여 별도와 같이 첨부하고 원안을 보고하여 폐하의 결재를 기다립니다.

1905년 7월 11일 '그렇게 하라'는 재가를 받았다.

신 심 아무개
신 유 아무개

2. 1905년 7월 8일 의정부 회의록

사항: 전 탁지부대신 서리가 부담금 논의를 요청한 제중원 환수 후 미국인 주거 권리의 1년간 부담금을 예비금 중에서 지출하는 일.

의정대신
참정대신 심상훈: 지출함이 가하다.
외부대신 이하영: 결정에 따르겠다.
내부대신 이지용: 결정에 따르겠다.
탁지부대신 서리 유정수: 논의를 요청한다.
군부대신 이용익: 결정에 따르겠다.
법부대신 민영기: 결정에 따르겠다.

---

28) 고종의 재가는 『고종실록』(1905년 7월 11일)과 『구한국관보』 3191호 (1905년 7월 14일)에 실렸다.

학부대신 박제순

농상공부대신 이근택: 결정에 따르겠다.

참석   인

불참   인

가

부

심사 보고서

3. 외부 소관의 제중원 환수 후 미국인의 1년간 주거 권리 부담금을 예산 외에서 지출하기를 요청하는 문서

4월 25일 외부대신 제23호 조회 공문을 접수하였음. 내용을 살펴보니, "서울 주재 일본 대리공사의 공문에 의하면, '이 지역 프랑스 교회당[29] 북부 쪽에 위치한 제중원 부지, 가옥의 환수 및 부근 가옥, 토지 매입의 일을 각하께서 미국인과 조인을 하였는데, 검토해보니 귀 정부가 이 지역의 가옥을 미국인에게 대여할 때 이와 같은 교섭에 서툴러서 매우 불리한 조건인데도 인허하였으므로 환수 통고 후에도 미국인들은 1개년 주거 권리를 계속해서 보유하게 되었다. 귀 정부가 곧바로 공용해버리면 미국인들의 유보된 권리를 상응하는 액수로 보상하지 않을 수 없으니, 조인된 계약에 따라 금액을 지불해야 할 뿐만 아니라 1,700원을 또 부담함이 필요하게 된다. 앞의 조건을 허용한 것은 귀 정부의 부주의에서 비롯된 것이니 만일 약속을 지키려는 진실된 의지가 없다면 계약상 의무를 이행하지 말아야 할 것이나, 지금 서로 다투게 된다면 미국인들은 이 권리를 주장하면서 퇴거하려 하지 않고 그대로 수 개월을 끌어 토지, 가옥을 공용할 수 없게 되고 결과적으로 환수 목적을 달성할 수 없게 된다. 미국인들의 주장을 허용하는 것이 현재까지는 오히려 좋은 방법이다. 앞의 계약에 따르면 미국인들은 소유한 토지, 가옥에 대해 대금을 받은 후에도 만 1년간 전수할 수 있다. 이번에 이런 부족한 점은 미국인 대표와 회합을 할 때 전수에 기한을 정하여 귀 정부에 유리한 계약을 체결하여 일부는 곧바로 또 일부는 오는 6월 15일까지 그 전부는 오는 10월 1일까지로 기한을 정하여 전수를 마치도록 하였다. 귀 정부에게 다소간 이익이 되리라 생각하며 이 계약

---

29) 원문에는 '教會當'으로 되어 있으나 '教會堂'이 맞다.

서와 부속서류 1건을 함께 외교 고문관 스티븐스에게 송부하니 잘 검토하기를 바란다. 운운'의 내용이므로, 이에 송부하니 잘 검토하고 해당 액수 1,700원의 지출을 청의하여 속히 해결함이 필요하다 운운"의 것인바, 검토하여 보니 그 비용을 지출하지 않을 수 없기에 별지의 조서를 첨부하여 예비금 중에서 지출할 것을 의정부 회의에 제출함.

1905년 5월 6일
탁지부대신 서리 탁지부 협판 유정수

수신 : 의정부 참정대신 민영환 각하

별첨. 예비금 지출 조서
일금 1,700원 [지화]. 제중원 환수 후의 미국인 주거 권리 1년간 부담금.

Document No. 109 to the King. [Decision of the Korean Government on the Paying for the Occupying Right of the American.] Document to the King, Kyujanggak Document No. 17704. (July 11th, 1905)

奏本 第一百九號
議政府 參政大臣 [臣] 沈相薰 度支部大臣 署理 [臣] 協辦 柳正秀 謹奏 本年 七月八日 以度支部大臣 署理 [臣] 柳正秀 請議 濟衆院還收後 米國人住居權利 一個年 負擔金 一千七百元 預備金中支出事 已經會議 標題可否 另具粘附 并呈 原案 伏候聖裁
光武九年七月十一日 奉旨制曰可
臣 沈
臣 柳

光武九年七月八日 議政府 會議

事項 前 度支部大臣 署理 請議 濟衆院 還收後 米國人 住居權利 一個年 負
擔金 預備金中 支出事

議政大臣

參政大臣 沈相薰 支出可

外部大臣 李夏榮 依議

內部大臣 李址鎔 依議

度支部大臣 署理 柳正秀 請議

軍部大臣 李容翊 依議

法部大臣 閔泳綺 依議

學部大臣 朴齊純

農商工部大臣 李根澤 依議

進參　　人

不參　　人

可

否

審査 報告書

外部 所管 濟衆院 還收 後 米國人 一個年 住居 權利 負擔金을 預算外支出
請議書

上月二十五日 外部大臣 第二十三號 照會를 接准ᄒ온즉 內開 駐京日本代理
公使 函槪에 當地佛國敎會當北部前面所在濟衆院敷地家屋之還收 及其附近家屋
土地買入事 閣下 與米國人 旣經調印 査 貴政府 將該地家屋貸與米人之時 如斯
交涉未得慣熟 極以不利之條件 乃爲認許 因而還收通告後 米人等 猶保一個年住
居權利 貴政府 若卽收供用 對米人等 留保權利 不可無相當補償 依調印契約 支
撥金額外 一千七百元 又爲負擔 寔屬必要 右條件之許容 出於貴政府之不注意 卽
欠眞實意志之合致者 則當不可以稱之契約上義務 今若相爭 米人等 主張該權利
不肯退去 仍閱數月 土地家屋 亦不得供用 因不得達還收目的矣 許容米人等之主
張 到今還爲得策也 依右契約 則米人等 將所有土地家屋 領收代金後 滿一個年
將可傳授 然此次拙者 會合米人代表者 傳授限期 爲貴政府訂結有利契約 卽時其
一部 來六月十五日內又一部 來十月一日內其全部 擬畢傳授 則想有貴政府之多少

利益 該本契約書 及附屬書類一件 并爲送附於外交顧問官須集雲矣 照亮爲盼 等
因이옵기 玆에 照會ㅎ오니 照亮ㅎ시고 該額一千七百元을 請議支出ㅎ시와 俾卽
辦理케ㅎ심을 爲要 等因이온바 査 該費額을 不容不支出이기로 別紙調書를 從
ㅎ야 預備金中 支出흠을 會議에 提出事

光武 九年 五月 六日
度支部大臣 署理 度支部 協辦 柳正秀

議政府 參政大臣 閔泳煥 閣下
第二 預備金 支出 調書
一金 一千 七百元 [紙貨] 濟衆院 還收後 米國人 住居 權利 一個年 負擔金

회의록, 한국 선교부 서울 지부 (미국 북장로교회) 1891~1921
(1905년 7월 17일)

(중략)

에비슨 박사는 의료 사역의 연합 위원회에 대한 경과를 구두로 보고하였다.

(......)

지난 해의 사업에 대한 보고서는 게일 박사, 클라크 씨, 에비슨 박사 및 레널즈 씨가 낭독하였다.

(중략)

Minutes, Seoul Station, Korea, 1891~1921 (PCUSA) (July 17th, 1905)

(Omitted)

Dr. Avison reported verbally from the Comm. on Union of Medical Work, progress.

(......)

Personal reports of the past years work were read by Dr. Gale, Mr. Clark, Dr. Avison & Mr. Reynolds (Statement)

(Omitted)

앨비 A. 애디(미국 국무부 장관 대리)가 로버트 E. 스피어
(미국 북장로교회 해외선교본부 총무)에게 보낸 편지
(1905년 7월 19일)

국무부,
워싱턴, 1905년 7월 19일

로버트 E. 스피어 목사,
　미국 북장로교회 해외선교본부 총무,
　뉴욕 시 5 애버뉴 156

안녕하세요,

　서울에 있는 우리 공사관으로부터 대한제국 황제가 병원에 대한 제안 사항
에 동의하였고, 이제 그 항목을 예산에 포함시키기만 하면 된다는 통지를 받았
음을 알려 드립니다.

　안녕히 계십시오.
　(서명)　앨비 A. 애디,
　　　　　장관 대리

Alvey A. Adee (Acting Sec., Dept. of State, Washington), Letter to Robert E. Speer (Sec., BFM, PCUSA) (July 19th, 1905)

Department of State,
Washington, July 19, 1905

The Reverend Robert E. Speer,
　Secretary of the Board of Foreign Missions of the Presbyterian
　Church in the United States of America,
　156 Fifth Avenue, New York City

Sir:

I have to inform you that I am advised by our Legation at Seoul that the Emperor of Korea has given his consent to the proposal to Hospital, and it is now only necessary to have the item included in the budget.
　I am, Sir,

Your obedient servant,
(signed)　Alvey A. Adee,
　　　　Acting Secretary

한국. 한국의 황제가 세브란스 병원에 지원금을 주다. 미국 북장로교회 해외선교본부 실행위원회 회의록, 1837~1919년 (1905년 7월 21일)

한국. 한국의 황제가 세브란스 병원에 지원금을 주다. 국무장관 대리 A. A. 애디 님으로부터 국무부는 주한 미국 공사관으로부터 대한제국의 황제가 세브란스 기념 병원에 고정 예산을 승인하였다는 소식을 받았다는 내용의 편지를 받았다는 보고가 있었다. "편지, H. N. 알렌 님 및 동봉물."

Korea. Grant to the Severance Hospital by the Emperor of Korea. *Minutes [of Executive Committee, PCUSA], 1837~1919* (July 21st, 1905)

Korea. Grant to the Severance Hospital by the Emperor of Korea. Report was made of the receipt of a letter from the Hon. A. A. Adee, Acting Secretary of State, announcing that the State Department had been advised by the American Legation at Seoul, that the Emperor of Korea had granted a fixed appropriation to the Severance Memorial Hospital. "Letter, Hon. H. N. Allen and enclosures."

한국. 곤당골 자산 매각 수입의 사용. 미국 북장로교회 미국 북장로교회 해외선교본부 실행위원회 회의록, 1837~1919년 (1905년 7월 21일)

한국. 곤당골 자산 매각 수입의 사용. 서울의 곤당골 자산의 매각 수입과 관련하여 총무가 4월 5일자로 보낸 편지에 대한 답장으로 C. C. 빈튼과 에비슨으로 구성된 한국 서울의 위원회가 보낸 5월 1일자와 6월 17일자의 두 편지30)를 신중하게 검토하였다.

(중략)

Korea. Use of Proceeds of Sale of the Kon Dong Kol Property. *Minutes [of Executive Committee, PCUSA], 1837~1919* (July 21st, 1905)

Korea. Use of Proceeds of Sale of the Kon Dong Kol Property. Careful consideration was given to two letters dated May 1st and June 17th respectively, from C. C. Vinton and Avison, Committee of Seoul Station, Korea, in reply to Secretary's previous letter of April 5th regarding the proceeds of the sale of the Kon Dong Kol Property, Seoul.

(Omitted)

---

30) Cadwallader C. Vinton, Oliver R. Avison (Seoul Station), Letter to Arthur J. Brown (Sec., BFM, PCUSA) (May 1st, 1905); Cadwallader C. Vinton, Oliver R. Avison (Seoul Station), Letter to Arthur J. Brown (Sec., BFM, PCUSA) (June 17th, 1905)

J. 헌터 웰즈(평양)가 아서 J. 브라운(미국 북장로교회 해외선교본부 총무)에게 보낸 편지 (1905년 7월 26일)

(중략)

에비슨 박사는 자신이 (미국으로부터) 초과되는 액수를 받고 사용할 수 있다고 주장하고 있으며, 기준에 얽매어있지 않지만 서울 병원이 '다르다'고 인용하는 것은 좋지 않습니다.

(중략)

J. Hunter Wells (Pyeng Yang),
Letter to Arthur J. Brown (Sec., BFM, PCUSA) (July 26th, 1905)

(Omitted)

Dr. Avison contends that he can get and use any sums in excess (from America) and is not bound by the standard but it does no good to quote the Seoul hospital for it is "different".

(Omitted)

J. 헌터 웰즈(평양)가 아서 J. 브라운(미국 북장로교회 해외선교본부 총무)에게 보낸 편지 (1905년 8월 9일)

접 수
1905년 9월 14일
브라운 박사

캐롤라인 래드 병원
한국 평양

J. 헌터 웰즈, 의학박사, 책임자.
모인묵 씨, 조수
김봉천 박사, 인턴
이명복 부인, 수간호원

학생 조수
백용석 씨, 조인선 씨
안상흠 씨, 민창구 씨
김기웅 씨, 누문탄 씨

전도부인, 고 부인
시내 교회의 6명으로 구성된 전도 위원회

한국 평양,
1905년 8월 9일

신학박사 아서 J. 브라운 목사, 총무, 미국 북장로교회 해외선교본부,
   뉴욕 시 5 애버뉴 156

친애하는 브라운 박사님,

제가 몇 달 전에 박사님에게 편지를 썼던 감리교인들과의 의료 사업에 대한 연합이라는 작은 문제는 이곳에 나와 있는 두 선교부가 지금 논의하고 고려하고 있는 연합에 관한 더 큰 문제들에 의해 삼켜졌습니다. 박사님은 의심할 바 없이 서울에서 열린 열광적인 집회와 연합 제안이 받아들여진 지지에 대하여 들으셨을 것입니다. 폴웰 박사와 저의 의학 강습반의 연합은 효과가 없었습니다. 그 다음 일은 감리교회 사람들이 철수하였을 때 모리스 씨와 블레어 씨가 안주(安州)에 대하여 협의하였고, 우리는 그들에게 우리가 가졌던 다른 일을 넘겼습니다. 스왈렌 씨는 자신의 보고서에서 처음으로 공개적으로 긍정적인 언급을 하였는데, 박사님은 지부 보고서를 받으시면 아시게 될 것입니다. 그런 다음 감리교회 사람들에게 이곳 평양의 교육 사업에서 연합을 고려하도록 요청하는 학당 위원회의 보고서가 왔습니다. 우리는 베어드 박사를 서울로 보내어 이 결의안을 감리교회 연례 회의에서 발표하도록 하였으며, 해리스 주교가 이곳에서 우리에게 해주었던 설교에 의한 따뜻한 환대에 대하여 말하도록 하였습니다. 서울에 있는 선교사들은 '우아'하고 그것을 받아들였고, 더 밀접한 연합을 제안하는 가장 열광적인 총회를 가졌습니다. 위원회가 구성되었으며, 그 문제는 가열되고 있고 9월 선교부 회의에서 논의될 것입니다. 모

두가 찬성하고 있지만 한 가지 재미있는 특징은 우리 선교부에서 가장 열렬한 지지자들이 이미 감리교회 사람이라는 것입니다! 에비슨 박사, 게일 박사는 특히 서울에서 설득력 있는 연설을 하였습니다.

(중략)

J. Hunter Wells (Pyeng Yang),
Letter to Arthur J. Brown (Sec., BFM, PCUSA) (Aug. 9th, 1905)

The Caroline Ladd Hospital
Pyeng Yang, Korea.

Received
SEP 14 1905
Dr. Brown

J, Hunter Wells, M. D. in Charge.
Mr. Mo In Mook, Assistant.
Dr. Kim Pong Chun, Interne.
Mrs. Yee Mung Bock, Matron.

Student Assistants:
Mr. Paik Yong Syek,   Mr. Cho In Sun.
Mr. An Sang Heum,   Mr. Min Chang Ku
Mr. Kim Kee Ung.   Mr. Nu Mun Tan.

Bible Woman, Mts. Ko.
Evangelistic Committee Composed
of Six Members of City Churches.

Pyengyang, Korea,
Aug. 9, '05

Rev. Dr. Arthur J. Brown, Secy., B. F. M. P. C. in U. S. A.
156 Fifth Ave. New York City.

Dear Dr. Brown: -

The little matter of union on medical work, with the Methodists, about which I wrote to you some months ago, has been swallowed in the larger questions concerning union which are now being discussed and considered by the two Missions out here. You have doubtless been informed of the enthusiastic meetings at Seoul and the favor with which the general proposition of union have been received. The union of Dr. Follwell's and my medical classes had no effect. The next thing was Mr. Morris and Mr. Blair arranging about Anju when the Methodists withdrew and we turned over other work we had to them. Mr. Swallen made the first public positive utterance in his report which you will see when you get the station report. Then came the report of the Academy committee asking the Methodists to consider union in Educational work here in Pyengyang. We had Dr. Baird go to Seoul and present this resolution to the Annual meeting of the Meth. Mission being assured of a cordial reception by the sermon Bishop Harris gave us here. The missionaries in Seoul took it up with a "whoop" and had a most enthusiastic General meeting in which more intimate union was proposed. Committees were appointed and the matter is simmering and will be considered at the meeting of the Mission in Sept. One amusing feature, though everybody is in favor, is that the most ardent advocates in our mission are already Methodists! Dr. Avison, Dr. Gale especially made strong speeches in Seoul.

(Omitted)

1905년 9월 평양에서 개최된 미국 북장로교회 한국 선교부의 연례 회의에 제출된 서울 지부의 연례 보고서 (1905년 9월), 15, 17, 21~24, 25, 26, 29~30, 34~35쪽

15쪽

사경회

(......)

1월에는 서울에서 통상적인 조사 사경회가 열렸는데, 지부의 모든 목회자와 에비슨 박사가 강의를 하였다. 출석은 약 50명이었고 모임의 영적 분위기는 좋았으며 참석자들에 의한 가두 설교도 적지 않았다.

(중략)

17쪽

여자 전도 사역

(......)

에비슨 부인은 중앙 교회의 일과 관련하여 연중 대부분의 시간 동안 자신의 집에서 수요일 오후 수업을 진행하였다.

서울 여자 사경회는 지난 2월 제이콥슨 기념 사택에서 열렸는데, 쉴즈 양, 언더우드 부인, F. S. 밀러 부인, 에비슨 부인 및 웰본 부인이 교육에서 지부의 몇몇 신사들의 도움을 받았다. 58명의 여자가 등록하였으며, 평균 40명이 출석하였다.

(중략)

21~24쪽

의료 사업

의사, O. R. 에비슨 박사

　　　J. W. 허스트 박사

　　　H. G. 언더우드 부인, 의학박사

서울 지부의 의료 사업 보고서는 사실상 세브란스 병원의 업무 보고이다. 9월 20일, 5명의 환자가 [구리개의] 옛 장소에서 새 건물로 이송되었고 동시에 새 진료소에서 업무가 시작되었다. 9월 23일 봉헌 예배를 드렸으며, 우리 선교부의 모든 지부의 회원들이 참여하는 종교 행사로 구성되었다. 11월 16일에는 모든 주한 외교관, 한국인 관리, 외국인 사업가, 선교사들이 참가한 가운데 전체 외국인 사회를 대상으로 한 '집들이' 행사가 열렸다. 이곳에서 주한 미국 공사인 알렌 박사가 연설을 하였다.

12월 21일, 한국 교회의 여자들이 병원을 둘러보도록 초청되었고 약 250명이 응답하였다. 한국인 형제, 특히 여학교 교사인 신 부인으로부터 연설을 들은 후, 그들은 병원 곳곳을 방문하고 가벼운 다과를 먹었다. 다음날 저녁, 교회의 남자들도 비슷하게 환대를 받았다. 그러나 그들은 회의를 반성하는 것으로 바꾸어서 일정을 다양화했는데, 그들은 외국인들이 그들과 동포들을 위하여 행하고 있는 모든 일을 고려하여 그러한 일을 수행하는 것은 그들 자신의 책임이라고 생각하였고, 그 결과 1년 동안 침대 2개를 지원하기 위하여 미화 100달러를 즉시 기부하였다.

진료소 환자 수

신환	4,838명	남자 환자	6,754명
구환	4,380명	여자 환자	2,464명
	9,218명		9,218명

진료소를 방문한 다른 방문객의 수: 기록이 불완전하며, 실제 환자 수의 약 ⅓, 즉 3,000명 정도이다.
외국인 및 현지인 왕진 수: 기록이 불완전하며, 최소한 300명이다.
외국인 환자 진료 건수: 기록이 불완전하며, 최소한 300명이다.
입원 환자 수

남자 환자	190명
남자 환자	72명
	262명

결과: 회복 101명, 회복되어 퇴원함 73명, 회복되지 않고 퇴원함 37명, 사망 31명, 아직 입원 중 20명
병원에서 집도된 수술 건수 151건
재정 상태:

수 입		지 출	
병동 환자	529.30엔	전년도 부채	1084.20엔
진료서 "	400.80	음식물	925.18

외국인 진료	1874.38	연료	578.26
기부	1426.50	등촉(燈燭)	316.40
기타	193.32	하인 및 간호원	311.10
선교부 재무	2587.74	학생 조수	319.30
		문서 조수	212.00
		전도사	66.00
		의약품	1240.98
		비품	201.48
		여행	24.42
		수리	32.08
		기타	241.32
		1905년 5월 1일 잔액	1519.34
	7012.04엔		7012.04엔

병원과 관련된 전도 사업은 모든 통상적인 방식으로 수행되었으며, 많은 경우 고무적인 결과를 가져다주었다. 정규 전도 인력 외에 새문안 교회의 면려회가 몇 달 동안 매일 최소한 2명의 남녀 평신도들을 보내 진료소에서 대기 중인 환자들에게 충실하게 복음을 전하였다.

의학 교육은 의사의 다른 시간을 뺏는 다른 요청으로 인하여 우리의 업무가 필요로 하는 관심을 받지 못하였다. 그러나 5권의 교과서가 완성되어 올 가을에 학생들에게 배포할 예정이며, 우리는 내년에 더 좋은 일이 있기를 바라고 있다.

쉴즈 양은 서울에 있을 때 그녀가 할 수 있는 모든 시간을 간호 부서에서 우리를 돕는데 할애하였고, 우리는 그녀의 도움에 크게 감사하고 유익하였다.

세브란스 병원의 의사들은 보다 완전하고 적절한 내용을 알 수 있는 올해 업무에 대한 특별 보고서를 준비하였고, 출판하고 있다.

O. R. A.

25쪽

문서 사업.

(......)

에비슨 박사는 진행 중인 일련의 의학 교과서에 대하여 부지런하게 업무를 수행하였다. 몇 권은 완성되었으며, 등사하여 다른 지부에 배포하고 있다.

(......)

26쪽

자산

남대문 기지를 사용하는 부지 변경으로 인한 골칫거리로 1년 동안 지장을 받을 것이라는 예상이 있었던 것 같았지만, 그렇지 않은 것으로 판명되었으며 지부의 다른 구성원들이 이 고된 일에 불가피하게 소모한 시간이 적지 않았다. 그러한 문제에 대한 위원회의 회의 및 자문의 수는 아마도 다른 모든 지부의 목적을 위한 모임의 수와 같을 것이며, 결과적인 신경 소모는 지부의 전체 사역의 양을 감소시키는데 적지 않은 요인이 되었다.

늦여름에 세브란스 병원 건물과 인접 부지의 세 채의 사택이 준공되었음이 발표되었고, 건축물에 입주하게 되었다. 하지만 그 이후로 필요한 사후 보수가 진행되고 있으며, 에비슨 박사는 작년에 목재를 구입하였던 격리 건물과 다른 별채의 건축을 최근 시작하였다.

(중략)

29~30쪽

연합

6월 말에 우리의 모든 업무에서 새로운 전망이 나타났다. (......)

그러나 엄격한 교회 문제가 아닌 다른 문제에서 연합의 문제가 다루어질 필요가 있으며, 이 보고서에 지부의 견해가 분명하게 표시되어 있다. 7월 초 우리에게 제출된 감리교회 선교부의 일련의 제안은 우리 지부와, 각 사례 별로 선교부가 심의하기 위한 분명한 근거를 마련할 수 있도록 세부 사항을 다루기 위하여 임명된 위원회에 의해 호의적으로 받아 들여졌다.

(1) 서울의 의료 사업과 관련하여 그들은 다음과 같은 근거로 연합을 제안한다. 세브란스 병원이 모든 선교부를 위하여 남자를 위한 의료 사업을 그대로하고, 현재 미국에서 모금되고 있는 여자 해외선교가 '릴리언 해리스 기금'이라는 이름으로 모금하는 기금을 그 병원에 여자 환자를 위한 별관을 건축하는데 사용하며, 감리교회의 여의사가 그 병원의 의료진으로 합류하고 간호 직원들도 함께 이적시킨다.

지부는 이 기부를 하는 사람들의 관대함을 인식하고 선교부가 그것을 수락할 것을 권고하는 데 진심으로 동의하며, 선교부의 위원회가 모든 세부 사항을 보완하고 선교본부에 제출하도록 위임할 것을 요청한다.

(중략)

우리 인원들

34쪽

허스트 박사는 때때로 병원 운영에 적지 않은 몫을 함으로써 에비슨 박사에게 큰 기쁨의 원천이 되었다. 그와 에비슨 박사 각각은 진료를 위하여 다른 지부를 여러 번 방문하였다.

(중략)

35쪽

9월에 헨리 가너 웰본이, 11월에는 엘리자베스 샤프가, 6월에는 아기 에비슨이 서울 지부의 요람 등록부에 추가되었다.

2월에는 크고 있는 우리 소년들인 윌버 및 더글러스 에비슨, 존 및 드포레스트 무어 등 4명이 즈푸에 있는 학교에 다니기 위하여 우리를 떠났다.

(중략)

Annual Report of the Seoul Station Presented to the Korea Mission of the Presbyterian Church in the United States of America at its Annual Meeting, September, 1905, at Pyeng Yang (Sept., 1905), pp. 15, 17, 21~24, 25, 26, 29~30, 34~35

p. 14

Training Classes

(......)

The usual Helpers' Class in Seoul was held in January, instruction being given by all the clergymen of the station and by Dr. Avison. The attendance was about 50, and the spiritual tone of the gathering was good, not a little street-preaching being done by those in attendance.

(Omitted)

p. 17

Woman's Evangelistic Work

......

Mrs. Avison has conducted a Wednesday afternoon class her own home most of the year in connection with the work of the Central Church.

The Seoul Women's Class was held in February in the Jacobson memorial Home, Miss Shields, Mrs. Underwood, Mrs. F. S. Miller, Mrs. Avison, and Mrs. Welbon being assisted in instruction by some of the gentlemen of the station. Fifty-eight women were enrolled, and 40 was the average attendance.

(Omitted)

p. 21~24

Medical Work

Physicians, Dr. O. R. Avison,

Dr. J. W. Hirst,

Mrs. H. G. Underwood, M. D.

A report of the medical work of Seoul Station is practically a report of the work done in and from the Severance Hospital.

Five patients were moved into the new building from the old place on September 20th, and at the same time work was begun in the new dispensary. Dedication services were held September 23rd, consisting of religious exercises participated in by members of all the stations of our Mission. An "At Home" was given to the whole foreign community on November 16th, which was well attended by diplomats of all the foreign countries represented in Korea, by Korean officials, foreign business men, and missionaries. Here the American Minister, Dr. Allen, delivered an address.

On December 21st, the women of the Korean church were invited to inspect the hospital, and about 250 responded. After listening to addresses from a Korean brother, and notably to one from a Korean woman, Mrs. Sin, teacher in the Girls' School, they visited all parts of the hospital and partook of light refreshments. On the following evening the men of the church were similarly entertained; but they diversified the programme by turning the meeting into one of introspection, in which they considered their own responsibility for the carrying on of such work in view of all that was being done for them and their fellow-countrymen by foreigners, the result being the immediate contribution of $100, U. S. money, to pay for the support of two beds for one year.

Number of dispensary patients:

New patients	4,838	Male patients	6,754
Return "	4,380	Female "	2,464
	9,218		9,218

Number of other visitors to the dispensary: records incomplete; about one third the number of actual patients, say 3,000 more or less.

Number of visits to homes, foreign and native: records incomplete; at least 300.

Number of office consultations with foreign patients: records incomplete; at least 300.

Number of in-patients admitted:

Male patients:	190
Female "	72
	262

Results: recovered 101, went out improved 73, went out unimproved 37, died 31, still in 20.

Number of operations performed in the hospital proper 151.

Financial statement :

Receipts		Expenses	
From ward patients	Yen 529.30	Debt from previous years	Yen 1084.20
" dispensary	400.80	Food	925.18
" foreign practice	1874.38	Fuel	578.26
" donations	1426.50	Light	316.40

" sundries	193.32	Servants and nurses	311.10
" Mission treasurer	2587.74	Student-assistants	319.30
		Literary assistants	212.00
		Evangelist	66.00
		Medicines	1240.98
		Furnishings	
	201.48		
		Travel	24.42
		Repairs	32.08
		Sundries	241.32
		On hand May 1, 1905	1519.34
	Yen 7012.04		Yen 7012.04

Evangelistic work in connection with the hospital has been carried on along all the usual lines and with encouraging results in many cases. In addition to the regular evangelistic staff, the Christian Endeavor Society of the Sai Mun An Church has for some months supplied every day at least two lay workers, male and female, who have attended the dispensary and faithfully explained the Gospel to the waiting patients.

Medical education has not had that share of attention that the needs of our work demand, on account of other calls on the time of the doctors: but, as five text-books have been completed and will be in the hands of the students this autumn, we hope for better things the coming year.

Miss Shields spent all the time that was at her disposal when she was in Seoul in helping us with the nursing department, and we greatly appreciated and profited by Her assistance.

The physicians of the Severance Hospital have prepared and are putting to press a special report of the year's work, from which a fuller and more adequate knowledge may be had.

O. R. A.

p. 25

Literary Work.

(......)

Dr. Avison has carried on work diligently upon the series of medical treatises he has in hand. Several have been so far completed that they are being printed upon the mimeograph and distributed to other stations.

(......)

p. 26

Property

Although occupation of the South Gate plant seemed to give us cause a year ago for looking forward to a year little broken by the annoyances of property changes, yet it has proved not so, and no inconsiderable amount of time on the part of different members of the station has been unavoidably consumed in this trying pursuit. The number of committee meetings and consultations held over such matters has perhaps equalled the number of gatherings for all other station purposes, and the nerve wear resultant has been no small factor in reducing the aggregate working capacity of the station.

In the late summer the Severance Hospital building and the three houses on the adjacent sites were declared complete and the structures became occupied. Necessary after-touches have however been going on from time to time ever since, and Dr. Avison has recently begun the of the isolation building and the other out-buildings for which the timbers were purchased last year.

(Omitted)

pp. 29~30

Union.

With the close of June a new aspect came over practically all our work. (......)

But in other than strict church matters the question of union requires to be touched upon and views of the station distinctly indicated in this report. A series of propositions submitted to us early in July by the Methodist missions were favorably received by our station and a committee appointed in each instance to work out the details and bring the matter into such form as to afford a definite basis for the consideration of the Mission.

(1) In respect of the medical missionary work in Seoul they propose a union upon the following basis: That the Severance Hospital as it is and as it becomes should conduct the medical work for men for all the mission, and that a fund now being raised in America by the Woman's Foreign Missionary Society under the name of the "Lillian Harris Fund" be used for the erection of an annex for female patients to that hospital, the Methodist lady physicians joining the medical staff of the hospital, and the Methodist nursing staff being transferred with them.

The station, recognizing the generosity of those who make this offer, heartily concur in recommending that the Mission accept it, and request that a committee of the Mission be entrusted with the duty of perfecting all its details and of presenting them to the Board.

(Omitted)

Our Personnel

p. 34

Dr. Hirst has been a source of great joy to Dr. Avison by taking at times no small share in the conduct of the hospital. He and Dr. Avison have each made a number of trips to other stations in order to render medical services.

(Omitted)

p. 35

In September Henry Garner Welbon was added to Seoul Station's cradle roll, in November Elizabeth Sharp, and in June baby Avison.

In February four of our growing boys left us to attend school in Chefoo, Wilbur and Douglas Avison and John and DeForest Moore.

(Omitted)

1905년 9월 평양에서 개최된 미국 북장로교회 한국 선교부의
연례 회의에 제출된 대구 지부의 연례 보고서 (1905년 9월)

(중략)

p. 17

개인 동정.

(......)

우리는 호주 선교부의 브라운 양과 우리 선교부의 에비슨 박사가 우리의
사경반에 준 도움에 감사드린다.

(중략)

Annual Report of Taiku Station Presented to the Korea Mission of the Presbyterian Church in the United States of America at its Annual Meeting, September 1905, at Pyeng Yang (Sept., 1905)

(Omitted)

p. 17

Personal Mention.

(......)

We gratefully acknowledge the assistance rendered us in class work by Miss
Brown of the Australian Mission, and by Dr. Avison of our own Mission.

(Omitted)

새뮤얼 F. 무어(서울), 보고서, S. F. 무어, 1904~5년 (1905년 9월)

(중략)

3월에 배천 순회지구의 순회를 막 끝마쳤을 때, 며칠 동안 나를 따라온 두 남자가 나를 따라 잡았는데, 한 사람은 편지를, 다른 사람은 며칠 후 날짜가 적힌 전보를 가지고 왔다. 둘 다 에비슨 박사가 보낸 것이었는데, 첫 번 것은 무어 부인의 질병에 대하여 언급한 것이었고, 나중 것은 '집으로 오시오'라는 내용이었다.

(중략)

Samuel F. Moore (Seoul), Report, S. F. Moore, 1904~5 (Sept., 1905)

(Omitted)

In March I had just completed the rounds of the west side of Pai Chun circuit when two men who had been following me for several days overtook me, one bringing a letter and the other a telegram dated some days later. Both were from Dr. Avison the first telling of Mrs. Moores serious illness the latter saying "come home."

(Omitted)

올리버 R. 에비슨(서울),
O. R. 에비슨 박사의 개인 보고서 (1905년 9월)

미국 북장로교회 선교부   한국 서울

세브란스 병원

O. R. 에비슨, 의학박사   J. W. 허스트, 의학박사

O. R. 에비슨 박사의 개인 보고서
1905년 9월

올 연도의 초에는 새 병원의 완공을 서두르느라 바빴고, 이를 위하여 진료소 업무의 대부분을 한국인 조수에게 맡겼는데, 그는 더 중요한 환자를 나에게 의뢰하였고, 병동은 우리가 새 병원의 병동에서 입원시킬 때까지 치료하지 못하고 남겨질 수 있는 환자는 입원시키지 않았다.

하지만 9월 20일이 되어서야 이전의 장소에서 우리의 업무를 이전해야 하는 상황이 되었다. 병원의 완공뿐 아니라 그 옆에 우리의 새 집도 완공되기까지 시간이 주어졌다. 우리는 지난 9월 같은 주에 연례 회의에 손님을 맞이할 때에 맞추어 병원과 집으로 이사하였다.

우리는 허스트 박사를 우리 가운데, 그리고 동시에 우리 집에 환영하게 되어 기뻤고, 이후 그는 병원과 가정생활 모두에서 우리 가족 중의 한 명이었다.

우리 자신과 다른 선교부의 선교사들의 도움으로 9월 23일 우리 주님의 사업에 건물을 봉헌하기 위한 준비는 병원과 관련된 우리의 첫 번째 의무와 기쁨이었다.

환자를 수용하고 진료를 할 수 있을 정도로 완공된 병원이었지만, 모든 부분을 정상화하기 위해서는 많은 노동력이 필요하였고, 매달 조금씩 더 좋은 모습을 보여주고 있지만 사실 아직은 모든 것이 우리가 원하는 대로라고는 말할 수 없다.

병원의 더 나은 시설은 우리가 이전에 할 수 있었던 것보다 훨씬 더 나은 일을 할 수 있게 하였고 더 많은 일을 하는 동시에 기관의 영적 분위기와 영향력을 유지하고 개선하기 위하여 노력하였다.

매일 아침 예배에는 허스트 박사와 내가 거의 항상 참석하고 내가 개인적

인 역할을 하여 유지되는 반면, 전도자는 매일 병동을 방문하고 진료소 (외래) 환자는 방문하지 않는다. 전도 사업에 대한 매우 중요한 기여는 언더우드 박사 교회의 기독 면려회가 하였는데, 여러 달 동안 환자를 방문하고 가르치기 위하여 적어도 한 명, 대개 두세 명의 회원을 보냈다.

나는 서울과 대구의 사경회에서 일반 및 개인 위생에 대한 강의로 조금이나마 참여하게 되어 기뻤으며, 한국인 기독 청년회에서도 비슷한 과정을 진행하였다.

나는 학생 조교들과 함께 실제 수업에 많은 시간을 할애할 수는 없었지만 여러 의학 교과서의 개정을 감독하고 등사기에 등사하는데 많은 시간을 할애할 수 있었고, 그래서 나는 이 회의에 가능한 한 완성된 사본을 많이 제출할 수 있을 것이다. 10월과 11월에 해부학, 생리학, 화학, 세균학 및 약물학 무기질과 같은 5권의 책이 배포될 것으로 기대하면서 판매할 책의 견본을 제시할 수 있다.

다른 책들은 준비 중에 있다.

연중 분쉬 박사가 서울을 떠나면서 허스트 박사와 나는 서울에 있는 유일한 서양인 남자 의사로 남게 되었고, 그 결과 우리가 해야 할 외국인 진료의 양이 많이 늘어났다. 하지만 이것은 수입원이자 우리의 선교 사업과 외국 외교관으로 구성된 단체 사이의 연결 고리이기 때문에 전체 사업에 해가 되지 않을 것이다.

나는 지난 한 해 동안 병원의 사업이 선교지에서 우리에게 열려 있는 다양한 수입원을 통하여 자립하였으며, 이러한 수입원 중 일부는 때때로 우리 가까이에, 예를 들어 최근 떠난 영국 근위병의 존재에 비롯된 것이며, 다른 수입원이 우리에게 열려 있고 충분한 수입에 대한 전망이 밝다.

나는 이 보고서의 일부로 우리 업무의 다양한 분야에 대한 요약을 첨부한다.

에비슨 부인은 시간과 힘이 허락하는 한 감독의 임무를 수행하였다.

우리는 초가을 동안 병원 안팎에서 수행된 업무에 대한 더 자세한 보고서를 제출할 것으로 기대하고 있다. 쉴 틈이 부족하여 우리가 기대하였던 대로 제출할 준비를 하지 못하였다.

(원문에는 1905년 보고서 중에서 의료 사업에 관한 인쇄물이 첨부되어 있으나 이곳에서는 생략하였음.)

Oliver R. Avison (Seoul),
Personal Report of Dr. O. R. Avison (Sept., 1905)

Mission of Pres. Church in U. S. A.   Seoul, Korea

Severance Hospital

O. R. Avison, M. D.   J. W. Hirst, M. D.

Personal Report of Dr. O. R. Avison
September, 1905

The beginning of this year found me busy trying to hurry the completion of the new hospital and to this I bent all my energies leaving much of the dispensary work to my Korean Assistants who kept for me the more important cases, and admitting to the wards none who could be left untreated till we could admit them to the new wards.

It was not, however, until Sept. 20th that we were in a position to move our work from the old place. The interval was given not only to the completion of the hospital but also to the finishing of our new house alongside. We moved into both hospital & house during the same week of last September, just in time to receive our guests to the Annual Meeting.

We were happy to welcome Dr. Hirst to our midst and to our home at the same time and he has since been as one of our own family both in hospital and home life.

Our first duty and pleasure in connection with the hospital was to prepare for the dedication of the building to the work of our Lord which function was carried out on Sept. 23rd with the assistance of the missionaries of our own and other Boards.

The hospital while so far completed as to enable us to admit patients and carry on the dispensary work, yet required much labor to get all its parts in running order and indeed we cannot say that even yet all is as we desire to have it although each month sees something put in better shape.

The better facilities of the hospital has enabled us to do much better work than we were formerly able to do and we have done more of it, while at the same time we have endeavored to keep up and improve the spiritual atmosphere and influence of the institution.

Daily morning devotions have been maintained at which both Dr. Hirst and myself were nearly always present and in which I took a personal part, while the evangelist visited the wards daily as well as not the dispensary patients. A very important contribution towards the evangelistic work was made by the C. E. Society of Dr. Underwood's church which has for many months sent as least one and generally two or three of its members to visit and teach the patients.

It was my pleasure to take a little part in the work of the Seoul and Taiku classes by giving a course of lectures on Hygiene general and personal, and a similar course was given before the Korean Y. M. C. A.

Although I was not able to devote as much time to actual classwork with my student assistants as would have been well I have spent a good deal of time in supervising the revision of several medical textbooks and getting them printed on a mimeograph so that I might be able to present to this meeting completed copies of as many as possible. I am able to present specimens of what we shall have for sale, with the expectation that the months of Oct. and Nov. will see five books ready for distribution, viz. Anatomy, Physiology, Chemistry, Bacteriology and Inorganic Materia Medica.

Other books are in course of preparation.

The departure from Seoul during the year of Dr. Wunsch left Dr. Hirst and myself as the only of Western male representatives of the medical profession in Seoul, as a consequence of which the amount of foreign practice we are called upon to do has been considerably increased. This however will not be detrimental to the work on the whole as it is a source of revenue and a connecting link between our missionary work and the general body of foreign representatives.

I am glad to be able to report that during the past year the works of the hospital has, through various sources of income open to us on the field, been self supporting and although some of these sources close to us from time to time, as for instance that which came from the presence of the British Guards who recently went away, other sources open to us and the prospect for a sufficient revenue are bright.

I attach hereto as part of this report a summary of the various branches of our work.

Mrs. Avison carried the duties of Matron as her time and strength permitted.

We expect to put forth a more detailed report of the work done in and from the hospital during the early Fall. Lack of leisure prevented us getting it ready for submission at the time as we had hoped to do.

(In the original text, a printed page on medical work was attached from the 1905 Seoul Station Report to the Mission, but it is omitted here.)

제니 B. 에비슨 (서울),
O. R. 에비슨 부인의 개인 보고서 (1905년 9월 2일)

<table>
<tr><td>미국 북장로교회 선교부</td><td rowspan="2">세브란스 병원</td><td>한국 서울</td></tr>
<tr><td>O. R. 에비슨, 의학박사</td><td>J. W. 허스트, 의학박사</td></tr>
</table>

O. R. 에비슨 부인의 개인 보고서
1905년 9월 2일

지난 선교년도 말부터 지난 9월까지 나는 새로운 집으로의 예정된 이사를 준비하느라 바빴지만, 그 시간 동안 병원 방문 외에 동현 주일학교와 수요일 오후 정기 여자 성경 강습반 업무를 계속할 수 있었다.

9월에 우리는 새 집과 새 병원으로 이사하였고, 한동안 나는 새 집에서 증가된 일에 대비하기 위하여 정규 업무를 중단할 필요가 있음을 깨달았다.

이사한 후 몇 주일 동안 우리는 주일학교에 계속 출석하였지만, 거리가 너무 멀고 병원에서 여자 환자들을 직접 만날 기회도 소홀히 할 수 없는 일이었기 때문에, 그 수업을 포기하고 나는 흥미롭고 유익하다고 생각한 후자의 일에 일요일 오전을 할애하였다.

우리가 정착하자마자 나는 집에서 여자를 위한 수요일 오후 수업을 시작하였고, 이것은 6월 28일 아기를 낳을 때까지 규칙적으로 진행되었다. 많은 사람들이 참석하였는데, 일부는 이전 우리 반이었던 시내서 온 사람들이었고, 많은 사람들이 병원 인근에서 왔으며, 환자로 병원에 왔던 사람들도 왔다. 참석자는 10명이나 12명에서 50명 이상까지 다양하였으며, 나는 우리의 강습이 흥미롭고 유익하였다고 믿을 만한 이유가 있다.

아기가 태어난 이후 나는 당분간 집안일 이외의 모든 일을 포기해야 하였지만, 때가 되면 이전 수업을 재개할 수 있기를 바라고 있다.

내가 할 수 있는 한 매일 병원을 방문하여 병동과 세탁실을 돌보고 내가 할 수 있는 모든 업무를 수행하여 일이 더 순조롭게 진행되도록 할 수 있게 한다. 그것은 의료 기관으로서 병원의 직접적인 사역에 유용한 분야일 뿐만 아니라 가장 유리한 조건에서 직접적인 전도의 기회를 제공하는 매우 중요한 업무이다.

자신이 하는 말이라면 무엇이든 기꺼이 들어주고 관심을 가지고 경청하는 모든 계층의 여성들을 매일 만날 수 있는 이곳에서 얼마나 큰 기회가 주어지는가? 원기를 관리하는 능력과 헌신을 가진 어떤 사람은 이곳에서 그녀의 손이 준비되어 있고 수확할 때까지 익은 사역의 밭을 발견할 것이다.

Jennie B. Avison (Seoul),
Personal Report of Mrs. O. R. Avison (Sept. 2nd, 1905)

Mission of Presb. Church in U. S. A.		Seoul, Korea
	Severance Hospital.	
O. R. Avison, M. D.		J. W. Hirst, M. D.

Personal Report of Mrs. O. R. Avison

September 2, 1905

From the end of the last Mission year until last September I was busy getting ready for the expected move to our new premises but was able during that time to keep up my regular work in the Tong Hyun Sunday School and my regular Wednesday afternoon Bible Class for women besides my hospital visitation.

In September we moved to our new home and to the new Hospital and for a time I found it necessary to drop my regular work in order to get ready for the increased responsibilities of our new place.

For a few weeks after we moved I kept up my attendance at the old Sunday School but the distance proved too great and besides the opportunity to meet personally with the women patients at the hospital was one not to be neglected so I gave up that class and devoted my Sunday forenoons to the latter work which I found both interesting and profitable.

As soon as we get settled I started a Wednesday afternoon class for women at my home and this I kept up regularly until our baby came on June 28th. It was well attended some coming from inside the city who had been members of my former class while many came from the neighborhood of the hospital and others came who had come as patients to the hospital. The members in attendance varied from ten or a dozen to fifty or more and I have reason to believe our studied were both interesting and profitable.

Since baby came I have been compelled for the time being to give up all work outside of my home duties but hope in due time to resume my former classes.

So long as I was able I visited the hospital daily to oversee the care of the wards and laundry, and perform whatever services I could that would make the work go more smoothly. That is a work which is very important and it affords not only a field of usefulness in the direct work of the hospital as a medical institution but offers unequalled opportunities for direct evangelistic efforts under the most favorable conditions.

What a grand opportunities is afforded here to meet daily with women of all classes who are willing to listen to anything one has to say and who usually listen with manifest interest. Some one with energy managing ability and devotion will here find a field of work ready to her hand and ripe unto the harvest.

호러스 G. 언더우드(서울)가
고든 패독(미국 공사관 영사)에게 보낸 편지 (1905년 9월 7일)

한국 서울,
1905년 9월 7일

친애하는 패독 씨,

[철로가] 그들이 말한 대로 강변을 따라가는 것이 아니라 처음 제안하였던 것처럼 우리 부지를 바로 지난다는 전언이 한강에서 막 전해졌습니다.

그들은 처음에 자신들의 영사관을 통하여 측량 허가를 확보하고 측량 외에는 허가 없이는 아무것도 수행하지 않을 것이라고 우리에게 확실하게 하였습니다. 어제 그들은 부지에 도로를 만들기 위하여 와서 울타리를 허물고 우리 부지 내의 덤불 등을 많이 자르기 원하였습니다.

우리 관리인은 간신히 3일 동안 그들이 단념하도록 만들었습니다. 이것은 그들이 강변 둑을 따라 만든다고 말한 후 저지른 무단 침입입니다.

그것에 대하여 무엇을 해야 합니까?

안녕히 계세요.
H. G. 언더우드

Horace G. Underwood (Seoul),
Letter to Gordon Paddock (Consul, U. S. Legation) (Sept. 7th, 1905)

Seoul, Korea,

Sept. 7th, 1905

Dear Mr. Paddock: -

Word has just come from Han Kang that _____ running the line not along shore as they had said but right thro our place as they had at first proposed.

They came at first thro their Consulate and secured for permission to survey and assured us that nothing would be done without permission aside from the surveying. Yesterday they came to make the road right thro the place and desired to pull down fence and cut down a lot of our bushes etc.

With difficulty our caretaker made them desist on our part for three days. This is trespass after they had said that they were going along the bank.

What should be done about it?

Yours sincerely,

H. G. Underwood

재한 복음주의 선교부 통합 공의회의 제1회 연례 회의 회의록
(1905년 9월 15일)

(중략)

에비슨 박사는 모든 사람들이 복음주의 공의회를 구성하는 공동 위원회에서 제시한 결의안 전체를 채택하자고 발의하였다. 통과되었다.

(중략)

에비슨 박사는 실행 위원회가 통합 공의회와 한국인 교회와의 관계를 검토하고 다음 회의에서 그 주제에 대하여 보고할 것을 통합 공의회가 권고하도록 발의하였다. 통과되었다.

(중략)

공의회의 출판비를 충당하기 위한 자금에 대하여 논의한 후 에비슨 박사의 제안에 따라 현재 회의에 참석하는 사람들에게 비례로 비용을 부과하기로 결정하였다.

(중략)

Minutes of the First Annual Meeting of the General Council of Evangelical Missions in Korea (Sept. 15th, 1905)

(Omitted)

Dr. Avison moved that inasmuch as those assembled had been created an Evangelical Council that the resolutions set forth by the joint committee be adopted as a whole. Carried.

(Omitted)

Dr. Avison moved that the General Council recommend that the Executive Committee take into consideration the relation of the General Council to the native church and to report upon the subject at the next meeting. Carried.

(Omitted)

After some discussion as to funds to defray publication expenses of the Council, upon motion by Dr. Avison it was decided to levy a pro rata tax upon those attending the present meeting.

(Omitted)

1905년 9월 17일부터 28일까지 서울에서 개최된
미국 북장로교회 한국 선교부의 제21차 연례 회의 회의록 및 보고서,
4, 5, 8~9, 11, 20, 37, 41~42, 43~45, 61쪽

4쪽

위원회
상임 위원회

(......)

6. 재정

1906년 에비슨 박사	웰본 씨
1907년 샤록스 박사	웰즈 박사
1908년 E. H. 밀러 씨	

5쪽

특별 위원회

(......)

에비슨 박사가 준비한 사역 검토: -

　　　선임 위사들, 게일 박사, 베어드 박사, 웰즈 박사

(중략)

8~9쪽

1904~5년의 임시 결정

　성경 위원회 - 선교부 회장은 사임한 F. S. 밀러 씨 대신에 에비슨 박사를 성경 위원회에 임명하였다. 후에, 에비슨 박사가 사임하자 마펫 박사가 그 자리에 임명되었다.

　서울 간호 기금의 양도 - 서울 지부는 1904~5년 간호 급여 기금의 67% 이상을 세브란스 병원의 종합 병원 기금에 양도할 수 있도록 허가해 달라는 요청을 하였지만, 투표에서 양도에 필요한 전제 조건을 놓고 상당한 이견이 있었다. 이해 당사자의 추가 요청에 따라 전체 주제가 삭제되었다.

11쪽

회의록

미국 북장로교회 한국 선교부는 1905년 9월 17일 일요일 오전 10시에 서울 감리교회 여학교에서 연례 예배를 드렸으며, 미국 남감리교회의 한국 선교부도 연합하여 참여하였다. 개회 예배는 남장로교회 선교부의 물러나는 의장인 L. B. 맥커친 목사가 맡아 설교를 하였고, 그 후에는 이 선교부의 물러나는 의장인 신학박사 H. G. 언더우드 목사가 성찬식을 주재하였는데 빵의 배분을 감독하였고, L. B. 맥커친 목사는 포도주의 배분을 감독하였다. O. R. 에비슨 장로와 J. W. 허스트 장로는 빵과 포도주를 나누어주었다. L. B. 맥커친 목사가 축도를 하였다.

20쪽

1905년 9월 21일

(......)

편집 위원회 (......) 에비슨 박사가 준비한 특정 책을 검토하기 위한 위원회를 요청한 보고서의 세 번째 권고안에 따라 선교부는 선임 회원인 선교부의 의사와 의장이 임명하는 다른 2명으로 구성하였다. 보고서는 전체가 채택되었으며, 다음과 같다.

(......)
추천: -
(......)
3. 우리는 에비슨 박사의 의학 저작물은 선교부가 임명한 위원회에서 검토하고 승인이 되면 출판 준비가 된 것으로 간주할 것을 권장한다.

37쪽

1905년 9월 25일

(......)

평안도의 지역 분할 - F. S. 밀러 씨는 감리교회 선교사들과의 지역 분할에서 평양과 선천 지부가 채택한 과정이 제대로 된 것인지 전도 위원회가 알아보도록 발의하였다. 베어드 씨는 평양과 선천 지부의 회원, 그리고 감리교회 선교사들 사이의 지역 분할 문제를 전도 위원회에 회부하고 나중에 우리에게 보고하도록 개의(改議)하였다. 에비슨 박사는 감리교회 선교사들과 평양 및 선천 지부가 체결한 지역 분할 협정을 잠정적으로 승인하고, 이 문제는 공의회의 해당 위원회에서 조치가 취해질 때까지 영구적인 결정을 보류하자고 개의하였다. 동의에 의해 전체 주제는 보류되었다.

41~42쪽

1905년 9월 26일

(......)

회장은 베어드 및 게일 박사를 에비슨 박사가 준비한 책들의 검토를 돕는 두 명의 목회자로 임명하였다.

(중략)

43~45쪽

1905년 9월 27일

(......)

의료 위원회는 추가 보고서를 제출하였다. 첫 번째 항목은 추가 검토 및 보다 완전한 보고서를 위하여 위원회와 선교부의 의사에게 회부되었다. 두 번째 항목은 채택되었고, 의료 위원회의 보고는 전체로 채택되었다.

(......)

의료 위원회는 다음과 같이 보고한다.

(......)

8. 우리는 2년 전 선교부의 지시에 따라 에비슨 박사가 7년의 의학 과정과 3년의 약학 과정의 학사 일정을 준비하였음을 보고하며, 최종적으로 내년에 실행할 수 있도록 선교부의 각 의사에게 동일한 사본을 제공할 것을 권한다.

9. 세브란스 병원의 담당 의사의 요청에 따라 12명의 학생 조수 강습반을 운영하여 강의하도록 권한다.

(중략)

61쪽

사역자 및 업무 배정
서울 지부

(......)

O. R. 에비슨, 의학박사 - 세브란스 병원 책임 의사. 학생 조수 교육. 저술 작업. 순회 전도.

O. R. 에비슨 부인: - 여자들 전도 사역. 전도 부인 감독. 여자 사경반 담당.

Minutes and Reports of the Twenty-First Annual Meeting of the Korea Mission of the Presbyterian Church in the U. S. A. Held at Seoul, September 17~28, 1905), pp. 4, 5, 8~9, 11, 20, 37, 41~42, 43~45, 61

p. 4

Committees.

Permanent Committees

(......)

6. Finance

1906	Dr. Avison	Mr. Welbon
1907	Dr. Sharrocks	Dr. Wells
1908	Mr. E. H. Miller	

p. 5

Special Committees

(......)

Examining Works Prepared by Dr. Avison: -
Senior physicians, Dr. Gale, Dr. Baird, Dr. Wells
(Omitted)

pp. 8~9

Ad Interim Actions 1904~5.

Bible Committee. - The Mission Chairman appointed Dr. Avison on the Bible

Committee in place of Mr. F. S. Miller, resigned: Later, on the resignation of Dr. Avison, Dr. Moffett was appointed in his place.

Transfer of Seoul Nurse Fund. - Seoul Station presenting a request for permission to transfer the balance over 67% of the Nurse Salary Fund for 1904~5 to the General Hospital fund of the Severance Hospital, the voting showed considerable difference of opinion as to the necessary preliminaries to such a transfer; and on the further request of the interested parties, the whole subject was dropped.

p. 11

Minutes

The Korea Mission of the Presbyterian Church in the United States of America held its annual devotional meeting on Sunday, September 17th, 1905, at 10 a. m., in the Methodist Girls' School, Seoul, the Korea Mission of the Presbyterian Church in the United States uniting with us in the service. The opening exercises were in charge of Rev. L. B. McCutchen, retiring Chairman of the Southern Presbyterian Mission, who also preached a sermon, after which Rev. H. G. Underwood, D. D., retiring Chairman of this Mission, officiated at the Sacrament of the Lord's Supper and presided over the distribution of the bread, while Rev. L. B. McCutchen presided over the distribution of the wine; Elders O. R. Avison and J. W. Hirst distributing the elements. The benediction was pronounced by Rev. L. B. McCutchen.

p. 20

September 21st, 1905

(......)

Editorial Committee. (......) As the third recommendation of its report called for a committee to examine certain books prepared by Dr. Avison, the mission made the physicians of the mission who are senior members and two other senior members to be appointed by the chair such committee. The report as a whole was adopted, and is as follows: -

(......)

Recommendations: -

(......)

3. We recommend that Dr. Avison's medical works be examined by a committee appointed by the Mission, and that if approved they be considered ready for publication.

p. 37

September 25th, 1905.

(......)

Division of Territory in Pyeng An Province - Mr. F. S. Miller moved that the Evangelistic Committee enquire into the orderliness of the methods of procedure adopted by Pyengyang and Sunchun Stations in their division of territory with the Methodist missionaries. Mr. Baird moved as a substitute that we refer the questions relating to the division of territory made between the members of the Pyengyang and Sunchun stations and the Methodist missionaries to the Evangelistic Committee, to report to us later. Dr. Avison moved as a substitute for the above substitute that the Mission approve the territorial agreement made by Pyengyang and Sunchun Stations with the Methodist missionaries as a temporary arrangement, and that the matter be left for permanent action till action is taken by the appropriate committee of the General Council. On motion, tho whole subject was laid on the table.

pp. 41~42

September 26th, 1905.

(......)

The chairman appointed Drs. Baird and Gale as the two clerical men to assist in examining certain books prepared by Dr. Avison.

(Omitted)

pp. 43~45

September 27th, 1905.

(......)

The Medical Committee presented a supplementary report. The first item was referred back to the committee and the physician of the Mission for further consideration and fuller statement. The second item was adopted, and the report of the Medical Committee as a whole was adopted.

(......)

The Medical Committee would report as follows:

(......)

8. We would report that in accordance with the instruction of the Mission two years ago Dr. Avison has prepared curricula for a 7 years' course in medicine and a 3 years' course in pharmacy, and we would recommend that copies of the same be placed in the hands of each physician in the Mission with a view to their being acted upon finally next year.

9. Recommend that the request of the doctors in charge of the Severance Hospital to make use of and teach a class of 12 student-assistants be approved.

(Omitted)

p. 61

Apportionment of Workers and Work
Seoul Station

(......)

O. R. Avison,. M. D. - Physician in Charge of Severance Hospital. Instruction of Student Assistants. Literary Work. Itineration.

Mrs. O. R. Avison: - Evangelistic Work among Women. Oversight of Bible Woman. Charge of Women's Bible Class.

회의록, 한국 선교부 서울 지부 (미국 북장로교회) 1891~1921
(1905년 9월 18일)

(중략)

의료 연합에 관한 위원회의 보고를 에비슨 박사가 낭독하였다. 그것은 승인되었으며, 선교부로 보내도록 지시되었다.

(중략)

Minutes, Seoul Station, Korea, 1891~1921 (PCUSA) (Sept. 18th, 1905)

(Omitted)

Report of Comm. on Medical Union was read by Dr. Avison. It was approved & ordered sent up to Mission.

(Omitted)

제시 W. 허스트(서울)가 아서 J. 브라운(미국 북장로교회 해외선교본부 총무)에게 보낸 편지 (1905년 10월)

(중략)

저는 미국의 맥아더 소장이 우리 병원을 방문한 일에 대한 설명을 쓰려합니다.[31] 그것은 9월 30일 수요일이었습니다. 그는 우리 정부의 대표로서 일본군과 함께 있었던 만주에서 남쪽으로 가는 길이었습니다. 그는 오후 늦게 자신의 보좌관인 웨스트 대위, 그리고 서울의 스트레이트 부영사와 함께 방문하였습니다. 그들은 정문에서 에비슨 박사의 영접을 받았고 건물에 들어간 후 왼쪽에 있는 그의 사무실로 안내되었습니다. 일반적인 대화로 몇 분이 흘렀습니다. 장군은 상냥하고 조용하며, 신장은 보통이고 다소 살집이 있었습니다.

그림 7. 아서 맥아더 주니어 소장.

일행은 사무실부터 건물을 시찰하기 시작하였습니다. 그들은 긴 복도가 양쪽 끝으로 이어지는 건물의 중앙으로 갔습니다. 바로 뒤에 있는 큰 방은 원래 간호원의 침실이나 응급 병동으로 의도되었지만, 현재는 매일 아침 8시 45분에 기도회가 열리는 우리 예배당으로 사용되고 있습니다. 그리고 낮에는 우리 문서 작업의 현장입니다. 올 여름 대부분의 시간 동안 세 사람이 한국어로 된 의학 교과서를 준비하면서 일을 하였습니다. 그래서 현재 우리는 해부학, 생리학, 화학, 약물학, 세균학, 그리고 내과학의 일부를 사용할 준비가 되었습니다. 이 책들은 모두 완성된 것은 아니지만 각 과목에서 체계적인 작업이 진행될 수 있도록 충분히 준비되어 있습니다. 에비슨 박사의 조수인 김 씨[32]는 그의 영어 지식 때문에 이 작업에서 특히 유용하였습니다. 책은 모두 집필되었고 에디슨 등사기로 인쇄되었습니다. 이런 방식으로 해부 삽화마저도 매우 만족스럽게 재

---

31) 한국전쟁 당시 유엔군 사령관을 역임하였던 더글러스 A. 맥아더(Douglas A. MacArthur, 1880~1964)의 아버지인 아서 맥아더 주니어(Arthur MacArthur Jr., 1845~1912)를 말한다.
32) 1회 졸업생인 김필순이다.

현할 수 있습니다. 우리는 각 책을 100부씩 만들고 있는데, 그것들은 현재 한국의 모든 학생들에게 공급될 것입니다.

이 방은 학생들과 간호원의 교육에도 사용되고 있습니다.

(중략)

이렇게 세브란스 병원의 시찰을 마쳤습니다. 우리는 병원 밖에서 현재 건축 중인 격리 병동과 '광견병 예방접종과'를 방문하였습니다.

그곳에서 우리는 에비슨 박사 사택으로 갔는데, 그곳에서 에비슨 부인이 일행에게 차를 제공하였고 맥아더 장군은 그가 몇 달 동안 허용하였던 끓이지 않은 물을 처음으로 맛보았습니다. 우리는 우리의 우물이 괜찮다고 생각하며 우리의 마음을 바꿀 이유를 아직 보지 못하였습니다.

에비슨 박사의 어린 아들들(광견병 치료를 받았던 마틴과 레이몬드)은 장군의 자수용 금실과 견장에 대단한 흥미를 나타내었습니다. 그들은 그에게 질문을 던졌고, 무릎을 꿇고 아주 편안해 보였습니다.

그는 이번에는 자신이 진짜 집 같은 느낌에 유난히 감명을 받은 것 같았는데, 부분적으로는 아마도 우리가 살고 있는 미국식 집 때문이었을 것입니다. 그는 우리와 함께 한 짧은 방문을 충분히 즐겼다고 표현하였으며, 그가 우리와 함께 하는 특권과 우리 업무의 모든 부분에서 그가 보여준 진심 어린 신뢰에 대하여 우리는 매우 감사하고 있다고 확신하고 있습니다.

우리는 항상 그의 방문을 기쁘게 기억할 것입니다.

저는 아마도 에비슨 부인의 보살핌 덕분인지 잘 지내고 있습니다.

(중략)

Jesse W. Hirst (Seoul),
Letter to Arthur J. Brown (Sec., BFM, PCUSA) (Oct. 1905)

(Omitted)

I have been intending for same time to write you a description of a visit paid to our hospital by Maj. General MacArthur, U. S. A. It was on Wed. Sept. 30. He was on his way south from Manchuria where he had been with the Japanese Army as our Gov. representative. He called late in the afternoon in company with his aide Capt. West, and Vice Consul Straight of Seoul. They were received by Dr. Avison at the main entrance and escorted with his office which is on the left after the building is entered. A few minutes were spent in general conversation. The general is a genial, tho quiet, man of ordinary height and somewhat inclined towards fleshiness.

From the office the party proceeded to inspect the premises. They passed to the center of the building where a long hall runs towards either end. Directly in the rear is a large room originally intended as a sleeping room for nurses or an emergency ward, but at present it is serving as our chapel, where prayers are held each morning at 8. 45. Then during the day it is the scene of our literary work, most of the time this summer three men have been kept at work preparing medical text-books in Korean, so that at present we have ready for use Anatomy, Physiology, Chemistry, Materia Medica, Bacteriology and parts of a practice. These books are not all complete but enough is prepared so that systematic work can proceed in each of those branches. Dr. Avison's Assistant Mr. Kim has been especially valuable in this work because of his English knowledge. The books have all been written out and printed on an Edison Mimeograph. Even anatomical cuts can be reproduced very satisfactorily in this manner. We are making 100 copies of each book which will supply all the students in Korea at present.

This room is also used for the teaching of students and nurses.

(Omitted)

And so we completed the tour of Severance Hospital. Outside we visited the Isolation wards, now building; and the "Pasteur Institute."

From there we proceeded to Dr. Avison's house where Mrs. Avison served the party with tea and General MacArthur indulged in the first drink of unboiled water that he had allowed himself for mouths! We think our well is all right and we have yet to see any cause to change our minds.

The little Avison boys (Martin and Raymond, the ones who went thro the Pasteur treatment) were very much interested int eh General's gold embroidery and epaulet. They plied him with questions and seemed quite at home on his knee.

He in his turn appeared to be unusually impressed by the real home feeling in which he found himself, partly due perhaps to the American style of house in which we live. He expressed himself as having thoroughly enjoyed his little visit with us and I am sure we appreciated very much the privilege of having him with us, and the sincere intrust he manifested in all aprts of our work.

We shall always remember his visit with pleasure.

I keep well due probably to Mrs. Avison's care of me.

(Omitted)

19051002

회의록, 한국 선교부 서울 지부 (미국 북장로교회) 1891~1921
(1905년 10월 2일)

(중략)

여학교 업무에 관련된 위생 문제 때문에 에비슨 박사는 이 업무를 위한 위원회에 추가되었다.

(중략)

Minutes, Seoul Station, Korea, 1891~1921 (PCUSA) (Oct. 2nd, 1905)

(Omitted)

Because of sanitary question involved in Girls school work Dr. Avison was added to the Committee for this work.

(Omitted)

매리온 M. 널(대구)이 아서 J. 브라운(미국 북장로교회 해외선교본부 총무)에게 보낸 편지 (1905년 10월 6일)

(중략)

추신. 위의 글을 쓴 이후로 제가 의미하는 바가 완전히 명확하지 않은 것이 두렵습니다. 제가 이렇게 간단하게 설명하겠습니다. 선교부, 선교본부 그리고 세브란스 씨는 우리가 한국에 온 이유에 대하여 매우 다른 생각을 가지고 있는 것 같습니다. 선교부는 우리가 공백을 메꾸기 위하여 왔다고 말하는데, 세브란스 씨의 생각은 달랐고 우리가 대구에 관심을 잃자마자 허스트 박사를 파송함으로써 증명되었습니다. 저는 세브란스 씨로부터 직접 들어 상황을 이해하였고, 선교본부의 편지도 받았습니다. 가족이 있는 남자에게 매년 선교지를 떠돌아다녀야 한다는 것은 무리입니다. 우리는 그것을 할 수 없습니다. 논쟁 전체로 인하여 선교 사업에 대한 열정이 지체되고 있으며, 저는 그 결과가 두렵습니다. 그것은 선교지에서 새 선교사에게 공정한 기회를 주는 것이 아닙니다.

우리는 성령의 인도하심을 따르기를 간절히 원하며 하나님께서 현재의 어둠을 빛으로 바꾸실 것이라는 사실에 만족하고 있습니다.

(중략)

Marion M. Null (Taiku),
Letter to Arthur J. Brown (Sec., BFM, PCUSA) (Oct. 6th, 1905)

(Omitted)

P. S. Since writing the above I fear it is not altogether clear just what I mean. Let me make this brief explanation. The Mission, the Board and Mr. Severance seem to have very different ideas about what we came to Korea for. The mission says we came to fill vacancies, Mr. Severance's idea was different as is proved by sending out Dr. Hirst as soon as we were switched off at Taiku. I got my understanding of the situation from Mr. Severance himself, as well as Board letters. It is too much to ask a man with a family to move around on the field every year. We cannot do it. The whole controversy is causing an enthusiasm in mission work to lag and I fear for the results. It is not giving a new man on the field a fair chance.

We are anxious to follow the leading of the Spirit and we are satisfied that God will turn the present darkness to light.

(Omitted)

메리 E. 브라운(서울)이 아서 J. 브라운(미국 북장로교회 해외선교본부 총무)에게 보낸 편지 (1905년 10월 10일)

(중략)

더 심하게 앓았던 다른 사람들이 회복되어 현역으로 이곳에서 수 년 동안 봉사하기 위하여 돌아왔기 때문에 선교본부와 선교부의 의지라면 제가 한국으로 돌아갈 수 있다고 믿게 되어 기쁩니다. 에비슨 박사 자신은 미국에 갔을 때 열대성 설사로 상태가 좋지 않았지만 그 이후로는 심각한 문제가 없었습니다.

(중략)

Mary E. Brown (Seoul),
Letter to Arthur J. Brown (Sec., BFM, PCUSA) (Oct. 10th, 1905)

(Omitted)

I am encouraged to believe that I can return to Korea if that is the will of the Board and the Mission because others who have had a worse attack have recovered and returned to spend many years of active service here. Dr. Avison himself had sprue quite badly when he went to America but had had no serious trouble with it since then.

(Omitted)

회의록, 한국 선교부 서울 지부 (미국 북장로교회) 1891~1921
(1905년 10월 16일)

(중략)

에비슨 박사는 귀망이를 전도 부인으로 고용할 수 있도록 허락을 요청하였다. 승인됨.

(......)

에비슨 박사는 지부 의사로서 브라운 양에게 미국으로 건강 안식년을 추천하였음을 보고하였다.

(중략)

Minutes, Seoul Station, Korea, 1891~1921 (PCUSA) (Oct. 16th, 1905)

(Omitted)

Dr. Avison asked permission to employ Quimangie as a bible woman. Granted.

(......)

Dr. Avison reported as Station Physician recommending health furlo for Miss Brown to America.

(Omitted)

[군용 철도국의 제안 조건.] (1905년 10월 16일)

에비슨 박사와 다른 두 사람이 공동으로 소유한 한강의 부지와 언더우드 박사가 소유한 같은 장소의 부지를 통과하는 철도 노선과 관련한 군용 철도국의 제안 조건

1. 돌 옹벽은 절단 벽과 둑의 벽 기슭에 적당한 높이로 세워질 것이다.
2. 철도가 점유하는 토지의 최대 폭은 80피트로 하되, 지반의 성질에 따라 이 범위 내에서 폭을 변경할 수 있다.
3. 철도가 점유하는 땅은 울타리로 둘러싼다.
4. 에비슨 박사 외 2명의 공동 토지와 언더우드 박사의 토지에 대하여 지불할 가격은 평당 평균 3엔으로 한다.

1905년 10월 16일

[Proposed Conditioned of the Military Railway Bureau.]
(Oct. 16th, 1905)

Proposed Conditions of the Military Railway Bureau with reference to the running of a railway line through the property at Han Kang owned jointly by Dr. Avison and two others, and the property at the same place owned by Dr. Underwood

1. Stone retaining walls shall be erected to a suitable height at the foot of the walls of cuttings and embankments.

2. The maximum breadth of the land occupied by the railway shall be 80 feet (eighty feet), but the breadth may vary within this limit according to the nature of the ground.

3. The ground occupied by the railway shall be bounded by a hedge.

4. The price paid for the ground belonging to Dr. Avison and two others jointly and for that belonging to Dr. Underwood shall be an average of three yen per tsubo.

October 16, 1905

19051023

메리 B. 바렛(서울)이 아서 J. 브라운(미국 북장로교회 해외선교본부 총무)에게 보낸 편지 (1905년 10월 23일)

(중략)

이제 학교에 대한 몇 마디입니다. 지난 봄 저는 소녀들을 위한 새 건물에 대한 기대로 기뻤습니다. 계획이 세워졌고, 계약이 체결되었으며 지하실을 팠을 때 연합에 관한 이야기가 시작되었고 모든 작업이 중단되었습니다. 우리는 처음에 우리 소녀들과 함께 감리교회 학교로 가기로 결정하였지만, 감리교회 학교의 담당자가 안식년으로 고국에 체류하고 있고, 우리 학교에 배정된 웸볼드 양(그녀 모르게, 그리고 그녀가 반대할 수 있습니다.)이 아직 돌아오지 않아 그 계획은 실현되지 못하였습니다. 감리교회 학교의 대체자와 저는 조만간 스스로 계획을 세우기 위하여 이곳으로 올 다른 사람들을 위하여 계획의 세부 사항을 준비하는 일을 감당할 수 없다고 느꼈습니다. 그래서 에비슨 박사는 학교를 소독하였고, 우리의 학교가 우리의 옛 숙소로 제한되었지만 소녀들은 밤에 충분한 공기를 마실 수 있습니다.

(중략)

Mary B. Barrett (Seoul),
Letter to Arthur J. Brown (Sec., BFM, PCUSA) (Oct. 23rd, 1905)

(Omitted)

A few words about the school now. Last spring I rejoiced in the prospect of a new building for the girls. Plans were made, the contract let and the cellar dug, when the talk about union began and all work was stopped. It was decided at first that we would go over to the Methodist school with our girls, but the plan fell through as the lady in charge of the Methodist school is home on furlough and Miss Wambold, who is assigned to our school (without her knowledge - and she may object) is not yet back, and the substitute at the Methodist school and I scarcely felt equal to arranging the details of the plans for others who would soon be here to do it for themselves. So Dr. Avison disinfected the school and we are in our old quarters tho' limiting our school, so that the girls have enough air at night.

(Omitted)

알프레드 M. 샤록스(선천)가 아서 J. 브라운(미국 북장로교회 해외선교본부 총무)에게 보낸 편지 (1905년 10월 28일)

(중략)

첫 번째는 브라운 양의 경우입니다. 에비슨 박사가 그녀의 사례에 대하여 편지를 쓴다면 물론 그것으로 충분할 것이지만, 그가 하지 않도록 그녀가 몇 달 동안 제 환자이었기 때문에 그래야 한다고 느끼고 있습니다.

그녀가 귀국하는 것을 필요하게 만든 질병은 특이한 '열대성 설사'입니다. 그것은 미국이나 동양의 아열대 국가의 주민이 아니라 동양이나 다른 열대 및 아열대 국가에 거주하는 외국인만 걸리는 질병입니다. 그것의 가장 독특한 특징 중의 하나는 '열대성 설사'의 실제 사례가 이곳 동양에서 회복되지 않는 것 같다는 것입니다. 미국이나 유럽으로의 여행이 필요하며, 빠를수록 완전한 회복이 기대됩니다. 회복이 너무 오래 지연되면 질병은 조만간 치명적인 것으로 판명됩니다.

에비슨 박사는 지난 4월 초 브라운 양을 선천으로 보냈습니다. 저는 그녀를 이곳에 2개월 동안 있게 하였고 약간 호전되었지만, 더 오래 유지하면 만성의 숙환이 될까 봐 두려웠습니다. 저는 빈튼 박사에서 편지를 써서 귀국하려고 하는 쉘즈 양과 함께 브라운 양의 교통편을 확보해 주도록 요청하였고, 또한 제가 브라운 양의 귀국을 조언한다고 에비슨 박사에게 편지를 썼습니다.

(중략)

Alfred M. Sharrocks (Syen Chun),
Letter to Arthur J. Brown (Sec., BFM, PCUSA) (Oct. 28th, 1905)

(Omitted)

The first is Miss Brown's case. if Dr. Avison writes for about her case it will of courses be sufficient but lest be done not I feel as tho I should, in as much as she was my patient for a couple of months.

The disease that is making her home going necessary is a peculiar one, namely Psilosis or "Sprue." It is a disease not acquired in America nor by the natives in this sub-tropical countries of the Orient but only by foreigners resident in the Orient or other tropical & semi-tropical countries. One of the most peculiar features of it is that no real case of "Sprue" seems to recover here in the Orient. A trip to America or Europe is necessary and the sooner it is taken the more hopeful is a complete recovering. If recovery is delayed too long the disease proves fatal sooner or later.

Miss Brown was sent to Syen Chyun by Dr. Avison early in April last. I kept her here just two months and altho there was some improvement it was at such a widely native I feared chronic invalidism would set in if kept longer. I wrote Dr. Vinton asking him to secure passage for Miss Brown with Miss Shields who was then about to start home and also wrote Dr. Avison that I was advising Miss Brown to go home.

(Omitted)

19051100

폴 돌츠,[33] 서울 방문.

The Assembly Herald 11(11) (1905년 11월호), 599~600쪽

(중략)

한국 전역과 마찬가지로 서울에도 큰 선교부가 있어 선교 사업에 대하여 눈여겨 볼 좋은 기회를 얻었다. 첫 주일 아침에 우리는 세 개의 다른 한국 장로교회로 갔고, 오후에는 내가 도쿄에서 부활절 주일의 영어 예배에서 하였던 것처럼 설교를 하였다. 선교사들은 주택 건축 일을 하고 있는 중이었다. 몇 년 전에 도시 중심부에서 구입한 부지는 가치가 너무 떨어졌고, 주거 목적으로 너무 바람직하지 않게 되어 선교부는 도시 바로 외곽에서 여러 채의 집을 건축할 수 있는 넓은 두 개의 훌륭한 부지를 살 수 있을 만큼의 큰 선금을 받고 매각할 수 있었다. 작년에 그들은 세 채의 큰 벽돌집과 고급 벽돌 병원을 건축하였고, 올해에는 세 채의 집과 학교 건물 몇 채를 더 건축하고 있다. 이 병원은 적어도 나에게는 매우 흥미로운 곳이며, 모든 장로교회 신자들이 자랑스러워할 만한 기관이었다. 그것은 클리블랜드의 부유한 상인인 루이스 H. 세브란스가 자신의 어머니를 기리기 위해 건축하였다. 에비슨 박사와 그의 조수인 허스트 박사는 매년 약 15,000건에서 18,000건의 환자를 치료하고 매일 평균 1회의 수술을 시행한다. 병원은 고국에 있는 일반 병원처럼 완벽하게 현대적이다. 나는 그곳에서 많은 시간을 보내며 여러 수술을 목격하였다. 어느 날 나는 그들이 남자의 옆구리에 구멍을 내고 악취가 나는 약 1 갤런의 고름을 빼내는 것을 보았다. 다른 날 나는 그들이 다른 다소 흥미로운 것 외에 한 사람의 발을 자르는 것을 보았다. 내가 떠나기 전날 그들은 음식을 삼킬 수 없었던 한 남자의 위속에 관을 넣었고, 우리가 떠나던 날 그들은 진찰소에서 난소암 때문에 복부의 둘레가 56인치가 되는 여자, 백내장 환자, 흉농(胸膿), 간농양 및 뼈에 병이 든 여러 환자 등 대단히 흥미로운 환자들을 보았다. 당시 병원에는 33명의 입원 환자가 있었지만 수용 인원은 30명에 불과하였다.

---

[33] 1902년부터 1936년까지 아내 클라라(Clara J. McDermid Doltz)와 함께 미국 북장로교회 해외선교본부 필리핀 지부에서 활동하였다.

Paul Doltz, A Visit to Seoul.

The Assembly Herald 11(11) (Nov., 1905), pp. 599~600

(Omitted)

We have a large mission in Seoul, as throughout Korea, so that I had a good chance to study mission work. The first Sunday morning we went to three different Korean Presbyterian churches while in the afternoon I preached, as I had done in Tokyo on Easter Sunday, at an English service. The missionaries are just in the midst of housebuilding operations. The land which was bought years ago in the heart of the city has depreciated so in value and has become so undesirable for residential purposes that the mission was able to sell it at a large advance, enough to buy two fine large properties, just outside the city wall and erect a number of houses on it. Last year they built three large brick houses and a fine brick hospital and this year they are building three more houses as well as several school buildings. This hospital is a very interesting place - at least it was for me-and an institution of which every Presbyterian may well be proud. It was built by Louis H. Severance, a wealthy Cleveland merchant, as a memorial to his mother. Dr. Avison and his assistant, Dr. Hirst, treat about fifteen to eighteen thousand cases a year and perform on an average of one surgical operation every day. The hospital is thoroughly modern, fitted up as well as the average hospital at home. I spent considerable of my time there, witnessing a number of operations. One day I saw them cut a hole in a man's side and let out about a gallon of ill-smelling pus. Another day I saw them cut a man's foot off, beside a number of other more or less interesting things. One day just before I came away they put a tube into a man's stomach to feed him, as he couldn't swallow and the day we left they had a very interesting clinic - a woman fifty-six inches around the abdomen with an ovarian tumor, a cataract case, another case of pus in the chest, an abscess of the liver and several cases of diseased bone. There were thirty-three inpatients in the hospital at that time, though the accommodations were only for thirty.

호러스 G. 언더우드(서울)가 에드윈 V. 모건
(주한 미국공사)에게 보낸 편지 (1905년 11월 1일)

한국 서울,
1905년 11월 1일

E. V. 모건 님,
   미국 공사관

친애하는 모건 씨,

저는 한강 문제와 관련하여 에비슨 박사와 논의를 하였고, 그는 그 제안이 우리가 함께 생각하고 논의하였던 어떤 것과도 너무 달라서 밀러 씨가 없을 때 우리가 거의 결정할 수 없다고 생각하고 있습니다. 밀러 씨는 지방에 있는데 매일 돌아올 것으로 예상되고 있으며, 실제로 어제 돌아올 것으로 기대하였습니다. 그가 도착하는 대로 우리는 그 문제에 대하여 즉시 상의하고 귀하를 면담할 것입니다.

안녕히 계세요.
H. G. 언더우드

Horace G. Underwood (Seoul),
Letter to Edwin V. Morgan (U. S. Minister to Korea) (Nov. 1st, 1905)

Seoul, Korea,
Nov. 1, 1905

To H. E. E. V. Morgan Esq.,
U. S. Legation

Dear Mr. Morgan: -

I have consulted with Dr. Avison in regard to the Han Kang Matter and he considers that the suggestion is so different to anything that we had thought and consulted together about that in Mr. Millers absence we could hardly decide. Mr. Miller is in the country but is expected daily and in fact was looked for yesterday. As soon as he arrives we will at once confer and see you in regard to the matter.

Yours sincerely,
H. G. Underwood

19051104

호러스 G. 언더우드, 프레더릭 S. 밀러, 올리버 R. 에비슨(서울)이 존 N. 조던(주한 영국공사)과 에드윈 V. 모건(주한 미국공사)에게 보낸 편지 (1905년 11월 4일)

서울, 1905년 11월 4일

J. N. 조던 경,
　　영국 공사
모건 님,
　　미국 공사

안녕하십니까,

우리는 한강에 있는 우리 땅을 통과하는 경원선 철도의 통행권 문제에 대한 일본군 당국의 제안에 대하여 다음과 같이 회신합니다.

1. 터널을 통해 높은 지대 앞에 제안된 철로의 위치에 관해서는 가장 만족스러운 것 같다.

2. 소한강역(小漢江驛)에 대한 언급이 없다. 우리는 소한강역보다 멀지 않은 곳에 최소한 모든 기차가 신호가 있을 때 정지하거나 요청이 있을 때 승객이나 물품을 내릴 수 있는 신호역(信號驛)의 설치를 주장해야 한다고 생각한다.

3. 부지 소유자가 승인한 지점에 문이 있는 수평 건널목을 만들고 유지해야 한다.

4. 모든 울타리와 진입로가 부지 소유주에게 만족스러워야 하며, 철도 당국에 의해 양호한 상태로 유지되어야 한다.

5. 군 당국이 제안한 보상액은 우리에게 전혀 만족스럽지 않다. 우리는 그것이 단지 차지하는 토지의 면적에만 근거할 수 있다고 생각하지 않고, 오히려 공공 도로가 그들의 재산을 통과하여 소유자가 입은 손해, 즉 두 부분으로 나뉘어 보기 흉하고 시끄러운 장소로 만든 것, 그리고 조용한 은둔처로 의도하였던 곳을 서울 주변의 편리한 거리 내에서 복제하거나 동등하게 만들 수 없게 된 것에 대한 적절한 보상의 성격에 있어야 한다고 생각한다. 제안한 금

액은 사용할 토지의 정사각형 표면만을 기준으로 하고 있는데, 한쪽 모서리에 치우쳐져 있지 않고 부지의 전체 너비에 걸쳐 있는 좁고 긴 땅이기에 전체 부지와의 관계가 전혀 다르다. 이 외에도 제안한 금액은 이웃의 일반 농장 가치보다 약간 높지만 이곳은 아름다움과 현재 사용되는 목적에 대한 적합성이 독특하고 우리 판단에 매우 가치가 있다. 이웃의 밭이나 심지어 마을이나 도시 재산보다 훨씬 높다. 따라서 우리는 보상 금액이 한 가지 요인에만 근거하지 않고 다음 사항에 근거해야 한다고 생각한다.

a. 땅의 면적

b. 서울 근교에서 볼 수 있는 가장 아름다운 별장 부동산의 일부로서 그 위치와 사용되고 있는 토지의 실제 가치

c. 소유자가 판매를 제안하지 않았고 판매를 원하지 않지만 다른 사람의 요구에 따라 재산을 분할하고 그 일부를 양보해야 한다는 사실.

d. 먼저 부지를 두 부분으로 나누고 그것을 통과하는 철도로 인해 재산에 가해진 피해.

e. 시끄럽고 연기가 자욱한 기차가 하루에 여러 번 자신의 부지와 강변 사이를 1년 동안이 아니라 해마다 통과하여 부지 소유자가 입는 지속적인 피해.

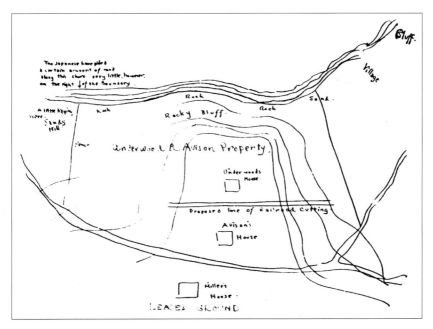

그림 8. 선교사들이 소유하던 한강의 여름 휴양지 배치도.

이러한 몇 가지 요소를 고려하면 우리가 받아야 할 보상이 일본군이 제시한 금액보다 훨씬 더 크다는 것을 느끼게 됩니다.

안녕히 계십시오.
H. G. 언더우드
F. S. 밀러
O. R. 에비슨

Horace G. Underwood, Frederick S. Miller, Oliver R. Avison (Seoul), Letter to John N. Jordan (British Minister to Korea) and Edwin V. Morgan (U. S. Minister to Korea) (Nov. 4th, 1905)

Seoul, Nov. 4th, 1905

Hon. Sir J. N. Jordan,
    British Minister &c
Hon. Mr. Morgan,
    American Minister &c

Dear Sirs: -

Re the matter of the right of way of the Seoul-Wonsan Railway through our property at Han Kang we would reply to the proposals of the Japanese Military Authorities as follows: -

1. As to the proposed location of the line in front of the high plateau through a tunnel, it would seem to be the most nearly satisfactory of any.

2. They make no mention of a Station at little Han Kang. We feel that we must insist on the establishment of at least a flag station not farther away than little Han Kang, at which all trains must stop when flagged or to let off a

passenger or goods when requested.

3. A grade crossing with gates must be made and maintained at a point to be approved by the owners of the property.

4. All fencing and approaches must be satisfactory to the owners of the property and be maintained in good condition by the railroad authorities.

5. The amount of compensation offered by the Military Authorities is entirely unsatisfactory to us. We do not feel that it can be rightly based only upon the amount of land taken but must be rather in the nature of a suitable compensation for damages sustained by the owners through the passing of a public highway through their property, cutting it into two parts, making unsightly and noisy a place which is intended for a quiet retreat and which can not be duplicated or equalled within any convenient distance around Seoul. The amount offered is based only upon the square surface of land to be used, although that is not a compact place taken from one corner, but is a narrow strip running the entire width of the property and therefore holding an entirely different relation to the property as a whole than would be the case were the same square surface to be taken in a compact form from one corner. In addition to this the price offered is very little more than the value of ordinary farm land in the neighborhood while this place is unique in its beauty and its suitability for the purpose for which it is now being used and in our judgment has a value very much higher than the neighboring fields or even village or city property. We therefore thnk the amount of compensation should be based not upon one factor alone but upon the following: -

a. The amount of land

b. Thea actual value of land situated and used as it is, a part of the most beautiful summer house property to be found around Seoul.

c. The fact that the owners have not offered it for sale and do not want to sell it but are being compelled to subdivide their property and yield uyp part of it on the demand of another.

d. The damage done to the property first by cutting it into two sections and send by the running of a railway through it.

e. The constant damage sustained by the owners of the property who are to be compelled against their wishes to have noisy and smoky trains running through their property many times a day between them and their river frontage, not for one year only but year after year as long as they continue to used the property.

A consideration of these several factors leads us to feel that the compensation we should receive is very much greater than the sum offered by the Japanese Military Authorities.

Very respectfully,
H. G. Underwood,
F. S. Miller
O. R. Avison

J. 헌터 웰즈(평양)가 아서 J. 브라운(미국 북장로교회 해외선교본부 총무)에게 보낸 편지 (1905년 11월 7일)

(중략)

서울 병원을 살펴보겠습니다. 그것은 내년에 운영할 수 있을 만큼 충분한 자금을 가지고 있었다면 선교본부를 그냥 놔두었을까요? 아닙니다! 박사님은 은행에 1,500엔의 잔고가 있는 상태에서 선교본부에 여느 때처럼 똑같이 요청하였음을 알게 될 것입니다! 에비슨 박사는 선교부를 밀어젖혀 일본인 간호원을 위하여 600엔을 추가로 받았지만, 그것이 밀어젖힌 것이었다는 것을 깨닫고 그는 다음날 그것을 포기하였습니다.

(중략)

J. Hunter Wells (Pyeng Yang),
Letter to Arthur J. Brown (Sec., BFM, PCUSA) (Nov. 7th, 1905)

(Omitted)

Take the Seoul hospital. It had money enough in sight to run it this coming year but Let Up on the Board? Never! You will note that with a snug 1,500 yen lying to its credit in the bank it still asked the same from the Board as ever! Dr. Avison even got an extra for 600 yen for Jap. nurses shoved through the Mission but realizing that it was shoved he waived it the next day.

(Omitted)

19051116
에드윈 V. 모건(주한 미국공사)이 하기와라 슈이치(주한 일본 임시대리공사)에게 보낸 편지 (1905년 11월 16일)

1905년 11월 16일

안녕하십니까,

　　에비슨 박사, 언더우드 박사 및 F. S. 밀러 씨 소유의 한강 부지를 통과하는 철도 건설에 관한 10월 16일자 군용 철도국의 각서는 귀 공사관을 통해 나의 영국인 동료와 나에게 전달되었습니다. 이 토지 소유자들이 존 조던 경과 나에게 제출한 역제안서를 동봉하여 귀하에게 전달하게 되어 영광입니다.

　　저는 이 기회를 빌어 각하께 최고의 경의를 표하고자 합니다.

　　에드윈 V. 모건

Edwin V. Morgan (U. S. Minister to Korea), Dispatch to Hagiwara Shuichi (Japanese *Charge d'Affaires* to Korea) (Nov. 16th, 1905)

November 16, 1905

Sir: -

Referring to a memorandum of October 16th from the Military Railway Bureau with regard to the construction of their line through the property at Han Kang owned by Dr. Avison, Dr. Underwood and Mr. F. S. Miller, which was transmitted to my British colleague and myself through your Legation. I have honor to hand you enclosed the counter-proposals submitted by these land holders to Sir John Jordan and myself.

I avail myself of this opportunity to renew to Your Excellency the assurance of my highest consideration.

Edwin V. Morgan

메리 E. 브라운(인디애나 주 코너스빌)이 아서 J. 브라운 (미국 북장로교회 해외선교본부 총무)에게 보낸 편지 (1905년 11월 22일)

(중략)

할 업무가 너무 많고 제 자신을 유용하게 만들 수 있었다고 느꼈던 곳이 너무 많기 때문에 제가 업무를 포기한 것은 진심으로 유감스러운 일입니다. 에비슨 박사는 특히 세브란스 병원에서 한국인 간호원을 교육시키기 위하여 훈련된 간호원을 필요로 합니다. 물론 캐머런 양이 고국에서 갓 나왔지만 그런 특별한 업무를 시작하려면 최소한 1년은 어학 공부를 해야 합니다.

(중략)

Mary E. Brown (Connersville, Ind.), Letter to Arthur J. Brown (Sec., BFM, PCUSA) (Nov. 22nd, 1905)

(Omitted)

It is with the sincerest regret that I gave up my work, there is so much to do and so many places where I felt that I might have made myself useful. Dr. Avison is especially in need of a trained nurse to train his Korean nurses in the Severance Hospital. Of course Miss Cameron came out fresh from the homeland but she needs to spend at least a year in language study before entering upon such special work.

(Omitted)

19051200

제시 W. 허스트, 한국의 선한 사마리아 인.

The Korea Mission Field (서울) 2(2) (1905년 12월호), 22~23쪽

J. W. 허스트, 의학박사

7월 30일 일요일에 저는 황해도의 소래 마을 교회에서 아침 예배에 참석하였습니다. (……)

(중략)

저는 다음날 마을로 갔고, 가장 큰 집들 중 하나에서 그 사람을 발견하였습니다. 저의 조수 역할을 하였고 이후에는 남자 환자를 돌보았던 서 장로의 아들인 효권이가 우리를 인도하였습니다. 그는 한때 서울에서 에비슨 박사의 학생이었기 때문에 외과적 붕대 감기에 대하여 조금 알고 있었습니다. 저는 그가 저에게 상당한 도움이 되었다는 것을 알게 되었고, 그래서 에비슨 박사에게 감사를 표할 사건을 하나 더 갖게 되었습니다.

(중략)

Jesse W. Hirst, Good Samaritans in Korea.
The Korea Mission Field (Seoul) 2(2) (Dec., 1905), pp. 22~23

By J. W. Hirst, M. D

On Sunday July 30th I attended morning service in the village church of Sorai in Whang Hai province. (......)

(Omitted)

I went into the village the next day and found the man in one of its largest houses. We were conducted by Elder Saw's son, Hyo Guon Hi who also was to act as my assistant and care for the man subsequently. He had been at one time a student under Dr. Avison in Seoul and therefore knew a little about surgical dressings. I found him quite a help to me and so have one more incident for which to thank Dr. Avison.

(Omitted)

찰스 A. 클라크(서울)가 아서 J. 브라운(미국 북장로교회 해외선교본부 총무)에게 보낸 편지 (1905년 12월 8일)

(중략)

저는 매일 몇 시간씩 저의 집, 새 책방, 중앙교회의 건물 건축을 감독하면서 보냈습니다. 우리 집은 완공을 앞두고 있습니다. 교회 앞의 대로(大路)에 위치한 책방은 우리가 돌아오면 완성될 것입니다. 그것은 마을에서 가장 유용한 방이 될 것입니다. 우리는 그 앞에서 하루 종일 설교하고 책을 팔며, 밤에는 불을 밝히고 저녁 내내 실내에서 작업을 할 것으로 기대하고 있습니다. 우리는 매일 2시간씩 뒤에 위치한 8x16피트 크기의 방에서 진료를 할 것입니다. 에비슨 박사의 조수 중 한 명이 그것을 진행할 것입니다. 그것은 추가적으로 더 많은 사람을 불러들이는 수단이 될 것입니다. 의사는 육체를 치료하지만 우리는 그들의 영혼을 돌보도록 노력할 것입니다.

(중략)

Charles A. Clark (Seoul),
Letter to Arthur J. Brown (Sec., BFM, PCUSA) (Dec. 8th, 1905)

(Omitted)

I've spent some hours daily, superintending house building of my house, new bookroom, and Central Church. Our house is nearing completion. The bookroom which is located on a big street in front of the church will be done when we return. It will be the most usable room in town. In front of it we expect to preach and sell book all day, and at night we expect to light up and work inside all evening. Two hours daily we will have a hospital clinic in the 8x16 room at the back. One of Dr. Avison's assistants will conduct it. It will make on more additional drawing card. While the doctor patches up the bodies, we will try to care for their souls.

(Omitted)

19051210

알렉산더 A. 피터스(서울)가 아서 J. 브라운(미국 북장로교회 해외선교본부 총무)에게 보낸 편지 (1905년 12월 10일)

(중략)

의료 업무는 평소와 같이 진행되고 있으며, 허스트 박사는 진료소의 책임을 맡고 있고 에비슨 박사는 의학생들을 가르치고 있습니다. 의학 서적의 인쇄는 등사판을 사용하여 부분적으로 해결하였습니다. 약물학 100권이 거의 완성되었습니다. 최근에 에비슨 박사는 매일 왕을 진료하러 갔고, 씨앗을 뿌릴 기회를 가졌습니다.

일상적인 의사 업무와 별도의 일은 병원의 온수 가열 설비를 재배치하는 것이었습니다. 그것은 전적으로 두 의사에 의해 수행되어야 했으며, 둘 다 배관 과학에 익숙하지 않기 때문에 그것이 어떤 작업이었는지 쉽게 상상할 수 있을 것입니다.

(중략)

서울 지부의 회원들의 건강은 대체로 양호하였습니다. (......) 에비슨 부인은 어린 아기 때문에 아직 일을 많이 할 수 없습니다.

(중략)

Alexander A. Pieters (Seoul),
Letter to Arthur J. Brown (Sec., BFM, PCUSA) (Dec. 10th, 1905)

(Omitted)

The medical work is going on as usual, Dr. Hirst having charge of the dispensary, and Dr. Avison teaching the medical students. The printing of medical books has been partly solved by the doctor by doing it in a mimeograph. A hundred volumes of Materia Medica have almost been completed. Lately Dr. Avison has been going to see the King professionally every day, and has had the opportunity of sowing some seed, which, we hope, will take root.

A division from the usual routine of the doctors' work has been the rearrangement of the hot water heating plant of the hospital. It had to be done entirely by the two doctors, and as neither is acquainted with the science of plumbing you can easily imagine what a task it must have been.

(Omitted)

The health of the members of Seoul station has been on the whole good. (......) Mrs. Avison, owing to her small baby, is not able to do much yet.

(Omitted)

[군용 토지 수용에서 외국인 소유 토지·건물 등 대책에 관한 건].
하야시 곤스케(주한 일본 공사) 발송, 야마네 다케스케[34] (군용 철도감)
수신 (1905년 12월 11일)[35]

(중략)

미국 공사는 그 무렵 귀 감부(監部)의 경영과 관계되고 경원(京元) 철도의 통로에 해당하는 미국 선교사 언더우드 박사와 영국 선교사이며 의사인 에비슨 박사 등 3인의 공동 소유지 문제에 관하여 당관과의 사이에 교섭 안건이 있었고, 또 이 교섭 중 동(同) 선교사의 심부름꾼과 귀 감부의 고용 인부들과 싸움이 일어나 고용인들이 밤중에 선교사의 집에 들어가서 한국인 요리사를 나포하는 불상사가 있었습니다. 그래서 하기와라[萩原] 대리공사에게 회견을 요구하였는데, 선교사는 경의(京義) 간 여행 중 조사 또는 들을 수 있었던 사실을 예로 들어가며 우리 관헌과 인민의 조치 행동에 대하여 장시간에 걸쳐서 비평을 시도하였습니다. 하기와라 대리공사는 이에 대하여, 미국 공사의 비평은 단지 비평이라는 의미에서 우리 쪽이 주의해야겠지만, 이에 대한 답변은 동(同) 공사로부터 사실을 예기(例記)하고 또 서로 자기의 의견을 주장하는 형식으로 교섭함으로써 비로소 이에 응해 처리할 것을 약속하였습니다.

이곳 주재 영국 공사도 또한 앞에 언급한 영국과 미국 선교사 공유의 토지에 관한 안건과 관련해서 그 무렵 당관 및 미국 공사관 사이를 자주 왕복한 바가 있는데, 미국 공사의 경의(京義)간 여행담을 듣고 우리 관헌과 인민의 태도가 과연 미국 공사의 말대로라면 우방 동맹국인 일본의 불이익이 심할 것이라고 하였고, 하기와라 대리공사와 회견한 뒤에 매우 친절하게 충고를 하였습니다. 다만 영국 공사의 의견은 현재 다투고 있는 문제를 말한 것이 아니라 평화 극복 후인 오늘 이후 특히 우리 문무 관헌의 행동을 분명히 하고, 또 엄

---

34) 야마네 다케스케(山根武亮, 1853~1928)는 조슈번[長州藩]의 사무라이 출신으로 번에서 세운 학교인 메이린칸[明倫館]에서 교육을 받은 후 시청의 순사로 근무하였다. 1875년 육군사관학교에 입학하여 1878년 제1기로 졸업하였다. 그는 중국의 첩자로 베이징 부근의 5만분의 1 군사지도를 제작하였다. 청일전쟁 때에는 제2군 병참 참모장이었고, 대만에서 임시 대만 철도 대대장으로 종군하였다. 이후 제6사단 및 제12사단 참모장을 역임하고 1900년 소장으로 진급하였다. 러일전쟁이 일어나자 1904년 3월 인천 주재 임시 군용 철도감(鐵道監)으로 임명되어 병력과 병참 수송을 책임졌다. 1906년 중장으로 승진한 후 제8사단장, 제12사단장 및 근위 사단장을 거쳐 1915년 퇴역하였다. 1907년 남작의 작위를 받았고, 1918년부터 사망할 때까지 귀족원 의원으로 활동하였다.

35) 국사편찬위원회 홈페이지의 주한 일본 공사관 기록 제24권에서 인용하였다.

중히 감독해서 딸린 일본인들의 부정행위를 방지함은 우수한 전승국의 임무이
며 또 이익이 된다는 취지에 있었습니다.

(중략)

Concerning Counter-measures against Foreign-owned Land and Buildings in the Expropriation as a Military Land.
Hayashi Gonske (Japanese Minister to Korea),
Dispatch to Yamane Takeske (Director of Military Railway)

　米國公使ハ其頃貴監部ノ經營ニ係ハリ京元鐵道ノ通路ニ當ル米國宣敎師「ドク
トル・アンダーウード」及英國宣敎師醫師「ドクトル・エビソン」等三人共同所有
地ノ件ニ關シ當館トノ間ニ交涉案件ヲ有シ且該交涉中同宣敎師ノ番人ト貴監部雇
工夫等トノ間ニ爭端生シ雇人等夜中宣敎師ノ家屋ニ入リテ韓人料理番ヲ捕拿シタ
ル椿事アリタルヨリシテ萩原代理公使ニ會見ヲ求メ其京義間旅行中取調ヘ若クハ
聞得タル事實ヲ例證トシテ我官憲及人民ノ措置行動ニ對シ長時間ニ亘リテ批評ヲ
試ミタルヲ以テ萩原代理公使ハ之ニ對シ米國公使ノ批評ハ只批評ノ意味ニ於テ
我方ニ注意シ置ク可キモ之ニ對スル答辯ハ同公使ヨリ事實ヲ例記シ且爭議ノ形式
ヲ以テ交涉スルニ於テ始メテ之ニ應シ處理ス可キヲ約シタ

　當地駐在英國公使モ亦前揭英米宣敎師共有ノ地所ニ關スル案件ヨリシテ其頃
當館及米國公使館トノ間ニ頻回往復スル所アリテ米國公使ノ京義間旅行談ヲ聞取
リ我官憲及人民ノ態度ニシテ果シテ宋公使ノ說ノ如クンハ友盟國タル日本ノ不利
甚シキモノトシ萩原代理公使ニ會見ノ上最モ親切ナル忠告ヲ試シタリ但シ英國公
使ノ意見ハ現在ノ繫爭問題ヲ云々スルニアラスシテ平和克服後ノ今日以後殊ニ我
文武官憲ノ行動ヲ分明ニシテ且嚴重ナル監督ヲ以テ其配下ニ屬スル日本人ノ不正
行爲ヲ防止スルハ優秀ナル戰勝國ノ任務ニシテ其利益ナリト云フニアリシ

(Omitted)

19051226

새뮤얼 A. 마펫(평양)이 아서 J. 브라운(미국 북장로교회 해외선교본부 총무)에게 보낸 편지 (1905년 12월 26일)

(중략)

허스트 박사의 경우는 물론 특별한 경우이지만 위원회는 그에게 한국어를 배울 기회를 제공해 주어야 한다고 강하게 느꼈고, 그에게 7~8월 이외의 두 달 동안 모든 의료 사역을 면해 주어 지방에서 한국어 공부를 하도록 권고하였습니다. 에비슨 박사의 제안에 따라 이것은 배정 위원회에 회부되었는데, 그 위원회는 에비슨 박사 및 허스트 박사와 논의한 후에 다음과 같이 권고하였습니다. "허스트 박사는 연중 특별 위원회에 의해 언어에 대한 4분기별 시험을 보며, 이 위원회는 각 시험을 본 후에 허스트 박사의 의료 사역을 면해 주고 지방에서 언어 학습을 위한 특정 시간을 갖도록 지시할 수 있는 권한을 부여한다."

(중략)

추신. 작년에 2년차 시험을 보았고 분실하였다고 제가 박사님께 편지를 썼던 여러 사람들의 시험지를 에비슨 박사가 잘못 놓아두었던 곳에서 찾았다는 사실을 말씀 드리지 못하였습니다. 그들은 시험을 보았고 점수는 다음과 같습니다.

브루언 부인	65%
W. M. 바렛 씨	65%
컨즈 부인	87%

(중략)

Samuel A. Moffett (Pyeng Yang),
Letter to Arthur J. Brown (Sec., BFM, PCUSA) (Dec. 26th, 1905)

(Omitted)

The case of Dr. Hirst is of course a special one but the committee felt strongly that he should be given opportunity to learn the language and made recommendation that he be relieved of all medical work for 2 months other than July and August, the time to be spent in the country in language study. At Dr. Avison's suggestion this was referred to the Apportionment Committee which after conference with Drs. Avison and Hirst recommended "That Dr. Hirst be given quarterly examinations on the language during the year by a special committee and that this committee be empowered at it discretion after each such examination to direct that Dr. Hirst be relieved from medical work and given specified time for language study in the country."

(Omitted)

P. S. I failed to make note of the fact that the papers of several who took the 2nd year examination last year and which I wrote you had been lost, were found by Dr. Avison where he had misplaced them. They were examined and graded as follows:

Mrs. Bruen	65%
Mr. W. M. Barrett	65%
Mrs. Kearns	87%

(Omitted)

19050000

김필순 번역, 에비슨 교열, 『약물학 상권. 무기질』
(서울: 대한 황성 제중원, 1905)[36]
Translated by Pil Soon Kim, Proof-read by Oliver R. Avison, 『Inorganic Material Medica』 (Seoul: Jejoongwon, 1905)

에비슨이 가장 먼저 번역에 나선 것은 해부학 교과서이었다. 하지만 실제로 가장 먼저 출판된 것은 『약물학 상권. 무기질』이었다.

1권으로 이루어진 이 책은 1905년 대한 황성 제중원에서 출판하였다. 제목에 '상권'이라고 명기되어 있고, 후에 『약물학 하권』과 『치료학』도 출판할 예정이었다. 하지만 하권보다 먼저 『치료학』을 준비하였다. 이 번역본의 원본은 영국인 J. 미첼 브루스(J. Mitchell Bruce, 1846~1929)가 저술한 『약물학과 치료학(Materia Medica and Therapeutics)』이었으며, 그 내용 중 무기약 부분만 번역한 것이다.

> 브루스는 스코틀랜드에서 태어나 에버딘 중등학교를 졸업하고 1866년에 에버딘 대학교에서 문학석사를, 1870년에 런던 대학교에서 의학사를, 1872년에 의학박사를 받았다. 그는 졸업 후 비엔나와 유럽의 다른 의학교에서 연수를 받고 잠시 생리학과 병리학을 강의하다가 1873년 런던의 차링크로스병원 의학교의 내과 보조의가 되었다. 1882년 내과 의사가 된 후 의학교에서 약물학과 내과학을 강의하였다. 1883년부터 1890년까지는 의학교의 학장직을 맡았다. 브루스는 생전에 여러 저술을 남겼는데, 그중에서 그의 학문적 성과와 관련하여 수작으로 꼽히는 것이 바로 『약물학과 치료학』이다. 이 책은 1884년 첫 판이 발간된 이후 여러 번의 개정 증보판이 나왔으며, 그의 생전에 약 70,000부가 판매되었다. 이 책은 영미권에서 약물학 교과서로서 베스트 셀러이었던 것이다.

번역본은 크기가 23.2x16㎝이며, 한 쪽에 15행이 세로쓰기로 들어 있다. 발명왕 토머스 에디슨이 특허를 낸 등사기로 100부를 인쇄하였다. 이 책은 겉표지, 속표지, 에비슨의 서문(1쪽), 영문 간기(1쪽), 김필순의 서문(4쪽), 정오표(18쪽),

---

36) 자세한 것은 다음의 논문을 참고할 것. 박준형, 박형우, 제중원에서 『약물학 상권(무기질)의 번역과 그 의미』. 의사학 20(2) (2011년 12월), 327~354쪽

그림 9. J. 미첼 브루스와 그의 저서.

본문(261쪽), 찾아보기(66쪽)로 이루어져 있다. 본문은 전체가 무기질론 1편으로
구성되어 있으며, 다음과 같은 6장으로 세분되어 있다.

데一편 무긔질론
데一쟝 [개론]
데二쟝 금류
데三쟝 비금류
데四쟝 산류
데五쟝 슈류
데六쟝 탄속혹탄화물(炭化物)

각 약품은 원인, 형질, 용히량, 복량, 작용, 비지로 나누어 설명하였다.
책 맨 뒷부분의 색인은 영문 색인과 한글 색인으로 구분하였으며, 모두 가
로쓰기로 배열하였다. 영문 색인은 "영어+한글+한자+쪽수"의 조합으로 구성되
어 있고 쪽수는 아라비아숫자로 기록하였다. 한글 색인은 "한국어+한자+영어+
쪽수"의 조합으로 구성되어 있다.

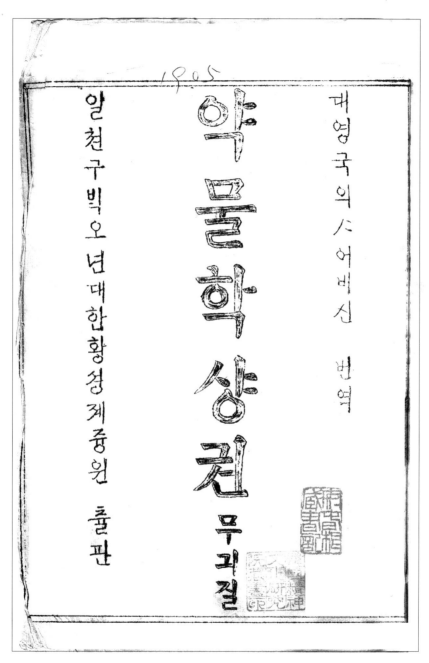

1905

대영국 의 ᄉ 어 비 신 번역

약물학 상권 무긔질

알 천 구 빅 오 년 대 한 황 셩 졔 즁 원 츌 판

그림 10. 약물학 상권 무기질 속표지. 한국학 중앙 연구원 소장.

서 문

이 책은 의학 전문을 처음 배우는 한국 학도들을 위하여 김필순 씨와 더불어 영국인 브루스 씨의 영어 약물학에서 우선 무기약만 번역하여 이준일 씨의 글씨로 속쇄판에 인출하되, 본문에서 약간 가감하여 초학 과정에 적당하게 하려 하였으나 부족한 것이 없지 않기 때문에 장차 다시 출간하고 유기 약물학도 다시 발간하며, 그 후에 특별한 치료학을 출판하여 여러 학도의 총명을 돕고자 한다.

1905년
어비신 씀

Inoganic Materia Medica

A translation of the Inorganic Section of the Bruce's Materia Medica with such amendations as seemed to better fit it for the needs of primay students in Korea.

Translated by

Dr. O. R. Avison and Mr. Kim Pil Soon and prepared for the mineograph by Mr. Ye Choon Il.

This edition is offered tentatively as a basis for a better book on the subject later on and will be followed shortly by one on Organic Material Medica.

There two books are not intended to tech Therapeutics but under each drug its chief therapeutic uses are very briefly mentioned.

A special book on Therapeutics is in course of preparation.

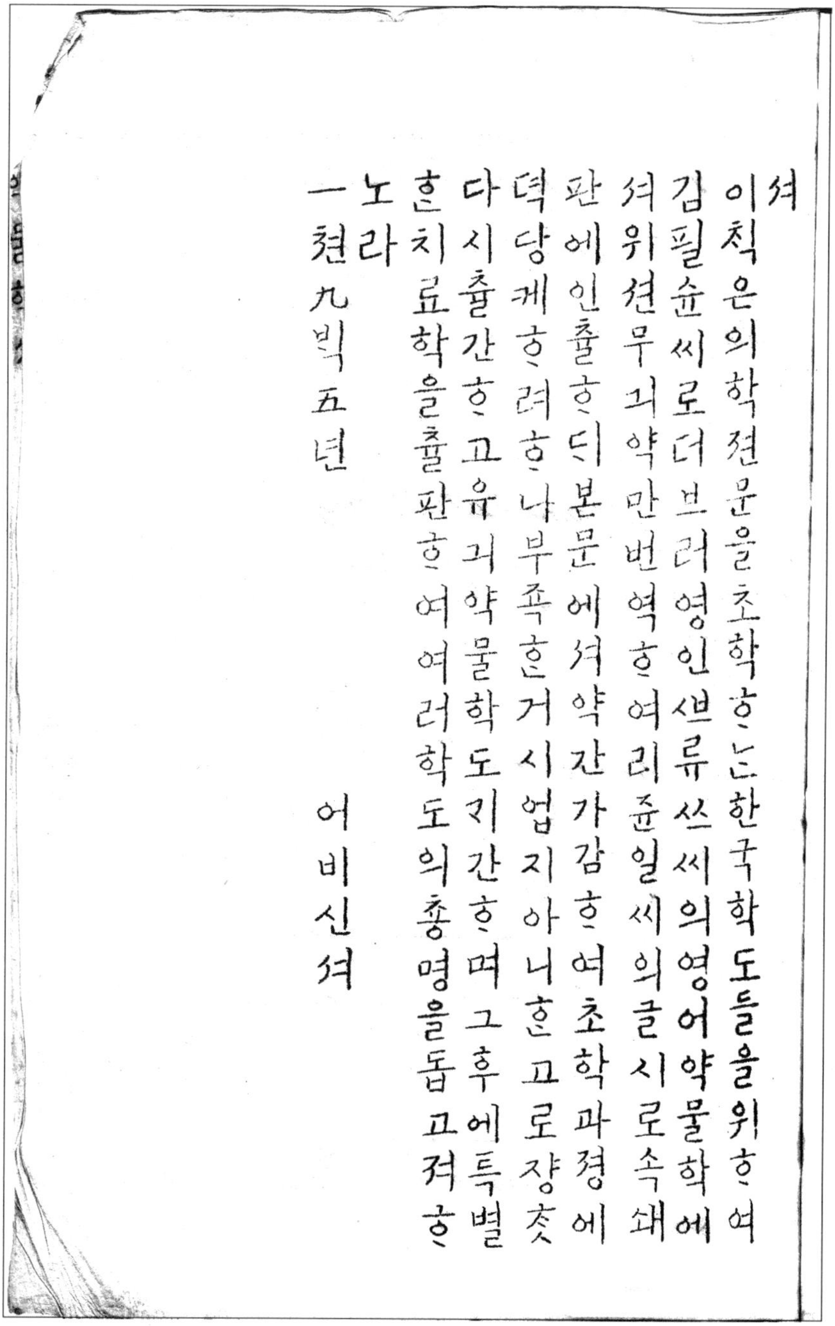

셔

이 칙은 의학젼문을 초학ㅎ는한국학도들을위ㅎ여

김필슌씨로더브러영인씨류씨의영어약물학에

셔위견무ㄱ약만번역ㅎ여리준일씨의글시로속쇄

판에인츌ㅎ딕본문에셔약잔가감ㅎ여초학과졍에

뎍당ㅎ게ㅎ려ㅎ나부족ㅎ거시업지아니ㅎ고로쟝촛

다시츌간ㅎ고유ㄱ약물학도기간ㅎ며그후에특별

ㅎ치료학을츌판ㅎ여여러학도의춍명을돕고져ㅎ

노라

一쳔九빅五년   어비신셔

그림 11. 에비슨의 한글 서문.

Inorganic Materia Medica

A translation of the Inorganic Section of the Bruce's Materia Medica with such emendations as seemed to better fit it for the needs of Primary Students in Korea.

Translated by

Dr. O. R. Avison and Mr Kim Pil Soon and prepared for the Mimeograph by Mr Ye Choon Il.

This edition is offered tentatively as a basic for a better book on the subject later on and will be followed shortly by one on Organic Materia Medica.

These two books are not intended to teach Theraputics but under each drug its chief theraputic uses are very briefly mentioned.

A special book on Theraputics is in course of preparation.

그림 12. 영어 간기.

서 문

대체로 세상 각종 학문이 귀하지 않은 것이 없으며, 모두 사람의 몸이 깨끗하고 정신이 온전한 후에야 배우기도 하고 쓰기도 하지만 만일 몸에 질병이 있든지 정신이 온전하지 못하면 비록 좋고 귀한 학문인들 어찌 배우며 어찌 쓰겠는가. 그러므로 신체의 질병을 덜며 물리치는 것은 의약이니, 이로써 의약은 사람의 생활상에 없지 못할 것이다. 우리나라에도 옛적부터 의약이 있으며, 서양과 같이 신체를 해부하고 검사하는 일이 없음으로써 병의 증상을 살펴 알아내는 것에 밝지 못하고 화학을 알지 못함으로써 약재를 정밀히 제조하지 못하며 그 성질을 확실히 깨닫지 못하여 오늘날까지 위험한 일도 적지 않고 불행한 일도 적지 아니하되 사람마다 신수와 팔자를 한하며 혹은 의술에 숙련하지 못함을 원망하지만 본래 의학의 발달이 되지 못하여 소상한 의서가 없었으니 어디서 좋은 의사가 생길 것인가 다만 크게 크게 타식할 뿐이다. 다행이 서양과 통상이 된 후에 비로소 영국과 미국 예수교회에서 우리나라의 의술이 밝지 못하여 살아있는 많은 백성들이 질병에 의한 불행에 뜻밖에 당한다는 것을 듣고 거액의 재정을 허비하여 의사들을 파송하며 병원을 설치하고 약과 기계를 사서 중생의 질병을 덜어 그 몸을 강건하게 하여 하나님의 진리를 전하여 그 영혼을 영생하는 길로 인도할 때 영국 의학박사 어비신 씨도 같은 목적으로 십여 년 전에 우리나라에 와서 그 몸의 괴로움을 깨닫지 못하고 그 고명한 한 의술과 인자한 심성으로 주야를 상관하지 않으며 풍한서습(風寒暑濕)을 피하지 않고 귀천이 없이 병든 사람에게 약을 주며 하나님의 진리를 가르쳐 그 몸이 평안함을 얻게 하며, 그 영혼이 영생을 얻게 하고 또한 그 인자한 생각이 후생까지 미쳐 일변으로 우리나라 청년들을 모아 의학을 가르칠 즈음에 필순도 그 문하에 들어오니 이때는 곧 주 강생 1900년이다. 그 사무도 돕고 의학을 공부할 때 어(魚) 선생의 높은 학식으로 교수하는 열성은 일일이 치사할 수 없으며, 다만 우리나라 말로 번역한 서책이 없기에 극히 편리하지 못하여 선생이 이를 심히 한탄하여 비록 매우 바쁘더라도 여유를 내서 필순과 함께 이 책과 다른 두어 가지의 책을 틈틈이 번역하여 매일 과정을 공급하였더니 지금 5, 6년 만에 무기 약물학 한 권을 만들어 출판하니 선생은 본래 본국에서도 의술의 고명한 명예가 있을뿐더러, 특히 제약사로 여러 해 경력이 있기에 그 본문대로 번역한 것이 아니라 이를 증감하며, 그 장절의 차서를 받고 우리 초학자의 과정에 적당하도록 하였으나 우리나라 말에 약명과 병명과 의학상에 특히 쓰는 말 중에 없는 것이 많기에 필순의 얕은 학식과 용렬한 재주

로 일본에서 번역한 말을 빌어 쓰거나 새로운 말도 지어 쓰며 그 뜻이 바다를
건너는 돼지의 거동이며, 발을 그림 뱀의 모양과 같이 매끈하지 못하여 보시
는 사람들의 정신을 괴롭게 할 염려가 적지 않지만 공부하는 여러 학도들은
구절의 흠을 찾지 말고 그 뜻을 검토하여 아름답게 받으면 다행이 총명의 발
달이 만분의 일이라도 될까 생각한다.

    광무 9년 계동(桂洞)
    김필순 씀

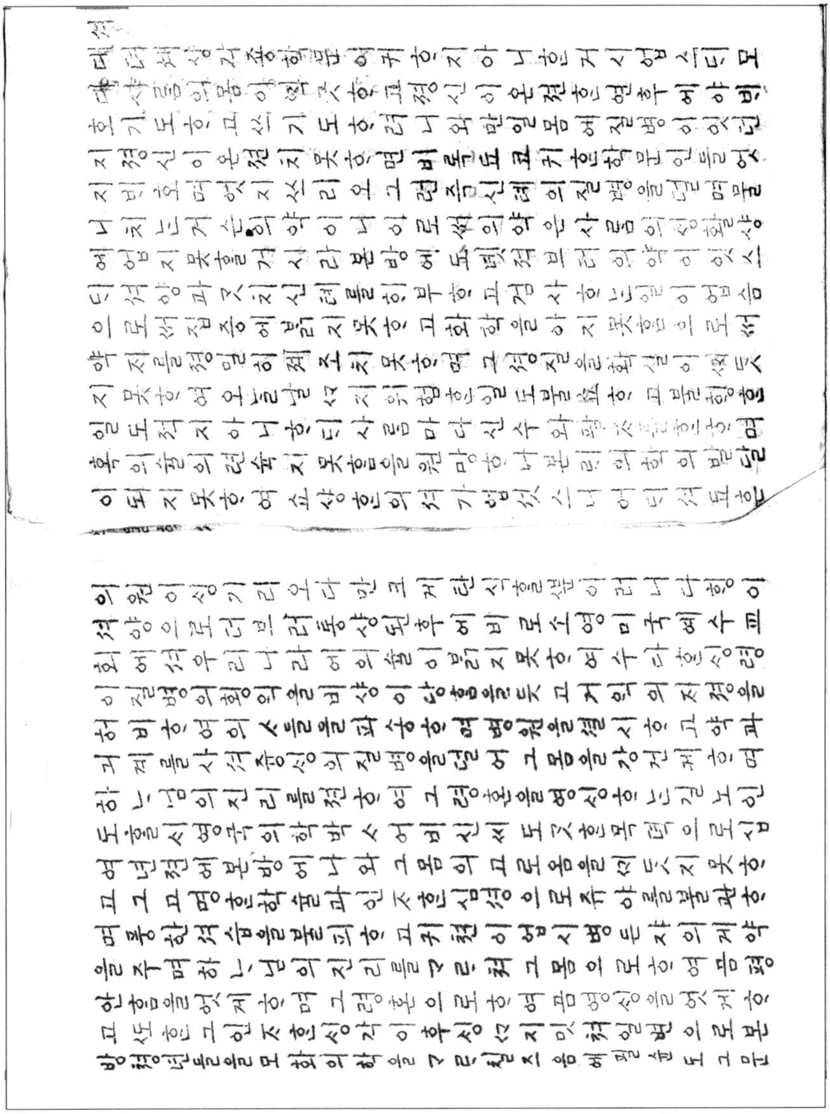

그림 13. 김필순의 서문.

하에드러오니이ᄯᆡᄂᆞᆫ곳쥬강싱일쳔구빅년이라그
ᄉᆞ무도여간도으며의학을공부ᄒᆞᆯ시어션싱의놉흔
학식으로교슈ᄒᆞᄂᆞᆫ열셩은이로치샤ᄒᆞᆯ수업거니와
다만우리나라방언으로번역ᄒᆞᆫ셔칙이업스ᄆᆡ극히
편리치못ᄒᆞᆫ지라션싱이이를심히ᄒᆞᆫ탄ᄒᆞ여비록빅
망즁이라도겨를를ᄐᆞ셔필슌으로더브러이칙과밋
다ᄅᆞᆫ두어가지의셔를간간번역ᄒᆞ여미일과졍을공
급ᄒᆞ더니지금오륙년만에무긔약물학일편을일우
어츌판ᄒᆞ니션싱은본ᄅᆡ본국에셔도의슐의고명ᄒᆞᆫ
명예가잇슬ᄲᅮᆫ[illegible]특히졔약ᄉᆞ로여러ᄒᆡ경력이잇
스ᄆᆡ그본문ᄃᆡ로번역만ᄒᆞᆫ거시아니오이를증감ᄒᆞ
며그쟝졀의ᄎᆞ셔를밧고아초학쟈의과졍에뎍당토
록ᄒᆞ엿스나본방방언에약명과병명과밋외학샹에
특히쓰ᄂᆞᆫ말즁에업ᄂᆞᆫ거시만흠으로써필슌의엿흔
학식과용렬ᄒᆞᆫ지조로일본셔번역ᄒᆞᆫ말을빌어쓰며
혹새말도지어쓰ᄆᆡ그문리가바다를건느ᄂᆞᆫ도야지
의거동이며발을그린ᄇᆡ암의모양과ᄀᆞᆺ치슌치못ᄒᆞ
여보시ᄂᆞᆫ이의졍신을고롭게ᄒᆞᆯ념려가젹지안ᄒᆞ나
공부ᄒᆞ시ᄂᆞᆫ여러학도들은구졀의흠을찻지마시고
그ᄯᅳᆺ을샹고ᄒᆞ여아롬다히밧으시면다ᄒᆡᆼ이춍명의
발달이만분지일이라도될가ᄒᆞᄂᆞ이다

광무구년계동 김[illegible]식

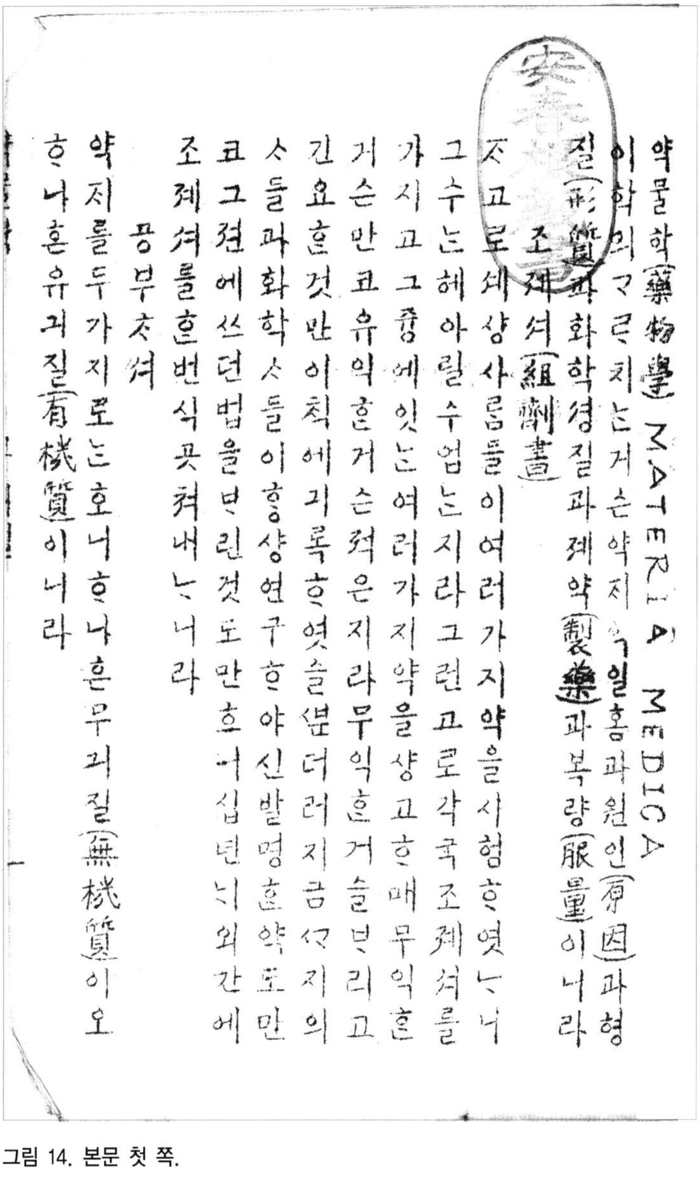

그림 14. 본문 첫 쪽.

약물학(藥物學) MATERIA MEDICA

이학의 ᄆᆞ른치는거슨약지 일홈과원인(原因)과형

질(形質)과 화학경질과 졔약(製藥)과 복량(服量)이니라

조졔셔(組劑書)

조고로 셰샹사름들이 여러가지약을 시험ᄒᆞ엿ᄂᆞ니

그수ᄂᆞ는 혜아릴수업ᄂᆞᆫ지라 그런고로 각국 조졔셔를

가시고 그즁에 잇ᄂᆞᆫ 여러가지약을 샹고ᄒᆞ매 무익ᄒᆞᆫ

거슨만코 유익ᄒᆞᆫ거슨젹은지라 무익ᄒᆞ거슬 ᄇᆞ리고

간요ᄒᆞᆫ것만 이책에 긔록ᄒᆞ엿슬ᄯᆞ러 지금 셰계의

소들과 화학소들이 흥샹연구ᄒᆞ야 신발명ᄒᆞᆫ약도만

코 그젼에 쓰던법을 ᄇᆞ린것도만 ᄒᆞ니 외간에

조졔셔를 ᄒᆞᆫ번식 곳쳐내ᄂᆞ니라

ᄑᆞᆷ부초셔

약지를두가지로 ᄒᆞ니 ᄒᆞ나흔 유긔질(有機質)이오

ᄒᆞ나흔 무긔질(無機質)이니라

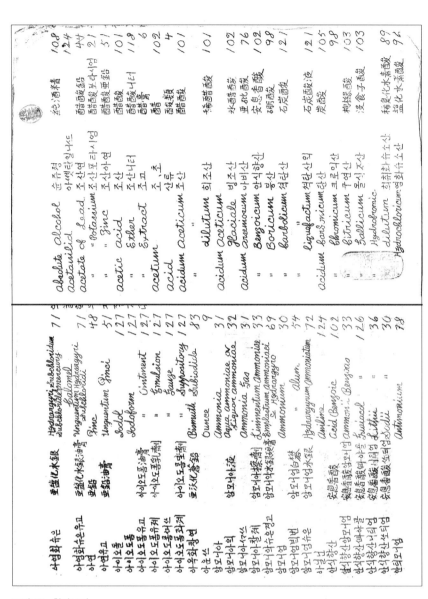

그림 15. 찾아보기.

제2장 1906년
Chapter 2. 1906

교회 통신. 셔울 련동 신마리아. 그리스도신문 (1906년 1월 11일)

교회 통신

서울 연동 신 마리아

서울 승동 중앙예배당에서 납월[37] 6일부터 16일까지 여교우의 사경회를 열었는데, 매일 모인 형제는 70여 명이었고, 공부는 두 반으로 나누어 하였는데, 1반은 성경지지, 누가복음 및 고린도 전서를, 2반은 예수행적, 사도신경 및 예수교 문답을 배웠으며, 그 외에 두 반을 합하여 특별히 성경 공부, 찬미곡조, 위생과 자녀 기르는 법을 공부하였는데, 매우 재미있고 새 뜻을 많이 깨달아 모인 형제들이 다 감사하였습니다.

성경을 가르친 선생은 밀 목사[38] 부인, 원 목사[39] 부인, 오 목사[40] 부인, 하보 부인,[41] 모 목사 및 민 교사[42] 부인, 위생 공부는 여의사 언스버거[43]와 커틀러,[44] 그리고 에비슨 의사, 자녀 기르는 것과 여공을 어떻게 하는 공부는 리 목사[45] 부인, 찬미공부는 구타펠 부인[46]과 샤 목사[47] 부인이었습니다.

사경회를 지내니 성경의 뜻은 밝아지고 마음속이 열려서 죽은 것이 산듯하고 병든 것이 나은 듯하고 깨진 것이 성한 듯합니다.

---

37) 납월(臘月)은 음력 섣달의 별칭이다. 납월 12월 6일부터 16일은 양력으로 1905년 12월 31일부터 1906년 1월 10일까지이다.
38) 프레더릭 S. 밀러(Frederick S. Miller)
39) 호러스 G. 언더우드(Horace G. Underwood)
40) 클레멘트 C. 오웬(Clement C. Owen)
41) 새디 B. 하보(Sadie B. Harbough)
42) 에드워드 H. 밀러(Edward H. Miller)
43) 엠마 F. 언스버거(Emma F. Ernsberger)
44) 메리 M. 커틀러(Mary M. Cutler)
45) 그레이엄 리(Graham Lee)
46) 미너바 L. 구타펠(Minerva L. Guthapfel)
47) 찰스 S. 샤프(Charles S. Sharp)

이 어둡고 캄캄한 세상에 평안함이 어디 있으며, 허락타 소망이 어디 있으오리까 마는 오직 하나님의 진리대도를 배우는 것이 참 허락이며 생명을 얻는 것이며, 무겁고 곤한 마음이 있을 때 성경 공부를 할 것이니, 또 공부는 혼자 하면 잘되지 못하고 힘이 없을 듯하니 고명한 선생 앞으로 나아가서 배우며, 또 동접(同接)이 많으면 재미가 아주 더 많습니다. 그런고로 믿는 형제들이 모여 사경할 때는 백사(百事)를 폐지하고 가서 공부하면 하나님의 사랑을 더욱 많이 받을 듯합니다. 이번 사경회에 모인 형제들을 보니 초목이 봄을 맞이하여 푸른 잎과 붉은 꽃이 피어 만발한 것 같이 그 형상이 참 아름다워 하늘에 계신 아버지께서 기쁘게 보신 줄 알고 영광을 돌리오며, 이번에 공부하지 않은 형님들은 이 다음에 사경 공부를 할 때 빠지지 말고 참여하여 하나님의 기뻐하심을 같이 받읍시다.

부산에서 온 편지

[Church News. Shin Maria of Yun-dong, Seoul.]
The Christian News (Jan. 11th, 1906)

교회 통신

셔울 련동 신마리아

셔울 승동 즁앙례비당에셔 양 납월 륙일브터 십륙일짜지 녀교우의 사경회를 열엇는디 미일 모힌 형데는 칠십여인이오 공부는 일이등을 는호와셔 ᄒ엿슴는디 일등은 성경디지와 누가복음과 고린도젼셔오 이등은 예수ᄒ젹과 스도신경과 예수교 문답이오 그외에 두등을 합ᄒ야 특별이 셩신공부와 찬미곡됴와 위싱과 ᄌ녀 기르는 법을 공부ᄒ엿는디 미우 ᄌ미잇고 새 쯧슬 만히 씨ᄃ름으로 모힌 형데들이 다 감샤ᄒ엿ᄂ이다

셩경 ᄀᄅ친 션싱은 밀 목ᄉ 부인과 원 목ᄉ 부인과 오 목ᄉ 부인과 하버 부인과 모 목ᄉ와 민 교ᄉ 부인이오 위싱 공부는 부인 의원 쓰쌔거 씨와 커들너 씨와 밋 에비슨 의ᄉ오 ᄌ녀 기르는 것과 녀공을 엇더케 홀 공부는 리 목ᄉ 부인이오 찬미 공부는 쩌드풀 부인과 샤 목ᄉ 부인이 식혓ᄂ이다

사경을 지내오니 셩경 뜻슨 붉아지고 ᄆ음 속이 열녀셔 죽은거시 산듯 ᄒ옵고 병든거시 나흔듯 ᄒ옵고 씌여진 거시 셩흔듯 ᄒ외다

이 어둡고 캄캄흔 셰샹에 평안흠이 어듸잇스오며 허락타 소망이 어듸잇스오리가마ᄂ 오직 하ᄂ님의 진리대도를 빅호ᄂ거시 참 허락이오며 싱명을 엇ᄂ거시오 무겁고 곤흔 ᄆ음이 잇슬 ᄯ에 셩경 공부ᄒ실거시오니 ᄯ 공부ᄂ 혼자ᄒ면 잘되지 못ᄒ오며 힘이 업슬듯 ᄒ오니 고명흔 션ᄉᆡ 압흐로 나아가셔 빅호며 ᄯ 동접이 만흐면 ᄌ미가 아조 더 만습ᄂ이다 그런고로 밋ᄂ 형뎨들이 모혀 사경홀 ᄯᅢᄂ 빅ᄉ를 폐지ᄒ고 가셔 공부ᄒ면 하ᄂ님의 ᄉ랑을 더옥 만히 밧을듯 ᄒ외다 이번 사경회에 모힌 형뎨들을 보오니 초목이 봄을 당ᄒ야 푸른 닙과 붉은 ᄭᅩ치 퓌여 란만흔 것ᄀᆞ치 그 형샹이 참 아름다와 하ᄂᆯ 아바지ᄭᅴ옵셔 깃부시게 보신 줄 아옵고 영광을 돌니오며 이번에 공부 아니ᄒ신 형님들은 이다음 사경 공부할 ᄯᅢ에 ᄲᅢ지지 마시고 참예ᄒᆞ야 ᄒᆞᄂ님의 깃버ᄒ심을 ᄀᆞ치 밧읍시다

부산리신

19060120

올리버 R. 에비슨과 제시 W. 허스트(서울)가 아서 J. 브라운(미국 북장로교회 해외선교본부 총무)에게 보낸 편지 (1906년 1월 20일)

미국 북장로교회 선교부

O. R. 에비슨, 의학박사

세브란스 병원

한국 서울

J. W. 허스트, 의학박사

서울,
1906년 1월 20일

접수
1906년 2월 19일
브라운 박사

신학박사 A. J. 브라운 목사,
해외선교본부 총무

친애하는 브라운 박사님,

　　우리는 특히 어니스트 F. 홀 목사의 건강 상태에 대하여 알려드리기 위하여 지금 이 편지를 쓰고 있습니다. 물론 박사님은 그가 한국에서 머무르는 동안 많은 병을 앓았고, 그가 매우 낙담하여 선교지를 떠나는 것이 권할 만한지 진지하게 검토하고 있다는 것을 알고 있습니다. 그는 미국에서 약간의 요통과 좌골신경통을 앓았던 것 같지만, 한국에 올 당시에는 이 증상들이 없었고 스스로 건강하다고 믿었습니다. 하지만 한국에 온 이후, 기후 변화로 인하여 이 질병을 유발하는 내재된 성향에 대한 저항력이 감소하였는지, 아니면 다른 원인 때문인지, 몇 주 동안 지속되는 여러 악화를 겪었고, 몇 주일 동안 아급성 통증을 더 많이 겪게 되어 그는 자신에게 어떤 위안이나 만족을 가지고 일을 할 수 없게 되었고 선교부에 유익함이 크게 줄어드는 것을 느꼈습니다. 그는 지금 발병에서 회복 중이며, 심한 통증은 없지만 매일 약간의 언어 학습을 하는 것 외에는 일에 전념할 수 없습니다.

　　연례 회의로 서울에 왔을 때 그는 이미 몸이 아파 지금까지 어떠한 선교 사역도 할 수 없었고, 지금도 할 수 없으며 다른 발병이 유발될 가능성이 있는 장마철을 우려스럽게 지켜보고 있습니다. 따라서 그는 이런 상황에서 고국에서 일을 더 잘 할 수 있을 것 같다고 생각하면서 이곳에 더 오래 머무는 것의 타당함에 대하여 여러 번 의논하였습니다.

　　이제 류머티즘을 유발하는 이러한 기후의 경향에 대하여 병원에서 우리에게 오는 환자의 수로 판단한다면, 그것이 특별히 류머티즘을 유발시키지 않는데, 즉 그 질병이 미국보다 이곳에서 훨씬 덜 유행하기 때문에 그것을 조장하는 것으로 보이지 않는다는 결론을 내릴 수밖에 없습니다. 따라서 우리는 어떤 새로운 기후가 일부 체질에 매우 우울할 수 있는 경우를 제외하고는 기후 그 자체가 요인으로 무시될 수 있다고 말할 수밖에 없었습니다.

따라서 우리는 그의 상태가 미국 기후로의 변화를 필요로 한다고 말할 수 없다고 느꼈습니다. 그럼에도 불구하고 그가 견뎌야 하는 오랜 기간의 고통과 그의 사역을 괴롭히는 무능력이 그를 짓누르며 그가 사임해야 한다고 느끼게 합니다.

따라서 우리는 나중에 일어날 일에 대하여 복선을 깔기 위하여 그의 현재 상태와 심적 상태를 박사님께 쓰도록 그와 협의하였습니다. 그는 자신을 위하여 할 수 있는 모든 일을 하였다고 우리가 정당화할 수 있는 충분한 시간이 지난 후에도 여전히 만족스럽게 회복되지 않는다면 우리가 선교사 지침서의 제31항의 규정48)에 따라 선교본부가 그의 사직을 수락하도록 권할 수 있을 것이라고 이해하고 자신의 사임을 보류하고, 여름이 오기 전에 그가 그것을 방어하고 강화할 수 있게 될 것이라는 희망으로 우리의 지시에 따라 적극적인 치료를 받는 데 동의하였습니다.

우리 선교사 중 한 사람이 은퇴하도록 증명서를 쓰는 것은 항상 우리에게 유감스러운 일이며, 홀 씨의 경우 우리는 그를 유망한 추가 인력으로 기대하였기 때문에 그렇게 하기가 특히 꺼려집니다.

따라서 우리는 그가 류머티즘의 성향에 대한 저항력을 키우고 극복할 수 있도록 돕기 위하여 최선을 다할 것입니다.

그동안 우리는 그가 주변 상황을 쉽게 통제하기 어려운 지방으로 가는 것을 억제하고 그의 배정(청주 지부, 따라서 지방 사역)을 변경하도록 선교부에 조언하고 그가 서울에서 자신의 상태에 가장 적합한 것처럼 보일 수 있는 그러한 사역을 하게 할 것입니다.

안녕히 계십시오.

---

48) 사역에서의 사직.
31. 선교본부가 충분하다고 인정하는 사유로 선교 사업을 사직하는 경우, 선교본부는 사직일로부터 1년 이내에 해당 여행을 하는 경우에 한하여 본국으로의 여행 경비를 부담하며, 특별한 필요가 있는 경우 현재의 긴급 상황에 대처하기 위하여 자금을 지원할 수 있다. 그가 귀국하고 선교본부와의 연결이 중단된 후 추가 지원이 필요한 경우, 안수받은 선교사와 그의 가족의 경우에는 비슷한 상황에서 이 나라에서 목회를 하고 있는 그의 형제들의 경우와 마찬가지로 총회의 사역 구제 기금의 영역에 속한다.

O. R. 에비슨
J. W. 허스트

Oliver R. Avison, Jesse W. Hirst (Seoul), Letter to Arthur J. Brown (Sec., BFM, PCUSA) (Jan. 20th, 1906)

Mission of Presb. Church In U. S. A.

O. R. Avison, M. D.

Severance Hospital.

Seoul, Korea

J. W. Hirst, M. D.

Received
FEB 19 1906
Dr. Brown

Seoul,

Jan. 20th, 1906

Rev. A. J. Brown, D. D.,

Secy. B. of F. M.

Dear Dr. Brown: -

We write now particularly to acquaint you with the state of health of Rev. E. F. Hall. You, of course, know that he has had a good deal of sickness during his two years' stay in Korea and he is becoming very much discouraged so that he is seriously discussing the advisability of his leaving the Mission field. It seems he had some attacks of Lumbago and Sciatica in America but at the time of coming to Korea was free from these symptoms and believed himself fully well. Since coming, however, whether it be due to climate change reducing his powers of resistance to an inherent tendency to this disease, or whether it be due to other causes, he has had several exacerbations which in their severity lasted many weeks and left him suffering subacute pain for many weeks more so that he has been unable to do his work with any comfort or satisfaction to himself and, he feels, with greatly diminished profit to the Mission. He is just now recovering from an attack and although free from severe pain is yet unable to devote himself to work, except to do a little language study during a part of each day.

When he came to Seoul at Annual Meeting time he was already ill and has not been able to engage in any mission work up to now and is still unable to do so and is looking forward with apprehension to the rainy season as likely to bring on another attack. He has therefore consulted us several times as to the propriety of remaining longer here, feeling that perhaps he could do better work at home under the circumstances.

Now as to the tendency of this climate to promote rheumatism, if we are to judge from the number of cases which come before us in the hospital, we are forced to the conclusion that it is not specially favourable to rheumatism, that is it does not appear to promote it as that disease is much less prevalent here than in America and we have been compelled therefore to say that the climate per se may be disregarded as a factor except in so far as any new climate may be very depressing to some constitutions.

We have, therefore, felt unable to say that his condition requires a change of climate to America. Nevertheless the long periods pain which he has to endure and his inability to persecute his work weigh on him and cause him to feel that he should resign.

We have therefore arranged with him to write you of his present condition and of his state of mind as an introduction to what may follow later on and he has consented to withhold his resignation and go through a course of active treatment under our direction in the hope that ere summer comes on the may built up and fortified against it, with the understanding that if, after the passage of a sufficient length of time to justify us in saying we had done all we could for him, he is still not recovering satisfactorily we will then recommend the Board to accept his resignation under the provisions of the Manual, Section 31.[49]

It is always a matter of regret to us to certify one of our missionaries to retire and in Mr. Hall's case we feel especially loth to do so as we have built

---

49) Withdrawal from Service.

31. In the event of withdrawal from missionary service for reasons considered sufficient by the Board, it will defray the expenses of the journey to this country, provided said journey be made within a year from the date of withdrawal, and may make a grant of funds to meet present exigences in cases of special need. If further assistance is required after his return and his ceasing to be connected with the Board, the case of the ordained missionary and his family falls within the province of the Ministerial Relief Fund of the General Assembly, in common with the cases of his brethren in the ministry in this country in like circumstances.

much upon him as a promising addition to our force.

We shall therefore do all we can to help him build up and gain the victory over his rheumatic tendencies.

In the meantime we shall discourage his going into the country where he can less easily control surrounding condition and shall advise the mission to modify his appointment (which was to Chung Ju station and therefore country work) and allow him to do such work in Seoul as may seem best suited to his condition.

Yours very sincerely,

O. R. Avison

J. W. Hirst

19060124

호러스 G. 언더우드(서울 지부)가 아서 J. 브라운(미국 북장로 교회 해외선교본부 총무)에게 보낸 편지 (1906년 1월 24일)[50]

(중략)

세브란스 병원의 업무는 계속 성장하고 있으며, 의사들의 보고서에서 다음과 같이 인용합니다.

"12월 중에 진료소에 단독(丹毒)이 발생하여 병원으로 확산되었고 우리 업무가 다소 방해를 받아 우리는 그렇지 않았으면 치료할 수 있었던 일부 환자의 수술을 거부하게 되었다. 우리는 이제 그 질병으로부터 완전히 자유로워졌다.

지금까지 병동 입원 환자는 매일 평균 1명이다. 수술 환자는 작년보다 더 한결같이 성공적이다. 진료소 업무는 줄어들지 않고 계속되고 있다.

11월과 12월에 에비슨 박사는 황궁에서 폐하를 진료하였고, 그래서 우리는 그곳에서 성탄절에 1,000엔을 특별 선물로 받았다. 또한 에비슨 박사가 궁궐에서 진료를 하는데 어떠한 비용이 발생하지 않도록 황실 비용으로 '인력거'가 제공되고 인력거꾼이 배치되었다.

며칠 전 우리는 폐하의 관대함에 대한 또 다른 예를 가졌다. 전차에서 뛰놀던 한 어린 소년이 바퀴 밑에 깔렸고 그 결과 오른쪽 다리 무릎 아래를 잃었다. 왕은 그 소식을 듣고 우리에게 그 소년을 위하여 의족을 구해주도록 지시하였으며, 그가 그 비용을 지불할 것이다.

우리는 의학생, 조사, 하인 및 그 부인들, 아이들 뿐만 아니라 병원의 모든 입원 환자들을 위하여 성대한 성탄절 만찬을 가졌다. 그들은 모두 그것을 매우 즐기는 것 같았다.

진료소와 병동에서의 정기적인 전도 사업과 매일의 예배당 예배 외에도 우리는 아침 10시에 모이는 주일학교를 조직하였다. 지금까지 평균 출석자는 약 50명이었다.

주일학교가 있은 후, 에비슨 박사가 인도하는 전도 예배가 열렸다. 김필순 씨는 주일학교의 유능한 현지인 책임자이다.

C. E. 샤프 부인은 여자들을 만나며, 그렇게 그녀의 영향력을 더하고 있다.

---

50) 언더우드가 쓴 서울 선교지부의 월례 보고서이다.

교과서는 사람들이 완성할 수 있는 한 빠르게 발행되고 있으며. 우리는 조만간 완전한 한 벌의 교과서를 갖기를 기대하고 있다.

격리 병동의 건축은 매우 느리게 진행되고 있다. 그것을 건축하고 있는 중국인들은 그것이 결코 필요하지 않을 것이라고 생각하는 것 같지만, 우리는 끊임없이 그것을 필요로 해왔다. 완공되면 우리는 계속해서 그것이 사용될 것이라고 생각하고 있다."

(중략)

Horace G. Underwood (Seoul Station), Letter to Arthur J. Brown (Sec., BFM, PCUSA) (Jan. 24th, 1906)

(Omitted)

The work at the Severance Hospital continues to grow, and from the Doctors' Reports we quote the following:

"During December the presence of Erysipelas in the dispensary, and the spread to the Hospital, interfered to some extent with our work, causing us to refuse some operative cases which otherwise could have been cared for. We are now entirely free from it.

"The admission to the wards to date average one patient a day. The operative cases have been more uniformly successful than last year. The dispensary work continues unabated.

"During November and December Dr. Avison had been attending His Majesty at the Palace, so at Christmas time we received Yen One Thousand as a special gift from there. Also, in order that Dr. Avison shall not incur any expense in attending at the Palace, a "rickshaw" has been provided and manned at the Imperial expense.

"We had another example of His Majesty's generosity a few days ago. A little boy who was amusing himself jumping on and off a street car fell under the wheels and lost his right leg below the knee in consequence. The King heard of it, and has instructed us to secure a false foot for the boy and he will pay for it.

"We had a big Christmas dinner for all the Hospital "in" patients as well as the students, helpers, servants with their wives and children. They all seemed to enjoy it highly.

"In addition to our regular evangelistic work in the dispensary and wards, and the daily Chapel Service, we have organized a Sunday School which meets at ten o'clock in the morning. The attendance has averaged thus far about fifty.

"Following that we have a preaching Service conducted by Dr. Avison. Mr. Kim Pil Soon is the efficient native superintendent of the Sunday School.

Mrs. C. E. Sharp meets with women, and so adds her influence.

"The text books are being issued as rapidly as the men can complete them, and we hope soon to have a complete set.

"Work on the Isolation Building drags along very slowly. The Chinamen who are building it seem to think it will never be needed, while we have had constant need of it. Then completed, we presume it will be occupied continuously."

(Omitted)

19060128

어니스트 F. 홀(서울)이 아서 J. 브라운(미국 북장로교회 해외선교본부 총무)에게 보낸 편지 (1906년 1월 28일)

접수
1906년 2월 19일
브라운 박사

한국 서울,
1906년 1월 28일

신학박사 A. J. 브라운 목사,
　뉴욕시 5 애버뉴 156

친애하는 브라운 박사님,

　한국에 온 이후로 좋지 않은 저의 건강에 대하여 박사님이 무엇을 하는지 알고 계신다면 이 편지가 박사님께 도착할 때 에비슨 박사와 허스트 박사의 편지를 받게 될 것에 놀라지 않을 것입니다. 박사들은 제가 읽어보도록 편지를 보냈고, 제 관점에서 그 문제에 대하여 설명을 드리고 싶습니다.

(중략)

Ernest F. Hall (Seoul),
Letter to Arthur J. Brown (Sec., BFM, PCUSA) (Jan. 28th, 1906)

Seoul, Korea,

Jan. 28, 1906

Rev. A. J. Brown, D. D.,

156 Fifth Ave.,

New York.

My dear Dr. Brown: -

Knowing what you do about my ill health since coming to Korea, you will not be surprised at the letter which you will receive from Dr. Avison and Dr. Hirst about the time this reaches you. The doctors have sent the letter to me to read, and I want to set before you the case from my point of view.

(Omitted)

19060200

제시 W. 허스트, 병원의 성탄절.
The Korea Mission Field (서울) 2(4) (1906년 2월호), 61~63쪽

J. W. 허스트, 의학박사

다사다난했던 그날보다 몇 주일 전에 에비슨 소년들은 그날이 대단한 명절이 될 것이라고 결정하였다. 그리고 당신은 그것을 그렇게 만드는데 필요한 한 가지가 무엇이라고 생각하는가? 당신은 결코 추측하지 못할 것이다. 그래서 나는 당신에게 말할 것이다. 그것은 1년에 한 번 자신들의 아버지가 병원을 떠나 자신들의 놀이에 동참하게 하는 것이었다. 그들은 모든 것을 미리 계획하였다. 그날 아빠는 퇴근하여 그들과 스케이트를 타러 갔다! 오! 여러분은 말한다. 그러나 성탄절에는 얼음이 없을 수도 있다.! 소년들은 그것을 전혀 걱정하지 않았다. 그들은 믿음을 그들의 체질에서 큰 요소로 가지고 있기 때문에 결국 그 문제를 미리 결정하였다.

그러나 훌륭한 의사도 계획을 세우고 있었다. 그는 병원의 모든 환자는 물론 학생, 간호원, 조사, 부인 및 아이들 모두 하나가 된 날을 오랫동안 기억할 수 있는 날로 만들고자 하였다. 그는 그들 모두가 인생에서 가장 거창한 식사를 할 수 있도록 계획하고 있었다. 그리고 그 훌륭한 동료애는 관리자부터 노무자까지 팽배해 있었다. 이와 같이 계획이 전개되었다. 맑고 추운 날이 몇 번 있어 스케이트 타기에 좋았고 소년들은 기뻐하였다. 그러나 성탄절 며칠 전에 날씨가 따뜻해졌고 얼음이 부드러워졌다. 여전히 그들의 믿음은 흔들리지 않았다. 크리스마스 이틀 전인 토요일, 녹색의 큰 가지와 겨우살이가 말에 가득 실려 병원으로 왔다. 적절하게 분배되었을 때 이것들은 그 고통의 주거에서 놀라운 변화를 일으켰다. 일요일은 기대에 부푼 조용한 날이었다. 병원의 업무는 눈에 띄게 성탄절 분위기를 자아냈고, 전날 밤 늦게 황제 폐하가 병들고 앓고 있는 사람들의 행복한 성탄절을 바라며 돕기 위하여 1,000달러를 보냈다는 소식이 전해지자 모든 사람들은 특별히 기뻐하였다. 그리스도의 신비와 그분의 구원의 능력을 그들의 나라에 계시하시는 하나님의 선하심에 대하여 많은 한국인들의 입술과 마음에서 열렬한 기도가 하나님께 올려졌다. 왕 폐하에 대한 축복을 청하는 것도 잊지 않았다.

드디어 성탄절 아침이 되었다. 네 명의 에비
슨 아이들은 밝게 일찍 일어났다. 많은 사람들
이 기쁨의 함성을 질렀다. 밤사이 날씨가 쌀쌀
해졌다. 얼음이 단단해져서 아빠가 스케이트를
탈 수 있어요! 그들은 산타클로스가 선물을 내
려주는 것을 목격하기 위하여 온 가족이 크리
스마스 트리와 하인 등을 둘러싸는 오랜 관습
이 끝나기를 거의 기다릴 수 없었다. 노래는 전
에 없이 적절하였지만 소년들에게 아침 기도는
이번만은 의심스러운 행위이었다. 그러나 끝나
자 잔뜩 기대하고 있던 무리들은 응접실 문 근
처에 모여 있다가 문이 열리자 서둘러 들어갔
다. 생후 6개월 밖에 되지 않는 아기 에드워드
도 예쁜 것들을 보여주기 위하여 데려왔다.51)

그림 16. 막내인 에드워드를
안고 있는 에비슨.

분배가 끝나고 의사는 간신히 자리를 비웠
으며, 소년들은 새로운 선물에 열중하였다. 그는 그날의 마지막 계획을 실행하
기 위하여 병원으로 갔다. 지하에 있는 세 개의 서쪽 방은 그 작업을 위해 비
워졌다. 탁자는 한국식으로 즉석에서 길고 낮게 만들어 손님들이 양쪽 바닥에
앉아서 제공되는 좋은 음식을 쉽게 먹을 수 있도록 하였다. 모든 병원 직원이
이 일에 투입되었다. 일부는 부엌에서 일하였다. 다른 사람들은 세탁실에 있었
고 그 난로는 행사를 위하여 요리 부서에 추가되었다. 이 한식, 일식 및 양식
진미를 위하여 소년들이 이곳으로 왔다.

그 한가운데로 모든 에비슨 소년들이 달려와서 오랫동안 약속된 스케이트
타기를 아버지에게 요구하였다. 그들은 그를 의기양양하게 데려갔다. 사실 그
들은 어머니가 다시 한 번 소녀가 되어 유리 같은 빙판 위를 바람처럼 미끄러
지도록 거의 모셔갈 뻔하였다. 그러나 그들은 무어 씨와 그의 세 아들들을 데
려가는 것으로 타협하였다. 그들은 군중을 행복하게 만들었는데, 모두 한꺼번
에 말하면서 얼음 위에서 할 일 중 누가 가장 큰 소리로 자랑할 수 있는지 보
려고 노력하였다. 그것은 논에서 멀지 않았고, 곧 일행 전체가 미끄러지고 스
케이팅을 하며 감탄하는 많은 한국인들의 엄청난 기쁨을 만끽하였다. 그렇게
보낸 한 시간은 의사가 자신이 하루 동안 소년이었을 것이라고 생각하게 만들
었다. 그는 자신의 체중이 전보다 더 쪘다는 것을 알게 되었고, 그것은 마치

---

51) 에드워드 S. 에비슨(Edward Severance Avison, 1905. 6. 28~1989. 11. 5)을 말한다.

스케이트를 타고 몸을 밀어붙이는 것 같았다. 그는 따라서 '저녁 식사'를 외쳤고, 그렇게 소년들을 집으로 가게 하는 데 성공하였다.

병원으로 돌아와 보니 모든 것이 활기차다는 것을 알게 되었다. 이상한 음식 냄새가 분위기에 가득하였고 모든 사람의 얼굴에는 행복한 미소가 감돌았다. 집에서는 단체 만찬이 진행되었다. 무어 가족은 저녁 식사를 보내고 에비슨의 저녁 식사에 합류하였다. 클라크 씨 부부가 방문하여 무리에 합류하여 모두 15명이 되었다. 먹을 것이 많았고 양념에 대한 식욕으로 모두가 행복하였다.

3시 30분에 병원에 식탁보가 준비되었다. 모인 100명은 전투에 참을성이 없었다. 병원 사람들 외에도 우리의 도시 교회들의 대표들도 있었다. 긴 말이 아니라 무어 씨의 간결한 한국어 은총이 있었고 공격이 시작되었다. 그런 광경이라니! 소음은 말할 것도 없고! 한국인 양반, 상류층 여인들, 의사들 그리고 학생들이 앞치마를 두르고 소년들, 노무자들, 거지들, 가난한 동포들, 그리고 병원의 최하층 직원들에게 음식을 제공하였다. 한국인 양반, 상류층 여자, 의사 및 학생들이 앞치마를 두르고 소년들, 노무자들, 거지들, 가난한 지방 사람들, 그리고 하층의 병원 하인들에게 음식을 접대하였다. 대체 어느 곳에서 한국이 그러한 광경을 드러낼 수 있을까. 그리스도의 권능 외에 어떤 다른 권능이 그러한 일을 가능하게 할 수 있겠는가! 그래서 그들은 그것을 먹고 즐겼다. 더 이상 먹을 수 없을 때 주머니와 앞치마는 오렌지, 견과류, 사탕과 양과자로 가득하였다.

식사 중에 무어 씨는 그의 구금(口琴)[52]을 조율하고 감미로운 음악으로 만찬을 즐겁게 하였다. 에비슨 부인과 소년들은 한국인들과 함께 바닥에 앉아 잔치에 합류하였고, 박사는 수술대를 맡아 소고기구이만을 썰어주었다. 모든 것이 끝나기 전에 어둠이 지고 있었고, 모두들 그것이 보기 드문 성탄절 턱이라고 말하였다. 병원 소년들은 늦게까지 그것에 대하여 논의하였고, 그것은 이야기 속에서 다시 살아났다.

그 후 폐하의 역할에 대하여 감사를 드리는 문서를 보냈고, 우리 모두는 하나님께 감사하고 용기를 내어 내년이 우리가 알고 있는 최고의 해가 되기를 바라며 앞으로 나아갔다.

---

[52] 입에 물 수 있는 틀과 진동하며 소리를 내는 탄성이 있는 얇은 판으로 구성되어 있는 아주 단순한 악기이며, 입에 물고 손가락으로 튕겨 연주한다.

Jesse W. Hirst, Christmas at the Hospital.
The Korea Mission Field 2(4) (Seoul) (Feb., 1906), pp. 61~63

By J. W. Hirst, M. D.

Weeks before that eventful day the Avison boys decided that it must be a great big holiday. And what do you suppose was the one thing needful to make it such? You will never guess, so I will tell you: it was to have their father for once in a year, leave the Hospital long enough to join them in their play. They had it all planned beforehand. Papa was to get off that day and go skating with them! O! you say: but there might not be any ice at Christmas time! That did not worry the boys any. They have faith as a large element in their makeup, and so. finally decided the matter in advance.

But the good doctor was making plans too. He had a mind to make the day one long to be remembered by every patient in the Hospital, as well as by the students, nurses, helpers, wives and children all united. He was planning hat everyone of them should have the biggest dinner of their lives; and that good fellowship should prevail from director to coolie. Thus plans developed. There had been some clear cold days skating was good, and the boys were in high glee. But a few days before Christmas the weather became warmer and the ice softened; still their faith wavered not. On Saturday, two days before Christmas, horse-loads of green boughs and mistletoe found their way into the hospital. These, when judiciously distributed, worked a wonderful transformation in that abode of suffering. Sunday was a quiet day surcharged with expectation. The services in the Hospital were given a distinctively Christmas flavor, and all were led to special rejoicing by the news, received late the night before, that His Majesty the Emperor had sent a thousand dollars to help the sick and afflicted wishing them a happy Christmas. Fervent prayers went up to God from many a Korean lip and heart for His goodness in revealing to their country the mystery of the Christ and His saving power. Nor did they forget to ask for a blessing upon His Majesty the King.

At last it was the very morning of Christmas day. The four Avison boys were up bright and early. Many were their shouts of joy; the weather had turned cold in the night. The ice had been strengthened and Papa could go skating! They could scarcely await the completion of the time honored custom of gathering the entire family in the parlor around the Christmas tree, servants and all, there to witness the unloading of the presents by Santa Claus. Morning prayers, for once, to the boys, was a questionable performance, even if the singing was unusually appropriate; but when ended the expectant group crowded near the parlor door to rush in pell mell as it opened. Even Baby Edward only six months old was brought down to see the pretty things.

The distribution over, the Doctor managed to slip away, while the boys were engrossed with their new presents. He proceeded to the Hospital, there to put in motion the final plans for the day. The three West rooms in the basement were cleared for action. Tables were improvised in true Korean style, long and low, so that the guests could, sit on the floor along either side and easily help themselves from the good things to be supplied. All the Hospital staff was pressed into service. Some worked in the kitchen; others in the laundry, the stoves of which were added to the culinary department for the occasion. Boys were sent hither and yon for this delicacy and that, - Korean, Japanese and foreign.

In the midst of it all the Avison boy rushed in and claimed their father for the long promised skate. They carried him off in triumph. In fact they came near carrying off their mother too, that she might be a girl once more and skim like the wind over crystal fields. But they compromised by taking Mr. Moore and his three boys. They made a happy crowd, all talking at once, and trying to see which could boast the loudest of what they were going to do on the ice. It was not far to the paddy fields and soon the whole company were slipping, sliding and skating about to the immense delight of a large crowd of admiring Koreans. An hour thus spent made the Doctor think that he had been a boy long enough for one day. He discovered that he weighed more than he used to do, and it was a good deal like work pushing himself around on skates. He accordingly raised the cry of "Dinner" and by that means succeeded in getting the boys homeward bound.

Returning to the Hospital, it was discovered that all was life and bustle. Odors of strange viands pervaded the atmosphere and happy smiles wreathed every face.

At the house, a combination dinner was spread. The Moore family had sent down their dinner and merged it into the Avison's. Mr. and Mrs. Clark dropped in to join the crowd, making fifteen in all. Everyone was happy - plenty to eat and good appetites for sauce.

By 3:30 the spread at the Hospital was ready. The assembled host one hundred strong were impatient for the fray. Besides the Hospital people, there was representative from each of our city churches. No long speeches were indulged in, but just a simple grace in Korean by Mr. Moore and then the attack began. Such a sight! Not to mention the noise! Korean *yangbans,* high class ladies, doctors and students, with aprons on, *serving* out food to boys, coolies, beggars, poor countrymen and the lowest hospital servants! Where else in all Korea could such a sight be revealed. What other power than the power of Christ could ever bring such a thing to pass! And so they ate and enjoyed it. When they could eat no more, they had their pockets and aprons filled with oranges, nuts, candies and cakes.

At intervals during the meal Mr. Moore tuned his (jews) harp and delighted the dinners with sweet music. Mrs. Avison and the boys sat down on the floor with the Koreans and joined them in the feast. while the Doctor presided at the operating table to his time, however, carving only a roast of beef. Darkness was setting down before it was all over, and everybody said that it was a rare Christmas treat. The Hospital boys sat up late discussing it and living it all over again in story.

Subsequently a memorial of thanks was sent to His Majesty for his part in it and we all thanked God and took courage, going forward in the hope that the coming year may be the best that we have ever known.

19060200

제시 W. 허스트, 소래 해변.
The Korea Mission Field (서울) 2(4) (1906년 2월호), 69~70쪽

한국에 있는 우리 선교사들을 위하여 여름 휴식처를 마련하려는 명확한 움직임이 진행되고 있다는 것을 아는 것은 다양한 선교부의 우리 동료들에게 흥미로울 것이다. (......)

(중략)

소래 해변은 평양과 제물포의 중간지점에 위치해 있다. 지난 여름 좋은 증기선이 정기적으로 운항을 하였고, 매년 증가할 기대를 갖게 하는 상당한 교역을 구축하였다. 현재 그곳에는 좋은 한옥 두 채가 있고, 나머지 세 채를 공사 중이며, 올해 안에 몇 채를 더 지을 것으로 예상된다. 그곳에는 27개의 건물 부지가 매각되었으며, 선택된 위치가 곧 액면 이상이 될 것이다. 다음의 각 사람들은 하나 이상의 부지를 구입하였다. 에비슨, 번하이즐, 블레어, 벙커, 클라크, 허스트, 헐버트, 쿤즈, F. S. 밀러, S. F. 무어, 스크랜턴, C. E. 샤프, 샤록스, 스왈렌, 화이팅, H. G. 언더우드, H. H. 언더우드 씨, 그리고 커크우드, 새뮤얼스, 스트래퍼, 테이트 및 웸볼드 양.

(중략)

Jesse W. Hirst, Sorai Beach.
The Korea Mission Field (Seoul) 2(4) (Feb., 1906.), pp. 69~70

It may interest our friends in the various Missions to know that a definite movement is on foot to establish a summer resting place for our missionaries in Korea. (......)

(Omitted)

Sorai Beach is halfway between Pyeng Yang and Chemulpo. Last summer a good steamer made regular trips and built up quite a trade which promises to increase each year. There are at present two good Korean houses on the "Point," three others in process of erection, and it is expected that several more will he put up during this year. There are already twenty seven building sites sold and choice locations ought soon to be at a premium. Each of the following persons have purchased one or more lots: - Messrs. Avison, Bernheisel, Blair, Bunker, Clark, Hirst, Hulbert, Koons, F. S. Miller, S. F. Moore, Scranton, C. E. Sharp, Sharrocks, Swallen, Whiting, H. G. Underwood, H. H. Underwood and Misses Kirkwood, Samuels, Straeffer, Tate and Wambold.

(Omitted)

세브란스 병원.53)

The Korea Review (서울) 6(2) (1906년 2월호), 62~67쪽

1904년 9월에 새 건물에서 문을 연 이 기관은 그 이후 중단 없이 유익한 활동을 계속해 왔다. 다른 기관은 특정 계절에 문을 닫을 수 있지만 종합병원은 어떤 경우에도 계속되어야 한다.

지난 17개월은 현재 형태의 이 병원이 절실히 필요함을 입증하였다. 매일 진료소에서 16,000명의 환자가 치료를 받았고 490명이 병동에 입원하였으며 의사와 조수들이 많은 가정을 왕진하였다. 한국인 외에 미국인, 영국인, 프랑스인, 일본인, 중국인을 포함한 상당 수의 사람들이 병원의 병동을 이용하였으며, 이러한 용도에 대한 기관의 적응은 미래에 가장 가치 있는 기능 중 하나로 입증될 가능성이 높은 데, 특히 미국에서 훈련받은 간호원의 지도 하에 훈련된 일본 간호원의 추가로 강화될 간호 부서는 이들의 지도 하에 충분한 수의 한국 여자들이 모든 환자들에게 철저한 치료를 보장할 것이다. 지금까지 한국 여자를 남자 병동에 간호원으로 배치하는 것은 적절하지 않다고 여겨졌으나, 한국인들의 생각과 관습의 급속한 변화, 특히 많은 사람들에서 기독교적인 원칙과 관행의 발전은 가장 바람직한 이러한 기능을 도입할 수 있는 길을 마련하였으며, 현재 많은 기독교 여신자들이 간호원 훈련을 받고 싶어 하므로 머지않아 모든 남자 간호원이 여자로 대체될 것으로 예상된다.

책임자들은 이것이 한국 병원 진료의 새로운 시대를 열 뿐만 아니라 병동 업무의 효율성을 가장 실질적으로 향상시킬 것이라고 느끼고 있다. 그들을 위한 확실한 연구와 훈련 과정이 마련되고 있으며, 의사들의 경험은 한국 여자들이 매우 우수한 간호원이 될 수 있다고 믿게 한다.

많은 사람들은 병원에서 어떤 증례들이 치료를 받는지 물어보는데, 자랑하는 것처럼 보일 수 있는 어떤 말도 하기 싫지만, 그 질문에 대답하는 것이 옳다고 생각한다. 거의 모든 종류의 질병을 [외국의] 다른 기관에서 이루어진 것과 비교할 수 있을 정도로 진료하고 치료한다고 일반적인 방식으로 대답할 수 있다.

특히 우리는 지난 17개월 동안 병동을 거쳐간 증례의 일부 목록을 제시할

---

53) 이 글은 다음의 잡지에 전문이 인용되었다. Severance Hospital. *The Korea Mission Field* 2(5) (Mar., 1906), pp. 93~96

수 있다.

말라리아, 장티프스, 발진티프스, 성홍열, 폐렴, 천연두, 백일해, 신장염, 과립성 결막염, 십이지장충증, 혈중 사사충, 매독, 급성 류머티즘, 이질, 설사, 신경쇠양, 풍토성 각혈, 폐결핵, 림프선 및 골관절 결핵, 기관지염, 흉막염, 옴, 단독, 반신불수, 하반신불수, 황달, 정신병, 진전섬망, 수암(水癌), 막성 후두염, 방광 마비, 고환염, 신경통, 결막염, 각막염, 농혈증, 기관지 폐렴, 천식, 출혈성 자반, 뇌진탕, 두개골 골절, 척추골 골절, 하퇴 및 상완 골절, 이염(耳炎), 각기병, 빈혈, 골반염, 신경염, 편도선염 등.

매일 그리고 종종 하루에 여러 번 크고 작은 수술이 집도 되었으며, 더 중요한 수술의 일부는 다음과 같다.

눈 - 백내장, 홍채 절제술, 안구 적출, 익상편, 안검 내번 및 외번
귀 - 고막 천공, 이개 재건, 용종 및 다른 종양 제거
코 - 비중격 정복, 용종 제거, 편도 적출
인후 - 목젖 제거, 편도선 적출
복부 - 난소 적출, 탈장 절개, 자궁외 임신, 위절개술, 간농양, 복부천자
절단 - 손가락, 손, 팔, 발가락, 발, 하퇴, 대퇴
뼈의 절제 - 손, 손목, 발, 발목, 대퇴골, 턱, 두개골, 척추 돌기, 추궁판, 늑골
뼈를 긁어냄 - 손, 손목, 팔, 발, 발목, 다리, 엉덩이, 골반, 늑골, 흉골, 견갑골, 두개골
기타 - 종양 제거, 유선 적출, 늑막염 및 농흉을 위한 흉부 천자, 농양 절개, 루의 절제, 자궁 및 다른 골반 장기에 대한 다양한 수술, 치질 등

병원 활동의 또 다른 매우 중요한 부서는 의학교이다. 이미 몇몇 젊은이들이 해부학, 생리학, 화학, 세균학 및 병리학 등의 기초 분야와 내과 및 외과 분야의 실제적인 측면 모두에서 상당한 교육과 실습 훈련을 받았으며, 그래서 모든 작은 수술과 절단과 같은 큰 수술은 의사 중 한 명의 감독 하에 한국인 조수들이 집도한다. 그리고 한국인들 중에서 스스로 길을 개척하고 병원의 유익한 영향을 다른 방법으로 할 수 있는 것보다 더 광범위하게 확장하기를 원한다면, 배출되기에 적합하게 될, 적어도 3~4명의 젊은이들이 정규 의사로서 지금부터 3년 정도 안에 졸업이 가능할 것으로 예상된다.

이것은 병원이 한국에 줄 수 있는 가장 큰 혜택 중의 하나이지만, 해보지 않은 사람들은 그 어려움을 거의 상상할 수 없는 작업인 모국어로 된 교과서

의 준비 및 한국어로 해야 하는 모든 교육 때문에 쉽게 추정할 수 없는 의사의 노고의 양을 의미한다.

하지만 이러한 어려움은 극복되고 있으며, 이미 해부학, 생리학, 화학, 약물학 및 세균학 교과서가 준비되었고, 병리학, 진단학 및 관련 주제에 대한 교과서가 진행 중에 있다.

재정 상태는 그러한 기관이 필연적으로 필요로 하는 많은 비용이 어떻게 조달되는지 알고 싶어 하는 많은 사람들에게 흥미로울 것이므로 다음과 같이 지출 및 수입을 제시한다.

수 입		지 출	
병동 환자	1,878.00	음식물	2,768.00
병동 진료소	1,011.00	연료	2,218.00
외부 한국인 진료	85.00	등촉	635.00
기타	327.00	비품	492.00
		출장	135.00
		하인 및 간호원	1,049.00
		학생 조수	600.00
		문서 조수	372.00
		의약품	2,863.00
		수리	150.00
		교과서 준비	355.00
		잡비	440.00
	3,301.00엔		12,077.00엔
		17개월 동안의 손실	8,776.00

이것은 다음과 같이 충당되었다.

두 의사의 외국인 거주민에 대한 진료 수입	3,414.00엔
친지들의 기부	3,260.00
	6,674.00엔

17개월 동안의 손실은 2,102.00엔.

위의 재무 요약을 분석하면 다음과 같은 사실이 드러난다.

외국인 교수진들의 급여를 제외한 병원의 경비는 17개월 동안 12,077엔, 연간 8,520엔이었지만, 간호 인력을 보강해야 하는 절박한 필요성과 한국인들에 대한 업무 증가로 인하여 내년의 경비는 분명히 10,000엔이 될 것이다.

이 액수 중 우리는 대부분 너무 가난하여 자신에게 공급되는 음식에 대해서도 지불할 수 없는 병원 환자들로부터 2,500엔을 얻을 수 있을 것으로 예상할 수 있기에, 우리는 7,500엔의 적자를 특별 기부 및 의사의 외부 진료 수입으로 부분적으로 충당할 것이다.

하지만 위에서 언급한 바와 같이 한국에 가장 필요한 것 중 하나는 학생들에게 질병의 진단과 치료에 대한 이론 교육과 실습을 모두 제공할 수 있는 의학교이며, 이는 다른 어떤 방법보다 이러한 병원과 연계되어 더 잘 수행될 수 있고 따라서 소수의 학생들에 대한 현재의 교육을 확장하고 내과와 외과에 대한 철저한 과정을 위한 추가 시설을 제공할 것을 제안한다. 이것은 물론 지출의 증가를 의미하므로 총수입 15,000엔의 재원이 마련되어야 하며, 그 중 최소한 10,000엔은 기부금 등으로 확실하게 제공되어야 한다.

Severance Hospital.
The Korea Review (Seoul) 6(2) (Feb., 1906), pp. 62~67

This institution, which was opened in its new buildings in September 1904, has been carrying on its beneficent work without interruption ever since. Other institutions may close their doors at certain seasons but a general hospital must go on under all circumstances.

The seventeen months that have elapsed have proven the great need of this hospital in its present form. 16,000 patients have been treated in the daily dispensary clinic and 490 have been admitted to the wards, while a large number of visits to homes have been made by the physicians and their assistants. A considerable number of persons other than Koreans have patronized the wards of the hospital, the list including American, English, French, Japanese, and Chinese, and the adaptation of the institution to this use is likely, in the future, to prove one of its most valuable features, more especially as the nursing department is to be strengthened by the addition of trained Japanese nurses, who will serve as head nurses under the direction of an American trained nurse, a sufficiently large staff of Korean women being under the guidance of the above to ensure the thorough care of every patient. Up to this time it has not been thought proper to place Korean women as nurses in the male wards, but the rapid changes in the ideas and customs of the Korean people and more especially the development of Christian principles and practices in such a large number have prepared the way for the introduction of this most desirable feature and many Christian women are now offering themselves for training as nurses, so that it is expected that ere long all the male nurses will have been replaced by women.

Those in charge feel that this will not only mark a new epoch in hospital practice in Korea but will enhance in a most material way the efficiency of the ward work. A definite course of study and training is being laid out for them, and the experience of the physicians lead them to believe that Korean women are capable of becoming very excellent nurses.

Many people ask what kind of cases are treated in the hospital, and while quite unwishful to say any thing that would have even the appearance of boasting we feel it only right that the question should be answered. And it can be answered in a general way by saying that practically all kinds of diseases are met with and treated with a measure of success which will compare quite favorably with that attained elsewhere.

In particular we may give a list of some of the cases which have passed through the wards during the last seventeen months.

Malaria, Typhoid Fever, Typhus Fever, Scarlet Fever, Pneumonia, Small Pox, Whooping Cough, Nephritis (Bright's disease), Trachoma, Ankylostomiasis, Filaria in the blood, Syphilis, Acute Rheumatism, Dysentery, Diarrhoea, Neurasthenia, Endemic Haemoptysis, Pulmonary Tuberculosis, Tubercular affections of glands, bones and joints, Bronchitis, Pleurisy, Scabies, Erysipelas, Hemiplegia, Paraplegia, Jaundice, Insanity, Delirium Tremens, Noma, Membranous Croup, Paralysis of bladder, Orchitis, Neuralgia, Conjunctivitis, Corneitis, Pyaemia, Broncho-Pneumonia, Asthma, Purpura Hemorrhagica, Concussion of Brain, Fracture of Skull, Fracture of Spine, Fracture of leg and arm, Otitis, Beriberi, Anaemia, Pelvic inflammation, Neuritis, Tonsillitis, etc.

Operations have been performed every day and often many times a day, both minor and major, some of the more important being as follows:

Eye - Cataract, Iridectomy, Extirpation of Eyeball, Pterygium, Entropion and Ectropion.

Ear - Paracentesis of drum, Repair of pinna, Removal of polypi and other tumors.

Nose - Straightening of septum. Removal of polypi, Extirpation of adenoids

Throat - Amputation of uvula, Extirpation of tonsils.

Abdomen - Ovariotomy. Herniotomy, Extra-uterine pregnancy, Gastrotomy, Hepatic Abscess, Paracentesis.

Amputations - Fingers, hand, arm, toes, foot, leg, thigh.

Excision of bones - Hand, wrist, foot, ankle. hip, jaw, skull, spinal processes, spinal laminae, ribs.

Curetting of bones - Hand, wrist, arm, foot, ankle. leg, hip, pelvis, ribs, sternum, scapula, skull.

Miscellaneous - Removal of tumors, Amputation of breast, Paracentesis of Chest for pleurisy and Empyema, Opening of abscesses, Cutting open of fistulae, Various operations on the uterus and other pelvic organs, Hemorrhoids, etc.

Another very important department of the hospital's activities is its medical school. Already several young men have had considerable instruction and training both in the foundation branches of Anatomy, Physiology, Chemistry, Bacteriology and Pathology and in the practical side of medical and surgical work, so that all minor operations and some major ones such as a amputations, etc., are done by the Korean assistants under the supervision of one of the physicians, and it is expected that within three years or so from now it will be possible to graduate as regular physicians at least three or four of these young men who will be fitted to go out, if they so desire to make their own way among their own people and extend more widely than could otherwise be done the beneficent influence of the hospital.

This is one of the greatest benefits which the hospital can confer on Korea, but it means an amount of labor on the part of the physicians which cannot be easily estimated, because text books in the native language must be prepared and all the teaching given in the native tongue - a performance the difficulty of which can scarcely be conceived by those who have not tried to do it.

However, these difficulties are being overcome and already textbooks have been prepared on Anatomy, Physiology, Chemistry, Materia Medica, and Bacteriology, while others on Pathology, Diagnosis of Disease and kindered topics are under way.

The financial status will be of interest to many who want to know how the necessarily large expenses of such an institution are met, so we give the following items of expenditure and receipts.

Receipts.		Expenditures	
From Ward Patients	1,878.00	Food	2,768.00
From Ward Dispensary	1,011.00	Fuel	2,218.00
From outside Korean Practice	85.00	Light	635.00
From Sundries	327.00	Furnishing	492.00
		Travel	135.00
		Servants and nurses	1,049.00
		Student Assts.	600.00
		Literary Asst.	372.00
		Medicines	2,863.00
		Repairs	150.00
		Preparation of Text Books	355.00
		Sundries	440.00
	¥3,301.00		¥12,077.00
		Deficit in 17 months	8,776.00

This has been met as follows:

Receipts from practice of the two physicians amongst foreign residents	¥ 3,414.00
Donations of friends	3,260.00
	¥ 6,674.00

Balance of deficit ¥2,102.00, accruing during 17 months.

An analysis of the above financial summary reveals the following facts:

The expenses of the hospital outside of the salaries of the foreign staff has been 12,077.00 Yen for 17 months, equal to 8,520.00 Yen per year, but the imperative need of improving the nursing staff and the increase of the work amongst Koreans will certainly make the cost during the coming year 10,000 Yen.

Of this sum we may expect to obtain 2,500 Yen from the hospital patients, most of whom are too poor to pay even for the food which is supplied them, so that we may look for a deficit of 7,500 Yen which will he partly covered by special donations and the outside earnings of the physicians.

As stated above, however, one of the greatest needs of Korea is a medical school where students can be given both theoretical instruction and practical training in the diagnosis and treatment, of disease and this can be better done in connection with such a hospital as this than in any other way, so it is proposed to extend the present teaching of a few students and provide further facilities for a thorough course in medicine and surgery. This will of course mean an increase in expenditure, and so provision should be made for a total income of 15,000 Yen, at least 10,000 of which ought to be definitely provided for by endowment or otherwise.

청회 개연(開演). 대한매일신보(서울) (1906년 2월 3일)

황성 기독교 청년회에서 이번 달 4일 일요일 오후 7시 반에 제중원 의사 어비신 씨가 니고데모[尼哥底母]54)의 행적에 대하여 연설한다고 한다.

[Public Address at Y. M. C. A.]
Daihan Daily News (Seoul) (Feb. 3rd, 1906)

靑會 開演. 皇城 基督敎 靑年會에서 本月 四日 日曜 下午 七点半에 濟衆院 醫士 魚丕信 氏가 尼哥底母의 庚蹟으로 演說흔다더라

---

54) '승리한 백성', '백성의 정복자'란 뜻이다. 바리새인이며, 산헤드린 공회(최고회의) 의원으로 유대인의 지도자이었다. 구원의 진리를 배우기 위하여 한밤중에 예수님을 찾아와 '다시 태어남'의 진리를 배웠고, 그 후 신실한 제자가 되었다. 요한복음 3장 1~21절.

아서 G. 웰본(서울)이 아서 J. 브라운(미국 북장로 교회 해외선교본부 총무)에게 보낸 편지 (1906년 2월 14일)

(중략)

병원 업무는 평소와 같이 진행되고 있다고 허스트 박사는 보고하고 있습니다. 주일학교의 참석자는 50명입니다. 샤프 부인이 여자 사경회를 감독하고 있습니다. 에비슨 박사는 여전히 황제를 진료하고 있습니다.

(중략)

Arthur G. Welbon (Seoul),
Letter to Arthur J. Brown (Sec., BFM, PCUSA) (Feb. 14th, 1906)

(Omitted)

The Hospital work has been going on as usual, so Dr. Hirst reports. The S. S. has an attendance of (50) fifty. Mrs. Sharp supervise the women's class. Dr. Avison is still attending the Emperor.

(Omitted)

19060219

한국. M. E. 브라운 양, 은퇴 수당. 미국 북장로교회 해외선교본부 실행위원회 회의록, 1837~1919년 (1906년 2월 19일)

한국. M. E. 브라운 양, 은퇴 수당. 선교지의 의료 선교사들과 이 나라의 선교본부 의료 자문인 데이비드 보베어드의 의견에 비추어 볼 때, 한국 선교부의 메리 E. 브라운 양이 건강이 좋지 않기 때문에 선교지로 돌아가는 것은 현실적으로 불가능할 것이며, 선교본부는 고국의 보다 나은 여건 속에서 그녀의 건강이 온전히 회복되기를 간절히 바라는 마음과 기도로 그녀에게 깊은 애도를 표한다. (......) (진단서, 에비슨 박사, 허스트 박사, 1905년 10월 1일; 보베어드 박사, 2월 11일; 편지, 타녹스 박사, 10월 28일)

Korea. Miss M. E. Brown, Retiring Allowance.
Minutes [of Executive Committee, PCUSA], 1837~1919
(Feb. 19th, 1906)

Korea. Miss M. E. Brown, Retiring Allowance. In view of the opinion of the medical missionaries on the field and of Dr. David Bovaird, the Board Medical Adviser, in this country, that it would be impracticable for Miss Mary E. Brown, of the Korea Mission to return to the field on account of ill health, the Board expressed its deep sympathy with her and its earnest hope and prayer that in the more favorable conditions of the homeland her health may be fully restored. (......) (Medical Certificate, Dr. Avison, Dr. Hirst, October 1st, 1905; Dr. Bovaird, Feby. 11; Letter Dr. Thanoks, October 28th.)

19060300

제니 B. 에비슨, 한국 기독교 여자 도르가 회(會).
The Korea Mission Field (서울) 2(5) (1906년 3월호), 85~87쪽

O. R. 에비슨 부인, 서울

그림 17. 도르가.

우리는 병원의 침대용 천과 환자복이 필요하였고, 그것은 내게 꿈처럼 다가왔다. - 왜 한국 여자들은 그들의 아픈 형제자매들을 돕지 않을까? 우리의 기독교인들 가운데에는 그런 일을 하고 싶어 할 만큼 그리스도의 사랑을 충분히 가지고 있는 사람들이 틀림없이 적어도 몇 명은 있을 것이다. 그래서 나는 우리 전도부인과 그것에 대하여 이야기하면서 그녀가 어떻게 생각하는지 물었고, 미국의 우리 도르가 회(會)의 목표가 무엇이고 그들이 성취하는 좋은 일 등에 대하여 그녀에게 이야기해 주었다.[55] 그녀는 그것이 좋은 일이라고 생각하였기 때문에 우리는 1월 5일에 모임을 조직하였고 8명의 여자들로 시작하였다. 나는 그들이 만들 천을 준비하였다. 그것은 중간을 (감침질하거나 바느질하여) 꿰맨 다음 가장자리를 감침질할 두 폭의 표백하지 않은 옥양목이다. 나는 각 사람에게 천을 한 장씩을 주고 우리가 모인 목적을 설명하고 고국에 있는 그러한 단체의 수와 그들이 하는 일에 대하여 말한 다음, 나는 신약성서에서 도르가의 이야기를 읽게 하였고, 그들이 미국의 여성들과 달리 글을 읽을 기회가 거의 또는 전혀 없었기 때문에 서로 이야기하고 험담하는 대신에 마음을 발전시켰다는 것을 알게 되었다. 마침 우리 회원 중 한 명이고 훌륭한 낭독자인 여학교 교사가 다른 사람들이 바느질을 할 때 천로역

---

55) 사도행전 9장 36~43절에 언급되어 있다. 도르가(Dorcas)는 가난한 사람들을 위해 옷을 꿰매어 주는 '선한 일과 자비로운 행동'으로 알려져 있다. 그녀가 죽었을 때, 공동체의 과부들은 슬퍼하며 가까운 룻다에 있는 베드로에게 급히 사람을 보냈다. 그녀의 사랑의 증거로 그녀가 바느질한 옷을 그에게 보여주자 그는 그녀를 죽음에서 일으켰다고 한다. 그녀는 가톨릭교회, 동방정교회 및 일부 개신교 교파에서 성인으로 추앙받고 있다.

정을 읽어주게 하였다. 그들은 그것을 매우 즐기는 것 같았고 그녀가 독서에 지쳤을 때 우리는 책 없이도 부를 수 있을 만큼 모두가 친숙한 찬송가 몇 곡을 함께 불렀다. 낭독자는 읽으면서 모두가 이해할 수 있도록 설명하였으며, 우리는 모두가 이야기를 이해하고 즐기기를 원하였기 때문에 순서대로 배열되도록 미리 준비한 질문에 대답하였다. 헤어지기 전에 우리는 차 한 잔과 케이크 한 조각을 먹었다. 각자 오후에 홑이불 한 장씩 완성하였다. 모두들 오후 시간을 충분히 즐긴 것처럼 보였으며, 우리는 더 즐겁고 유익한 시간을 함께 할 수 있기를 바라고 있다.

우리 전도부인은 먼저 매일 진료소를 찾아오는 대기 환자들을 방문하여 똑같은 옛날 이야기를 하며 대화를 나눈다. 어떤 사람들은 잘 들으며, 그녀를 집으로 초대하여 자신들에게 더 많은 것을 이야기하게 하는데, 그녀는 항상 초대를 기꺼이 받아들이고 잘 활용하지만, 다른 사람들은 전혀 들으려 하지 않는다. 얼마 전에 한 여자가 잠시 듣고 나서 말하였다. "그런데 당신의 말대로라면 돌아가신 내 부모님과 친구들은 모두 지옥에 가 있겠네요. 아무리 좋은 곳이라도 나 혼자 천국에 간다면 무슨 기쁨이 있겠어요? 우리가 죽은 뒤에 갈 곳이 있다면 아무리 힘들어도 그들이 있는 곳으로 가고 싶어요." 다른 부인은 많은 여자들이 모여 빨래를 하는 큰 개울로 자주 내려가서 전도를 하는데 다음과 같이 말하였다. "왜! 당신은 죽었다가 돌아왔어요? 아니면 우리가 죽은 후에 갈 곳이 있다는 것을 어떻게 알아요? 말도 안 돼, 아무도 몰라요. 당신은 미쳤어요. 우리는 불과 같아 죽을 때 연기를 조금 내고 나가면 끝이에요." 그리고 또 다른 여자는 병원에서 다리를 절단하고 이곳에서 신자가 되었으며, 그녀의 믿음이 굳건한지 확인하기 위하여 방문하였는데, 그녀는 자신이 옳다고 믿었고 자신의 믿음을 잃고 싶지 않았지만 그 때문에 많은 핍박을 받았고, 그냥 죽어서 좋은 곳으로 갈 수 있게 되기만을 바랄 수밖에 없다고 말하였다. "예, 하지만," 전도부인이 말하였다. "이제 당신은 특권뿐 아니라 책임도 가지고 있지 않습니까. 당신은 핍박을 개의치 말고 당신을 위하여 많은 것을 담당하신 예수를 위하여 참고 들으며 당신 남편과 가족도 이 교리를 믿도록 도우세요. 그들도 이 좋은 곳으로 갈 수 있어요." 그녀는 삶의 이유가 있다는 생각에 기뻐하였고 큰 위로를 받았다. 그녀는 물론 걸을 수 없지만 훌륭한 독서가이며 이제 신자가 되었기 때문에 많은 사람을 구주께로 인도하는 도구가 될 수 있는데, 아마도 그녀는 돌아다니면서 이 일을 할 수 없게 다른 일로 너무 바쁘게 되지 않기 때문일 것이다. 그녀는 같은 날 이곳의 친구를 만나러 제물포에서 온 다른 여자를 방문하였다. 이 여자는 "물론 나는 제물포에 교회가 있고, 신자가 많지만 그곳으로 가는 사람들은 모두 읽을 줄 안다고 생각하였고 내가 읽을 수 없어 그것이 내게 맞지 않는다고 생각하고 가지 않았어요."라고 말하였다. 그러나 그녀는 글을 읽을 수 없어도 믿을 수 있고, 내야 할 쌀도 없고, 그녀가 죽어서 갈 좋은 곳이 있다는 말을 듣고 흐느껴 울었고 눈물이 뺨을 타고 흘러내리는 가운데 말하였다. "누구에게나 이런 사랑을 보여주는 곳이 있나요? 과연 그럴 수 있나요? 저를 위한 것인가요? 너무 기쁘고 너무 행복해요. 이제부터 나는 이 예수의 교리를 믿고 더 배우려고 애쓸 거에요." 같은 집에 있는 다른 여자는 여러 번 들었지만 아직 결심하지 않았다.

전도부인은 매일 입원 환자들을 개별적으로 방문하여 그들과 이야기하고 글을 읽을 수 없는 사람을 가르치며, 그들이 우리를 떠난 후에 그들의 집을 방문하며 종종 그렇게 하기 위해 먼 거리를 간다. 그녀는 이 근처의 많은 마을을 방문하였고 가능한 한 남대문 밖에 있는 거의 모든 집을 방문하고 있다. 그녀는 심지어 무당집에도 가보았고 여자들이 모여 빨래하는 산의 계곡이나 다른 곳을 방문한다. 그녀는 믿는 모든 사람, 그녀가 하는 모든 방문, 그녀가 배포하는 모든 소책자와 책, 매일 진료소에 오는 모든 사람을 기록하고 있으므로 그녀의 시간은 아주 가득 차 있다. 그녀는 매일 나에게 보고하며, 나는 올해 집안일 때문에 그녀와 함께 갈 수 있는 특권을 가질 수 없기 때문에 매일 그녀의 보고를 듣고 그녀에게 지시하며 약간의 도움을 줄 수 있다는 것이 큰 위로이자 기쁨이다. 하나님께서 그녀를 사용하고 계시며, 그녀가 축복을 받고 하나님께서 그녀에게 맡기신 좋은 일에서 번창할 수 있도록 여러분들이 기도해 줄 것이라고 확신한다.

Jennie B. Avison, A Dorcas Society among the Korean Christian Women. *The Korea Mission Field* (Seoul) 2(5) (Mar., 1906), pp. 85~87

By. Mrs O. R. Avison, Seoul.

We were needing bed-linen and clothing for the Hospital and it came to me like a dream - why should the Korean women not help their own sick sisters and brothers? At least there must be some among our own Christians who have enough of the love of Christ in their hearts to want to do this. So I had a talk with our Bible woman about it, asking her what she thought about it and telling her of our Dorcas Societies in America, what their object is, the good they accomplish, etc. She thought it would be a good thing so we organized our Society on January 5th and had eight women to begin with. I had sheets ready for them to make. They consisted of two breadths of unbleached muslin to be sewed (hemmed or top-sewed) through the middle and then the hems basted in afterwards. I gave each one a sheet to make and, after explaining the purpose for which we had met, telling of the numbers of such Societies we had at home and the good they were doing, I had the story of Dorcas read from the New Testament and then, knowing that, unlike the women of America, they had had little or no opportunity to read and so improve their minds, instead of letting them just talk and gossip with each other. I had our girls school teacher, who happened to he one our number and is a good reader, read Pilgrim's Progress to the others as they sewed. They seemed to enjoy it greatly and when she was tired reading we sang together some of the hymns that all were familiar enough with to sing without books. The reader explained as she went along so all could understand, and answered questions, having arranged before hand that questions would be in order at any time as we wanted a all to understand and enjoy the story. Before dispersing we had a cup of tea and a piece of cake. Each finished a sheet in the afternoon. All seemed to thoroughly enjoy the afternoon and we hope to have many more such pleasant as well as profitable times together.

Our Bible woman first visits and talks with waiting patients who come to the dispensary every day, telling the same old story. Some listen well and invite her to their home to tell them more, which invitation she is always eager to accept and make good use of, and then others don't want to hear at all. The other day one woman said. after listening a while, "Well, according to your story, my parents and all my friends who have died are gone to hell. What pleasure would there be for me to go to heaven alone even though it be a good place? I want to go where they are even through it's ever so bad, if there is a place to go to after we die." Another woman down by the big stream where she often goes to preach as there are many women gathered washing there, said, "Why! have you died and come back or how do you know there is a place to go to after we die? It is all nonsense; nobody knows and you are crazy. We are just like a fire, when we die we just go out after a little smoke and that is the end." Again, another woman, who had had her leg a amputated at the Hospital and became a believer while here and was visited to see whether her faith was remaining steadfast, said that while she believed all right and had no desire to lose her faith she was being persecuted greatly on that account and could not help wishing that she could just die and go to that good place. "Yes, but," said the Bible woman, "don't you have a responsibility now as well as a privilege. You must not mind the persecution but hear it patiently for Jesus's sake who has borne much for you, and help bring your husband and family to believe this doctrine as you do, so they can go too to this good place." She was delighted and greatly comforted to feel that there was something for her to live for. She cannot walk of course but she is a good reader and now that she is a believer may be the instrument of bringing many to the Savior, more, perhaps, because she cannot go about and do other things which would make her too busy to do this. She visited another woman from Chemulpo the same day, who was on a visit to her friends here. This woman said "Why, I have known of the Church in Chemulpo and that they had many believer but I supposed all could read who went there and as I could not read I did no go, supposing it was not for me." But when she heard that she could believe even though she could not read and that there was no rice to pay and that there was a good place to go to after she died, she wept, the tears rolling down her cheeks, saying, "Was there ever such love shown to anyone? Can it be true? And is it for me? I am so glad and so happy. From now on I shall believe this Jesus doctrine and try to learn more." Another woman in the same house had heard many times but as yet had not decided.

The Bible woman visits the inpatients individually every day, talking with them and teaching any who cannot read to do so and she visits them in their houses after they leave us, often going many miles to do so. She has visited many of the villages near here and is going from house to house entering every house outside the South Gate where possible; she has even been to the sorceress' place and visits the mountain streams and different places where the women are gathered washing. She is keeping a record of all who believe, all the visits she makes, all the tracts and books she distributes, and all who come to the dispensary from day to day, so her time is very full. She reports to me every day and as I am not privileged this year, on account of home duties, to go and do with her, it is a great comfort and pleasure to hear her reports and be able to direct her and help a little in that way from day to day. God is using her and I am sure we will have your prayers that she may be blessed and prospered in the good work He has put in her hand.

캐서린 C. 웸볼드(서울)가 아서 J. 브라운(미국 북장로 교회 해외선교본부 총무)에게 보낸 편지 (1906년 3월 19일)

(중략)

에비슨 박사는 병원 업무, 외국인에 대한 빈번한 왕진, 그리고 병원에서의 강의로 매우 바쁘게 지내고 있습니다. 그는 이 교육에 특별한 주의를 기울이며, 아무 것도 방해하지 않게 하고 있습니다. 그는 의학을 공부하고 동시에 많은 급여를 받고자 하는 한국인들로부터 지원서를 자주 받고 있습니다.

(중략)

Katherine C. Wambold (Seoul), Letter to Arthur J. Brown (Sec., BFM, PCUSA) (Mar. 19th, 1906)

(Omitted)

Dr. Avison keeps very busy with his work in the Hospital, his frequent calls to foreigners and his teaching in the Hospital; he takes special care about this teaching, and lets nothing interfere. He frequently gets applications from Koreans who wish to study Medicine and draw a large salary at the same time.

(Omitted)

올리버 R. 에비슨(서울), 일본인 교사 고용을 위한 평양 지부의 요청에 대한 의견 (1906년 4월)

일본인 교사 고용을 위한 평양 지부의 요청에 대한 의견

1. 언급된 특정인을 확보할 수 없더라도 만일 그러한 교사가 필요하다면, 그러한 교사의 고용 문제에 대한 투표가 우선적으로 이루어져야 한다고 제안하며, 그렇게 되어야 이 사람을 얻을 수 없는 경우 다른 사람을 고용할 수 있는 길이 열릴 수 있습니다.
나의 투표는 그러한 제안에 찬성하는 것이 될 것입니다.
2. 만일 그러한 교사가 필요하다면, 코 대학의 특정 부서가 그를 파송하고 지원하는 방도를 알 수 없더라도 그는 필요하므로 나는 코 대학이 그것을 받아들이지 않을 경우를 대비하여 이전의 교부금 외에 어떤 출처이든 그 경비가 보장된다면 교사를 고용할 수 있도록 제안이 확대되어야 한다고 생각합니다.

하지만 이와 관련하여 나는 지난 가을 세브란스 병원의 일본인 간호원 고용 문제에 대한 선교부의 입장이 이제 이 문제에 적용되어야 하며 제안된 그러한 교사는 학당 수입에서 지급되어야 합니다. 일본어는 배우고자 하는 사람들이 지불해야 하는 추가 비용으로 간주될 수 있기 때문에 이것은 적절한 방침으로 보입니다. 하지만 이것이 이론적으로는 옳을 수 있지만 실제로는 불가능할 수 있으며, 그래서 나는 이 안을 결론으로 밀어붙이는 것에 관심이 없지만 평양 지부가 선교지에서 돈을 모으는 것이 불가능하다고 판단한다면 평양 지부에서 제안한 것과 같은 방법으로 급여를 인상할 수 있도록 투표할 것입니다.

O. R. 에비슨

Oliver R. Avison (Seoul), Notes on Request of Pyeng Yang Station for Employment of a Japanese Teacher (Apr. 1906)

Notes on Request of Pyeng Yang Station for Employment of a Japanese Teacher

1. If such a teacher is needed at all he is needed even though the particular man mentioned cannot be secured and therefore I suggest that the vote should be first on the question of the employment of such a teacher, so that the way may be open for the engagement of another man should this one not be obtainable.

   My vote would be in favor of such a motion.

2. If such a teacher is needed at all he is needed even though the particular institution of Coe College cannot see its way to send him and support him, therefore I think the motion should be broadened to make it possible to engage the teacher provided the expenses of such are guaranteed from any source over and above former grants in case Coe College doest not take it up.

In this connection, however, I feel that the stand taken by the Mission last autumn in the matter of the employment of Japanese nurses in Severance Hospital should be now taken in this matter and such a teacher as is proposed should be paid out of the revenues of the Academy. This seems the proper course also because Japanese may well be considered on extra for which those who want to learn it should pay. While, however, this may be theoretically correct it may not be practicable and so I do not care to press the idea to a conclusion but will vote to allow the salary to be raised by some such method as is suggested by Pyeng Yang Station, if that station find it impracticable to raise the money on the field.

O. R. Avison

올리버 R. 에비슨(서울)이
존 T. 언더우드(뉴욕 시)에게 보낸 편지 (1906년 4월 2일)

미국 북장로교회 선교부   **세브란스 병원**   한국 서울

O. R. 에비슨, 의학박사   J. W. 허스트, 의학박사

> 접수
> 1906년 5월 9일
> 브라운 박사

1906년 4월 2일

존 T. 언더우드 씨,
    뉴욕 시

친애하는 언더우드 씨,

저는 세브란스 병원의 커일러와 그렉 기념 침상에 대한 커일러 선교대의 기부에 관한 귀하의 2월 28일자 친절한 편지에 진심으로 감사드리며, 최근 결정된 병원 재정에 대한 전체 보고서를 귀하께 보내게 되어 매우 기쁩니다.

이 보고서에서 귀하는 우리의 수입원이 다음과 같다는 것을 아실 것입니다.

1. 한국인 환자로부터의 수입
2. 외국인들에 대한 외부 진료에 의한 수입
3. 거의 한국에서 선교본부와 무관하게 단체와 개인으로부터 받은 기부금
4. 선교본부 재무로부터의 교부금

1904년 9월 새 병원의 개원으로부터 1906년 2월까지 약 17개월 동안의 총 지출은 6,385달러이었으며, 한국인 환자 및 병원 진료(병원의 외국인을 일부 포함)로 1,650달러를 벌어 다른 수입원이 없었다면 4,388달러의 적자가 발생하였을 것입니다.[56]

하지만 많은 친구들이 총 1,130달러를 기부하였으며, 폐하는 우리에게 500달러를 보내 적자를 2,758달러로 줄였습니다.

다행히도 재정적인 면에서 저는 연봉 75파운드, 즉 365달러에 영국 공사관의 의사로 임명되었으며, 전쟁이 계속되는 동안 저는 영국 근위대의 의사로 활동하며 우리는 500~600달러를 벌었습니다. 또한 얼마 전에 영국 교회 선교

---

56) 수입의 계산이 정확하지 않다.

부가 서울에서 병원 업무를 닫았고 의사가 떠나면서 서울의 거의 모든 외국인 진료가 우리에게 맡겨졌습니다. 이 모든 업무가 다른 의무에 추가됨으로써 우리는 위에 언급한 총 1,720달러를 포함하여 수익을 추가 할 수 있었고, 적자를 다시 1,038달러로 줄였습니다. 이것은 수입 목록의 네 번째 항목, 즉 선교본부의 교부금으로 충당되었습니다. 이 교부금에는 커일러 선교대의 기부금이 포함되어 있는 것을 알 수 있으며, 저는 그래서 귀하께서 그것들이 필요하였는지 여부를 스스로 판단할 수 있고, 또한 그것들이 필요했는지의 여부와 여전히 필요한 지의 여부에 대하여 머리속에 그릴 수 있을 것이라고 생각합니다. 만일 그러한 기부와 다른 것들이 중단된다면, 다른 모든 수입원이 계속 유지되고 우리의 지출이 증가하지 않더라도 우리는 상당한 적자를 보게 될 것입니다. 그리고 귀하께 보내드리는 *Korea Review*에 실린 저의 최근 보고서57)를 읽어보시면 우리 지출의 상당한 증가가 절실히 필요함을 알게 될 것입니다. 그런 다음 위에서 언급한 수입 문제에서 영국 근위대가 떠나면서 연간 약 500달러에 해당하는 수입원 하나가 중단되고, 황제의 선물이 반복되지 않을 수 있으며, 다른 의사가 서울에 살면서 진료한다면 우리의 외국인 진료는 필연적으로 심각한 영향을 받을 수밖에 없기 때문에 우리는 지난 17개월 동안의 현재 보고서가 보여주는 것처럼 또 다른 해에 우리가 바라던 대로 될 것인지 전혀 확신할 수 없습니다.

한국 정부가 연간 약 1,800달러에 해당하는 보조금을 줄 가능성이 있지만 너무 오래 질질 끌어 그것에 대하여 별로 확신하고 있지 않으며, 그러한 경우에도 *Korea Review*의 기사에 표시된 일부 분야의 업무에 필요한 확장을 충족시키기 위해 거의 전적으로 필요할 것입니다.

따라서 저는 현재 고국 교회가 우리에게 준 기부금 중 일부가 전용된 것을 참으로 유감스럽게 생각하며, 선교본부가 우리의 입장과 우리가 요청하고 선교본부의 재무가 받은 아주 적은 액수가 중단되지 않는 것이 얼마나 필요한지 알 수 있도록 이 보고서의 사본을 그들에게 보낼 것입니다.

2년도 채 되지 않아 사업을 발전시켜 한국 각지에서 수입과 기부를 가져다주신 하나님의 축복으로 우리는 선교본부의 추가 비용을 들이지 않고 이전보다 훨씬 더 크고 효과적인 의료 기지와 사업을 지원할 수 있었던 것 때문에, 몇 년의 경험을 통하여 우리의 사업이 정말로 정착되고 우리의 수입이 실제 필요한 경비를 충당할 뿐 아니라 불가피하게 필요한 사전 비용을 충당하기에 충분하다는 것이 확실하게 명백해질 때까지 선교본부가 고국으로부터의 통

---

57) Severance Hospital. *The Korea Review* 6(2) (Feb., 1906), pp. 62~67

상적인 기부로부터 우리를 차단하려는 이유로 고려하지 않을 것이라고 저는 확신하고 있습니다.

저는 즉시 커일러 선교대에 직접 편지를 쓸 것이며, 그들이 우리의 상황을 이해할 수 있도록 이 편지를 볼 수 있기를 바라고 있습니다. 이것은 선교지에서 우리에게 큰 도움이 될 것이며, 선교본부 재무가 특별 기부금을 받았다는 사실을 알게 되고 기부자가 동시에 우리에게 알려준다면, 기부자 자신이 기부를 우리에게 알려주는 경우를 제외하고, 우리가 기부에 대하여 알지 못한 결과 교신의 착오가 발생하지 않기에 선교본부에 도움이 될 것이라고 생각합니다. 커일러 선교대의 경우, 처음 기부받았을 때, 그리고 제가 한국으로 돌아온 후에 한두 통의 편지를 받은 것 같은데, 기부가 계속되고 있다는 소식을 전혀 받지 못하였습니다.

이제 저는 이 문제에 대하여 선교대에 편지를 썼어야 했지만 저 자신도 책임에서 자유롭지 못하며, 앞으로 이 문제에 대하여 실수를 범하지 않을 것입니다. 저는 선교 사업의 이 분야에 대한 선교대의 지속적인 관심을 대단히 기쁘게 생각하며, 선교대와의 관계가 약해지기보다는 강해지기를 바라고 있습니다. 저는 선교본부의 재무에게 귀하의 기여를 보고하도록 요청하는 것이 좋은 일이라고 생각하며, 그렇게 되면 이것에 대하여 우리가 귀하게 감사를 드릴 수 있을 것입니다. 그리고 만일 그다지 문제가 되지 않는다면 선교대의 서기가 특정 기부금을 선교본부로 보냈다는 엽서나 짧은 편지를 보낸다면 이곳에서 대단히 좋을 것입니다.

저는 3개월마다 선교대에 편지를 보내도록 노력하겠습니다.

1900년 미국에 있었을 때, 저는 1년 동안 침대 1개의 대략적인 비용을 통상적인 음식물과 의약품을 포함하여 30달러로 제시하였습니다. 모든 제품의 가격이 너무 많이 올랐기 때문에 현재 동일하게 제공하는데 50달러가 소요됩니다. 이것은 감사를 받으려면 기부금이 병상당 50달러까지 증가되어야 한다고 말씀드리는 것이 아니라, 귀하게 단지 현재 상황을 알려 드리기 위함입니다.

귀하의 관심에 감사를 드립니다.

안녕히 계세요.
O. R. 에비슨

Oliver R. Avison (Seoul),
Letter to John T. Underwood (New York City) (Apr. 2nd, 1906)

Mission of Presb. Church in U. S. A.

O. R. Avison, M. D.

Severance Hospital.

Seoul, Korea

J. W. Hirst, M. D.

Received
MAY 9 1906
Dr. Brown

April 2, 1906

Mr. John T. Underwood,.

New York City

Dear Mr. Underwood,

I thank you very much for your kind letter of Feb. 28th ult. referring to the contributions of the Cuyler Mission Band to the Cuyler and Gregg bed in the Severance Hospital, and I am very glad to send you a full statement of the Hospital Finances as we have just recently determined them.

From this statement you will see that our sources of income have been

1. Receipts from Korean patients.

2. Receipts from outside practice amongst foreigners.

3. Donations from Societies and individuals given independently of the Board, nearly all from Korea.

4. Grants from the Board's Treasury.

The total expenditure from the opening of the new hospital in Sept. 1904 to Feb. 1906 a period of about seventeen months was $6385.00, and towards the meeting of this expenditure our Korean patients and hospital practice (including some of the foreign hospital patients) realized $1650.00; so that if no other sources of income had opened to us we should have had a deficit of $4388.00.

However, numerous friends contributed the total sum of $1130.00; and His Majesty the Emperor sent us $500.00 which reduced the deficit to $2758.00.

Fortunately, also, for our finances, I received the appointment of physician to the British Legation at a salary of 75 pounds a year which produces about $365.00, and while the war continued I also acted as surgeon to the British

Guards which realized us $500.00 to $600.00. Sometime ago, also, the English Church Mission closed its hospital work in Seoul and the physician went away, leaving to us nearly all the foreign practice in Seoul, so that by adding all this work to our other duties we were able to add to our revenues, including the items mentioned above the total sum of $1720.00, again reducing our deficit to $1038.00 which has been met out of the fourth item in our list of receipts, viz. the Board's grant. Included in this grant the gifts of the Cuyler Mission Band will be found, I presume, so you can judge for yourself whether they have been needed, and also can form an idea whether they have been needed, and also can form an idea whether they are still needed. If those gifts and others are cut off we shall, provided all other sources of income continue, have a considerable deficit, even though our expenditures should not increase; and a perusal of my recent report published in the "Korea Review", a copy of which I send you, will show you the imperative need of a considerable increase in our expenditures. Then in the matter of receipts mentioned above, the departure of the British Guards cut off one source of revenue equal to about $500. per year, and the Emperor's gift of $500. may not be repeated, while our foreign practice would necessarily be seriously affected should another physician come to live and practice in Seoul, so that we cannot be at all certain that during another year we can come off even as well as our present report shows for the past seventeen months.

There is some possibility that the Korean Government may give us a subsidy equal to about $1800 per year, but it has been hanging fire so long that I do not feel much certainty about it, and even then it will doubtless be needed almost entirely to meet necessary extension in the work along some of the lines indicated in the article in the "Korea Review".

I shall therefore be very sorry indeed to have any of the contributions of the Home Church diverted from us at the present time and, in order to enable the Board to see just how we stand, and how necessary it is that the way very small amount which we have so for asked and received from the Board's Treasury be not discontinued, I shall send them a copy of this statement.

The fact that we have in less than two years developed the work so that by God's blessing in bringing to us earning and gifts from various quarters in Korea we have been able to support a much greater and more effective medical plant and work than before, without any extra cost to the Board will not I am sure be considered by the Board as a reason for shutting off from us the usual contributions from Home until it has become definitely evident, from the experience of several years, that we are really on our feet and that our own revenues are sufficient not only to cover the cost of actual necessities, but also to meet the cost of such advance as will inevitably become necessary.

I shall write directly to the Cuyler Mission Band right away and will hope that you will let them see this letter so that they will understand our situation. It would be a great help to us on the Field and I think beneficial to the Board were we made acquainted with the fact that special donations had been received by the Board Treasurer, the donor being at the same time reported to us, so that there would not occur these lapses in correspondence which result from our lack of knowledge of the donors, except in cases where the donors themselves report their contributions to us. In the case of the Cuyler Mission Band while I had received the first gifts, and I think one letter or two after my return to Korea, I received no word of the continuance of the Contribution.

Now, I am not free from blame in this matter myself as I should have written to the Guild on the subject, but in the future I will not fail in this matter. The continued interest of the Guild in this department of Mission work is very pleasing to me and I hope our connection with the Guild may grow stronger rather than weaker. I think it will be a good thing to ask the Treasurer of the Board to report to us your contribution, so that we may keep you credited at this end, and if not too much trouble a postcard or note from the Secretary of the Guild stating that a certain contribution has been sent to the Board will be very welcome here.

I on my part will try to send a letter to the Guild every three months.

When I was in America in 1900 I gave $30.00 as the approximate cost of a bed for one year, that amount covering ordinary food and medicine. Prices of all products have risen so much that it takes $50.00 now to provide the same. This is not to say that the contribution must necessarily go up to $50.00 per bed to be recognized, but just to let you know the present conditions.

With many thanks for your interest.

Yours sincerely,
O. R. Avison

승정원 일기 (1906년 4월 5일)

조령을 내리기를,

"미국 사람 언더우드는 우리나라에 오랫동안 있었던 노고가 있고, 영국 의사 에비슨은 누차 시술한 공로가 있으니, 모두 특별히 훈4등에 서훈하고 각각 태극장을 하사하라." 하였다.58)

Diaries of the Royal Secretariat (Apr. 5th, 1906)

敍 美國人 元杜尤 等 勳

詔曰, 美國人 元杜尤, 有久駐本邦之勞, 英國 醫師 魚飛信, 屢有試術之效, 并特敍勳 四等, 各賜太極章

---

58) 이 기사는 다음의 자료에도 실렸다. 일성록(광무 10년 4월 5일)

올리버 R. 에비슨(서울)이 아서 J. 브라운(미국 북장로교회 해외선교본부 총무)에게 보낸 편지 (1906년 4월 9일)

미국 북장로교회 선교부

O. R. 에비슨, 의학박사

세브란스 병원

한국 서울

J. W. 허스트, 의학박사

서울,

1906년 4월 9일

접수
1906년 5월 9일
브라운 박사

신학박사 A. J. 브라운 목사,
    뉴욕 시 해외선교본부 총무

친애하는 브라운 박사님,

몇 년 동안 세브란스 병원의 커일러 및 그렉 침대를 위한 기부금을 선교본부 재무에게 보냈던 브루클린에 있는 라피엣 애버뉴 교회의 커일러 선교대는 최근 존 언더우드 씨를 통하여 저에게 연락하였는데, 병원이 충분하게 기부를 받고 있거나 어쨌든 자립하고 있으며, 그들의 기부금을 더 이상 그 기관에 줄 필요가 없다는 말이 자신들에게 간접적으로 전달되었다며 이 문제에 대한 정보를 저에게 요청하였습니다. 저는 그들의 질문에 응답하였고, 언더우드 씨에게 보낸 편지의 사본[59]을 동봉하는데, 그것은 그들과 귀하께 기관의 현재 상태를 명확하게 알려줄 것이라고 생각하고 있습니다. 제가 지금까지 우리가 꽤 잘해왔다고 말할 때 박사님은 저를 자랑한다고 비난하지 않을 것이라고 생각하며, 제 말을 믿을 것이라고 확신합니다. 우리가 확고하게 자리를 잡아 선교본부의 도움을 요청할 필요가 없게 될 때 우리는 기쁘겠지만, 우리는 기관을 확고한 기반 위에 놓고 철저한 업무를 위하여 노력하고 있는데 이것은 비용을 의미합니다. 지금까지 우리는 비용이 더 많이 들었지만 선교본부 교부금의 증액을 요청하지 않았으며, 시간이 지남에 따라 선교본부의 교부금의 필요성이 줄어들기를 희망하고 있지만 아직 박사님을 붙잡는 것을 포기할 준비가 되지 않았으며 박사님이 우리처럼 그것을 보기를 바라고 있습니다.

노동자 계층의 열병, 매우 아프고 돈을 지불할 수단도 없이 우리에게 오는

---

59) Oliver R. Avison (Seoul), Letter to John T. Underwood (New York City) (Apr. 2nd, 1906)

철도 노무자들 때문에 올해는 우리에게 힘든 한 해인데, 상응하는 수입의 증가 없이 우리의 비용이 더 많기 때문입니다.

하지만 저는 황제를 정기적으로 진료하고 있으며, 그는 병원을 위하여 무엇인가를 하겠다고 말하였지만 그것이 어떻게 될지는 모르겠습니다. 저는 통역과의 대화에서 그에게 영국의 '에드워드 왕 병원 기금'에 대하여 이야기 하였고 다른 한국인들이 그것에 더 적극적인 관심을 갖기를 희망하면서 황제가 시작할 기금을 제안하였습니다. 오늘이 되어서야 통역은 폐하께서 다시 그 일에 대하여 말씀하셨고 무엇인가를 하려 하신다고 말하였습니다.

저는 지난 11월부터 거의 매일 궁궐에서 진료를 하였고, 종교, 과학 및 기타 주제 등 다양한 주제에 대하여 황제와 많은 흥미로운 대화를 나누었으며, 그에게 한국 찬송가 1권과 영어와 한문으로 된 성경을 선물하였습니다. 국한문 성경이 현재 그를 위하여 특별히 제본되고 있습니다. 오늘 그는 말라리아의 원인에 대하여 물었고, 저는 그에게 혈구 내에 병원충의 발달과 모기를 매개로 한 확산, 그리고 그것을 제어하기 위한 시도에 대하여 설명하였습니다.

우리는 모두 건강하며, 선교본부 사무실과 박사님의 댁에서 모두 건강하기를 바랍니다.

안녕히 계세요.
O. R. 에비슨

Oliver R. Avison (Seoul),
Letter to Arthur J. Brown (Sec., BFM, PCUSA) (Apr. 9th, 1906)

Mission of Presb. Church in U. S. A.

Severance Hospital.

Seoul, Korea

O. R. Avison, M. D.

J. W. Hirst, M. D.

Seoul,

Ap. 9, 1906

Rev. A. J. Brown, D. D.,

Secy., B. of F. M., New York

Dear Dr. Brown: -

The Cuyler Mission Guild or Band of Lafayette Ave. Church, Brooklyn, having for several years sent to the Board Treasurer a contribution for the Cuyler & Gregg Bed in the Severance Hospital recently communicated with me through Mr. John Underwood, stating that word had reached them indirectly that the Hospital is now fully endowed or at any rate self supporting and that their contributions need be no longer applied to this object and asking me for information on this matter. I replied to their enquiry and enclose herewith a copy of my letter to Mr. Underwood, which I think will make the present status of the institution clear to them and you. I think you will not accuse me of boasting when I say I feel that we have done fairly well so far and I am sure you will believe me when I say. I shall be glad, when we get so firmly established that we shall not need to look to the Board for assistance but we are trying to get the institution on a firm foundation and to provide for thorough work and this means expense. So far we have not called for any increase in the Board Grant although our expenses have been greater and we hope that as time passes the need for the Board grant will grow less but we do not feel ready yet to give up our hold on you & hope you will see it as we do.

This year is a hard one for us because we have had and are still having a big run of fever cases from the laboring classes, railroad coolies who come to us very ill and without any means of paying & so our expenses are heavier without corresponding increase in revenues.

I am however in regular attendance on the Emperor and he has said he will do something for the hospital, but what it will be I do not know. I have, in conversation with the interpreter told him of the King Edward Hospital Fund in England and suggested an endowment Fund to be started by the Emperor with the hope that other Koreans will then take a livelier interest in it. Only today the interpreter told me His Majesty had been again talking of it and that he fully intended to do something.

I have been in almost daily attendance at the Palace since last November and have had many interesting conversations with the Emperor on a variety of topics, religions, scientific & others and have presented him with a copy of our Korea Hymnbook and also with the Bible in English and Chinese. A copy of the New Testament in mixed Script is now being specially bound for him. Today he asked me about the cause of malaria and I gave him an account of the development of the plasmodium in the blood cells and of its spread through the medium of the mosquito and of the attempts that are being made to control it.

We are all well and hope all is well at the Board Rooms and at your home.

Very Sincerely,
O. R. Avison

회의록, 한국 선교부 서울 지부 (미국 북장로교회) 1891~1921
(1906년 4월 16일)

(중략)

게일 박사의 부재로 인한 교육 위원회의 공석에 빈튼, 에비슨 박사, 무어 씨가 지명되었으며, 투표 결과 빈튼 박사가 찬성을 받았다.

(중략)

Minutes, Seoul Station, Korea, 1891~1921 (PCUSA) (Apr. 16th, 1906)

(Omitted)

In the vacancy on Educational Committee caused by Dr. Gale's absence, Nominations were made: Drs. Vinton, Avison, Mr. Moore & ballot being taken election resulted in favor of Dr. Vinton.

(Omitted)

고종실록 (1906년 4월 28일)

조령(詔令)을 내리기를, "미국인 언더우드[元杜尤]는 우리나라에 오랫동안 주재한 공로가 있고, 영국인 의사 에비슨[魚飛信]은 여러 번 시술(試術)한 공로가 있으니, 모두 특별히 4등에 서훈(敍勳)하고 각각 태극장을 하사하라."하였다.[60]

Annals of King Gojong (Apr. 28th, 1906)

詔曰 美國人 元杜尤 언더우드 有久駐本邦之勞, 英國 醫師 魚飛信 어비손 屢有試術之效, 竝特敍勳四等, 各賜太極章.

---

60) 이것은 관보 및 다음의 신문에 기사로 실렸다. 宮廷錄事. 관보 (1906년 5월 8일); 敍任 及 辭令. 관보 (1906년 5월 8일); 양씨 서훈. 대한매일신보(서울) (1906년 5월 8일); 서임 및 사령. 대한매일신보(서울) (1906년 5월 9일); 궁정록사. 황성신문(서울) (1906년 5월 9일), 1쪽; 관보. 황성신문(서울) (1906년 5월 9일), 1쪽

19060504

아서 J. 브라운(미국 북장로교회 해외선교본부 총무)이
호러스 G. 언더우드와 올리버 R. 에비슨(서울)에게 보낸 편지
(1906년 5월 4일)

1906년 5월 4일

신학박사 H. G. 언더우드 목사,
O. R. 에비슨 박사,
    한국 서울

친애하는 동료들께,

    우리에게 오는 보고서는 두 사람 모두에 관한 것이기 때문에 나는 이 편지를 여러분 각자에게 보내는 공동 편지로 쓰고 있습니다. 이 보고서는 경원선(京元線)과 관련한 일본 측의 바람에 관한 것입니다. 여러분들이 소유하거나 관리하고 있는 일부 부동산을 통과하도록 노선이 정해졌고, 귀하들은 통행권에 대하여 55,000엔을 요구하였다고 합니다. 일본인들은 이것을 갈취로 간주하고 2,000~3,000엔의 가치가 있는 것으로 추정하여 보상을 제안하였으며, 여러분들은 이것을 부당하다고 여겨 그 문제를 조사하도록 미국 및 영국 공사에게 의뢰하였고 그들은 5,000엔이 정당한 보상이 될 것이라는 의견을 표명하였습니다. 여러분들은 이것을 받기를 거부하였지만 15,000엔을 받겠다는 의향을 표명하였습니다. 지금 이 문제가 어떻게 해결될지는 모르겠지만 일부 비판이 우리에게 들려왔으며 여러분들이 55,000엔에서 15,000엔으로 내려간 사실 자체가 여러분들이 처음 제시한 액수가 불공평하였음을 나타냅니다. 서울에서 입에 오르내리고 있는 이 문제로 일본인들은 그것에 대하여 상당히 분노하고 있으며, 많은 외국인들이 그 거래가 선교 사업에 기여할 수 없다고 생각합니다.
    나는 우리가 이러한 비판을 받아들일 의사가 없다고 말할 필요는 없습니다. 우리는 여러분들을 너무 잘 알기에 부당한 일을 할 수 있다고 믿을 수 없습니다. 참으로 나는 두 분에 대한 개인적인 신뢰가 너무 강해서 이곳의 일부 사람들이 여러분들의 답장을 우리가 알고 있는 것이 현명할 것이라고 생각하지 않았다면 이 문제를 여러분들에게 전혀 언급하지 않았을 것입니다.

나는 우리에게 오는 대로 그 문제를 이런 식으로 여러분들 앞에 제시할 뿐입니다. 물론 여러분들은 어떤 설명을 쓰는 것에 대하여 여러분들이 최선이라고 생각하는 대로 할 것입니다. 나는 우리에게 온 불만이 선교부의 어느 구성원에게서가 아니라 전(前) 주한 미국 공사인 에드윈 모건 님과의 대화에서 나온 것이라는 점을 덧붙이고 싶습니다. 그는 여러분들과 전체 선교 단체에 대하여 매우 칭찬하는 말을 하였으며, 이 문제에서 여러분들의 개인적인 성격에 대하여 어떤 반성을 하는 것으로 이해되기를 원하지 않았습니다. 하지만 그는 여러분들이 실수를 저질렀다고 느끼는 것처럼 말하였습니다. 나는 그가 다른 사람 혹은 국무부에 어떤 말을 할지 알 수 없습니다. 그는 매우 신사답고 두 분 모두에게 친절하기 때문에 그럴 것이라고 생각하지 않습니다. 그러나 만약에 그가 그렇게 느낀다는 사실과 다른 출처에서 비판이 들어올 수 있는 가능성에 비추어 볼 때, 내가 말하였듯이 그것이 일어나야 한다면 우리가 그 문제를 현명하게 처리할 수 있는 위치에 있는 것이 현명하다고 느꼈습니다.

안녕히 계세요.
A. J. 브라운

Arthur J. Brown (Sec., BFM, PCUSA), Letter to Horace G. Underwood, Oliver R. Avison (Seoul) (May 4th, 1906)

May 4th, 1906

The Rev. H. G. Underwood, D. D.,
Dr. O. R. Avison,
    Seoul, Korea.

My dear Friends: -

I make this a joint letter sending a copy to each of you because the report that comes to us concerns both. This report relates to a desire of the Japanese in connection with the Seoul-Genshan Railway. It is alleged that the line was to run through some property that you owned or controlled and that you asked 55,000 Yen for the right of way. It is said that the Japanese regarded this as extortionate and offered compensation on the basis of the land taken estimated to be worth two or three thousand yen; that you regarded this as unjust and that the question was referred to the American and Britain Ministers who looked into the matter and expressed the opinion that 5,000 Yen would be a fair compensation. It is said that you declined to receive this but expressed your willingness to accept 15,000 Yen. Just how the matter rests now I do not know, but some criticism has reached us and it is urged that the very fact that you came down from 55,000 to 15,000 Yen indicates that your first figure was unfair. It is said that the matter is being talked about a good deal in Seoul, that the Japanese are quite angered about it, and that many foreigners believe that the transaction is not creditable to the missionary cause.

I need hardly say that we are not disposed to accept these criticism. We know you too well personally to believe you capable of anything that is unjust. Indeed my personal confidence in you both is so strong that I am not sure that I should mention the matter to you at all if it were not for the fact that some here feel that it would be wise for us to be in possession of your reply so that we might be in a position intelligently and authoritatively to meet any criticism that turns up.

I simply lay the matter before you in this way just as it comes to us, and you will of course do as you think best about writing any explanation. I only wish to add that the complaints that came to us did not emanate? from any member of the Mission, but were made in a conversation by the late Minister to Korea, the Hon. Edwin Morgan. He spoke in high commendation of you both and of the whole missionary body, and he did not wish to be understood as making any reflection whatever on your personal character in this matter. He spoke however as if he felt that you had made a mistake. I do not know whether he will say anything on the subject to any one else or to the State Department. I do not suppose he will, for he is very much of a gentlemen and is friendly to you both. But in view of the fact that he does feel this way about if and of the possibility that criticism may come in from some other source, it was felt, as I have said, wise for us to be in a position to handle the matter wisely if it ever should arise.

Cordially yours.
A. J. Brown

아서 J. 브라운(미국 북장로교회 해외선교본부 총무)이
한국 선교부로 보낸 편지 (1906년 5월 10일)

(중략)

우리는 에비슨 박사가 이번 달 9일자로 보낸 '한국 황제 폐하를 대신하여, 샌프란시스코에서 인명 손실이 발생하였음. 이곳의 저에게 전보로 회신해 줄 것.'이라는 내용의 전보를 방금 받았습니다. 나는 다음과 같은 답장을 보내고 있습니다. '황제의 문의에 감사드림. 수백 명이 사망하였음.' 우리는 폐하의 동정과 관심의 표명에 감사드리며, 에비슨 박사가 그에게 우리의 감사의 확신을 전하게 되어 기쁩니다. 나는 우리가 배포한 호소문을 동봉하였는데, 그것이 우리의 업무에 대한 세부 사항을 알려줄 것입니다.

(중략)

Arthur J. Brown (Sec., BFM, PCUSA),
Letter to the Korea Mission (May 10th, 1906)

(Omitted)

We have just received Dr. Avison's cable of the 9th inst. reading "On behalf of His Majesty the Emperor of Korea, has there been any loss of life at San Francisco. Telegraph reply to me here." I am sending a cable in reply as follows: "Appreciate Emperor's inquiry. Several hundred dead." We gratefully appreciate this expression of his Majesty's sympathy and interest and we shall be glad to have Dr. Avison convey to him the assurances of our gratitude. I am enclosing an appeal which we have sent out which will give details as to our own work.

(Omitted)

아서 J. 브라운(미국 북장로교회 해외선교본부 총무)이
올리버 R. 에비슨(서울)에게 보낸 편지 (1906년 5월 14일)

1906년 5월 14일

O. R. 에비슨 박사,
　한국 서울

친애하는 에비슨 박사님,

　　박사님의 4월 9일자 편지와 동봉된 존 언더우드 씨에게 보낸 4월 2일자 편지의 사본이 하루쯤 전에 도착하였습니다. 나는 언더우드 씨에게 우리가 커일러 기금의 기부가 계속될 것이라고 기대하는 짧은 편지를 쓴 것에 기쁘게 생각하였습니다. 우리의 특별 목적 총무인 우드 부인은 나에게 그녀가 현 연도에 병원 선교를 위하여 요청한 금액의 절반 정도만 특별 목적 기부자에게 할당할 수 있었다고 말하였습니다. 나는 언더우드 씨에게 이것을 말하여 기부를 계속하는 것이 얼마나 필요한지 그가 알 수 있도록 하였습니다.

　　우리는 병원의 발전과 영향에 대하여 듣는 것이 기쁩니다. 박사님은 참으로 잘하였습니다! 그것은 너무 충분하지 못한 단어입니다. 박사님은 훌륭하게 해내었습니다. 나는 박사님이 일을 계속하기 위한 충분한 돈을 얻으려 외부의 일을 너무 많이 해야만 했다는 것이 유감스러울 뿐입니다.

　　박사님이 황제를 진료하는 데 박사님께 하나님의 축복이 있기를 바랍니다. 그것은 정말로 좋은 기회입니다. 나는 그와 관련하여 특별한 기도로 박사님을 생각하고 있습니다.

　　세브란스 씨는 자주 방문하며, 우리는 대개 세브란스 병원에 대하여 이야기를 합니다. 그것은 우리 모두의 마음에 대단히 소중합니다.

　　내가 총회를 위하여 막 떠나려고 하므로 짧은 편지를 양해 바랍니다. 부인과 아이들에게 안부를 전합니다.

　　안녕히 계세요.
　　A. J. 브라운

Arthur J. Brown (Sec., BFM, PCUSA), Letter to Oliver R. Avison (Seoul) (May 14th, 1906)

May 14th, 1906

Dr. O. R. Avison,
　　Seoul, Korea

My dear Dr. Avison: -

Your letter of April 9th with its enclosed copy of your letter of April 2nd to Mr. John Underwood arrived a day or so ago. I have had pleasure in writing a note to Mr. Underwood, telling him that we are counting upon the continuance of the gift of the Cuyler fund. Mrs. Wood, our Special Object Secretary, tells me that she had been able to assign to special object givers only about half the amount asked for by the Mission for the Hospital for the current year. I have told Mr. Underwood this so he can see how necessary the continuance of the gift is.

We are delighted by what we hear of the progressed and influence of the Hospital. You have indeed done well! That is too weak a word- you have done magnificently. I only regret that you have had to do so much outside work in order to get enough money to keep things going.

May God mightily bless you in your attendance upon the Emperor. That is a wonderful opportunity. I am thinking of you with special prayer in that connection.

Mr. Severance calls frequently and usually we talk about the Severance Hospital before we get through. It is very dear to both our hearts.

Pardon a brief letter as I am about to leave for the General Assembly. Remember me cordially to Mrs. Avison and the children, and

　　Believe me, as ever.

Affectionately yours,
A. J. Brown

19060515

잡보. 청년회 연설. 황성신문(서울) (1906년 5월 15일), 2쪽[61]

청년회 연설. 황성 기독교 청년회에서 오늘 오후 8시에 제중원장 에비슨이 '개인적 청결 문제'란 제목으로 연설할 예정이다.

[Miscellaneous. Address at Y. M. C. A.]
Hwangsung Shinmun (Seoul) (May 15th, 1906), p. 2

青曾演說. 皇城 基督教 青年會에셔 今日 下午 八点鍾에 濟衆院長 魚丕信 氏가 個人的 淸潔 問題로 演說흔다더라.

---

61) 같은 내용의 기사가 다음 신문에도 실렸다. 어 씨 연설. 대한매일신보(서울) (1906년 5월 15일)

19060516

어니스트 F. 홀(서울)이 아서 J. 브라운(미국 북장로교회 해외선교본부 총무)에게 보낸 편지 (1906년 5월 16일)

(중략)

나는 어떤 형태의 류머티즘에서 결코 자유로울 수 없으며, 건강해질 수 없는 것 같습니다. 현재 아내와 저는 휴식을 취하고 회복을 위하여 노력할 수 있는 곳으로 떠날 계획입니다. 미국에서 비슷하게 발병한 후 저의 경험은, 그렇게 오래 지속되지는 않았지만 바다에서 높은 고도로 간 것이 저에게 도움이 될 것이라고 느꼈습니다. 저는 산에 있어 완전히 건강해졌습니다.

우리는 일본의 산으로 갈 생각을 하였지만, 그곳은 이제 장마가 예정되어 있고 6월까지 계속될 것입니다. 게다가 일본은 류머티스 환자에게 그다지 좋은 나라로 여겨지지 않습니다.

우리는 지금 변화가 저를 건강하게 할지를 확인하기 위하여 즈푸로 갈 생각을 하고 있습니다. 에비슨 박사는 제가 몇 달 동안 어디든 가는 데 동의할 것이라고 말하였습니다.

(중략)

Ernest F. Hall (Seoul),
Letter to Arthur J. Brown (Sec., BFM, PCUSA) (May 16th, 1906)

(Omitted)

I am never free from rheumatism in some form, and seem unable to get strong. At present Mrs. Hall and I am planning to go away where I can rest and try to recuperate. My experience after having a similar attack in America, though not so prolonged, makes me feel that a higher attitude back from the sea would help me. I got entirely well by being in the mountains.

He had thought of going to the mountains of Japan, but the rainy season is due there now, and will continue through June. Besides, Japan is not considered a very good country for rheumatic persons.

We are thinking now of going to Chefoo to see if a change will build me up. Dr. Avison said he would consent to my going anywhere for several months.

(Omitted)

잡보. 상항(桑港)의 기쁜 소식.
대한매일신보(서울) (국한문) (1906년 5월 17일), 2쪽

이번 달 14일에 제중원 어(魚) 의사에게 도착한 샌프란시스코 전보를 열어 보니 그곳에 체류하고 있는 한국인은 사상자가 없고 안전하게 보냈으나 재해를 겪은 뒤에 돈과 식품이 모두 부족해 곤란함이 막심하다고 한다.

[Miscellaneous. Good News from San Francisco]. *The Korea Daily News* (Seoul) (Korean-Chinese) (Seoul) (May 17th, 1906), p. 2

번月 十四日의 濟衆院 魚 醫師處의 來着혼 桑港 電信을 開흔則 該地 在留 韓人은 死傷이 無하고 安過허나 經災之餘의 錢政 食品이 俱絶허여 困難 莫甚 이라더라.

회의록, 한국 선교부 서울 지부 (미국 북장로교회) 1891~1921
(1906년 5월 21일)

(중략)

선교부 보고서의 성루 지부 부분의 편집자에 대하여 에비슨 박사, 언더우드 박사, E. H. 밀러 씨와 홀 씨가 지명되었다. ____ 투표에서 에비슨 박사가 선출되었다.

(중략)

Minutes, Seoul Station, Korea, 1891~1921 (PCUSA) (May 21st, 1906)

(Omitted)

Re. Editor of Station part of Mission report nominations were made Dr. Avison, Dr. Underwood, Mr. E. H. Miller & Mr. Hall. In _____ ballot Dr. Avison was elected.

(Omitted)

회의록, 한국 선교부 서울 지부 (미국 북장로교회) 1891~1921
(1906년 5월 22일)

(중략)

에비슨 및 허스트 박사는 다음 달에 보고할 지명 추천 위원회에 임명되었다.

(중략)

Minutes, Seoul Station, Korea, 1891~1921 (PCUSA) (May 22nd, 1906)

(Omitted)

Dr. Avison, Hirst were made a nominating Comm. to report next month.

(Omitted)

19060531

주본 제230호, [제중원의 찬성금 3,000원을 예비금 중에서 지출하는 일.] 주본존안, 규장각 17704 (1906년 5월 31일)

1. 주본(奏本) 제230호

의정부 참정대신인 신(臣) 박제순과 탁지부 대신인 신 민영기는 삼가 아룁니다. 올해 5월 31일 탁지부 대신인 신 민영기가 논의를 요청한 '제중원의 찬성금 3,000원을 예비금 중에서 지출하는 일'이 이미 회의를 마쳤으므로, 대신들의 가부를 표시하여 별도와 같이 첨부하고 원안을 보고하여 폐하의 결재를 기다립니다.

1906년 5월 31일 '그렇게 하라'는 재가를 받았다.

신 박아무개
신 민아무개

2. 광무 년 월   일 의정부 회의록

사항: 탁지부 대신이 논의를 요청한 제중원의 찬성금 3,000원을 예비금 중에서 지출하는 일.

의정대신 민영규: 아직 임명장을 받지 못하였다.
참정대신 박제순: 가(可)하다
외부대신
내부대신 이지용: 가하다
탁지부신 민영기: 논의를 요청한다.
군부대신 이근택
법부대신 임서(臨署) 박제순: 가하다
학부대신 이완용: 가하다

농상공부대신 권중현: 가하다

참석   인
불참   인
가
부
심사 보고서

3. 내부 소관 제중원의 찬성금을 예산 외에서 지출하기를 요청하는 문서

내부대신 제61호 조회 공문의 내용을 살펴보니, '제중원의 설치가 이미 수십 년이 지났는데 백성의 생명을 구제하는 데 열심이어서, 경향 민생의 병이 있으나 의지할 데가 없는 자와 치료를 하여도 효과가 없는 자가 제중원에 부축되어 이르면 마음을 다해 치료한다. 죽다가 살아나고 위험한 지경에 목숨을 부지하게 된 자를 손가락으로 셀 수 없을 정도인데 아직 한마디 치하하는 말이 없고 한 푼 도와주는 돈이 없으니 이것은 매우 부끄러운 일이다. 제중원을 돕는 돈을 보내자는 의견이 이미 정부의 방침인바 결코 보류할 수 없어 이에 송부하니 잘 검토한 다음 찬성금 3,000원을 예산 외에서 지출하여 제중원에 보내서 그 널리 시술하는 미의(美意)를 길이 장려함이 필요하다. 운운'의 것인바, 검토하여 보니 그 비용을 지출하지 않을 수 없기에 별지의 조서를 첨부하여 예비금 중에서 지출할 것을 의정부 회의에 제출함.
1906년 5월 22일
탁지부 대신 민영기

수신: 의정부 참정대신 박제순 각하

별첨. 예비금 지출 조서
일금 3,000원. 제중원의 찬성금.

Documents No. 230. [Decision by Korean Government on the Grant to Jejoongwon.] Kyujanggak Documents No. 17704 (May 31st, 1906)

1. 奏本 第二百三十號

議政府 參政大臣 [臣] 朴齊純 度支部大臣 [臣] 閔泳綺謹奏 本年 五月 三十一日 以度支部大臣 [臣] 閔泳綺 請議 濟衆院 贊成金 三千圜 預備金 中 支出事 已經會議 標題可否 另具粘附 并呈原案 伏候聖裁

光武 十年 五月 三十一日 奉旨制日可

臣 朴
臣 閔

2. 光武　年　月　日 議政府 會議

事項 度支部大臣 請議 濟衆院 贊成金 三千圜 預備金 中 支出事

議政大臣 閔泳奎 未受勅
參政大臣 朴齊純 可
外部大臣
內部大臣 李址鎔 可
度支部大臣 閔泳綺 請議
軍部大臣 李根澤
法部大臣 臨署 朴齊純 可
學部大臣 李完用 可
農商工部大臣 權重顯 可

進參　人
不參　人
可

否
審査 報告書

3. 內部 所管 濟衆院 贊成金 算 外 支出 請議書

內部大臣 第六十一号 照會 內開에 濟衆院의 設行이 洽過 數十年에 濟衆救命ᄒ기 熱心ᄒ야 京鄕民生의 有病無歸ᄒᆫ 者와 醫治蔑效ᄒᆫ 者이 該院에 扶携踵至ᄒ면 實心救療ᄒ야 濱死回生ᄒ고 阽危續命ᄒᆫ 者를 指不勝屈이올거늘 尙無一言讚賀ᄒ고 亦無一金贊成ᄒᆷ이 甚是愧恧ᄒ야 以該院贊金助送事로 已有政府提議이온바 此是斷不可已이옵기 玆以仰佈ᄒ오니 照亮ᄒ신 後 該贊成金三千圜을 算外支出ᄒ오셔 助送該院ᄒ야 其博施ᄒᄂ 美意를 深賀ᄒ심을 爲要 等因이온바 查 該費額을 不容不支出이기로 別紙調書를 從ᄒ야 預備金中 支出ᄒᆷ을 會議에 提出事

光武十年五月二十二日
度支部大臣 閔泳綺

議政府 參政大臣 朴齊純 閣下
第二 預備金 支出 調書
一金 參千圜 濟衆院 贊成金

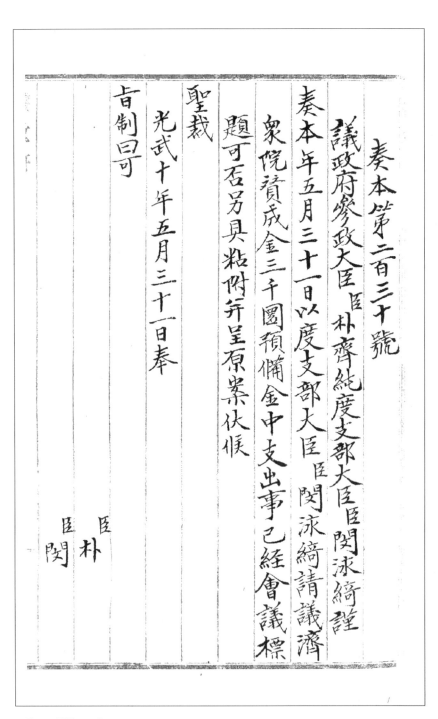

奏本第二百三十號

議政府參政大臣臣朴齊純度支部大臣臣閔泳綺謹

奏本年五月三十一日以度支部大臣臣閔泳綺請議濟

衆院贊成金三千圓預備金中支出事已經會議標

題可否另具粘附弁呈原案伏候

聖裁

光武十年五月三十一日奉

旨制曰可

臣朴

臣閔

그림 18. 주본 230호.

光武　年　月　日　議政府會議

事項　度支部大臣請議　濟衆院賛成金　三

千圜預備金中支出事

議政大臣　閔泳奎　未受勅

叅政大臣　朴齊純　(印)

義文書

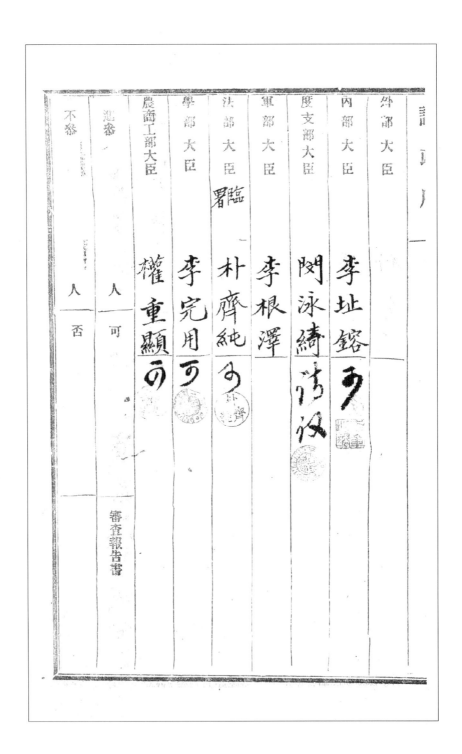

外部大臣

内部大臣　　李址鎔 可

度支部大臣　　閔泳綺 清汝

軍部大臣　　李根澤

法部大臣　臨署　朴齊純 子

學部大臣　　李完用 可

農商工部大臣　　權重顯 可

進参　　人　可

不参　　人　否

審査報告書

内部所管濟衆院贊成金筭外支出請議書

内部大臣第六十一号照會内開에濟衆院의設行이治過數

十年에濟衆救命ᄒᆞ기熱心ᄒᆞᆯᄉᆞ京郷民生의有病無歸ᄒᆞᆯ

者外醫治莫效ᄒᆞᆯ者이談院에扶携踵至ᄒᆞᆫ實心救療

ᄒᆞ야瀕死回生ᄒᆞ고陷危續命ᄒᆞᆯ者ᄅᆞ指不勝屈이ᄅᆞᆯ거ᄂᆞᆯ

尙無一言攅賀ᄒᆞ고亦無一金贊成ᄒᆞᆯ이甚是愧惡ᄒᆞ야以

談院贊金助送事ᄅᆞ已有政府提議이ᄅᆞ바此是斷不可

己이옵기玆以仰佈ᄒᆞ오니後談贊成金三千

圜을筭外支出ᄒᆞ오며 助送談院ᄒᆞ야其博施ᄒᆞᆯ美意

를深賀ᄒᆞ옵ᄂᆞᆫ為要等因이오바查談贊額을不容不

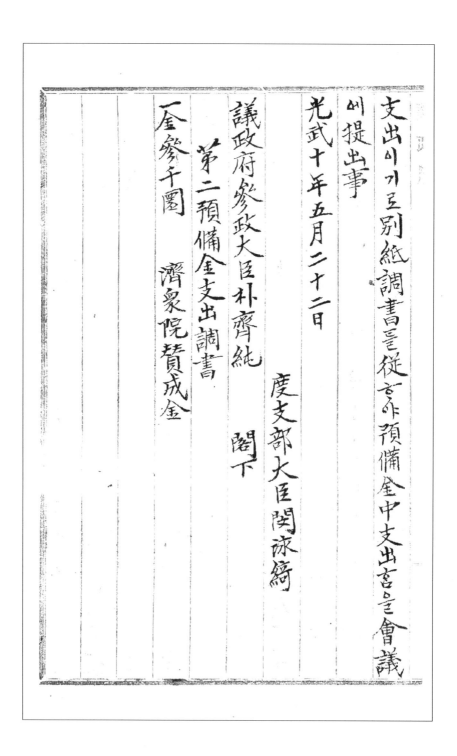

支出이가至別紙調書를從ᄒ야預備金中支出홈을會議
에提出事

光武十年五月二十二日

度支部大臣閔泳綺

議政府參政大臣朴齊純

閣下

第二預備金支出調書

金參千圜　濟衆院贊成金

19060531

[제중원 찬성금에 대한 조선 정부의 결정.]
고종실록 (1906년 5월 31일)

(광무 10년[1906] 5월 31일) 의정부에서 탁지부의 청의에 따라, (......) 제중원 찬성금 3,000원과 샌프란시스코에 거류하는 우리나라 사람에 대한 이재구휼금 4,000원과 광제원 확장비 27,805원[62] (......)을 예비금에서 지출하자는 사안으로 의정부 회의를 거쳐 [폐하에게] 말씀을 올리니 '그렇게 하라'고 재가하였다.

[Decision by Korean Government on the Grant to Jejoongwon.]
Annals of King Gojong (May 31st, 1906)

(光武 十年 五月 三十一日) 議政府 因度支部 請議 (......) 濟衆院 贊成金 三千圓 桑港 居留 本國民 罹災救恤金 四千圓 廣濟院 擴張費 二萬 七千 八百 五圓 (......) 豫備金 中 支出事 經議上奏 制曰可

---

62) 주본존안과 구한국 관보에는 27,805원 48전 2리로 되어 있다.

아서 J. 브라운(미국 북장로교회 해외선교본부 총무)이
한국 선교부로 보낸 편지 (1906년 6월 2일)

1906년 6월 2일

한국 선교부 귀중

친애하는 친구들께,

  9일자로 에비슨 박사가 보낸 '대한제국 황제를 대신하여 샌프란시스코에서 어떤 인명 피해가 있었는지' 묻는 전보를 받았을 때, 우리는 황제가 모든 재앙을 염두에 두고 있다고 생각하였고, 에비슨 박사는 의심할 여지 없이 '황제의 질의에 감사드립니다. 수백 명이 사망하였습니다.'라는 내용의 답신을 신속하게 받았을 것입니다. 그 후 우리는 '전보 한국인 희생자'라는 5월 10일자 전보를 받았습니다. 우리는 즉시 샌프란시스코에 있는 우리 중국인 선교부의 감독인 J. H. 로플린 목사에게 전보를 보냈고, 그는 다음과 같이 대답하였습니다. '한국인은 다치지 않음. 재산은 불에 타버림. 거의 다 지방으로 감.' 따라서 5월 12일 우리는 에비슨 박사에게 다음과 같은 전문을 보냈습니다. 'Palcarium, Koreans faloolotto.' '모두 무사하다. 한국인은 모든 것을 잃었다.'

(중략)

  사무실에 있던 동료들은 즉시 다음과 같은 전보를 로프린 씨에게 보냈습니다. '한국의 황제가 한국인 이재민을 찾아볼 것을 부탁하였음. 그들에게 금화 2,500달러까지 제공할 것. 조치를 취하여 이재민의 수와 필요한 것을 우리에게 알려 줄 것.' 우리는 아직 로플린 씨로부터 답장을 받지 못하였습니다. 의심할 바 없이 그는 그 문제를 주시하고 있습니다. 사람들이 흩어지고 통상적인 통신이 단절된 샌프란시스코 주변의 불안한 상황에서 한국인을 즉시 찾기는 매우 어려울 것입니다. 로플린 씨로부터 소식을 듣는 즉시 알려 드리겠습니다. 우리는 폐하의 친절함과 동정심에 진심으로 감사를 드리며, 이 나라에 있는 한국인들이 깊이 감사를 드릴 것이라고 확신하고 있습니다.

(중략)

Arthur J. Brown (Sec., BFM, PCUSA),
Letter to the Korea Mission (June 2nd, 1906)

June 2nd, 1906

To the Korea Mission

Dear Friends: -

When we received Dr. Avison's cable of the 9th instant inquiring 'On behalf of His Majesty the Emperor of Korea has there been any loss of life in San Francisco", we supposed that His Majesty had in mind the whole catastrophe, and Dr. Avison doubtless promptly received our reply cable "Appreciate Emperor's inquiry, several hundred dead." Afterwards we received a cable dated May 10th reading "Cable Korean casualties". We at once telegraphed the Rev. J. H. Laughlin, the superintendent of our Chinese Mission in San Francisco and he replied- "No Koreans hurt; possessions burned nearly all gone to country." Accordingly May 12th we cabled Dr. Avison as follows; "Palcarium, Koreans faloolotto." "All are safe, Koreans have lost everything."

(Omitted)

My colleagues who was in the office promptly communicated this cable to Mr. Laughlin in the following telegram, - "Emperor Korea asks us look up Korean sufferers. Give them help extent 2500. gold. Act and inform us number of sufferers and needs." We have not yet heard in reply from Mr. Laughlin. Doubtless he is looking the matter up. In the disturbed conditions around San Francisco the scattering of the people and the breaking up of accustomed communications, it is probably very difficult to locate the Koreans immediately. As soon as we hear from the Laughlin we shall notify you at once. Most heartily do we appreciate the kindness and sympathy of His Majesty and we are sure that the Koreans in this country will be deeply grateful.

(Omitted)

[제중원 찬성금, 광제원 확장비.]
구한국관보 3470호 (1906년 6월 4일)

휘보

관청 사항

탁지부에서 정의한 ...... 제중원 찬성금 3,000원과 상항[샌프란시스코]에 거
류하는 우리나라 사람에 대한 이재구휼금 4,000원과 광제원 확장비 27,805원
48전 2리 ...... 를 예비금에서 지출하자는 사안으로 의정부 회의를 거쳐 [폐하
께] 상주하니 '그렇게 하라'고 재가를 하심.

이상 5월 31일

[Grant to Jejoongwon, Enlargement Expenses for Kwangjewon.]
The Gazette of Korean Government, No. 3470 (June 4th, 1906)

彙報

官廳事項

度支部에셔 請議흔...... 濟衆院 贊成金 三千圜과 桑港 居留 本國民 罹災救
恤金 四千圜과 廣濟院 擴張費 二萬 七千 八百 五圜 四十八錢 二里......을 預備
金中 支出事로 議政府 會議를 經흔 後 上奏ᄒ야 制曰可라 ᄒ심

以上 五月 三十一日

광제원 확장비
Enlargement Expenses for Kwangjewon

1894년 9월 제중원을 미국 북장로교회 선교부로 넘긴 한국 정부는 1899년 3월 24일 의학교 관제를 반포한 직후인 4월 24일 활인서를 부활시킨다는 의미로 내부 소관으로 한의술을 시료하는 병원 관제가 반포되었다. 이 병원의 명칭은 단순히 '병원'이었으나 내부 소속이었으므로 흔히 '내부 병원'이라 부른다. 의사는 모두 한의사로 대부분 전의를 겸직하였다. 내부 병원의 구상 단계에서 서양 의학을 공부한 외국인 의사 1명을 두자는 의견이 있었지만, 비용이 많이 들고 효과적인 활용도 어렵다는 이유로 성사되지 않았다. 한의사의 구성을 보면 15명 중 종두의가 10명으로 대부분을 차지하고 있어 내부 병원의 역할 중 종두 사업이 큰 비중을 차지하고 있었음을 알 수 있다. 1900년 6월 30일 정부는 칙령 제24호로 병원 관제 개정을 반포하면서 '병(病)'자를 '보시(普施)'로 개정했는데, 개부표하여 다시 '광제(廣濟)'로 하였다. 따라서 개명된 이름은 광제원(廣濟院)이었다.

러일전쟁 후 고문 정치의 일환으로 내부 경무국 고문관으로 1905년 1월에 내한한 마루야마(丸山重俊)는 광제원을 경무국 소속으로 옮기고, 내부대신에게 광제원 위생과 사무를 쇄신 확장하기 위하여 일본 의사를 고빙할 것을 권고하였다. 결국 일본인 의사 사사키(佐佐木四方志)가 광제원 의사로 고빙되었고, 1906년 5월 이전의 한약소, 양약소, 종두소의 3소(所) 체제를 없애는 대신 내과, 외과, 안과, 이비인후과 및 부인과를 설치하였다. 이에 따라 많은 일본인 의사들이 광제원에 임명되었다. 이 과정에서 한국인 한의사들은 여러 명목으로 축출되었다.

일본인 의사가 대거 영입되면서 인건비 및 설비 예산이 크게 부족해지자 한국 정부는 광제원 확장비라는 명목으로 27,805원 48전 2리를 예비금에서 지출하기로 의결하고 고종의 재가를 받았다.[63] 광제원 확장비 중 경상비는 인건비, 약품 구입비, 소모품, 조선인 고용인 인건비 등이었고, 임시비는 새로운 치료 기구와 비품의 구입비, 구 병실의 수리비와 의료진들의 여비로 배정되었다. 이와 같이 광제원 확장비는 일본인 서양 의사의 고용 및 한방 병원을 서양식 병원으로 개조하는데 필요한 경비를 마련하기 위한 것이었다.

그런데 광제원 확장비(27,805원 여)와 제중원 찬성금(3,000원)를 합한 금액인

---

63) 주본 232호. [광제원 확장비 2만7천8백4원48전2리를 예비금 중에서 지출하는 일.] 주본존안, 규장각 17704 (1906년 3월 31일)

'30,805원 여'가 제중원과 제이콥슨 기념사택 구입비(이 책의 70쪽을 볼 것)인 '30,289원 여'와 연결시키려는 시도가 있었다. 제중원을 구매하여 광제원의 확장에 사용하였다는 주장이었다.[64] 이것은 서로 관련이 없는 광제원 확장비, 제중원 찬성금, 구리개 제중원 부지 및 건물 반환, 제이콥슨 기념사택 구입을 억지로 엮은 전혀 근거가 없는 주장이었다.

---

[64] 신용하, 광혜원과 근대의료의 출발. 종두의양성소 규정 100주년 기념 심포지움 자료집(서울대학교 의과대학, 1995년)

19060608

올리버 R. 에비슨(서울)이 아서 J. 브라운(미국 북장로교회 해외선교본부 총무)에게 보낸 편지 (1906년 6월 8일)

미국 북장로교회 선교부

O. R. 에비슨, 의학박사

세브란스 병원

한국 서울

J. W. 허스트, 의학박사

접수
1906년 7월 30일
브라운 박사

서울,
1906년 6월 8일

친애하는 브라운 박사님,

나는 5월의 지부 편지를 쓰도록 임명되었고, 이미 시간이 늦었지만 가지고 있는 풍부한 자료가 허용하는 한 간략하게 설명함으로써 그것을 보충하려고 노력할 것입니다. 지부의 각 구성원이 자신의 시간을 어떻게 보내고 있는지 설명하고, 무슨 주제이든 그러한 이야기를 열거하며 꺼내는 것보다 더 잘할 수는 없을 것 같습니다. 나는 끝 철자부터 시작하여 역순으로 다룰 것입니다.

웰본 씨는

봄 내내 서울에서 아주 귀중한 사람이 되었습니다. 강원도에서 그의 업무는 분명히 매우 흥미롭고 광범위할 뿐만 아니라 대부분의 시간을 지방에서 보내고 있습니다. 나는 그의 관할 지역을 여행한 적이 없기 때문에 사람들이나 그들의 발전에 대하여 개인적으로 증언을 할 수는 없지만 그의 보고는 한국의 모든 지역에서 급속히 각성되고 있는 상황을 보여주고 있으며, 남감리교회 사람들도 그 속의 많은 마을과 읍에서 그들에 대한 수요를 보고하고 있습니다.

웰본 부인과

그녀의 새 아기는 건강하며, 휴양지로서의 명성을 가진 서울에서 지내고 있습니다. 그녀와 남편은 인성부채에서 성공적으로 현지 사역을 발전시키고 있습니다.

웸볼드 양은

5월을 포함하여 겨울과 봄까지 매달 3주일 동안 충실하게 순회하면서 가장 바쁜 사역자 중의 한 명이었습니다. 반면 도시에서 그녀의 한 주는 여자들 심방, 지역 수업 등으로 채워졌습니다. 그녀의 최근 지방 여행은 웰본의 구역을 통과하는 것이었으며, 지부에 대한 보고에서 8개의 마을을 방문하였는데 그곳에는 기독교인들이 있었고 3주일 동안의 여행 중에 단 하룻밤만 여관에 머물렀을 뿐입니다.

그녀는 도시에 머무는 동안 시간을 내어 여학교에서 신체 발달 및 바느질 등을 가르쳤습니다.

빈튼 박사는

미국 여행을 마치고 예정된 시간에 서울에 도착하였고, 우리 모두는 고국에서의 업무 결과를 듣고 싶어 하였습니다.

우리는 그가 제출할 수 있었던 호의적인 보고를 듣게 되어 기뻤지만, 현재의 전망은, 샌프란시스코에서의 심각한 손실과 그곳에서의 큰 요구가 의심할 바 없이 우리 인쇄소 사업을 돕기를 바라는 사람들의 공감을 크게 끌어들일 것이기 때문에 그러한 희망의 실현에 다소 지연이 있음을 나타내는 것 같습니다. 하지만 이러한 필요는 크고 즉각적인 것이며, 지연이 과도하게 연장되지 않기를 바랍니다.

언더우드 박사는

지난 겨울부터 건강이 좋지 않아 몇 달 동안 거의 모든 작업을 중단해야 했습니다. 도시 밖의 여름 별장에서 시간을 보낸 후 그는 회복되었으며, 변화를 위해 부산으로 가서 계속 회복되었습니다. 그는 서울로 돌아온 후 더 좋아졌지만 아직 몇 달 동안 일을 미루어야 하고, 내년에 가지려 했던 안식년을 지금 가지는 것이 좋지 않을까 하는 의문이 들었습니다.

언더우드 부인

역시 몇 주 동안 병을 앓았지만 다시 도시의 여러 지역에서 사경회에 참여하고 있습니다.

샤프 씨는

부인이 해산하여 지난 달 집에서 보냈지만, 조사와 함께 사경회를 위하여 재령에 있는 새 지부로 여행을 떠날 준비를 하고 있습니다.

샤프 부인은 새 아들 찰스 에드윈 주니어의 빠른 성장, 아름다움, 그리고 좋은 성질에 크게 기뻐하고 있습니다.

피터스 씨는 자신의 시간을 지방 사역에 할애하고 있으며, 아직도 순회 중입니다.

무어 씨는 5월의 대부분을 병에 걸린 언더우드 박사를 대신하여 평양에서 신학 수업을 하며 보냈습니다. 올해 그의 주요 업무는 그가 6월 말 경에 돌아온 연합 남자 중학교에서의 일이었습니다.

그는 열정적인 교육가로 성장하였으며, 매우 성공적인 교사이고 언어에 대한 그의 지식은 매우 광범위하고 실용적입니다. 그는 내년에 이 일에 전념할 것으로 예상됩니다. 학교가 방학을 하였고, 그는 이제 지방 선교지로 나가 있습니다.

무어 부인은 지난 해에 고통스러웠던 정신적인 우울 상태에서 완전히 회복되어 비교적 양호한 건강을 다시 누리고 있습니다. 큰 두 아들과의 이별은 그녀에게 힘든 일이지만, 그녀는 중국 즈프에 있는 중국내지 선교부 학교의 교육 방침과 훌륭한 교육 아래에서 그들이 꾸준하게 성장하고 있는 것에 기뻐하고 있습니다.

E. H. 밀러 씨는 일 년 내내 무거운 건축 책임을 맡았고 여전히 그 책임을 맡고 있지만, 그는 상황이 실제로 요구하는 것보다 가르치는 업무에 더 적은 시간을 할애하였음에도 연못골에 있는 여러 사택과 남학교를 성공적으로 건축하였습니다. 신축 남학교는 훌륭한 건물이며, 얼마 동안 중학교 교육 사업이 필요로 하는 것을 적절히 충족시킬 것입니다. 그는 현재 한 지붕 아래에 있는 여학교와 바렛 양의 사택 건축을 감독하고 있습니다. 그것은 빠르게 진행되고 있고 장마철이 시작되기 전에 의심할 여지 없이 지붕이 덮일 것이며, 우리는 학교의 가을 학기가 시작되기 전에 사용할 준비가 되기를 바라고 있습니다.

감리교회 선교부와 장로교회 선교부가 공동으로 관리하는 남학교는 성공적이었고 학교 사역에서 최상의 한 해이었지만, 우리는 내년에 더 유리한 조건에서 올해의 경험을 바탕으로 큰 진전을 기대하고 있습니다. 학교의 종강 행사는 매우 흥미로웠습니다. 소년들은 하루 종일 연설을 하고 토론을 하여 이를 듣는 수 백 명의 친구들에게 기쁨을 주었으며, 저녁에는 많은 청중이 모여 해리스 주교가 일반 대중뿐만 아니라 학생과 교사 모두에게 영감을 주는 연설 및 교사들의 종강 연설을 들었습니다.

나는 이사회를 대표하여 연설을 하였고, 내 연설을 매우 좋아하였습니다. 나의 마음은 의료 사업 못지않게 교육 사업에도 있습니다. 그것이 없이는 이 사람들이 현재의 불만족스러운 상황에서 벗어날 수 없습니다.

나는 우리가 그 필요성보다 몇 년 뒤쳐져 있다고 생각하지만, 그것은 우리가 지금 앞으로 나아가는 데 더욱 필요하게 만듭니다.

학생들을 구하는 것은 어렵지 않으며, 현재의 교사진과 함께 좋은 결과를 기대할 수 있습니다.

밀러 부인은 여학교의 업무를 실질적으로 도왔습니다. 그녀는 열정적인 교사이며, 언어를 잘 구사하여 내년 가을에 우리 교육 중심에 모일 젊은 남녀를 발전시키는데 몫을 할 것입니다.

허스트 박사는 이른 봄에 1년 차 어학 시험에 합격하는데 성공하였고, 2년 차 과정을 공부하고 있습니다. 그의 나이는 언어를 배우는 학생으로서 그에게 불리하며, 그는 그것이 힘든 일이라고 생각하지만 자신이 일을 잘 할 수 있을 만큼 충분히 잘 습득하고 있습니다. 나는 젊은이들이 3년에 달성하는 목표를 5년 후에 달성한다면 우리는 만족해야 한다고 생각하고 있습니다.

그는 지금 병원에서 의료 업무의 많은 부분을 차지하고 있으며, 도시의 외국인들 사이에서 호의를 얻고 있어 내가 지금까지 누렸던 단골의 일부를 잃기 시작하였습니다. 병원 업무에 대한 그의 이상은 나의 것과 매우 유사하여 우리는 훌륭하게 잘 지내고 있습니다. 그는 지금 몇 명의 선교사들이 아프고 널 박사가 아파 지부를 떠나있는 대구 지부에서 응급으로 대체 업무를 하고 있습니다. 우리는 언제 그가 돌아올 수 있을지 모릅니다.

홀 씨 부부는 서울에서 우리와 함께 있지만 청주로 배정되었기에 우리의 일원이라고 정확하게 말할 수 없습니다. 그의 건강은 그에게 심각한 결정이었지만 그는 어학 공부에 많은 시간을 할애하였고 틀림없이 나중에 결과를 보여 줄 것입니다. 그의 건강은 이제 훨씬 나아졌고 그가 다음 가을까지 아무 문제 없이 지낼 수 있다면 바로 일하기를 바라고 있습니다. 이를 위해 그는 지난 2년 동안 그의 질병의 시작점이었던 것으로 보이는 장마철을 피하기 위하여 즈푸로 갈 것입니다.

게일 박사는 박사님이 아시는 것처럼 스위스로 떠났고, 그의 근황은 추측만 할 수 있지만 그가 즐거운 시간을 보내고 있는 것을 의심하지 않습니다.

클라크 씨 부부는 지난 2년 동안 힘든 시간을 보냈습니다. 그녀의 건강은 여러 달 동안 우리가 그녀의 삶에 거의 절망할 정도로 위독한 상태에 있었고, 그녀의 육체적 상태가 회복되었을 때 그것은 그녀의 정신 상태를 비참한 상태에 있게 하였습니다. 이런 와중에 1년 전 지난 성탄절에 그들의 작은 아들이 갑자기 사망하였습니다. 그런 다음 또 다른 멋진 아기가 태어나 우리는 모든 것이 잘 될 것이라는 희망을 가졌습니다. 그녀의 정신 상태는 서서히 회복되었지만 아이를 최선으로 돌볼 수 있을 만큼 충분히 완전하지 않았으며, 클라크 씨의 모든 도움에도 불구하고 죽어 그들은 다시 홀로 있게 되었습니다.

클라크 씨는 멈출 생각을 하기 전에 지칠 정도로 강렬하게 일을 하며, 이러한 일이 일어나는 모든 시간 동안 그의 교회와 다른 형태의 선교 사업과 관련하여 사람의 일을 최대한 수행하였고, 당연히 신경계통이 나빠져 그 이후로 기복이 심하였습니다. 그는 초봄에 너무 아팠기 때문에 미국으로의 짧은 휴가를 고려하였습니다. 우리는 그 제안을 논의하고 있었고, 위험한 상태에 있는 병원 건물을 조사하기 위하여 리 씨와 함께 대구로 가라는 요청을 받았을 때 대신 즈푸로 갈 것을 결정하였습니다. 건물을 헐기로 결정한 지부는 클라크 씨에게 남아서 작업을 감독해 줄 것을 요청하였습니다. 그는 그렇게 하였고, 업무와 현장의 변화가 그의 건강에 매우 유익한 것 같았기 때문에 그는 그곳에 머물면서 일을 끝까지 감독하기로 결심하였고 클라크 부인도 그곳으로 내려갔습니다. 이 업무가 끝났을 때 그들은 서울로 돌아왔지만 그가 여전히 정규 업무를 수행하기에 상당히 부적합하였기 때문에 이곳의 지부는 그가 바렛 씨를 위하여 건축되고 있는 사택을 감독하기 위하여 대구로 돌아갈 수 있도록 허락하였습니다.

얼마 지나지 않아 그는 좋지 않은 상태로 다시 서울로 돌아왔고, 여름을 위하여 가능한 한 빨리 휴식을 취하러 즈푸로 가도록 지시를 받았습니다.

클라크 부인의 정신적, 육체적 건강은 꾸준히 개선되고 있습니다.

바렛 양은 한 해 동안 여학교에 머물렀고, 웸볼드 양과 E. H. 밀러 부인의 도움으로 어느 정도 성공을 거두어 그녀는 학교가 자신의 유일한 일이라고 느끼는 사람의 지속적인 감독이 있어야만 학교가 전정으로 성공할 수 있다고 느끼기 때문에 흔들림 없이 이 일에 전념하기를 바라도록 우리에게 희망을 갖게 하였습니다. 학교는 교직원의 너무 빈번한 변경이나 변경 제안으로 인하여 오랫동안 방해를 받았지만 우리는 그 단계가 지나갔기를 바라고 있습니다. 그녀는 올해 더 나은 건강을 누리고 학교 업무를 즐겼던 것 같습니다. 그녀는 5월에 각각 외국인과 한국인 여자를 위한 이틀간의 종업식을 가졌습니다. 이 행사는 잘 진행되었는데, 기기적 작업의 효율성과 학업의 숙련도를 보여주었고, 이는 수행되는 작업의 범위와 수행하는 한국인 소녀들의 능력을 모두 보여주었습니다.

학생들과 하객들에게 연설하기 위하여 두 모임에 초대받은 것은 저의 행운이었고, 5~6세의 어린 소년들만 구할 수 있었고 학교라기보다는 보육원에 더 가까웠던 거의 13년 전 처음 알게 된 학교의 위상을 현재의 위상과 비교하는 것은 저에게 큰 기쁨이었습니다.

분명히 그 소녀들에게 투자한 적은 돈은 100배의 수확을 거둘 것입니다.

우리는 서울의 세 여학교를 통합하려는 계획이 실패한 것을 유감스럽게 생각하지만, 그것은 아마도 최선일 것입니다. 일어나는 거의 모든 일이 그렇게 되어 가고 있습니다. 우리 여학교의 새 건물은 _____ 결정을 기다리며 오랫동안 지체되었지만, 내년 가을에 완공될 준비가 되어 학교가 그 어느 때보다 더 크고 더 좋아지기를 바라고 있습니다.

우리 가족은 로렌스와 레라가 오하이오 주 우스터에 있고 다음의 두 아들이 중국의 즈푸에 있기 때문에 예전의 우리 가족보다 작습니다. 이제 거의 한 살이 된 꼬마 에드워드 세브란스가 그 공백을 부분적으로 메우고 있습니다. 그는 괜찮다고 우리는 생각하고 있습니다. 그들 모두도 그렇게 이야기하고 있습니다. 우리와 함께 있는 다른 아들들은 그들에게 좋을 것 같은 학습을 많이 받고 있지는 못하지만 튼튼하며, 엄마가 허락하는 만큼 높이 오를 수 있습니다. 아내의 건강은 아직 쉽게 지치고 어린아이가 꾸준하게 잠을 자지 못하기 때문에 충분한 휴식을 취하지 못하여 한 동안 좋지 않았지만 지금은 훨씬 나아졌습니다.

이 상태는 아이가 커가면서 저절로 고쳐질 것입니다. 그녀는 강습반을 다시 시작하고 싶어 합니다.

저는 6년 동안 여름에도 쉬지 않고 일을 하여 다소 피곤한 것 외에는 체력적으로 좋은 편입니다. 우리는 내년 가을에 휴가를 가지려 계획하고 있지만 허스트 박사가 아직 언어 때문에 할 수 없는 일이 너무 많아 만족스럽게 준비하기 어렵습니다.

우리는 경험상 가장 훌륭한 해를 보냈습니다. 입원 환자는 450명 이상, 외래 환자는 최소 13,000명에 달할 것이며, 그 외에도 이전보다 더 많은 개인 진료를 하였습니다. 예를 들어 며칠 전에 저는 20개의 처방전을 썼다는 것을 알게 되었습니다. 물론 평균 이상이었습니다. 저는 하루 오전에 무려 10개의 안경을 검사하고 맞추어 주었습니다.

저는 우리가 적어도 게으르지 않다는 것을 보여주기 위하여 이것을 언급할 뿐입니다.

우리 학생들은 어느 해보다 가장 만족스럽게 업무를 수행하였고 이와 비례하여 더욱 발전하였습니다. 저에게는 이제 현미경으로 실험실에서 대단히 만족스럽게 업무를 수행할 수 있는 2~3명의 사람이 있습니다. 이 모든 것은 내년에 우리가 더 많은 노력을 기울이지 않고도 훨씬 더 큰 사업을 수행할 수 있다는 것을 의미합니다. 이를 위하여 저는 작년에 교과서를 준비하고 이 젊은이들을 가르치는데 많은 시간을 할애하였으며, 저는 상당히 고무되어 있습니다. 그들을 격려하기 위하여 저는 우리가 수여하는 졸업장에 정부의 인장을 부착하여 그것을 정부의 졸업장으로 만들어서 우리의 졸업장을 인정하도록 정부의 동의를 얻으려고 노력해 왔습니다.

이에 대하여 그들은 구두로 동의하였으며, 저는 이 동의를 가능한 한 빨리 서면으로 만들 것입니다.

Oliver R. Avison (Seoul),
Letter to Arthur J. Brown (Sec., BFM, PCUSA) (June 8th, 1906)

Mission of Presb. Church In U. S. A.

O. R. Avison, M. D.

Severance Hospital.

Seoul, Korea

J. W. Hirst, M. D.

Seoul,

June 8th, 1906

Dear Dr. Brown: -

I was appointed to write the Station letter for May and I am already behind time with it but will try to make up for that by being as brief as the abundance of the material at hand will allow. I suppose I cannot do better than just tell you how each member of the station has been spending his or her time, commenting in passing on whatever subject such recital make bring up. I will begin at the end of the alphabet and run backwards.

Mr. Welbon

has been a very rare person in Seoul all Spring. His work in Kang Won Do is evidently very interesting as well as extensive as he spends the greater part of his time in the country. I have never travelled through his district, and so can give no personal testimony concerning the people or their development but his reports show a rapidly awakening condition through all that section of Korea and the Southern Methodists also report a great demand on them from many villages and towns therein.

Mrs. Welbon

and her new baby are doing well and sustaining the good name of Seoul as a health resort. Both she and her husband are successfully developing a local work around their home at In Sung Poo Chai.

Miss Wambold

has been one of our busiest workers, having faithfully itinerated during three weeks out of every month all the winter and spring up to and including May, while her week in the city has been filled with home visiting amongst the women, local classes etc. Her last country trip was through Mr. Welbon's district and in her report to the station she says she visited eight town where there were Christians and out of three weeks of travel had to stay at an inn only one night.

During her stay in the city she has given time to the Girls' School, teaching physical development, needlework, etc.

Dr. Vinton

reached Seoul from his American tour in due time and found us all anxious to hear the result of his mission to the homeland.

We were pleased to hear such a favorable report as he was able to present but the present outlook seems to point to some delay in the realization of those hopes on account of the serious losses at San Francisco and the great need there which will doubtless draw largely upon the sympathies of those to whom were looking for help for our publishing work. This need, however, is great and immediate and we hope the delay may not be unduly prolonged.

Dr. Underwood

has been in poor health since last Winter and for several months has had to lay aside almost all his work. After spending some time at his summer house outside the city he improved and went to Fusan for a change where he continued to improve. Since his return to Seoul he has further improved but must hold off from work for several months yet and it has become a question whether it would not be good economy for him to take the furlough now which he intended to take next year.

Mrs. Underwood

has also had a few weeks of illness but is again about and engaging in her class work in various parts of the city.

Mr. Sharp

has spent the last month at home on account of Mrs. Sharp's confinement to the house but is getting ready for a trip to the new station at Chai Ryong to hold a class with his helper.

Mrs. Sharp is about again and is rejoicing greatly over the rapid growth, beauty and good nature of her new son, Charles Edwin Jr.

Mr. Pieters is devoting his time to his country district and is still out itinerating.

Mr. Moore spent most of the month of May in Pyeng Yang teaching the the theological class there in place of Dr. Underwood who was ill. His chief work for the year has been in the Union Intermediate Boys' School to which he returned about the end of May.

He has grown into an enthusiastic educationalist and is a very successful teacher, his knowledge of the language being very broad and practical. It is expected that he will be set apart wholly to this work next year. The school having closed he is now out in his country field.

Mrs. Moore is again enjoying comparatively good health, having recovered entirely from the state of mental depression which was such a distressing condition last year. The separation from her two oldest boys is trying to her but she is rejoicing over their steady improvement under the discipline and good teaching of the China Inland Mission School in Chefoo, China.

Mr. E. H. Miller has had heavy building responsibilities all the year and still has them but he has made a success of the various dwellings and the Boys' School over at Yun Mot Kol though it has caused him to give less time to the work of teaching than the situation actually demanded. The new Boys' School is a creditable building and will for some time adequately meet the needs of our educational work in the middle grade. He is now supervising the erection of the the Girls' School and Miss Barrett's residence which are under the same roof. It is going up rapidly and being now ready for the roof will doubtless be covered in before the rainy season begins and we hope it will be ready for occupation before the opening of the fall term of the school.

The Boys' School, under the joint control of the Methodist and Presbyterian Missions has been a success, the best year we have ever had in school work, but we look for a big advance next year under the more favorable conditions and with this year's experience at our back. The closing exercises of the school were very interesting. All day long the boys orated and debated to the great delight of hundreds of listening friends and in the evening a large audience gathered to hear the closing addresses of the teachers at which Bishop Harris spoke in a way to inspire both pupils and teachers as well as the general public.

I spoke on behalf of the Board of Directors and enjoyed my address very much. My heart is in the educational work just as much as it is in the medical work, for without it this people can not rise out of their present unsatisfactory condition.

I feel that we are several years behind the need but that only makes it all the more necessary for us to push forward now.

Students are not hard to get and with the present staff of teachers we may expect good results.

Mrs. Miller has assisted materially in the work of the Girls' School. She is an enthusiastic teacher and having good command of the language will do her share in developing both the young men and young women who will next Fall gather at our educational centre.

Dr. Hirst succeeded in passing his first year's examination early in the Spring and has since been working away at the second year's course. His age is against him as a language student and he finds it uphill work but he is going to get it quite sufficiently to enable him to do good work. I think we should be satisfied if he reaches at the end of 5 years the point which is set as the goal for the younger men to attain in 3 years.

He is now taking a good share of the medical work in the hospital and is finding favor amongst the foreigners of the city so that I am beginning to lose some of the patronage which I have hither to enjoyed. His ideals of hospital work are so similar to my own that we get along together famously. He is just now filling an emergency in Taiku station where several of the missionaries are sick and Dr. Null is himself ill and away from the station. We do not know just when he will be able to return.

Mr. and Mrs. Hall are with us in Seoul but as yet cannot be said to be exactly of us as they were assigned to Chung Ju. His ill health has been a serious drawback to him but he has put much time on language study which will doubtless show results later on. His health is much better now and if he can go through till next Fall without a drawback he hopes to go right on into work. To this end he will go to Chefoo to try to keep out of a rainy season which seems to have been the starting point of his illnesses of the past two years.

Dr. Gale, as you know, is off to Switzerland and his doings can only be guessed at but I doubt not he is having a good time.

Mr. and Mrs. Clark have had a hard time for the last two years. Her health was in such a critical state for many months that we almost despaired of her life and when her physical condition improved it was only to leave her mental condition in a deplorable state. In the midst of this their little boy died suddenly a year ago last Christmas. Then the birth of another fine boy raised our hopes that all would go well. Her mental state improved slowly but not with sufficient thoroughness to ensure the best care of the child and in spite of all Mr. Clark's assistance in the care for it it also succumbed and left them again alone.

Mr. Clark works at things with such intenseness that he wears himself out before thinking of stopping and during all the time of these occurrences carried on a full man's work in connection with his church and other forms of mission work and of course, the inevitable occurred and his nervous system broke down and he has been up and down ever since. He was so ill early in the Spring that they contemplate a short vacation to America. We were discussing this proposition and had just decided for them to go to Chefoo instead when a call came for him to go to Taiku with Mr. Lee to examine the hospital building there which was in a dangerous condition. It having been decided to take the building down the Station asked Mr. Clark to remain and superintend the work. He did so and this change of work and scene seemed very beneficial to his health so that he determined to stay there and see the work through and Mrs. Clark went down there also. When this work was completed they returned to Seoul but as he was still quite unfit to take up his regular work the Station here gave him permission to return to Taiku to supervise the erection of the house being built there for Mr. Barrett.

A short time afterwards he returned to Seoul again in poor condition and he was directed to rest and go on to Chefoo as soon as possible for the balance of the summer.

Mrs. Clark's health, both mental and physical, is steadily improving.

Miss Barrett has stayed by the Girls' School during the year and with the help of Miss Wambold and Mrs. E. H. Miller has carried it on with a degree of success which has encouraged us to hope she will devote herself to this work without wavering as we feel that the school can be really successful only as it has the constant supervision of one who feels it to be her one work. The school has been hampered for a long time by too frequent changes or proposed changes in the personnel of its staff but we hope that that phase has passed. She has enjoyed better health this year and appears to have enjoyed the school. She had two days of closing exercises in May, one for foreigners and one for Korean women. These exercises were well carried out and showed a degree of efficiency in mechanical work and of proficiency in study that were quite a revelation both of the scope of work carried on and the capacity of Korean girls to do things.

It was my good fortune to receive an invitation to both gatherings to address the students and guests and it was a great pleasure to me to compare the present position of the school with what it was when I first made its acquaintance nearly thirteen years ago when only little girls of 5 or 6 years of age could be obtained and the institution was rather a nursery than a school.

Surely the little money to have put into those girls will bear a harvest one hundred fold.

We regret the failure of the scheme to unite the three girls' schools of Seoul, but it is probably all for the best - nearly every thing that happens turns out so. Our new girls' school building was long delayed awaiting a decision _____ but we hope it will be ready for occupation next Fall and that the school will be both larger and better than it has ever yet been.

My own family is as you know smaller than us used to be, as Lawrence and Lera are at Wooster, O., and the two next boys are at Chefoo, China. The little fellow, Edward Severance, now nearly a year old, fills the gap partly. He is fine, we think - and so say they all. The other boys that are with us are not getting as much book learning as would seem good for them but they are sturdy and robust and can climb as high as their mother will let them. Mrs. Avison's health was poor for a time but is now much better, although she tires easily yet and as the little lad does not sleep as steadily as he might she does not get rest enough.

This condition will right itself as he grows older. She is longing to take up her classes again.

As for myself, I am in good shape physically except that I find myself somewhat tired after six years of work without a break even in the summer. We are trying to plan a vacation next Fall but it is hard to arrange things satisfactorily as so many things need to be done that Dr. Hirst cannot yet do on account of the language.

We have had the biggest year in our experience. Inpatients will number more than 450 and outpatients will reach at least 13,000, in addition to which there has been a larger amount of private practice than ever before. For instance a few day ago I noticed that I had written 20 private prescriptions. Of course that was above the average. I have examined and fitted as many as 10 pairs of eyes for spectacles in one forenoon.

I just mention these things to show that we are not idle at least.

Our students have done the most satisfactory work of any year and have advanced more proportionately. I have now 2 or 3 men who can do very satisfactory work in the laboratory with the microscope. All this means that in another year we shall be able to carry on a much larger work without any greater output of effort ourselves. To this end I have devoted much time during the past year to the preparation of books and the teaching of these young men and I am much encouraged. For their encouragement I have been trying to gain the consent of the government to recognize our diplomas, by when we grant any, by placing on them the government seal, thus making them government diplomas.

To this they have given their verbal assent and I am going to get this promise into written form as quickly as possible.

잡보. 어(魚) 의사가 신효(神效)함.
대한매일신보(서울) (1906년 6월 9일), 3쪽[65]

어(魚) 의사가 신효(神效)함. 황해도 평산 궁위면에 거주하는 심노학 씨의 6촌 형제의 아내가 지금 38세인데, 장에 가스가 차서 배가 불룩해지고 부종이 있어 5년 동안 고통에 시달렸지만 백약이 효과가 없어 필시 죽음에 이를 것이기에 시숙이 가마에 태워 상경하였다. 제중원에 와서 어비신 씨를 만나고 구료를 청하니 씨(氏)는 병이 대단히 위중하지만 치료할 수 있다고 말하고, 병원에 입원한 지 7일 후에 마취약[蒙汗藥]을 투여한 후 복부를 절개하고 병괴를 잘라내니 추악하고 흉칙한 것이 마치 큰 자루에 가득 넣은 것 같은 것을 큰 보자기에 가득한 것을 한 사람이 간신히 가지고 가서 상처를 메우고 그 복부를 꿰매고 치료한 지 불과 한 달 만에 완쾌되어 어 씨에게 백배사례하고 며칠 전에 남촌, 진고개와 성의 각 지역을 완전히 구경한 후에 내려갔으니 이와 같은 신묘한 효과는 고대와 현대에 처음 보는 것이다. 어 씨의 신통한 의술은 동양 고대의 유명한 의사인 화타와 편작이라도 미치지 못한다고 하더라.

---

65) 다음의 신문에도 실렸다. 雜報. 醫師 高明. 皇城新聞(서울) (1906년 6월 9일), 2쪽

[Miscellaneous. Wonderful Efficacy of Dr. Avison.]
The Korea Daily News (Seoul) (June 9th, 1906), p. 3

魚醫神效. 黃海道 平山 弓位面 居ㅎ는 沈노學 氏의 再從嫂氏가 年今 三十八에 鼓脹浮腫으로 五年 苦痛에 百藥無效ㅎ야 必至死境이라 其家夫與 시叔이 轎子에 담아 上京ㅎ야 濟衆院에 來ㅎ야 魚飛信 氏를 見ㅎ고 救療을 乞ㅎ니 氏曰 病雖 大段 危重ㅎ나 救治ㅎ리라 ㅎ고 病院에 受置ㅎ야 供給ᄒ지 七日에 蒙汗藥을 下ᄒ 後에 其腹部를 剖ㅎ고 病塊를 割ㅎ니 醜惡ㅎ고 凶怪ᄒ 거시 맛치 큰 ᄌ루에 가득키 너흔 것 갓튼 것슬 큰 보작이의 가득ᄒ 것슬 一個人이 艱辛이 持去ㅎ야 埋之ㅎ고 其剖복을 縫ㅎ야 治療ᄒ지 一朔이 不過ㅎ야 快爲完人ㅎ야 魚 氏의게 百拜謝禮ㅎ고 日前에 南村 泥峴과 城中 各處를 완景ᄒ 後에 發程 下去ㅎ얏스니 如此神效는 古今初見이오 魚 氏의 神通ᄒ 醫術은 東洋 古昔 名醫에 華陀 扁鵲이라도 不及이라ㅎ더라.

찰스 A. 클라크(서울)가 아서 J. 브라운(미국 북장로교회 해외선교본부 총무)에게 보낸 편지 (1906년 6월 16일)

(중략)

남학교인 존 D. 웰즈 훈련 학교의 종업식은 해리스 주교와 우리 에비슨 박사의 연설과 함께 상을 주는 웅변대회와 토론으로 구성되었습니다. 왕국의 많은 귀족들과 고위 관리들이 참석하였고, 그 행사는 가장 행복한 것이었습니다. (......)

박사님은 황제가 마침내 세브란스 병원에 오랫동안 약속하였던 보조금을 지불하였다는 사실에 대한 소식을 듣게 될 것입니다. 1906년에 3,000엔이 지불되었고, 에비슨 박사는 1907년에는 금액이 3,600엔이 될 것이라는 사실을 알게 되었습니다.

(중략)

Charles A. Clark (Seoul),
Letter to Arthur J. Brown (Sec., BFM, PCUSA) (June 16th, 1906)

(Omitted)

The closing exercises of the Boys School, the John D. Wells Training School consisted of an oratorial contest with prized and a debate, with addresses by Bishop Harris and our Dr. Avison. A great many of the nobles of the kingdom and high officials were present and the occasion was a most happy one. (......)

You will no doubt receive word also of the fact that the Emperor has at last made a payment on his long promised subsidy of the Severance Hospital. 3,000¥ for 1906 was given and Dr. Avison was given to understand that for 1907 the amount would be 3,600¥.

(Omitted)

회의록, 한국 선교부 서울 지부 (미국 북장로교회) 1891~1921
(1906년 6월 18일)

(중략)

웸볼드 양, 피터스 씨, 클라크 씨, E. H. 밀러 씨, 무어 씨, 에비슨 박사로부터 보고를 들었다.

(......)

회의를 속개한 후 에비슨 박사는 지명 위원회의 보고를 하였다. 인선 결과는 다음과 같았다.

의장 - 허스트 박사

서기 - E. H. 밀러 씨

자산 위원회 - 클라크, 웰본, 허스트 씨

5월 21일 회의에서 연기되었던 교육 위원회에 관한 추천이 논의되어 통과되었다. 그것은 다음과 같다. "교육 위원회는 지부가 선출한 5명의 위원으로 구성된다. 기숙학교 혹은 고등학교에서 가르치는 각 외국인은 그 회원에 포함된다."

이 위원회 위원의 인선은 다음과 같았다. 바렛 양, 에비슨 및 빈튼 박사, E. H. 밀러 씨, 웸볼드 양.

의료 위원회 - 에비슨, 빈튼 및 허스트 박사, 쉴즈 양

전도 위원회 - 지부의 모든 목회자, 레이놀즈는 준회원으로 참석하도록 요청받았다.

여자 사역 위원회 - 지부의 모든 여자, 레이놀즈 부인은 준회원으로 참석하도록 요청받았다. 이 위원회는 도시에서 모든 여자 전도 사역을 담당한다.

배정 위원회 3명을 선출하자는 동의가 있었고 웰본, E. H. 밀러, 에비슨의 선출이 결정되었다.

(......)

에비슨 및 빈튼 박사, 그리고 웰본 씨를 운산 학교 이사회의 우리 대표로 선출하자는 동의가 있었고, 통과되어 그렇게 선출되었다.

헐버트 씨에게 우리 선교부에 참여하도록 요청하는 것이 현명한지 조사하기 위한 위원회가 선출되었다. 에비슨 박사가 그 위원에게 선출되었다.

(중략)

Minutes, Seoul Station, Korea, 1891~1921 (PCUSA) (June 18th, 1906)

(Omitted)

Reports were heard from Miss Wambold, Mr. Pieters, Mr. Clak, Mr. E. H. Miller, Mr. Moore, Dr. Avison.

(......)

After again meeting Dr. Avison reported for the Nominating Comm. Election resulted as follow: -

Chairman - Dr. Hirst.

Secretary - Mr. E. H. Miller

Property Comm. - Messrs. Clak, Welbon, Hirst

The recommendation re Educational Comm. laid on table at May 21st meeting was now taken from the table and carried. It is as follows; "That the educational Comm. consist of five members elected by the Station. Each of the foreign taught Boarding or High Schools to be represented on its membership."

The election of members of this Comm. resulted as follows. Miss Barrett, Drs. Avison, Vinton, Mr. E. H. Miller, Miss Wambold.

Medical Comm. Drs. Avison, Vinton, Hirst, Miss Shields

Evangelistic. All clergymen of Station, Mr. Reynolds to be asked to sit as an associate.

Womans work. All ladies of Station, Mrs. Reynolds to be asked to sit as a assoicate. This Comm. to have charge of all womans evangelistic Work in city.

Moves that as Station Apportionment Comm. of 3 be elected, motion being carried Messrs. Welbon, Miller E. H. & Avison were elected.

(......)

Moved that Drs. Avison, Vinton & Mr. Welbon be elected as our representation on trustees ___ of unsan school. Carried & so elected.

A Committee was elected to inquire into wisdom of asking Mr. Hulbert to join our Mission. Dr. Avison being elected as such Comm.

(Omitted)

19060621

제시 W. 허스트(대구)가 아서 J. 브라운(미국 북장로교회 해외선교본부 총무)에게 보낸 편지 (1906년 6월 21일)

(중략)

서울에서 우리의 업무는 이번 봄철 우리를 한계까지 몰아넣었고, 모든 병상이 가득 차서 다시 환자들을 바닥에 눕혀야 했습니다. 에비슨 박사가 잠시의 휴식도 없이 수년 동안 그토록 꾸준히 일할 수 있었던 것은 기적이나 다름없는 것 같습니다. 그는 우리 전체 지부의 핵심이자 생명입니다. 휴식이 필요한 바로 지금, 게일 씨와 마펫 씨 둘 다 떠나있고, 언더우드 박사가 건강하지 못하기 때문에 그는 거의 여유를 가질 수 없습니다. 우리는 이제 거의 2년 동안 병원에 있었지만, 중국인 목수들이 짜증이 날 정도로 느리기 때문에 우리의 격리 병동은 아직 완성되지 않았습니다. 본관이 넘쳐나고 우물이 말라 버렸기 때문에 박사님은 제가 설명할 수 있는 것보다 우리의 곤경을 훨씬 잘 상상할 수 있을 것입니다.

(중략)

Jesse W. Hirst (Taiku),
Letter to Arthur J. Brown (Sec., BFM, PCUSA) (June 21st, 1906)

(Omitted)

Our work in Seoul has been crowding us to the limit this Spring. Time and again we have had to put patients on the floor because all the beds were full. It seems nothing short of a miracle that Dr. Avison has been able to keep so steadily at work for so many years without a break or rest of any kind. He is the very center and soul of our whole station. Just now when his need of a rest is greatest he can least be spared because Mr. Gale and Mr. Moffett are both away and Dr. Underwood is far from well. We have now been in the Hospital nearly two years but owing to the exasperating slowness of the Chinese carpenters our Isolation Ward is not yet finished. With the main building overflowing and the well run dry you can imagine our plight even better than I can describe it.

(Omitted)

19060625

올리버 R. 에비슨(서울)이 아서 J. 브라운(미국 북장로교회 해외선교본부 총무)에게 보낸 편지 (1906년 6월 25일)[66]

6월 25일

이 편지는 제가 바라던 대로 빨리 끝내지 못하였지만 위에서 언급한 한두 가지 일이 어떻게 진행되었는지 몇 가지 문장을 추가하여 보내드립니다.

언더우드 박사는 가을에도 일을 시작할 수 있을 것이라는 희망을 줄 만큼 빠르게 개선되지 않았고, 그의 쇠약한 상태로 인하여 다른 질병의 발병에 취약해졌기 때문에 우리는 자문을 위하여 어빈 박사와 웰즈 박사를 불렀고, 그가 즉시 선교지를 떠나야 한다고 결정하였습니다.

따라서 그는 며칠 안에 시베리아를 거쳐 유럽으로 떠날 것이며, 아마도 그곳에서 다가오는 겨울을 보낼 것입니다. 우리는 이 과정이 그의 온전한 회복을 가져올 것이라고 기대할 충분한 이유가 있습니다.

일주일 전에 정부는 병원이 사용하도록 3,000엔을 저에게 지불하였고, 내년에 더 많은 보조금을 지급하겠다는 의사를 밝혔습니다. 이것은 우리에게 많은 도움이 될 것이며, 우리가 수행한 업무에 대한 보고서가 그들이 밝힌대로 계속 지원하고 싶은 느낌을 주기를 바라고 있습니다.

우리는 이제 우리에게 진료비를 지불할 수 있는 많은 상류계층에 도달하고 있으며, 이 모든 것이 재정적 측면에서 도움이 될 것입니다. 수술을 위하여 병원에 입원한 한 한국인은 청구서가 40엔이었는데 100엔을 지불하였습니다. 이것은 한국인 친구들이 하기에는 상당히 새로운 일이지만 그럼에도 불구하고 매우 즐거운 행동이었고, 이러한 발전은 보는 우리에게 매우 고무적인 것이었습니다.

며칠 후 아내가 열병으로 병원에 5일 동안 입원하였다가 막 회복한 한국인이 계산서를 요구하였습니다. 나는 하루에 1.20엔이라고 하였더니 지갑을 꺼내어 저에게 10엔을 건네며 진료비를 지불하겠지만 그것에 더하여 10엔을 주겠다고 말하였습니다. 이것들은 생각의 흐름을 보여주는 하찮은 예입니다.

우리는 박사님이 샌프란시스코에 있는 한국인들을 돕기 위하여 2,000달러

---

66) 이것은 다음 편지의 추신에 해당한다. Oliver R. Avison (Seoul), Letter to Arthur J. Brown (Sec., BFM, PCUSA) (June 8th, 1906)

를 사용하였다는 전보를 받았습니다. 우리는 그것을 4,000엔을 의미한다고 생각하고 박사님이 5,000엔까지 사용할 수 있고 더 필요한 경우 전보를 보낼 권한이 있기 때문에 우리는 그들이 다시 발을 딛는 데 4,000엔만 있으면 된다는 결론을 내렸습니다. 물론 박사님은 그 돈이 그 재난을 당한 국민들의 상태에 대하여 매우 염려하는 폐하로부터 온 것임을 이해할 것입니다. 우리는 그것에 대하여 여러 번 이야기하였고 그가 그들에게 어떻게 도움을 줄 수 있는지 물었으며, 나는 박사님을 매개로 하자고 제안하자 그는 매우 기뻐하였고 박사님이 이곳을 방문한 것을 아주 잘 기억한다고 말하였습니다. 그는 그들 중 아무도 목숨을 잃지 않았다는 사실을 알게 되어 매우 기뻐하였습니다. 우리는 지금 이 문제와 관련하여 박사님이 전보 및 기타 항목에 대한 지출 보고를 기다리고 있으며, 그는 선교본부가 이 문제에 대하여 어떠한 비용도 부담하지 않기를 바라므로 이곳에서 해결할 수 있을 것입니다.

나는 아직 그를 진료하고 있으며, 매주 약 4번 방문합니다. 그는 병원과 개인적으로 저에게 매우 친절하였습니다. 며칠 전 그는 통역에게 저의 인력거 노무자에게 지불하라며 저에게 3,000엔을 건네주라고 지시하였습니다. 제가 그것이 병원에서 사용하기 위한 것인지 물었을 때, 통역은 그것이 저에 대한 사적 선물이고, 며칠 전에 정부가 준 것은 병원을 위한 것이며, 폐하는 이것을 제가 사용하기를 원하신다고 말하였습니다. 그런 상황에서 박사님이 제가 그렇게 하지 않을 이유를 알지 않는 한, 저는 그것을 폐하의 선물일 뿐만 아니라 우리 아이들의 교육을 위한 하나님의 선물로 받아들일 것입니다. 사실 우리는 우리의 급여가 우리를 부양하기에 상당히 불충분하며, 동시에 우리 아이들을 집에서 멀리 보내 교육을 받는 데 필요한 막대한 비용을 지불하기 때문에 우리 아이들에게 교육을 제공할 수 있을지 많은 고민을 해왔습니다. 그러나 우리는 항상 필요할 때 필요한 것을 공급받았고, 하나님의 말씀과 우리를 다루신 그분의 경험이 우리에 대한 그분의 돌보심을 확신시켜 주었기 때문에 근심 걱정을 멀리할 수 있었습니다.

그러나 첫 쪽에서 약속하였던 간결함의 특징이 사라지지 않도록 이 편지를 끝내야겠습니다.

아내와 저는 박사님 부부에게 안부를 전하며, 지부를 대신하여 박사님과 모든 직원들께 진심 어린 안부를 전합니다. 또한 최근에 저에게 보내주신 매우 친절한 편지에 대해서도 감사의 말씀을 전하고 싶습니다. 저는 병원이 길고, 유용하며 번영하는 공헌의 시작 단계에 있을 뿐이라고 믿고 있습니다.

안녕히 계세요.

O. R. 에비슨

Oliver R. Avison (Seoul),
Letter to Arthur J. Brown (Sec., BFM, PCUSA) (June 25th, 1906)

June 25th.

This letter did not get finished as soon as I had hoped but I will send it on after adding a few sentences to tell you how one or two things mentioned above have developed.

As Dr. Underwood was not improving fast enough to give us hope that he would be able to take up work even in the Fall and as his debilitated condition rendered him susceptible to the onset of any other disease we called Dr. Irvin and Dr. Wells in consultation and decided that he should leave the field at once.

He will therefore leave in a few days for Europe via Siberia and will probably spend the coming winter there. We have every reason to expect that this course will result in his complete restoration.

A week ago the government paid to me for the use of the hospital the sum of Yen 3,000.00 and expressed their intention to make a larger grant next year. This will help us a good deal and I hope that our report of work done will make them feel like continuing it as they have indicated.

We are now reaching a larger number of the higher classes who are able to pay us for out services and all this will help the financial side. One Korean who had been in the hospital for operation and whose bill was Yen 40 laid down Yen 100, quite a new thing for our Korean friends to do but a very pleasant action all the same and very encouraging to us to see this development.

A few days afterwards another Korean whose wife had just recovered from an attack of fever after being in the hospital five days asked for the bill. I told him it would be yen 1.20 for each day she had been in at which he took out his purse and handed me 10 yen saying he would pay the bill to the attendant but that he wanted to give the 10 yen over and above the charges. These are straws which show the trend of things.

We received your cablegram saying you had expended the sum of $2,000 in assisting the Koreans in San Francisco. We take that to mean 4,000 yen and as you were authorized to use up to 5,000 yen and cable if more were needed we conclude that only 4,000 yen was needed to help them on to their feet again. Of course you would understand that the money vas from His Majesty who was very much concerned as to the condition of his subjects who had been over taken by that disaster. We had talked about it several times and when he asked about how he might get help to them and I suggested making you to be the medium he was quite pleased and said he remembered your visit here very well. He was very much pleased to know that none of them had lost their lives. We now await an account of your expenditure for cables and telegram and other things in connection with this matter so that he may settle for them here as he does not wish the Board to be at any expense in the matter.

I am still in attendance upon him, going in about four times each week. He has been very kind to me both in regard to the hospital and personally. A few days ago he directed the interpreter to hand me the sum of Yen 3,000.00, saying it was to pay my Jinriksha coolies. When I asked if it were for use in the hospital the interpreter said that it was intended to be a personal gift to me, that the money given a few days before by the government was for the hospital, and that His Majesty wished me to use this for myself. Under the circumstances, unless you see reasons for not doing so, I shall accept it not only as a gift from His Majesty but as a gift from God for the education of our children. The fact is that we have been wondering a good deal how to manage to give our children an education, as our salary is quite insufficient to support us and at the same pay the heavy expenses necessitated by the sending of our children away from home for their schooling, but we have always been provided for as the need arose and we have been able to keep an anxious care away because both the Word of God and our experience of His dealings with us assured us of His care for us.

But I must close this letter lest it should cease to have the characteristic of briefness which I promised for it on the first page.

Mrs. Avison joins me in kindest regards to yourself and Mrs. Brown and on behalf of the Station I tender to you and all the Officers our most cordial regard. I want also to thank you for the very kind letter which you sent me recently. I trust the hospital is only at the beginning of a long, useful and prosperous service.

Very sincerely,
O. R. Avison

캐서린 웸볼드(서울), 연례 보고서 (1906년 7월)

(중략)

3. 나는 이번 연도에 세브란스 병원에 관한 나의 의무와 특권을 새로운 관점에서 보았다.

1) 나는 많은 환자들이 집으로 돌아가면 찾아가서 복음을 전하였다.

2) 나는 서울에 있을 때 거의 매일 여성 입원 환자들을 방문하고 그들에게 전도하였다. 계절이 되자 나는 꽃을 가져갔다.

3) 일주일에 한 번 간호원들에게 노래와 체조를 가르치는 수업을 하였다.

4) 일주일에 한 번 의학생들은 노래를 가르치는 수업을 하였다.

4. 에드워드 밀러 부인의 학교: (......) 부활절 월요일에 에비슨 부인과 나는 에비슨 부인의 집에서 학교 학생들을 접대하였다. (......)

5. 주간 학교

(1) 새문안교회 남학교는 새 곳으로 이전하였다. (......) 봄에 윌버와 더글러스 에비슨은 이 학교와 잔다리 및 성동 학교에서 아령을 가르쳤다. 에비슨 박사와 허스트 박사를 심사위원으로 하여 경연 대회를 열었다. 성동학교가 이겼다.

(중략)

8. 여자 사경회: 2월에 우리는 연못골에서 사경회를 가졌다. 111명의 여자가 왔다. 수업은 8일 동안 진행되었다. 남대문 밖의 여자 사랑방에서 열린 에비슨 부인의 사경회에 온 여자들의 일부는 열광적이었다. 그것은 오전 9시 30분에 시작하여 오후 4시까지 이어졌다. (......) 우리는 5월 말에 비슷한 사경회를 가졌으며, 열광적으로 참석하였다. 고 부인과 나 이외에 강의를 도운 이들은 에비슨 부인, 샤프 부인, 쉴즈 양, 레널즈 부인, 에비슨 박사, 허스트 부인이었다. 허스트 부인의 교육은 특히 한국인들에게 높이 평가되며, 우리는 그녀의 도움에 크게 감사해하고 있다.

(중략)

Katherine Wambold (Seoul), Annual Report (July, 1906)

(Omitted)

3. This year I have seen my duties and privileges concerning the Severance Hospital in a new light:

1) I have gone to visit many of the patients when they have returned to their homes, and have told them more about the Gospel.

2) I have visited the women in-patients nearly every day when in Seoul and have preached to them. When in season I have taken flowers.

3) We have had a class once a week for teaching the nurses singing and physical exercises.

4) Once a week the medical students have had a singing class.

4. Mrs. Edward Miller's School: (......) On Easter Monday Mrs. Avison and I entertained the school at Mrs. Avison's house. (......)

5. Day Schools

(1) The Sai Mum An school for boys has been moved to the new site. (......) In the spring Wilbur and Douglas Avison taught dumbbells to this school and to Chandari and sung Dong. We had a contest with Dr. Avison and Dr. Hirst for judges. The Sung Dong school won.

(Omitted)

8. Women's Classes: In February we had a class at Yun Mot Kol. One hundred and eleven women came. The class lasted eight days. So enthusiastic were some of the women that they came to Mrs. Avison class in the women's sarang outside the South Gate. It began at 9:30 in the morning and lasted until 4:00 in the afternoon. Women came from the neighborhood and also from Sai Mun An, Sung Dong, Sam Gai, Chandari, Sai Mal, Hook Sakie. (......) Those, besides Mrs. Ko and myself, who assisted in teaching, were Mrs. Avison, Mrs. Sharpe, Miss Shields, Mrs. Reynolds, Dr. Avison, Mrs. Hirst. Mrs. Hirst's teaching is especially appreciated by the Korean, and we are most grateful for her help.

(Omitted)

회의록, 한국 선교부 서울 지부 (미국 북장로교회) 1891~1921
(1906년 7월 16일)

(중략)

전도 위원회가 보고서를 작성하였다. 이것은 수정되었고 통과되어 연례 회의에서 업무가 재배당될 때까지 샤프 씨가 에비슨 박사와 함께 새문안 교회와 언더우드 박사의 순회 지역을 담당하고, 헐버트가 전도 사역에서 돕도록 요청 받았다.

(중략)

Minutes, Seoul Station, Korea, 1891~1921 (PCUSA) (July 16th, 1906)

(Omitted)

A report was made by the Evangelistic Comm. which was amended & so carried that Mr. Sharp be asked to work with Dr. Avison in taking charge of Sai Munan and Dr. Underwood country circuit until Annual Meeting reassigns the work and that Mr. Hulbert be requested to assist in the preaching services.

(Omitted)

정부에서 제중원을 도와주심.
그리스도 신문 (서울) 10권 33호 (1906년 8월 16일), 779쪽

정부에서 제중원을 도와주심.

정부에서 제중원 의사들이 의약을 사용하여 병든 사람을 구제함을 의롭게 생각하여 매월 신화(新貨) 250원씩 1년 동안 사용할 것을 합해 신화 3천 원을 에비슨 의사에게 주었는데, 에비슨 의사는 그 돈을 일본 은행에 예치하고 결비를 사용하게 하였고 작년 황제 폐하 탄신에 제중원에 경축비 천 원을 내리셨으니 황제의 은혜에 감사하고 있다.

The Government Helped Jejoongwon.
The Christian News (Seoul) 10(33) (Aug. 16th, 1906), p. 779

정부에서 제즁원을 도아주심.

정부에서 제즁원 의소들이 의약을 허비ᄒᆞ야 병인 구제흠을 의롭게 아시고 ᄆᆡ월 신화 이빅 오십원식 일년 동안에 쓸거슬 합 신화 삼쳔원을 에비신 의원의게 주셧ᄂᆞᄃᆡ 에비슨 의소가 그 돈을 일본 은힝에 두고 경비를 보용ᄒᆞ게 ᄒᆞ엿고 쟉년 황뎨 폐하 탄신에 제즁원에 경츅비 쳔원을 ᄂᆞ리셧스니 황은을 감샤ᄒᆞ옵ᄂᆞ이다.

19060900

애니 L. A. 베어드(평양), 윌리엄 M. 베어드 부인의 1905~6년도 개인 보고서 (1906년 9월)[67]

10월 학당이 개학한 후, 매일 한 시간씩 동물학 수업을 하였다. (......)
(중략)

2월에 위에서 언급한 생리학 및 위생학 과목의 네 번째 및 다섯 번째 반에서 일주일에 세 번 한 시간씩 수업이 배정되었다. 에비슨 박사가 준비한 교과서를 사용하였는데, 그 책들은 처음에는 내 자신이 습득하기 위하여 열심히 노력해야 했지만 교사와 학생 간의 의사소통에 훌륭한 바탕이 되는 것을 알게 되었다. 교과서, 훌륭한 두 개의 궤도, 마펫 부인이 가지고 있는 인체 해부 모형 덕분에 그 과목은 의외로 가르치기 쉬웠고, 덕을 많이 보았으며, 관련된 모든 사람들에게 분명히 즐거움을 주었다.

---

67) 이곳에 인용된 보고서의 내용은 다음 잡지에도 실려 있다. Annie L. A. Baird, Knowledge A Revelation. *The Korea Mission Field* (Seoul) 2(11) (Sept., 1906), pp. 211~212

Annie L. A. Baird (Pyeng Yang),
Personal Report of Mrs. W. M. Baird for 1905~6 (Sept., 1906)

After the academy opened in October, I taught an hour every day, taking the second class through the study of Zoology. (......)

(Omitted)

In February an arrangement was made which gave me an hour three times a week with the fourth and fifth classes in the subject referred to above, of Physiology and Hygiene. The textbook prepared by Dr. Avison was used, and I found it an excellent basis of communication between teacher and pupil, although I had to work hard to master it myself, to begin with. With the aid of the textbook, two good charts, and a mannikin belonging to Mrs. Moffett, the subject was unexpectedly easy to teach, and was full profit, and apparently of pleasure to all concerned.

올리버 R. 에비슨,
O. R. 에비슨 박사의 개인 보고서 (1906년 9월)

O. R. 에비슨 박사의 개인 보고서

1906년 9월

나는 선교본부에 가능한 한 적은 비용으로 병원과 부속 부서의 의료 업무를 가능한 한 효과적이고 광범위하게 만드는 것을 목표로 선교부에서 나에게 할당해 준 업무를 부지런하게 수행하려고 노력하였다. 유능한 의료 조수를 가능한 한 빨리 준비하기 위하여 다른 업무에서 낼 수 있는 모든 시간을 교과서 준비와 학생들의 직접 지도에 전념하였고, 그리스도의 왕국을 위한 영혼의 구원을 위하여 의료 사업이 제공하는 기회를 최대한 활용하였다.

의료 활동의 폭은 총 11,295명의 진료실 환자, 475명의 입원 환자, 1086명의 특진 환자, 그리고 664명의 왕진으로 나와 허스트 박사의 업무를 포함하여 총 13,045명을 진료하였다. 이것에는 126번 황제를 방문한 것과, 가장 낮은 계급의 부랑자를 진료한 것이 포함된다. 업무의 효율성은 특정 용어로 설명할 수 없으며, 이를 보여주기 위해서는 전반적인 보고서와 대중의 호의에 의존해야 한다.

경비는 이전보다 다소 증가하였지만 수입도 증가하여 우리는 선교본부의 예산 범위 내에서 유지하고, 지난 해 연례 회의의 예상 수입을 맞추었으며, 우리는 선교본부에 대한 우리의 의존도가 지속적으로 감소하는 경향을 확신을 가지고 주시하고 있다.

교과서 건은, 작년에 보고된 것들은 등사하여 여러 권이 배포 준비가 되어 있으며, 학생들의 요구를 충족시키기 위하여 새 책들이 나오기 시작하였다.

상급반 학생들은 해부학 2번, 생리학 1번, 화학 2번, 약물학 무기질 2번, 세균학 2번, 진단학 일부, 그리고 병리학 일부를 배웠다.

오는 해에는 진단, 질환 치료 및 외과 실습에 대한 추가 지식의 기반을 구축하는 데 전념할 것이다. 많은 수술이 현재 진도가 빠른 학생들에 의해 수행되고 있다. 환자의 치료와 수술을 집도하는 중에 줄 수 있는 그러한 교육 외에 나는 매일 오후에 2시간 정도를 규칙적이고 체계적인 교육에 할애하였다.

전도 사역은 매일 아침 병원과 연관된 모든 사람과 병동에서 올 수 있는 모든 환자가 참석하는 15분간의 예배, 환자들과의 사적인 대화, 매 주일 아침 허스트 박사가 지도하는 주일 학교, 그 직후 내가 인도하는 예배, 매주 수요일 저녁 무어 목사가 인도하는 기도회, 그리고 남전도사인 채 씨와 대단히 충실하고 성공적인 전도부인 곽 부인의 계속된 지도로 이루어졌다. 병원 업무를 제외하고 나에게 일이 주어졌을 때 연합 예배에서 설교하고, 기회가 되면 서대문 교회에서 설교하고, 언더우드 박사가 없었을 때 그 교회에서 열린 모임의 사회를 보고, 지난 겨울에 개최된 특별 심야 연합 예배를 돕고, 서울에서 개최된 성경 강습반에서 개인 청결 및 위생에 관한 강의를 몇 번하고, 기독청년회의 종교 활동에 일부 참여하였고, 이사로서 그 단체의 토의에 참여하였고, 대한 성서공회의 이사 및 고아원의 이사로 참여하였던 것은 나의 특전이었다.

건축과 관련하여 나는 병원과 관련된 격리 부서, 얼음 저장고, 그리고 창고의 건축을 감독하였다. 병원에는 여전히 적절한 진료소 건물과 간호사 사택이 필요하다.

Oliver R. Avison, Personal Report of Dr. O. R. Avison (Sept., 1906)

Personal Report of Dr. O. R. Avison
September 1906.

I have tried to carry on with diligence the work assigned me by the Mission, by aim having been to make the medical works of the hospital and its outbranchings as effective and wide reaching as possible at the smallest possible expense to the Board; to advance as rapidly as possible in the preparation of efficient medical assistants by devoting all the time I could spare from other duties to the preparation of textbooks and the direct teaching of students, and to use to the fullest possible extent the opportunities afforded by the medical work for the winning of souls for Christ's kingdom.

The wideness of the outreach of the medical work is seen by the statistics which show a total of 11295 Dispensary patients, 457 Inpati 1086 Private Office patients, and 664 Home visits, or a grand total of 13045, including both my own work and that of Dr. Hirst, noting that it included 126 visits to H. M., the Emperor, and attendance all down the scale to the lowest outcasts. The effectiveness of the work cannot be set forth in specific terms and we must depend upon general report and the goodwill of the public to show this.

Expenses have been somewhat greater than before but receipts on the field have also been greater so we have been able to keep within the Boards grant and justify the estimated revenue of last annual meeting, and we look with confidence towards a steady lessening of our dependence upon the Board.

In the matter of textbooks, these reported last year have been mimeographed and several are about ready for distribution while new books have been begun to meet the advancing needs of the students.

The senior students have covered the following ground,- Anatomy twice, Physiology once, Chemistry twice, Inorganic Materia Medica twice, Bacteriology twice, Diagnosis in part and Pathology in part.

The coming year will be devoted to building on this foundation a further knowledge of Diagnosis, Treatment of diseased conditions and practice in Surgery. Many operations are now performed by the more advanced students. In addition to such teaching as could be given practically during the treatment of cases and the conduct of operations I have devoted about two hours of every afternoon to regular, systematic teaching.

The evangelistic work consisted of a fifteen minutes devotional service every morning attended by all workers connected with the institution and all patients who could come from the wards, of private conversations with the patients, of a Sabbath school every Sunday morning under the guidance of Dr. Hirst, of a preaching service immediately afterwards conducted by myself, of a prayer-meeting every Wednesday evening led by Mr. Moore, and of constant instruction by the male evangelist, Mr. Chay, and the Biblewoman, Mrs. Kwak, who have been very faithful and successful. Aside from hospital duties it has been my privilege to preach in the union service as that duty was assigned me, to preach in the West gate church as occasion arose, to moderate meetings of the session of that church in Dr. Underwood's absence, to assist in the special nightly union services held last winter, to deliver a few lectures on personal purity and Hygiene to the Bible classes which met in Seoul, to take some part in the religious work of the Y. M. C. A, and, as a member of the Board of Directors to take part in the deliberations of that body, as also in these of the Board of trustees of the K. R. T. S. and of the Board of the Orphanage.

In the line of building operations I have superintended the erection of the Isolation department, of an icehouse and of storehouse in connection with the hospital plant. The hospital still needs a suitable Dispensary building and a nurses' home.

19060900

제니 B. 에비슨(서울),
에비슨 부인의 개인 보고서 (1906년 9월)[68]

지난 해 7월 1일부터 나의 업무는 주로 나의 전도부인인 곽 씨를 통해 이루어졌다. 그녀는 병원 안팎에서 매우 성실하였다. 그녀의 일은 먼저 병원에서 아침 예배에 참석한 다음, 그녀가 듣고 이해한 것만큼 환자가 편리한 시간이면 언제든지 항상 입원 환자들에게 가르치는 것으로 이루어졌다. 그런 다음 매일 진료소에 오는 모든 여자를 만나 가르치고 그들이 사는 곳을 알아보고 그들의 가정을 방문해 달라는 초대를 응하였다.

그녀는 병원에서 퇴원한 환자를 방문하였는데, 이곳에서 수 마일 떨어진 마을도 방문하였고 때로는 그곳에서 밤새 머물다가 다음날 돌아 와야 했으며, 항상 그녀가 만난 모든 사람들에게 우리의 일요일 아침 예배나 가장 편리한 예배에 참석하도록 초대하였다.

그녀는 매일 아침 나에게 보고하였고, 나는 항상 최선을 다하여 그녀를 지도하였다. 나는 그녀를 통하여 또는 그녀와 함께 많은 한국인 손님들을, 때로는 퇴원한 환자와 종종 병원에 입원해 있거나 입원하였던 환자의 친구들을 맞이하였다.

그녀는 나와 함께 한강으로 가서 큰 마을, 작은 한강, 새말, 그리고 다른 마을들을 방문하고 각 마을에서 많은 여자들과 만나 이야기하는 동안 이곳에서 자신의 자리를 맡을 교회 여자 한 명을 구하였다. 우리는 그곳에 2주밖에 머물지 않았고 일요일에 한 번 예배를 드렸는데, 약 25명의 여자들이 참석하였다.

그녀는 1년 동안 297 가정을 심방하였고, 병원에서 1,652명의 여자와 만나 이야기를 나누었으며, 452부의 전도지와 95권의 책을 배포하였는데 대부분 마가복음이었다. 그리고 1년 동안 30~40명의 여자들이 병원에서 또는 그녀를 통해 개종하였다.

그녀는 따로 계곡가에 있는 집과 빨래터들을 방문하였고, 그곳에서 혹은 일요일 교회 예배가 끝난 후 종종 50명과 이야기를 나누었다. 그녀는 항상 그

---

68) 이 보고서의 내용은 다음 잡지에 실렸다. Jennie B. Avison, A Bible Woman's Work. *The Korea Mission Field* (Seoul) 2(11) (Sept., 1906), pp. 212~213

녀가 초대한 사람들 중에서 우리의 일요일 아침 예배에 새로운 얼굴로 보게
되기를 간절히 원하였고, 그녀는 종종 보상을 받았다. 약 50명이 이 예배에 참
석하고 있다.

Jennie B. Avison (Seoul), Mrs. Avison's Personal Report (Sept., 1906)

Since last July 1st my work has been done mainly thro my Bible woman
Kwak si. She has been very faithful both in and out of the Hospital. Her work
consisted of first attending morning worship at the Hospital and then teaching
inpatients at any and all times convenient to the patient according as she was well
enough to listen and understand and the to meet all the women who came to the
clinic every day touching them and finding out where they live and accepting
invitation to visit them at their homes.

She visited patients who had gone out from the Hospital, even villages many
miles from here where sometimes she had to remain over night and come back
next day, always inviting all she met to come to our Sunday morning services or
any of our church services where most convenient.

She reported to me every morning and I directed her always as best I could. I
have received many Korean guests thro or with her sometimes patients who had
gone out and often friends of patients who are in or have been.

She got one of the church women to take her place here while she went with
me to Han Kang where she visited Keun Han Kang Chakeun han kang, Sa Mal,
and other villages meeting and talking with many women in each place. We were
there only two weeks, and had one service on Sunday at which about 25 women
were present.

Mrs. Avison during the year 207 visits to homes, and met and talked with
1,652 women at the Hospital, give away 452 tracts and 25 books, mostly Mark's
Gospel, and 30 or 40 women have been converted in the hospital or thro her
during the year.

She has visit separately homes and washing places by the mountain streams, often talking with 50 at a time there or after a church service on Sunday. She is always anxious to see a new face at out Sunday morning service from among the many she has invited and she has often been rewarded. We have about 50 attending this service.

미합중국 북장로교회 한국 선교부가 서울에서 개최된 연례 회의에 제출한 보고서 (1906년 9월), 7, 20~21쪽

7쪽

서울 지부

(......)

안식년 및 와병. (......); 에비슨 부인의 건강 상태로 인하여 그녀는 1년 내내 수업과 병원에서의 일을 포기해야만 했다.; (......)

(중략)

20~21쪽

한 해 동안 몇 년 동안 중단되었던 궁궐과의 관계가 재건되었다. 에비슨 박사는 지난 11월 폐하를 진료하도록 요청을 받았으며, 그 이후 126번 왕진하였다(6월 30일까지). 폐하는 병원을 돕고 의사에게 개인 선물을 제공하는 등 여러 방법으로 이 진료에 대한 감사를 표현하였다. 그는 성탄절 선물로 병원에 500달러를 보냈고, 뒤이어 새로운 인력거와, 그리고 궁궐의 경비로 인력거꾼을 고용하라는 지시를 내렸고, 나중에는 정부가 병원 경비로 1,500달러를 지급하라고 지시하였다. 그는 에비슨 박사에게 개인적으로 돈을 선물한 것 외에도 그에게 4등 태극장을 수여하고 내각 대신 바로 아래, 차관 바로 위의 직위를 부여하였다. 동시에 그는 한국에 거주하면서 자신과 한국인들에게 제공한 봉사에 대하여 언더우드 목사에게도 유사한 영예를 수여하였다.

폐하는 여러 차례 기독교에 관하여 대화할 기회를 주었고, 성경과 찬송가를 호의적으로 받았는데, 언더우드 목사, 에비슨 박사 및 휴 밀러 씨(성서 공회를 대표하여)가 특별 알현을 할 때 국한문 혼용으로 특별하게 제본한 신약성서를 증정할 기회를 주었다.

매우 기분 좋은 사건은 폐하께서 에비슨 박사에게 우리 선교본부를 통하여 샌프란시스코 재해로 고통을 받는 한국인들의 구호를 위하여 2,500달러의 금액을 요청하였던 일이다.

병원의 종교 사역은 예년보다 더 철저하게 수행되었지만 이 보고서에는 세부 사항을 담을 공간이 없고 개인 보고서에서 찾을 수 있다.

의학 교육도 일반적인 방식으로만 언급될 수 있지만 여러 교과서가 출판
되고, 허스트 박사가 언어를 습득하면서 특정 분야의 책임을 맡을 능력이 증
대되면서 예년보다 이 분야에서 더 나은 업무를 할 수 있게 되었다.

Report of the Korea Mission of the Presbyterian Church in the U. S. A. to the Annual Meeting, Seoul (Sept., 1906), pp. 7, 20~21

p. 7

Seoul Station

(......)

Furloughs and Sickness. (......); Mrs. Avison's state of health, compelling her to relinquish during the whole year her classes and her work in the hospital; (......)

(Omitted)

pp. 20~21

During the year our relations with the palace, which had been interrupted for several years, were resumed. Dr. Avison having been called to see His Majesty professionally last November, since which time 126 visits have been made (up to June 30th). His Majesty has shown his appreciation of this service in many ways, both by assistance given to the hospital and by personal gifts to the doctor. He sent $500.00 as a Christmas gift to the hospital, followed this with a new jinriksha and directions to employ jinriksha men at the expense of the palace, and later on directed that the government should contribute $1500.00 towards the current expenses of the hospital. Besides making Dr. Avison personal gifts of money he conferred upon him the decoration of the 4th grade of Tai Keuk (Great Perfection), carrying with it rank just below that of a Cabinet Minister and above that of a Vice-Minister. At the same time he conferred a similar honor upon Rev. Dr. Underwood for services rendered to himself and the Korean people during many years of residence in Korea.

On several occasions His Majesty gave opportunity to converse about Christianity and graciously received copies of the Bible and of our Hymn-book, which were offered him, on one occasion giving a special audience to Rev. Dr. Underwood, Dr. Avison, and Mr. H. Miller (representing the Bible Societies) to give them an opportunity to present specially bound copies of the New Testament in the mixed script.

A very pleasant incident was the service which his Majesty asked Dr. Avison to do for him in forwarding through our Board the sum of $2,500.00 for the relief of the Korean sufferers in the San Francisco disaster.

The religious work of the hospital has been more thoroughly done than in former years, but there is not space in this report to give details, which however may be found in the personal reports.

Medical teaching also can be only mentioned in a general way, but the getting out of several textbooks and Dr. Hirst's increasing ability to take charge of certain departments of work as he learns the language have made it possible for better work in this line to be done than in former years.

J. 헌터 웰즈(평양)가 아서 J. 브라운(미국 북장로교회 해외선교본부 총무)에게 보낸 편지 (1906년 9월 7일)

(중략)

에비슨 박사는 봄에 이곳과 선천을 방문하였으며, 그는 이전에 결코 깨닫지 못한 것처럼 보였던 것, 즉 '다른 사람들이 있다.'는 것을 보았기 때문에 지금은 이전보다 훨씬 온순해져 있습니다. 에비슨 및 허스트 박사의 진료에 대한 황제의 선물, 영국 공사관의 진료비, 다른 선교부가 지불한 경비를 받은 세브란스는 이곳이나 선천보다 한국인들로부터 훨씬 적게 받고 있습니다. 우리에게는 공사관이나 왕이 없으므로 다른 곳에서 그 돈을 얻어야 합니다.

(중략)

J. Hunter Wells (Pyeng Yang),
Letter to Arthur J. Brown (Sec., BFM, PCUSA) (Sept. 7th, 1906)

(Omitted)

Dr. Avison visited us in the spring both here and at Syenchun and he is now much meeker than he was as he sees something he never seemed to realize before and that is "There are others." Take out the Emperors presents, the fees from the British Legation and money paid by other missions for services to Drs. Avison and Hirst and the Severance receives much less from the Koreans than either here or at Syenchun. We have no legations or king so Must get it somewhere else.

(Omitted)

올리버 R. 에비슨 박사에 대한 한국 황제의 선물. 미국 북장로교회 해외선교본부 실행위원회 회의록, 1837~1919년 (1906년 9월 17일)

O. R. 에비슨 박사에 대한 한국 황제의 선물. 실행 위원회는 세브란스 병원에 대한 정부의 지원금 3,000엔 외에 한국 황제가 O. R. 에비슨 박사에게 개인 선물로 3,000엔을 주었다고 보고하였다. 선교본부는 이전의 선물을 O. R. 에비슨 박사에 대한 개인적인 것으로 간주하고, 폐하의 호의를 보여주는 그러한 유력한 증거에 대하여 그를 진심으로 축하해 주었다. 이 모든 문제는 추가 보고 및 권고를 위하여 실행 위원회에 다시 회부되었다.

"편지: O. R. 에비슨 박사의 1906년 6월 8일자 편지"[69]

Gift of the Emperor of Korea to Dr. O. R. Avison. Minutes [of Executive Committee, PCUSA], 1837~1919 (Sept. 17th, 1906)

Gift of the Emperor of Korea to Dr. O. R. Avison. The Executive Com. reported that the Emperor of Korea had made to Dr. O. R. Avison, a personal gift of 3,000 Yen in addition to a Government grant of 3,000 yen to the Severance Hospital. The Board regarded the former gift as personal to Dr. Avison, and heartily congratulated him upon such a substantial evidence of the favor of His Majesty. This whole matter was referred back to the Executive Council for further report and recommendation.

"Letter: O. R. Avison, June 8th, 1906"

---

69) Oliver R. Avison (Seoul), Letter to Arthur J. Brown (Sec., BFM, PCUSA) (June 8th, 1906)

19060919

1906년 9월 19일부터 10월 1일까지 서울에서 개최된 미국 북장로교회 한국 선교부의 제22차 연례 회의 회의록 및 보고서, 8, 18~19, 35, 38, 73, 80쪽

8쪽

1905~6년의 임시 결정

(......)

O. R. 에비슨 박사와 J. W. 허스트 박사가 서명한 M. E. 브라운 양에 관한 진단서가 선교부에 의해 만장일치로 승인되었고, 1905년 12월 28일 선교본부로 제출되었다.

(중략)

18~19쪽

서울, 1906년 9월 21일

(......)

서울 보고. 에비슨 박사는 서울 지부의 총괄 보고서와 청주에 대한 보충 보고서를 발표하였고, 논의 후에 해당 위원회에 회부되었다.

(중략)

35쪽

서울, 1906년 9월 27일

(......)

편집 위원회. (......) 편집 위원회의 전체 보고서는 다음과 같다.

(......)

7. 에비슨 박사는 '진단학'에 관한 책을 번역하고 있으며, 치료학, 외과, 피부 질병, 중급 생리학 및 위생학, 간호학 및 약물학 유기질을 번역할 계획이라고 보고한다.

(중략)

38쪽

(……)

클라크 씨는 세브란스 병원에 대하여 산정된 자금을 절반을 IV급으로, 절반을 IX급으로 이전하는 것의 타당성을 고려하기 위한 위원회의 구성을 제안하였으며, 에비슨 박사는 그 위원회가 병원의 자립이라는 주제 전체를 다루도록 발의하였다. 동의가 우세하자 의장은 리, E. H. 밀러, 웰본 및 브루언 씨를 그 위원회에 임명하였다.

(중략)

73쪽

사역자 및 사역 배정.
서울 지부

(……)

O. R. 에비슨, 의학박사: 세브란스 병원 책임 의사. 학생 조수 교육. 문서 사역. 남대문 사랑방, 거리 예배당 및 책방을 담당.

O. R. 에비슨 부인: 여자들 전도 사업. 전도 부인의 감독. 여자 성경반 담당.

(중략)

80쪽

재령 지부

(……)

C. E. 샤프 목사: 강경군, 해주군, 장연군, 송화군, 옹진군 및 신천군 담당. 이기풍 및 다른 세 명의 조사, 권서인 김두상의 감독. 서울 지부의 지시 아래 서울의 새문안 교회에서 홀 씨를 도움. 에비슨 및 허스트 박사와 함께 세브란스 병원 및 예배당에서 전도 사역을 함.

Minutes and Reports of the Twenty-Second Annual Meeting of the Korea Mission of the Presbyterian Church in the U. S. A. Held at Seoul, September 19~October 1, 1906, pp. 8, 18~19, 35, 38, 73, 80

p. 8

Ad Interim Actions, 1905~6

(......)

A medical certificate concerning Miss M. E. Brown, signed by O. R. Avison, M. D., and J. W. Hirst, M. D., was unanimously approved by the Mission and forwarded to the Board December 28th, 1905.

(Omitted)

pp. 18~19

Seoul, September 21st, 1906.

(......)

Seoul Report. Dr. Avison presented the Seoul Station General Report and a supplementary report on Chongju, which after discussion were referred to the appropriate committees.

(Omitted)

p. 35

Seoul, September 27th, 1906.

(......)

Editorial Committee. (......) The full report of the Editorial Committee is as follows:

(......)

7. Dr. Avison reports that he is translating a book on "The Diagnosis of Diseases," and plans to translate the following medical works: Therapeutics, Surgery, Skin Diseases, Intermediate School Physiology and Hygiene, Nursing and Organic Materia Medica. (......)

p. 38

Seoul, September 28th, 1906.

(......)

Mr. Clark moved that a committee be appointed to consider the advisability of transferring the funds as estimated for the Severance Hospital, half to Class IV. and half to Class IX., and Dr. Avison moved that the whole subject of self-support for hospitals be considered by such committee. The motions prevailing, the chair appointed Messrs Lee, E. H. Miller, Welbon and Bruen as such committee.

(Omitted)

p. 73

Apportionment of Workers and Work.

Seoul Station

(......)

O. R. Avison, M. D.: Physician in charge of Severance Hospital. Instruction of Student Assistants. Literary work. Itineration. Charge of South Gate Sarang and of street chapel and Book room.

Mrs. O. R. Avison: Evangelistic work among women. Oversight of a Bible Woman. Charge of Women's Bible Class.

(Omitted)

p. 80

Chairyung Station

(......)

Rev. C. E. Sharp: Charge of work in Kangyung, Haiju, Changyun, Songwha, Ongjin and Sinchun counties, and oversight of helpers Yi Ki Poong and three others, and of colporteur Kim Tu Sang. Associated with Mr. Hall in Sai Moon An Church, Seoul, under direction of Seoul Station, and evangelistic work in Severance Hospital and in street chapel in conjunction with Drs. Avison and Hirst.

회의록, 한국 선교부 서울 지부 (미국 북장로교회) 1891~1921
(1906년 9월 21일)

(중략)

의료 위원회 대표는 그 예산을 에비슨 박사의 의료 보고서에 사용하도록 지시받았는데, 그 정보는 청주 ____에서 얻을 수 있다.

(......)

에비슨 박사, 홀 씨는 새문안 교회의 재산(부동산)의 증서 문제를 조사한 다음, 지부가 지부로서 또는 공동체로서 그것을 처분할 수 있는 권한을 갖기 위한 위원회에 임명되었다.

(......)

승동에 외부 우물을 만드는 문제는 에비슨 박사 및 클라크 씨로 이루어진 위원회에 회부되었다.

(중략)

Minutes, Seoul Station, Korea, 1891~1921 (PCUSA) (Sept. 21st, 1906)

(Omitted)

The medical Comm. representative was instructive use as her budget Dr. Avisons medical report - information to be obtained from Chang___

(......)

Dr. Avison, Mr. Hall were made a Committee to look into the matter of deed of Sai Mun An Church property (real estate), then to have any authority the Station as a Station or as a community may have in disposing of the same.

(......)

The matter of re locating the outside well at Seung Dong was referred to a Comm of Dr. Avison & Mr. Clark.

(Omitted)

회의록, 한국 선교부 서울 지부 (미국 북장로교회) 1891~1921
(1906년 9월 26일)

(중략)

에비슨 박사는 허스트 박사를 위한 사택의 필요성을 선교부 석상에 제시하기 위한 위원회에 임명되었다.

(중략)

Minutes, Seoul Station, Korea, 1891~1921 (PCUSA) (Sept. 26th, 1906)

(Omitted)

Dr. Avison was made a Committee to present the floor of the Mission the need for a house for Dr. Hirst.

(Omitted)

한국. O. R. 에비슨 박사에 대한 한국 황제의 선물. 미국 북장로교회 해외선교본부 실행위원회 회의록, 1837~1919년 (1906년 10월 2일)

한국. O. R. 에비슨 박사에 대한 한국 황제의 선물. 실행 위원회는 한국 황제가 O. R. 에비슨 박사에게 세브란스 병원 보조금 3,000엔 외에 개인적인 선물로 3,000엔을 보냈다고 보고하였다. 그 승인이 선례로 간주되지 않는다는 조건으로 선교본부는 특별한 상황에서 에비슨 박사에 대한 이전 선물을 개인적인 것으로 간주하고 황제의 호의에 대한 그러한 실질적인 증거에 대하여 그를 진심으로 축하해 주었다. (편지: 에비슨 박사의 6월 8일자)

Korea. Gift of the Emperor of Korea to Dr. O. R. Avison. *Minutes [of Executive Committee, PCUSA], 1837~1919* (Oct. 2nd, 1906)

Korea. Gift of the Emperor of Korea to Dr. O. R. Avison. The Executive Council reported that the Emperor of Korea had sent to Dr. O. R. Avison a personal gift of 3,000 Yen in addition to a Government grant of 3,000 Yen for the Severance Hospital, with the understanding that its approval is not to be regarded as a precedent the Board in the special circumstances deemed the former gift as personal to Dr. Avison and heartily congratulated him upon such a substantial evidence of the favor of the Emperor. (Letter: Dr. Avison, June 8)

19061005

아서 J. 브라운(미국 북장로교회 해외선교본부 총무)이
올리버 R. 에비슨(서울)에게 보낸 편지 (1906년 10월 5일)

1906년 10월 5일

O. R. 에비슨 박사,
　한국 서울

친애하는 에비슨 박사님,

　　박사님의 6월 8일자 편지를 간절한 마음으로 읽었습니다.[70] 늦은 감이 있지만 한 달간 휴가를 떠난 후 몇 시간 만에 도착하였기 때문입니다. 내가 돌아왔을 때 나는 즉시 그것을 읽었고, 황제가 박사님에게 준 멋진 선물 3,000엔을 선교본부에 보고하였습니다. 그 선물은 내가 보기에 박사님이 가지고 있는 것이 정당한 개인적인 선물인 것 같았지만, 한국 황제가 그런 훌륭한 일을 하였다는 것을 선교본부가 관심을 가질 것 같아서 보고하였습니다. 하지만 그러한 선물과 지침서 29항의 관계에 대하여 몇 가지 질문이 제기되었으며, 페르시아의 코크란 박사는 그의 모든 진료비와 돈 뿐만 아니라 양탄자와 같은 선물을 선교부 재무에게 넘겼다는 설명이 있었습니다. 그는 재무나 선교부의 위원회에서 그것들을 평가하게 한 다음 재무의 이익을 위하여 팔았는데, 코크란 박사 자신은 만일 그것을 갖기를 원하면 직접 구입하였습니다. 따라서 이 문제는 다음 회의에 보고하도록 집행 심의회로 다시 회부되었습니다. 이 회의는 지난 월요일에 열렸으며, 나는 심의회에서 황제가 박사님께 준 선물이 당신이 개인적인 것으로 간주하는 것이 정당하다고 느꼈고, 선교본부는 이것이 선례로 간주되어서는 안 된다는 조건으로 이것을 승인하였다고 보고하는 것에 만족해하였습니다.

　　물론 일반적인 원칙은 선교본부로부터 급여를 받는 선교사가 선교지에서 사역을 수행하면서 받은 금전이나 기타 선물을 선교본부의 재무에게 귀속시켜야 한다는 것은 분명합니다. 그러나 나는 선교본부에 박사님이 서울의 외국인 거주자로부터 받은 진료비에 대하여 옳게 처리해 왔으며, 황제 자신이 별도로

---

70) Oliver R. Avison (Seoul), Letter to Arthur J. Brown (Sec., BFM, PCUSA) (June 8th, 1906)

3,000엔을 보냈고 박시님은 그것을 재무에게 넘겼다고 말하였습니다.

그 문제는 이곳에서 진심으로 이해되고 있으며, 박사님은 그것에 대하여 조금도 부끄러워할 필요가 없습니다. 나는 단순히 편지를 확인하는데 지체되었던 이유를 설명하기 위해 이렇게 하는 것입니다.

우리는 박사님의 편지에서 우리의 관심을 끄는 많은 것을 발견하였고, 그것은 오래 전에 우리의 특별 목적 및 편집 부서로 전달되어 다양한 곳에서 출판하기 위하여 자유롭게 발췌하였습니다.

나는 샌프란시스코의 한인 구호를 위한 황제의 선물과 관련하여 박사님이 요청한 전보 등에 대한 지출 내역을 재무에게 넘겼습니다.

나는 또한 일본 철도의 우선 통행권에 관한 박사님의 8월 11일자 편지를 받았고, 동료들이 읽을 수 있도록 회람시켰습니다. 이렇게 완전하고 명확한 설명에 감사드립니다. 물론 더 이상 비판이 없는 한 우리가 할 수 있는 일은 없지만, 그런 경우 박사님의 친절한 편지는 이제 내가 효과적인 답변을 할 입장에 있게 하였습니다. 그러나 그 회의에서 모건 씨를 제외하고는 아무도 그것을 우리에게 언급하지 않았으며, 아마 다시는 그 소식을 듣지 못할 것입니다.

에비슨 부인과 아이들에게 따뜻한 안부를 전합니다.

안녕히 계세요.
A. J. 브라운

Arthur J. Brown (Sec., BFM, PCUSA),
Letter to Oliver R. Avison (Seoul) (Oct. 5th, 1906)

Oct. 5th, 1906

Dr. O. R. Avison,
  Seoul, Korea

My dear Dr. Avison: -

I read with eager interest your letter of June 8th. I am rather late in acknowledging it, but this is because it arrived a few hours after I had left for a month's vacation. When I came back I took it up at once and reported to the Board the Emperor's handsome gift to you of 3,000 Yen. The gift seemed to me to be a personal one to yourself which you were justified in retaining, but I reported it to the Board because I felt that that body would be interested in knowing that the Emperor of Korea had done such a handsome thing. Some question, however, was raised as to the relation of such a gift to paragraph 29 of the Manual and the statement was made that Dr. Cochran of Persia not only turned in all his fees and money, but ever turned into the Mission Treasury such presents as rugs. He had them appraised by the Treasurer or a Committee of the Mission and they were then sold for the benefit of the Treasury, Dr. Cochran himself buying them in if he wanted to keep them. The question was therefore referred back to the Executive Council to report at the next meeting. This meeting was held last Monday and I had the satisfaction of reporting that the Council felt that in the circumstances the Emperor's gift to you was one which you were justified in regarding as personal, and the Board approved this with the understanding that this however is not to be regarded as a precedent.

Of course the general principle is clear that any gifts whether of money or otherwise that a missionary receives for the discharge of duties for which he is on the field and for which he receives a salary from the Board, should be turned into the Treasury of the Board; But I told the Board you had been doing the right along with the fees that you had received from the foreign residents at Seoul and that the Emperor himself had sent separately 3,000 Yen which you had turned into the Treasury.

The matter is cordially understood here and you need not feel in the slightest degree embarrassed by it. I simply make this explanation to account for my delay in acknowledging the letter.

We found much in your letter that interested us greatly and it went long ago to our Special Object and Editorial departments where liberal extracts were taken out for publication in various places.

I have referred to the Treasurer your request for an account of the expenditures for cables and telegrams, etc, in connection with the Emperor's gift for the relief of the Koreans in San Francisco.

I have also received your letter of August 11th regarding the right of way for the Japanese railway, and I have passed it around for my colleagues to read. We appreciate your care in making such a full and clear statement. Of course there is nothing for us to do unless some further criticism should be made, in which case your kindness has now put me in a position to make an effective reply. But no one else has ever mentioned it to us except Mr. Morgan in that conference and we shall probably never hear from it again.

With warm regards to Mrs. Avison and the children.

I remain, as ever.

Affectionately yours,

A. J. Brown

19061009

우드브릿지 O. 존슨(대구)이 아서 J. 브라운(미국 북장로교회 해외선교본부 총무)에게 보낸 (1906년 10월 9일)

한국 대구,
1906년 10월 9일

친애하는 브라운 박사님,

저는 윌리엄 M. 바렛 목사의 진단서를 동봉합니다. 제가 9월 13일 대구에 도착하자마자 저는 바렛 씨의 기침과 쉰 목소리에 주목하고 그의 아내가 결핵으로 미국으로 돌아간 것을 고려할 때, 그가 그녀에게서 감염되었을 가능성이 있다고 제안하고 그에게 가래 검사에 동의하도록 촉구하였습니다.

저의 현미경에는 고배율 렌즈가 없기 때문에 결핵 결절을 성공적으로 탐지하기 위해서는 1/12 유침 대물경이 필요합니다. 저는 연례 회의 때 우리가 서울에 도착할 때까지 기다려야 했습니다.

그때 저는 허스트 박사의 도움을 받았는데, 현미경을 통해 3일 연속해서 다른 가래에서 모두 결핵균을 발견하였습니다. 이것은 O. R. 에비슨 박사와 제가 확인하였습니다. 불행하게도 진단이 연례 회의의 마지막 날까지 이루어지지 않았고, 다른 업무가 너무 많은 압박 때문에 전체 회의에 제출하기에 너무 늦었습니다. 폐회 당일 저녁에 열린 연례 회의에 참석한 7명의 의사 중에서 6명이 참석한 회의에서 바렛 씨의 사례는 신중하게 검토되었으며, 6명 중 5명, 즉 빈튼, 널, 에비슨, 허스트 및 존슨 박사의 의견은 즉시 미국으로 돌아가야 한다는 것이었습니다. 저는 다음 날 개인적으로 보았을 때 샤록스 박사는 비슷한 견해를 표명하였던 것으로 알고 있습니다. 화이팅 박사는 한국에서 회복될 수 있다고 생각하였지만, 바렛 씨가 이곳에서 치료를 받을 때 야외 천막 생활을 강요당할 상황에 대해서는 알지 못하였습니다.

(중략)

Woodbridge O. Johnson (Taiku),
Letter to Arthur J. Brown (Sec., BFM, PCUSA) (Oct. 9th, 1906)

Taiku, Korea,

Oct. 9, 1906

My dear Dr. Brown: -

I enclose a medical certificate for Rev. Wm. M. Barrett. As soon as I arrived in Taiku Sept. 13th I noted Mr. Barrett's cough and hoarseness and suggested that in view of the return of his wife to U. S. with tuberculosis there was a possibility of his having been infected from her and urge him to consent to an examination of his sputum.

As I have no high power lens for my microscope a 1/12 in oil immersion lens being necessary for the successful detection of the tubercle. I was obliged to wait until we arrived at Seoul during Annual Meeting.

I then secured the assistance of Dr. Hirst whose microscope revealed the tubercle bacillus upon three succeeding days, that is in three separate sputum of sputum. This was confirmed by Dr. O. R. Avison and myself. Unfortunately the diagnosis was not made until the last day's session of the Annual Meeting too late to bring it before the meeting in full session the pressure of other business being too great. At a meeting of six of the seven physicians present at the Annual Meeting, which was held the evening of the day of adjournment Mr. Barrett's case was carefully gone over and the opinion of five of the six was for immediate return to the United States, i. e. Drs. Vinton, Null, Avison, Hirst and Johnson. Dr. Sharrokcs expressed a similar opinion I understand the next day when seen privately. Dr. Whiting thought recovery might take place in Korea but he was unaware of the conditions under which Mr. Barrett would be forced to live, the outdoor tent life, which I would insist upon should I undertake this treatment here.

(Omitted)

리처드 H. 사이드보텀(부산)이 아서 J. 브라운(미국 북장로교회 해외선교본부 총무)에게 보낸 (1906년 10월 15일)

(중략)

선교부는 저를 부산에 남게 하였는데, 대단히 예상하지 못하였던 결과이자 선교부에서 힘이 있는 사람들이 실수로 간주하는 결과입니다. 저는 번역 작업에 선출되어 서울로 가게 되었는데, 선교부는 만장일치로 이 선출을 비준하지 않기로 결정하였습니다. 그 후 부산과 대구의 관계가 논의되었고 전도 위원회와 배정 위원회는 10대 1로 우리의 모든 문제에 대한 최선의 해결책은 부산 영역의 약 절반을 대구로 양도하고, 이 양도된 지역의 업무 처리뿐 아니라 대구의 긴급한 필요를 지원할 사람을 보내는 것으로 생각하였습니다. 지리적으로, 정치적으로 이것은 현명해 보였고, 관련된 두 명의 목회자인 스미스 씨와 저는 진심으로 동의하였습니다. 전도 위원회는 양도에 관한 권고안을 제출하였지만 (보고서 9~10절 참조) 에비슨 박사는 너무 많은 어두운 전조가 담긴 제안에 반대하는 발언을 하여 심의를 연기하자고 발의하였고 투표에 의해 16대 14로 그렇게 되었습니다. 심의를 연기하자는 발의는 논쟁의 여지가 없었으며, 이 제안의 장점은 전혀 듣지 못하였고, 단지 단점만 들었습니다. 그래서 저는 저 자신의 판단과 이 건을 맡은 두 개의 큰 위원회의 판단에 반하여 부산으로 돌아오게 되었습니다.

(중략)

Richard H. Sidebotham (Fusan),
Letter to Arthur J. Brown (Sec., BFM, PCUSA) (Oct. 15th, 1906)

(Omitted)

The Mission has left me in Fusan, a very unexpected result, and one which is considered by the strongest men in the Mission to be a mistake. I had been elected to translation work which would have taken me to Seoul, but the Mission quite unanimously decided not to ratify this election. After that, the relation so Fusan and Taiku were discussed, and it appeared to both the Evangelistic and Apportionment committees, 10 votes to 1, that the best solution of all our problems, was to send about half of Fusan's territory to Taiku and to send a man with it to assist not only in handling this transferred territory but in the pressing needs of Taiku. Geographically, politically this seemed wise, and Mr. Smith and I, the two clergy en concerned, heartily concurred. The Evangelistic Committee brought in recommendations concerning transfer (see Secs. 9~10 of its report), but Dr. Avison made a speech against the proposition containing so many dark hints and such a lot of misinformation that when he moved to lay on the table the Mission by a vote of 16-14 did so. The motion to lay on the table being undebateable, the pros of this proposition were never heard, only the cons. So I am back in Fusan, against my own judgment and against the judgment of the two large committees who sat on the case.

(Omitted)

회의록, 한국 선교부 서울 지부 (미국 북장로교회) 1891~1921
(1906년 10월 16일)

(중략)

클라크 씨, 바렛 양, 쉴즈 양, 무어 씨, 에비슨 박사, 홀 씨, 피터스 씨, 허스트 박사로부터 개인 보고를 들었다.

(......)

에비슨 박사가 자신의 경비로 사택의 서재에 문을 달고, 베란다 난간을 임시로 빼서 뒷방 옆 칸막이를 교체하도록 허용하자는 동의가 있었고 통과되었다.

(중략)

Minutes, Seoul Station, Korea, 1891~1921 (PCUSA) (Oct. 16th, 1906)

(Omitted)

Personal reports were heard from Mr. Clark, Miss Barrett, Miss Shields, Mr. Moore, Dr. Avison, Mr. Hall, Mr. Pieters, Dr. Hirst.

(......)

Moved & Carried that Dr. Avison be allowed at his own expense to put in Home over study door, taking out porch rail temporarily also to change at his own expense one partition next to back room.

(Omitted)

J. 헌터 웰즈(평양)가 아서 J. 브라운(미국 북장로교회 해외선교본부 총무)에게 보낸 편지 (1906년 10월 16일)

(중략)

연례 회의가 끝났고 박사님은 그곳에 있었던 사람들로부터 그 행사에 대한 소식을 듣게 될 것입니다. 저는 참석할 수 없었습니다. 저는 수행되지 않은 일에 대한 흥미로운 보고를 듣고 있습니다. 의사로서 저에게 가장 흥미로운 것 중의 하나는 에비슨 박사가 받은 것으로 보고하였으나 그의 재정 보고서에 포함되어 있지 않은 큰 액수의 사적 기부에 대한 선교본부의 태도를 아는 것입니다. 왕은 그에게 여러 차례 개인 선물을 주었고, 지난 1년 동안 에비슨 박사가 '3,000~4,000엔'을 받았다고 들었습니다. 회의 석상에서 그것에 대하여 질문을 받았을 때, 에비슨 박사는 선교본부가 그 문제를 완벽하게 알고 있다고 대답하였는데, 솔직히 말해서 선교부는 왕으로부터 많은 금액을 받았고 일부는 왕이 지정한 대로 병원에 사용하였지만 나머지는 '비공개'이었다는 것을 아는 것이 만족스럽지 않았지만 질문자는 침묵하였습니다. 이것은 오래된 질문이므로 의심할 여지 없이 모든 선교지에서 그런 문제를 가지고 있는 박사님은 모든 것이 만족스럽게 될 수 있도록 에비슨 박사와 함께 바로 잡는 데 어려움이 없을 것입니다. 이 큰 선물을 개인적이고 사적으로 받는 에비슨 박사를 변호하는 선교부 외부의 한 사람은 그가 그것들을 받고 그것들을 병원으로 넘기지 않는 것으로 추정하는 것이 옳다고 말합니다. 왜냐하면 만일 그가 그렇게 하지 않았다면 어떻게 자녀들을 학교에 보낼 수 있겠습니까! 만일 선교본부가 때가 되면 우리의 모든 의사들이 우리 아이들을 위하여 그러한 선물을 받을 수 있는 곳에 배치될 수 있도록 조정한다면 우리는 가장 선호하는 국가 혹은 개인의 조항을 제기하지 않을 것입니다.

(중략)

J. Hunter Wells (Pyeng Yang),
Letter to Arthur J. Brown (Sec., BFM, PCUSA) (Oct. 16th, 1906)

(Omitted)

The Annual Meeting is over and you will hear of its doings from those who were there. I was not able to attend. I hear interesting reports of things which were Not Done. One of the most interesting to me as a doctor, is to know the attitude of the Board towards the large private gifts or presents Dr. Avison reports as having received but does not include in his financial report. The King gave him personal presents of money several times and I was told that during the past year Dr. Avison had received "between 3000 and 4000 yen". When questioned about it - on the floor - I understood - Dr. Avison replied that the Board were perfectly aware of the affairs and so the questioner subsided tho it is frankly stated that the Mission is not quite satisfied to know that large sums are received from the King some put in the hospital as the King designates of course, and the rest "private." This is an old question so you, who doubtless have it from every field will find no difficulty in fixing it with Dr. Avison so that all will be satisfied. A man outside of the Mission in defending Dr. Avison accepting these large gifts as personal and private is said to have stated that it was all right for him to take them and so by inference not turn them over to the hospital - because if he did not How Could He Keep His Children at school! If the Board will arrange so that all us doctors can be put in a place where we will get some such presents for Our children when the time comes we will not raise the Most favored nation or individual - clause."

(Omitted)

호러스 G. 언더우드(프랑스 칸)가 아서 J. 브라운(미국 북장로교회 해외선교본부 총무)에게 보낸 편지 (1906년 11월 4일)

(중략)

제가 한국을 떠날 때 한강 자산과 그곳을 통과하는 철도에 대하여 에비슨 박사와 저에게 보내는 공동 서한을 받았습니다.[71] 에비슨 박사는 모든 서류를 가지고 있었고 박사님의 편지에 답장하겠다고 약속하였습니다. 그로부터 답장을 받았습니까? 그렇지 않다면 제가 모든 사실과 내용을 보내드리겠습니다. 에비슨 박사는 바쁜 사람이며, 박사님께 편지를 보낼 시간이 없을 수도 있습니다. 우리는 이에 대한 모든 사실과 내용이 모건 씨가 박사님께 이야기한 것과 실질적으로 매우 다르기를 바라고 있습니다.

이 문제가 현재 어떻게 진행되고 있으며, 사실이 박사님께 전달되었는지의 여부를 저에게 알려주십시오.

(중략)

---

71) Arthur J. Brown (Sec., BFM, PCUSA), Letter to Horace G. Underwood, Oliver R. Avison (Seoul) (May 4th, 1906)

Horace G. Underwood (Cannes, France),
Letter to Arthur J. Brown (Sec., BFM, PCUSA) (Nov. 4th, 1906)

(Omitted)

Just as I was leaving Korea your joint letter to Dr. Avison & myself re Han Kang property & a railroad that went through there was received. Dr. Avison had all the papers & promised to answer your letter. Have you received the answer from him. If not I will try & send you all the facts & figures. Dr. Avison is a busy man & may not have had time to write you. We would like you to have all the facts & figures for this differ very materially from what Mr. Morgan said to you.

Please let me know how this matter now stands & whether the facts have been sent on to you.

(Omitted)

올리버 R. 에비슨(서울)이 아서 J. 브라운(미국 북장로교회 해외선교본부 총무)에게 보낸 편지 (1906년 11월 8일)

미국 북장로교회 선교부

O. R. 에비슨, 의학박사

세브란스 병원

한국 서울

J. W. 허스트, 의학박사

서울,

1906년 11월 8일

접수
1906년 12월 10일
브라운 박사

친애하는 브라운 박사님,

제게 하사한 황제의 선물과 한강 철도 문제와 관련된 박사님의 호의는 며칠 전에 받았습니다. 저는 두 가지 문제에 대하여 박사님이 취한 입장에 대단히 감사드리며, 저의 개인적인 일에 관심을 가져주셔서 감사드립니다. 사실 제가 말씀드렸듯이 만약 이러한 외부의 도움이나 그와 유사한 것이 우리에게 오지 않았다면 우리 가정의 안락함이 현저하게 감소하더라도 우리 아이들의 교육에 대한 요구를 충족시킬 수 없었을 것입니다.

우리는 다윈 제임스 씨 부부와 그들의 손녀의 더할 나위 없는 방문을 받았습니다. 그들은 거의 2주일 동안 이곳과 평양에 있었고, 모든 것에 대한 그들의 관심은 뚜렷하였고 우리를 상당히 격려하였습니다.

그가 이곳에 있는 동안 재정 문제에 대하여 그와 몇 가지 이야기할 기회를 이용하였고, 그의 요청에 따라 기다리는 시간을 줄이기 위하여 그에게 문건의 사본을 제공하였습니다.

그가 박사님과의 서신에서 언급한 문제를 참조할 자료를 박사님이 가지시도록 동일한 사본을 동봉할 것입니다. 저는 박사님과 심의회의 모든 구성원을 최대한 신뢰하며, 제가 말한 것은 방법을 추구하는 지혜 또는 그렇지 않은 것에 대해서만 언급하기 때문에 박사님이 제가 말씀드린 것에 대하여 개인적인 불만을 느끼시지 않을 것이라고 확신합니다. 이제 그 주제를 간략하게 다루겠습니다.

우리는 신학박사 _____ 존스톤 목사의 방문을 즐겼으며, 그의 연설이 우리에게 큰 도움이 되었습니다.

저는 오하이오 주 우스터에 있는 우리 아들로부터 최근에 받은 편지에서

L. H. 세브란스 씨가 곧 한국을 방문하여, 현재 가족과 함께 세계 일주 여행을 하고 있는 그의 형인 솔로몬 L. 세브란스 씨와 이곳에서 만날 것이라는 것을 알게 되어 매우 기쁩니다.

아내, 허스트 박사, 쉴즈 양이 저와 함께 진심 어린 안부를 전합니다.

안녕히 계세요.

O. R. 에비슨

(1) 임대

선교본부는 선교사들에게 급여, 자녀 수당 및 사택으로 구성된 수당을 허용하고 있습니다. 대부분의 사택은 선교지의 경상비 교부금 이외의 자금으로 선교본부가 건축합니다. 그러나 이렇게 지어진 사택이 부족하여 주택을 임대하는 모든 경우에 임대료는 현 지출 예산에서 지불해야 했고, 따라서 현 지출 예산이 그만큼 감소하는 반면 주택을 짓는 다른 계획에서는 현 지출 예산이 온전한 상태로 그대로 유지됩니다. 이렇게 1채의 사택만 마련해야 했을 때 우리는 기금에 이 추가 환어음을 보류하였지만 이 자금에서 연간 1,800엔 또는 2,400엔을 지불하게 되는 상황은 심각해졌고 불공평함이 드러났습니다. 건축이 아닌 임대 방식이 더욱 빈번해지면 우리 예산은 어떻게 될까요? 분명히 우리는 우리의 현지인 사역을 위해 아무 것도 남겨진 것이 없게 될 것입니다. 사택의 공급이 선교사 지원을 위한 선교본부의 수당의 일부임이 분명하지 않습니까? 만일 그렇다면, 건물 비용만큼이나 임대료도 추가 수당이 필요한 것이 아닙니까? 어떤 근거로 현지인 사역을 위하여 설정된 예산에 임대료를 청구합니까?

(2) 허스트 씨가 1904년 임명되었을 때, 브라운 박사는 세브란스 씨에게 추가 선교사를 파견하면 급여, 채비 및 여행에 필요한 금액 이상으로 선교부에 추가 비용이 수반될 것이며, 선교부가 그것을 충당하는 것은 공정하지 않을 것이고 따라서 이미 현지인 사역에 사용할 수 있는 적은 금액을 너무 많이 감소시킵니다. 세브란스 씨는 이에 동의하고 이를 충당하는 데 필요한 금액을 매년 제공하겠다고 말하였으며, 액수는 490엔으로 고정되었고 1904년 허스트 박사가 왔을 때 그 금액이 선교부에서 그 목적으로 사용할 수 있도록 추가되었고 이곳에서 허스트 박사의 비용으로 사용되었습니다.

이듬해에 490엔의 금액이 선교본부의 교부금에 포함되었고 '허스트 박사를 위한 별도의 특별 예산'으로 언급되었지만 총액이 490엔으로 감소하여 세브란스 씨의 기부는 표현된 의도대로 허스트 박사의 파송으로 인한 추가 비용을 선교부가 충당하는 것을 분명히 막지 못하였습니다. 하지만 허스트 박사는 그 것을 선교부로부터 받았으며, 선교부는 전년도보다 490엔을 적게 받았습니다. 올해 490엔은 선교본부의 교부금에 언급조차 되지 않았고 총액은 작년과 동일하여 490엔은 선교부의 일반 교부금의 일부가 되었으며 그중 허스트 박사는 일부를 받습니다. 올해 490엔은 선교본부의 교부금에 언급조차 되지 않았고 총액은 작년과 동일하여 490엔은 선교부의 일반 예산의 일부가 되었으며, 그 중 허스트 박사는 브라운 박사가 490엔을 충당하기 위하여 세브란스 씨에게 요청하여 금액의 일부를 받습니다.

우리는 세브란스 씨가 항상 자신의 약속에 충실하다고 믿기 때문에 선교 본부는 이 특별한 목적을 위하여 추가로 490엔을 받은 것으로 추정됩니다. 490엔은 어떻게 되었으며, 선교부가 어떻게 허스트 박사의 비용을 충당하는 것을 면할 수 있겠습니까? 사실, 허스트 박사의 비용은 올해 부분적으로만 충당되고 있으며, 선교부는 그가 받고 있는 490엔을 충당하였으며, 작년에 그가 490엔을 받았을 때 선교부는 그 액수 전체를 충당하였습니다.

물론 선교본부가 세브란스 씨로부터 돈을 받지 못한다면 우리가 선교본부가 받지 못한 것을 얻을 것이라고 기대할 수 없기 때문에 더 이상 할 말이 없습니다.

(3) 특별 목적 기부와 관련하여 우리는 그것과 관련된 어려움을 인정하지만 선교본부가 특별 목적을 위한 기부를 받는 한, 우리는 어떤 추론 과정이 기증자나 그럴 의도가 있는 사람들의 동의 없이 그런 기부를 특정 목적에서 전용하는 것을 옳게 보이도록 하게 하는지 알 수 없습니다.

만일 어떤 지부가 그 업무를 수행하기 위하여 일정 금액의 자금이 필요하다고 선교본부에 보고되고 선교본부가 이를 고국 교회에 공지하고, 그 중 한 교회가 발표에 힘입어 필요하다고 말한 금액을 모금하고 그것을 그 지부의 업무를 수행하기 위한 것이라는 설명과 함께 선교본부로 보내면, 그 금액의 절반은 지부로 보내고 나머지 절반은 다른 곳에서 사업을 하는데 사용하는 것이 옳다고 생각할 수 있는 추론 방법은 무엇입니까? 그러한 계획에 의해 업무가 언제 지원될 것으로 예상할 수 있습니까? 자신들의 기부가 잘못 사용되었다는 사실을 알게 되면 그 교회의 향후 기부에 어떤 영향을 미치게 될까요? 선교본부는 그렇게 잃은 교회의 신뢰를 감당할 수 있습니까? 선교의 대의가 이를 감당할 수 있습니까?

한국에 있는 한 선교사는 미국의 한 교회로부터 그것이 자신의 업무를 지원하는데 필요한 모든 것을 주고 있다는 말을 들었지만, 그는 그것의 일부만을 받았기에 그의 업무가 적절하게 지원되지 않는다고 그들에게 이야기하여 선교본부에 곤란을 주지 않는 것이 두려웠고, 만일 그들에게 편지를 쓰지 않으면 그들의 관심을 잃을 것이 분명하였기에 그는 진퇴양난에 빠져 있습니다.

제 판단은, 비록 그다지 가치가 있는 것은 아니지만, 선교본부가 어떤 일이 전적으로 지원되고, 어떤 일은 그렇지 않은지에 대한 사실을 교회에 알리고, 예산에서 승인된 액수를 초과하는 기부금이 들어올 때 기부자에게 알리고 그 기부를 다른 분야로 전용토록 하는 것입니다. 저는 그런 요청이 거절당하는 것이 극히 드물고, 신뢰를 잃을 기회도 없을 것이며, 기부가 더 빠르게 증가할 것이라고 생각합니다. 개인과 교회와 사회가 기부를 원하지만 선교본부에 기부할 때 자신들이 기부가 원하는 곳에 도달하지 않는다는 것을 알고 있기에 선교지로 직접 돈을 기부하기를 원한다는 바람을 담은 편지를 선교지에 있는 우리가 받는 것은 고통스럽습니다.

(4) 우리는 선교본부의 기금에 대한 우리의 요청이 다른 선교부와 상당히 다른 근거로 이루어지기 때문에 한국이 다른 선교부보다 더 많은 선교본부의 가용한 기금을 받아야 한다고 생각합니다. 예를 들어, 우리는 각 선교사에게 선교본부의 자금으로 지불되는 한 명의 조사를 실질적으로 허용합니다.

우리의 교회 학교는 거의 모두 교회 자체에서 비용을 지불합니다. 우리는 때때로 바람직해 보이는 경우에 약간의 도움을 주기도 하지만, 우리 전체 선교부에서 총액은 단지 몇 엔에 불과합니다.

교회를 짓거나 목사의 급여를 지불하는 데 돈을 요구하지 않습니다.

따라서 우리는 소수의 조사를 해고하고, 그들의 급여를 잔류하는 사람들의 급여를 지불하는 데 사용할 수 없으며, 또한 우리 기관을 돕기 위하여 이런 방식으로 자금을 얻을 수도 없습니다. 현지인 사역자의 급여를 위하여 선교본부로부터 많은 금액을 받는 선교부들에 가능성이 열려 있습니다.

아마도 이 사실이 고려되고 우리는 아마도 우리의 비율보다 더 많이 얻을 수 있지만, 이곳의 우리에게는 위의 상황에 대하여 충분한 허용이 이루어지지 않은 것으로 생각됩니다.

Oliver R. Avison (Seoul),
Letter to Arthur J. Brown (Sec., BFM, PCUSA) (Nov. 8th, 1906)

Mission of Presb. Church In U. S. A.

O. R. Avison, M. D.

Severance Hospital.

Seoul, Korea

J. W. Hirst, M. D.

Received
DEC 10 1906
Dr. Brown

Seoul,

Nov. 8/ 1906

Dear Dr. Brown: -

Your favor re Emperor's gift to me and the Han Kang railroad matter was received a few days ago. I appreciate the position you have taken in both matters very much and thank you for your kind interest in my personal affairs. The fact is as I said that even a very marked reduction in our home comforts would not have enabled us to meet the demand for the schooling of our children had not this outside help or something else like it came to us.

We have just had a most delightful visit from Mr. & Mrs. Darwin James and their grand daughter. They were here & in Pyeng Yang nearly two weeks and their interest in everything was marked and encouraged us very much.

While he was here I took advantage of the opportunity to talk over several financial matters with him and at his request reduced them to waiting & gave him a copy of the notes.

I will enclose in this a copy of the same so that you will be in possession of the data should be refer to the matters talked about in any of his correspondence with you. I am sure you will not feel any personal grievance in what is said therein for I assure you I have the utmost confidence in you and in every member of the Council and, what I have said refers only to the wisdom or otherwise of pursuing the methods which are now followed in dealing with the subjects there briefly discussed.

We thoroughly enjoyed Rev. Dr. ____ Johnston's visit and his addresses did us much good.

I am much pleased to learn from a letter recently received from our boy who is at Wooster, O. that Mr. L. H. Severance expects to visit Korea shortly & to meet here his brother Mr. S. L. Severance who, with his family, is now on a trip around the world.

Mrs. Avison and Dr. Hirst and Miss Shields join me in most cordial regards.

Very sincerely & with many thanks,

O. R. Avison

(1) Rents.

The Board allows its missionaries an allowance made up of Salary, Children's Allowance and House. Most of the houses are built by the Board with funds obtained outside of the grants for current expenses on the field, but when houses thus built are insufficient and in all cases where houses are rented the rent has had to be paid out of the grants for current expenses thus reducing these funds by that much, whereas under the other plan of building houses the current expense fund would remain intact. When only one house had to be thus provided for we stood this extra draft on the fund, but when it came to paying out of these funds 1,800.00 or 2,400.00 Yen per year the situation became grave and the injustice manifest. What would happen to our funds should this method of renting rather than building become still more frequent? Evidently we should have nothing left for our native work. Is it not apparent that the provision of houses is part of the Board's allowance for the support of its missionaries - just as much as their salaries? And if so, is not the expense of renting just as much a call for an extra allowance as is the cost of building? On what ground is rent made a charge on the funds granted for native work?

(2) When Dr. Hirst was appointed in 1904, Dr. Brown informed Mr. Severance that the sending of an extra missionary would entail on the Mission extra expense over and above the amounts needed for salary, outfit and travel, and that it would not be fair to assess that on the Mission and thus by so much decrease the already small amount available for native work. Mr. Severance assented to this and said he would provide annually the amount needed to cover this, and the sum of Yen 490.00 was fixed on, and when Dr. Hirst came in 1904 that amount was added to the amount available to the Mission at this end and

was used here for Dr. Hirst's expenses.

In the following year the amount of ¥490.00 was placed in the Board's grant and mentioned as "Special Extra for Dr. Hirst", but the total amount was reduced by ¥490.00 so that Mr. Severance's gift did not apparently keep the Mission from being assessed for the extra resulting from Dr. Hirst's coming as was the expressed intention. Dr. Hirst, however, received it from the Mission and the Mission had ¥490.00 less for its work than it had the preceding year. This year the ¥490.00 is not even mentioned in the Board's grant and the total sum is the same as last year, and thus the ¥490.00 has become part of the Mission's ordinary grant out of which Dr. Hirst gets a small portion of the ¥490.00 to meet the expenses which Dr. Brown asked Mr. Severance to give ¥490.00 to cover.

It is presumed that the Board has received this, extra ¥490.00 for this special purpose, as we believe Mr. Severance is always loyal to his promises. What has become of the ¥490.00 and in what way is the Mission being saved from being assessed to meet Dr. Hirst's expenses? The fact is, Dr. Hirst's expenses are being only partially met this year and the Mission is assessed for that part of the ¥490.00 which he is receiving, while last year when he did get his ¥490.00 the Mission was assessed that amount in full.

Of course if the Board is not receiving the money from Mr. Severance, we have nothing further to say as we cannot expect to get at this end what the Board does not receive.

(3) With regard to Special Object giving we recognize the difficulties connected with it, but so long as the Board receives gifts for special objects we do not see by what process of reasoning it can be made to appear right to divert those gifts from their specified objects without the consent of the donors and those for whom they are intended.

If a certain Station is reported to the Board as needing a certain amount of money for the carrying on of its work and the Board announces this to the Home Churches and one of those Churches on the strength of that announcement, raises the amount said to be needed and sends it to the Board with the statement that it is for the support of the work of that Station, by what method of reasoning can it be made to appear right to send on half of that amount to the Station and use the other half for work elsewhere? By such a plan when may it be expected that the work will be supported? What will the effect of the knowledge of such a misdirection of their gift have upon the future donations of that Church? Can the Board afford to thus lose the confidence of the Churches? Can the Missionary cause afford it?

One missionary in Korea says he received word from a church in the U. S. A. that it was giving all that he had said was needed to support his work, but that as he only received a part of it he was unable to correspond with the church as he feared to tell them that his work was not adequately supported lest he cause trouble for the Board while he would certainly lose their interest if he did not write them and so he was in a dilemma.

My own judgement, though perhaps not of much value, is that the Board would receive more money did it lay the facts before the churches, stating which work is fully supported and which is not and, when gifts come in for a certain work in excess of the amount approved in the Estimate, notify the givers and arrange for the transfer of their gift to some other department? I think very few cases would occur when such a request would be refused and there would be no opportunity for confidence to be lost, there would probably be a more rapid increase in the gifts. It is painful to us on the field to receive letter, as we do, indicating the desire of individuals and churches and societies to give but saying that they want to give their money direct to the field as they have learned that their gifts to not reach their intended destination when they forward them to the Board.

(4) We feel that Korea should receive a proportion of the Board's available funds greater than that of some of the other Missions because our request for Board funds is made on a basis that is quite unlike that of many of the Missions. For instance - We allow for each missionary practically one helper paid by Board funds.

Our church schools are almost all paid for by the churches themselves. We Sometimes give a little help in cases where it seems desirable, but the total amount for our whole Mission is only a few Yen.

No money is asked for the erection of churches, or for the payment of Pastor's Salaries.

We cannot therefore dismiss a few helpers and use their salaries to pay the salaries of the ones retained, neither can we get funds in this way to help out our institution - a possibility open to those Missions which receive large sums from the Board for native workers' salaries.

Perhaps this fact is considered and we do perhaps get more than our proportion but it seems to us here that possibly enough allowance is not made for the above circumstances.

제임스 E. 애덤스(대구)가 아서 J. 브라운(미국 북장로교회 해외선교본부 총무)에게 보낸 편지 (1906년 11월 8일)

(중략)

다소 손상을 주는 요소 중 하나는 세브란스 병원 재정 예산과 선교부의 관계에 대한 에비슨 박사의 태도이었습니다. 앞으로 이 문제로 문제가 생길까 봐 조금 걱정이 됩니다. 박사는 그 주제에 대한 어떠한 질문에도 분개해 하는 것 같고, 그와 허스트 박사는 선교부가 기관에 대하여 가지고 있는 유일한 끈은 그들이 매년 받는 1,000엔 이상의 예산이며, 그들이 이것을 사용하는데 성공한다면 그들은 더 이상 선교부의 감독 하에 있지 않을 것이라는 입장을 견지하고 있는 것 같습니다. 개인적으로 저는 선교지에서 선교본부의 대행자로서 선교부의 감독과 통제 하에 있는 기관에서 자립 여부의 문제가 어떤 식으로 영향을 미치는지 알 수 없습니다.

(중략)

James E. Adams (Taiku),
Letter to Arthur J. Brown (Sec., BFM, PCUSA) (Nov. 8th, 1906)

(Omitted)

One somewhat marring element was the attitude of Dr. Avison towards the Missions relation to the Severance Hospitals financial budget. I am a little apprehensive lest there be trouble in the future on the subject. The Doctor seems to resent even any enquiries on the subject, and both he and Dr. Hirst seem to occupy the position that the only string which the Mission has at all on the institution, is the Yen 1,000.00 or more which they receive per year, and if they succeed in dispensing with this they will be no longer under be the supervision of the Mission at all. Personally I cannot see how the matter of being self supporting or not effects in any way whatever the being under the supervision and control of the mission as the Boards agent on the field.

(Omitted)

어니스트 F. 홀(서울)이 아서 J. 브라운(미국 북장로교회 해외선교본부 총무)에게 보낸 (1906년 11월 17일)

(중략)

허스트 박사는 그가 한국에 온 이후로 에비슨 박사의 가족과 함께 숙식을 하였지만, 결혼할 예정이며, 그를 위한 사택이 없습니다. 우리 부부는 남대문 밖 병원 근처에 위치한, 미혼녀들을 위하여 건축된 집에 배정되었는데, 미혼녀보다 가정이 우선시되기 때문에 여자들이 아직 거주할 수 없을 때 배정된 것이었습니다.

(중략)

병원 업무는 이전보다 더 나은 상태에 있습니다. 쉴즈 양은 선교부에 의해 병원 간호를 담당하도록 임명되었으며, 그녀가 그 자리를 매우 만족스럽게 채우고 있는 일을 좋아하는 정규 간호사입니다.

젊은 의사들의 교육은 이제 그들이 독립적으로 할 수 있는 업무에서 열매를 맺고 있습니다. 그들은 작은 수술을 할 수 있고, 기독교 청년회에서 생리학과 화학과 같은 과목을 가르치고 있습니다.

최근에 강도에게 총을 맞은 한 남자가 병원으로 이송되었습니다. 학생 중 한 명인 박(서양) 씨는 성공적으로 탄환을 제거하였고, 그 남자는 회복되었습니다. 이는 일부 사람들이 한국인을 열등하다고 생각할지라도 그들의 능력은 수 세기 동안 잠을 잔 결과 휴면 상태에 있음에 불과하다는 것을 증명하고 있습니다.

(중략)

Ernest F. Hall (Seoul),
Letter to Arthur J. Brown (Sec., BFM, PCUSA) (Nov. 17th, 1906)

(Omitted)

Dr. Hirst has boarded with Dr. Avison's family ever since he came, but expects to marry, and there is no house for him. Mrs. Hall and I have been assigned for the present the house near the Hospital outside the South Gate, the house that was built for single women, and when those women have not been permitted <u>yet</u> to live, because families are given preference over single people.

(Omitted)

The hospital work is in better condition than ever before. Miss Shields has been assigned by the Mission to have charge of the nursing in the hospital, and being a trained nurse with a fondness for the work she is filling the place very acceptably.

The training of young doctors is bearing fruit now in the work which they are able to do independently. They are able to do minor operations, and are being used by the Y. M. C. A. to teach such subjects as physiology and chemistry.

Recently a man was brought to the hospital who had been shot by robbers. Mr. Pak, one of the students, successfully removed the ball and the man recovered, which goes to prove that however some people may regard the Koreans as inferior, their faculties are only dormant, resulting from the sleep of centuries.

(Omitted)

아서 J. 브라운(미국 북장로교회 해외선교본부 총무)이
호러스 G. 언더우드(프랑스)에게 보낸 편지 (1906년 11월 20일)

(중략)

에비슨 박사는 한강 자산에 대하여 그와 박사님께 보낸 공동 서한에 대한 답장으로 나에게 긴 훌륭한 편지를 썼습니다. 더 이상 비판이 들리지 않았으며, 다른 것이 들릴지 의심스럽습니다. 그 문제는 우리가 염려하는 한 없어졌습니다.

(중략)

Arthur J. Brown (Sec., BFM, PCUSA),
Letter to Horace G. Underwood (France) (Nov. 20th, 1906)

(Omitted)

Dr. Avison wrote me a long and good letter in reply to my joint letter to him and to you regarding the Han Kang property. Nothing further has been heard in the way of criticism and I doubt whether anything else will be heard. The matter is dropped so far as we are concerned.

(Omitted)

제시 W. 허스트(서울)가 아서 J. 브라운(미국 북장로교회 해외선교본부 총무)에게 보낸 편지 (1906년 12월 11일)

(중략)

이곳의 의학 교육은 새로운 수준에 도달하였습니다. 우리는 올해 실제 과정에서 학년별 교육 과정을 실시하였습니다. 7명의 상급 학생과 9명의 하급 학생이 있습니다. 에비슨 박사는 상급반 학생들에게 매주 13시간의 수업을 하고 있습니다. 상급반 학생 4명이 각각 하급반과 함께 한 과목을 학습하고 있습니다. 4개 과목은 해부학, 생리학, 화학 및 약물학입니다. 이런 식으로 에비슨 박사는 자신을 네 배로 늘리고 있습니다. 게다가 두 학생은 각각 기독교 청년회 학교에서 무기화학과 생리학을 강의하고 있습니다. 이 두 과정은 모두 그곳의 학생들에게 당연히 인기가 있습니다.

(중략)

에비슨 박사에게는 번역하고 책을 만드는 데 바쁜 4명의 남자가 있습니다. 그는 진료소, 의료 및 일반 공급 부서를 감독합니다. 큰 사무실 및 외국인 진료를 수행합니다. 궁궐에서 정기적으로 진료를 하고 있습니다. 기독교 청년회의 활동적인 이사입니다. 연합 남학교의 이사장이며, 전반적으로 우리의 가장 중요한 위원입니다. 일요일에는 이곳에서 설교를 하며 교대로 중앙 교회에서 예배를 인도하기 위하여 정기적으로 약속을 잡고 있습니다. 정기적인 병원의 아침 예배는 또 다른 직접적인 전도의 기회입니다. 학생, 조사 및 회복기 환자로 구성된 평균 출석 인원은 30명입니다.

(중략)

평양의 한 선교사는 성령께서 분명히 그 도시에서 역사하신다고 썼습니다. 그분이 여기서도 일하신다고 생각하는 이유는 다음과 같습니다. 지난 주, 병원에 입원한 환자 중 한 미국인과 열두 살 때부터 방탕한 삶을 살아온 한 남자가 자신의 마음을 하나님께 드리기로 결심하였습니다. 그는 공정을 위하여 육신으로 나오셨습니다. 그는 일요일에 우리와 함께 성공회 교회로 갔고, 그의 요청에 따라 에비슨 박사는 참석한 모든 사람들에게 그의 행동에 대하여 말하

였고 그의 도움을 위하여 모든 사람의 기도를 요청하였습니다. 이전 환자 중
한 사람인 황제의 막내아들의 가정교사는 에비슨 박사에게 그와 온 가족이 기
독교인이 되기로 결정하였다고 말하였습니다. 그의 아내, 어머니, 아들, 그 자
신과 박사는 함께 기도를 드렸고, 그들은 모두 우리 새문안 교회에 입적하기
를 기대하고 있습니다.

(중략)

Jesse W. Hirst (Seoul), Letter to Arthur J. Brown (Sec., PCUSA) (Dec. 11th, 1906)

(Omitted)

Medical education here has reached a new level. We have this year in actual practice a graded course of instruction. There are seven advanced students and nine in the less advanced grade. Dr. Avison meets the upper class in thirteen hours of class work each week. Four of the upper grade students each conduct one course of study with the lower class. The four subjects are Anatomy, Physiology, Chemistry and Materia Medica. In this way Dr. Avison is quadrupling himself. Moreover, two of the students are each conducting a course in the Y. M. C. A. School; Inorganic Chemistry and Physiology. Both these courses are deservedly popular with the students there.

(Omitted)

Dr. Avison has four men busy translating and making books. He supervises the dispensary, the medical and general supply department. Conducts a large office and foreign practice. Attends regularly at the Palace. Is an active director in the affairs of the Y. M. C. A. President of the Trustees of the Union Boys School and our must important committee-man generally. On Sundays he conducts a preaching service here as well as taking a regular appointment in turn to conduct services at our Central Church. The regular hospital morning chapel service is another direct evangelizing opportunity. There is an average attendance of 30, made up of our students, helper and convalescent patients.

(Omitted)

One of the missionaries in Ping Yang writes that the Holy Spirit is evidently at work in that city. Among the reasons we find for thinking that He is also working here are the following. Last week, one of our patients in the hospital, an American, and a man who had led a more or less dissipated life ever since he was twelve years old, decided to give his heart to God. He has come out bodily for the right. On Sunday he went to the English Church with us and at his request Dr. Avison told all present of his action and asked the prayers of all for his help. One of our former patients, private tutor to the youngest son of the Emperor, told Dr. Avison that he and all his house had decided to become Christians. His wife, his mother, his son, himself and the doctor had prayed together and they all expect to join our Sai Moon An Church.

(Omitted)

아서 J. 브라운(미국 북장로교회 해외선교본부 총무)이
올리버 R. 에비슨(서울)에게 보낸 편지 (1906년 12월 12일)

1906년 12월 12일

O. R. 에비슨, 의학박사,
　　한국 서울

친애하는 에비슨 박사님,

　　박사님의 이 달 8일자 편지에 대한 훌륭한 동료 의식에 진심으로 감사를 드립니다. 나는 우리가 한국에서 함께 보낸 몇 주 동안, 그리고 내륙을 함께 여행하고, 현지 여관과 주택에서 잠을 자고, 많은 모임에 참석하고, 한국 가마와 조랑말을 타고, 이런 것들이 없을 때 걸으며 다양한 경험을 한 것을 결코 잊을 수 없습니다.

　　나는 다윈 R. 제임스 씨에게 박사님의 각서 사본을 보내주신 솔직함에도 감사드립니다. 그의 방문은 분명히 박사님과 박사님의 동료들에게 큰 기쁨과 유익함을 주었습니다. 그러나 박사님의 각서를 읽으면서 1만 마일 떨어져 있는 사람들이 다른 관점에서 문제를 바라보는 것이 얼마나 쉬운 일인지 다시금 느꼈습니다. 사랑하는 여러분, 나는 여러분의 네 가지 점 중 세 가지가 오해에 근거한 것 같다고 생각합니다.

　　첫째, 임대료에 관하여. 박사님의 생각은 분명 VII급에서 I급으로 전용하여 그것들은 특별 기금으로 만들면 선교부는 현지인 사역에 더 많은 돈을 얻을 수 있다는 것입니다. 그러나 그것은 실수입니다. 제임스 씨가 다년간 위원장을 역임한 재무 위원회는 실행 심의회와 함께 그 해의 예상 수입을 신중하게 계산한 다음, 우리는 그 총액에서 선교사 급여, 수당, 안식년, 그리고 뉴욕의 행정 비용과 같은 모든 고정 비용을 차감합니다. 나머지는 가능한 한 여러 선교부에 공평하게 분배하며, 더할 나위 없이 번창하고 있는 한국 선교부가 온전히 몫을 받도록 항상 주의를 기울이고 있습니다. 따라서 박사님은 VII급에서 I급으로 임대료를 전용하면 현지인 급에 남은 금액만큼만 줄어들 뿐이고 그만큼 I급이 증가한다는 것을 즉시 알 수 있습니다. 지침서에서 선교사의 사망,

사임 또는 휴직으로 생길 수 있는 VII급의 금액을 선교부가 다른 사업을 위하여 전용권을 사용할 수 있지만, 임대료가 I급인 경우 지침서의 규칙 하에서 선교부가 전용권을 사용할 수 없고 그 액수가 선교본부의 일반 재무 회계로 귀속되기 때문에 그것은 선교부에 지금보다 더 나쁘게 될 것입니다. 친애하는 에비슨 박사님, 예산을 조작하여 선교본부가 고국 교회에서 받는 금액을 1엔도 증가시킬 수는 없습니다.

둘째, 허스트 박사를 위한 특별 예산 금화 250달러에 대하여. 세브란스 씨가 기부한 해에 그것은 한국 기금에 추가되었고, 그 이후로 확대된 기금이 한국 기금을 완성하는 기반이 되었습니다. 따라서 그것이 포함됩니다. 만일 박사님이 귀 지부 예산의 끝부분에 있는 주석을 참조하면 선교부에 대한 교부금에는 모든 특별 기부가 포함된다는 것이 명확하게 명시되어 있음을 알 수 있습니다. 만일 그것이 교부금 표에 별도의 항목이 아니면, 그것은 선교부가 예산에 그것을 넣지 않았기 때문입니다. 그러나 그것은 선교부에 대한 선교본부의 교부금 총액에 들어 있습니다. 선교부에 대한 교부금에 포함된 수백 가지의 다른 특별한 선물을 언급하는 것보다 매년 서신에서 언급할 이유는 없습니다. 특정 연도의 교부금 공제가 해당 특별 항목이 공제된다는 의미는 아니지만 선교부에 대한 총 교부금의 변동은 이 분야의 일반적인 재정 상태에 따라 감소합니다.

셋째, 특별 기부의 다른 용도로의 전용에 대하여. 사랑하는 박사님, 그것은 박사님이 하기에는 다소 심각한 언급이며, 박사님은 어떤 특정한 경우를 인용함으로써 그것을 입증하지 못하고 있습니다. 박사님이 사례를 인용할 수 있다면 반드시 그렇게 하시고, 그것의 장점을 취하도록 합시다. 그러나 선교본부가 특정 목적을 위하여 특별 기부를 받을 때 '그 기부의 절반은 지부로 보내고, 나머지 절반은 다른 곳에서의 업무에 사용한다.'고 일반적으로 비난하는 것은 공정하지 않습니다. 부동산, 선교사 지원 등의 항목으로 우리에게 오는 특별 기부는 지정된 목적을 위하여 변함없이 사용됩니다. 선교지 업무를 위한 특별 기부는 변함없이 선교부에 완전히 전달되지만, 이 나라의 기부자는 그러한 기부들이 선교부의 판단에 따라 사업이 이익이 되도록 어떠한 재조정을 할 수 있는 권리에 따라 수령된다는 것을 통지 받습니다. 이 조건은 동봉된 '특별 목적 기부자'라는 제목이 인쇄된 전표에 설명되어 있으며, 그 사본은 기부를 받을 때 기부자에게 보냅니다. 선교본부는 이러한 기부를 뉴욕이나 다른 곳에서 전용하지 않습니다. 만일 특별 기부의 전액이 주어진 사역에 사용되지 않는다면, 이는 전용 권한이 있는 선교부가 다른 용도로 사용하기 때문입니다.

넷째. 박사님은 네 번째 점에서 선교부의 현지인 업무에 대하여 더 많은 교부금을 받아야 한다는 확고한 근거에 도달합니다. 나는 그것을 철저하게 믿고 있습니다. 실제로 나는 며칠 전에 게일 박사와 마펫 박사가 한국 위원회와 실행 심의회를 만나 위원회와 나의 동료들에게 깊은 인상을 주도록 하였습니다. 내년에 무엇을 할 수 있을지는 아직 올 회계 연도가 많이 남아있지 않기 때문에 알 수 없지만, 박사님은 한국 선교부에 대한 우리의 따뜻하고 깊은 관심과 다른 선교부에 대해서도 정의롭게 선교본부의 자원이 허용하는 한 가장 큰 금액을 (한국) 선교부로 주고자 하는 우리의 간절한 소망을 확신하실 것입니다.

부인과 아이들에게 진심으로 안부를 전합니다. 하나님께서 박사님의 위대한 사역을 사랑으로 축복하소서. 세브란스 씨가 내년에 서울에서 박사님을 만나기를 기대합니다.

안녕히 계세요.
A. J. 브라운

동봉물

Arthur J. Brown (Sec., BFM, PCUSA),
Letter to Oliver R. Avison (Seoul) (Dec. 12th, 1906)

December 12th, 1906

O. R. Avison, M. D.,
    Seoul, Korea

My dear Dr. Avison: -

I heartily appreciate the good fellowship of your letter of the 8th instant. I can never forget the weeks we spent together in Korea, and our varied experiences while travelling together through the interior, sleeping in the native inns and houses, attending the many meetings, riding in Korean chairs and on ponies and walking when we could not get either.

I appreciate also your frankness in sending me a copy of your memorandum to Mr. Darwin R. James, whose visit was evidently such a delight and a profit to you and to your associates. But as I read your memorandum, I felt anew how easy it is for men ten thousand miles apart to look at matters from a different view-point. It seems to me, beloved, that three of your four points are based upon misapprehension.

1st. As to rents. Your idea evidently is that by transferring them from Class VII. to Class I. and making them specials the Mission would get more money for its native work. But that is a mistake. The Finance Committee, of which for many years Mr. James has been chairman, together with the Executive Council, makes a careful computation of the total estimates receipts for the year, then we take from that total all fixed charges like missionaries' salaries, allowances and furloughs and administrative expenses in New York; the remainder is divided as equitably as possible among the various missions, care being invariably taken to see that the splendidly prosperous Korea Mission has its full share. You will see at once, therefore, that to transfer rents from Class VII. to Class I. would simply diminish by that much the amount left for the native classes, and increase Class I. at their expense. It would be worse for the Mission than now because under the Manual power of transfer the Mission can use for other work any saving in Class VII. that may accrue from the death or resignation or furlough of a missionary, whereas if rents were in Class I. the Mission power of transfer would not apply under the Manual rule and the saving would revert to the general treasury of the Board. No manipulation of the estimates, my dear Dr. Avison, can increase by one yen the amount of money that the Board gets out of the home churches.

2nd. As to the special $250. gold for Dr. Hirst. The year that Mr. Severance gave it, it was added to the Korea grant and that enlarged grant has ever since been the basis on which the Korea grant has been completed. It is, therefore, included. If you will refer to the note at the close of your station estimates, you will find it clearly stated that the grant to the Mission includes all special gifts. If it is not a separate item in the grant sheets, it is because the Mission did not place it there in the estimates, but it is in the total in the Board's grant to the Mission. There is no more reason for my mentioning it every year in correspondence than for my mentioning hundred other special gifts that are included in the grant to the Mission. The deduction of the grant any particular year does not mean that that special item is deducted, but the fluctuations in the total grant to the Mission are diminished by the general financial conditions at this end of the line.

3rd. As to the diversion of special gifts to other purposes. That is rather a serious statement for you to make, beloved, and you do not substantiate it by the citation of any particular case. If you can cite such case, do so by all means and let us take it up on its merits. But it is hardly fair, is it, to make a general charge that when the Board accepts a special gift for a specific purpose it "sends one half of that gift to the station and uses the other one-half for work elsewhere." Special gifts that come to us for such items as property, missionary support, etc., are invariably used for the purpose designated. Special gifts for the native work are invariably transmitted in full to the Mission, but the giver in this country is notified that such gifts are received subject to the Mission's right to make any readjustments that the interests of its work in their judgment may require. This condition is expressed in the enclosed printed slip entitled "To Special Object Givers", a copy of which is sent to givers when their gifts are received. The Board never diverts these gifts in New York or anywhere else. If the full amount of the special gift is not used for the work for which it was given, it is because the Mission under its power of transfer, uses it for something else.

4th. When you come to your fourth point you get on solid ground that is that the Mission ought to have a larger grant for its native work. I believe that thoroughly. Indeed a few days ago I had Dr. Gale and Dr. Moffett meet the Korea Committee and the Executive Council largely that they might impress that consideration upon the Committee and my colleagues. What it will be possible to do next year we cannot tell, for we are not yet far enough through this fiscal year, but you may be sure of our warm and deep interest in the Korea Mission and our ardent desire to give to the Mission the largest possible sum that the resources of the Board will permit in justice to other missions.

Please remember me cordially to Mrs. Avison and the children. May God lovingly bless you in your great work. I hope that Mr. Severance will see you in Seoul next spring.

Affectionately yours,
A. J. Brown

Enc.

잡보. 어 씨 강도(講道). 황성신문(서울) (1906년 12월 15일), 3쪽[72]

12월 16일 오후 3시 반에 제중원 의사 에비슨 씨가 청년회 복음회에서 교리를 알기 쉽게 설명할 예정인데, 여러 유지들의 많은 참석을 바란다고 한다.

[Miscellaneous. Address of Dr. Avison on the Truth of Gospel.]
Hwangsung Shinmun (Seoul) (Dec. 15th, 1906), p. 3

魚氏 講道. 明日 下午 三時 半에 濟衆院 醫師 魚丕信 氏가 靑年會 福音會에셔 講道ᄒᆞᆫ다ᄂᆞᄃᆡ 有志諸員의 多數 叅席흠을 希望ᄒᆞᆫ다더라

---

72) 다음의 신문에도 같은 기사가 실렸다. 雜報. 魚 氏 演說. 대한매일신보(서울) (1906년 12월 16일), 3쪽

회의록, 한국 선교부 서울 지부 (미국 북장로교회) 1891~1921
(1906년 12월 19일)

(중략)

홀 씨, 클라크 씨, 에비슨 박사, 피터스 씨, 바렛 양, 웸볼드 양, E. H. 밀러 씨, 빈튼 박사 그리고 웰본 씨의 개인 보고를 들었다.

(중략)

Minutes, Seoul Station, Korea, 1891~1921 (PCUSA) (Dec. 19th, 1906)

(Omitted)

Personal reports were heard from Mr. Hall, Mr. Clark, Dr. Avison, Mr. Pieters, Miss Barrett, Miss Wambold, Mr. E. H. Miller, Dr. Vinton and Mr. Welbon.

(Omitted)

김필순 번역, 에비슨 교열, 해부학 권1, 권2, 권3[73)
(서울: 대한 황성 제중원, 1906)
Translated by Pil Soon Kim, Proof-read by Oliver R. Avison, 『Anatomy
Volume 1』, 『Anatomy Volume 2』, 『Anatomy Volume 3』
(Seoul: Jejoongwon, 1906)

　　3권으로 이루어진 이 책은 대한국 사인 김필순이 번역하고 대영국 의사 에비슨이 교열하였으며, 1906년 대한 황성 제중원에서 출판하였다. 역시 3권인 원본『실용해부학』의 저자는 이마다 쯔카네(今田東, 1850~1889)이다.

　　이마다 쯔카네는 도쿄대학교 의학부 초대 해부학 교수이었던 은사 다구찌 카즈요시(田口和美)와 함께 일본 해부학의 개척자로 평가를 받고 있다. 1868년 군대에 들어가 막부 토벌에 참가하였고, 1872년 퇴역하였다. 그 해 8월 도쿄의 제일대학구 의학교(第一大學區 醫學校, 현재의 도쿄대학 의학부)에 소사로 취직하여 해부학을 배웠다. 1873년 4월 조수가 되었고, 해부학교실에 정식으로 적(籍)이 등록되었다. 그는 외국인 교수와 함께, 다구찌를 도우면서 해부학을 연구하였다. 1874년 5월 학교의 명칭은 도쿄의학교[東京醫學校]로 바뀌었고, 이마다는 1875년 교수보(敎授補, 강사에 해당)의 조수, 이어 1876년 교수보가 되었다.

그림 19. 이마다 쯔카네.

　　1877년 4월 동경대학 의학부가 발족되었을 때, 이마다는 10월 28세의 나이로 최초의 해부학 조수(조교수에 해당)로 임명되었다. 그의 상사는 다구찌 교수이었다. 동경대학의 직제가 개정되면서 이마다는 1881년 7월 도쿄대학 조교수로 발령받았다. 역시 조직의 개편과 함께 이마다는 1886년 3월 제국대학 의과대학 조교수가 되었으며, 이 해 5월 시체전분 주입법을 개발하여 발표하였고, 8월에는 최고재판장 다마노 세이리(玉乃世履)가 도쿄의 자택

---

73) 자세한 것은 다음의 논문을 참고할 것. 박형우, 박준형 한국에서 최초로 발간된 해부학 교과서와 편찬 배경. 대한해부학회지 39(6) (2006년 12월), 461~469쪽

에서 사망하자 원만한 장례를 위해 시신을 방부 처리하였다. 이다마는 1887년 9월에 실용해부학 세 권을 간행하였다. 1889년 11월 22일 도쿄에서 장티푸스에 걸려 사망하였다.

에비슨은 의학 교육이 보다 용이하게 이루어질 수 있도록 한국인 조수의 도움을 받아 그레이 해부학 책을 두 번 번역하였다. 첫 번 원고는 에비슨이 안식년을 갖기 직전인 1899년 3월에 완성되었다. 이 번역을 누가 도왔는지는 확실하지 않다. 에비슨은 이것을 당시 학생들에게 나누어 주었으나, 안타깝게도 안식년 동안(1899년 3월~1900년 9월) 원고를 맡겼던 사람이 죽게 되면서 원고가 없어졌다.

안식년에서 돌아온 후 에비슨은 자신의 번역 보조자로 고용되어 다른 학생들에게 영어를 가르치고 있던 김필순과 함께 다시 그레이 해부학 책을 번역하였다. 그레이 해부학 책을 번역할 때 필요한 의학용어를 만들기 위하여, 이미 서양 의학 책이 번역되어 있는 중국과 일본의 책들을 구해 참고하였다. 1900년에 시작된 김필순의 해부학 책 번역은 1904년 9월 현재 완료되었다. 그러나 안타깝게도 이 원고는 번역이 완전히 끝났을 때 불타버렸다.

에비슨과 김필순은 즉시 번역을 다시 시작하였는데, 여러 이유로 일본 책을 번역하기로 함으로써 번역 작업이 훨씬 수월하였고 더 나았다. 이번에는 원고를 그림과 함께 등사하였다.

이 책은 겉표지, 속표지, 원본 서지, 본문으로 이루어져 있다.

제1권은 94개의 삽입된 그림과 함께 다음과 같은 3편으로 구성되어 있다.

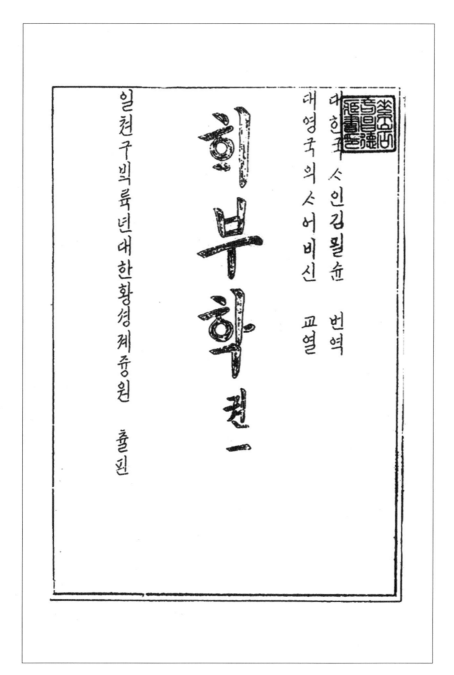

그림 20. 해부학 권1의 속표지.

히부학(解剖솔) ANATOMY

셔

히부학은 계통히부학(系統解剖솔)과 국소히부학(局
部解剖솔)과 퇴싱학(胎生솔)과 밋 비교히부학(比較解
剖솔)으로 통칭홈이니 대져 히부라 ᄒ는 말의 근본 말은
Anatomia 니 이는 유긔톄(有機体)를 각 조직으로버혀
는 호는 듯이라 계통히부학은 히부름으로 조직학組
서 여러 셕슌 션비 이 셔로 련호야 지금 그만들 더 증거 ᄒ기 어지 홈
머 변화호여 드되여 각긔 계와 각톄를 일우ᄂ니라 한셥포
ᄆ 서 유긔톄의 근본은 한 가지의 셰포(細胞)로 브터 자라
셰포의 보통의 모양은 연약호고 지극히 적은 둥근 톄
인에는 프로토플나슴이라 ᄒ는 과립과 학이 잇서
자라게 되면 막나를 더호여 성활과 능(生活樣能)을 원
질 긔톄(元質樣体)라 ᄒᄂ니라 대개 동물톄의 각 긔계

해부학 권1

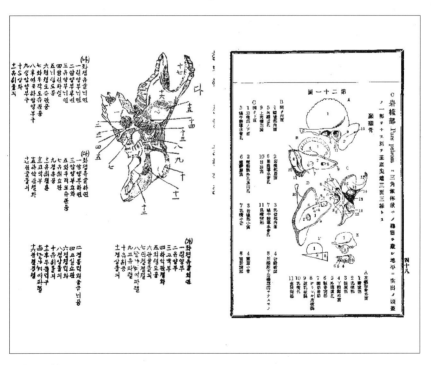

그림 22. 측두골. 왼쪽은 번역본, 오른쪽은 원본이다.

권1의 번역본은 몇 가지 점에서 원본과 달랐다. 우선 포함된 그림을 보면 서도(序圖)를 그림 1, 2, 3, 4 로 나누었는데, 그림 2 는 이마다의 책에 없는 그림이다. 이와 유사하게 원본에는 없는 척주(脊柱)의 만곡을 나타내는 삽도 14가 들어 있다. 한편 원본보다 더 정밀한 그림이 번역본에 포함되어 있는데, 뼈의 단면을 나타내는 그림(원본의 삽도 6 과 번역본의 삽도 7)이 그러하다. 더구나 측두골(側頭骨)과 두정골(頭頂骨)의 경우 이마다의 원본을 인용하지 않고 그레이 책의 그림을 인용한 흔적이 보인다(원본 삽도 20~22와 번역본의 삽도 21~23). 설골(舌骨)의 경우 단순한 원본 그림 대신 근육이 부착된 다른 그림을 인용하였다(원본 삽도 16과 번역본의 삽도 17). 두개골의 일부 그림은 원본과 순서가 다른데, 아마도 책의 편집과 관계된 것으로 보인다(원본의 삽도 31~33과 번역본의 삽도 32~34). 또한 번역자의 필요에 따라 일부가 삭제되었는데. 원본의 계통해부학(1~3쪽)과 그 속의 삽도 1~3이 빠졌으며, 골성흉곽(骨性胸廓)을 나타내는 삽도 15도 빠져 있다.

번역본에 실려 있는 그림을 전체적으로 살펴보면 번역자의 의도에 따라 일부가 삭제되거나 필요에 따라 그림에 변화를 주었음을 알 수 있다. 이것은 실제 해부를 통한 경험은 아니지만 이전의 번역에서 얻은 귀중한 경험을 새 번역에 적용시킨 것으로, 의학의 토착화라는 관점에서 중요한 진전이라고 볼 수 있다.

이상과 같이 1906년 간행된 한국 최초의 해부학 교과서는 독일 의학의 영향을 크게 받은 이마다의 책을 기본으로 하되 영국(및 미국)의 그레이 해부학 책 번역에서 얻었던 자신들의 귀중한 경험을 더함으로써 단순한 번역에 그치지 않고 독일과 영국의 해부학을 아우르는 완성도 높은 해부학책을 편찬하고자 노력하였던 것을 알 수 있다

제2권은 99개의 삽입된 그림과 함께 다음과 같은 1편으로 구성되어 있다.

해부학 권2
뎨四편 닉장학(內臟學) Splanchnologia
　　뎨一쟝 쇼식긔 Organa digestionis
　　뎨二쟝 호흡긔(呼吸器) Organa Respirationis
　　뎨三쟝 비뇨긔(泌尿器) Organa Uropoetica
　　뎨四쟝 생식긔(生殖器) Organa Genitalia
　　뎨五쟝 혈관션(血管腺)
　　뎨六쟝 오관긔(五官器) Organa Sensum

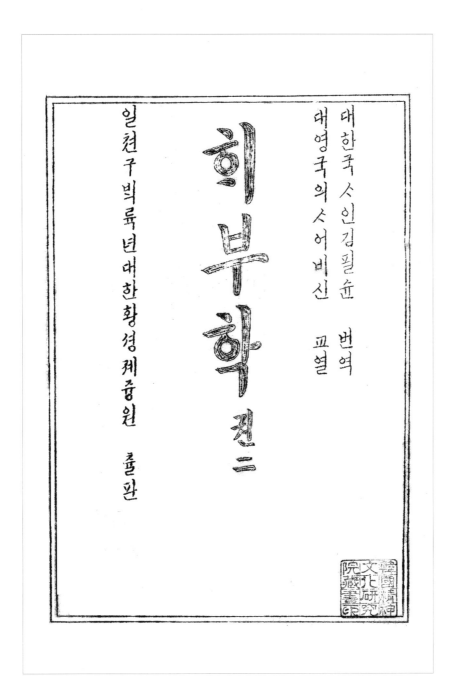

대한국 ㅅ인 김필슌 번역

대영국의ㅅ어비신 교열

히부학 권二

일쳔구빅륙년대한황셩졔즁원 츌판

그림 23. 해부학 권2의 속표지.

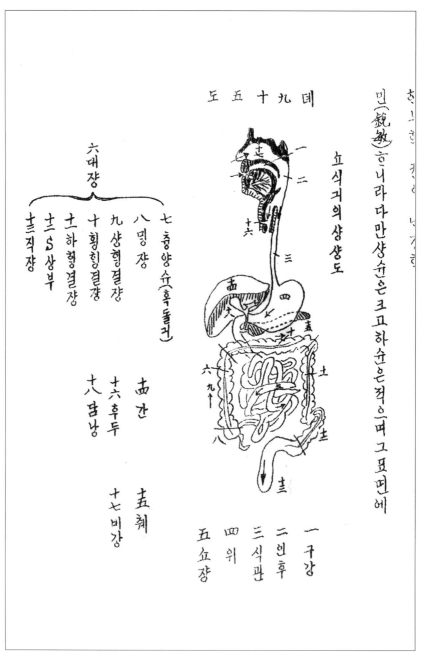

그림 24. 해부학 권2의 본문.

제3권은 131개의 삽입된 그림과 함께 다음과 같은 2편으로 구성되어 있다.

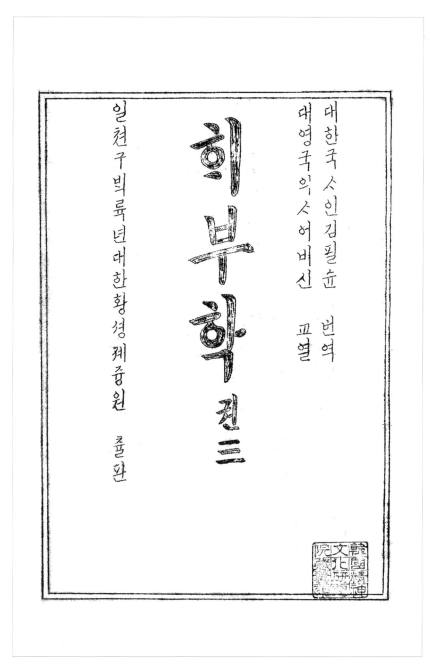

그림 25. 해부학 권3의 속표지.

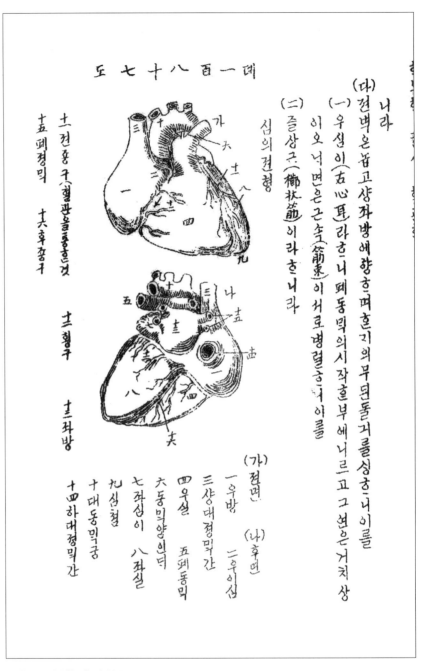

데一百八十七도

(다) 니라
견벽은 놉고 샹좌방에 향호며 혼기의 무던돌기를 싱호니 이를
(一) 우심이(右心耳)라 호니 폐동믹의 시작호 부에 니르고 그 변은 거칙샹
(二) 즐샹근(櫛狀筋)이라 호니라
이오 너 면은 근쇽(筋束)이 서로 병렬호 아릭

심의 견형

十 견홍구(혈판을통호는것) 十六 후즁구
十五 폐졍믹
十七 형구 十三 좌방

(가) 젼면   (나) 후면
一 우방   二 우이심
三 샹대졍믹간
四 우실   五 폐동믹
六 동믹양의딕
七 좌심이   八 좌실
九 심쳠
十 대동믹궁
十四 하대졍믹간

그림 26. 해부학 권3의 본문.

19060000

김필순 번역, 에비슨 교열, 『신편 화학교과서. 무기질』
(서울: 대한 황성 제중원, 1906)
Translated by Pil Soon Kim, Proof-read by Oliver R. Avison,
『New Chemistry. Inorganic』 (Seoul: Jejoongwon, 1906)

1권으로 이루어진 이 책은 대한국 사인 김필순이 번역하고 대영국 의사 에비슨이 교열하였으며, 1906년 대한 황성 제중원에서 출판하였다. 원본인 『최신 무기화학』의 저자는 일본 이학박사 히코로쿠로 요시다(吉田彦六郎, 1859~1929)이다.

히코로쿠로 요시다는 1871년 대학 남교에 입학하였고, 1877년 도쿄제국대학 이학부 화학과에서 로버트 윌리엄 앳킨슨 교수의 지도를 받으며 멘톨을 연구하였다. 1880년 졸업 후 농상무성에 들어가 옻칠에 관하여 연구하였다. 1886년 도쿄제국대학 이과대학 조교수가 되었으며, 1891년 이학 박사 학위를 받았다. 그는 1898년 교토제국대학 이과대학의 교수로 임명되어 장뇌 등 천연물 화학의 연구를 주도하였다.

그림 27. 최신 무기화학의 속표지.

번역본의 판심 위쪽에는 '화학', 가운데에는 '무긔화학'이라고 쓰여 있다. 1면에 세로쓰기로 15행이 들어 있다. 이 책과 함께 『신편 화학 교과서. 유기질』이 함께 출판된 것으로 보인다.

이 책은 겉표지, 속표지, 원본 서지, 본문으로 이루어져 있다. 본문은 전체가 상편 무기화학으로 이루어져 있으며, 65개의 삽입된 그림과 함께 다음과 같은 25개의 장으로 구성되어 있다. 이를 원본과 비교해보면 약 1,000쪽이나 되는 방대한 요시다의 원본 책에서 필요하다고 생각되는 부분을 취사선택하여 편집하였음을 알 수 있다.

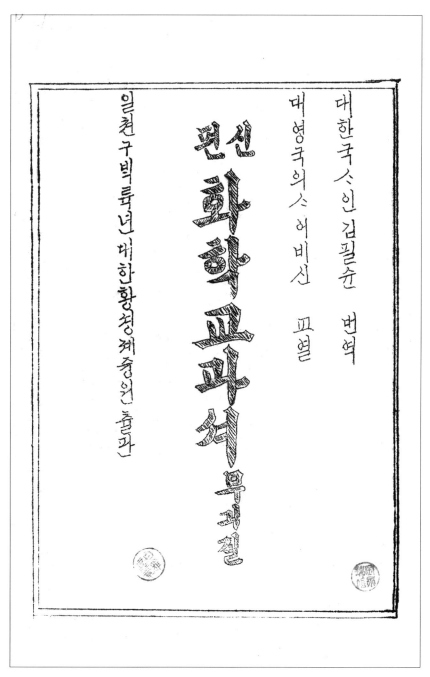

그림 28. 속표지. 연세대학교 학술정보원 소장.

눈란소와산소의화합물인디우헤말흔것과ᄀᆞᆺ치열

울인ᄒᆞ야그조셩된셩질을변흠은복잡ᄒᆞ게조셩된

화합물이분히ᄒᆞ야더욱간단ᄒᆞ게조셩된화합물을

셩ᄒᆞᄂᆞᆫ일이잇슴을확실이알지니라

질럼뎨ᄂᆞᆫ격식산화슈은ᄂᆞᆫᄃᆞ젼즁을가ᄂᆞᆫ류리판(뎨)

ᄃᆞ도(간)에넛코그아가리에맛ᄂᆞᆫ막이를막고이에

「신션유도관(誘導管)(나)를ᄭᅩᆽ자그

흔ᄭᅳᆺ츨불그릇에담고취음에ᄂᆞᆫ

「간」판을쳔쳔이더웁게ᄒᆞ야그열

도를졈졈놉게ᄒᆞ면유도판의아

리ᄭᅳᆺ츠로보티발싱ᄒᆞᄂᆞᆫ거모氣

안ᄒᆞ야「간」ᄭᅡ두판에찻던공긔가

ᄯᅳᆺ겨나갈ᄲᅢ에물을치워물그릇

泡의물이올나감을가히볼지니

도도三

에것구로세운류리원통圓筒(다)로유도판의아가릿

九

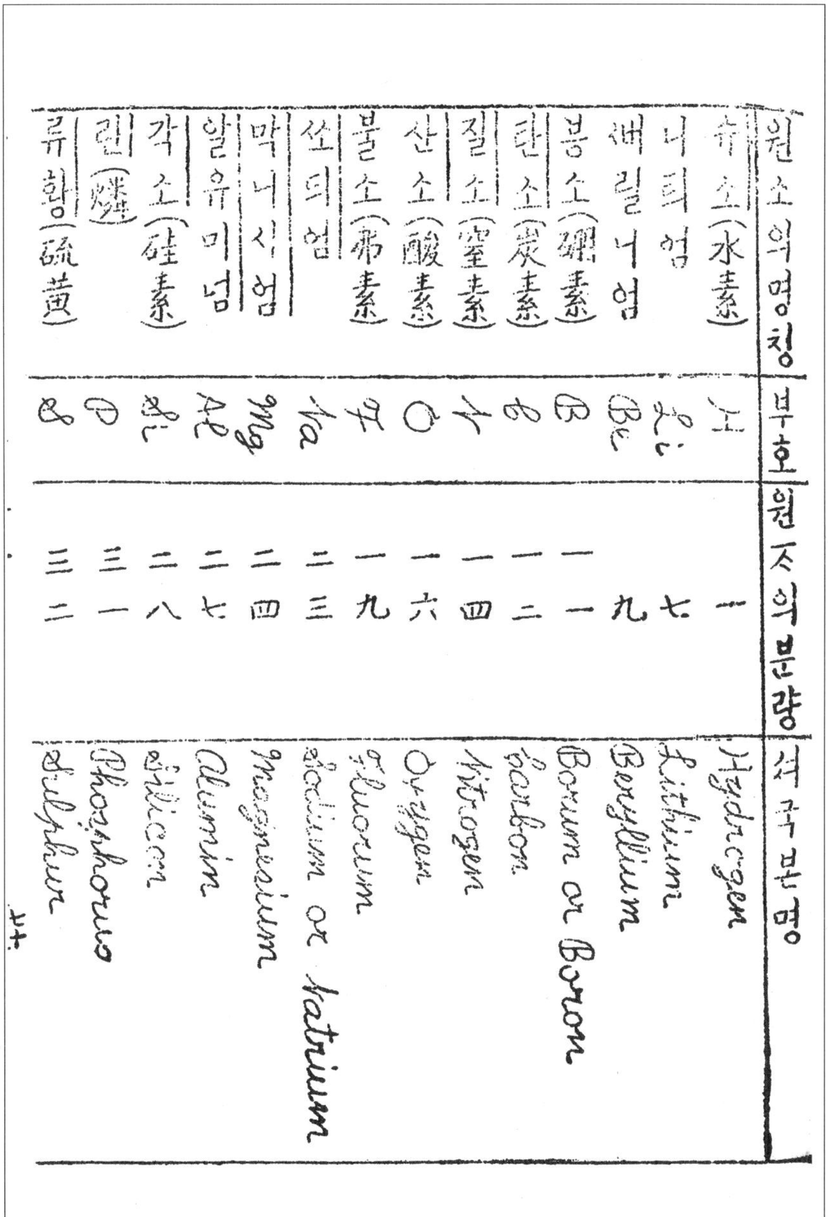

원소의 명칭	부호	원소의 분량	서국분명
슈소(水素)	H	一	Hydrogen
니티염	Li	七	Lithium
뻬릴니엄	Be	九	Beryllium
붕소(硼素)	B	一一	Borum or Boron
탄소(炭素)	C	一二	Carbon
질소(窒素)	N	一四	Nitrogen
산소(酸素)	O	一六	Oxygen
불소(弗素)	Fl	一九	Fluorium
쏘듸염	Na	二三	Sodium or Natrium
막네시엄	Mg	二四	Magnesium
알유미넘	Al	二七	Alumin
각소(硅素)	Si	二八	Silicon
린(燐)	P	三一	Phosphorus
류황(硫黃)	S	三二	Sulphur

그림 30. 원소의 명칭, 부호, 원자의 분량표.

한글명	기호	원자량	영문명
클로린 (염소鹽素)	Cl	三五 五	Chlorine
포타슘	K	三九	Potassium
아르곤	A	四○ 九 (氫)	Argon
칼슘	Ca	四○	Calcium
스칸듐	Sc	四四 八	Scandium
티타늄	Ti	四八 二	Titanium
바나듐	V	五一	Vanadium
크로뮴	Cr	五二	Chromium
망간	Mn	五五	Manganese
철 (鐵)	Fe	五六 五	Ferrum or Iron
니켈	Ni	五八 五	Nickel
코발	Co	五九	Cobal
구리 (銅)	Cu	六三 五	Cuprum or Copper
아연 (亞鉛)	Zn	六五	Zinc
갈륨	Ga	七○	Gallium
게르마늄 (鍺)	Ge	七二	Germanium
비소 (砒素)	As	七五	Arsenic
셀레늄	Se	七九	Selenium
브로민 (臭素)	Br	八○	Bromine
루비듐	Rb	八五 五	Rubidium
스트론튬	Sr	八八	Strontium
이트륨	Y	八九	Yttrium
지르코늄	Zr	九○	Zirconium
니오븀	Nb	九四	Niobium
몰리브데넘	Mo	九六	Molybdenum
로듐	Rh	一○三	Rhodium
루테늄	Rn	一○四	Ruthenium
팔라듐	Pa	一○六	Palladium
은 (銀)	Ag	一○八	Argentum or Silver
카드뮴	Cd	一一二	Cadmium

인디엄	In	一一四	Indium
셕(錫)	St	一一八	Stannum or Tin
안티모니엄	Sb	一二〇	Antimony or Stibium
옥소(沃素)	I	一二七	Iodine
텔루리엄	Te	一二八	Tellurium
셰시엄	Cs	一三三	Caesium
배리엄	Ba	一三七	Barium
란단엄	La	一三九	Lanthanum
시리엄	Ce	一四〇	Cerium
듸듸미엄	Di	一四二	Didymium
사마리엄	Sa	一五〇	Samarium
어븨엄	Er	一六六	Erbium
잇터븨엄	Yb	一七三	Ytterbium
탄탈넘	Ta	一八三	Tantalum
올프람	W	一八四	Wolfram
오쓰미엄	Os	一九二	Osmium
아이리듸엄	Ir	一九三	Iridium
백금(白金)	Pt	一九五	Platinum
금(金)	Au	一九七	Aurum or Gold
수은(水銀)	Hg	二〇〇	Hydragyrum or Mercury
탈니엄	Tl	二〇四	Thallium
연(鉛)	Pb	二〇七	Plumbum or Lead
창연(蒼鉛)	Bi	二〇八	Bismuth
토리엄	Th	二三二	Thorium
유란이엄	U	二三九	Uranium

홍석후 번역, 에비슨 교열, 『신편 생리교과서. 전』[74]
(서울: 제중원, 1906)
Translated by Suk Hoo Hong, Proof-read by Oliver R. Avison, 『New Physiology』 (Seoul: Jejoongwon, 1906)

1권으로 이루어진 이 책은 대한국 사인 홍석후가 번역하고 대영국 의사
에비슨이 교열하였으며, 1906년 대한 황성 제중원에서 출판하였다. 이 책의 원
본은 일본인 의사 츠보이 지로(坪井次郎, 1863~1903)가 1897년 출판한 『신편
생리 교과서(新編 生理敎科書)』이었다.

    츠보이 지로는 1875년 외국어학교에 입학하였고, 1877년 도쿄대학 의학
    부 예과에 편입한 후 1885년에 본과를 졸업하고 위생학 교실에 들어가 조
    교수까지 승진하였다. 1890년 독일로 유학하여 위생학 및 생리학 분야를 배
    웠고 1894년 말에 귀국하였다. 1898년 교토제국대학 건축위원에 임명된 후
    1899년 교토제국대학 의과대학의 위생학 교수 겸 초대 학장에 임명되었다.

그림 31. 츠보이 지로와 그의 신편 생리교과서.

---

74) 자세한 것은 다음의 논문을 참고할 것. 박준형, 박형우, 홍석후의 신편생리교과서(1906) 번역과 그
   의미. 의사학 21(3) (2012년 12월), 477~512쪽

홍석후는 이 책을 거의 완역에 가깝게 순 한글로 번역하였지만, 번역본의 부족한 부분을 원저자의 다른 저작에서 보완하였다. 그리고 일본식 의학 용어를 받아들이면서도 한국인의 실정에 맞게 용어를 만들거나 바꾸었다. 이것은 번역상의 한계를 극복하면서 서양 의학을 좀 더 주체적으로 수용하려는 노력의 일환으로 볼 수 있다.

이 책은 표제지(1쪽), 내기(1쪽), 례언(2쪽), 본문(192쪽), 생리학 자전(23쪽)으로 이루어져 있다. 본문은 그램 88개와 함께 다음과 같은 10편으로 구성되어 있다.

데一편 총론
데二편 골계통(骨)
데三편 근계통(筋系統)
데四편 피부계통(皮膚系統)
데五편 순환긔계통과혈액과「님프」와밋
　　　「님프」관
데六편 호흡긔계통(呼吸器系統)
데七편 소화긔계통(消化器系統)
데八편 비뇨긔계통(泌尿器系統)
데九편 신경계통(神經系統)
데十편 오관기계통(五官器系統)

색인은 가로쓰기로 되어 있으며, 한국어 색인은 "한국어+한자+영어+쪽수"의 조합으로 구성되어 있고 쪽수는 아라비아숫자로 기록되어 있다. 단어의 배열은 'ㅇ·ㅎ·ㄱ·ㅋ·ㅁ·ㄴ·ㅂ·ㅍ·ㄹ·ㅅ·ㄷ·ㅌ·ㅈ·ㅊ'의 자음 순서로 되어 있으며, 모두 595개의 단어가 수록되어 있다.

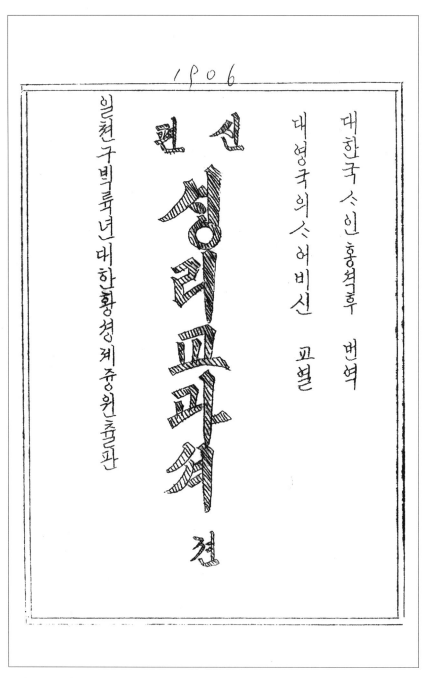

그림 32. 생리학 교과서의 속표지. 한국학 중앙연구원 소장.

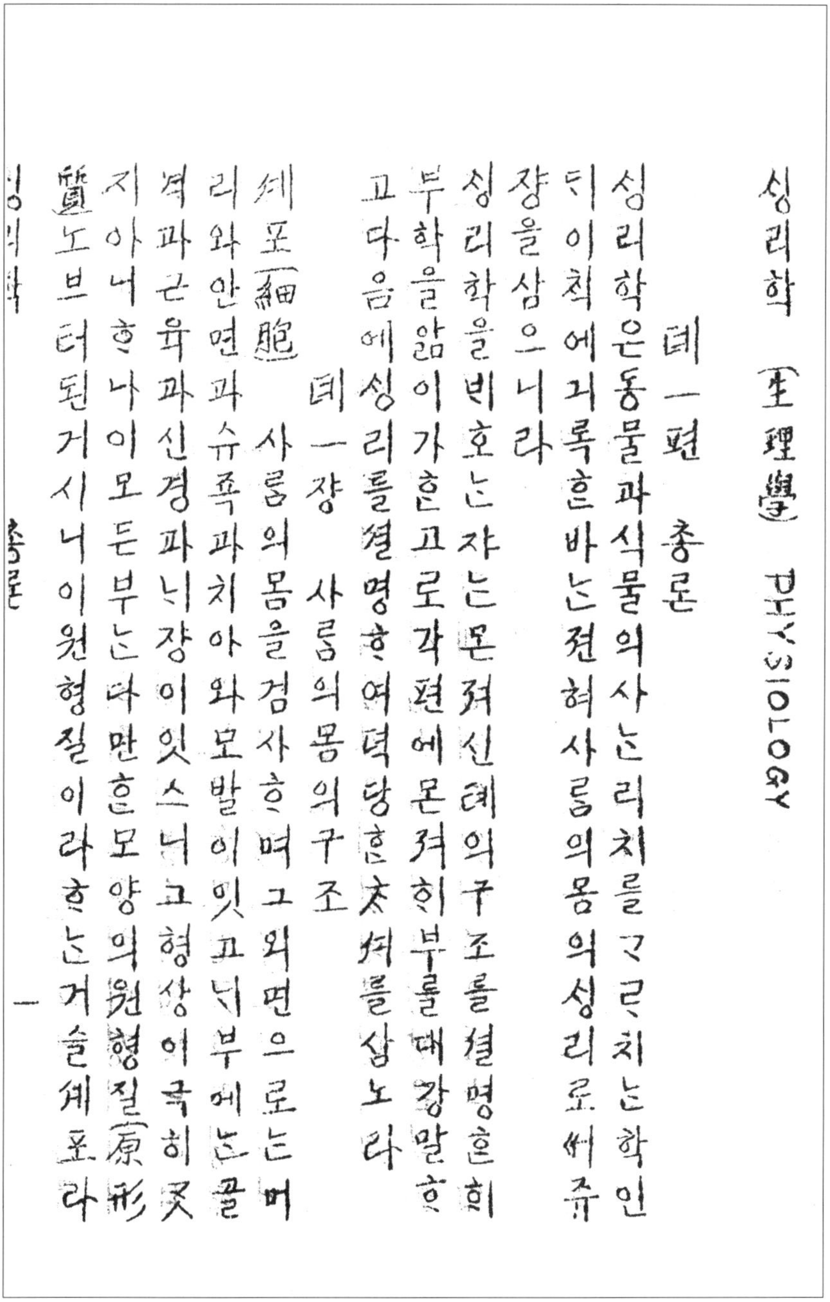

싱리학 (生理學) PHYSIOLOGY

뎨一편 총론

싱리학은동물과식물의사눈리치를ㄱㄹ치눈학인
딕이칙에긔록흔바눈젼혀사롬의몸의싱리료써쥬
쟝을삼으니라

싱리학을빈호눈쟈눈몬져신톄의구조롤셜명흔히
부학을암이가흐고로각편에몬져히부롤대강말흔
고다음에싱리롤셜명흐여덕당흔太셔롤삼노라

뎨一쟝 사롬의몸의구조

셰포(細胞) 사롬의몸을검사흐며그외면으로눈ᄯᅥ
리와안면과슈쪽과모발이잇고닉부에눈골
격과근유과신경파닉쟝이잇스너고형샹이곡히굿
지아너흐나이모든부눈다만흔모양의원형질(原形
質)노브터된거시너이원형질이라흐눈거슬셰포라

싱니학 총론

그림 33. 본문.

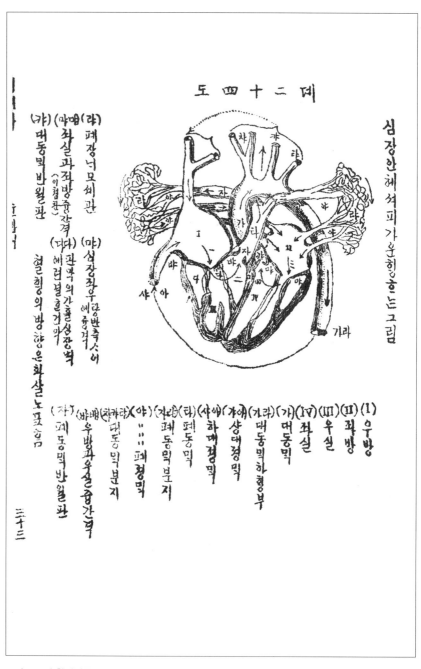

도四十二뎨

심쟝안헤셔피가운힝ᄒᆞ는그림

(랴) 폐쟝닉모쉐관

(먀) 심쟝좌우량반츅ᄉᆞ이

(먀) (마먜) (랴)
대동믹반월판
좌실과좌방즁간격
(이쳠판)
폐쟝닉모쉐관

(다) 관믹의간흔샹쟝믝
(에러별ᄒᆞᆯ거야)

철힝의방향은화살노표ᄒᆞᆷ

(1) 우방
(II) 좌방
(III) 우실
(IV) 좌실
(가) 대동믹
(거라) 대동믹하힝부
(사애) 하대졍믹
(가애) 샹대졍믹
(아) 폐졍믹
(타) 폐동믹
(거라) 폐동믹보지
::: 폐졍믹
(야) 대동믹분지
(쟈라댜) 우방과우실융간벽
(바배) 우방과우실융간벽
(쟈) 폐동믹반월판

그림 34. 순환기계통.

악하션	顎下腺	Submaxillary Glands	55
악끌와	顎骨窩	alveoli of Jaw	54
암모니아	安毋尼亞	ammonia	67
암샹	暗箱	Camera Obscura	86
안와	眼窩	Orbit	86
안검	眼瞼	Eyelids	40
안근	眼筋	Eye muscles	86
안구	眼球	Eyeball	84
안면	眼面	Face	1
안면끌	眼面骨	Bones of Face	10
압박	壓迫	Pressure	96
아쵸산암모니엄	亜硝酸암모니엄	ammonii Nitris	42
양육픔	養育品	Food materials	63
익와	腋窩	axilla	36
익톄	液体	Liquid	1
언어	言語	Speech	51
염화염	塩化塩	Compounds of Chlorine	67
염화포타시엄	塩化포타시엄	Chloride of Potassium	4
염화소듸엄	塩化소듸엄	" " Sodium	4
염화슈소산	塩化水素酸	Hydrochloric acid	4
염긔	塩基	alakali	4
염료	染料	Dyestuff, Pigment	3
염식법	染色法	Methods of Staining	3
염소	塩素	Chlorine	4
염소염류	塩素塩類	" Compounds	4
염증	炎症	Inflammation	43
연	鉛	Lead	27
연하	嚥下	act of Swallowing	60

그림 35. 찾아보기.

19060000

홍석후 번역, 에비슨 교열, 『진단학 1』
(서울: 대한 황성 제중원, 1906)
Translated by Suk Hoo Hong, Proof-read by Oliver R. Avison,
『Diagnostics Volume 1』 (Seoul: Jejoongwon, 1906)

2권으로 이루어진 이 책은 홍석후 번역, 에비슨 교열로 1906년과 1907년 대한 황성 제중원에서 출판하였다. 이 책은 히로쎄 가쓰라지로[広瀬桂次郞]와 하라다야소하치[原田八十八]가 독일어 책을 번역한 2권의 『愛氏 診斷學』을 한극로 번역한 것이다. 독일어 원본은 헤르만 L. 아이히호스트(Hermann L. Eichhorst (1849~1921)가 저술한 『Lehrbuch der physikalischen Untersuchungs-methoden innerer Krankheiten』이며, 이름 '아이히스트'를 '愛氏'로 표기하였다.

헤르만 L. 아이히호스트는 쾨니히스베르크에서 태어났다. 그는 쾨니히스베르크와 베를린에서 의학 공부를 하였으며, 언스트 빅토르 본 라이덴(Ernst Viktor von Leyden,, 1832~1910) 등의 조수이었다. 1884년 취리히에 있는

그림 36. 헤르만 L. 아이히호스트와 그의 저서.

병원의 원장이 되었다. 그는 의학의 여러 분야에 기여하였는데, 1878년의 논문에서 진행성 악성 빈혈에 대하여 처음 기록하였으며, 이 질병의 변형 적혈구 증가증에서 '아이히호스트 소체'로 알려진 구형의 형태를 발견하였다. 또한 유아 및 유전성 다발성 경화증을 처음 설명하였고, 때때로 '아이히호스트 신경염'이라고 불리는 간질성 신경염의 한 형태를 기술하였다.

번역본은 1쪽에 16행이 들어 있다. 이 책은 겉표지, 속표지, 원본서지, 목록, 본문으로 이루어져 있다. 『진단학 권 1』의 본문은 다음과 같이 4장으로 구성되어 있으며, 원문과 일본어 번역본에 포함되어 있는 그림은 없다.

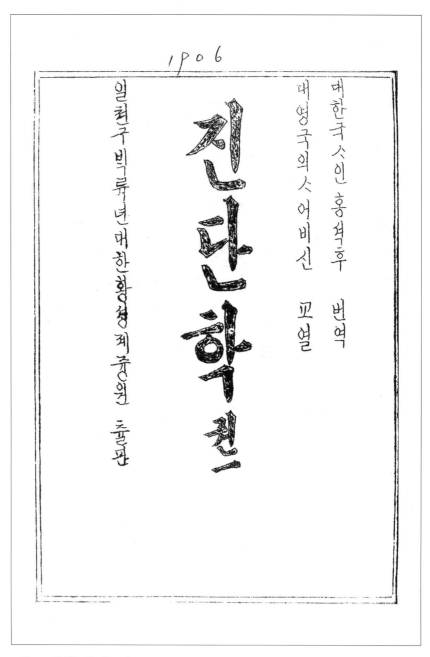

그림 37. 진단학 권1 속표지.

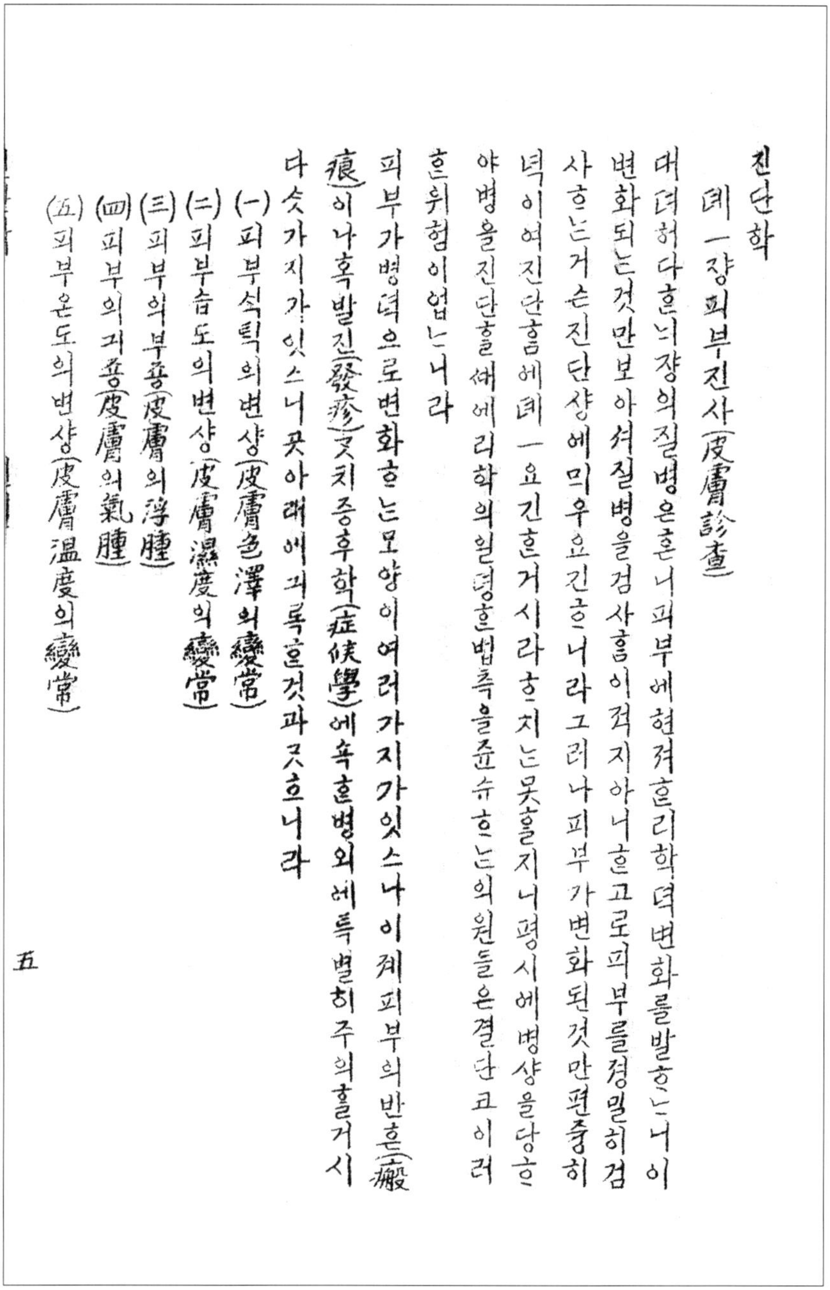

뎨一쟝 피부진사(皮膚診査)

대뎌허다혼뇌쟝의질병은혼뇌피부에현져혼리학뎍변화를발호느니이
변화되는것만보아서질병을검사홀이젹지아니혼고로피부를졍밀히검
사호는거슨진단샹에믹우요긴혼거시니라그러나피부가변화된것만편즁히
녁이여진단혼흠에뎌一요긴혼거시라호치는못홀지니평시에병샹을당호
야병을진단홀쎄에리학의일졍혼법측을쥰슈호느듸의원들은결단코이러
혼위험이업느니라

피부가병뎍으로변화홍는모양이여러가지가잇스니이쳬피부의반흔(瘢
痕)이나혹발진(發疹)곳치증후학(症候學)에욕혼병외에특별히쥬의홀거시
다숫가지가잇스니곳아려에긔록홀것과굿호니라

(一) 피부식틱의변샹(皮膚色澤의變常)
(二) 피부습도의변샹(皮膚濕度의變常)
(三) 피부의부죵(皮膚의浮腫)
(四) 피부의긔죵(皮膚의氣腫)
(五) 피부온도의변샹(皮膚溫度의變常)

五

그림 38. 본문.

19320706

어비신 박사 소전(24) 조선 의료 교육의 시작(1).
기독신보 제866호 (1932년 7월 6일), 7쪽
어비신 박사 소전(25) 조선 의료 교육의 시작(2).
기독신보 제867호 (1932년 7월 13일), 5쪽
[A Short Story of Dr. Oliver R. Avison (24).
The Beginning of Medical Education in Korea (1).]
The Christian Messenger (Seoul) No. 878 (July 6th, 1932)
[A Short Story of Dr. Oliver R. Avison (25).
The Beginning of Medical Education in Korea (2).]
The Christian Messenger (Seoul) No. 878 (July 13th, 1932)

처음에 병원 일을 도와 준 사람은 대개 즐겨 일을 하는 사람들이었다. 처음에는 병원에 와서 환자 간호하는 일을 시키다가 의학 과정을 시작하도록 준비한 후에 학생들에게 "나는 학생들에게 해부학을 가르치기 시작할 터라."라고 하였다. 그리하여 나는 전일에 학교에서 배우던 그레이 씨가 저술한 해부학책으로 이 과정에 대한 첫 번 강의를 시작하게 되었다. 그런데 일을 시작하고 보니 나를 도와줄 사람이 있어야 될 필요를 느끼게 되었다. 한국어를 잘 알 뿐 아니라 영어도 충분히 알아서 의학용어를 번역해 줄 만한 사람이 없이는 준비할 수가 없었다. 그리하여 나는 한국에 처음으로 교회가 설립된 황해도 장연에서 온 청년 한 사람을 고빙하게 되었다. 이 청년은 서울 배재학당에서 영어도 상당히 배웠고, 또 나에게 의학 공부할 것을 말하여 교과서 번역을 도와주고 그 값으로 학비를 도와달라고 하였다. 그의 이름은 김필순이었다.

우리가 그레이의 해부학을 번역하기 시작할 때 나는 한국말로 그 여러 가지 과학 용어를 번역할 수 없음을 알고 어찌할 바를 몰랐다. 그래서 우리는 이 교과서를 번역만 할 뿐 아니라 새 용어도 만들어야 했다. 따라서 우리는 과학의 여러 용어를 번역과 함께 새로 만들기 시작하였다. 한국어에 부족한 나는 번역하는 사람에게 그 원어와 뜻을 일러주면, 번역하는 사람은 나의 설명을 들은 후에 한자로 그 뜻에 맞도록 용어를 만들어 내었다.

이렇게 번역해 만든 교재로 학생에게 첫 강의를 하였다.[75] 이것도 맨 처음

에는 한자로 적절한 술어를 만들지 못하고 영어 음에 맞춰 서술어를 쓰되 한
자를 사용해 다소간 그 본 의미를 나타내도록 하였던 것이다. 첫 강의의 준비
를 가까스로 마치고 둘째 강의의 번역을 시작하였다. 첫 번째와 두 번째 강의
를 다 준비하여 가르칠 때 번역하는 사람의 도움을 받아 끙끙대며 하던 모습
은 여러분이 잘 상상해 아실 일이다. 물론 우리는 해부학을 일일이 다 번역할
수는 없었다. 그중에서 가장 필요하게 생각되는 요점만 따서 번역하였다. 이
해부학 원고는 우리가 첫 번째 안식년으로 귀국하게 되었을 때에 탈고되었다.
탈고와 동시에 당시 학생들에게 전부 나누어 주었다. 내가 안식년으로 떠나게
되었을 때 나를 도와 같이 일하던 다른 조수에게 원고를 맡겼다. 내가 돌아와
서 이 일을 다시 계속하겠노라고 말하였다. 그러나 불행하게도 내 원고를 맡
은 사람이 그동안 별세하고 말았다. 그의 죽음과 함께 내가 맡겼던 원고도 간
곳이 없게 되었다. 그래서 나는 한국에 돌아온 후에 해부학의 전편을 다시 번
역하게 되었다.

　이때 준비한 것은 전번에 한 것보다 훨씬 나았다. 그래서 처음에 준비한
원고를 잃어버린 것이 오히려 이익이 된 셈이었다. 이번에는 원고를 그림과
함께 등사해 쓰기로 하였다.76)

　(......)

　동시에 우리는 중국에서 한문으로 된 의학 서적을 많이 구입하였다. 중국
에는 서양으로부터 의료 선교사들이 한국보다 훨씬 일찍이 들어와 한문으로
번역된 의학 서적이 많았다. 이 책을 참고하는 가운데 도움을 받은 것이 많았
다. 그러나 한국에 적당하지 않은 것도 상당히 많았다. 교과서 전부를 다 준비
하기 전에 일본 것을 구입하여 참고한 것도 많았다. 대개는 문부성에서 의학
교과서로 준비한 것들이었다. 일본어로 된 교과서 중에도 한문으로 된 교과서
에서 사용된 같은 용어를 사용한 것이 많았다. 하지만 어근은 같지만 서로 다
르게 쓴 것도 많았다. 그러므로 두 가지를 참고해 한국에 적당하도록 새로 만
든 것도 상당히 많았다.

　그런데 일본은 현대식 교육에 있어 중국보다 훨씬 진보된 나라였고 한국
과 일본 사이의 관계가 더 밀접하게 되었다.77) 우리는 마침내 일본의 교육 방

---

75) 에비슨이 학생들에게 해부학 강의를 시작한 것은 1895년 콜레라 유행이 끝난 직후이다. 1897년 초
　에 이미 어느 정도 번역이 진행돼 있었다.
76) 1900년에 시작된 해부학 책의 두 번째 번역은 1902년 10월까지 상당한 부분을 마쳤다. 마침내 세
　브란스 병원이 준공될 때쯤인 1904년 9월 번역을 끝내는데 성공하였다. 하지만 이것도 출판에는
　이르지 못하였다. 등사하기 전에 원고가 불에 타버렸기 때문이다.
77) 1905년의 을사늑약을 말한다.

침을 따라가기로 결정하였다. 만일 우리가 의학을 한국에 처음 시작할 당시에 이렇게 결정하였기 망정이지 그렇지 않고 중국의 교육 방침을 따랐거나 한국식으로 개창하려 했으면 오래 힘들여 일한 것이 수포로 돌아갈 뻔도 했다. 그래서 한국에 일본식 교육 제도가 실시되자 우리 학교 학생들은 잠깐동안 일본 용어에 통하게 되었던 것이다.

올리버 R. 에비슨 지음, 박형우 편역, 올리버 R. 에비슨이 지켜본 근대 한국 42년 1893~1935. 하 (서울: 청년의사, 2010), 335~337쪽

솔내해변

흘러가는 세월은 많은 변화를 일으킨다. 다른 여름 휴양지가 발견되어 개장되었다. 처음 개장된 휴양지 중의 하나가 솔내 해변이다.

한국에 대한 이 이야기의 다른 부분에서 독자들은 첫 개신교 교회가 선교부의 재정 지원 없이 건립되었고, 맥켄지 목사가 살다가 죽고 묻혔으며 그의 이름이 영원히 한국의 기독교인에 의해 존경을 받을 서 씨의 집이 있는 작은 솔내마을에 대해 읽었을 것이다.

황해도의 중남부에 위치한 솔내는 황해로부터 약 2마일 정도 밖에 떨어져 있지 않다. 언더우드 목사는 오랫동안 그 지역의 선교 책임을 맡았다. 그는 자주 해변까지 걸어 나가 아름다운 경관을 보기 위해 곶(串)[78]으로 갔다. 그것은 수 마일의 잘 보호된 모래사장 해변을 만들기에 충분하고 남을 정도로 돌출되어 있었다. 그곳에 앉은 그는 그 곳과 해변을 일 년 중 가장 더운 두 달 동안 선교지부를 떠나야 할 필요가 있는 선교사들의 여름 휴양지로 만들 꿈을 꾸기 시작하였다.

이런 생각을 하고 있자니 높은 곳이 별장들로 덮여 있고 어느 방향이던 산들바람이 위로 불어오는 것처럼 느낄 수 있었다. 그는 반 마일 떨어진 곳으로부터 조류가 밀려와 매끈하고 딱딱한 모래밭을 덮고 심해 쪽으로 부드럽게 경사져 해변을 적시는 것에 주목하였다. 그는 이것이 수영하기에 너무 어린 아이들과 그것을 지나거나 큰 물결을 넘어 깊은 물로 들어갈 수 있는 나이 든 사람들에게 안전할 것이라고 생각하였다.

이 꿈을 실현시키기 위하여 그는 전체 곶과 인접한 큰 소나무 숲을 구입하였다. 이곳은 나이 많은 사람들이 나무 사이를 산책하는 동안 아이들이 놀 수 있는 곳이었다. 또한 야구장, 테니스장, 골프장을 위한 들판과 여름에 거주하는 사람들이 좋아할 야채를 경작할 밭도 구입하였다. 그곳을 모두 답사한 그는 지적도를 만들었다. 곶은 후에 결성될 것으로 여겨지는 집주인 모임에

---

[78] 바다로 돌출해 있는 육지를 곶이라 한다. 규모가 큰 것은 반도(半島)라 부른다.

가입할 모든 사람들에게 나누어 매각할 별장 터로 나누었다. 그 다음에 자신을 포함해 6명의 다른 사람들(나도 포함)을 초청해 운영 위원회를 구성하여 별장 대지를 구입하는 사람들이 지켜야 할 규칙을 만들었다. 그는 자신의 집, 임대할 여러 개의 작은 집, 예배와 여흥에 사용될 건물을 지음으로써 작은 거주지를 만들기 시작하였다.

약 80피트 정도의 높이로 융기되어 있는 곳의 한쪽 면에는 폭이 수 마일인 바다가 있었다. 반대편은 모래 해변의 높이까지 낮아졌다. 백령도로 알려진 큰 섬이 이 곳으로부터 25마일 떨어진 거리에서 수 마일의 길이로 펼쳐져 있다. 다른 작은 섬들이 점차 해변 쪽으로 굽어 큰 배가 다니고 고래가 발견되는 일종의 내해(內海)를 이루었다.

이렇게 갇혀 있는 물은 때로 우리 여름 거주인들이 작은 배를 몰기 힘들게 거칠어졌다. 하지만 대개 우리의 노로 젓는 배나 작은 요트 혹은 모터 배는 즐거운 항해를 할 수 있다. 그곳의 조류 차는 15피트 정도였기에 썰물이 되면 멋있고 단단한 모래사장이 약 ¼ 마일 이상이 나타났다. 조수가 그곳으로 들어오면 대개 큰 놀의 형태이었다. 수영을 하는 사람들에게 운동과 함께 즐거움을 주었다. 그렇다. 그곳은 완벽한 해변이었다. 내가 보낸 여름에는 항상 안전하였다. 작은 어린아이를 목욕시키는 임무를 차례로 맡는 공동체 사람들의 보살핌 하에 아기마저도 파도에서 놀 수 있었지만 한 번도 익사 사고가 없었다.

장거리 수영을 독려하기 위하여 1마일 길이의 수영 코스가 해변을 따라 만들어졌다. 다양한 상을 주었다. 어린 나이에 1마일을 수영하는 것은 놀라웠다. 가까운 섬은 3마일 떨어져 있었다. 1마일 코스에 용기를 얻고 체력을 후 아이들은 3마일 코스를 훈련하기 시작하였다. 아이들은 물놀이를 좋아하였다. 아이들은 자라면서 10대, 그리고 40~50대까지 많은 사람들이 좋아하는 테니스, 그리고 소년들과 남자들이 야구를 즐기는 등 시간을 보낼 다른 경기를 찾았다. 골프장은 남녀노소를 불문하고 좋아하였다.

우리들이 어떤 채소와 과일을 좋아하는지 알게 된 근처의 농부들은 이것들을 재배하였다. 우리는 그들이 그것들을 내다 팔 수 있는 시장을 만들었다. 이것은 거래를 단순하게 만들어 우리 집으로 자주 오던 보부상이 더 이상 출입하지 않게 되었다. 오락 위원회, 종교와 문서 모임과 관계된 위원회는 우리가 시간을 효율적으로 사용하도록 하였다. 매주 'Sorai Blow'라는 소식지를 등사해 만들었다. 공동체의 구성원들에게 그들의 견해를 알리고 공동체의 다른 사람들에게 소식을 알리는 역할을 하였다.

종교 위원회가 주관한 노인과 젊은이를 위한 일요일 예배에는 많은 사람들이 참석하였다. 의심할 여지 없이 가장 매력적으로 입증된 예배는 곳에서 열리는 저녁 모임이었다. 이곳은 남쪽을 향해 있으며 완만하게 바다 쪽으로 기울어져 있는 곳의 바로 끝에 있었다. 그곳에 완만한 계단을 만들고 더 편안하게 앉을 수 있도록 잔디를 깔았다. 주로 노래를 불렀다. 모임 시간은 일몰 시간과 맞추었다. 대개 바다 쪽으로 3~4마일 떨어진 곳에서 산 위로 지는 석양은 장관이었다. 한 쪽에서는 해가 지고 한쪽에서는 여러 언덕과 수 마일 저쪽의 바다를 넘어 달이 떠오르는 저녁의 고요함 속에 앉아 있는 것은 그것 자체가 즐거움이었다. 우리가 조용히 "태양은 서쪽에서 지고 있네!"라고 노래 부를 때 우리들의 마음은 깊은 감동을 받았다.

나이 때문에 은퇴한 우리들은 이제 서구 세계에서 그 행복했던 순간을 되돌아 생각하며 우리가 때로 했던 것처럼 '솔내, 솔내, 해변의 솔내!'하고 노래할 준비가 되어 있다.

Oliver R. Avison, Edited by Hyoung W. Park, *Memoires of Life in Korea* (Seoul: The Korean Doctors' Weekly, 2012), pp. 412~414

Sorai Beach

Passing years brought changes of many kinds. Other summer resorts were found and opened. Among them one of the first was Sorai Beach.

In another part of these stories of Korea you can read of the little village of Sorai where the first Protestant church building to be erected without financial assistance from a mission is located, the place where Rev. William J. McKenzie lived and died and is buried, the home of the Suhs whose name will always be revered by the Christians of Korea.

Sorai is situated in the mid-southern part of Whang Hai Province only about two miles from the Yellow Sea.

Rev. Dr. H. G. Underwood was for many years the missionary in charge of that district and he frequently took walks to the sea shore to look at the beautiful scenery from a promontory which at that place jutted out far enough to make a sheltered coast line of several miles of sandy beach. As he sat there he began to dream of that promontory and beach as a summer resort for missionaries who needed to get away from their stations during the two hottest months of the year. As he daydreamed he could see the high promontory covered with cottages and feel the sea breezes blowing over it from whatever direction. He saw the tide coming in from half a mile out till it covered the smooth hard sand, making, a bathing beach sloping so gently toward deep water that it would be safe for children too young to swim and for older persons who could go through or over the rollers into the deep waters.

To ensure the corning of his dream into actuality he bought the whole promontory together with a large adjoining pine grove in which children could play while their elders wandered amongst the trees; fields beyond where playgrounds could be arranged-fields for baseball, tennis and golfing; fields for cultivation of vegetables such as the summer colonists would like. He then had it surveyed, a map of it made and the promontory divided into house plots to be sold at cost to all who might be admitted into the Association of Householders which he foresaw coming into being. He then invited half a dozen others (of whom I was one) to join him in the organization of a governing board to make regulations by which all who bought lots must agree to be governed.

He began the colony by building a house for himself, several small houses for rental and a building to be used for church services and entertainments.

At one side of the promontory which rose to a height of about So ft, was an arm of the sea several miles wide and, on the other side, the promontory gradually lowered to the level of the sandy beach. A large island known as White Wings spread out to a length of several miles at a distance of twenty-five miles from the promontory and other smaller islands curved gradually shore wards, making a sort of inland sea beyond which large ships plied and whales were to be found.

This shut in area of water could, under provocation, become too rough for the small craft which we summer residents sailed but generally our rowboats or small yachts or outboard motor boats found it safe and pleasant sailing. The tide there was fifteen high and when it ebbed it left more than a quarter of a mile of fine hard sand. When the tide came in it was usually in the form of great rollers which afforded swimmers both exercise and pleasure. Yes, it was a perfect beach and safe for in all the years I summered there not one case of drowning occurred though even babies played in the surf under the care of members of the community who took on in turn the duty of watching the bathing of the small tots.

To encourage long-distance swimming a one-mile course was laid out along the shore and prizes offered to different groups. It was surprising at what an early age the youngsters were able to make the mile swim. The nearest island was three miles away and, after gaining courage and strength to make the mile course the children began training for the three-mile one. They all loved the water. As they grew older they found other games to spend time at such as tennis which attracted large numbers of those of teen age and on up to 45 and so years while the boys and men played baseball. A golf course appealed to many, both old and young, male and female.

The neighboring farmers soon learned what kinds of vegetables and fruits we liked best and grew them for us. We established a market where they could put them on sale and this made the matter of sale and purchase simpler and did away with the constant stream of peddlers who had gotten into the habit of coming to our homes. Committees on recreations and on religious and literary meetings provided plenty of opportunities for us to put our time to the best uses and the weekly editing and mimeographing of the "Sorai Blow" gave some members of the community a chance to air their views and publish the news to the rest of the community.

Sunday services for old and young and younger still were provided by the religious committee and these were well-attended but, without doubt, the one service that proved most attractive was the evening meeting at the Point.

This was at the very end of the promontory, facing South and sloping gently towards the sea. It had been terraced and grassed to make sitting more comfortable and was mainly a service of song. The time of meeting coincided with the setting of the sun and generally the sunsets over three or fou miles of water and then over a range of mountains were glorious. To sit in the hush of evening with the sun setting on one side and the moon rising on the other side over another series of hills and miles of sea was in itself a delight and as we quietly sang "The Sun is dying in the West," our emotions were deeply stirred.

Those of us who have been retired by age and are now again in the Western world think back on those privileged moments and are ready to sing as we had so often done while there "Sorai, Sorai, Sorai by the Sea!"

제3장 1907년
Chapter 3. 1907

19070100

찰스 A. 클라크, 아직 손길이 닿지 않은 지역에서.
The Korea Mission Field (서울) 3(1) (1907년 1월호), 14~16쪽

(중략)

안흥(安興)에는 4~5가구가 있는데, 이번 여행에서 2~3가구가 더 추가되었다. 그곳 여관 주인의 아들은 1년 이상 예배에 참석하고 있다. 나는 그에게 술 파는 것을 그만두라고 간청하였지만, 그는 만일 자신이 믿을 수 없고 술을 감당하며 마실 수 없다면 믿지 않겠다고 말하며 거절하였다. 불쌍한 사람!

이곳에서 나는 의사가 되기 위하여 현재 에비슨 박사의 조수 중 한 명으로 공부하고 있는 한 소년에 대한 짧은 이야기를 들었다. 그의 아버지는 술에 취해 있는 멍청한 노인이고, 그의 어머니는 매우 무식하다. 5~6년 전, 소년이 11살이었을 때 그는 교육을 받고 싶다는 생각을 품게 되었다. 그는 자신의 멍청한 늙은 아버지가 허락하지 않을 것이라는 것을 알았기 때문에 매일 아침 3마일 떨어진 마을로 몰래 들어가 그곳에서 학교에 다녔다. 정오에 다른 소년들이 식사를 하러 갈 때마다 만수도 길을 따라가곤 했다. 그러나 그는 그곳에서 식사를 먹을 수 없다는 것을 알았기 때문에 다른 소년들이 배우러 돌아오는 것을 볼 때까지 덤불 속에 숨어 있었다. 소년들은 그가 아침 식사를 조금 먹고 아침부터 밤까지 공부한다는 것을 결코 알지 못하였다. 그는 몇 년 동안 그렇게 하다가 어느 날 웰본 씨가 그를 발견하고 의학 공부를 위하여 그를 서울로 데려왔다. 마을 전체가 이제 그를 가장 유망한 아들로 여긴다. 그런 역경에도 불구하고 그를 격려하거나 도와주는 사람이 아무도 없이 한국에서 그런 일을 할 수 있었던 소년은 그가 끝내기 전에 높은 점수를 받을 수밖에 없다.

(중략)

Charles A. Clark, In Territory Still Untouched.
The Korea Mission Field (Seoul) 3(1) (Jan., 1907), pp. 14~16

(Omitted)

At An Hung there are four or five households, and two or three more were added on this trip. The son of the innkeeper there has been attending services for a year or more. I begged him to give up selling liquor, but he refused, saying if he couldn't believe and handle and drink liquor, he would not believe. Poor man!

At this place I heard a little story of a boy who is now one of Dr. Avison's assistants, studying to become a physician. His father is a drunken, stupid old man, and his mother is very ignorant. Five or six years ago, when the boy was eleven years old, he conceived the idea that he wanted an education. He knew his stupid old father wouldn't approve, so every morning he used to slip away to a village three miles off and attend a school there. Each noontime, when the other boys went to their dinner, Mansu would start off up the road too; but he knew he would get no dinner there, so he hid in the bushes till he saw the other boys returning, when he came back to the lessons. The boys never knew that he studied from morning till night on one little bit of breakfast. He did this for several years, until one day Mr. Welbon discovered him and brought him up to Seoul to study medicine. The whole village out there now looks on him as their fairest son, as well they may. A boy who, against such odds, with no one to encourage or help him, could do a thing like that in Korea is bound to set his mark high before he is done.

(Omitted)

아서 B. 터너(성공회 주교), 친구들에게 보낸 편지
(1907년 1월)[79]

(중략)

취침 시간이 지났으므로 편지를 그만 써야 하지만, 고참 회원들이 관심을 가질만한 한 가지를 더 알려 드려야겠습니다. 10년 동안 우리 인쇄소를 감독하였다가 우리를 떠나 서울에 자리를 잡은 하지 씨와 결혼한, 여러분이 밀스 간호사로 기억할, 하지 부인이 심각한 수술을 받아야 했습니다. 이곳의 장로교회 병원의 책임을 맡고 있는 캐나다 인인 에비슨 박사가 이틀 전에 집도하였으며, 그 결과는 지금까지 가장 성공적이었습니다. 위어 박사가 참관하였고, 위어 부인은 그녀의 간호를 돕기 위하여 서울로 올 시간을 낼 수 있었습니다.

(중략)

Arthur B. Turner (Bishop, S. P. G.), Letter to Friends (Jan., 1907)

(Omitted)

It is past bedtime and I must stop, but I must tell you of one more thing which will interest some of our older members. Mrs. Hodge, whom you will remember as Nurse Mills, who afterwards married Mr. Hodge, who for ten years superintended our printing press and then left us to set up for himself in Seoul, has had to undergo a serious operation. It was performed two days ago by Dr. Avison, a Canadian in charge of the Presbyterian Hospital here, and the results are, so far, most successful. Dr. Weir was present, and Mrs. Weir has been able to spare time to come up to Seoul to assist in nursing her.

(Omitted)

---

79) 이 편지는 다음의 잡지에 실려 있다. The Bishop's Letter. II. *The Morning Calm* (London) 19 (No. 112) (April, 1905), pp. 46~47

19070100

중국 의료 선교사 협회 회원 명부.

The China Medical Journal 21(1) (1907년 1월호), 1쪽

(......)

에비슨, O. R.   의학박사   서울

(......)

The List of Members of the Medical Missionary Association of China.

The China Medical Journal 21(1) (Jan., 1907), p. 1

(......)

Avison, O. R.   M. D.   Seoul

(......)

에드워드 H. 밀러(서울)가 아서 J. 브라운(미국 북장로교회 해외선교본부 총무)에게 보낸 (1907년 1월 3일)

(중략)

에비슨 박사는 한국에서 광산에서 일하던 외국인을 치료하는 동안 개종으로 인하여 일상적인 의료 업무가 중단되었다고 보고하였습니다. 클론다이크 지역과 세계의 다른 지역에서 한 미국인이 이 먼 땅에서 그리스도를 알지 못하고 돌아다니다가 한국인을 위한 의료 사업에서 그의 스승을 만나 삶의 뚜렷한 변화를 일으켰습니다. 우리가 볼 수 있는 모든 증거로 볼 때 온전하게 회심한 사람입니다. 그는 간증으로 우리 선교에도 도움이 될 것입니다.

(중략)

Edward H. Miller (Seoul),
Letter to Arthur J. Brown (Sec., BFM, PCUSA) (Jan. 3rd, 1907)

(Omitted)

Dr. Avison reported the usual routine of mere medical work broken by the conversion while under treatment of a foreigner who has been at work in mining in Korea. A man who an American in the Klondike region, & in other parts of the world, has knocked about without knowing Christ in this far off land, & in a medical work for Koreans, he meets his Master - a clear cut change of life - a soundly converted man by all the evidences we may see. He'll be a help to our missionary work, too, with his testimony.

(Omitted)

제시 W. 허스트(서울)가 아서 J. 브라운(미국 북장로교회 해외선교본부 총무)에게 보낸 (1907년 1월 9일)

(중략)

    가을 초에 무어 씨가 평상시처럼 건강하지 않다는 것이 분명해졌지만 11월 초가 되어서야 그는 그것에 대하여 아무 말도 할 수 없을 만큼 아팠습니다. 무어 부인과 그는 이 문제에 대하여 에비슨 박사에게 이야기하였습니다. 당시 검진 결과 그의 질병의 원인으로 간주될 수 있는 것은 아무 것도 발견되지 않았습니다. 그는 자신의 생활 방식에 대해 조언을 받았고 몸과 마음이 모두 휴식을 취하도록 침대에서 더 많은 시간을 보내도록 지시받았습니다. 회복되지 않은 상태로 일주일이 지났습니다. 그런 다음 그는 전지요양이 어떤 식으로든 자신에게 도움이 될지 알아보기 위하여 제물포로 갔습니다. 그는 11월 16일 서울로 돌아와 연못골에 있는 자신의 집으로 가기 전에 병원을 방문하였습니다. 그 당시 그는 심한 두통과 함께 약간의 열이 있고 상당히 아파 보였습니다. 그는 병원에 입원하라는 권고를 받았고 우리는 그의 가족에게 상황을 알리려 하였습니다. 우리가 담당하고 있는 몇 가지 수술을 하는 동안 그는 침상에 누워있었습니다. 일을 끝내고 우리는 그의 방으로 갔는데 그가 죽은 것을 발견하였습니다.

(중략)

Jesse W. Hirst (Seoul),
Letter to Arthur J. Brown (Sec., BFM, PCUSA) (Jan. 9th, 1907)

(Omitted)

Early in the fall it became evident that Mr. Moore was not in his usual good health, but not until the first part of Nov. was he sufficiently ill to say anything about it. Mrs. Moore and he both spoke to Dr. Avison about the matter. An examination at that time revealed nothing which could be considered a cause for his illness. He was advised regarding his mode of life, and directed to get more time in bed to rest both mind and body. A week passed thus without improvement. He then went to Chemulpo to see if a change of air would benefit him in any way. He returned to Seoul Nov. 16th and called at the hospital before proceeding to his own house at Yon Mot Kol. He was found to have some fever at that time, with severe headache and looking quite ill. He was advised to remain at the hospital and we would let his family know the condition of things. He was left lying on a couch while we attended to some operative work which we had on hand; that being done, we went to his room only to discover that he had departed.

(Omitted)

19070116

J. 헌터 웰즈(평양)가 아서 J. 브라운(미국 북장로교회 해외선교본부 총무)에게 보낸 (1907년 1월 16일)

(중략)

저는 언더우드 박사의 휴가 등에 관하여 미리 편지를 쓰려고 하였습니다. 어빈 박사와 저는 그의 병환에 대하여 자문을 하기 위하여 서울로 올라왔고, 그가 심각한 증상을 보였고 어떤 종류의 일도 할 수 없게 되었기에 즉시 그의 휴가를 권고하였습니다. 에비슨 박사는 우리와 정확하게 다르지는 않았지만 우리가 본 것처럼 문제를 보지 않았는데, 이것이 건강 진단서를 보내지 않은 그의 과실과 관련이 있는지 저는 모르겠습니다. 우리의 결정과 권고는 서울 지부 회의록에 즉시 담겼고 진단서를 작성하는 것은 에비슨 박사에게 달려 있었습니다. 우리는 서명을 하고 싶었지만 에비슨 박사는 우리에게 뜻밖에 손을 흔들며 자신이 하겠다고 말하였습니다.

(중략)

J. Hunter Wells (Pyeng Yang),
Letter to Arthur J. Brown (Sec., BFM, PCUSA) (Jan. 16th, 1907)

(Omitted)

I intended to write you before concerning Dr. Underwood's leave etc. Dr. Irvin and I were summoned to Seoul to consult about his sickness and at once recommended his leaving as he had some serious symptoms and was entirely incapacitated from work of any kind. Dr. Avison, while not exactly differing with us, did not see the matter as we did but whether this had to do with his negligence in failing to send the certificate I do not know. Our actions and recommendations went at once on the Seoul station minutes and it was then up to Dr. Avison to make the certificate. We wanted to sign it but Dr. Avison waved us odd and said he would attend to it.

(Omitted)

윌리엄 L. 스왈렌(평양)이 아서 J. 브라운(미국 북장로교회 해외선교본부 총무)에게 보낸 (1907년 1월 21일)

(중략)

메리 B. 바렛 양도 선교지에서 5년을 보냈고 아직 3년 차 시험을 통과하지 못하였습니다. 저는 바렛 양의 경우에는 전적으로 무능력의 문제가 아니라고 생각합니다. 저는 작년에 그녀가 시험을 거부한 이유를 모르겠습니다. 나는 그녀가 건강이 좋지 않은 이유를 대었다고 생각하는데, 확실하지 않지만 아마도 박사님은 작년의 보고서에서 알고 계실 것입니다. 그녀는 올해는 그것을 치르라는 요청을 받았지만, 집을 관리하고 선교 모임 중에 많은 선교사들을 시중들어 너무 피곤하고 신경이 과민하다는 이유로 그것을 거절하였습니다. 나는 개인적으로 그녀에게 그것을 받도록 권하였고 위의 내용이 그녀의 대답이었습니다. 하지만 그녀는 한 달 후 시험을 보기로 승락하였고, 무어 씨와 피터스 부인이 에비슨 박사와 함께 그녀를 심사하여 1달 이내에 결과 보고서를 저에게 보내도록 임명되었습니다.

(중략)

William L. Swallen (Pyeng Yang),
Letter to Arthur J. Brown (Sec., BFM, PCUSA) (Jan. 21st, 1907)

(Omitted)

Miss M. B. Barrett also five years in field and has not yet passed her 3rd yr. examination. I do not think it is wholly a matter of inability in the case of Miss Barrett. I do not know why she refused to take the examination last year. I think she gave ill health as the reason, tho am not sure, perhaps you knows from last yrs. report. She was asked to take it this year and refused on the ground that she was too tired and nervous by reason of having to look after the house, boarding a number of the missionaries while at the mission meeting. I personally exhorted her to take it and the substance of the above was her reply. She did consent however to take it within a month later and Mr. Moore & Mrs. Pieters, with Dr. Avison were appointed to examine her and send me report of examination within the month.

(Omitted)

릴리어스 H. 언더우드(프랑스 깐느 레플레르)가 아서 J. 브라운(미국 북장로교회 총무)에게 보낸 편지 (1907년 1월 26일)

(중략)

3. 병원은 남대문으로 이전하였습니다. 에비슨 박사의 사택은 이전하였지만 제이콥슨 기념사택은 남대문으로 이전하지 않았습니다. 그러나 에비슨 박사의 동의 하에 [사택은] 매각되었고, 그 돈은 도시의 다른 쪽 끝에 있는 사택을 위하여 사용하였습니다.

4. 그 목적으로 기부된 특별 기금으로 건축된 여자 선교사들의 전도 사택은 다른 전도 자산과 함께 남대문으로 이전하였는데, 에비슨 박사는 지금 그 사택을 병원의 여의사와 간호원들을 위하여 사용하고 제이콥슨 기념관이라고 부르고 싶어 하며, 이는 이전 합의에 대한 직접적인 위반입니다.

5. 그들은 현재 그곳에 여자 사역자 한 명이 간호원과 함께 살도록 허용하고 싶어하는 것이 사실이지만, 그 집은 그들로 붐비게 될 것이고 그들이 다른 간호원이 더 필요하거나 우리가 다른 여자를 필요로 하게 되면 전도 사역자에게 줄 집이 없게 됩니다.

(중략)

Lillias H. Underwood (Les Fleurs, France),
Letter to Arthur J. Brown (Sec., BFM, PCUSA) (Jan. 26th, 1907)

(Omitted)

3. The hospital was moved to South Gate. Dr. Avison's house was moved, but the Jacobsen Memorial was not moved to South Gate, but with Dr. Avison's consent was sold and the money used for a house on the other end of the city.

4. The house built for the women's evangelistic home, by special funds given for the purpose, was moved to the South Gate with the other evangelistic property, and is now the house which the Avison's wish to take for the use of hospital lady doctors and nurses and call the Jacobsen Memorial, in direct violation of the formal agreement.

5. It is true they are willing at present to allow one lady worker to live there with the nurses, but the house would be crowded with them and should they need another nurse or we another lady the evangelistic worker must give place with no home.

(Omitted)

회의록, 한국 선교부 서울 지부 (미국 북장로교회) 1891~1921년
(1907년 1월 26일)

(중략)

빈튼 박사가 기도를 드린 후, 웸볼드 양과 에비슨 박사 부부에게 상하이 회의를 방문하기 위하여 지부를 떠날 수 있도록 승인하는 동의가 있었다.

(중략)

Minutes, Seoul Station, Korea, 1891~1921 (PCUSA) (Jan. 26th, 1907)

(Omitted)

After being led in prayer by Dr. Vinton it was moved that permission to leave bound of Station on visit to Shanghai Conference be granted to Miss Wambold & Dr. Mrs. Avison.

(Omitted)

찰스 A. 클라크(서울)가 친구들에게 보낸 편지 (1907년 2월 20일)

(중략)

밀러 씨가 1년 전에 해고하였던 하인이 밀러 씨 집에 있는 동안 홈친 1.2 엔(60센트)을 갚으러 왔습니다. 6, 7년 전 진료소에서 필드 박사의 조수이었던 한 여자는 자신이 탐내던 은제 머리 장식을 사기 위하여 진료소 수입에서 충분한 돈을 홈쳤다고 고백하였고, 똑같은 핀을 가져와서 돌려주었습니다. 에비슨 박사의 수석 조수는 같은 고백을 하고 그 비용을 지불할 준비를 하고 있습니다.

(중략)

Charles A. Clark (Seoul), Letter to Friend (Feb. 20th, 1907)

(Omitted)

A servant whom Mr. Miller had a year ago and dismissed came to pay back ¥1.20 (60 cents) which he stole while in Mr. Miller's household. A woman, former assistant to Dr. Field in her dispensary 6 or 7 years ago, confessed to having stolen enough from the dispensary receipts to buy herself a silver hair ornament which she coveted, and she brought the identical pin back and returned it. Dr. Avison's leading assistant confessed the same and is arranging to pay up.

(Omitted)

19070313
결혼. *The Seoul Press* (서울) (1907년 3월 13일), 2쪽

    지난 월요일80) 저녁 새디 B. 하보 양과 제시 W. 허스트 박사의 결혼식이 정동 감리교회에서 대규모의 회중이 참석한 가운데 거행되었다. (......)

    결혼식이 끝나자 신랑과 신부는 많은 친구들의 진심 어린 축하를 받기 위하여 교회 뒤쪽에 자리를 잡았다. 우리는 결혼식 축하연으로 하우쉘 씨가 제공한 저녁 식사를 즐겼고, 어제 오후에 허스트 박사 부부는 에비슨 박사의 집에서 피로연을 열었다고 알고 있다.

Marriage. *The Seoul Press* (Seoul) (Mar. 13th, 1907), p. 2

    On Monday evening last the marriage of Miss S. B. Harbaugh with Dr. J. W. Hirst was solemnised in the Chong Dong Methodist Church in the presence of a large congregation (......)

    At the close of the ceremony the bride and groom retired to the rear of the church to receive the hearty congratulations of their numerous friends. We understand that the wedding party were entertained at dinner by Mr. Hounshell and that yesterday afternoon Dr. and Mrs. Hirst held a reception in Dr. Avison's house.

---

80) 1907년 3월 11일이다.

[잡보.] *The Seoul Press* (서울) (1907년 3월 15일), 3쪽

*London Gazette*에는 한국의 왕이 빅토리아 대학교 및 토론토 대학교의 의학박사인 올리버 에비슨 님에게 그가 제공한 귀중한 노고를 인정하여 폐하가 수여한 4등 태극장을 받고 기장을 착용할 수 있는 왕실의 허가와 권한을 주었다고 보도되었다.

[Miscellaneous.] *The Seoul Press* (Seoul) (Mar. 15th, 1907), p. 3

It is notified in the *London Gazette* that the King has been pleased to give and grant unto Oliver Avison, Esq., Doctor of Medicine and Master of Surgery, Victoria University and University of Toronto, His Majesty's Royal licence and authority that he may accept and wear the Insignia of the Fourth Class of the Order of the Tai-Keuk, conferred upon him by his Majesty the Emperor of Korea, in recognition of valuable services rendered by him.

잡보. 어 씨 강도(講道).
대한매일신보(서울) (1907년 3월 24일), 2쪽

　내일 오후 3시 반에 청년회관에서 복음회를 열고 제중원 의사 어비신 씨를 청하여 교리를 설명한다고 한다.

[Miscellaneous. Address of Dr. Avison on the Truth of Gospel.]
The Korea Daily News (Seoul) (Mar. 24th, 1907), p. 2

　明日 下午 三点半에 靑年會舘에셔 福音會를 開ᄒ고 濟衆院 醫士 魚비信 씨을 請邀ᄒ야 講道ᄒᆫ다더라.

19070400

조지 H. 존스, 가관식.

The Korea Mission Field (서울) 3(4) (1907년 4월), 49~50쪽

G. H. 존스 목사

그것은 두 명의 젊은 한국인 여자들이 병자를 간호하는 가장 숭고한 봉사인 상징을 수여하는 아름답고 감동적인 행사이었다. 1월 30일 구 서울 제일교회에 내외빈 300여 명이 운집하여 예식을 참관하였다. 교회의 담임 목사가 사회를 보았고, 교회의 한국인 젊은이들이 세브란스 병원의 의학생들과 함께, 프레이 양과 S. K. 하 부인의 도움을 받아 안내를 맡았고, 질렛 양이 오르간을 연주하였다. 행사의 음악 부분은 모리스 부인, 스웨어러 씨, 박 씨, 그리고 이화 여학교의 합창단이 맡았다. 예배는 W. B. 스크랜턴 박사와 최병헌 목사가 인도하였고, O. R. 에비슨 박사, 메리 M. 커틀러, 그리고 행사의 의장이 인사말을 하였다.

(중략)

가관식이 끝날 무렵 두 가지 흥미로운 행사가 열렸다. 첫 번째는 M. F. 부인, O. R. 에비슨 부인, 그리고 S. K. 하 부인에게 간호원 양성소의 명예 회원증을 수여한 것이었습니다.

(중략)

George Heber Jones, The Capping of the Nurses.
The Korea Mission Field (Seoul) 3(4) (Apr., 1907), pp. 49~50

By Rev. G. H. Jones.

It was a beautiful and impressive service which attended the investiture of two Korean young ladies with the badge of the noblest of service, nursing the sick. About three hundred guests, Korean and foreign, assembled in the old First Church of Seoul on January 30th to witness the ceremony. The pastor of the church presided, Korean young men from the church, with medical students from the Severance Hospital, assisted by Miss Frey and Mrs. S. K. Hah, acted as ushers, Miss Gillett presided at the organ. The musical part of the program was rendered by Mrs. Morris, Mr. Swearer, Mr. Pak, and the chorus from the Ewa Girls' School. The devotional exercises were conducted by Dr. W. B. Scranton and Rev. P. H. Choi, and addresses delivered by Dr. O. R. Avison, Dr. Mary M. Cutler, and the chairman of the evening.

(Omitted)

At the end of the Capping ceremony two interesting events took place. The first was the conferring upon Mrs. M. F. Scranton, Mrs. O. R. Avison, and Mrs. S. K. Hah of Certificates of Honorary Membership in the Training Schools for Nurse.

(Omitted)

19070400

[잡보.] *The Korea Mission* Field (서울) 3(4) (1907년 4월호), 56쪽

서울의 O. R. 에비슨 박사로부터: 올해 (세브란스) 병원은 자체적으로 필요한 것을 충당하였고, 이 지부에서 활동하는 선교본부의 모든 선교사들에게 무료로 약을 공급하였으며, 사랑방을 후원하고 전도사의 급여 일부를 지급하였다. 또한 우리는 교재에 많은 노력을 들여 우리 선교부의 기관들에게 무상으로 공급하였다.

우리는 또 다른 해에 이것을 할 수 있다면 기쁠 것이고, 문서 조수와 전도사를 돌보는 것을 목표로 하겠지만 현 단계에서는 확실한 약속을 할 수 없다.

[Miscellaneous.] *The Korea Mission* Field (Seoul) 3(4) (Apr., 1907), p. 56

From Dr. O. R. Avison, Seoul: This year the hospital has covered its own needs, supplied free drugs for all the Board's missionaries in this station, supported the sarang, and paid part of the salary of the evangelist. In addition, we have put a good deal into text books which we have supplied free of charge to our mission institutions.

We shall be glad if we are able to do this another year and will aim at taking care of literary assistant and evangelists, but of course can make no definite promise at this stage.

19070400

서울의 종일 기도회.

The Korea Mission Field (서울) 3(4) (1907년 4월호), 57쪽

(중략)

4월 8일 월요일은 서울에서 기도회가 있는 날이었다. (......)

많은 것들이 황제가 주님을 찾을 수 있도록 주님의 언덕을 올라가는 기도이었다. O. R. 에비슨 박사는 궁궐의 의사이며, 사람들은 그가 폐하 앞을 드나들기 때문에 그리스도를 증거할 수 있기를 기도드리고 있다. 이 기도들은 응답이 되었고, 폐하가 기독교인들이 믿는 것에 대하여 질문하고 있으며, 그래서 기독교 신앙에 대한 간략한 문건이 준비되어 그에게 제출되었으며, 또한 성서공회는 최근에 훌륭하게 제본한 성경 사본을 그에게 증정하였다. 하나님의 말씀이 궁궐로 들어가고 있다.

All Day Prayer Meeting in Seoul.

The Korea Mission Field (Seoul) 3(4) (Apr., 1907), p. 57

(Omitted)

Monday, April 8th, was a day of prayer in Seoul. (......)

Many are the prayers ascending the hill of the Lord for the Emperor that he may seek the Lord. Dr. O. R. Avison is palace physician and the people are praying that he may be able to witness for Christ as he goes in and out before His Majesty. These prayers have been answered, and His Majesty is asking questions about what the Christians believe, and so a brief statement of the Christian faith has been prepared and presented to him and also the Bible Society recently presented him with a handsomely bound copy of the Holy Scriptures. The word of God is entering the palace.

잡보. 조 씨의 리 씨 소개설.
황성신문(서울) (1907년 4월 2일), 1쪽

조 씨의 래드 씨[81] 소개설. 지난 토요일 저녁에 청년회에서 조원시 박사[82] 가 래드 씨를 소개한 내용의 대강은 다음과 같았다. 대체로 보아서 래드 씨는 서양의 학식과 문견이 넓은 교사로 한국에 와서 오늘 저녁에 우리 청년회관에서 우리들이 그의 목전에 모여 앉아 그 고명한 교훈을 받는 것이 우리에게 귀하고 감사하고 기회라 할 것이다. 세계에서 문명한 나라마다 래드 박사의 명성을 알지 못하는 사람이 없는 것은 미합중국의 유명한 대학교인 예일 대학교에서 25년간 철학 교수로 있고 겸하여 몇 년 동안 하버드 대학교에서도 교수로 있었으며, 그간에 저술한 서책이 많으니 철학과 영혼학과 심리학을 해석 편집하여 공부하는 청년 제자들이 무수히 있는 까닭이다. 씨의 직책의 위치를 말할진대 비단 1차로 한 학교의 박사의 직을 가지고 있을 뿐만 아니라 여러 곳에 있는 유명한 대학교에서 대부분의 사람들이 존칭하여 박사의 학위를 주었는데, 이로 말미암아 세계 각국의 유지들이 씨를 존칭하는 바가 분명하며 1년 전에 사직하였으나 예일 대학교에서 씨를 교수부의 명예 교수로 인하여 씨가 휴가를 얻어 향리를 떠나 푸른 바다를 건너 동양에 와서 씨가 자기의 광대한 지혜로 허다한 문명의 유익을 얻게 함이다. 근자에 일본에 도달하여 여러 대학교에서 강연을 하여 제 학생이 크게 기뻐함을 이기지 못하였다. 금번 이토 후작이 한국도 일본과 같이 씨가 철학과 사회학으로 교훈함을 원하여 박사가 서울에 오기를 청하였는데, 오늘 저녁 이 자리에서 우리가 이 높은 학문을 소유하신 박사를 매우 기쁘게 환영하는 동정을 표하니 그 고명하신 중 제일 중요한 학식을 우리들에게 전하심을 희망하며 이로 말미암아 우리들도 선생의 제자도 될 것이다. 그 제자됨에 근본이 되는 원인을 말할진대 여러 나라에 여행하고 지나는 곳마다 이와 같으니 세계 각국 중에서 대한 청년 명칭도 오늘

---

81) 조지 T. 래드(George T. Ladd, 1842~1921)는 미국의 철학자, 교육자 및 심리학자이다. 그는 1864년 웨스턴 리저브 대학을, 1869년 앤도버 신학교를 졸업하였다. 이후 목회 생활을 활동하다가 1891년부터 예일 대학교 등에서 교수로 활동하다가 1906년 은퇴하였다. 그는 1892년부터 1899년까지 일본 정부의 초청으로 외교 자문을 맡았으며, 이토 내각에서 일본과 미국 사이의 상호 이해 증진을 도왔다. 1921년 사망한 그의 유해는 화장되어 도쿄의 소지지[總持寺]에 매장되었고 기념비가 건립되었다.

82) 조원시는 미국 북감리교회 선교사인 조지 허버 존스(Geo. Heber Jones, 1867~1919)의 한국식 이름이다.

저녁부터 기록할 것이다. 대개 우리가 그 자리에서 교훈을 받고자 하여 래드 박사를 두터운 정으로 표하며 기쁘게 연설하는 마음으로 소개한다. 그 연설 문제는 학문과 사회 진보의 관계라 하였으며, 그 후 선교사 최병헌 씨가 개회 기도를 드린 후 의사 어비신 씨가 자리에 오르고 래드 씨가 연설을 시작함과 선교사 이운림(李雲林) 씨가 통역함을 공포하고 이어서 계속 연설하였는데, 그 강의 및 설명한 전문이 다음과 같다. (미완)

[Miscellaneous. Introduction of Dr. Ladd by Rev. Jones.]
Hwangsung Shinmun (Seoul) (Apr. 2nd, 1907), p. 1

趙氏의 리氏 紹介說. 去土曜夕에 靑年會에서 博士 趙元時氏가 博士 리드 氏를 紹介 內槪가 如左 더라. 大抵 리드 氏 西洋의 博學多聞 신 敎師로 大韓에 來臨 야 今夕에 此靑年會舘에셔 吾儕가 該氏目前에 齊坐 고 其高明 신 敎訓을 受 게시 吾人의게 貴 고 感謝 고 機會라 지라 世界文明 邦國마다 博士 리드 氏의 聲名을 不知 者無 거슨 大美合衆國의 有名 大學校예일, 유늬버스틱에서 二十五個年間 哲學敎師로 계시고 兼 야 幾年間 大學校하바드, 유늬버스틱에도 敎師로 계셧시며 這間에 著述 書冊이 豐富 니 哲學과 靈魂學과 心理學을 解釋編輯 야 工夫 靑年弟子들이 無數히 잇 緣由요 氏의 職品을 言 진디 非但 一次一學校의 博士의 職을 帶 만 不啻 라 여러곳에 在 有名 大學校에서 擧皆氏를 尊稱 야 博士의 品을 任 엿 디 是로 由 야 世界各國有志之人이 氏를 尊稱 所然이며 年前에 辭職 엿스나 예일, 유늬버스틱의셔 氏를 敎師部의 名譽敎師로 삼고 因 야 氏가 休暇를 得 야 鄕里를 離 고 蒼海를 涉 야 東洋에 來到 야 氏가 自己의 宏大 智慧로 許多 文明의 有益을 得 게 이니 近者에 日本에 到達 야 여러 大學校에서 講說 야 諸學生이 欣喜 을 不勝 엿 니 今番 伊藤侯爵이 韓國도 日本과 如히 氏가 哲學과 社會學으로 敎訓 심을 願 야 博士가 到京 을 請 엿 디 今夕 此席에셔 吾儕가 此文明 신 博士를 欣悅歡迎 同情을 表 니 其 高明 신 中 第一 重要 學識을 吾人의게 傳 심을 希望하며 此로 由 야 吾人도 先生의 弟子도 될 것시요 其 弟子됨에 根因을 言 진디 여러나라에 遊歷 處마다 如斯 니 世界 各國 中 大韓靑年 名稱도 今日 今夕붓

터 記錄홀지라 大槪 吾儕가 同席에셔 敎訓을 受코져 ㅎ야 리드 博士를 厚誼로 表ㅎ야 喜悅ㅎᄂ 모암으로 紹介ㅎ오며 其 演說 問題ᄂ 學問과 社會 進步의 關係라 ㅎ엿시며 其後 宣敎師 崔炳憲 氏가 開會 祈禱를 奏흔 後 醫師 魚丕信 氏가 陞席ㅎ고 리드 氏가 演說을 始作흠과 宣敎師 李雲林 氏가 通辯흠을 公佈ㅎ고 仍히 演說ㅎ엿ᄂ듸 其講說흔 全文이 左와 如흠 (未完)

19070402

기독교 청년회에서의 래드 교수.
The Seoul Press (서울) (1907년 4월 2일), 2쪽

기독교 청년회에서의 래드 교수.
성공적인 모임

토요일 저녁에 기독교 청년회관은 조지 T. 래드 교수의 연설을 듣기 위하여 모인 지적인 젊은이들인 열성적인 군중으로 가득 찼다. 대중들에게 통지한 시간이 짧았지만 행사에 대한 관심이 대단히 널리 퍼져 공간 부족으로 인하여 수백 명이 돌아가야 했다. 모임은 에비슨 박사가 주재하였다.

(중략)

Professor Ladd at the Young Men's Christian Association.
The Seoul Press (Seoul) (April 2nd, 1907), p. 2

Professor Ladd at the Young Men's Christian Association.
Successful Meetings

On Saturday evening the Y. M. C. A. Hall was packed to overflowing by eager crowds of intelligent youths who had come together to listen to an address by Professor George T. Ladd. Inspite of the short notice given to the public, so widespread was the interest roused by the event, that many hundreds had to be turned away owing to the want of space. The meeting was presided over by Dr. Avison.

(Omitted)

19070413

기독교 청년회 단신.
The Seoul Press (서울) (1907년 4월 13일), 2쪽

3월 31일 일요일, 래드 박사는 500명이 넘는 젊은이가 참석한 가운데 기독교 청년회관에서 강연을 하였다. O. R 에비슨 박사가 의장이었다.

Y. M. C. A. Notes. *The Seoul Press* (Seoul) (April 13th, 1907), p. 2

Sunday, March 31st, Dr. Ladd spoke to over 500 young men in the Association Hall. Dr. O. R Avison was chairman.

에스터 L. 쉴즈(서울)가 아서 J. 브라운(미국 북장로교회
해외선교본부 총무)에게 보낸 편지 (1907년 4월 15일)

(중략)

무어 부인과 작은 딸은 잘 지내고 있으며, 남자애들은 작은 자매를 갖게 된 것에 매우 기뻐하고 있습니다. 이것은 그 가정을 위한 아름다운 선물입니다. 하지만 언젠가 무어 씨가 이곳에서 그들과 기쁨을 함께 할 때가 올 것이라고 바라고 있습니다. 무어 부인은 온화하고 평화스러우며, 먼저 가버린 사람에 대한 많은 귀중한 기억을 이야기합니다.[83] 두 아들인 존과 포레스트는 더글러스 및 월버 에비슨과 함께 겨울 내내 유니언 교회에 다녔습니다.

(중략)

우리 지부의 새 회원인 허스트 부인은 지난 번 모임에 처음 참석하였습니다. 그녀는 모르는 사람이 아니었으며, 우리는 그녀와 함께 하게 되어 매우 기뻤습니다. 에비슨 박사 부부는 회의에 참석하기 위해 상하이로 갔으며, 세브란스 씨와 함께 돌아올 것입니다.

---

83) 무어는 1906년 12월 22일 사망하였다.

Esther L. Shields (Seoul),
Letter to Arthur J. Brown (Sec., BFM, PCUSA) (Apr. 15th, 1907)

(Omitted)

Mrs. Moore and her little daughter have been getting on family well, and the brothers are very happy to have a little sister in the home. It has been a beautiful gift to comfort the household, - although one cannot fail to realize the wish that sometime must come that Mr. Moore might have shared here the joy with them. Quietness and peace have been given Mrs. Moore - and she talks of her many precious memories of the one who has gone. John and Forest, the two older boys, with Douglas and Wilbur Avison, united with the Union Church here during the winter.

(Omitted)

Mrs. Hirst, the new member of our Station, was present at the last meeting - her first one. She was not a stranger - and we're so glad to have her here. Dr. and Mrs. Avison have gone to Shanghai for the Conference, and are to bring Mr. Severance back with them.

(Omitted)

제시 W. 허스트(서울)가 아서 J. 브라운(미국 북장로교회 해외선교본부 총무)에게 보낸 편지 (1907년 4월 26일)

(중략)

에비슨 박사 부부는 현재 세브란스 씨의 손님으로 상하이에 있습니다. 그들은 회의가 끝난 후 가능한 한 빨리 돌아올 것입니다. 세브란스 씨는 아마도 서울에 오기 전에 하이난과 중국의 어느 곳을 방문할 것입니다. 그가 한국에서 얼마나 많은 시간을 보낼지는 아직 알 수 없습니다.

(......)

우리 부부는 현재 에비슨 가족과 함께 살고 있습니다. 우리는 아직 지부로부터 숙소 방을 배정받지 못하였습니다.

(중략)

Jesse W. Hirst (Seoul),
Letter to Arthur J. Brown (Sec., BFM, PCUSA) (Apr. 26th, 1907)

(Omitted)

Dr. Avison & Mrs. Avison are now in Shanghai as the guests of Mr. Severance. They will return as soon as possible after the conference closes. Mr. Severance will probably visit Hainan and some of China before coming to Seoul. We do not yet know how much time he will spend in Korea.

(......)

Mrs. Hirst and myself are living with the Avisons for the present. We have not yet been assigned house room by the station.

(Omitted)

1907년 4월의 회의. *The China Medical Journal* 21(3) (1907년 5월호), 136~138, 139~140, 153~154, 156~157, 158, 167, 169, 178쪽

136~138쪽

1907년 4월의 회의

막 끝난 중국 의료 선교사 협회의 회의는 말 그대로 실망이 없었고, 어떤 면에서는 협회 역사상 가장 만족스러운 것이었다. 원로들조차 그렇다고 선언하고, 과거의 희미한 깊숙한 곳에서 아무 것도 불러일으키지 않는 것보다 지난 닷새 동안의 성취가 더 나은 가장 즐거운 추억이었다. (......)

다음은 여러 회의의 출석 확인이다.

회의에 참석한 회원

(......)

O. R. 에비슨 박사, 한국 서울

휴 H. 위어 박사, 한국 제물포

T. H. 대니얼 박사

(......)

헌터 웰즈 박사

(......)

로제트 S. 홀 박사

(......)

139~140쪽

의료 선교사 회의 식순

4월 19, 20, 22, 23일

유니언 교회 건물의 위쪽 강당

4월 19일, 금요일   업무 회의

    오전 9.30~10시   예배

    오전 10시   회의 서기 선출 등

	회장 인사말
	편집인 보고
	서기 및 재무 보고
	위원회 보고
	1907-8-9년의 임원 선출.
오후 2시	업무 계속
오후 3시	J. L. 맥스웰 박사의 연제
	주제 - '협회는 과학 협회로서의 목적을 달성하고 있는가?'
	토의
4월 20일 토요일	외과 회의
오전 9.30~10시	예배. 회의록 낭독
오전 10시	하트 박사의 연제
	주제 - '중국에서 우리의 상황에서 무균 및 소독 수술'
	토의
오전 10.30시	플러머 박사의 연제
	주제 - '괴사'
	토의
오전 11시	새로운 도구, 장치 및 치료에 대한 공개 강연
오전 11.30시	우드워드 박사의 연제
	주제 - '중국에서 선교 병원과 진료소의 건축'
	토의
오후 2시	하지 박사의 연제
	주제 - '중국에서 매독의 발현'
	토의
오후 3시	닐 매클러드 박사의 연제
	주제 - '복부 수술 2예'
	토의
일요일	오후 6시에 여러 교회에서 의료 선교에 대한 설교를 함
4월 22일 월요일	내과 회의
오전 9.30~10시	예배. 회의록
오전 10시	매카트니 박사의 연제
	주제 - '중국 서부의 열병'
	토의
오전 11시	신약 및 새로운 치료법 등에 대한 공개 강연
오전 11.30시	윌슨 박사의 연제
	주제 - '현지 약제의 사용' 및 도해(圖解)
	토의

오후 2시	분 박사의 연제
	주제 - '주기적 구토'
	토의
오후 3시	로건 박사의 연제
	주제 - '현미경 사용과 관련된 아열대 의학의 제 문제들'
	토의 및 표본 관람

4월 23일 화요일

오전 9.30~10시	예배. 회의록
오전 10시	비브 박사의 연제
	주제 - '의료 선교의 전도적인 측면'
	토의
오전 11시	오트 박사의 연제
	주제 - '아편이 말라리아에 미치는 영향'
	토의
오후 2시	애그니스 스튜워트의 연제
	주제 - '중국 중부에서의 부인과 진료'
	토의
오후 3시	
오후 5~7시	분 박사 부부의 환영회, 밍훙[明弘] 로 4

153~154쪽

1907년 4월 18일 상하이

(중략)

보고서 이외의 업무

(……)

II. 서기 보고서, 1. 새 임원의 선출.

데이븐포트 박사는 현재의 신입 회원 선출 방법이 구식이며 전혀 쓸모가 없다고 말하였다. 그는 다음과 같이 발의하였다: -

모든 신입 회원은 두 명의 회원에 의해 지명되고 잡지에 그의 이름이 게재되는 것을 그의 선출로 간주되도록 결의한다.

(……)

에비슨 박사는 한국에 거주하는 한 사람이 6명의 추천서를 모으는 것이 어려울 수 있다고 말하였다.

(......)

156~157쪽

4월 19일 금요일, 오후 회의

(중략)

맥스웰 박사는 '협회가 과학의 진보와 관련하여 그 목적을 달성하고 있는 가?'라는 논문을 발표하였다.

이어진 토론에서 한커우[漢口]의 하지 박사는 그가 중국에 온 이후 이루어 진 큰 발전에 주목하였다. 당시 대부분의 의사들은 전도 사역을 우선시하고 남는 시간은 의료 업무에 할애할 뿐 연구 활동을 하는 사람은 극소수에 불과하였다. 현재 거의 모든 사람들이 의사가 하는 일 중에서 의료 업무를 가장 중요하게 생각한다. 그는 이미 중국 의료 선교사 협회가 맥스웰 박사가 추천한 업무 중 일부를 채택하였다고 말하였고, 올해 대변 검사를 착수한 연구 위원회의 업무를 언급하였다. 그는 일본 주혈흡충이 창떠[常德], 난징 및 한커우에서 발견되었다고 말하였다. 그는 통계가 질보다는 양을 만드는데 기여하여 많은 해를 끼쳤다고 믿고 통계를 많이 믿지 않았다.

한국 서울의 에비슨 박사는 연구의 과학적인 부분에서 일본 의사들보다 앞서 나가야 할 필요성에 대하여 말하였다. 그는 병원이 인력 부족에 대하여 논의하기를 원하였고, 우리가 외국인과 내국인 모두에게 더 많은 도움을 요청하고 바라는 것이 너무 조심스럽다고 생각하였다.

한국 평양의 웰즈 박사는 연합 병원을 제안하였고, 자신의 지부로 돌아가면 다른 병원의 업무에 합류하여 한 병원에 의사 3명과 원장 1명이 있게 되면, 그들이 인원이 적은 두 개의 시설을 갖는 것보다 하나님의 영광을 위하여 더 많은 일을 할 수 있을 것이라고 생각하였다.

(중략)

158쪽

4월 20일 토요일 오후

(중략)

이어 맥러드 박사는 두 가지 매우 흥미로운 복부 외과 수술 사례의 병력을 발표하였다.

에비슨 박사는 분만 후 장의 마비 사례에 대하여 몇 마디 하였다. 그 증례는 해산 전에 감염된 것이었다.

(중략)

167쪽

4월 23일 화요일

(중략)

에비슨 박사가 기도를 인도하였고, 회의는 정오에 아래 층의 큰 강당에서 휴회하고 전체 회원의 사진을 찍었다.

화요일 오후 회의

(중략)

우드워드 박사는 '중국에서 선교 병원 및 진료소의 건축'에 대한 논문을 발표하였다.

그는 또한 안후이[安徽]에 있는 한 가톨릭 선교부에 대하여 말하였는데, 그곳에서 은화 30만 달러의 비용으로 두 명의 의사와 많은 수의 간호원 또는 수녀가 근무하는 병원을 지을 계획이었다.

에비슨 박사는 수조(水槽)를 사용하는 사람들에게 조만간 물이 새게 될 수 있으므로 수조를 건물에서 분리하라고 경고하였다. 그의 진료소는 병원에 있었지만, 그는 본관과 별도로 지을 계획이었다.

(중략)

169쪽

오전 회의(제2부). 수요일

(중략)

크리스티 박사는 힌먼 씨가 아편 중독을 치료하기 위하여 회의 전에 가져온 조합제에 아편이 포함되어 있는 것에 유감을 표명하였다. 그는 연구 위원회가 이 문제를 고려하도록 지시할 것을 요청하였다.

에비슨 박사는 아무 것도 하지 않는 정책에 동의하지 않았다. 우리는 그

약이 무엇을 함유하고 있는지 알아야 한다.

(중략)

178쪽

그림 39. 회의에 참석한 사람들의 단체 사진. 에비슨은 맨 오른쪽에 서 있다.

The Conference of April, 1907. *The China Medical Journal* 21(3) (May, 1907), pp. 136~138, 139~140, 153~154, 156~157, 158, 167, 169, 178

pp. 136~138

The Conference of April, 1907.

The Conference of the Medical Missionary Association of China, just ended, has been literally without a disappointment and in some respects has proved the most satisfactory in the history of the society. Even the veterans declare that this is so, and the fondest memories seem to evoke nothing from the dim recesses of the past that is better than the accomplishment of the past five days. (......)

The following is the roll call of the combined sessions: -

Members present at the Conference.

(......)

Dr. O. R. Avison, Seoul, Korea

Dr. Hugh H. Weir, Chemulpo, Korea

Dr. T. H. Daniel

(......)

Dr. Hunter Wells

(......)

Dr. Rosetta S. Hall

(......)

pp. 139~140

Order of the Medical Missionary Conference,
April 19, 20, 22, 23.

	In Upper Hall Union Church Buildings.
Friday, 19th April	Business Session.
9.30 to 10.00 a. m.	Devotional.
10.00 a. m.	Election of Conference Secretaries, etc.
	President's Address.
	Editor's Report.
	Secretary and Treasurer's Report.
	Reports of Committees.
	Election of Officers for 1907-8-9.
2.00 p. m.	Business continued.
3.00 p. m.	Paper by Dr. J. L. Maxwell.
	Subject - "Is the Association fulfilling its object as a Scientific Society?"
	Discussion.
Saturday, 20th April	Surgical Session.
9.30 to 10.00 a. m.	Devotional. Reading of Minutes.
10.00 a. m.	Paper by Dr. Hart.
	Subject - "Aseptic and Autiseptic Surgery as applied to our conditions in China."

	Discussion.
10.30 a. m.	Paper by Dr. Plummer.
	Subject - "Necrosis."
	Discussion.
11.00 a. m.	Open talk on New Instruments, Apparatus, Treatment, etc.
11.30 a. m.	Paper by Dr. Woodward.
	Subject - "Mission Hospital and Dispensary construction in China."
	Discussion.
2.00 p. m.	Paper by Dr. Hodge.
	Subject - "Manifestations of Syphilis in China."
	Discussion.
3.00 p. m.	Paper by Dr. Neil Macleod.
	Subject - "Two abdominal cases."
	Discussion.

Sunday.   Medical Mission Sermons 6 p. m. at the various Churches.

Monday, 22nd April.   Medical Session.

9.30 to 10.00 a. m.	Devotional. Minutes.
10.00 a. m.	Paper by Dr. MacCartney.
	Subject - "Fevers of West China."
	Discussion
11.00 a. m.	Open talk on new drugs, new treatment, etc.
11.30 a. m.	Paper by Dr. Wilson.
	Subject - "The use of native Drugs," with illustrations.
	Discussion.
2.00 p. m.	Paper by Dr. Boone.
	Subject - "Cyclic Vomiting."
	Discussion.
3.00 p. m.	Paper by Dr. Logan.
	Subject - "Some problems in sub-tropical medicine, with special reference to the use of the microscope."
	Discussion and specimens.

Tuesday, 23rd April.

9.30 to 10.00 a. m.	Devotional. Minutes.
10.00 a. m.	Paper by Dr. Beebe.
	Subject - "The Evangelistic side of Medical Missions."
	Discussion.

11.00 a. m.	Paper by Dr. Otte.
	Subject - "Effect of Opium on Malaria."
	Discussion.
2.00 p. m.	Paper by Dr. Agnes Stewart.
	Subject - "Gynaecological practice in Central China."
	Discussion.
3.00 p. m.	
5.00 to 7.00 p. m.	Reception by Dr. and Mrs. Boone, 4 Minghong Road.

pp. 153~154

Shanghai, April 18th, 1907

(Omitted)

Business arising out of the reports.

(......)

II. The Secretary's Report, 1. Election of New Members.

Dr. Davenport said that the present method of election of new members was antiquated and thoroughly useless. He made the following motion: -

Resolved, That every new member be nominated by two members, and that the publication of his name in the Journal be considered as his election.

(......)

Dr. Avison said that for one living in Korea it might be difficult to get six proposers.

(......)

pp. 156~157

Afternoon Session. Friday, April 19th

(Omitted)

Dr. Maxwell read a paper on, "Does the Association fulfill its object in relation to the progress of science?"

In the discussion which followed, Dr. Hodge, Hankow, drew attention to the great advances made since he first came to China. Then most of the doctors placed the evangelistic work first and gave any spare time they had to the medical work, and very few did any research work. Now almost all think the medical work the most important for the doctors to do. He said that already the C. C. M. A. had taken up some of the work Dr. Maxwell had recommended and mentioned the work of the Research Committee which this year is undertaking the examination of faeces. He told that the *Schistosoma Japonicum* had been found in Changteh, Nganking and at Hankow. He did not believe much in statistics, believing that they had done much harm, making for quantity rather than for quality.

Dr. Avison, Seoul, Korea, spoke of the necessity of keeping ahead of the Japanese doctors in the scientific part of the work. He desired to have a discussion on the undermanning of the hospitals and thought we were too modest in our desires and requests for more help, both foreign and native.

Dr. Wells, Pingyang, Korea, recommended union Hospitals and said that when he went back to his station, he would join the other hospital in their work, thus giving to one hospital three doctors and a superintendent, and he thought they would do more for the glory of God than in having two undermanned establishments.

(Omitted)

p. 158

Saturday Afternoon, April 20th.

(Omitted)

Dr. McLeod then presented the histories of two very interesting abdominal cases.

Dr. Avison gave some notes on a case of paralysis of the bowel after delivery; the case had been infected before delivery.

(Omitted)

p. 167

Tuesday, April 23rd.

(Omitted)

Dr. Avison led in prayer, and the meeting adjourned at 12 noon to the large hall downstairs, where a photograph of the entire Conference was taken.

Session. Tuesday Afternoon.

(Omitted)

Dr. Woodward read a paper on "Mission Hospital and Dispensary Construction in China."

He also told of a Catholic Mission in Anhui, where it was being planned to build a hospital costing about $300,000 (Mex.) have in it two doctors and a large number of nurses or sisters.

Dr. Avison warned those using water tanks to keep them separate from the building, as sooner or later they were bound to leak. He commended the plan of having the dispensary separate from the hospital. His dispensary was in the hospital, but he was planning to have one built separate from the main building.

(Omitted)

p. 169

Morning Session (second part). Wednesday.

(Omitted)

Dr. Christie expressed regret that the preparation which Mr. Hinman had brought before the Conference, for the cure of opium habit, contained opium. He asked that the Research Committee be instructed to consider the matter.

Dr. Avison did not agree with the policy of doing nothing; we should know what the drug contained

(Omitted)

아서 J. 브라운(미국 북장로교회 해외선교본부 총무)이
메리 B. 바렛(서울)에게 보낸 편지 (1907년 5월 17일)

1907년 5월 17일

메리 B. 바렛 양,
　한국 서울

친애하는 바렛 양,

　나는 귀하의 4월 5일자 편지를 걱정이 섞이지 않게 조심스럽게 읽었습니다. 언어 학습을 끝내기 전에 학교에 대한 책임감뿐 아니라 건강상의 부담이 컸을 것 같습니다. (......) 나는 귀하에게 걱정을 더하고 싶지는 않지만, 친애하는 바렛 양, 즉시 에비슨 박사 및 허스트 박사와 상의하고 그들의 판단에 따라야 할 것 같습니다. 그들이 지부의 공식 지정 의사로서 귀하의 건강 상태가 좋을 때까지 귀하가 학교에 다니는 것이 귀하와 귀하의 보살핌을 받는 소녀들에게 현명한가의 여부를 결정하는 책임을 가져야 한다고 내가 생각하고 있다고 알려주세요. 나는 소녀들뿐만 아니라 매우 큰 의미에서 귀하가 너무 심한 두통과 긴장, 그리고 과립성 결막염에 더해 일반적인 고통을 겪고 있는 시기에 계속되는 업무의 압박이 귀하의 건강을 영구적으로 해칠 것을 두려워하기 때문입니다.

　따라서 내가 지시한 대로 에비슨 박사나 허스트 박사와 문제를 즉시 처리하고 최선이라고 생각한다면 그들에게 이 편지를 보여주세요.

(중략)

Arthur J. Brown (Sec., BFM, PCUSA), Letter to Mary B. Barrett (Seoul) (May 17th, 1907)

May 17th, 1907

Miss Mary B. Barrett,
Seoul, Korea

My dear Miss Barrett: -

I read with a care not unmingled with anxiety your letter of April 5th. It is evident that you have been greatly burdened not only by the responsibility for the school, before you had finished your language studies, but by ill health. I am not a little distributed by your statement that you have developed trachoma. (......) I do not wish to add to your anxieties, but it seems to me, my dear Miss Barrett, that you should at once consult Dr. Avison and Dr. Hirst, and be guided by their judgement. Please tell them for me that I think that they as the officially designated physicians for the station should take the responsibility of deciding whether it is wise for you as well as for the girls under your care that you should go on with the school until your health is in a better condition. I am apprehensive not only for the girls, but in a very large way for you for I fear that the continued pressure of work at a time when you have so much pain in your head and nervousness and general distress in addition to trachoma may permanently destroy your health.

Will you not therefore? take the matters at once with Dr. Avison or Dr. Hirst as I have indicated, showing them this letter if you think best.

(Omitted)

19070521

J. 헌터 웰즈(평양)가 아서 J. 브라운(미국 북장로교회 해외선교본부 총무)에게 보낸 편지 (1907년 5월 21일)

캐롤라인 A. 래드 병원
전도
의학생 강습반
진료소
책임자 J. 헌터 웰즈, 의학박사

접수
1907년 6월 19일
브라운 박사

한국 평양,
1907년 5월 21일

신학박사 아서 J. 브라운 박사, 미국 북장로교회 해외선교본부 총무

친애하는 브라운 박사님,

저는 며칠 전 중국 [선교사] 의학회의 큰 회의에 참석하여 회원이 되는 특별한 기쁨을 누렸던 상하이 유용한 여행을 마치고 돌아왔습니다. 저는 큰 제국에서 의료인으로 활동하고 있는 몇몇 저명한 인물들을 만나 친분을 나누었습니다. 저는 적지 않게 스완 박사를 만났고, 광둥[廣東]에 있는 그와 이곳에 있는 저는 공통점을 많이 발견하였습니다. 그는 저와 같은 생각을 가진 외과 의사인데, 그의 발언은 모두 훌륭하였고 많은 경험이 뒷받침되어 있었습니다. 학회의 회장은 많은 한국 회원들이 학회에 추가되었다고 말하였습니다. 이들에는 제물포 영국 선교부의 웨어 박사, 군산 남장로교회의 대니얼 박사, 이 도시(평양)의 홀 박사, 에비슨 박사 및 제가 포함되었습니다.

(중략)

J. Hunter Wells (Pyeng Yang),
Letter to Arthur J. Brown (Sec., BFM, PCUSA) (May 21st, 1907)

The Caroline A. Ladd Hospital
Evangelistic
Classes Of Medical Students
Dispensary
J. Hunter Wells, M. D. In Charge.

Received
JUN 19 1907
Dr. Brown

Pyeng Yang, Korea,

May 21, 1907

Rev. Dr. Arthur J. Brown, Secy. B. F. M. P. C. in U. S. A.,

Dear Dr. Brown: -

I returned a few days ago from a helpful trip to Shanghai where I attended the great Conference and also had the exceptional pleasure of taking part - being a member - of the Medical Society of China. I met and got well acquainted with some of the grand men who are working in the great Empire as medical men. I saw considerable of Dr. Swan and we found much in common he at Canton and I here. He is a surgeon who has ideas as I do and his utterances were all splendid and backed by a large experience. The President of the Society told me that the Korea members added much to the society. There was a good representation for it included Dr. Weir, English Mission of Chemulpo, Dr. Daniel, Kunsan S. Pres. Drs. Mrs. Hall of this city, Dr. Avison and myself.

(Omitted)

19070528

회의록, 한국 선교부 서울 지부 (미국 북장로교회) 1891~1921
(1907년 5월 28일)

(중략)

무어 씨의 요청 문제에 관하여. 선교본부가 마련한 무어 가족의 귀국 수당이 부적절함에 주의를 환기시키고 선교본부가 그녀의 지원을 허용하는데 도움을 줄 것을 촉구하는 내용의 편지를 에비슨 박사가 선교본부에 쓰고 선교부의 승인과 서명을 위해 회람하도록 요청하자는 발의가 있었다. 통과됨.

(중략)

Minutes, Seoul Station, Korea, 1891~1921 (PCUSA) (May 28th, 1907)

(Omitted)

On matter of a request by Mr. Moore. It was moved that Dr. Avison be asked to write a letter to the Board & sent round for Mission approval & signature re Mr. Moores support calling attention to the inadequacy of the returning allowance which they arranged urging them to give them help in allowing her assistance under the Board of ___. Carried.

(Omitted)

올리버 R. 에비슨(서울)이 아서 J. 브라운(미국 북장로교회 해외선교본부 총무)에게 보낸 편지 (1907년 6월 1일)

미국 북장로교회 선교부

O. R. 에비슨, 의학박사

세브란스 병원

한국 서울

J. W. 허스트, 의학박사

접수
1907년 8월 14일
브라운 박사

신학박사 A. J. 브라운 목사,
해외선교본부 총무

친애하는 브라운 박사님,

서울 지부의 최근 회의에서 올해 예산안을 검토하면서 선교본부에서 S. F. 무어 부인에게 125달러의 퇴직 수당을, 바렛 부부에게 2개월의 급여를, 그리고 컨즈 씨에게 2개월의 급여를 승인하였다는 것을 알게 되었습니다. 후자의 두 금액은 전체 급여이냐 고국 수당이냐에 따라 해석을 해보면 167달러나 280달러가 될 것입니다.

우리는 컨즈 씨 부부와 바렛 씨 부부가 이러한 액수를 받는 것을 보게 되어 매우 기쁘지만, 특히 박사님이 1906년 12월 27일자로 커티스 박사에게 보낸 편지에서 무어 부인의 퇴직 수당이 아마도 300달러 정도일 것이라고 말한 것에 비추어 무어 부인의 수당이 왜 그리 적은지 이해할 수 없습니다. 물론 우리는 박사님이 어떤 근거로 이러한 수당을 계산하는지 모르지만, 이전 근무 기간이 고려 대상에 포함된다면, 무어 부인의 주장은 더 강력한 힘이 실리는 반면, 현재의 필요를 고려한다면 건강이 좋지 않은 미망인의 경우이자 네 명의 어린 자녀(보조금을 받을 당시 막내는 생후 1개월에 불과함)의 어머니의 경우는 아무리 짧아도 여러 달 동안 자급을 위하여 어떤 일을 할 가능성이 전혀 없는 것처럼 보이기에 그런 기회를 주는 것이 가장 관대한, 가능한 치료가 될 것입니다.

무어 부인의 사례를 고려하여 우리 서울 지부는 책정된 금액(125달러)이 적음에 대하여 선교본부에 주의를 환기시키고 그 액수를 가능한 한 최대로 많게, 적어도 박사님이 처음 언급하셨던 300달러 이상으로 만들기 위하여 다시 검토를 요청하는 편지를 쓰라고 저에게 요청하는 결의안을 통과시켰습니다. 우리에게는 첫 번째 생각이 가장 좋았던 것 같습니다.

또한 우리는 선교본부의 지침서에 명시된 약속에 따라 무어 부인이 목사 부인과 고아 기금에서 관대한 고려를 받을 수 있기를 감히 바라고 있습니다. 이곳의 우리는 그 기금의 상태를 알고 있지 않지만 무어 부인의 사례는 기금이 제공할 수 있는 모든 지원을 받아야 한다고 믿고 있으며, 선교지에 있는 우리는 그녀의 과부 생활, 그녀 자신의 허약한 건강, 어린 자녀가 있는 가족, 막내가 아직 생후 2개월 밖에 되지 않는 사실을 강조하면서 기금 책임자 앞에 이 문제를 제기할 것을 선교본부에 요청하는 데 힘을 합치고 있습니다.

선교본부가 이러한 상황을 받을 수 있을 것으로 믿습니다.

안녕히 계세요.
O. R. 에비슨

위 요청에 찬성합니다.

J. W. 허스트	에스터 L. 쉴즈	메리 B. 바렛
C. C. 빈튼	알렉산덕 A. 피터스	A. G. 웰본
캐서린 웸볼드	C. A. 클라크	E. H. 밀러

Oliver R. Avison (Seoul),
Letter to Arthur J. Brown (Sec., BFM, PCUSA) (June 1st, 1907)

Mission of Presb. Church in U. S. A.   Seoul, Korea

Severance Hospital.

O. R. Avison, M. D.   J. W. Hirst, M. D.

Received
AUG 14 1907
Dr. Brown

Rev. A. J. Brown, M. D.,
Secretary for Foreign Missions.

Dear Dr. Brown: -

At a recent meeting of Seoul Station, when the appropriations for this year were being considered, we noted that the Board had granted Mrs. S. F. Moore a retiring allowance of $125.00, Mr. and Mrs. Barrett two months' salary and Mr. and Mrs. Kearns' two months' salary. These latter amounts will be either $167.00 or $280.00 according to the interpretation whether full salary or home salary.

We are very glad to see Mr. and Mrs. Kearns and Mr. and Mrs. Barrett receive these amounts, but do not quite understand why Mrs. Moore's allowance is so much less, especially in view of your letter to Dr. Curtis of Dec. 27, 1906, in which you say her retiring allowance will probably be about $300.00. Of course, we do not know on what basis you reckon these allowances, but if length of previous service has weight in the consideration, Mrs. Moore's claim is a stronger one for preferential treatment, while, if present need is a consideration, then it would seem that the case of a widow, herself in delicate health, the mother of four young children, (the youngest only a month old at the time of the grant), without any possibility of the mother being able to do anything toward her own support for many months, at the shortest calculation, offers an opportunity for the most liberal possible treatment.

Taking this view of Mrs. Moore's case, our Seoul Station passed a resolution asking me to write a letter drawing the Board's attention to the smallness of the amount appropriated ($125.00) and asking a reconsideration with a view to increasing the grant to the largest possible amount, certainly not less than the $300.00 at first mentioned by yourself. It seems to us that in this case first thoughts were best.

Then, in addition, we venture to hope that Mrs. Moore will receive generous consideration from the Minister's Widows and Orphans' Fund, in accordance with the promise made in the Board's Manual. We, here, do not know the state of that Fund, but we believe that such a case as Mrs. Moore's should receive all the assistance that the Fund can possibly afford to give, and we on the field unite in asking the Board to lay the matter before those in charge of the Fund, emphasizing the facts of her widowhood, her own delicate health, her family of young children, the youngest being yet only two months' old.

Trusting the Board may be able to take this view of the situation.

Very sincerely,
O. R. Avison

Request approved by: -

J. W. Hirst	Esther L. Shields	Mary B. Barrett
C. C. Vinton	Alex. A. Pieters	A. G. Welbon
Katherine Wambold	C. A. Clark	E. H. Miller

19070609

잡보. 청년회 강도(講道).
대한매일신보 (서울) (1907년 6월 9일), 2쪽

오늘 오후 3시 30분에 청년회관에서 복음회를 열고 남대문 밖 제중원 의사 어비신 씨가 교리를 설명한다고 한다.

[Miscellaneous. Address on the Truth of Gospel at the Y. M. C. A.]
The Korea Daily News (Seoul) (June 9th, 1907), p. 2

今日 下午 三點 半에 靑年會館에셔 福音會를 開ᄒ고 南門外 濟衆院 醫士 魚丕信 氏가 講道ᄒ다더라.

19070618

잡보. 청년회 연설. 황성신문(서울) (1907년 6월 18일). 1쪽[84]

청년회 연설. 오늘 오후 7시 반에 의사 에비슨 씨가 '공기와 인생의 관계는 어떠한가'라는 제목으로 청년회관에서 연설할 예정이다.

Miscellaneous. Address at Y. M. C. A.
Hwangsung Shinmun (Seoul) (June 18th, 1907), p. 1

靑年會 演說. 今日 下午 七点半에 醫士 魚丕信 氏가 空氣가 人生의 如何 關係란 問題로 靑年會舘에셔 演說흔다더라.

---

84) 같은 기사가 다음의 신문에도 실렸다. 잡보. 청회연설. 대한매일신보(서울) (1907년 6월 18일), 2쪽

외국인 정규 간호원.
The Seoul Press (서울) (1907년 6월 18일), 2쪽

6월 14일 금요일 오후 서울 유니언 회의실에서 서울의 서양인 공동체의 질병을 관리하는 외국인 정규 간호원을 구하기 위한 기금에 가입한 사람들의 간담회가 열렸다. 이전 회의에서 임명된 위원회는 그들이 수행한 작업에 대한 보고를 하였다. 고국에 있는 에비슨 박사의 친구들이 간호원을 고용하도록 안내하기 위하여 미국으로 보낸 계약서 양식을 회의에서 낭독하고 승인하였다. 여행 시간을 제외한 2년의 계약 기간에, 숙식에 더하여 800엔 이하의 연봉을 제공하는 것으로 규정하였다. 그녀가 고용되지 않으면 서양인 공동체의 간호 업무는 세브란스 병원이 맡는다. 다음으로 위원회와 세브란스 병원 간의 합의를 자세히 다룬 편지가 낭독되었다. 정규 간호원이 도착한 후 얻을 수 있는 업무에 관한 다음의 규칙을 낭독하였고 승인 받았다.

가입자를 대신하여 활동할 위원회에 콕번 부인, 콜브란 부인, 벙커 부인, 에비슨 박사, 그리고 데이비슨 씨가 선출되고 회의가 종료되었다.

규 칙
외국인 정규 간호원의 도움을 받을 수 있는 기준에 따라

1. 간호원의 간호 신청은 위원회를 대행할 세브란스 병원의 에비슨 박사에게 해야 한다.
2. 간호원의 간호 비용은 기금 재무에게 지불하며, 주당 25엔 또는 일당 5엔이다. 정식 간호가 아닌 단기 간호만 요하는 경우는 방문 당 2엔, 하루에 5엔 또는 주당 25엔을 초과하지 않는 범위 내에서 부과한다.
  정식 간호를 할 때 간호사의 숙식은 환자가 제공해야 한다.
3. 간호가 동시에 두 곳 이상의 장소에서 필요한 경우 가입자는 비가입자보다 우선한다.
4. 같은 기간에 한 명 이상이 접수된 경우, 처음 접수한 신청자가 간호를 받을 것이다.
5. 의사는 위원회의 승인을 받아 간호원을 더 긴급한 경우에 배정할 수 있다.
6. 만일 간호원이 임산부와 관련되어 있고, 비임산부를 간호하는 동안 필요하다면, 이전 계약을 이행할 수 있도록 후자의 업무에서 벗어나게 된다.

7. 간호원의 고용이 결정된 후 정규 간호원 기금의 가입자가 되고자 하는 서양 외국인 거주자는 기금에 25엔의 가입비를 지불해야 한다.

8. 가입 즉시 효력이 발생할 것이며, 2년 후 만료될 때까지 보증된다. 가입자가 이 기간이 끝나기 전에 서울을 떠나는 경우, 위원회는 필요하다고 생각하는 부분을 지불하도록 요구할 수 있다.

Trained Foreign Nurse. *The Seoul Press* (Seoul) (June 18th, 1907), p. 2

A meeting of the subscribers to the Fund for obtaining the service of a Trained Foreign Nurse to attend cases of sickness among the Western Foreign Community of Seoul was held in the Seoul Union Rooms on the afternoon of Friday the 14th June. The Committee that had been appointed at the previous meeting gave a report of the work they had done. The form of contract that had been sent to America to guide Dr. Avison's friends at home in engaging a nurse was read and approved by the meeting. It stipulated for a two year's engagement, exclusive of the time spent in travelling, offering a yearly salary of not more than eight hundred yen in addition to board and lodging. The services of the nurse when she is not engaged in attendance on cases among the Western Foreign Community, are to be at the disposal of the Severance Hospital. Next a letter recounting the arrangement made between the Committee and the Severance Hospital was read. The following rules in accordance with which the services of the Trained Nurse may be obtained after her arrival were then read and approved.

The election of a committee, Mrs. Cockburn, Mrs. Collbran, Mrs. Bunker, Dr. Avison and Mr. Davidson, to act for the subscribers terminated the meeting.

Rules

According to which the Services of the Foreign Trained Nurse May be Obtained

1. Application for the services of the nurse should be addressed to Dr. Avison at the Severance Hospital, who will act for the Committee.

2. Fees for the use of he services of the nurse shall be paid to the Treasurer of the Fund and shall be at the rate of yen 25.00 per week or yen 5.00 per day. Short visits to patients, requiring attendance only and not regular nursing shall be charged at the rate of yen 2.00 per visit, not to exceed yen 5.00 per day or yen 25.00 per week.

Board of the nurse when on regular nursing shall be provided by the patient.

3. Subscribers to the Trained Nurse Fund shall have preference over Non-subscribers should her eervices be required at more than one place at the same time.

4. The application first received shall obtain the attendance of the nurse, should more than one be received for the same period.

5. The Doctor may with the approval of the Committee remove the nurse from attendance on one case to a more urgent one.

6. If the nurse has been engaged for a maternity case and should she be needed for that while she is still in attendance on a Non-maternity case, she shall be released from the latter so that she may fulfil her previous engagement.

7. Western Foreign Residents who wish to become subscribers to the Trained Nurse Fund, after the engagement of the nurse has been decided, will be required to pay a subscription of Yen 25.00 towards the Fund.

8. Subscriptions will be called up at once and guarantees only should such be found necessary at the expiry of two years. Should a guarantor be leaving Seoul before the end of this period, the Committee may call on such to pay such part of his guarantee as they may consider will be required.

19070624

캐서린 웸볼드(서울)가 아서 J. 브라운(미국 북장로교회 해외선교본부 총무)에게 보낸 편지 (1907년 6월 24일)

접수
1907년 7월 27일
브라운 박사

한국 서울,
1907년 6월 24일

친애하는 브라운 박사님,

저는 이번 달에 지부 편지를 쓰도록 지명되었습니다. 회원 중 한 명이 순회 전도로 도시를 떠나있었기 때문에 정규 회의 날짜가 지났고, 월례 회의가 1주일 후에 열렸습니다.

에비슨 박사는 많은 환자를 보고하고 있습니다. 그는 한국 황제를 계속 진료하고 있습니다. 오랫동안 재정적인 성격의 것은 없었습니다. 기억하시겠지만 약 1년 반 전에 병원 등에 선물이 있었지만, 그 이후로는 아무 것도 없었습니다. 형 세브란스 씨는 방문하였다가 갔지만, 병원을 위하여 돈을 준 또 다른 세브란스 씨는 아직 오지 않았습니다. 그는 7월 중 어느 날인가 올 것으로 예상됩니다.

에비슨 부인은 전도 부인인 곽 씨를 계속 감독하고 있습니다. 이 여자는 진료소에 오는 모든 여자 환자를 만납니다. 저는 올해 할 수 있는 모든 다양한 필요를 충족시키고 싶어 병원에 입원했었던 여자들을 방문하였고, 특히 새로운 곳일 때 한국에서 갈 길을 찾기가 힘들었기 때문에 곽 씨도 함께 갔습니다. 가장 흥미로운 사례 중의 하나는 다리를 절단한 여자의 사례입니다. 그녀는 진심으로 믿고 있지만, 아직까지 그녀의 가족들이 크게 반대하고 있습니다. 에비슨 부인은 각각 10살과 8살인 자신의 두 아들을 가르치고 있습니다. 2살 된 아기인 에드워드는 너무 밝고 발랄해서 우리의 작은 동네에서 화제가 되고 있습니다.

(중략)

Katherine Wambold (Seoul),
Letter to Arthur J. Brown (Sec., BFM, PCUSA) (June 24th, 1907)

Received
JUL 27 1907
Dr. Brown

Seoul, Korea,

24 June, 1907

Dear Dr. Brown: -

I have been appointed to write the Station letter this month. Our regular day of meeting was passed by, as a member of the members were out of town; itinerating, so the monthly meeting was held a week after.

Dr. Avison reports many patients. He continues his visits to His Korea Majesty, the Emperor; there has been nothing of a financial nature for a long time; as you may remember, about a year and a half ago, gifts were made to the Hospital, &c., but there has been nothing since. The younger Mr. Severance has made a visit and gone, but the other Mr. Severance, he who gave the money for the Hospital has not yet come. He is expected sometime in July.

Mrs. Avison continues her oversight of Kwaksi, her Bible woman. This woman meets all women patients who come to the Dispensary. I have been very desirous, this year, to meet all the different needs I could, so I have gone to call on women who have been patients in the Hospital, and Kwaksi has gone with me, especially as it is so difficult to find one's way about in Korea, when it comes to new places. One of the most interesting cases is that of a woman who has hd her leg amputated. She really believes, but as yet the members of her family are greatly opposed. Mrs. Avison teaches her own two sons who are ten and eight years old, respectively. Baby Edward, who is two years old is so bright and lively, he is qutie the talk of our little neighborhood.

(Omitted)

제시 W. 허스트 (서울), J. W. 허스트의 연례 보고서, 한국 서울 세브란스 병원 (1907년 7월)

J. W. 허스트의 연례 보고서, 한국 서울 세브란스 병원

1906년 7월 세브란스 병원은 학생과 조수들이 차례로 약간의 변화와 휴식을 취할 수 있도록 가능한 한 환자 수를 적게 운영하였다. 에비슨 박사와 가족은 2주 동안 북한에서 평양, 선천 및 의주를 방문하였다. 8월 초에 에비슨의 아들들이 즈푸에서 집으로 돌아왔을 때, 에비슨 가족은 강가에 있는 별장으로 내려갔다. 그런 식으로 여름의 상당 기간 동안 병원 관리와 도시 업무를 감독하게 되었다. 이것에는 일주일에 서너 번 폐하를 만나기 위해 궁전을 방문하는 것도 포함되었다.

(중략)

우리의 업무는 다음과 같은 계획에 따라 마련된다. - 예배당 예배는 8시 30분, 대개 약 15분 동안 진행된다. 이것은 모든 회복기 환자, 학생, 조사 및 하인이 참석한다. 그런 다음 일일 업무를 정하고, 특히 각 환자를 돌보기 위하여 일반 병동을 방문한다. 우리는 9시 30분까지 회진을 마치도록 노력한다. 그런 다음 상급반 학생들은 에비슨 박사와 한 시간 동안 공부한다. 이것은 일반적으로 다소 중단되어, 11시까지 연장된다.

(중략)

일요일 아침에는 구내에 있는 현지인 주택 중 한 곳에서 정규 주일학교 수업을 하였다. 이것은 어떠한 도심 교회에도 적극적으로 참여하지 않는 직원들이 참석하였다. 또한 회복기 환자와 우리와 함께 하기를 원하는 모든 외부인도 함께 한다. 참석자는 평균 40명이다. 이 주일학교는 에비슨 박사가 인도하는 설교로 이어진다. 쉴즈 양은 한 해 동안 일요일 저녁 노래 예배를 시작하여 환자들의 삶에 감미로움을 더했다.

1년 동안 490명의 환자가 우리 병동에서 치료를 받았고, 평균 15일 입원하였다.

올해의 보고서는 한 해 동안 나의 삶에 일어난 큰 변화에 대한 언급 없이 는 완전하지 않을 것인데, 3월 11일 남감리교회 선교부의 새디 B. 하보 양과 결혼하였다. 우리는 처음 3개월 동안 에비슨 박사 부부와 함께 가정을 꾸렸고, 그런 다음 홀 부부가 바로 비운, 이 구내에 있는 여자 숙소의 일부를 배정받 았다.

Jesse W. Hirst (Seoul), Annual Report of J. W. Hirst, Severance Hospital, Seoul, Korea (July, 1907)

Annual Report of J. W. Hirst, Severance Hospital, Seoul, Korea.

The month of July, 1906, found us at Severance Hospital running as low in number of patients as we could, in order that students and assistants might each in turn get a little change and rest. Dr. Avison and family spent two weeks in the north visiting Pyeng Yang, Syen Chun and Wiju. When the Avison boys came home from chefuu, early in August, the family went down to their cottage by the river. In that way the care of the hospital and city work came under my supervision during a good part of the summer. This also included visiting the Palace to see his Majesty three or four times a week.

(Omitted)

Our work is arranged on the following plan: - Chapel services at 8:30, usually of about fifteen minutes duration. This is attended by all the convalescent patients, students, helpers and servants. Then a general ward visitation in order to appoint the work of the day and care for each patient in particular. We endeavor to complete that round by 9:30. The advanced students then have an hour of study with Dr. Avison. This is usually somewhat interrupted, so that it extends to 11:00 o'clock.

(Omitted)

On Sunday mornings, in one of the native buildings on the compound, I have conducted a study of the regular Sunday school lessons. This has been attended by those members of our staff who are not actively engaged in any of the city churches. Also by the convalescent patients and any outsiders who have cared to join us. The attendance has averaged forty. This Sunday school is followed by a preaching service conducted by Dr. Avison. During the year Miss Shields has instituted a Sunday evening song service which has added something of sweetness to the lives of our patients.

Four hundred and ninety patients were treated in our wards during the year, their stay averaging fifteen days each.

A report of this year would not be complete without a mention of the great change that has come into life my during the year: - by marriage on the 11th of March to Miss Sadie B. Harbaugh of the Southern Methodist Mission. We made our home for the first three month with Dr. and Mrs. Avison and then were assigned to a part of the Ladies' House on this compound, then just vacated by Mr. and Mrs. Hall.

(Omitted)

에스터 L. 쉴즈(서울), 연례보고서,
1906년 9월 19일부터 1907년 7월 5일까지 (1907년 7월 5일)

(중략)

에비슨 박사와 에드먼즈 양은 두 학교에서 간호원을 위한 강의를 진행하였으며, 웸볼드 양은 저녁에 세브란스 병원의 학생들과 성경 공부 및 다른 도움이 되는 대화를 나누었다. 이 한국인 젊은 여자들은 업무에 재능을, 그리고 환자들에 대한 진정한 공감과 관심을 보여주고 있다. 당연히 그렇지 않았다면 입학할 수 없었을 것이다.

처음 시작할 때 그들은 여자병동에서 낮 근무만을 하였으며, 야간 근무를 할 경우 내 방이 가까이 위치해 있어 환자가 위중한 경우, 신참 간호원이 도움이나 조언이 필요한 경우 함께 돌보았다. 몇 달 후에 우리는 수술방을 규칙적으로 챙기는 의학생들의 부담을 덜어주었으며, 후에 한 명의 간호원을 중년 여자와 함께 격리병실로 보내 그곳의 환자를 돌보도록 하였다.

(중략)

Esther L. Shields (Seoul),
Annual Report, Sept. 19th, 1906 to July 5th, 1907, (July 5th, 1907)

(Omitted)

Dr. Avison and Miss Edmunds have held classes for nurses in both schools, and Miss Wambold has spent evenings with those at Severance Hospital in Bible study and other helpful talks. These Korean young women show aptitude in the work, and a real sympathy for, and interest in their patients, without which, of course, they could not be acceptable.

In the beginning they did only day duty in the women's wards; and when night duty was taken, my room was near enough for me to share responsibilities when patients were sickest, or the new nurse needed help or advice. After a few months, we relieved the medical students from the regular care of the Operating Room; and later, I sent one of the nurses accompanied by an older woman, to the Isolation Department, to care for the patients there.

(Omitted)

제시 W. 허스트(서울)가 아서 J. 브라운(미국 북장로교회 해외선교본부 총무)에게 보낸 편지 (1907년 7월 19일)

(중략)

세브란스 씨의 방문에 대한 박사님의 걱정은 우리보다 크지 않습니다. 그가 어디에 있는지 관심을 갖고 있다는 것은 그가 아직 한국에 도착하지 않았다는 점에서 짐작할 수 있습니다. 나는 몇 주 전에 이곳의 약속 때문에 대단히 혼란스러웠는데, 에비슨 박사가 한국을 보여주기 위하여 자신의 시간 중 일부를 세브란스 씨에게 자유롭게 사용할 수 있도록 제가 서울에 있어야 한다고 당연히 느꼈습니다. 이제 제가 그 자리에서 봉사하기 위하여 그때에 이곳에 있을 수 있을 것 같습니다.

(중략)

Jesse W. Hirst (Seoul),
Letter to Arthur J. Brown (Sec., BFM, PCUSA) (July 19th, 1907)

(Omitted)

Your anxiety about Mr. Severance's visit is no great than ours. That he is being interested where he is will be surmised in that he has not yet reached Korea. I was very much disturbed a few weeks ago because of this appointment up here, feeling naturally that I ought to be in Seoul in order that Dr. Avison could be set free to devote some of his time to showing Mr. Severance about Korea. It looks now as tho I may be thro here in time to serve in that capacity.

(Omitted)

제니 B. 에비슨(서울),
O. R. 에비슨 부인의 연례 보고서 (1907년 7월 20일)

O. R. 에비슨 부인의 연례 보고서

한국 서울, 1907년 7월 20일

한 해를 돌이켜보면 많은 축복과 특권에 감사한 마음밖에 없다. 7월 한 달을 평양과 선천에서 보내며 즐거운 나날을 보냈다. 그곳에서 하는 일은 그것을 보는 모든 사람에게 기쁨이 된다. 우리가 선천에 있었던 대부분의 시간 동안 비가 내렸지만, 지부는 작고 사역 장소 사이의 거리가 짧아 업무는 평소와 같이 진행되는 것 같았다. 우리는 가정, 병원 및 학급을 방문하였다. 새로운 교회가 건축되고 있었고 사람들은 그것에 대해 매우 열성적이었다. 그들은 우리가 그곳에 있는 동안 우리가 '모금(raising)'이라고 부르는 것을 열고 있었고, 일반적인 주류가 공급되는 대신 샤록스 부인은 필요를 채우는 것처럼 보이는 멋진 레모네이드로 그릇을 가득 채웠다. 우리는 집에서 은혜가 노래되는 것을 들었고 그 소리는 훌륭하였다. 나는 축축하고 부슬부슬 내리며, 진흙이 발목까지 빠지는 날에 샤록스 부인과 함께 여자 사경회를 방문하였는데, 약 135명의 여자들이 성경을 손에 들고 모임 장소 바닥에 편안하게 앉아 선생님이 도착하기를 기다리는 것을 보고 놀랐다. 영수는 그녀가 할 수 없어서가 아니라 전도부인이 사경회를 가르쳤는데, 샤록스 부인은 공책, 연필 및 성경을 손에 들고 매우 사업적인 방식으로 그들 가운데 서 있었다. 출석을 불렀는데, 각 사람은 이름에 대답하였고, 읽은 이름에 대답하지 않아 결석한 경우 그 이유를 알려주었다. 나는 묻고 대답하는 지능적인 방식에 기뻤다. 노래를 부르든, 기도를 하든, 가르치든, 응답을 하든 그들은 보기에 즐거운 마음과 기쁨으로 모든 일을 하고 참된 것을 보여주었으며 믿음이 없는 고백은 없었다.

8월의 일부는 즈푸에서 온 소년들 및 나머지 가족들과 함께 한강에서 보냈다. 가을과 겨울을 위한 옷을 정리하고 틈틈이 그들과 함께 방문하는 매우 바쁜 달에 나의 전도부인인 ＿＿＿가 부분적으로는 그녀를 위한 변화를 위하여 나와 함께 있었고, 부분적으로는 주변 마을을 방문하였으며, 또한 연중 사역 보고서를 작성하도록 하였다. 9월은 연례 회의, 공의회 및 성경 회의

(Conference)가 모든 시간을 차지하면서 집은 손님으로 가득 찼고, 또한 우리 집에서 식사를 제공해야 하는 외국인 환자가 병원에 한두 명 있었다. 쿤스 가족은 10월 12일 우리 연례 회의 마지막 손님으로 평양으로 떠났다.

나는 10월 16일 어린 소년들을 가르치기 시작하여 일 년 내내 꾸준히 유지해 왔으며, 7월 말까지 할 것이다. 우리는 약간의 휴식을 취하였지만 내 생각에는 꽤 많이 얻은 것 같다. 그들은 또한 음악을 시작하였다.

많은 날에 오후의 첫 부분은 내가 원했던 만큼은 아니지만 전도부인과 함께 보냈다. 나는 일 년 중 일부만 화요일 오후에 수업을 하였다. 이번 달에는 다윈 제임스 씨 부부가 즐겁게 방문하였다. 엘리스 씨 가족은 11월에 서울을 방문하였고, 우리는 그들을 만나 매우 즐거웠다.

12월에는 소년들이 즈푸에서 다시 집으로 돌아왔고, 무어 씨가 병원에서 매우 아팠다. 학교를 계속 운영하기는 어려웠지만 무어 부인에게는 정말 미안하고 그녀에게 도움이 될 수 있어 기쁘다. 바쁘고 꼭 차고 매우 피곤하고 힘든 날들. 가엾고, 사랑스럽고, 선한 무어 씨는 행복하고, 행복하고, 죽을 운명에 처해 있었다. 그는 12월 22일 토요일에 사망하였고, 일요일에 도시를 가로질러 집으로 운구되었고 월요일에 묻혔고 화요일은 성탄절이었다. 얼마나 슬펐는지, 오! 그들에게 얼마나 슬픈 일인지. 소년들이 와서 우리 성탄절 나무를 함께 즐겼고 저녁을 먹기 위하여 머물렀지만, 우리가 할 수 있는 일은 하나님 아버지와 함께하는 기쁨을 다시는 가져다 줄 수 없었다. 우리는 병원에 있는 동안 구세주의 추종자가 된 _____ 씨도 우리와 함께 있어서 너무 기뻤다. 윌버와 더글러스가 2월 4일까지 우리와 함께 하였다. 3월 11일 허스트 박사는 우리 가족 중 한 사람을 아내로 맞이하였다. 그들은 우리와 함께 살기 위해 왔고 6월까지 이곳에 있었다. 우리는 모두 매우 행복하였다. 5월에 상하이 여행이 계획되었고 허스트 박사 부부는 집과 허스트 박사를 형처럼 사랑한 ___ 아기를 매우 매우 친절하게도 돌봐주겠다고 제안하였고, 그래서 그와 이미 아줌마라고 불렀던 새로 찾은 관계에 완전히 만족해하였다. 주님의 자녀들이 항상 우리의 몫을 가졌기 때문에 우리는 확실히 은혜를 받았다. 우리는 친절한 친구 세브란스 씨 덕분에 지부에서 허락을 받았고, 아이들에 대한 돌봄이 제공되었으며, 그래서 우리는 당연히 갔다. 우리는 우리 자신의 눈을 통하여 중국의 위대한 사업에 대한 개관을 갖게 되었고 전 세계에서 온 사람들을 만났다. 너무나 사랑스러운 사람들은 모두 관심을 갖고 있고, 우리가 상하이에서 만난 세계는 모두 하나님의 선택된 제자들로 가득 찬 대단히 큰 교회라는 넓고 달콤한 생각을 주었다. 게다가 하나의 위대한 목적을 위한 위원회에서와 마찬가지로 모든 사람들은 그리스도를 위한 세상을 어디에서나 언제나 모든 곳에서 '그리스도 안에 있는 사람들'이라는 동일한 전망을 보는 것 같았다. 얼마나 아름다운가, 국내외 사역자, 선교사, 평신도, 사업가, 모두 하나의 위대한 계획에 열렬히 관심을 기울이고 있다. 이 하나의 불타는 문제에 대한 아침과 저녁의 '위원회 및 기타 ____'로 얼마나 빠르고 효과적으로 세상을 그리스도 에게 가져올 수 있을까. 우리에게 병원을 주었고 우리와 우리 아이들에게 너무나 친절한 세브란스 씨를 처음 만났다. 하나님께서 우리의 삶을 통해 이곳 저곳에 정말 많은 진정한 친구를 두셨다는 것을 생각할 때 내 마음은 크나큰 감사로 가득 찬다.

우리는 즈푸를 통하여 집에 갈 수 있는 특권을 누렸고, 그곳에 있는 우리 아들들과 그곳에서 학교에 다니는 한국의 모든 아이들과 선생님 등을 즐겁게 방문하였다. 우리는 5월 12일에 집에 도착하였는데, 바로 딱 한 달이 되는 날이었다. 여행 및 관련된 모든 것이 좋았으며, 집, 특히 이곳에 있는 모든 좋은 친구들과 특히 사랑하는 아이들이 사랑스러워 보였다. 사랑스러운 아기 에드워드는 나를 몰라보았고, 그것은 내게 너무 벅찬 것이었다. 며칠 동안 그는 나를 아줌마라고 불렀지만 그는 그것을 극복하였다.

나는 황태자의 결혼식에 참석하는 영광을 누렸으며, 하루나 이틀 후에 황제와 황태자를 알현하고 엄비와 어린 왕자와 함께 왕궁에서 두세 번 점심을 먹었고 마지막 방문에서 황태자비를 만났다.

한 해 동안 전 세계에서 온 많은 친구들과 한국의 다른 지부에서 온 많은 친구들이 우리를 즐겁게 방문하였고, 편지를 쓰는 데 적지 않은 시간이 걸렸는데 집을 떠나있는 아이를 가진 사람들은 알 것이지만 그들이 없이 우리는 무엇을 할 것인가. 우리의 기쁨과 축복은 무수히 많다. 큰 특권과 우리를 향한 하나님의 모든 자비에 대한 감사로 마음이 가득 찬 또 다른 해이었다.

삼가 제출합니다.
J. 에비슨

____는 병원 업무와 관련하여 집들을 방문하고 병원 업무에서 그녀의 업무와 관련하여 개종을 보고하고 있다. 그녀는 매우 충실하였고 자신의 일을 즐겼다. 나는 1년 동안 극소수의 한국인 가정을 방문하였으며, 더 많이 할 수 있기를 바란다.

Jennie B. Avison (Seoul),
Annual Report of Mrs. O. R. Avison (July 20th, 1907)

Annual Report of Mrs. O. R. Avison

Seoul, Korea, July 20th, 1907

As I look back over the year I have nothing but a feeling of thankfulness in many blessings & privileges. A part of the month of July was spent in Pyeng Yang & Syen Chun & they were delightful days. The work there is a joy to all who see it. Altho it rained most of the time while we were in Syen Chun the work seemed to go on about as usual the station being small & distances between places short. We visited the homes, Hospital & classes. The new church was being built and the people very enthusiastic over it. They had what we call a raising while we were there & instead of the usual liquors being supplied Mrs. Sharrocks made a boiler full of nice lemonade which seemed to fill the need. We from the house heard grace being sung & it sounded good. I visited a womans class with Mrs. Sharrocks in a wet drizzling day with mud ankle deep to be pleasantly surprised by seeing about 135 women out & comfortably seated on the floor of their meeting place with Bibles in hand waiting for the teacher to arrive. Mrs. S., altho the leader did not teach the class not that she could not but her Bible woman did it, standing up in their midst in a very business like way, note book, pencil & Bible in her hands. The roll was called each one answering to her name & also giving the reason for such an one being absent when no answer was given to the name read. I was delighted with the intelligent way the asked & answered questions. Whether it was singing, praying teaching or answering they did all with a heartiness & joy that was pleasant to see and showed the real thing & no profession without faith.

Part of the month of August was spent at Han Kang with the boys from Chefoo & the rest of the family. A very busy month arranging their clothing for fall & winter & visiting with them between times also had Inasksie (my Bible woman) with me partly for a change for her & partly to visit the surrounding villages & also to get her report of the years work in shape. For September annual meetings, councils & Bible Conference occupied all the time, the house was full of guests and there was also one or two foreign patients in the Hospital to be supplied from our house. The Koons family left Oct. 12th for Pyeng Yang the last of our annual meeting guests?

I began teaching the younger boys Oct. 16th & have kept it up steadily all year & well until the end of July. we have had a few breaks but have gained quite a little I think. They have begun music also.

The first part of many afternoons have been spent with my Bible woman tho not as much as I would have liked. I have had a class on Tuesday afternoons part of the year only. During this month we had a delightful visit from Mr. & Mrs. Darwin James. The Ellis' visited Seoul in November & we enjoyed what we saw of them very much.

December that boys came home again from Chefoo & Mr. Moore was very ill in the Hospital. Difficult to keep the school running but so sorry for Mrs. Moore & so glad to be of any service to her; Busy, full, very tired & troubled days. Poor, dear, good Mr. Moore happy, happy & contended be died. He died Dec. 22nd, Saturday & was taken home across the city on Sunday & buried Monday & Tuesday was Christmas, how sad, oh! how sad for them. The boys came over & shared our tree & stayed to dinner but all we could do could never bring the joy of having Father with them again. We were so glad to have Mr. Ka___naugh also with us who had during the year while in the Hospital become a follower of the Savior & so the nearest thing perhaps to being at home with his own mother was being where there was a home & children Wilbur & Douglas were with us until Feb. 4th. On March 11th Dr. Hirst, one of our household taken to himself a wife. They came to live with us & were here until June. We were all very happy. In May a trip to Shanghai was planned & Dr. & Mrs. Hirst very kindly offered to care for the house & the ___ baby who loved Dr. Hirst like a big brother & so was perfectly happy with him & his new found relation whom he already called Auntie having always called Dr. & uncle. We were certainly favored as the Lords children always are one have had our share. We received permission from the station, childrens care provided for & means thanks to our kind friend Mr. Severance so of course we went. We had, through our own eyes a birds eye of the great work in China & met people from all over the world, such lovely people all, so interested, giving one the broad & sweet idea that, well, any way the world as far as what we met at Shanghai was concerned was a great big Church full of Gods chosen disciples all working together & yet as it were in committees in the one great end in view all seemed to see the same vision "The people in Christ" wherever, whenever, everywhere, the world for Christ. How beautiful, ministers from home and abroad, missionaries, laymen, business men, all intensely interested in one great plans. How most quickly and effectively to bring the world to Christ meetings, meetings, morning, more night "Committees & others ____" over this one burning question.

I met Mr. Severance for the first time the man who gave us our Hospital & who has been so kind to us & our children. My heart wells up in great thankfulness when I think of him God has ____ded so many real friends here & there all through our lives.

We were privileged to come home by way of Chefoo & so had a delightful visit - visit our boys there as well as all our children from Korea attending school there & the teacher & others. We arrived home on the 12th of May, a month to the very day & altho the trip & all connected with it was fine, home looked lovely & all our good friends here & especially our dear children. Dear baby Edward did'nt know me & that was almost too much for me. For days he called me Auntie but he has gotten over that.

I had the honor of being at the Crown Prince wedding & a day or two later an Audience with the Emperor & Crown Prince have been to lunch in two or three occasions at he Palace with Lady Om & the young Prince & met the Crown Princess the last time I was there.

We have had during the year a good many delightful visits from friends from all over the world as well as many from other stations in Korea & letter writing has taken up no small amount of time as those who have children away from home know but what would we do without them. Our joys & blessings have been countless. Another year of great privileges & a heart - full of thankfulness for all God's mercies toward us.

Respectfully submitted,

J. Avison

Inackiu has made visit to houses and reports conversions in connection with her department of the Hospital work. She has been very faithful & enjoyed her work. I made a few calls during the year to Korean homes the very few, wish I could do more.

새디 N. 웰본(서울)이 아서 J. 브라운(미국 북장로교회 해외선교본부 총무)에게 보낸 편지 (1907년 7월 27일)

(중략)

허스트 박사는 샤록스 박사가 없는 동안 의사가 전혀 없게 된 선천에서 몇 주일을 보내고 있습니다. 다른 감리교회의 여의사를 제외하면 서울 전체에서 유일한 의사인 에비슨 박사는 밤낮으로 계속 바쁘게 보내고 있습니다.

(......)

최근에 저는 더 많은 의사가 절실히 필요하다는 사실을 알게 되었으며, 에비슨 박사가 병원에 혼자 있어 과로하게 될 수도 있습니다. 우리의 작은 딸 바바라는 심각한 고관절 문제를 겪고 있습니다. 그녀는 겨우 15개월이고 지금까지 완벽하게 건강하고 튼튼하였습니다.

(......)

그곳에서 2주를 보낸 후 그녀는 갑자기 큰 고통의 징후를 보였습니다. 다음날 웰본 씨가 지부 회의에 내려와 에비슨 박사의 자문을 받았습니다. 우리는 그가 그녀를 보지 않고는 아무것도 할 수 없으며 그것은 웰본 씨와 함께 산을 올라가는 것일 수도 있다고 말하였습니다. 검사 후 그는 문제가 고관절의 약화로 인한 것이며, 최근에 삐었거나 부상을 입었음에 틀림 없다고 판단하였습니다.

우리는 즉시 산을 떠나 세브란스 병원으로 내려갔으며, 중국인이 고관절 지지대를 만들어 주기를 기다리며 외국인 병실에서 일주일을 보냈습니다. 그는 매우 느리고 많은 실수를 저질렀으며, 저는 에비슨 박사가 사무실을 떠나 공구상으로 내려가 직접 쇠붙이를 망치질하는 것을 여러 번 보았습니다.

(중략)

Sadie N. Welbon (Seoul),
Letter to Arthur J. Brown (Sec., BFM, PCUSA) (July 27th, 1907)

(Omitted)

Dr. Hirst is spending a few weeks in Syen Chyun where they are entirely without a physician during the absence of Dr. Sharrocks. With the exception of another M. E. lady physician this leaves Dr. Avison the only physician in all Seoul and he is constantly busy day and night.

(......)

Lately I have had an opportunity to see our great need of more physicians and we may in which Dr. Avison when alone in the Hospital is overworking. Our little daughter Barbara is passing thro a serious hip trouble. She is just fifteen months old and up to this time has secured perfectly well and strong.

(......)

After being there spent two weeks she suddenly showed signs of great pains. The following day Mr. W. came down to Station meeting and consulted Dr. Avison. We said he could do nothing without seeing her and that might be climbed the mountain with Mr. Welbon. After an examination he decided that the trouble was due to weakness in the hip joint and that recently she must have received a strain or injuries.

We left the mountain at once and came down to Severance Hospital where we spent a week in the Foreign rooms there waiting for a Chinaman to make an iron hip support. He as very slow and made many mistakes and several times I saw Dr. Avison leave his office and go down to the tool shop, ___ding and hammering the iron himself.

(Omitted)

19070800

J. W. 하지 부인, 세브란스 병원에서 부상자의 광경.
The Korea Mission Field (서울) 3(8) (1907년 8월호), 122~123쪽

J. W. 하지 부인

8월 1일 오후, 서소문 안쪽에서 아침의 비참한 전투[85] 후 이송된 부상 당한 한국인 병사들을 진료하느라 몇 시간 동안 분주하게 일하고 있는 에비슨 박사와 그의 직원들에게 어떤 도움이 될 수 있는지 알아보기 위하여 나는 세브란스 병원을 방문하였다.

병원 주변 부지는 특이한 활동의 양상을 보여주었다. 갖가지의 빈 들것들이 현관 앞에 놓여 있었고, 불안하고 흥분한 남녀 무리는 그 안에서 활발한 일이 벌어지고 있음에 틀림없다고 선언하였다. 현관으로 들어가자마자 아침에 일본군과 한국군 사이의 교전에 따른 암울한 현실을 마주하게 되었다. 부상병들은 복도에 설치된 즉석 침대에 누워 부상 정도를 검사할 수 있는 수술실로 옮겨지기를 기다리고 있었고, 치료를 받은 다른 병사들은 공기가 잘 통하는 넓은 병동에 있는 침대에 이미 편안하게 누워서 친절하고 기꺼이 돕는 조사들의 진료를 받고 있었다.

수술방에서는 모든 것이 활발하고 신속하였다. 에비슨 박사는 그의 한국인 의사, 몇 명의 의학생, 그리고 4~5명의 잘 훈련된 간호원의 도움을 받아 부상자들을 급히 돌보고 있었는데, 그들 중 다수는 심각한 부상을 입었다. 많은 경우 의사가 필요한 검사를 하기 위하여 병사들을 들어 올리는 것만으로도 극심한 고통을 겪었기 때문에 어느 누구도 이 가련한 병사들이 보여주는 불굴의 정신에 압도당하지 않을 수 없었다.

또 다른 눈에 띄는 특징은 의사의 손에 자신을 맡기려는 준비와 열의이었다. 자주 '내 생명을 구해 주세요'라고 갑자기 지르는 소리가 들렸고, 고통에서 벗어나는 것을 경험할 때 진심으로 감사를 표하였다.

수술실 밖의 복도에는 경우에 따라 아버지, 남편, 아들, 형제의 소식을 애타게 기다리는 여러 명의 한국인들이 있었다. 그들 중 한 명은 마흔 다섯 살쯤 된 여자로, 고통스러운 얼굴로 서 있었다. 누구를 찾고 있느냐는 질문에 그

---

85) 일본에 의한 구한국 군대 해산을 말한다.

녀는 "예, 아들의 소식을 기다리고 있습니다. 아들이 그곳에 있습니다."라고 대답하고, 수술실을 가리키며 '그의 팔이 지금 절단되고 있습니다."라고 말하였다. 그녀는 슬픔을 겉으로 드러내지 않았지만 그녀의 침묵은 더욱 인상적이었다. 문제의 아들은 약 24세인 훌륭한 청년이었고, 지금은 잘 있다고 생각한다.

약 60세인 또 다른 불쌍한 노파는 허리가 굽고 초췌해져서 어떤 친척에 대하여 묻고 있었다. 나는 그 대답이 무엇이었는지 모르지만 그 불쌍한 여자가 대답을 듣자마자 절망에 빠져 두 팔을 벌리고 큰 비통함을 터트렸기에 그것은 분명히 슬픈 대답이었을 것이다. 이 두 사례는 의심할 여지 없이 많은 사례 중의 두 가지에 불과하지만 업무가 너무 긴박하여 물어볼 여유가 거의 없었다.

끊임없이 도착하는 부상자들을 처리하는 업무는 상당한 규모의 업무이었지만, 결단력, 준비성 및 능력이 충족되었다. 에비슨 박사와 그의 지시를 받는 현지인 직원들이 수행한 훌륭한 업무는 아무리 칭찬해도 지나치지 않으며, 한국인은 위급한 상황에 대처할 수 없다고 말하는 사람들에게 나는 그들이 동포들의 고통을 덜어주려고 노력하며 모두 지칠 줄 몰랐던 그날 오후 세브란스 병원에 있었어야 했다고 말하고 싶다. 특히 한국의 (여자) 간호원은 지칠 줄 모르는 원기와 능력은 칭찬받아 마땅하다. 이성의 간호에 대한 한국 여자들의 일반적인 움츠림과 과묵함을 생각해보며, 그들이 서양인의 능력을 최대한 발휘할 수 있는 임무를 그렇게 잘 수행할 수 있게 한 세심함 훈련과 기독교 교육의 영향이 얼마나 컸는지 알 수 있다.

서울에 거주하는 몇몇 외국인 남녀, 특히 F. S. 밀러 목사와 H. 밀러 목사는 지칠 줄 모르는 도움을 주었다.

(정동 여병원의) 커틀러 박사와 에드먼즈 양도 일부 간호원과 함께 이곳에 도착하여 밤새 환자의 편의를 위하여 준비하는 에비슨 부인과 존스 부인을 적극적으로 도왔다.

환자들이 병원 직원들로부터 받는 친절과 공감은 내국인과 외국인 모두에게 주어지는 세브란스 병원의 큰 혜택의 또 다른 증거이며, 우리는 그곳에서 수행되는 선행이 계속 번성하고 확장되리라 믿고 있다.

J. W. Hodge (Mrs.), A Glimpse of the Wounded in the Severance Hospital. *The Korea Mission Field* (Seoul) 3(8) (Aug., 1907), pp. 122~123

By Mrs. J. W. Hodge.

On the afternoon of the first of August I paid a visit to the Severance Hospital, to see if I could be of any assistance to Dr. Avison and his hard worked staff, who for some hours had been busily engaged in attending to the wounded Korean soldiers conveyed there after the disastrous fight of the morning inside the Little West Gate.

The grounds surrounding the hospital presented an aspect of unusual activity; empty stretchers of various kinds placed before the entrance hall and an assembly of anxious, agitated Koreans of both sexes proclaimed the fact that events of a stirring nature must be taking place within. Upon entering, one was immediately brought face to face with the grim realities consequent upon the morning's encounter between the Japanese and Korean troops. Wounded soldiers were lying upon improvised beds in the corridors, waiting their turn to be taken to the operation room, where their injuries could be examined, while others who had received treatment were already comfortably placed in beds in the large airy wards, and were being attended to by kind and willing helpers.

In the operation room all was activity and promptitude. Dr. Avison, assisted by his Korean doctor, several medical students, and four or five Korean trained nurse, was rapidly attending to the wounded men, many of whom had sustained injuries of a most serious nature. One could not fail to be struck with the fortitude displayed by these poor soldiers, for in many cases the mere lifting of them, in order that the necessary examinations might be made by the doctor, was productive of intense agony.

Another noticeable feature was their readiness and eagerness to place themselves in the doctor's hands. Frequent ejaculations of "Save my life" were heard, and gratitude was as heartily expressed when relief from suffering was experienced.

In the corridors outside the operation room, anxiously waiting for news of a father, husband, son, or brother, as the case might be, were several Koreans. One of them, a woman of about forty-five years of age, was standing with a look of patient agony upon her face. Having been asked if she were seeking for any one, she replied "Yes, I am waiting for news of my son; he is in there," pointing to the operation room, "his arm is now being taken off." She did not make any outward demonstration of grief, but her silence was all the more impressive. The son in question was a fine young man of about twenty four years of age, and I believe he is now doing well.

Another poor old woman of about sixty years of age, bent and haggard, was making enquiries respecting some relative; what the answer was I do not know, but it evidently was a sad one, for upon receiving it the poor woman threw up her arms in despair and gave vent to loud exclamations of grief. These two instances are undoubtedly but two of many, but the rush of work was so great that one had little leisure to bestow upon enquirers.

The task of coping with the wounded men who were constantly arriving was one of considerable magnitude, but it was met with decision, readiness, and ability. The splendid work done by Dr. Avison, and, under his direction, by his native staff, cannot be too highly commended, and to those who are apt to say that Koreans cannot rise to an emergency I would say that they should have been present in the Severance Hospital on the afternoon in question, for each and every one was untiring in his or her efforts to alleviate the sufferings of their countrymen. The Korean (women) nurses especially deserve praise for their unflagging energy and capability. When one considers the ordinary shrinking and reticence of Korean women with regard to nursing the opposite sex, one can see how great was the influence of careful training and Christian teaching, which enabled them to perform so well duties which would task to the utmost western capabilities.

Several of the foreign residents of Seoul, both ladies and gentlemen, rendered great help in the care of the wounded soldiers, especially the Rev. F. S. Miller and Mr. H. Miller, who were indefatigable in their efforts to give help.

Dr. Cutler and Miss Edmunds (from the Woman's Hospital, Chong Dong), accompanied by some of their nurses, also arrived upon scene and actively assisted Mrs. Avison and Mrs. Jones in the preparations for the comfort of the patients during the night.

The kindness and sympathy received by the sufferers from the staff of the hospital is but another proof of the great benefits which accrue from the Severance Hospital, benefits accorded to natives and foreigners alike, and we trust that the good work which is carried on there may continue to flourish and extend.

황현, 매천야록 제5권 (1907년 8월 1일)[86]

7적(賊) 등은 군인들의 동태가 격변할 것을 두려워하여 일본군을 사주하여 경계를 배가(倍加)하여 엄하게 하도록 하였다. 6월 23일[87], 각부 대장을 불러 부대원을 이끌고 훈련원에 모이게 하였다. 먼저 맨손으로 무예를 연습시킬 것이니 무기를 지니지 말도록 하였다. 일본인은 한쪽에서 병사들이 군영을 떠나는 것을 엿보다가 틈을 타서 들어가 총포를 거두어 갔다. 여러 부대의 병사들이 훈련원에 이르러 무예 연습을 마치니, 은사금(恩賜金)이 있다 하고 조칙에 따라 나누어 주었다 하사 80원, 병졸 50원, 그 밑이 25원이었다. 부대원들이 (비로소 그 일의 실마리를 알아차리고) 분노를 이기지 못하여 지전(紙錢)을 찢어버리고 통곡하며 군영에 돌아가니, 병기가 모두 없어졌다. 드디어 각자 흩어져 돌아갔다.

박성환은 돌아가는 분위기가 수상한 것을 연달아 살피고, 다른 창고에 총포를 몰래 숨겨두고 일본군에 저항하며 바치지 않았고 또한 훈련원에 나가지도 않았다. 군대 해산의 조칙을 듣고 통곡하며 부하에게 이르기를, "내가 국은(國恩)을 입은 지 지금 몇 년이 되었는데, 지금 나라가 망하는데도 능히 한 명의 왜놈을 죽이지 못하니 죽어도 여죄가 있다. 내가 차마 해산에 순순히 응하고 돌아갈 수 없으니 차라리 나는 죽겠다." 하고 드디어 의자에 기댄 채 칼을 빼어 비껴 찌르며 소리치니 몸과 의자가 모두 쓰러졌다. 박성환은 입직(入直)한 지 10여 일 동안 집으로 돌아가지 아니하고 단지 문을 닫고 슬픔을 참고 견디다 이에 이르러 마침내 자결하였다. 부위(副尉) 오의선(吳義善)도 박성환과 함께 같은 날에 자결하였으며 정교(正校) 1인과 종졸(從卒) 1인(성명을 잊었음)도 모두 자결하여 뒤를 따랐다.

부위(副尉) 남상덕(南相惪)이 일본군과 맞서 힘을 다해 싸우다 죽었다. 남상덕은 박성환이 죽는 것을 보고 크게 외치기를, "박 공(公)과 함께 죽을 자가 누구인가?"하니, 부대원이 일제히 응해 말하기를, "함께 죽겠다."하였다. 남상덕이 지휘하고 군영을 나오니 일본군이 이미 에워싸고 모여 있었다. 이틀 동안 맞서 용감히 격투하고, 고전한 지 3일이 되니 양쪽에 죽은 시체가 즐비하게 늘어 있었다. 아군 사망자는 조사에 의하면 98명이 되는데 장교가 7명이었

---

86) 황현 저, 이장희 역, 매천야록 하 (서울, 명문당, 2008), 280~285쪽에서 인용하였다.
87) 양력으로는 8월 1일이다.

고, 일본군 장교 가지와라[梶原] 또한 전사하였다. 일본군은 숭례문에 웅거하고 기관포를 발사하여 연일 들 복아 쳤으며 성내의 수백 집이 모두 불탔다. 남상덕은 마침내 탄환에 맞아 죽고 대관(隊官) 권기홍(權基泓) 또한 전사하였다. 우리나라 군인들은 남상덕이 이미 죽었고 탄환 또한 떨어졌음을 알고 드디어 사방으로 도망하였다. 싸움을 관망하던 자들은, "탄약이 떨어지지만 않았다면 일본군은 반드시 대패했을 것이다."하였다.

일본 장교 가지와라란 자는 뛰어난 장수로 갑진(광무 8년)에 러시아와 싸워 특출한 공을 세웠는데, 이에 이르러 남상덕에게 사살되니, 일본군은 자기 군영으로 끌고 가서 통곡하였다. 흩어진 병사들은 도망쳐 여염집으로 들어가 대청이나 행랑에 엎드리니 일본군은 집집마다 수색하여 찾았다. 먼저 일본 부녀자들을 내실에 침투시켜 샅샅이 뒤져서 탈출한 자는 얼마 되지 않았다 바로 성 밖으로 달아나는 자들은 전부가 의병과 합류하였다. 일본 부녀자들이 탈출병을 찾는다는 것을 빙자해서 재화(財貨)를 약탈해 감이 도적보다 심하여 민간인들은 맥없이 겹쳐서 난리를 만났다.

참위(參尉) 이충순(李忠淳)은 군대 해산 소식을 듣고 그의 서모에게 이별을 하며 말하기를, "제 직책이 비록 낮으나 나라가 어지러우니 죽지 않을 수 없습니다." 하고는 적진으로 돌진하여 전사하였다.

바야흐로 싸울 때에 여학교 간호부 몇이 탄환이 쏟아지는 것을 무릅쓰고 인력거에 우리 병사 부상자를 싣고 병원으로 보냈다. 미국인 의사 어비신과 목사 조원시 등도 또한 우리 병사 부상자를 들고 제중원에 들어가 힘써 치료해주었다.

도성 사람 김명철, 기인홍, 김창기, 이원선 등이 돈을 거두어 전사한 장졸들의 장례를 치러주고 곡을 하며 애통해 하고 돌아갔다.

Hwang Hyun, *Diary of Maechun*, Volume 5 (Aug. 1st, 1907)

七賊等 恐軍情激變 嗾倭倍加戒嚴 二十三日 招各隊長 率所部 會訓鍊院 先以空手習藝 不許帶仗 倭人一邊 伺隊兵離營 乘隙闌入 收其銃砲 諸隊兵至訓鍊院 試藝畢 見有恩賜金 隨詔而頒 下士 八十元 兵卒 五十元 其次 二十五元 衆不勝憤怒 裂破紙錢 慟哭歸營 則軍火一空矣 遂各散歸.

星煥連察氣色殊常 密鑰銃砲于別庫 拒倭不納 亦不赴訓鍊院 及聞散兵詔 痛哭謂所部曰 吾儕養國恩 今幾年 國家亡矣 不能斬一倭 死有餘罪 吾不忍縱若等去 寧吾死耳 遂據椅抽刀 橫刺決嚔 身與椅俱倒 星煥入直十餘日 不歸家 但閉戶飲泣 至是竟死 副尉具 [吳]義善 與星煥同日自刎死 其正校一人·從卒一人 并失姓名 皆自刎以從.

副尉 南相悳 與倭力戰死之 相悳見星煥死 大呼與朴公同死者誰 全隊齊應曰 死 相悳指揮出營 倭圍已合 奮勇格鬪二日頃 苦戰者三 兩邊積尸相枕 我兵死者据調查爲九十八 將校七 倭將梶原亦死 倭據崇禮門 發機關砲 連日雷震 城內外數百家俱燼 相悳竟中丸死 隊官權基泓亦死 衆見相悳已死 彈藥又絕 遂四竄逃命 觀戰者謂彈藥不絕 則倭必大衂 梶原者驍將也 甲辰 (光武八年) 戰俄有奇功 至是爲相悳所殺 倭連營痛哭 散兵奔入閭閻 伏廳無間 倭逐戶搜覓 先之以倭婦 窮探內室 得脫者無幾 其直走城外者 皆全與義兵合 倭婦藉搜兵 因以奪掠財貨 甚於劇盜 民間熠然 重逢亂離.

參尉 李忠淳聞解兵 訣其庶母曰 吾職雖微 國亂不可不死遂馳往突陣而死

方戰時 女學校 看護婦 數人冒丸 以人力車昇我兵踣者 送病院 美國 醫人 魚飛信·牧師 趙元時 等 亦昇 我兵 負傷者 入濟衆 療治甚力.

都民 金命哲·奇仁洪·金昌基·李元善 等 斂錢葬陣亡將卒 哭奠盡哀而歸.

19070802

잡보. 미국 의사 자선.
대한매일신보 (서울) (1907년 8월 2일), 2쪽

　미국 의사 자선. 미국 의사 어비슨 씨가 시위대의 사졸(士卒)이 일본 병사와 교전하여 많이 죽고 다쳤다는 것을 들어서 알고 총알이 비처럼 날아오는 가운데 많은 인력거를 이끌고 부상을 당한 한국인 사병들을 제중원으로 싣고 갔다고 한다.

[Miscellaneous.] American Doctor's Charity.
The Korea Daily News (Seoul) (Aug. 2nd, 1907), p. 2

　美醫慈善. 美國 醫員 어비슨 氏가 侍衛一隊 士卒이 日兵과 交戰ᄒ야 死傷이 多ᄒ다ᄂ 事를 聞知ᄒ고 飛丸이 如雨中에 人力車를 多數히 領率ᄒ고 負傷 韓兵를 濟衆院으로 擔예 而去ᄒ얏더라.

잡보. 미국인 교사의 구료.
대한매일신보(서울) (1907년 8월 3일), 2쪽

　　미국인 교사의 구료. 그저께 오전 8시 반부터 12시까지 한국과 일본 병사가 상호 전투를 벌인 것은 어제 보도한 바와 같으며, 당일에 한국 야소교 총리사 조원시 씨와 정동 성서공회 총간사 민휴 씨와 의사 어비신 씨와 강원도 지방 선교사 고영복, 청주 지방 선교사 민라 씨가 서소문 내 영문(營門)에 들어가 보니 한국 병정 수백 명이 총탄에 맞았는데, 그중 상처를 입어 겨우 생존해 남아있는 50명을 전부 인력거에 싣고 제중원으로 치료차 이송하였다니 슬프게도 생명이 거의 다한 그 사람들을 가엽게 여겨 회복시키고자 계속 노력한 사람은 누구인가. 오! 탄환이 비와 같이 내리고 사람의 형상이 다하여 죽어가는데 자기 생명의 존망을 돌아보지 아니하고 무릅쓰고 들어가 탄환 가운데서 이와 같이 구해내었으니 한국 사람이 된 자는 누구라도 감읍치 아니하고 공경하여 가상히 여김이 헤아릴 수 없이 많지 않겠는가. 이와 같은 선의를 베품을 가슴에 새기고 명심하고 항상 마음속에 갖고 잠시라도 잊지 않고자 사람들이 모두 피로 맹세한다더라.

Helping by the American Teachers.
The Korea Daily News (Seoul) (Aug. 3rd, 1907), p. 2

美教師 救療. 再昨日 上午 八時半으로 拾二時♡지 韓日兵이 互相接戰훈 事
눈 昨報와 如ᄒ거니와 當日에 大韓 耶蘇敎 総理師 趙元時 氏와 貞洞 聖書公會
総幹事 閔休 氏와 醫士 魚丕信 氏와 江原道 地方 宣敎師 高永福 淸州 地方 宣
敎師 閔羅 氏가 西小門內 營門에 冒入훈즉 韓國 兵丁 數百名이 中丸도지하얏
눈대 其中僅存殘루者 五十名을 沒數히 人力車에 擔乘ᄒ야 濟衆院으로 治療次
以送ᄒ얏다니 哀哉此人生의 庶絶殘루을 憐欲復續者은 誰也오 彈丸如雨하고 人
影絶종훈대 不顧自己生命之存亡ᄒ고 冒入彈丸之中如是拯救ᄒ얏눈지라 爲韓人
民者孰不感泣敬賀萬萬哉아 如此慈善을 印肺銘心ᄒ고 念念지玆ᄒ야 顚沛不忘ᄒ
즈고 人皆血盟훈다더라.

19070803

잡보. 조 박사 대자선.
황성신문(서울) (1907년 8월 3일), 2쪽

조 박사 대자선. 그저께 서소문 안에서 오전 8시 반부터 12시까지 한국과 일본 병사의 충돌은 벌써 게재하였거니와 당일에 대한 야소교 총리사 미국 철학박사 조원시 씨와 의사 어비신 씨가 정동 성서공회 총간사 민휴, 강원도 지방 선교사 고영복, 청주 지방 선교사 민라 제씨를 대동하고 시위 제1연대 1대대에 들어가니, 총탄에 맞아 땅에 쓰러져 있는 우리 한국 병사들이 수백 명에 달하는지라 열거한 사람들이 포탄과 총알을 꺼리지 아니하고 동서분주하여 인력거를 구한 후에 남아 있는 부상자를 일제히 안아 태우고 제중원으로 치료 차 이송한 병정의 수가 50여 명에 달하였다고 한다. 지난 18, 19일 양일에 대한문 앞에서 우리 동포가 총탄에 맞은 중상자 몇 명을 조 씨가 자기가 탔던 인력거에 태워 제중원으로 싣고 가서 치료하게 하였다고 하니 이와 같은 외국인으로 위험을 무릅쓰고 그와 같이 구호함은 듣는 자 감동하여 칭찬하지 않는 이가 없다 하더라.

[Miscellaneous. Great Charity of Rev. Geo. Heber Jones.]
Hwangsung Shinmun (Seoul) (Aug. 3rd, 1907), p. 2

趙 博士 大慈善 再昨日 西小門內에셔 上午 八時半으로붓터 十二時半꼬지 韓日兵 衝突은 已爲揭載어니와 當日에 大韓耶蘇敎 総理師 美國 哲學博士 趙元時 氏와 醫士 魚丕信氏가 貞洞 聖書公會總幹事 閔休 江原道 地方 宣敎師 高永福 淸州 地方 宣敎師 閔羅 諸氏를 帶同ㅎ고 侍衛 第一聯隊 一大隊에 冒入흔즉 中丸倒地흔 我韓兵丁이 數 百名에 達ㅎ얏ᄂ지라 同諸氏가 不憚砲丸ㅎ고 東西奔走ㅎ야 賞得人力車後에 餘存殘縷者를 一併抱乘ㅎ야 濟衆院으로 治療次 移送흔 兵丁의 數가 五千餘名에 至ㅎ얏다 ㅎ며 去十八九 兩日에 大漢門前에셔 我同胞가 中丸重傷者 數人을 該趙氏가 自己所乘ㅎ얏던 人力車로 換乘ㅎ야 濟衆院으로 擔去治療케 ㅎ얏다 ㅎ니 以若外國人으로 不顯危險ㅎ고 如是救護흠은 聞者 莫不感賀ㅎ더라

이토 후작. *The Seoul Press* (서울) (1907년 8월 6일), 2쪽

이토 후작
병원을 방문하다

어제 오전 11시 이토 후작은 무라타 소장, 후류야 씨, 고야마 박사를 대동하고 이곳의 군 병원과 분원을 방문하여 최근 소동으로 부상을 당한 사람들의 상태를 살폈다. 후작은 부상자들에게 나누어 줄 수 있도록 100엔을 주었으며, 병원장은 그렇게 하였다. 통감은 이어 한국인 부상자들이 입원해 있는 남대문 밖의 세브란스 병원으로 향하였다. 후작은 반항을 하였던 한국인 입원자들에게 선물을 주지 않고 기관에 500엔을 기부하였다. 후작은 오후 12시 30분에 숙소로 돌아갔다.

Marquis Ito. *The Seoul Press* (Seoul) (Aug. 6th, 1907), p. 2

Marquis Ito
Visits Hospitals

Yesterday at 11 a. m. Marquis Ito attended by Major-General Murata, Mr. Furuya and Dr. Koyama, paid a visit to the military hospital and its branch here and enquired into the condition of those who were wounded during the recent disturbances. His Excellency presented a sum of 100 yen for distribution among the wounded which the Chief of the hospital accordingly did. The Resident-General then proceeded to the Severance Hospital outside the Great South Gate where Korean wounded are lying. The Marquis did not make a present to the mutinous Korean inmates but donated 500 yen to the institution. His Excellency returned to his residence at 12.30 p. m.

세브란스 병원. *The Seoul Press* (서울) (1907년 8월 6일), 2쪽

에비슨 박사는 병원에 다음과 같은 기부가 있었음을 기록하고, 이에 대한 병원 직원과 환자들의 감사를 표하고 싶어 한다.

일본 적십자사 - 부상병을 위해 30개의 놀이와 12상자의 비스킷
일본 적십자회의 서울 지부 - 부상병 치료비를 위해 100엔
김 J. K. S. 씨 - 부상병 치료비를 위해 2엔
신학박사 존스 목사 - 부상병들과 일반 환자들을 위해 멜론 한 봉지
한 일본인 불교 신자 - 담배 1,000개비
이토 후작 - 병원의 일반 자선 사업을 위해 500엔
일본의 여자애국회(한국 지부) - 병원의 일반 자선 사업을 위해 100엔

이토 후작은 무라타 장군, 후루야 씨, 고야마 박사와 함께 토요일 아침 세브란스 병원에 와서 부상병들을 방문하였다.

각각 일본 여자애국회 한국 지부의 회장과 회원들인 츠루하라 부인, 메가타 부인 및 가토 부인은 주모토 씨 및 오하시 씨와 함께 월요일 아침 세브란스 병원을 방문하여 에비슨 박사에게 일반 한국인 환자와 최근의 불행한 충돌로 부상당한 한국 군인들을 위하여 수행한 숭고하고 귀중한 일에 대하여 여자애국회의 회장인 카닌 공주의 높은 감사를 전달하였다.

The Severance Hospital. *The Seoul Press* (Seoul) (Aug. 6th, 1907), p. 2

Dr. Avison desires to record the following Donations to the hospital and to express the thanks of the Staff and patients for them: -

> The General Red Cross Society of Japan - 30 funs and 12 boxes biscuits for the wounded soldiers.
>
> The Seoul Branch of the Red Cross Society of Japan - yen 100.00 for the benefit of the wounded soldiers.
>
> Mr. J. K. S. Kimm - yen 2.00 for the benefit of the wounded soldiers.
>
> Rev. Dr. Jones - A bag of melons for the wounded soldiers and patients in general.
>
> A Japanese buddhist - 1000 cigarettes.
>
> Marquis Ito - yen 500.00 for the general benevolent work of the hospital.
>
> The Ladies' Patriotic Association of Japan (Korea Section) - yen 100.00 for the general benevolent work of the hospital.

Marquis Ito, accompanied by General Murata, Mr. Furuya and Dr. Koyama, called at the Severance Hospital and visited the wounded soldiers on Saturday morning.

Mrs. Tsuruhara, Mrs. Megata and Mrs. Kato, the chief and members of the Korean Section of the Ladies' Patriotic Association, respectively, accompanied by Mr. Zumoto and Mr. Ohashi, visited the Severance Hospital on Monday morning, and conveyed to Dr. Avison the high appreciation of H. I. H. Princess Kanin, President of the Ladies' Patriotic Association, of the noble and valuable work done by the hospital for the Koreans in general and for the Korean soldiers wounded in the late unfortunate collision.

19070900

사설. *The China Medical Journal* 21(5) (1907년 9월호), 279쪽

에비슨 박사가 서울에서 편지를 보냈다. "중국 의료 선교사 협회의 한국 지부를 조직하기 위하여 9월 9일부터 11일까지 서울에서 만나기로 한국에 있는 모든 의사들을 소집하였습니다. 우리는 그것이 흥미롭고 유익한 시간이 되기를 바라고 있습니다. [*China Medical Journal*] 7월호의 '중국을 위한 대변(大便) 도표'[88]는 좋은 고안이며, 다른 곳에서 찾을 수 있는 것보다 1쪽에 더 많이 모여 있고 검색하고 및 인식하는 것을 단순화시키기 때문에 어떤 양의 인쇄물보다 연구를 촉진할 것입니다. 나는 이런 일에 우리 상급반 학생들을 훈련시켜 왔으며, 우리는 내년에 진전을 보여주기를 바라고 있습니다. 상하이에서의 모임은 모두에게 도움과 영감을 주었고, 우리는 결실을 맺을 것이라고 확신하고 있습니다."

Editorial. *The China Medical Journal* 21(5) (Sept., 1907), p. 279

Dr. Avison writes from Seoul: - "A call has been issued for all the doctors in Korea to meet September 9~11 in Seoul for the organization of a Korea branch of the C. M. M. A., and we hope it will be an interesting and profitable time. The 'Fecal Chart for China' in the July Journal is a good idea and will promote research more than any amount of printed matter, as there is more gathered on one page than can be found elsewhere and it simplifies the search and recognition. I have been drilling our senior students in this work, and next year we hope will show an advance. The meetings in Shanghai were a help and inspiration to all and we are sure there will be fruit."

---

88) Fecal Chart for China. *The China Medical Journal* 21(4) (July, 1907), pp. 224~225

애니 L. A. 베어드(평양), 1906~7년도의 개인 보고서 (1907년 9월)

(중략)

(1906년) 11월에 나는 생리학에 관한 초등 교과서인 '스미스의 인체 및 그 건강'의 번역을 시작하였는데, 이것은 베스트 양의 책을 중급으로, 에비슨 박사의 책을 상급으로 일련의 생리학 책을 구성하기 위한 것이다.

(중략)

Annie L. A. Baird (Pyeng Yang),
Personal Report for the Year 1906~7 (Sept., 1907)

(Omitted)

In November I began the translation of a primary textbook on Physiology, Smith's Human Body and its Health, this to form a series with Miss Best's book as intermediate, and Dr. Avison's as advanced.

(Omitted)

19070903

세브란스 씨. *The Seoul Press* (서울) (1907년 9월 3일), 2쪽

세브란스 씨

현재 이곳을 방문 중에 있는 세브란스 병원의 후원자인 뉴욕의 세브란스 씨와 러들로 박사는 어제 하세가와 남작의 안내로 황제를 알현하였다.

Mr. Severance. *The Seoul Press* (Seoul) (Sept. 3rd, 1907), p. 2

Mr. Severance

Mr. Severance of New York, patron of the Severance Hospital and Dr. Ludlow, now here on a visit, were presented yesterday to H. M. the Emperor by General Baron Hasegawa.

루이스 H. 세브란스의 한국 방문
Visit of Mr. Louis H. Severance to Korea

루이스 H. 세브란스는 미국 북장로교회의 해외 선교지를 시찰하는 가운데 특히 자신이 지원하였던 기관을 방문하기 위하여 주치의인 A. 어빙 러들로 박사와 함께 1907년 1월 28일 클리블랜드를 출발하여 1908년 5월 21일 뉴욕에 도착할 때까지 16개월 동안 세계 일주 여행을 하였다. 이 여행의 정확한 일정은 아직 알려져 있지 않다.89)

---

89) 루이스 H. 세브란스의 여행에 대해서는 다음의 저술에 일부 언급되어 있다. 김학은, 루이스 헨리 세브란스. 그의 생애와 시대 (서울: 연세대학교 출판부, 2008)

그림 40. 1907년 4월 19일부터 23일까지 상하이에서 개최된 중국 의료 선교사 협회 회의에 참석한 에비슨 부부와 루이스 H. 세브란스. 동은의학박물관 소장.

그림 41. 루이스 H. 세브란스가 방문하였던 상하이 (1907년 4월 30일 촬영).

그림 42. 난징의 명나라 무덤으로 가는 길에 있는 코끼리와 낙타 석상을 방문한 루이스 H. 세브란스(1907년 6월 24일 촬영)

그림 43. 세브란스 병원을 방문한 루이스 H. 세브란스와 A. 어빙 러들러 박사. 동은의학박물관 소장.

그림 44. 한복을 입은 루이스 H. 세브란스(앞모습). 동은의학박물관 소장.

그는 2월 27일 증기선 시베리아 호를 타고 첫 기착지인 호놀룰루를 떠나 3월 10일 일본 요코하마에 도착하였다. 일본에서 약 2개월, 중국과 만주에서 4 개월 동안 머물렀다. 4월 20일경부터 말까지는 상하이에 체류하였던 것이 확 인되며, 6월 하순에는 난징에 체류하였다. 8월 20일 경에는 산둥의 웨이팡[濰 坊]에 체류하고 있었다.

이후 8월 25일 한국에 도착하여 3개월 정도 머물렀다. 그는 11월 12일 다 시 일본으로 돌아가 11월 23일 요코하마에서 프린세스 앨리스 호를 타고 해협

그림 45. 한복을 입은 루이스 H. 세브란스(뒷모습). 동은의학박물관 소장.

식민지(Strait settlement)로 향하였다 이어 버마를 거쳐 인도에서 3개월 동안 머물렀고, 1908년 4월 전후로 6주일 동안 실론을 방문한 후 수에즈 운하를 통과하여 유럽으로 갔다.

한국에서는 서울, 평양, 선천, 재령 등을 거쳐 다시 서울 부근에 이어 대구와 부산을 방문하였다. 1907년의 미국 북장로교회 한국 선교부 연례회의가 9월 23일부터 30일까지 평양에서 개최되었는데, 이때 세브란스도 참석하였다.

그림 46. 1907년 9월 평양으로 가는 길에 촬영한 한 농가의 도리깨질.

19070911

한국 의료 선교사 협회.
The Seoul Press (서울) (1907년 9월 11일), 2쪽

한국 의료 선교사 협회

이번 달 9일 오전 스크랜턴 박사 사무실에서 한국과 관계자들에게 많은 도움이 될 단체가 조직되었다. 18명의 의사와 간호원이 만나 위의 협회를 설립하였다. 중국 의료 선교사협회의 회원인 위어, 에비슨, 대니얼 및 웰즈 박사는 어제 아침 예비 조직을 발족하였고, 전국에 있는 의사들의 뜨거운 호응으로 성공적인 조직이 가능하게 되었다.

제물포의 위어 박사는, 대니얼 박사와 사회를 보는 가운데, 그러한 협회의 목적과 이익을 설명하는 문서를 낭독하였고, 그 후 에비슨 박사가 회장, 웰즈 박사가 부회장, 위어 박사가 간사 겸 재무로 선출되었다.

The Korea Medical Missionary Association.
The Seoul Press (Seoul) (Sept. 11th, 1907), p. 2

The Korea Medical Missionary Association.

An institution which will be of much benefit to Korea and those concerned was organized on the morning of the 9th instant at the office of Dr. Scranton. Eighteen doctors and nurses met and established the above named association. Doctors Weir, Avison, Daniel and Wells, members of the China Medical Association, effected a preliminary organization yesterday morning, and the enthusiastic response from doctors all over Korea made possible the successful organization mentioned.

Dr. Weir, of Chemulpo, with Dr. Daniel presiding, read a paper setting forth the objects and benefits of such a society, after which it was organized and Dr. Avison elected President, Dr. Wells Vice-President, Dr. Weir Secretary and Treasurer.

한국 의료 선교사 협회.
The Seoul Press (서울) (1907년 9월 13일), 2쪽

　　한국 의료 선교사 협회의 제2차 모임이 화요일 저녁 스크랜턴 박사의 자택에서 열렸다. 이 모임의 특징은 오하이오 주 클리블랜드의 A. 어빙 러들로 박사의 논문이었는데, 그는 몇 가지 새로운 수술 치료법을 훌륭하게 발표하여 협회를 기쁘게 하였다. (......) 논문 발표 후에 거의 모든 참석자가 참여하는 토론이 이어졌다. 이들은 에비슨 박사, 위어 박사, 대니얼 박사, 폴웰 박사, 언스버거 박사, 맥밀란 박사, 스크랜턴 박사, 테이트 박사, 커틀러 박사, 러들로 박사, 커렐 박사, 웰즈 박사, 어드먼즈 양 및 쉴즈 양이었다.

　　몇몇 사업을 처리한 후 회장인 에비슨 박사는 다음과 같은 위원회를 임명하였다. (......)

The Medical Missionary Association of Korea.
The Seoul Press (Seoul) (Sept. 13th, 1907), p. 2

　　The second meeting of the Medical Missionary Association of Korea, was held at the residence of Dr. Scranton on Tuesday evening. The feature of the occasion was a paper by Dr. A. I. Ludlow of Cleveland, Ohio, who pleased the society by an admirable presentation of some new surgical treatments. (......) The paper was followed by a discussion in which nearly all present took part. These were Dr. Avison, Dr. Weir, Dr. Daniel, Dr. Follwell, Dr. Ernsberger, Dr. McMillan, Dr. Scranton, Dr. Tate, Dr. Cutler, Dr. Ludlow, Dr. Currell, Dr. Wells, Miss Edmunds and Miss Shields.

　　After some business was transacted, committees as follows were appointed by the Chairman, Dr. Avison: (......)

올리버 R. 에비슨, J. 헌터 웰즈(한국 선교부), 메리 B. 바렛에 대한 진단서 (1907년 9월 23일)

한국 평양,
1907년 9월 23일

　이것은 메리 B. 바렛 양이 신경 피로로 인하여 한동안 일을 잠시 제쳐두고 고국의 환경으로 돌아가야 할 정도로 고통받고 있다는 것이 우리 의견임을 증명합니다. 이 상태는 의학적 치료와 휴식에도 불구하고 지난 3년 동안 발전해 왔으며, 우리는 그녀가 가능한 한 빨리 미국으로 돌아가 필요한 기간 동안 체류할 것을 권고합니다. 이를 위해 우리는 선교부가 그녀가 앞으로 2년이 아니라 지금 그녀의 안식년을 허용하도록 선교본부에 신청을 하고, 선교본부는 그녀의 출발이 오래 지연되지 않도록 회신을 전보로 보내도록 요청할 것을 권장합니다.

　(서명) O. R. 에비슨,
　　　　J. 헌터 웰즈

Oliver R. Avison, J. Hunter Wells (Korea Mission), Health Certification for Mary B. Barrett (Sept. 23rd, 1907)

Pyeng Yang, Korea,

Sept. 23, 1907

This is to certify that in our opinion Miss Mary B. Barrett is suffering from nerve fatigue to such a degree that it is necessary for her to lay aside her work for a time and return to her home environments. The condition is one that has been developing for the last three years in spite of medical attention and intervals of rest and we advise that she return as soon as possible to America for such a period as may be found necessary. To this end we recommend that the Mission apply to the Board for permission for her to take her furlough now instead of two years hence and that the Board be asked to cable their reply so that her departure may not be long delayed.

(Signed) O. R. Avison.,

J. Hunter Wells

평양에서 개최된 연례 회의에 제출된 미국 북장로교회 한국 선교부의 보고서 (1907년 9월 23일), 13, 16, 44쪽

서울 지부

(......)

13쪽

여자 사역

(......)

에비슨 부인은 대가족뿐만 아니라 오가는 많은 사람들의 집인 큰 가사를 돌보는 것 외에도 매주 여자 모임을 열고 가능하면 그들 가정을 방문하며 신실한 봉사를 해온 한 전도부인의 업무를 책임지고 있다.

(중략)

16쪽

문서 사역.

(......) 에비슨 박사는 의학 서적의 번역 작업을 해왔다. 병리학, 진단한, 피부 질환, 세균학을 끝냈고, 외과와 고등 생리학을 진행 중이다.

(중략)

재령 지부

(......)

44쪽

쿤스 씨, 북서 지구의 책임 및 재령시 교회 공동 목사

쿤스 씨는 "9월 초에 우리는 서울에 올라가서 할 수 있는 대로 복음주의 공의회, 장로교회 공의회 및 선교부 회의에 참석하였습니다. 엘리자베스는 9월 26일 태어났습니다. 재령 지부는 쿤스 부인과 아기를 친절하게 돌봐준 에비슨 박사와 세브란스 병원의 직원들에게 감사를 표하기로 투표로 결정하였습니다. 우리는 서울에 10월 말까지 체류하였습니다."고 썼습니다.

Report of the Korea Mission of the Presbyterian Church in the U. S. A. to the Annual Meeting, Held at Pyeng Yang (Sept. 23rd, 1907), pp. 13, 16, 44

Seoul Station

(......)

p. 13

Woman's Work

(......)

Mrs. Avison, in addition to the care of a large household which is "home" not only for a large family, but for many others coming and going, has had charge of the work of one Bible woman, who has done faithful service, has held a weekly meeting for women and visited them in their homes, when possible.

(Omitted)

p. 16

Literary Work.

(......) Dr. Avison has been working on the translation of medical books. A Pathologu, Diagnosis of Diseases, Skin Diseases, and a Bacteriology have been completed, and he has under way a Surgery and an Advanced Physiology.

(Omitted)

Chai Ryung Station

(......)

p. 44

Mr. Koons, Charge of North-West Circuit and Co-pastor Chai Ryung City Church

Mr. Koons writes "Early in September we went up to Seoul and attended, as we were able, the Evangelical Council, the. Presbyterian Council and Mission Meeting.

Elizabeth made her bow to the world September 26. Chai Ryung owes a vote of thanks to Dr. Avison and the staff of Severance Hospital for their kind care of Mrs. Koons and her baby. We were detained in Seoul until late in October."

그림 47. 1907년 9월 23일부터 30일까지 평양에서 개최된 미국 북장로교회 한국 선교부의 연례 회의. 앞에서 두 번째 줄 왼쪽에서 세 번째가 루이스 H. 세브란스이며, 오른쪽에서 세 번째가 올리버 R. 에비슨이다.

1907년 9월 23일부터 30일까지 평양에서 개최된 미국 북장로교회 한국 선교부의 제23차 연례 회의 회의록 및 보고서, 4, 7, 9, 14, 21, 26, 28~29, 45, 51, 54, 58쪽

4쪽

1907~8년도 위원회
상설 위원회

(......)

10. 연합의 중요성 및 협약 출판.

    1908   E. H. 밀러 씨

    1909   빈튼 박사

    1910   에비슨 박사

7쪽

1906~1907년도의 임시 결정

(......)

에비슨 및 허스트 박사의 의료 증명서에 근거하여 선교부는 만장일치로 홀 씨의 미국 귀환을 선교본부에 요청하였다.

(......)

서울 지부의 발의에 의하여 널 박사의 건강에 관한 허스트 및 에비슨 박사의 의료 증명서가 선교부에 의해 승인되었으며, 요양 여행이 만장일치로 승인되었다. 1907년 7월 승인이 인증됨.

(중략)

9쪽

선교부 제23회 연례 회의 회의록

(......)

선교부는 1907년 9월 23일 월요일 아침 오전 8시 45분에 제23차 연례 회의의 업무 회의를 개회하기 위하여 모였다. (......)

14쪽

의장은 다음의 위원회를 공지하였다.

(......)

출판의 중요성 등: 허스트 박사의 공석에 에비슨 박사를.

임명: 에비슨 박사, 스왈렌 씨, 헌트 씨, 애덤스 씨, 휘트모어 씨, 스미스
씨

(중략)

21쪽

한국 평양, 1907년 9월 25일

세 번째 날의 선교부 회에서 카긴 씨가 예배를 인도하였다.

의장은 다음과 같이 위원회를 발표하였다.

(......)

브라운 양의 소천에 대한 경의: 웸볼드 양, F. S. 밀러 부인 및 에비슨
박사

(중략)

26쪽

평양, 1907년 9월 26일

(......)

의장은 다음의 위원회 임명을 공지하였다.

(......)

정부의 교육 관련 문제: 게일, 마펫, 에비슨, 휘트모어, 애덤스 및 커티
스 씨가 준회원으로 활동하도록 요청 받았다.

(중략)

28~29쪽

'메리 E. 브라운 양의 소천에 대한 결의 위원회'는 다음과 같이 보고하
였다.

"1903년 9월부터 1905년 10월까지 우리 선교부의 회원이었던 메리 E. 브라운 양이 그녀의 선교사 경력 초기에 미국으로 귀국하게 했던 질병을 오래 앓다가 1907년 7월 1일 미국에서 세상을 떠났다. 선교부는 그녀, 그녀의 기독교적인 성격에 대한 높은 존경, 우리 모두가 그녀를 존경하는 법을 배웠던 사랑, 그녀가 우리 가운데서 강제로 떠난 것에 대하여 우리가 느꼈던 슬픔, 그리고 그녀의 죽음에 대한 우리의 통렬한 슬픔과 딸을 잃은 그녀의 부모에 대한 우리의 진심 어린 위문을 기록하기를 원한다."

O. R. 에비슨
(서명)   수전 A. D. 밀러
캐서린 웸볼드
1907년 9월 26일

이것은 회의록에 넣어 사본을 그녀의 가족에게 보내라고 지시되었다.
(중략)

45쪽

편집 위원회는 다음을 보고하였고, 그 보고서는 채택되었다.

(......)
의료 사업.
A. 완료
에비슨 박사
병리학
진단한
피부 질환
세균학

(중략)

51쪽

평양, 1907년 9월 30일
(중략)

에비슨이 준비한 업무에 대한 위원회는 에비슨 박사가 준비한 의학 및 과학 (번역) 작업의 출판 및 사용을 권장하는 최종 보고서를 제출하였다. 보고서는 채택되었다.

(중략)

54쪽

우의(友誼) 위원회는 다음과 같이 보고하였고, 보고서는 채택되었다.

(……)

"우리는 E. H. 밀러와 클라크 씨 및 에비슨 박사로 구성된 특별 위원회를 임명하여 감리교회 위원회와 회의를 하고 집행 위원회가 이 문제에 대하여 선교부를 위하여 활동할 수 있는 권한을 부여할 것을 권장한다."

58쪽

서울 지부 배정

O. R. 에비슨, 의학박사: 세브란스 병원 책임 의사. 학생 조수 교육. 문서 작업. 언더우드 박사가 귀환할 때까지 남대문 사랑방 책임자. 거리 예배당 및 책방 책임자. 1908년 7월 1일부터 안식년.

O. R. 에비슨 부인: 에비슨 박사의 업무와 연관된 전도 사역. 전도 부인의 감독. 1908년 7월 1일부터 안식년.

(……)

J. W. 허스트, 의학박사: 언어 학습. 세브란스 병원 부의사. 병원과 연관된 전도 사역. 에비슨 박사의 출발 후에는 세브란스 병원의 책임 의사.

(중략)

Minutes and Reports of the Twenty-Third Annual Meeting of the
Korea Mission of the Presbyterian Church in the U. S. A. Held at
Pyeng Yang, September 23~30, 1907), pp. 4, 7, 9, 14, 21, 26,
28~29, 45, 51, 54, 58

p. 4

Committees for 1907~8
Permanent Committee

(......)

10. Publishing Interests and Contracts of Union.

    1908   Mr. E. H. Miller

    1909   Dr. Vinton

    1910   Dr. Avison

p. 7

Ad Interim Actions 1906~1907

(......)

On the basis of a medical certificate given by Drs. Avison and Hirst the Mission unanimously requested the Board for the return of Mr. Hall to the U. S.

(......)

On motion originating in Seoul the medical certificate given by Drs. Hirst and Avison concerning the health of Dr. Null was approved by the Mission, and health trip authorized unanimously. Approval certified July 1907.

(Omitted)

p. 9

Minutes of the Twenty-Third Annual Meeting of the Mission.

(......)

The Mission assembled for the opening Business session of its Twenty-third

Annual Meeting in the Academy at 8:45 a. m. Monday morning September 23rd 1907. (......)

p. 14

The Chairman announced the following committees:

(......)

Publishing Interests, etc.: Dr. Avison in vacancy of Dr. Hirst.

Apportionment: Dr. Avison, Mr. Swallen, Mr. Hunt, Mr. Adams, Mr. Whittemore, Mr. Smith.

(Omitted)

p. 21

Pyeng Yang, Korea, September 25, 1907.

Mission met in third day's session, Mr. Kagin leading the devotional exercises. The Chairman announced committees as follows:

(......)

On Resolutions on the death of Miss Brown: Miss Wambold, Mrs. F. S. Miller and Dr. Avison.

(Omitted)

p. 26

Pyeng Yang, September 26th, 1907.

(......)

The Chairman announced the following committee appointments:

(......)

On Government Educational Matter: Messrs. Gale, Moffett, Avison, Whittemore, and Adams, Mr. Curtis being asked to act as associate member.

(Omitted)

pp. 28~29

The committee on Resolution on the Death of Miss Mary E. Brown reported as follows: -

"Miss Mary E. Brown who was a member of our Mission from September 1903 to October 1905 having passed away in America July 1st 1907 after prolonged suffering from the illness which caused her return to America so early in her missionary career, - the Mission desires to record its high regard for her; for her Christian character; the love with which we had all learned to regard her; the regret which we felt at her enforced removal from our midst; our keen sorrow at hearing of her death, and our sincere sympathy with her parents in the loss of their daughter."

O. R. Avison.
(Signed)   Susan A. D. Miller.
Katherine Wambold
September 26th, 1907.

This was ordered spread on the minutes and copies sent to her family.
(Omitted)

p. 45
Editorial Committee reported as follows and its report was adopted.

(......)
Medical Works.
A. Completed,
Dr. Avison
Pathology
Diagnosis of Diseases
Skin Diseases
Bacteriology
(Omitted)

p. 51

Pyeng Yang, September 30th, 1907.
(Omitted)
The Committee on works prepared by Dr. Avison made its final report recommending the publication and use of the medical and scientific works prepared

by Dr. Avison; the report was adopted.

(Omitted)

p. 54

The Committee on Comity reported as follows, and the report was adopted:

(......)

We recommend that a special Committee consisting of Messrs. E. H, Miller, and Clark and Dr. Avison be appointed to carry on conferences with the M. E. Committee and that the Executive Committee be empowered to act for the Mission in the matter."

p. 58

Seoul Station Apportionment

O. R. Avison, M. D.: Physician in charge of Severance Hospital. Instruction of student assistants. Literary work. Charge, until Dr. Underwood's arrival, of South Gate Sarang. Charge of street chapel and Book room. Furlough from July 1st., 1908.

Mrs. O. R. Avison: Evangelistic work in connection with Dr. Avison's work. Oversight of Bible woman. Furlough from July 1st, 1908.

(......)

J. W. Hirst, M. D.: Language study. Associate Physician in Severance Hospital. Evangelistic work in connection with hospital. After Dr. Avison's departure, Physician in charge of Severance Hospital.

(Omitted)

19071000

선교지 단신.

The Korea Mission Field (서울) 3(10) (1907년 10월호), 149쪽

러들로 박사를 동반하여 한국을 장기 방문 중인 오하이오 주 클리블랜드의 세브란스 씨를 축하하는 환영회가 9월 12일 O. R. 에비슨 박사의 사택에서 열렸다.

Field Notes.

The Korea Mission Field (Seoul) 3(10) (Oct., 1907), p. 149

A reception was given at the residence of Dr. O. R. Avison, September 12th, in honor of Mr. Severance, who is making an extended visit to Korea accompanied by Dr. Ludlow of Cleveland, Ohio.

19071027
콜브란 부인. *The Seoul Press* (서울) (1907년 10월 27일), 2쪽

콜브란 부인

콜브란 부인의 많은 친구들은 그녀가 어제 아침에 받은 수술이 가장 성공적이었다는 소식을 듣고 매우 기뻐할 것이다. 그것은 에비슨 박사가 위어, 러들로 및 허스트 박사들의 도움을 받아 집도하였으며, 그들은 2~3일 이내에 완전히 회복될 것이라고 보고하고 있다.

Mrs. Collbran. *The Seoul Press* (Seoul) (Oct. 27th, 1907), p. 2

Mrs. Collbran

The many friends of Mrs. Collbran will be very pleased to hear that the operation under which she went yesterday morning was most successful. It was performed by Dr. Avison assisted by Drs. Weir, Ludlow and Hirst and they report that within two or three days convalescence will he fully restored.

19071100

지부의 보고.

The China Medical Journal 21(6) (1907년 11월호), 352~354쪽

한국 의료선교사 협회

첫 회의는 서울 유니언에서 1907년 9월 9일 오전 8시 30분에 개최되었다.

참석자: 에비슨, 웰즈, 대니얼 및 위어 박사

회의는 주최자인 대니얼 박사에 의해 소집되었다.

참석한 회원들은 자신들을 중국 의료 선교사 협회의 지부로 구성하기로 의결하였다.

제7조를 제외하고 중앙협회의 정관을 사용하기로 의결하였다.

협회는 9월 9일과 10일 오후 8시에 스크랜턴 박사의 사무실에서 회의를 열기로 의결하였다.

휴회된 회의는 9월 9일 오후 8시에 스크랜턴 박사의 사무실에서 열렸으며, 주최자에 의해 소집되었고, 그는 의장으로 선출되었다.

송도의 리드 박사가 기도를 드렸다.

의장의 간단한 소개말에 이어, 박사는 1907년 4월 상하이에서 열린 협회 회의에 대하여 보고하였고 참석자들에게 협회 결성에 동참할 것을 촉구하였다.

다음 정회원이 참석자 중에서 선출되었다.

E. D. 폴웰 박사, 미국 북감리교회, 평양

J. W. 허스트 박사, 미국 북장로교회, 서울

와이트먼 T. 리드 박사, 미국 남감리교회, 송도

메리 M. 커틀러 박사, 미국 북감리교회, 서울

엠마 언즈버거 박사, 미국 북감리교회, 서울

L. B. 테이트 박사 부인, 미국 남장로교회, 전주

케이트 맥밀런 박사, 캐나다 장로교회, 원산

W. B. 스크랜턴 박사, 무소속, 서울

그런 다음 회칙이 논의되었고, 수정 후 잠정적으로 1년 동안 다음과 같이 채택되었다.

한국 의료 선교사 협회
(중국 의료 선교사 협회의 한국 지부)

회 칙

1. 본 협회는 '한국 의료 선교사 협회'라 부른다.
2. 그것은 중국 의료 선교사 협회와 제휴된다.
3. 그 목적은 다음과 같다.
   I. 한국인들에게 치료술을 통한 복음을 제시한다.
   II. (a) 전반적으로 의학의 육성과 발전
   (b) 교육 및 한글로 된 의학 문헌의 준비를 통하여 한국인에게 그 지식을 전달한다.
   (c) 이 나라의 의료계 종사자들 사이에 상호 도움의 정신을 고취시킨다.
4 협회의 모든 회원은 공인된 의과대학을 졸업해야 하며, 다음과 같은 세 부류로 나뉜다.
   (a) 정회원 - 한국에서 의료 선교에 종사하는 사람
   (b) 준회원 - 개업에 종사하는 의사 또는 한국에서 다른 형태의 선교 업무에 종사하는 의료 선교사
   (c) 명예 회원 - 협회의 투표에 의해 선출된 의과대학 졸업생이어야 한다.
   회원은 2인의 추천과 제청을 거쳐 협회의 정기 총회에서 선출할 수 있다.
5. 협회의 임원은 회장, 부회장, 재무 및 서기로 하며, 매년 협회의 총회에서 선출한다. 서기는 모든 모임의 보고서를 중국 의료 선교사 협회의 서기에게 보낸다.
6. 본 회칙은 협회 총회에 출석한 재적의원 ¾의 찬성으로만 개정할 수 있다.

만장일치로 선출된 임원은 다음과 같았다.
회장,   O. R. 에비슨 박사, 서울
부회장,   J. 헌터 웰즈 박사, 평양
재무, 서기,   H. H. 위어 박사, 제물포
또한 잡지의 편집인과 합의 하에 편집인을 임명하기로 하였고, 서울의 J. W. 허스트 박사가 이 직책에 선출되었다.

다음의 사람들도 회원으로 선출되었다.
명예 회원: A. I. 러들로 박사, 오하이오 주 클리블랜드

준회원: J. W. 놀런 박사, 한국

기도로 휴회하고, 기도로 마감하였다.

9월 10일 오후 8시에 회의가 재개되었으며, 회장의 지시 후에 기도로 개회하였다.

그런 다음 A. I. 러들로 박사는 '외과의 몇몇 진전'에 관한 논문을 낭독하였는데, 흡인 및 충혈에 의한 농양과 누(瘻)의 치료, 척수 마취에 중점을 두었으며, 전 세계에서 수행되는 새로운 수술에 대한 넓은 시야와 관찰을 촉구하였다. 8명의 회원이 토론에 참여하였다.

다음의 사람들이 정회원으로 선출되었다.

H. 커렐, 의학사, 호주 장로교회, 진주

내규가 토의되었고, 다음과 같이 결정되었다.

내 규

I. 회의 - 총회는 매년 협회가 정하는 일시와 장소에서 개최한다.

지역 회의는 편리한 대로 다양한 곳에서 개최될 수 있다.

특별 총회는 모든 회원에게 최소한 1개월 전에 서면으로 8명 이상의 회원이 요청할 때 임원이 소집한다.

2. 한국에서 선교 업무에 종사하는 모든 간호원은 모든 회의에 참석하고 모든 전문적인 토론에 참여할 수 있다.

3. 정회원은 중국 의료 선교사 협회의 재무에서 연회비 은화 4달러 외에 재무에게 연간 1엔의 회비를 납부해야 하며, 준회원은 재무에게 1엔의 회비를 납부한다.

4. 다음은 각 회의의 업무 순서인데, 로버츠 회의법이 적용될 것이다.

a. 회원 명부 호명

b. 회의록 낭독

c. 신입 회원 선출

d. 임원 선출 및 상임 위원회 임명

e. 임원 및 위원회 보고

f. 이 보고서에서 파생되는 업무

g. 끝내지 못한 업무

h. 새로운 업무 및 서면 보고

5. 협회의 임원은 계획을 마련하는 위원회를 구성할 것이며, 연례 회의를 위한 모든 준비를 한다.

6. 본 내규는 본 협회 총회에서 과반수의 찬성으로 변경 또는 추가할 수 있다.

위어 박사는 연구에 대한 모(母) 협회의 요청을 보고하고, 모든 회원들이 제안에 동의하고 연말 전에 결과를 보고할 수 있도록 요청하였다.

다양한 주제에 대한 질문과 제안을 수집하고 차기 회의에서 보고하기 위하여 각각 한 명씩 여러 위원회에 임명하기로 결정하였다.

차기 회의는 내년 총회가 열리기 전인 1908년 9월 1일, 3일 및 4일에 서울에서 개최하기로 결정되었다. 서기는 여러 선교부의 서기들에게 알리도록 지시를 받았다.

허스트 박사는 자신이 선출된 편집장직을 사임하였고, 커틀러 박사가 그 자리에 선출되었다.

회장은 다양한 위원회에서 봉사할 다음의 회원을 지명하였다.

1. 보고서 양식 및 환자 기록	허스트 박사
2. 전도 사역	맥밀런 박사
3. 외과	웰즈 박사
4. 내과	폴웰 박사
5. 산부인과	언즈버거 박사
6. 소아 질환	테이트 박사
7. 의학 교육	스크랜턴 박사
8. 간호 교육(간호원에 의한)	쉴즈 양
9. 피부 질환	대니얼 박사

다음의 구역을 인정하기로 결정하였다.

서북 구역. 남쪽으로 재령까지
중앙 구역. 서울, 송도, 청주, 제물포
서남 구역. 군산, 전주, 공주, 광주, 목포
동남 구역. 대구, 부산, 진주
동북 구역. 원산

서기는 모든 회원들에게 위원회의 목록을 보내라는 지시를 받았다.

회칙 개정

만장일치로 제4항 끝에 다음의 단어를 추가하기로 결정하였다.

(a) 회의와 회의 사이에 회람으로 선출할 수 있는데, 이 경우 2명의 정회원이 서기에게 제출하며, 서기는 한국의 모든 정회원에게 투표 용지를 발송하고 투표가 만장일치인 경우 선출을 선언한다.

회의는 기도로 폐회하였다.

Reports of Local Branches.
The China Medical Journal 21(6) (Nov., 1907), pp. 352~354

Korea Medical Missionary Association

The first meeting was held at 8.30 a. m., on September 9th, 1907, in the Seoul Union.

Present: Drs. Avison, Wells, Daniel and Weir.

The meeting was called to order by the convener, Dr. Daniel.

It was Resolved, That the members present form themselves into a local branch of the Medical Missionary Association of China.

It was Resolved, That the constitution be that of the central Association with the exception of Article 7.

It was Resolved, that the Association meet in conference at 8 p. m., on September 9th and 10th, in Dr. Scranton's office.

The adjourned meeting was held in Dr. Scranton's office at 8 p. m., on September 9th, and was called to order by the convener, who was then elected to the chair.

Prayer was offered by Dr. Reid of Song Do.

After a few words of introduction by the chairman, a paper was read by Dr. Weir reporting the conference of the Association at Shanghai in April 1907 and urging those present to join in forming an association.

The following active members were then elected from among those present: -

E. D. Follwell, M. D., American Meth. Epis., Pyeng Yang,

J. W. Hirst, M. D., American Presbyterian, North, Seoul.

Wightman T. Reid, M. D., American Meth. Epis., South, Song Do.

Mary M. Cutler, M. D., American Meth. Epis., Seoul.

Emma Ernsberger, M. D., American Meth. Epis., Seoul.

Mrs. L. B. Tate, M. D. , American Presbyterian, South, Chun Ju.

Kate McMillan, M. D., Canadian Presbyterian, Won San.

W. B. Scranton, M. D., Unattached, Seoul.

The constitution was then dis cussed, and after being amended, was adopted as follows, for one year provisionally: -

The Korea Medical Missionary Association.
(Being the Korea branch of the Medical Missionary Association of China.)

Constitution.

1. That this society be called "The Korea Medical Missionary Association."

2. That it be in affiliation with the Medical Missionary Association of China.

3. That its objects be: -

   I. The presentation of the Gospel through the art of healing to the Korean people.

   II. (a) The cultivation and advancement of the science of medicine in general

   (b) The imparting of a knowledge of the same to the Koreans, through teaching, as well as by the preparation of medical literature in the Korean language.

   (c) The promotion of a spirit of mutual helpfulness among the members of the medical profession in this country.

4 All members of the Association must be graduates of some recognised medical college and shall be divided into the following three classes: -

   (a) Active Members, who shall be engaged in medical missionary work in Korea.

   (b) Associate Members, being medical practitioners engaged in private practice or medical missionaries engaged in other forms of mission work in Korea.

   (c) Honorary Members, who shall be such medical graduates as shall be duly elected by the vote of the Association.

Members can be elected at any ordinary meeting of the Association after being proposed and seconded by two members.

5. The officers of the Association shall be a president, vice-president, treasurer and secretary, and shall be elected annually at a general meeting of the Association. The secretary shall send a report of all meetings and the names of all active members on election to the secretary of the Medical Missionary Association of China.

6. This constitution can only be altered by a three-fourths vote of those present at a general meeting of the Association.

The following were unanimously elected officers: -
President, Dr. O. R, Avison, Seoul.
Vice-President, Dr. J. Hunter Wells, Pyeng Yang.
Treasurer, Secretary, Dr. H. H. Weir, Chemulpo.

It was also decided to appoint an editor, subject to agreement with the editor, of the Journal, and Dr. J. W. Hirst, Seoul, was elected to this post.

The following were also elected members: -
Honorary Member : A. I. Ludlow, M. D., Cleveland, Ohio.
Associate Member: J. W. Nolan, M. D., Korea.
The meeting was adjourned and closed with prayer.
The adjourned meeting was resumed at 8 p. m., on September 10th, and after being called to order by the president was opened with prayer.

A paper was then read by Dr. A. I. Ludlow on Some Advances in Surgery, in which stress was laid on the treatment of abscesses and sinuses by suction and by hypersemia; on spinal anaesthesia, and on the preparation of the hands, and urging a wide outlook and the observation of new work being done throughout the world. Eight members took part in the discussion.

The following gentleman was elected an active member: -
H. Currell, M. B., Australian Presbyterian, Chin Ju.

By-laws were discussed and decided upon as follows: -

By-laws.

I. Meetings. - A general meeting shall be held annually at such time and place as shall be decided by the Association.

District meetings may be held in various centres as may be convenient.

A special general meeting shall be called by the officers on the request of not less than eight members after at least one month's notice in writing to every member.

2. All nurses engaged in mission work iu Korea shall be entitled to attend all meetings and take part in all professional discussions.

3. Active members shall pay a subscription of one yen annually to the treasurer in addition to the yearly dues of $4 Mex. to the treasurer of the Medical Missionary Association of China, and associate members shall pay a fee of one yen to the treasurer.

4. The following shall be the order of business for each meeting, in the transaction of which Roberts' Rules of Order shall be enforced: -

a. Calling the roll of members.

b. Reading of the Minutes.

c. The election of new members.

d. The election of officers and appointment of permanent committees.

e. Reports of officers and committee.

f. Business arising out of these reports.

g. Unfinished business.

h. New business and written communications.

5. The officers of the Association shall constitute a committee of arrangements which shall provide a programme and make all arrangements for the general annual meeting.

6. These by-laws may be altered or added to by a majority vote at any general meeting of the Association.

Dr. Weir reported the request of the parent Association as to research and asked all members to do what they could to fall in with the suggestion and report to him their results before the end of the year.

It was decided to appoint a number of committees of one each to collect questions and suggestions on various subjects and report at the next meeting.

It was decided that the next meeting be held in Seoul before the meetings of the General Council next year, namely on September 1, 3, 4, 1908. The secretary was instructed to inform the secretaries of the various missions of the date.

Dr. Hirst resigned the post, to which he had been elected, of editor, and Dr. Cutler was elected in his place.

The president nominated the fol lowing members to serve on the various committees: -

1. Report blanks and records of patients.	Dr. Hirst
2. Evangelistic work,	Dr. McMillan.
3. Surgery.	Dr. Wells.
4. Medicine.	Dr. Follwell.
5. Obstetrics and Gynecology.	Dr. Ernsberger
6. Diseases of children.	Dr. Tate.
7. Medical education	Dr. Scranton.
8. Nurses education (By a nurse.)	Miss Shields.
9. Skin diseases.	Dr. Daniel.

It was decided that the following districts should be recognized: -

Northwest. As far south as Chai Ryeng.
Central. Seoul, Song Do, Ch'eng Ju, Chemulpo.
Southwest. Kunsan, Chyen Ju, Cong Ju, Coang Ju, Mokp'o.
Southeast. Tai Gu, Fusan, Chin Ju.
Northeast. Won San.

The secretary was directed to send a list of the committees to all members.

Amendment to the Constitution.

It was decided unanimously to add to the end of clause 4 the following words: -

(a) In the interim between meetings, election may be made by circular letter, in which case nomination by two active members shall be made to the secretary, who shall then send one voting paper round all the active members in Korea and shall declare election if the vote is unanimous.

The meeting was closed with prayer.

로즈 E. 무어(일리노이 주 몬머스)가 아서 J. 브라운(미국 북장로교회 해외선교본부 총무)에게 보낸 편지 (1907년 11월 4일)

(중략)

사랑하는 남편이 병에 걸렸을 때 우리는 거의 안정되지 못하였습니다.

에비슨 박사는 병원에서 그렇게 멀리(2마일 이상) 떨어져 있으면 그를 잘 돌볼 수 없기 때문에 그를 병원에 입원시키는 것이 더 낫다고 주장하였습니다. 저는 언제라도 그를 저에게서 떼어 놓고 병원에 있다는 생각을 할 수 없었기 때문에 저는 마지못하여 양보하였습니다.

(중략)

Rose Ely Moore (Monmouth, Ill.),
Letter to Arthur J. Brown (Sec., BFM, PCUSA) (Nov. 4th, 1907)

(Omitted)

So that we were hardly settled when my dear husband was taken ill.

Dr. Avison insisted that it was better to have him taken to the hospital, as they could not watch him so well at such a distance (two miles & more) from them. I reluctantly yielded, as I could not been the thought of having him away from me any of the time, and that in a hospital.

(Omitted)

한국. 메리 B. 바렛의 귀국. 미국 북장로교회 해외선교본부
실행위원회 회의록, 1837~1919년 (1907년 11월 4일)

한국. 메리 B. 브라운의 귀국. 심각한 건강상의 이유로 한국 선교부의 메리 B. 바렛 양의 귀국이 승인되었다. 그녀의 여행 경비, 현 회계 연도의 나머지 기간 동안 그녀의 고국 수당을 선교지 급여에서 충당하는 지출이 이루어졌다.

(편지: E. H. 밀러의 1907년 9월 24일자; 진단서, 에비슨 박사의 1907년 9월 23일자.[90])

Korea. Return of Mary B. Barrett.
Minutes [of Executive Committee, PCUSA], 1837~1919 (Nov. 4th, 1907)

Korea. Return of Mary B. Brown. The return of Miss Mary B. Barrett of the Korea Mission on account of serious ill-health was approved. The necessary appropriation was made for her travelling expenses, the saving in her field salary to be transferred to cover her home allowance for the remainder of the current fiscal year.

(Letter E. H. Miller Sept. 24th., 1907; medical certificate, Dr. Avison, Sept. 23rd., 1907.)

---

90) Oliver R. Avison, J. Hunter Wells, Health Certification for Mary B. Barrett (Sept. 23rd, 1907)

19071116

올리버 R. 에비슨(서울)이 아서 J. 브라운(미국 북장로교회 해외선교본부 총무)에게 보낸 편지 (1907년 11월 16일)

미국 북장로교회 한국 선교부
세브란스 병원

O. R. 에비슨, 의학박사
J. W. 허스트, 의학박사
E. L. 쉴즈 양, 정규 간호원

한국 서울 <u>1907년 11월 16일</u>

접수
1907년 12월 18일
브라운 박사

신학박사 브라운 목사,
해외선교본부 총무,
뉴욕 시

친애하는 브라운 박사님,

다시 한 번 서울 지부를 대신하여 제가 박사님께 월간 편지를 쓸 차례입니다. 써야 할 것이 너무 많아서 어디서부터 시작해야 할 지 거의 알 수 없으며, 특히 지금이 아니라 10월에 써야 했기 때문에 더욱 그렇습니다.

박사님이 아시다시피 9월은 회의의 달이었습니다. 이달 초 서울에서 한국 복음주의 연합공의회를 시작으로 의사들이 모여 의학 협회를 조직하는 사이에 우리는 평양에서 장로교회 공의회에 이어 새로 조직된 노회와 10월 2일까지 계속된 연례 선교 회의를 이어갔습니다. 박사님은 이 회의들에 대한 보고를 받을 것이고, 따라서 그것들의 일반적인 방향과 도달한 결정에 대하여 상당히 잘 알게 될 것입니다.

연합공의회는 해마다 여러 구성 단체가 많아지고 있으며, 의심할 여지없이 한국 교회를 통합하는 데 큰 역할을 할 것이며, 초기에는 선교 방법을 조화시키고, 공정하고 실행 가능한 영토 분할을 확보하며, 우리가 교회의 어떤 분야에서 실제적인 인력의 전체적인 우의를 얻을 수 있도록 하는 데 특히 유용할 것입니다. 우리는 성경 한 권과 교회 및 주일학교 책자 한 벌을 갖고 있으며, 몇 달 후가 되면 출판 준비가 거의 다 된 찬송가 한 권을 사용하는 모습을 보게 될 것입니다. 최근 회의에서 특정 선교부의 활동 범위 사이의 경계선이 만장일치로 인정되었으며, 다른 곳에서는 선교부 사이에 유사한 합의를 할 것을 강력하게 권고하지만, 그러한 합의가 3개월 이내에 도달하지 못한 경우에는 실행 위원회가 이 문제에 개입하여 합의를 이끌어내도록 지시받았습니다. 이 회의와 우리 선교부의 회의 사이에 우리 선교부 위원회와 남감리교인들은 이 두 기구 사이의 분할선을 계획하였으며 채택되어 현재 운영되고 있으며, 12월 에 우리 위원회는 북감리교인들과 만나 분할을 성사시키기 위하여 노력할 것 입니다. 그렇게 사업은 계속되고 있고, 그 사이에 전국 각지에서 사업을 보다 신속히 완수하기 위한 준비가 이루어지고 있습니다.

세브란스 씨는 8월 25일부터 11월 12일까지 한국에서 시간을 보내며 사업 을 자세하게 살펴보았는데, 그 어느 누구도 해보지 못한 것이었습니다. 그는 한국의 성공을 보았을 뿐만 아니라 우리의 약점과 실패를 알고 있습니다. 그 는 모든 지부를 방문하여 도움이 되고 상처를 주지 않을 것이라고 생각되는 곳마다 격려하고, 돕고, 영감을 주고, 재정적인 지원을 제공하였습니다. 그는 아낌없이 주거나 자제하였는데, 두 방법은 대단히 유용할 수 있습니다. 우리가 그의 방문을 얼마나 즐겼고 감사해 하였는지 박사님께 말로 다 할 수 없습니 다. 그가 우리 집에 머무르는 동안 러들로 박사도 마찬가지로 우리 가족의 일 원과 같았으며, 앞으로도 항상 그를 그렇게 여길 것입니다. 다른 편지에서 저 는 그의 방문에 대하여 더 많은 것을 박사님께 말씀드릴 것입니다.

서울에 있는 우리는 언더우드 박사의 미국 장기 체류에 대하여 유감스럽 게 느꼈으며, 아직 하지 못한 상태로 남아 있어야 하는 업무의 양에 압도당할 뿐입니다. 발전이 되지 않고 있는 것이 아니라 이러한 급속한 발전 속에서 튼 튼한 건물과 현명한 가르침의 필요성이 더욱 커졌습니다.

빈튼 박사가 재무직을 사퇴함에 따라 그 업무를 위하여 다른 사람의 시간 일부를 할애할 필요가 생겼고, 따라서 우리의 인력은 더욱 손상을 받게 되었 습니다. 빈튼 박사는 조만간 선교부에서 떠날 예정이며, 세브란스 씨는 그의 사택을 구입하여 지부 기지에 추가하였습니다.

건강상의 이유로 바렛 양이 일시적으로 은퇴한 것은 또 다른 중단을 가져 왔습니다. 웰본 씨는 내년 여름에 안식년을 갈 예정이며, 우리도 안식년을 갈 것으로 기대하고 있습니다. 그래서 박사님은 우리가 언더우드 박사가 회복 되 는대로 필요하다는 것을 알 수 있습니다.

그린필드 씨가 음악, 영어 및 미용 체조에 약간의 시간을 할애할 것이라는 점을 제외하면 E. H. 밀러 목사는 남학교에서 유일한 외국인 교사이지만, 우리 는 이전보다 더 나은 한국인 교사를 보유하고 있기 때문에 확고한 입지를 다지고 있다고 생각합니다. 그 중 한 명인 이상재 씨는 한국에서 가장 저명한 학자 중의 한 명으로 한 달에 80엔이라는 거액의 급여를 지불해야만 얻을 수 있었는데 세브란스 씨가 다시 우리를 도와주었습니다. 우리는 두 번째 사람에게 40엔, 세 번째 사람에게 30엔을 지불해야 하지만, 우리는 그것이 우리 일에 큰 도움이 될 것이라고 느끼고 있습니다.

E. H. 밀러 씨의 여학교는 좋은 해를 맞이하고 있으며, 매우 건강한 상태에 있고 더 큰 학급과 좋은 결과를 기대하고 있습니다.

이곳에서도 세브란스 씨는 먼저 강의실을 위한 책상과 의자 60개를 구입하도록 도왔고, 두 번째로 8,000엔의 기숙사 숙박 시설을 추가할 수 있도록 승인하였습니다. 헤론 양이 학교를 돕기 위하여 임명되었지만 아직은 음악과 영어만을 가르칠 수 있습니다. 그곳에는 40~50명의 학생들이 출석하고 있습니다.

교회는 모두 넘칠 정도로 가득 차고 있습니다. 연못골의 게일 박사의 교회에는 바닥에 1,300에서 1,500명이 앉을 수 있는 새 건물이 막 완공되고 있으며, 완공되자마자 거의 가득 찰 것입니다. 소녀와 소년들을 위한 초등학교가 성공적으로 운영되고 있습니다.

도심의 클라크 씨의 교회는 이제 그곳의 교회 건물을 완전히 차지하고 있으며 4명의 초등학교 교사를 고용하였는데 2명은 남학교, 2명은 여학교를 위한 것입니다.

서부에 있는 언더우드 박사의 새문안 교회는 일요일마다 처음에는 남자로, 그 다음에는 여자로 가득 차며, 이를 해소하기 위하여 새 부지를 확보하는 중입니다.

이 모든 교회들은 이제 도시 주변 지역에서 이전보다 더 많은 사역을 하고 있습니다.

그러나 이번 편지에는 모든 것이 상당히 잘 진행되고 있고 이곳에 새로운 회중이 만들어지고 있다는 점을 제외하고는 병원에 대하여 아무 언급도 하지 않을 것입니다. 일요일 아침에 약 70명이 나옵니다. 저는 조만간 병원에 대하여 박사님께 충분하게 편지를 쓰고 싶습니다.

(서울 지부의) 모두가 박사님과 가족, 그리고 선교본부의 모든 직원들께 가장 애정 어린 안부를 전하며, 우리는 이것이 개인 및 기관 모두에게 축복을 가져다주는 성탄절에 이 편지가 여러분에게 도달할 것이라는 것을 잊지 않고 있습니다.

안녕히 계십시오.
O. R. 에비슨

우리는 박사님이 최근 편지에서 말한 것이 무어 부인에 관한 우리 편지의
답장이라는 것을 알았는데, 첫째 박사님은 염려하여 우리의 편지를 받아들이지
않았고, 둘째 박사님은 그녀가 필요한 것을 검토하여 그들을 위하여 박사님이
할 수 있는 모든 것을 할 것이라는 것을 알게 되어 기쁩니다.

Oliver R. Avison (Seoul),
Letter to Arthur J. Brown (Sec., BFM, PCUSA) (Nov. 16th, 1907)

Korea Mission of Presbyterian Church in U. S. A.
Severance Hospital

O. R. Avison, M. D.
J. W. Hirst, M. D.
Miss E. L. Shields, Grad. Nurse

Seoul, Korea **Nov. 16, 1907**

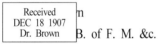

Received
DEC 18 1907
Dr. Brown

m

B. of F. M. &c.

New York

Dear Dr. Brown: -

It is again my turn to write you on behalf of Seoul, our usual monthly
letter. There is so much I ought write about that I hardly know where to begin
& more especially as I should have written in October instead of now.

As you know September was our month of meetings. Beginning early in the
month with the General Evangelical Council in Seoul, between the Sessions of
which the doctors met and organized a Medical Association, we passed on to the
Presbyterian Council in Pyeng Yang, followed by the newly organized Presbytery
and then our Annual Mission Meeting which lasted until the second of October.
You will have received accounts of these meeting and so will be fairly well
informed of their general tenor and of the decisions arrived at.

The General Council is year by year gaining in to hold upon to several constituent parts and is without doubt going to prove of great service in unifying the Church in Korea and in these its early years it will be especially useful in harmonizing mission methods, in securing fair and workable territorial divisions, and enabling us to get the whole comity under the actual working power of some branch of the church. We have one Bible and one set of church and Sunday School literature, and a few months more will see us using one hymnbook as it is now almost ready for the press. At the last meeting certain boundaries were unanimously recognized as dividing lines between the spheres of action of certain missions, while in other places missions were strongly recommended to make similar agreements between themselves, while in cases where such agreements were not arrived at within three months the Executive Com. of the Council was directed to go into the matter and try to bring about an agreement. Between this meeting and that of our Mission, Committees of our Mission and the Southern Methodists planned a line of division between those two bodies which was accepted and is now being put into operating and in December our Com. is to meet with the Northern Methodists to endeavor to make a division with them. Thus the work goes on and between provision is being made for the more rapid accomplishment of the work in all part of the country.

Mr. Severance spent the time between Aug. 25th and Nov. 12th in Korea, going into details of the work as no other man has ever done. He saw not only the successes of Korea but he knows our weak spots and our failings. He visited every station, encouraging, helping & inspiring and giving financial aid wherever it seemed to him such a course would be helpful and not hurtful. He gives freely and also withhold, and both method may be very helpful. I cannot tell you how we enjoyed and appreciated his visit. His stay in our house, and likewise Dr. Ludlow's, was like that of a member of our family and we shall always hereafter regard him as such. In another letter I shall tell you more of his visit.

We in Seoul heard with regret of Dr. Underwood's prolonged stay in America and are simply overwhelmed with the amount of work that has to left undone. Not that advance is not being made but in the midst of such rapid advancing the need for strong building & wise teaching is all the greater.

Dr. Vinton's retirement from the Treasurership has made it necessary to take up part of another's time with that office and thus still further crippled our force. Dr. Vinton is planning to retire from the mission within a short time and Mr. Severance has purchased his house to add it to our Station plant.

Miss Barrett's temporary retirement for health reasons has made another break. Mr. Welbon will go on furlough next Summer and we expect to do the same. So you see we need Dr. Underwood as soon as ever he can get well.

Rev. E. H. Miller is the only foreign teacher in our boys school except that Mr. Greenfield will give a little time to music, English, & Calsthenics, but we feel we are getting on to firm ground as we have better Korean teaches than we ever had before. One of these, Mr. Ye Sans Chai, is one of Korea's most noted scholars and could only be gotten by payment of a large salary ¥80.00 per month, but Mr. Severance came to our aid again. We have to pay a second man 40 Yen & a third 30 but we feel it will greatly help our work.

The Girls' school under Mr. E. H. Miller is entering upon a good year & is in a very healthy state & we look for a larger class & good results.

Here again Mr. Severance helped & first by _____ the purchase of 60 desks & chairs for the class rooms, and second by authorizing an addition to the dormitory accommodation at a cost of ¥8,000.00. Miss Heron has been appointed to assist in the school but as yet can only teach music & English. There are between 40 and 50 students in attendance.

The churches are all filled to overflowing. At Yun Mot Kol Dr. Gale's church is just completing a new building which will accommodate 1,300 to 1,500 sitting on the floor and it will be nearly filled as soon as finished. Primary schools for girls and boys are being carried on successfully.

Mr. Clark's church in the centre now fully occupies the church building there and has four primary school teachers engaged, two for boys and two for girls.

Dr. Underwood's church in the west, Sai Moon An, is filled first with man & then with women every Sunday & is in the act of getting a new site so it can spread out.

All of these churches are now doing more work than before in the districts around the city.

But will not say anything about the hospital this time except that all is going on fairly well and a new congregation is building up here. About 70 out on

Sunday mornings. I hope to write you fully about the hospital very soon.

All join in most affectionate greetings for yourself & family & all the Board officers and we do not forget that this will reach you about Christmas which season we hope will bring you blessing both personal & official.

Very sincerely,
O. R. Avison

We noted what you said in a recent letter is reply to ours concerning Mrs. Moore and are glad to know that in the first place you did not take our letter in a spirit of misapprehension and in the second place that you will look into her need and do for her all that you can in view of them.

새뮤얼 A. 마펫(대구)이 앨리스 F. 마펫(평양)에게 보낸 편지
(1907년 12월 2일)

한국 대구,
1907년 12월 2일

사랑하는 앨리스: -

모든 것이 잘 되고 있다는 편지를 당신에게 보내는데 이렇게 많은 날이 걸릴 줄 몰랐소. 나는 윌리엄 보든의 책인 '극동의 개조'를 읽는 것을 크게 즐기며 서울로 가는 기차에서 좋은 하루를 가졌소. 저자는 나보다 일본 정부에 대하여 훨씬 더 자신감을 가지고 있었고, 그의 정서는 극도로 반(反) 독일(獨逸)적이었소. 그는 한국인을 평가하지 않았지만 그의 책은 나에게 중국에 대하여 상당한 정보를 주었다오.

나는 서울에서 벙커 부인 대신에 에비슨 박사에게 가야 한다는 것을 알게 되었는데, 그녀는 즈푸에서 왔고 미국으로 갈 예정이지만 아마도 돌아오지 않을 것이라고 해리스 감독이 말하고 있는 스웨어러 씨 가족을 받아들였기 때문이었소. 케이블 씨는 공주로 내려갔소.

나는 에비슨 박사 댁에서 즐거운 시간을 가졌는데, (......)

목요일 밤에 우리는 에비슨 박사댁에서 허스트 박사 부부, 레이놀즈 씨 부부, 사프 부인, 캐배노 씨 부부와 함께 추수감사절 저녁을 먹었으며, 아주 좋은 저녁이었다오.

(중략)

Samuel A. Moffett (Taiku),
Letter to Alice F. Moffett (Pyeng Yang) (Dec. 2nd, 1907)

Taiku, Korea,

December 2, 1907

Alice My Dearest: -

I little thought it would be so many days before I should get a letter off to you to tell you that all is well. I had a good day on the train to Seoul greatly enjoying the reading of Wm. Borden's book The Re-Shaping of the Far East. The author was far more confident in the Japanese government than I have and is intensely anti-German in his sentiments. He does not appreciate the Koreans but his book gave me considerable information about China.

At Seoul I found I was to go to Dr. Avisons instead of Mrs. Bunkers, as the latter had just taken in the Swearers who had come from Chefoo and are going to America, probably not to return, Bishop Harris says. Mr. Cable has been sent to Kong Ju.

I had a good time at Dr. Avisons (......)

Thursday night we had Thanksgiving dinner at Dr. Avison's with Dr. & Mrs. Hirst, Mr. & Mrs. Reynolds, Mrs. Sharp, Mr. & Mrs. Kavanaugh - a very good evening.

(Omitted)

서울 숙녀들의 가정 방문일.
The Seoul Press (서울) (1907년 12월 15일), 2쪽

서울 숙녀들의 가정 방문일

에비슨 부인 - 두 번째 및 네 번째 금요일
(......)
필드 박사 - 첫 번째 및 세 번째 수요일
(......)
허스트 부인 - 두 번째 및 네 번째 금요일
(......)

Seoul Ladies at Home Days.
The Seoul Press (Seoul) (Dec. 15th, 1907), p. 2

Seoul Ladies at Home Days

Mrs. Avison - 2nd and 4th Fridays
(......)
Dr. Field - 1st and 3rd Wednesdays
(......)
Mrs. Hirst - 2nd and 4th Fridays
(......)

홍석후 번역, 에비슨 교열, 『진단학 2』
(서울: 대한 황성 제중원, 1907)
Translated by Suk Hoo Hong, Proof-read by Oliver R. Avison,
『Diagnostics, Volume 2』 (Seoul: Jejoongwon, 1907)

2권으로 이루어진 이 책은 홍석후 번역, 에비슨 교열로 1906년의 1권[91])에 이어 1907년 2권이 출판되었다.

이 책은 겉표지, 속표지, 원본서지, 목록, 본문으로 이루어져 있다. 『진단학 권 2』의 본문은 1권에 이어 다음과 같이 6장으로 구성되어 있으며, 원문과 일본어 번역본에 포함되어 있는 그림 중 소변검사와 관련된 그림 15개가 포함되어 있다.

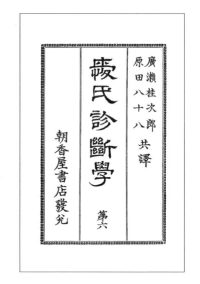

그림 48. 일본어 번역본의 속표지

91) 1권은 이 책의 xxx쪽을 볼 것.

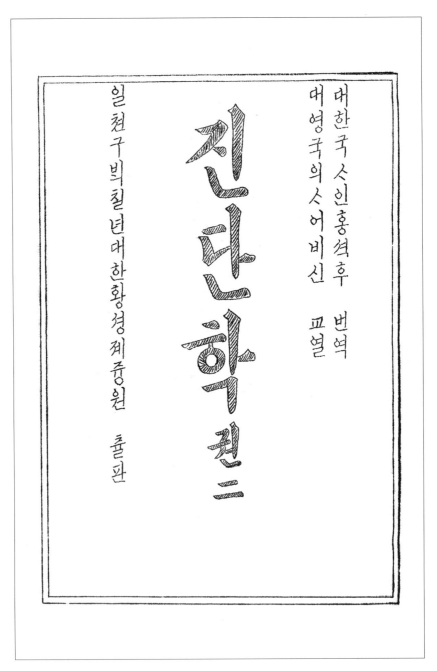

대한국 ᄉᆞ인홍셕후 번역

대영국의 ᄉᆞ어비신 교열

진단학 뎨二

일쳔구ᄇᆡᆨ칠년대한황셩졔즁원 츌판

그림 49. 진단학 권2 속표지.

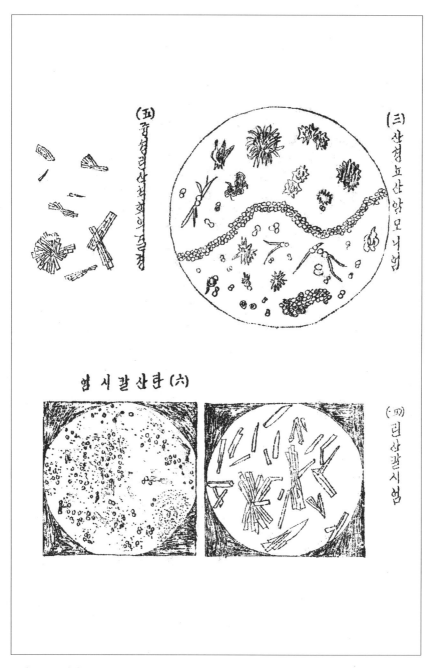

그림 50. 소변검사 관련 그림.

홍종은 번역, 에비슨 교열, 『피부병 진단치료법. 단』
(서울: 대한 황성 제중원, 1907)
Translated by Jong Eun Hong, Proof-read by Oliver R. Avison, 『Skin Diseases: Its Diagnosis and Treatment』 (Seoul: Jejoongwon, 1907)

1권으로 이루어진 이 책은 대한국 육군 군의 홍종은 번역, 에비슨 교열로 1907년 대한 황성 제중원에서 출판하였다. 이것이 어느 책을 번역한 것이었는지는 표시가 되어 있지 않다. 하지만 야마다 고린(山田弘倫, 1869~1955)과 아사히 겐키치(旭憲吉, 1874~1930)가 공동으로 집필한 『피부병 진단 급 치료법 완』을 번역한 것이다.

그림 51. 야마다 고린.

야마다 고린은 제1고등학교를 졸업하고 육군 의탁 학생이 되어 도쿄제국대학 의과대학에 입학하여 1897년 졸업하여 의학사의 학위를 받았다. 1898년 육군 2등 군의에 임명되고, 1913년 1등 군의정으로 승진하여 육군성 위생과장에 임명되었다. 육군 군의학교 교장, 위술병원장 등을 거쳤다. 1922년부터 1923년까지 육군성 의무국장에 임명되었으며, 중장으로 전역하였다. 일본의과대학 부속 병원장을 역임하였다.

아사히 켄키치는 1899년 12월 도쿄제국대학 의학부를 졸업하고 피부병학미독학교실의 조수로 남았다. 1903년 5월부터 3년 동안 독일 유학을 마치고 귀국하여 1906년 10월 교토 제국대학 후쿠오카 의과대학의 피부병학미독학 강좌의 교수로 임명되었다. 1919년 1월 규슈 제국대학 의과대학 부속 제1의원

그림 52. 아사히 켄키치.

장에 임명되었고, 1928년 일본 피부과 학회 회장을 역임하였다.

판심 위쪽에 '피부병의 진단과 치료법'이라고 쓰여 있으며, 1쪽에 16행이 들어 있고 크기는 23.0x15.6㎝이다.

책은 겉표지, 속표지, 목록, 본문으로 이루어져 있다. 순수 한국어로만 번역하였고, 한자가 필요한 경우에는 괄호 속에 표기하였다. 다만, 각 장절의 숫자와 그림의 숫자는 한자로 표기하였다. 원본에는 뒤에 사진이 여러 장 들어 있지만 번역본에는 들어 있지 않으며, 본문은 다음과 같은 항목으로 구성되어 있다.

그림 53. 야마다 고린과 아사히 켄키치의 『피부병 진단 급 치료법 완』 속표지.

셔론
각론(各論)
뎨一쟝 염증성피부병
뎨二쟝 피부혈힝쟝해(皮膚血行障害)
뎨三쟝 피부진힝성영양쟝해(皮膚進行營養障害)
뎨四쟝 피부종양
뎨五쟝 피부퇴힝성영양쟝해
뎨六쟝 신경성피부증(神經性皮膚症)
뎨七쟝 긔싱성피부병
뎨八쟝 피부만성전염병
뎨九쟝 급성전염병발진
第十章 미독진

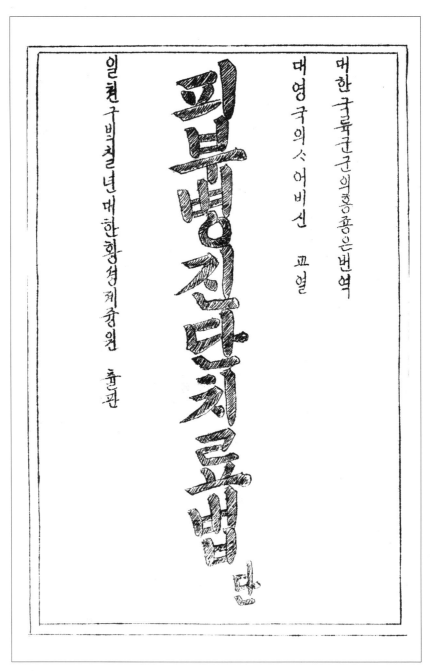

그림 54. '피부병 진단 치료법 단'의 속표지. 동은의학박물관 소장.

간졍(Koriosis)

이 병은 혜변호야 쇽발호는지 발성의 병이니 간조호은 뵈식의 빗치 잇는긴

셜노텁헛스니 그곳의 피부는 경계가 분명호고 혹이 원형으로 발젹호야름

거호고 그원발진은 격식혹 갈식의 모쳔두대의 구진이 되여 졈촛로 쥬위에

박회 모양으로 펴지니 가놀고 북흔 갈호놀불지니 라린졀은 그면이 섈폭 궁고

린졀을데 히히면 그밋 헤셔 렴상으로쑬혈호며 치유는 가온디로브러 되느니

가역의 젹쇠이 회 박궁게되는거 손즁샹의 긋침을 몰치는거시 오온 젼이

소양이 업는 것도 잇느니 라 이즁샹의 헝샹과 만변호는 모양을 닷과 좌편의

여러 가지로 구별호느라

텀상간젼(點狀)이라 호는 거슨 모침두대의 초긔 발진을 널음이라

덕상간젼(滴狀)이라 호는거 손물방울만치 코게 된거 슬널음이라

화뎌간젼(貨大乾癬)이라 호는거 손 화폐만치 큰거슬널음이라

우회상간젼(紆廻狀)은 그형샹이 꼽을홈흔거 슬널음으로이라

환상간젼은 가온티는 임의 치유호 엿스나 쥬위로병의 증셰가오히려 진힝

호는거 슬널음이라

『병리통론』 (서울: 제중원, 1907)
『General Pathology』 (Seoul: Jejoongwon, 1907)

1권으로 이루어진 이 책은 번역자나 교열자의 표시가 없이 1907년 황성 제중원에서 출판한 것으로 되어 있다. 판심 위쪽에 '병리학 통론', 가운데에 '권일'이라고 쓰여 있는 것으로 보여 여러 권이 출판되었거나 될 예정이었던 것으로 보인다.

이 책은 겉표지, 속표지 (1쪽), 목록(3쪽) 및 본문(237쪽)으로 이루어져 있다. 대부분 기생충에 관한 58개의 그림이 들어 있는 본문은 다음의 세 부분으로 이루어져 있다.

질병론 Pathology
병원인론 Etiology
    뎨一류 니인(內因) Internal Cause or Predisposing Cause
    뎨二류 외인 External or Immediate Cause
        (一) 긔계뎍원인 Mechanical Causes
        (二) 리학뎍원인 Physiologic Causes
        (三) 화학뎍원인 Chemical Causes
        (四) 긔싱물원인(寄生物原因) Parasites Causes
        (五) 외싱활샹항에관계된원인(外生活狀況에關흔原因) Extern Influences
병변론 Changes caused by disease
    뎨一 국소혈힝장애 Local disturbance of circulation
    뎨二 퇴힝병변 Retrograde disturbances of nutrition
    뎨三 진힝병변 Hypertrophic changes
    뎨四 염증 Inflammation
    뎨五 전염병 Contagious Diseases
        뎨一류 국소에극흔염증을발ᄒᆞᄂᆞᆫ전염병 Local inflammatory contagions
        뎨二류 전혀범발증을발ᄒᆞᄂᆞᆫ전염병 Constitutional Contagious diseases
        뎨三류 국소에육아셩염을발ᄒᆞᄂᆞᆫ전염병 Contagious diseases with a local
            seat of inflammation
    뎨뎨六 신진딕샤이샹(新陳代謝異常) Diseases of Albumen forming function
    뎨뎨七 온졍병(溫政病) Disese of hear producing function

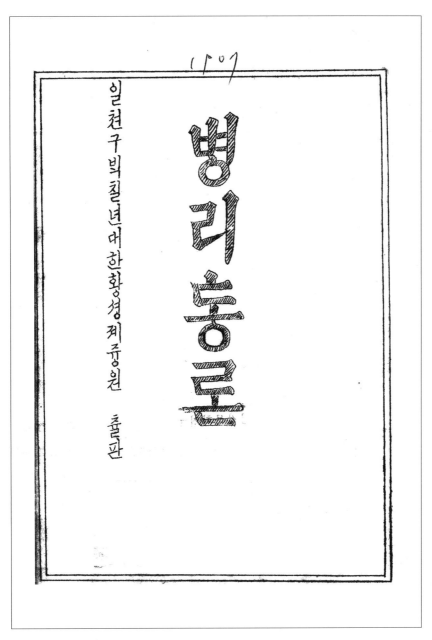

그림 56. **병리통론 속표지.** 한국학중앙연구원 소장.

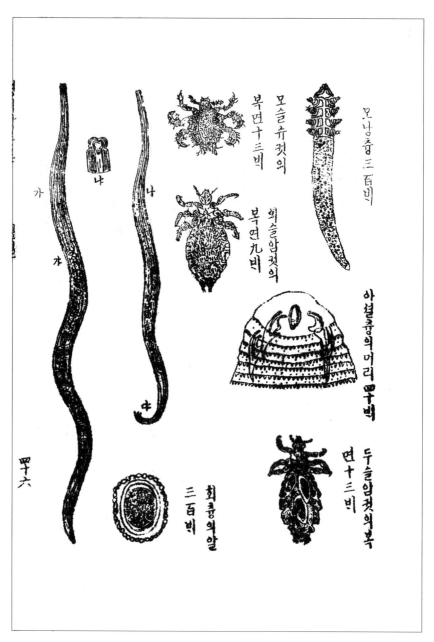

그림 57. 기생충 그림.

19320928

어비신 박사 소전(33) 세부란스 의학교의 유래.
기독신보 제878호 (1932년 9월 28일)
[A Short Story of Dr. Oliver R. Avison (33).
Origin of Severance Hospital Medical School.]
The Christian Messenger (Seoul) No. 878 (Sept. 28th, 1932)

1907년에 세브란스 씨가 그의 가정의인 러들로와 동반하여 세계 각지의 장로회 선교지를 시찰하는 길에 조선에도 오게 되었다. 이 병원은 그에게 특별한 흥미를 주었다. 거의 3개월 동안이나 조선에 체류하며 각처에 선교사 주재소도 방문하고 일반 사업의 각 방면을 세밀히 시찰하였다. 마침 병원 건축 공사를 진행하는 때였다.

어느 날 나는 세브란스 씨와 공사를 시찰하게 되었다. 병원의 맨 밑층을 진찰소로 사용하겠다는 계획을 듣고 그가 이렇게 말하였다. "진찰이 중요한 일인데, 이 건물 중 가장 보잘 것 없는 지하실을 사용하는 것을 옳다고 생각합니까? 진찰을 위해 특별히 딴 건물을 짓는 것이 필요치 않습니까?"라고 말을 하여 나는 놀랐다. 그가 오기 전에 씨가 우리를 위해 해주기를 기대하는 모든 일에 대하여 허스트와 내가 설계를 만들어 둔 것이 있었다. 그가 도착하자 이 진찰소 문제가 급히 해결을 요하는 문제의 하나임을 깨닫고 나는 그에게 이 문제를 내놓으려 했다. 그런데 아직껏 말을 꺼내지 않았는데 그가 이 문제를 생각하여 병원 발전의 가장 필요한 것 중의 하나로 여기게 되었던 것은 나에게 의외였다. 그의 다음 질문은 "당신은 진찰실의 제일 좋은 설계를 어떻게 생각합니까?"이었다. 그래서 아직 구체적 생각이 없었으나 즉시 고안에 착수하려 한다고 나는 대답하였다. 그런데 이것은 선교회의 연회에 제출해야 되겠다고 말하고 선교회의 승인이 없이는 건축할 수 없다고 말하였다. 그는 말을 계속해 "그러면 우리가 할 수 있겠지요."라고 하였다. 그가 친히 다가오는 선교 연회에 출석하기로 생각하였던 것이다. 이 회는 평양서 모이게 되었다. 시일 관계로 진찰소의 설계도를 완성치 못한 채로 연회에 참석하게 되었다. 그래서 나는 구두로 세브란스 씨가 진찰소 건축 자금을 기부하시며 선교회에 대하여 건축의 허락을 받으려 한다고 회중에 제출하였다. 이 일은 의료위원회에 일임하기로 가결되었다. 의료 위원회 석상에서 세브란스 씨는 말하기를 만일 1만 달러가 있으면 쓸 만한 진찰소를 지을 수 있겠느냐고 하였다. 그리하여 이 위원회에서는 이 기부를 감사히 접수하고 진찰소의 건축 설계를 즉시 착수하게 되었다. 세브란스 씨가 조선을 떠나기 조금 전에 내게 언제 안식년이 되어 귀국하느냐고 물어보았다. 내가 귀국할 해는 1908년이지만 원체 할 일이 많이 밀려있어 어찌 될지 모르겠다고 하였다. 그러자 그는 아무쪼록 그 해를 넘기지 말고 오라며 말하기를 당신이나 내가 늙어 가는 사람들인즉 의료 사업에 있어서 투철히 한 가지라도 함이 있으려면 시기를 잃지 말아야 될 것이라고 하였다. 그리고 또 말하기를 내가 귀국할 때에는 의료 사업 방면에 있어서 내가 하고자 하는 모든 일의 총설계를 만들어 가지고 오게 되면 자기는 힘을 다하여 도와주겠다고 하였다. 씨의 이 모든 말씀은 나를 비상히 장려 고취함이 되었다.

20100000

올리버 R. 에비슨 지음, 박형우 편역, 올리버 R. 에비슨이 지켜본 근대 한국 42년 1893~1935. 상 (서울: 청년의사, 2010), 362~368쪽

구한국 군대의 해산과 간호

한국 여자들은 은둔의 관습 때문에 남자 환자를 돌보는 것을 꺼려하였다. 당시 한국에서는 다 자란 여자가 가족 구성원 이외의 남자의 눈에 띄는 것은 적절하지 않았다.

나는 이 오래된 관습을 혁파할 무엇이 일어나기를 항상 기대하고 있었다. 어느 날 내가 고참 선교사 한 사람에게 이러한 희망을 피력하였다. 그랬더니 "그 관습을 타파하는 데에는 최소한 20년이 걸릴 것이다!"라는 대답을 들었다. 나는 "세월이 흐르면 다 해결되지 않겠느냐?"고 한마디 하였다. 그랬더니 "그렇지만 관습은 매우 오래된 것이다. 쉽게 바뀌는 것은 아니다."라고 대답하였다.

그러나 하루가 채 지나기도 전에 변화가 나타난 사건이 발생하였다. 러일 전쟁 후 일본인에 대한 한국인의 증오는 더 격렬해졌다. 일부 한국 군인들은 항일 조직을 결성하고 전국의 어느 곳이든 일본군을 만나면 그들에 대항하며 싸웠다. 동포들에게는 통감부에 굴복하지 말라고 촉구하였다. 이 조직의 회원들은 스스로 '의병'이라 칭하였다.

의병은 한국군 연대의 잔류병과 일본이 시도하는 어떠한 것에 대하여, 어떠한 형태로든 반대하는 투철한 생각을 가진 한국인으로 구성되었다. 하지만 모든 의병들을 전멸시키려고 결정한 일본군에 의해 추격당하여 이곳저곳 시골을 돌아다녀야 했다. 사실상 약탈자 떼에 불과할 정도로 세가 약해지기 시작하였다.

결국 일본은 '매우 악한' 한국인들로 구성된 의병들을 거의 대부분 제거하는데 성공하였다. 하지만 한 연대가 아직 서울의 요새를 점령하고 있었다. 그들은 성곽 바로 안쪽에서 남대문과 서소문 사이에 위치한 막사에 주둔하고 있었다.

결국 일본의 통감부는 이 연대마저 해산시키기로 결정하였다. 어느 날[92] 아침 한 무리의 일본군 장교가 이 명령을 집행하기 위해 막사에 도착하였다.

---

92) 1907년 8월 1일이다.

그들은 지휘를 맡고 있는 한국군 장교를 불러 장교의 손에 포고문을 올려놓았다. 그리고 장병들을 소집하여 군대 해산을 위한 포고문을 낭독하라고 요구하였다. 모욕적인 언어로 쓰여진 명령을 읽은 한국군 장교는 격분하여 그 종이를 돌로 찢어버리고 땅바닥에 집어 던졌다. 그리고 즉시 자결하였다.[93]

지휘자의 자결은 한국군 연대의 병사들을 흥분시켜 그 결과를 고려하지 않고 일본군 장교들을 향해 발포하였다. 폭동으로 번졌다. 이 소식은 곧 통감부의 사령부로 전해졌다. 즉각 일본군이 파견되었다.

그동안 한국군 병사들은 분명히 공격이 있을 것을 예상하고 출입문을 걸어 잠그고 출입구에 바리케이드를 쌓아 만반의 준비를 갖추었다. 오래지 않아 도착한 일본 병사들은 막사로 진입하려고 시도하기 시작하였다.

우리 병원은 그곳에서 상당히 가까운 거리에 위치해 있었다. 오전 9시경 병원과 막사 사이에 위치한 남대문 근처에서 소동이 벌어지고 있는 가운데 그곳에서 총성이 들렸다. 밖을 보니 남대문의 상단부를 점령한 일본군 병사들이 기관총으로 한국군 막사를 공격하고 있었다. 남대문 주위에 모여 있던 많은 군중들은 사격을 피해 병원 바로 건너편에 위치한 남대문역 쪽으로 피하였다. 일부 군중은 총에 맞지 않기 위해 병원 구내로 들어왔다. 이들 한국인으로부터 무슨 일이 일어났는지 알게 되었다.

그 다음에 우리 병원의 앞길 바로 건너편의 서울역에 배치되어 있는 일본군 중대를 보았다. 그들은 막사에 일제 사격을 가하기 위하여 투입된 것이었다. 이윽고 한국군 병사들이 막사를 떠나 성벽을 넘어가는 것이 보였다. 우리는 그들이 도시 남쪽의 구릉 쪽으로 뛰어 도망가는 것으로 짐작하였다. 하지만 우리의 짐작은 틀렸다. 그들은 서울역에 있는 일본군을 공격하기 위하여 서울역보다 높은 구릉에 자리를 잡은 것이었기 때문이었다.

우리들은 병원에서 무슨 일이 진행되고 있는가를 잘 볼 수 있었다. 곧 서로 사격을 주고받는 소리가 들렸다. 그 순간 나는 많은 한국인뿐 아니라 일본인들이 부상을 당할 것이라는 것을 직감하였다. 나는 조수들을 불러 모았다. 그들에게 자발적으로 나가서 부상 당한 한국인 병사들을 운반해 줄 것을 요청하였다. 나는 부상당한 일본인들은 자신들의 구급 의무대에 의해 보살핌을 받을 것임을 알았다. 때문에 그들에 대해서는 아무런 언급도 하지 않았다. 모든 조수들은 자발적으로 이 일에 나섰다. 심지어 병원 주위의 남자 하인들까지도 들것을 나르겠다고 자원하였다.

병원 구내의 외국인 여자와 한국인 간호사들은 우리들의 셔츠 소매에 부

---

93) 제1연대 제1대대의 대대장 박승환(朴昇煥)이 자결하였다.

착시킬 적십자 문장을 만들기 시작하였다. 그때는 8월이었으며, 우리는 코트를 입지 않고 그렇게 표시를 붙인 상태로 방해를 받지 않고 부상병들을 수색할 수 있었다. 그때는 우기의 중간이었기 때문에 얼마 되지 않아 비가 쏟아지기 시작하였고, 거의 매일 호우가 내렸다.

응급조치를 위해 붕대들을 모았다. 그리고 우리는 남대문에 가서 일본군으로부터 통행을 허락받았다. 적십자 표시를 본 그들은 우리가 단지 부상병을 도울 뿐임을 알고 통행을 허락하였다. 큰 길에서 막사로 이르는 좁은 골목 길로 향하니 몇 명의 부상 당한 한국인들이 그들의 막사로부터 도망쳐 근처의 민가로 숨은 것을 알았다. 처음에 집주인들은 우리들이 들어가는 것을 막고 부상 당한 사람들에 대한 어떤 정보도 제공하지 않았다. 우리가 그러한 사실을 알고 집안으로 들어갔을 때에도 병사에게 접근하는데 어려움을 겪었다. 그들은 우리가 손대는 것을 거부하였다. 자신들을 일본인에게 넘길지도 모른다고 두려워하였다. 때문에 그들을 병원으로 옮기는 것을 허용하지 않았다. 하지만 결국 우리들은 그들을 치료하기 위하여 온 것이라는 것을 이해시켰다. 들 것을 나르는 사람들이 부상병들을 집으로부터 옮겨 병원으로 이송하는 것을 허락받았다.

우리가 병원 구내에 도착하였을 때, 아내들은 우리가 피투성이였고 옷이 진흙으로 범벅이 돼 있는 것을 보고 놀라면서 우리가 부상 당한 것이 아닐까 염려하였다. 하지만 부상병으로부터 혈액이 묻었고 골목의 진창 때문에 우리의 겉모습이 그렇게 된 것이었다.

약 50명의 부상병은 돌볼 사람이 없었기 때문에 병원의 복도에 누워있었다. 내 동료인 허스트 박사는 휴가 중이어서 다음 날 저녁까지 병원으로 돌아오지 않을 예정이었다. 우리의 외국인 간호사 쉴즈도 역시 휴가 중이었다.

나는 감리교회의 여병원인 보구녀관에 쪽지를 보내 에드먼즈가 그 병원의 예비 간호사들을 최대한 많이 데리고 와서 도와달라고 요청하였다. 상황은 진정으로 절망적이었다. 우리의 남자 조수들은 자신들이 할 수 있는 만큼 열심히 일을 하였다. 하지만 모든 조수가 진료를 할 수 있을 정도로 충분하게 훈련된 것은 아니었다. 젊은 여간호사는 남자 환자를 전혀 돌보지 않았다. 하지만 그들은 많은 부상병 주위에 모였다. 여느 때와는 다른 눈빛으로 그들을 응시하였다. 그리고 부상병들은 그들을 위해 싸운 한국인이며, 자신들이 돌봐야 한다는 것을 깨닫기 시작하였다. 한국인 간호원 중 한 명이 오랜 관습을 깨자 다른 모든 간호원들이 그녀의 지휘에 따랐다.

거의 모든 환자가 수술이 필요하였기 때문에 우리는 오후 내내 수술을 하였다. 나는 그날 저녁 하루 일찍 허스트 박사가 돌아온 것을 보고 깜짝 놀랐다. 그는 대구에 체류하다가 다음 날 서울로 돌아오기로 예정되어 있었다. 그러나 어떤 이유로 일찍 돌아온 것이었다. 잠깐 후 이번에는 쉴즈가 돌아오는 것이 아닌가? 그녀 역시 제시간이 되기 전에 휴가에서 돌아와야 한다는 느낌을 가졌다는 것이다. 그들이 복장을 차려 입는데 그리 오래 걸리지 않았다. 우리와 합류하여 자정이 될 때까지 모든 병사들을 소독하고 필요한 처치를 하였다. 모든 수술은 끝났다. 병원 주위의 봉사자들은 복도의 너저분한 것들을 청소하였다.

한국인 여성 간호원은 밤새, 그리고 다음 날에도 부상병들을 돌보았다. 그리고 비로소 그들은 남자 환자를 간호하였다는 것을 실감할 수 있었다. 그들은 한 번 남자 환자를 간호하였기에 다시 남자 환자를 간호할 수 있었다. 계속 그렇게 하였다. 나는 이러한 변화가 일어나는데 20년이 걸릴 것이라고 들은 적이 있었다. 그러나 그것은 24시간 이내에 이루어졌다. 수 세기 동안의 관습이 절실한 필요에 의하여 하루아침에 타파된 것이었다. 이 중대한 국면 후의 문제는 더 이상의 언급할 필요가 없다. 우리가 가장 어렵다고 생각하였던 가장 큰 문제는 이렇게 해결되었다.

오래지 않아 통감부의 대표인 이토가 병원을 방문하였다. 그는 병실에 들러 부상병을 보았다. 개인적으로 우리가 한 일에 대하여 감사를 표시하였다. 그는 병원을 떠나면서 예상하지 못하게 지출한 경비에 보태라며 500엔을 주었다. 이어 일본에 체류하고 있는 적십자사 총재인 왕자[94]로부터 우리가 한 일에 대해 감사를 표시하는 전보가 왔다. 하지만 며칠이 되지 않아 반갑지 않은 편지가 서울 주재 일본군 지휘관으로부터 왔다. 부상병을 인계받을 군(軍) 병원이 준비되었으므로 적절한 시기에 부상 당한 한국인 병사들을 그 병원으로 이송하기 위하여 사람들을 보낼 것이라는 내용이었다. 의심할 여지없이 그들은 한국인 반란군들을 자신들의 관리 아래 두고 싶어 하였다. 따라서 회복된 후 병사들이 처벌 받을 것이 뻔하였다.

우리는 슬픈 마음으로 한국인 부상병들을 일본 병원으로 이송하기 위한 준비를 해야 했다. 이송된 이후 어떤 일이 일어날지 두려웠던 부상병들은 눈물을 흘렸다. 병사들의 마음에 공감한 한국인 간호사들 역시 눈물을 흘렸다. 부상병들이 퇴원할 때가 되면 당연히 통감부에 보고해야 하는 의무가 있었다. 하지만 그들이 회복할 때까지 우리 병원에 입원해 있을 수 없다는 것에 대하여 우리 모두는 크게 슬퍼하였다. 2, 3명의 위중한 병사는 이송되지 않고 우리

---

94) 의친왕을 말한다.

병원에 남았다.

이 사건은 훌륭한 간호원들을 양성하는 계기가 되었기 때문에 이후 우리 병원의 남자 환자들은 진정으로 좋은 간호를 받게 되었다. 여성이 위대한 전환점을 만들었던 것이다.

Oliver R. Avison, Edited by Hyoung W. Park, *Memoires of Life in Korea* (Seoul: The Korean Doctors' Weekly, 2012), pp. 190~194

Reluctance of Nurses to Care for Male Patients

Korean women nurses were reluctant to care for male patients because of the custom of seclusion of women in that country. After a woman reached her maturity, it was not fitting that she should be seen by any men other than members of her immediate household.

I was always hoping something would happen to breakdown this old custom. One day I expressed such a hope to one of the older missionaries who replied, "It will take at least twenty years to break down that custom!" "That looks like along time," I remarked. "Yes", he said, "but the custom is very old and cannot be put aside easily."

But a change was brought about before the next twenty-four hours had elapsed. After the Russo-Japanese War, the enmity of the Koreans for the Japanese was much intensified. Some of the Korean soldiers organized a group to go through the country opposing the Japanese wherever they found them and urged their Korean brethren not to yield to Japanese authority. The members of this band called themselves "he righteous army." Though made up of remnants of Korean regiments and some Koreans in sympathy with every form of opposition to anything attempted by the Japanese, they became in true only a band of marauders, as they traveled over the countryside, followed by Japanese troops determined to exterminate every member. Finally the Japanese succeeded in ridding Korea of nearly all these roving bands, made up of good and bad Koreans, but one regiment of soldiers still occupied a garrison in Seoul. They were located in the barracks just inside the city wall, between the South Gate and the Little West Gate and the Japanese authorities decided to disband this regiment.

One morning a group of Japanese officers arrived at the barracks to carry out this order. Calling up the Korean officer in charge they placed a written order in his hands, demanding that the regiment be summoned to hear the proclamation to disband. The order was written in contemptuous language and it so enraged the Korean officer that when he had finished reading it he tore the paper in two, threw it to the ground and immediately killed himself.

The death of their leader so excited the member of the Korean regiment that, without any consideration as to the consequences, they shot the Japanese officials and this created a riot. Word soon got to the Japanese government headquarters and troops were sent to the barracks.

In the meantime, the Korean soldiers had locked the doors and barricaded the gates, knowing that an attack would surely follow and it was not long before Japanese soldiers arrived and began effort to break into the barracks.

Our hospital was but a short distance from there and about nine o'clock in the morning we heard shots from the vicinity of the South Gate of the riot between us and the barracks. Looking out we saw that the upper part of the South Gate was occupied by Japanese soldiers who were turning a machine gun on the barracks. Many people crowding around the South Gate ran towards the nearby railway station just across the street from the hospital. Some entered the hospital grounds to keep from being fired on and from these Koreans we learned what had occurred.

Then we saw a company of Japanese soldiers at the railway station just across the street from our hospital. They had been sent there to open cross-fire on the barracks, In a short time we could see Korean soldiers leaving the barracks and dropping over the city wall. We supposed they were running away as they ran towards the hills south of the city. It soon became evident that we had mistaken their purpose for they had took up positions on the hills higher than the railway station in order to attack the troop of Japanese soldiers there.

From our hospital we could see what was going on and hear the exchange of shots and realized that many Koreans, as well as Japanese, would be wounded. I called my assistants together and asked for volunteers to go out and bring in the wounded Korean soldiers, I said nothing about the wounded Japanese because I knew they would be taken care of by their own ambulance corps. Everyone of my assistants volunteered for this service. Even the men servants around the hospital wanted to go along as stretcher bearers.

The foreign women on the hospital grounds, as well as the Korean nurses, began making Red Cross emblems which they sewed to our shirts sleeves. It was August and we were not wearing coats and being thus marked, we would be permitted to search for the wounded without being molested. In a short time rain began to pour down for it was the middle of the rainy season and a down-pour was an almost daily occurrence.

Dressings were collected for first-aid service and we made our way to the South Gate where the Japanese troops allowed us to pass. The red crosses told them that we were there for only to assist the wounded. Turning from the board street into a narrow lane leading to the barracks, we learned that some wounded Koreans had fled from their quarters and were hiding in nearby Korean homes. At first the owners would not let us enter and refused to give us any information about the wounded men and even when we were able to get information and enter a house, we had difficulty in getting to the soldiers. These refused to let us touch them and would not allow us to take them away because they feared we would take them to the Japanese. Finally however we made them understand that we were there to help them so the stretcher bearers were allowed to remove them from the homes and take them to the hospital. When we reached the hospital grounds, our wives were alarmed to see us covered with blood and our clothes caked with mud. They thought perhaps we too were injured but it was only the blood from the wounded and the mire in the lanes that were responsible for our appearance.

About fifty wounded men were lying in the halls of the hospital, for there had been no one there to care for them. My coworker, Dr. Hirst, had gone on his vacation and was not expected to return until the following evening. Our foreign nurse Miss Shields, was also on vacation.

1 sent a note to the Methodist Women's Hospital asking Miss Edmunds to come over and help us bringing as many of her nurses as she could spare from

her own hospital. The situation was really desperate. Our male assistants were working as hard as they could, but there were not enough of them and the young women nurses had never looked after male patients. They gathered around and gazed at the unusual sight of so many wounded men. Then they began to realise that the men were Koreans who had been fighting for Koreans, yes even for them and that they must be cared for. One of the Korean nurses broke the age-long custom and every other nurse followed her lead.

We worked all afternoon, for nearly every soldier needed some kind of surgery. In the evening I was amazed to see Dr. Hirst appeared returning a day ahead of his time. He had been in Taiku and was to have returned to Seoul the next day but for some reason had felt he should come back earlier. A bit later who should arrive but Miss Shields? She too had had a feeling that she should come back from her vacation before her time was up. It did not take either of them long to get into uniforms and join us and by midnight every soldier had been cleaned up and given the necessary treatment. All the operations were over and the helpers around the hospital had cleaned up the mess in the halls.

Korean women nurses cared for the wounded soldiers throughout the night and the following day. Then they realized that they had been caring for male patients. They done it once so they could do it again and they did. I had been told that it would take twenty years to bring about such a change but it had been accomplished within twenty-four hours. A great need had shattered a custom centuries old. After that crisis, the question needed no further discussion - our greatest problem had been solved.

It was not long before we received a visit from Prince Ito, the representative of the Japanese Government who passed through the wards to see the wounded and then personally thanked us for what we had done. As he was leaving, he gave us soo yen to help defray our unexpected expenses. Then a cable came from princess in Japan, head of the Red Cross Society, transmitting the thanks of the Association for our work. Within a few days, a less welcome letter came from the Japanese commander in the city saying the military hospital was now prepared to receive the wounded men and, at a certain time men would be sent to transfer the wounded Koreans to their hospital. Without doubt they wanted to keep these rebels under supervision so that those who recovered might receive due punishment, It was with sad hearts that we prepared these wounded Korean soldiers for their trip to the Japanese hospital and the patient soldiers wept because they were afraid of what might happen to them there and afterwards. The Korean nurses too wept because they sympathized with the soldiers. We all regretted that the men could not have been left in our hospital until they had recovered though, of course, we would have been under obligation to notify the authorities when the time had come for their discharge. Two or three of the soldiers were so ill that we could not permit them to be removed and these were left with us.

But because of this incident, the sick men and boys of our hospital were to have better nursing care throughout all the future for few men make really good nurses. The women had made the great break.

제4장 1908년
Chapter 4. 1908

19080120

한국. 서울 세브란스 병원의 인접 부지를 위한 예산.
미국 북장로교회 해외선교본부 실행위원회 회의록, 1837~1919년
(1908년 1월 20일)

한국. 서울 세브란스 병원의 인접 부지를 위한 예산. 한국 서울의 세브란스 병원에 인접해 있는 부지를 구입하기 위한 금화 1,100달러의 예산이 책정되었으며, L. H. 세브란스 씨가 이 목적을 위하여 특별 기부하였다.

Korea. Appn. for Land Adjoining Severance Hospital, Seoul.
Minutes [of Executive Committee, PCUSA], 1837~1919 (Jan. 20th, 1908)

Korea. Appn. for Land Adjoining Severance Hospital, Seoul. An appropriation of $1,100. gold was made for the purchase of land adjoining the Severance Hospital at Seoul, Korea, this sum being a special gift for this purpose from Mr. L. H. Severance.

19080200

프레더릭 S. 커티스 목사의 한국 내 일본인 방문기. *Japan Evangelist*의 요청으로 재인쇄됨. *The Korea Mission Field* (서울) 4(2) (1908년 2월호), 29~32쪽

1년여 전에 한국 선교 공의회는 서일본 선교부에 있는 우리 회원 중 한 명이 한국에 있는 일본인들에게 사역을 하러 와야 한다는 매우 긴급한 호소문을 보냈다. 우리 선교부의 7월 회의에서 우리 부부는 이 업무를 맡도록 임명되었고, 이제 이곳에서 두 달을 보냈다.

(중략)

우리의 첫 번째 실제 업무는 의주 근처의 안둥[安東]에서 시작되었다. 전자는 만주에 있지만 두 도시는 최근 전쟁에서 일본이 첫 승리를 거둔 곳 근처인 압록강에 의해서만 분리되어 있다.

(중략)

만주 평원의 매서운 바람을 피해 우리는 여름 같은 서울로 돌아왔는데, 그곳에서 우리 장로교회의 소수의 기독교인들과 몇 차례의 만남을 가졌고, 일본과 한국의 두 황태자가 나란히 말을 타고 있는 광경을 보았다. 어린 한국의 황태자는 고개를 끄덕이고 우리의 의사이며 궁궐의 의사인 에비슨 박사에게 미소를 지으며 양지바른 남서 해안으로 떠났다.

An Account of the Travels of the Rev. Frederick S. Curtis among the Japanese in Korea. Reprinted by Request from the *Japan Evangelist.* *The Korea Mission Field* (Seoul) 4(2) (Feb., 1908), pp. 29~32

Over a year ago the Council of Missions in Korea sent a very urgent appeal to our West Japan Mission that one of our member should come to work among the Japanese in Korea. At our July Mission Meeting Mrs. Curtis and I were appointed to take up this work, and have now spent two months here.

(Omitted)

Our first real work began at Antung, near Wiju. The former is in Manchuria, but the towns are separated only by the Yalu river, near the point where the Japanese won their first victory in the late war.

(Omitted)

Down from the keen winds of the Manchurian plain we returned to summer-like Seoul - a few meetings there with a handful of Christians from our own Presbyterian body - a sight of two Princes Imperial, the Crown Princes of Japan and Korea, riding side by side in a festive procession, while the little Prince of Korea turned to nod and smile at the Court Physician, our own Dr. Avison - and then off for the sunny southwestern coast.

19080203

제임스 S. 게일(서울)이 아서 J. 브라운(미국 북장로교회 해외선교본부 총무)에게 보낸 편지 (1908년 2월 3일)

(중략)

래드 교수의 편지가 도착할 때까지 에비슨 박사는 희망과 기쁨으로 빛나고 있었습니다. 지난 주 병원에서 직산 금광의 소유주 중 한 명인 테일러 씨는 자신의 경이로운 마음을 하나님께 돌렸고 형언할 수 없는 평안과 기쁨을 찾았습니다. 테일러 씨는 부유하고 영향력 있는 사람으로 극동의 이 해안에서 우리 주변의 모든 곳에서 떠내려 온 표류물과 투하물을 만들어냈을 가능성이 높습니다. 이제 그는 닻을 내렸으며, 우리는 하나님께서 크게 사용하실 것이라고 믿고 있습니다. 이것은 병원의 영적 분위기를 말하며, 축복이 어떻게 내려지는지에 대한 어떠한 자세한 설명보다 박사님께 더 잘 말해주고 있습니다.

(중략)

James S. Gale (Seoul),
Letter to Arthur J. Brown (Sec., BFM, PCUSA) (Feb. 3rd, 1908)

(Omitted)

Dr. Avison until the arrival of Prof. Ladd's letter beamed with hope and joy. Last week in the Hospital, Taylor, one of the owners of the Chik San gold mine gave his wondering heart back to God and found peace and joy indescribable. Taylor is a well-to-do influential man so likely to have turned out a piece of flotsam and jetsam which we see washed up everywhere about us on these shores of the Far East. Now he is anchored and will we trust be greatly used of God. This speaks for the atmosphere spiritual of the hospital and tells you better than any detailed account of how blessings attend it.

(Omitted)

한성 종로 만국기독교청년회관 전(前) 자혜약방 제약 감사인
제중원 의학원 홍석후 박자혜 이관화 고백.
대한매일신보(서울) (1908년 2월 13일), 4쪽

    본인 등은 미국 대학 의원 처방을 대의학사 어비신 씨에게 배우고 의학교
장 훈5등 지석영 씨에게 유효 증명서를 받고 아래의 약종을 제조하여 외국 매
약 규범에 의하여 지갑, 양철갑, 유리병에 담아 전국 내지 각처 약점(藥店)에
멀리 판매하고, 제중원 영국 의학 서적을 우리 국한문으로 번역하여 명칭 서
약편방(西藥便方)이라 하고 발매하오니 사방의 여러 사람들 중 제중원 약을
수 십년 동안 경험하여 신용하신 형제는 약이 적거나 많음에 상관없이, 길이
멀거나 가까움에 상관없이 매일 글을 써서 구입을 청하시면 본인은 수 십전
(錢) 가치의 약이라도 소포 우편으로 보낼 것이니 약봉지 정가 외에 우편 세
금 10전을 더해 보내시되 적은 액수의 전(錢)은 우표 10전짜리를 사서 보내시
고, 약을 구입하시는 가정은 여러 개를 구입하시면 우편국 환전표를 사서 보
내시오. 또한 이 약방에 미국 (멀포드) 제약회사 약과 (왐풀) 제약회사 약과 덕
국(만하임) 제약사 약품을 직접 수입하여 독일어, 영어로 적은 처방문과 주요
치료와 용법을 우리 국한문으로 번역하여 발매합니다.

(중략)

Advertisement [Announcement of Suk Hoo Hong, Cha Hye Park, Kwan Wha Lee of Medical Students of Jejoongwon, the Investigator of Cha Hye Drug Store at the Front of Y. M. C. A. Building, Chongno St., Seoul.] *The Korea Daily News* (Seoul) (Feb. 13th, 1908), p. 4

그림 58. 대한매일신보 1908년 2월 13일자 광고.

캐서린 웸볼드(서울)가 릴리어스 H. 언더우드(브루클린)에게
보낸 편지 (1908년 2월 22일)

(중략)

지난 월요일 밤95) 우리 지부 회의에서 쉴즈 양은 샤프 씨 사택을 자신과 외국인 공동체가 데려올 것으로 예상되는 새로운 간호원, 그리고 그녀가 간호원이 되기 위하여 훈련시키고 있는 한국인 소녀들에게 할당하여 줄 것을 요청하였습니다. 쉴즈 양은 선교부가 즉시 배정할 것을 촉구하였고 에비슨 박사와 허스트 박사도 그렇게 하였지만, 웰본 씨와 몇몇 다른 사람들은 결정하기 전에 다음 회의까지 기다려야 한다고 말하였습니다. 에비슨 박사는 선교부가 쉴즈 양에게 집을 빚지고 있다고 말하였습니다. 지난 6월, 위원회가 쉴즈 양이 나와 함께 미혼녀를 위한 사택에 살도록 원하였을 때, 그녀는 사택을 원하지 않고 병원에 머물고 싶다고 말하였습니다. 물론 간호원들이 이 사택을 사용한다면 그것은 완전한 의료 기지가 될 것입니다. 에비슨 박사는 새로운 간호원이 '의료 기지'에 거주해야 한다고 외국인 공동체에 약속하였습니다. 에비슨 박사가 없는 동안 어떤 동료 의료인이 그의 집을 사용하도록 약간의 조정이 이루어진 것 같습니다. 구내에 성직자가 전혀 없고 모든 사택을 의료인이 사용한다면 너무 나쁠 것입니다. 나는 누군가가 허스트 박사의 사택을 위한 돈을 기부하였으면 합니다.

(중략)

---

95) 2월 17일이다.

Katharine Wambold (Seoul),
Letter to Lillias H. Underwood (Brooklyn) (Feb. 22nd, 1908)

(Omitted)

At our Station meeting on Monday night last, Miss Shields asked that the Sharps house be assigned to her and the new nurse it is expected the foreign community will bring out, and the Korean girls she is training to be nurses. Miss Shields urged that the assignment be made at once, and so did Dr. Avison and Dr. Hirst, but Mr. Welbon and a few others said we must wait till next meeting before deciding. Dr. Avison said the Mission owed Miss Shields a house. Last June, when the Committee wished Miss Shields to have the house for the single ladies with me, she said she didn't want a house, that she wished & stay in the Hospital. Of course if the nurses have this house, it will make a complete medical compound. Dr. Avison promised the foreign community that the new nurse should board on the "medical compound." It would seem to me that some adjustment be made so that some of the medical fraternity occupy Dr. Avison's house during his absence. It will be too bad if there is to be no clergymen at all on the compound, and all the houses devoted to medical people. I do wish some one would give the money for Dr. Hirst's house.

(Omitted)

19080300

지부 보고.
The China Medical Journal 22(2) (1908년 3월호), 131쪽

지부 보고

한국 지부

한국 의료 선교사 협회의 지역 회의가 11월 29일 서울의 J. W. 허스트 박사 자택에서 열렸다. 6명의 회원이 참석하였으며, W. B. 스크랜턴 박사가 의장이 되었다.

월간 회의를 개최하되, 각 구성원이 차례로 의장의 역할을 하고, 다음 회의는 1월 14일 스크랜턴 박사의 사무실에서 위어 박사를 의장으로 개최하기로 투표로 결정되었다.

다음으로 엠마 언스버거 박사는 가장 흥미롭고 도움이 되는 논문인 '특히 노인 입원 환자의 추적과 관련하여 병원에서 전도 사업을 수행하는 가장 좋은 방법'을 낭독하였다.

논문에, 그리고 토론 중에 제시된 실용적인 제안은 허스트 박사가 '양식'을 만들어 다음 회의에 제출하도록 하였다. 빈 양식은 의사나 병원 조수가 작성할 수 있는데, 해당 환자의 집에서 가장 가까운 곳에 거주하는 전도사에게 그 (혹은 그녀)를 찾아 그 혹은 그녀의 영적 필요를 알아봐달라는 요청과 함께 우편으로 보낼 수 있다.

한국 의료 선교사협회 서울 지부는 1월 14일 스크랜턴 박사 사무실에서 두 번째 모임을 가졌다. 7명의 의사와 2명의 정규 간호원이 참석하였다. H. H. 위어 박사가 의장을 맡았다. 허스트 박사의 '등록'이라는 제목의 연제가 다음의 네 가지 항목으로 고려되고 설명되었다.

I. 환자를 가장 효율적으로 치료할 수 있도록 환자에 관한 정보를 입수하고 제공함

2. 업무 현황 파악 및 보고에 필요한 통계 확보

3. 개종 가능성이 있는 사람들을 추적하고 그들을 해당 지역의 전도사에게 소개할 수 있도록 그러한 정보의 확보.

4. 과학적 연구 및 관찰을 위한 기록의 확보

토론은 자유로이 진행되었지만 일반적으로 써서 전도자에게 보낼 '양식'에 중점을 두었다. 위어 박사가 이 글의 필자에게 제시한 우수한 실례에 몇 가지 바람직한 추가 사항이 제안되었다.

에비슨 박사는 '양식'을 완성하고 인쇄하여 배포하도록 임명되었다.

다음 모임은 2월 11일에 같은 장소에서 허스트 박사를 의장으로 열릴 예정이다. 스크랜턴 박사의 '의학 교육'에 관한 발표.

메리 M. 커틀러,
의료 선교사협회 한국 지부 편집인

Report of Local Branches.
The China Medical Journal 22(2) (Mar., 1908), p. 131

Report of Local Branches.

Korea Branch

A local meeting of the Korea Medical Missionary Association was held in Seoul, November 29th, at the home of Dr. J. W. Hirst. Six members were present, and Dr. W. B. Scranton was made chairman.

It was voted to hold monthly meetings; that each member, in turn, act as chairman and that the next meeting be held January 14th, at Dr. Scranton's office, with Dr. Weir as chairman.

Dr. Emma Ernsberger then read a most interesting and helpful paper: - "The best methods of carrying on the evangelistic work in hospitals with especial reference to following up old in-patients."

The practical suggestions made both in the paper and during its discussion resulted in assigning to Dr. Hirst the duty of presenting, at the next meeting, a suitable blank "form" which can be filled in by the physician or hospital assistant and mailed to the evangelistic worker living nearest the home of the patient in question with a request to search for him (or her) and look after his or her spiritual needs.

The Seoul branch of the Korea Medical Missionary Association held its second meeting in Dr. Scranton's office, January 14th. Seven doctors and two trained nurses were present; Dr. H. H. Weir in the chair. The paper - "Registration" - by Dr. Hirst, was considered and illustrated under these four headings: -

I. Obtaining and presenting such in formation concerning our patients as to enable us to treat them most efficiently.

2. Securing necessary statistics for knowing and reporting the state of our work.

3 Securing such information as to enable us to follow up possible converts and refer them to the evangelistic worker in their locality.

4. Securing records for scientific study and observation.

Discussion was free, but though general was chiefly centered on the "form" to be filled and sent evangelists. A few desirable additions were suggested to the excellent sample Dr. Weir had presented the author of the paper.

Dr. Avison was appointed to perfect the "form" and have a supply printed.

The next meeting is to be at same place on February 11th. Dr. Hirst, chairman. Paper on "Medical Education," by Dr. Scranton.

Mary M. Cutler,
Editor for Korea Branch M. M. A.

19080302

한국. 격리 병동 건물, 세브란스 병원, 서울. 미국 북장로교회 해외선교본부 실행위원회 회의록, 1837~1919년 (1908년 3월 2일)

한국, 격리 병동 건물, 세브란스 병원, 서울. 한국 서울에 있는 세브란스 병원과 관련하여 격리 건물에 금화 1,750달러의 예산이 책정되었으며, 이 금액은 L. H. 세브란스 씨가 이 목적을 위하여 특별 기부한 것이다.

Korea. Isolation Bldg., Severance Hospital, Seoul.
Minutes [of Executive Committee, PCUSA], 1837~1919 (Mar. 2nd, 1908)

Korea. Isolation Bldg., Severance Hospital, Seoul. An appropriation of $1,750. gold was made for an isolation building in connection with the Severance Hospital at Seoul, Korea, this sum being a special gift for this purpose by Mr. L. H. Severance.

M. 윌리스 그린필드(서울)가 아서 J. 브라운(미국 북장로교회 해외선교본부 총무)에게 보낸 편지 (1908년 3월 18일)

(중략)

세브란스 병원은 난방 시설의 고장으로 겨울철 내내 고생을 하였지만 필요한 새 부품이 마침내 도착하였고 지난 한 달 동안 증기를 켜서 병원은 의사들이 완전히 만족할 정도로 난방이 되었습니다. 지난 달 92명의 환자가 있었고 이제 한 달에 평균 100명이 될 수 있기를 기대하고 있습니다. 그 수는 달마다 증가하고 있습니다. 이제 사무실에 영어를 구사할 수 있는 사무원이 있고, 미국에서 온 간호원이 외국인 환자들 사이에서 일할 것으로 예상되므로 에비슨 박사가 안식년으로 자리를 비운 동안 허스트 박사가 그에게 떨어진 모든 업무를 더 잘 감당할 수 있을 것입니다.

의과대학이 배출한 첫 학년은 6월 10일에 졸업할 예정인데, 그때까지 (졸업) 시험을 끝낼 것으로 예상되기 때문입니다. 이 날은 에비슨 박사가 15년 동안의 노력 끝에 도달한 목표 중의 하나를 나타낼 것이기에 병원 사업에서 기념할 만한 경축일이 될 것입니다.

(중략)

M. Willis Greenfield (Seoul),
Letter to Arthur J. Brown (Sec., BFM, PCUSA) (Mar. 18th, 1908)

(Omitted)

The Severance Hospital has been handicapped all winter by the failure of the heating plant, but the new parts that they needed have at last come and for the past month or so steam has been turned on and the Hospital has been heated to the complete satisfaction of the doctors. For the past month there have been 92 in patients and it is hoped that now they may average 100 a month. The number has been increasing from month to month. As there is now a clerk in the office who can speak English and as a nurse is expected from America to work among the foreign patients, during Dr. Avison's absence on furlough, Dr. Hirst will be more able to take care of all the work that will fall on him.

The first class that the Medical school has sent out will be graduated on June 10th, as their examinations are expected to be completed by that time. This will be a red letter day for the Hospital work as it will mark one of the goals that Dr. Avison has been reaching after through fifteen years of hard work.

(Omitted)

19080400

올리버 R. 에비슨(서울), 한국: 진정한 왕자는 누구인가?
All the World (뉴욕) 4(2) (1908년 4월호), 33~35쪽

한국: 진정한 왕자는 누구인가?

[한국 서울의 O. R. 에비슨 박사는 고국의 교회가 각성하고, 해외에서 수행된 일을 더 빠르게 따라잡을 수 있도록 직접 상황을 조사하기 위하여 나왔던 평신도에 의한 선교지 방문에서 실현될 결과에 대한 이해를 주고 있다. 첫 번째 단락에서 에비슨 박사는 우리의 전진 운동 위원회의 일원인 루이스 H. 세브란스 씨가 한국에 체류하는 동안 하였던 몇 가지 훌륭한 일을 요약하고, 다음으로 그는 극동의 두 '왕자(Prince)'를 언급하고 있다. 독자는 세 사람 중에서 누가 *진정한* 왕자인지 결정할 수 있을 것이다..]

세브란스 씨가 평양에서 열린 연례 회의에 참석한 것은 우리에게 큰 영감과 격려를 주었는데, 상황과 필요한 것을 정확하게 알려줌으로써 사업의 급속한 발전에 대한 전적인 책임을 선교본부와 고국의 교회에 맡기는 것이 우리의 의무라는 것을 우리가 느끼게 해주었기 때문이다. 그는 선교부가 한국에서 우리에게 할당된 지역을 적절하게 담당하는데 필요한 추가 선교사 수에 대한 현재의 견해를 이사회에 제시하도록 독려하였으며, 그 결과 우리는 향후 2년 이내에 20명의 남자와 20명의 독신녀를 우리 인력에 추가해 줄 것을 요청하였다. 그는 또한 구입해야 하는 추가 부동산, 건축할 건물, 확보해야 할 설비의 양에 대한 개요를 요청하였고 어느 정도 이루어졌다. 독자들은 보고서가 도착하면 우리가 요청한 내용, 특히 서울 지부가 소년 소녀 모두를 위한 교육 시설에 상당한 추가를 요청하였다는 점에 주목할 것이다. 세브란스 씨는 한국에서 10주 반 동안 모든 지부를 방문하고 다른 사람이 이전에 하지 않았던 방식으로 모든 업무 분야의 모든 세부 사항을 주의 깊게 살펴보았다. 전체적으로 그는 우리 사업의 여러 부서를 돕기 위해 상당한 액수의 돈을 남겼다. 특히 빈튼 박사 사택의 구입, 여학교에 최대 75명 또는 아마도 100명의 소녀를 수용할 수 있는 새 기숙사를 세울 수 있는 권한, 여학교에 75명의 학생을 위한 책상을 공급하고, 연못골의 새 교회에 500엔(1엔은 50¢)을 기부하고, 다른 부동산을 구입하기 위해 돈을 남겼다. 그는 김 형제의 부동산을 구입하였는데, 임

대를 해서 얻은 수익금은 아마도 병원 업무를 위한 기부금으로 사용될 것이다. 그는 병원 부지에 인접한 또 다른 건물을 구입하여 병원 기지에 추가할 예정이며, 모든 주택의 화재 방지를 위한 소화전과 함께 이 단지에 모든 수도 본관 설치를 승인하였고 난방 시설에 대한 광범위한 개선 비용을 지불하고 있다. 그리고 목적에 맞는 완전히 현대적이고 모범적인 건물이 될 것으로 기대되는 새로운 별도의 진료소를 새로 짓고 장비를 갖추겠다고 약속하였으며, 추가로 격리 병동을 확장하여 새로운 영안실과 부검 건물을 건축할 것이다. 그는 또한 우리가 구입한 새 건물을 예배당 용도로 따로 확보하여 수리할 것을 제안하였다. 하지만 중요한 점은 그가 병원 업무, 그 가능성과 필요성에 대한 정통한 지식, 그리고 비록 크지는 않지만 최상의 업무를 할 수 있는 완전한 기지가 되도록 계획하는 데 우리를 돕겠다는 그의 결심이다. 우리 부부는 어느 정도 안식년 기간을 넘겨 1년 더 한국에 머물 계획이었지만, 세브란스 씨는 우리에게 그렇게 하지 말라고 강력히 촉구하여 우리는 사실상 내년 여름에 미국으로 돌아가기로 결정하였고, 그때 나는 그와 함께 진료소 문제를 검토할 것이며 건축가가 도면을 그리면 건축이 진행되도록 파견될 것이다. 세브란스 씨는 1909년 가을에 열리는 개신교 사역 시작 25주년을 맞아 한국을 다시 방문하기를 희망하고 있다. 위의 기부 이외에도 세브란스 씨는 소액부터 2,000엔까지 다양한 기부를 하였는데, 여기에서 일일이 열거할 필요는 없지만 나는 남학교 교사인 이상재 씨의 월급 80엔을 지급하겠다고 약속하였다는 것을 언급하고 싶다.

　　지난 6개월 동안 큰 정치적 변화가 일어났는데, 주요한 것은 구(舊) 황제의 퇴위와 전 황태자의 황제 등극, 어린 융 왕자의 황태자 임명이고, 궁궐의 옛 예절이 무너져 황제와 황태자가 자주 무개(無蓋) 마차를 타고, 젊은 황후는 각료와 다른 신사들의 알현을 받으며, 최근에는 황제 옆에 앉아 무개 마차를 타고 나간다. 최근 일본 황태자의 방문은 황제와 황태자가 제물포로 가서 그를 맞이하게 하였으며, 아마도 그 방문은 한국에서 많은 변화의 전환점이 될 것이다. 그중에는 새 황태자가 교육을 받기 위해 일본으로 가는 것이 포함되며, 그것은 12월 초에 이루어질 예정이다. 일본에서 공작으로 추대된 이토 후작은 이제 대한제국의 황족의 공작으로 승격되어 황태자의 후견인으로 임명되었다. 그는 황태자와 동행하여 일본으로 가서 최소 몇 달간 머물 예정이며, 나는 고희경도 그들과 함께 가서 그를 돌볼 것으로 알고 있다. 새 황제와 황태자는 동궁(東宮)으로 옮겨갔고, 전 황제는 이전에 황태자가 결혼하여 살았던 건물인 안동의 별궁으로 이사할 것으로 알고 있다.

Oliver R. Avison (Seoul), Korea: Which is the Real Prince, Pray?
All the World (New York) 4(2) (April, 1908), pp. 33~35

Korea: Which is the Real Prince, Pray?

[Dr. O. R. Avison, of Seoul, Korea, gives us an idea of the results that are to be realized from the visitation of the fields by the laymen who have gone forth to investigate the situation at first hand, with a view to having the Church at home awake and more speedily overtake what it has undertaken abroad. In the first paragraph Dr. Avison sums up some of the princely things that Mr. Lewis H. Severance, a member of our Forward Movement Committee, has been doing during his stay in Korea; in the next, he refers to two "princes" of the Far East. The reader may decide which of the three is the *real* prince.]

Mr. Severance's presence at the annual meeting which was held in Pyeng Yang was a great inspiration and encouragement, as he made us feel that it was our duty to lay upon the Board and the Church at home the full responsibility of the rapid advancement of the work by telling them exactly the situation and its needs. He encouraged the mission to lay before the Board its present view of the number of additional missionaries that will be required by our missions in Korea to enable us to properly cover our share of the territory; as a result of which we asked for twenty men and twenty single women to be added to our forces within the next two years. He also asked us to outline the amount of extra property that should be bought, buildings erected, and equipment secured, and this was to some extent done. You will see from the report when it reaches you what we have asked for, especially noting that the Seoul Station has asked for considerable additions to its educational plant for both boys and girls. Mr. Severance spent ten and a half weeks in Korea visiting all the stations and looking with great care into all details of every department of work in a way that no other man has formerly done. Altogether he left considerable sums of money for the helping of the different departments of our work: notably purchase of Dr. Vinton's house, the authority to erect new dormitories in the Girls' School to accommodate up to seventy-five or perhaps one hundred girls, supplied the Girls' School with desks for seventy-five pupils, contributed 500 yen (a yen equals 50c.) to the new church at Yun Mot Kol, and left money for the purchase of some other properties, while at this end he purchased Kim Bros.' property, which is to be rented and the proceeds used presumably as an endowment for the hospital work. He bought another building adjoining the hospital property, which is to be added to the hospital plant, authorized the laying of all the water mains for this compound, with hydrants for fire protection for all the houses, is paying for extensive improvements for the heating plant of the hospital, and has promised to build and equip a new separate dispensary which it is hoped will be a thoroughly modern and model building for the purpose, and in addition will enlarge the Isolation Building, erecting a new morgue and post mortem building. He has also suggested that the new building which we have bought be set aside and fixed up for chapel purposes. Not the least of the good things, however, is the intimate knowledge which he has gained of the hospital work, its possibilities and its needs, and his resolution to aid us in planning it out to be a complete plant, which though not large shall be capable of doing first-class work. Mrs. Avison and I had partly planned to stay in Korea another year beyond our furlough time, but Mr. Severance has urged us so strongly not to do this that we have practically decided to return to America next summer, at which time I will look into the dispensary question with him, when plans will be drawn by an architect and sent out for the building to be gone on with. Mr. Severance hopes to return to Korea for the twenty-fifth anniversary of the opening of the Protestant work in this country which will be held in the fall of 1909. In addition to the above gifts, Mr. Severance made some others varying from small amounts up to 2,000 yen, which I need not enumerate here, but I may mention that he has promised to pay the salary of Mr. Yi Sang Chai, who is a teacher in the Boys' School, which means 80 yen per month.

Great political changes have been occurring within the last six months, chief of which are, the deposition of the old Emperor and the installing of the former Crown Prince, the appointment of the young Prince Yoong as Crown Prince, the breaking down of the old court etiquette so that the Emperor and Crown Prince drive out frequently in open carriages and the young Empress receives in audience members of the cabinet and other gentlemen, and recently drove out in an open carriage sitting by the side of the Emperor. The recent visit of the Crown Prince of Japan led to the going of the Emperor and Crown Prince to Chemulpo and meeting him, and presumably that visit will prove to have been the turning point of many changes in Korea; among which will be the going of the new Crown Prince to Japan for his education, which event is to be consummated early in December. Marquis Ito having been made a Prince in Japan, has now been raised to the status of a Prince of the Imperial blood of Korea, and appointed as guardian to the Crown Prince. He will accompany him to Japan and remain there at least for some months, and I understand that Koh Heui Kyung is to go with them to watch over him. The new Emperor and Crown Prince have removed to the East Palace, and I understand that the ex-Emperor will remove to Pyul Koon in An Tong, which I understand is the building formerly used as the Crown Prince's marriage house.

올리버 R. 에비슨, 에드워드 H. 밀러(서울)가 아서 J. 브라운(미국 북장로교회 해외선교본부 총무)에게 보낸 편지 (1908년 4월 13일)

미국 북장로교회 한국 선교부
세브란스 병원

O. R. 에비슨, 의학박사
J. W. 허스트, 의학박사
E. L. 쉴즈 양, 정규 간호원

한국 서울 <u>1908년 4월 13일</u>

A. J. 브라운 박사,
　　해외선교본부,
　　미국 뉴욕 시 5 애버뉴 156

친애하는 브라운 박사님,

　　우리 지부의 3월 회의에서 지부의 자산 위원회는 남장로교회 선교부가 서한으로 요청한 대로 서울에 있는 레이놀즈 부동산 매입 제안과 관련된 정보를 준비하여 박사님께 전달하라는 지시를 받았습니다.

　　이 부동산은 웰즈 양성소 부지의 북쪽과 서쪽에 위치해 있으며, 이 부지는 우리 부동산 쪽으로 각(角)을 만들어 인접해 있습니다. 그것의 대부분은 우리 부동산과 같은 높이에 있으며, 그것이 우리 학교 부지에 추가되는 것은 추가될 토지의 크기가 크고, 이미 그 위에 교사 한 명의 사택을 위한 적합한 주택이 있기에 대단히 바람직합니다. 그 주택은 고든 씨가 계획하고 건축한 우리 사택과 대등하지는 않지만 대구와 청주에서 건축한 주택과 비슷한 형태로 아주 좋고 대단히 편안합니다. 그것은 1.5층 높이이며, 1층에 6개의 방과 2층에 2개의 방이 있습니다. 이 건물은 1903~4년에 건축되었는데, 레이놀즈 씨가 약 1년 동안 대부분의 시간을 작업의 감독 및 지시에 할애하였습니다. 우리는 레이놀즈 씨의 다양한 비용에 대한 설명을 동봉합니다.

부지	2,206.00엔
주택	5,385.08

문지기 숙소	193.20
우물	175.71
담장	102.44
정지 작업	158.85

이외에도 레이놀즈 씨는 알 수 없는 소액을 지불하였지만 우리는 대략 총 비용은 8,300엔이라고 말씀드릴 수 있습니다. 그들 선교부의 명의로 매각 금액은 11,000엔인데, 이는 토지 가격에서 그들에게 2,700엔의 이익을 의미합니다. 우리 중 일부에게 토지 가격의 이러한 상승은 다소 문제가 되는데, 특히 제안된 거래가 동일 이해관계를 가진 두 선교부 사이이기 때문에 더욱 그렇습니다. 우리는 그것을 구입하는 것이 바람직하다면 고국의 두 선교본부에 의해 가격이 결정되어야 한다는 견해에 동의합니다.

선교부는 우리가 그 부동산을 소유해야 한다는 생각에 만장일치이며, 세브란스 씨가 이곳에 있었을 때 그는 그것을 보고 남장로교회 사람들이 그것을 더 이상 사용하지 않을 때 그것을 확보하는데 실패해서는 안 된다고 말하였습니다. 하지만 그 당시에는 아무도 그것이 2년 이내에 시장에 매물로 나올 것이라고 생각하지 않았습니다.

우리는 우리 부동산과 이것 사이의 관계를 보여줄 그림을 동봉합니다. 그 부동산의 크기는 대략 30,800 평방 피트이며, 윤곽은 다소 불규칙합니다.

피터스 씨 부부는 현재 그것을 사용하고 있으며, 남장로교회 선교부에서 임대료를 무료로 제공하여 구매에 대한 박사님의 결정을 받기 위해 필요할 수 있는 시간 동안 사용합니다.

우리는 손에 넣을 수 있는 상태에 있는 가장 바람직한 부분을 우리 부동산에 추가하는 것 외에도 새 주택을 짓는 데 필요한 많은 시간과 힘의 소비를 절약할 것이기 때문에 박사님이 이 문제에서 우리와 의견을 같이 할 것이라고 믿고 있습니다.

안녕히 계십시오.
O. R. 에비슨, E. H. 밀러

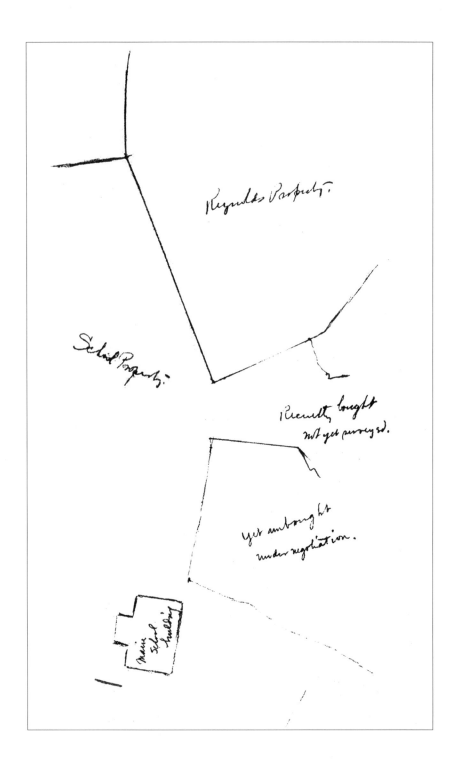

Oliver R. Avison, Edward H. Miller (Seoul),
Letter to Arthur J. Brown, (Apr. 13th, 1908)

Korea Mission of Presbyterian Church in U. S. A.
Severance Hospital

O. R. Avison, M. D.
J. W. Hirst, M. D.
Miss E. L. Shields, Grad. Nurse

Seoul, Korea **April 13, 1908**

Received
MAY 27 1908
Dr. Brown

Dr. A. J. Brown,

Board of Foreign Missions,

156 Fifth Ave., New York City, U. S. A.

Dear Dr. Brown: -

At the March meeting of our Station the property committee of the Station was instructed to prepare and forward to you information relative to the proposed purchase of the Reynolds property in Seoul from the Southern Presbyterian Mission as requested by the Mission in letter of.

The property lies to the north and west of the Wells' Training School site which it adjoins forming an angle which runs into our property. The larger part of it is on the same general level as our property, and its addition to our school site is very desirable both for the extent of the land that will be added and because it has already on it a house which will be suitable as a residence for one of the teachers. The house while not the equal of our houses as planned and built by Mr. Gordon is yet a very good house and a very comfortable one being of a style similar to those built in Tai Koo and Chong Ju. It is a story and a half high having six rooms on the ground floor and two upstairs. It was built in 1903~4, Mr. Reynolds giving largely of his time for about a year for supervising and directing the work. We enclose herewith a statement from Mr. Reynolds of the cost of its various parts, viz.:

Site	¥2206.00
House	5385.08
Gate Quarters	193.20
Well	175.71
Fencing	102.44
Grading	158.85

In addition to this Mr. Reynolds paid out in small sums to an unknown amount, but we may state roughly the total cost as Yen 8,300.00. The selling price named by their Mission is ¥11,000. which means a profit to them on the land value of ¥2,700. To some of us this amount of increase in the value of land is somewhat problematic and especially so as the proposed deal is between two Missions having the same interest. We are inclined to the view that, the desirability of its purchase being granted, the price should be decided upon by the two boards at home.

The Mission is unanimous in feeling that we should gain possession of the property, and when Mr. Severance was here he also looked at it and said that we must by no means fail to secure it when the Southern Presbyterians had no further use for it. At that time, however, no one thought it could possibly come into the market in less than two years.

We enclose herewith a diagram which will show the relation between our property and this. The size of the property is 30,800 square feet more or less, the outline being more or less irregular.

Mr. and Mrs. Pieters are occupying it at the present time, the use of it during such time as may be necessary for us to receive your decision as to its purchase, being given rent free by the Southern Mission.

We trust that you will see eye to eye with us in this matter as it will save us the expenditure of a great deal of time and energy which would be necessary for the erection of a new house besides adding to to our property the most desirable piece that remains available.

Yours sincerely,

O. R. Avison, E. H. Miller

김윤식, 속음청사[96] 제13권 (1908년 4월 16일)

16일(16일 신축) 맑음, 오늘 이토 통감이 입성하여 남대문 밖에서 맞이하여 위로하고, 지나는 길에 원중대(元中台)를 방문하였다. 찬의(贊議) 윤길병의 헌의 때문에 원중에서 의장이 새로 교체되었다. 남대문 밖으로 나와 제중원에서 박사를 만나니, 혀를 벨 때 몽혼한 독이 너무 심하고 머리에는 아직 고통이 심하며, 목이 부어 막히고, 음식을 먹어도 삼킬 수 없으니, 그 괴로움을 말로 다 할 수 없고 입으로 말을 할 수 없어 연필로 대담하였다. 서양 의사 에비슨의 말로는 십여 일간 몸조리하면 온전히 말할 수 있다고 하였다. 아들과 조카인 돈구(敦求), 윤구(允求) 등이 곁에서 병을 간호하고 하오(下午) 4시에 정거장으로 나갔다. 50분에 이토가 하차하니 서로 어깨를 부딪치고 발이 겹칠 정도로 맞이하는 사람들이 바다와 같았다.

Sok Umchungsa [Diary of Yun Sik Kim], Vol. 13 (Apr. 16th, 1908)

十六日 十六日辛丑 晴, 今日 伊藤 統監 入城, 迎慰 南門外, 歷路訪元中台, 以贊議 尹吉炳獻議之故, 元中新遞議長, 出南門外 濟衆院, 見博士, 割舌時蒙昏之毒太過, 頭部尙苦痛, 喉嚨浮塞, 飮食不下咽, 其苦不可言, 口不能言, 以鉛筆代談, 洋醫 魚飛信言, 十餘日調理, 可全愈能言云, 子姪敦求·允求等看護病側, 下午四時 出停車場, 五十分伊藤下車, 相勞磨肩疊足, 迎者如海矣.

---

96) 조선 말기의 온건 개화파 관료인 김윤식(1835~1922)이 1887년 5월 29일부터 별세하기 20일 전인 1921년 12월 31일까지 35년 동안 쓴 일기이다. 원본은 18권으로 되어 있다.

19080500

사설. *The Korea Mission Field* (서울) 4(5) (1908년 5월호), 72~73쪽

미국 북장로교회 선교부가 운영하는 서울 세브란스 병원의 원로 의사인 O. R. 에비슨 박사는 자신의 한국 선교 사역의 역사에서 신기원을 이루었다. 두 번째 안식년을 위하여 캐나다 토론토로 떠나기 직전 그는 세브란스 의학교에서 6명의 한국인 청년을 졸업시켰다. 시험에서 이 젊은이들에게 주어진 문제는 한국 의료 선교사협회의 최근 회의에서 낭독되었고, 그것들을 들은 사람들은 그러한 일련의 문제들이 미국이나 캐나다에 있는 모든 의학교의 학생들에게도 충분히 시험이 될 것이라고 말하였다. 이 젊은이들이 그러한 높은 수준의 시험을 성공적으로 통과할 수 있다는 것은 그들이 받은 교육의 성격에 대한 증거이며, 또한 의학과 같은 기술 교육을 받을 수 있는 한국인의 능력을 보여주는 중요한 설명이다. 이 한국인 졸업생들은 그들의 교육이 탁월하게 실용적이었기 때문에 이론만을 따지는 의사가 되지는 않을 것이다. 에비슨 및 허스트 박사의 숙련된 손재주 아래 그들은 심각하고 어려운 수술 사례를 성공적으로 수행하도록 배웠다.

우리는 이토 공이 세브란스 의학교 졸업생들에게 정부의 허가를 내주었고, 의학교와 이 젊은 한국인 의사들의 향후 진료를 진심으로 격려하였다.

이런 사람들이 더 많아지게 하소서. 한국인들은 감염된 침, 곰의 쓸개, 사슴의 뿔, 삶은 뱀, 그리고 한의사들이 준비하고 처방한 수백 가지의 다른 조제약으로 충분히 오랫동안 고통을 당해왔다. 최근에 송도 교육을 지지하던 한국인 양반 중 한 명이 한의사가 사용하던 오염된 침에 의해 패혈증으로 사망하였다. 우리는 이 젊은 의사들의 졸업을 기쁘게 환영하며, 몇 년 동안의 개업으로 사람들을 의학(醫學)에 대하여 계몽하는데 크게 도움이 될 것이고, 그들의 축복이 아니라 골칫거리이었던 의료 체계를 효과적으로 치워 버리는데 도움이 될 것이라고 예측한다.

Editorial. *The Korea Mission Field* (Seoul) 4(5) (May, 1908), pp. 72~73

Dr. O. R. Avison, the senior physician and surgeon, in charge of the Severance Hospital in Seoul, conducted by the Presbyterian Mission, North, has completed quite an epoch in the history of his missionary labors in Korea. Just previous to his departure to Toronto, Canada, for his second furlough, he graduated from the Severance Medical College six young Koreans. The questions given to these young men on examination, were read at a recent meeting of the Korea Medical Association and those who heard them remarked that such a set of questions would be a sufficient test for a medical student of any school in the United States or Canada. That these young men are able to successfully pass an examination of such high standard is a testimonial to the character of instruction they have received and also a significant comment on the ability of the Korean to take an education of such technical character as that of medicine and surgery. These Korean graduates will not be physicians of theory merely for their training has been eminently practical. Under the skilled hands of Drs. Avison and Hirst hey have been taught to perform serious and difficult cases of surgery with eminent success.

We understand that Prince Ito has given governmental recognition to the graduates of Severance Medical College and has expressed himself in such a way as to give hearty encouragement to the College and the future practice of these young Korean physicians.

Let more of this tribe increase. The Korean people have suffered long enough from infected needles, bear's gall, deer's horns, boiled snakes, and a hundred other concoctions prepared and prescribed by the Korean doctor. Recently one of the principal supporters, among the Korean gentry, of education in the city of Songdo, died from blood poisoning caused by an infected lance in the hands of a Korean doctor. We hail with delight the graduation of these young physicians and we prophesy that a few years of practice will assist greatly in enlightening the people as to the science of medicine, and help them to effectively put away the system of mal-practice which has been their bane rather than their blessing.

프레더릭 S. 밀러(청주)가 아서 J. 브라운(미국 북장로교회 해외선교본부 총무)에게 보낸 편지 (1908년 5월 26일)

(중략)

일괄 청구 금액은 부지가 700엔 정도, 나머지는 건물을 위한 것이었습니다. 부지에는 757엔이 필요합니다. 그것은 우리 집들이 건축되고 있는 능선의 남쪽 끝에 있는 가장 유리한 곳이기 때문에 의사의 사택과 가깝지만 부지의 한쪽 끝에서 떨어져 있을 것입니다. 사진을 참조하십시오. 세브란스 씨, 러들로 박사 및 에비슨 박사가 현장을 조사하였으며, 그들이 이에 대하여 박사님께 알려 드릴 수 있습니다.

(중략)

Frederick S. Miller (Chong Ju),
Letter to Arthur J. Brown (Sec., BFM, PCUSA) (May 26th, 1908)

(Omitted)

The request lumped was intended to be about yen 700 for the site and the rest for building. We shall need yen 757 for the site. It is a most advantageous one on the south end of the ridge on which our houses are being built, so it will be near to the Doctor's residence and yet off to one end of the site. See photograph. Mr. Severance, Dr. Ludlow and Dr. Avison inspected the site and can tell you about it.

(Omitted)

세브란스 병원 의학교.
The Seoul Press (서울) (1908년 5월 30일), 2쪽

세브란스 병원 의학교
제1회 졸업식

세브란스 병원에 부속된 의학교가 오는 3일 이곳 건물에서 제1회 졸업식을 거행한다. 우리는 이토 공과 다른 많은 관리들에게 초대장을 보낸 것으로 알고 있다.

Severance Hospital School.
The Seoul Press (Seoul) (May 30th, 1908), p. 2

Severance Hospital School
First Graduation Ceremony

The Medical School attached to the Severance Hospital will hold the first graduation ceremony in its building here on the 3rd proximo. Invitations, we understand, have been issued to Prince Ito and many other officials.

잡보. 의사 자선. 대한매일신보(서울) (1908년 5월 30일), 2쪽

북장동 4가리에 거주하는 이성도 씨는 노동으로 살아가기에 살림살이가 가난할 텐데, 그 아내가 치질이 갑자기 생겨 거의 죽을 지경에 이르렀기 때문에 업고 남대문 밖 제중원으로 가서 치료를 청하였더니 그 병원의 의사 어비신 씨가 자신이 진찰하여 그녀를 마취시키고 병소를 절개하여 제거하고 7, 8일을 입원 치료하여 완치시킨 후 인력거 비용을 자기가 부담하여 보냈음으로 사람들이 모두 칭송하더라.

[Miscellaneous. Charity by Doctor.]
The Korea Daily News (Seoul) (May 30th, 1908)

北壯동 四街里居 리 聖道 氏는 以勞働資生ᄒ야 家勢가 窘艱홀 터인대 基妻가 痔疾이 忽生ᄒ야 幾至死境인 故로 昇佱于 南門外 濟衆院하야 治療홈을 請ᄒ즉 該院 의師 魚丕信 시가 自手 診察하야 한女를 夢昏를 식히고 病處를 割去ᄒ고 七八日를 留院 治療ᄒ야 完合後의 人力車費를 自擔 護送ᄒ얏슴으로 該시 慈善之德을 人皆稱頌ᄒ더라.

세브란스 병원 의학교 제1회 졸업식 식순 (1908년 6월 3일)
Program of the First Graduating Exercises of Severance Hospital Medical College (June 3rd, 1908)

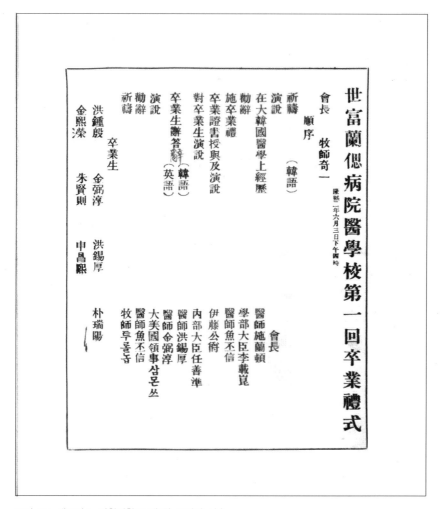

그림 59. 세브란스 병원의학교 제1회 졸업식 식순.

Severance Hospital Medical College

Graduation Exercises

First Graduating Class.

June 3rd, 1908. 4 p.m.

PROGRAM.

Chairman - - REV. DR. J. S. GALE.

PRAYER.—Korean
CHAIRMAN'S ADDRESS
ADDRESS.—Medical Work in Korea .. .. .. *Dr. W. B. Scranton.*
ADDRESS TO THE STUDENTS *H. E. Ye Chai Kon, Minister of Education.*
INVESTITURE OF GRADUATES .. .. *Dr. O. R. Avison*
PRESENTATION OF DIPLOMAS & ADDRESS .. *H E. Prince Ito, Resident General*
ADDRESS TO THE NEW DOCTORS .. *H. E. Im Sun Choon, Home Minister*
EXPRESSION OF THANKS OF GRADUATES .. {Korean—*Dr. S. H. Hong.* {English—*Dr. P. S. Kim.*
ADDRESS .. .. *Hon. Thos. Sammons, American Consul-General*
CLOSING REMARKS .. .. *Dr. O. R. Avison*
PRAYER AND BENEDICTION .. .. *Rev. M. N. Trollope*

Graduating Class.

HONG CHONG UN	PAK SUH YANG
KIM PIL SOON	KIM HUI YUNG
HONG SUK HOO	CHU HYUN CHIK

SIN CHANG HUI

그림 60. 김희영의 졸업증서. 수여 받은 학위는 '의학박사'이었다. 동은의학박물관 소장.

그림 61. 제1회 졸업생 일동과 허스트 교수. 뒷줄 왼쪽이 김필순, 가운데가 홍석후, 오른쪽이 신창희이며, 가운데 줄 왼쪽이 홍종은, 가운데가 허스트, 오른쪽이 박서양이다. 아랫줄 왼쪽은 김희영, 오른쪽은 주현칙이다. 동은의학박물관 소장.

앞쪽의 사진에서 가운데 줄 왼쪽에 앉아 있는 졸업생과 아랫줄 오른쪽의 졸업생은 그동안 홍종은과 주현칙으로 알려져 있었다. 그런데 졸업 직후에 간행된 세브란스 병원의 1907~1908년 보고서[97])에는 두 졸업생의 이름이 바뀌어 있다.[98]) 직접 만나 본 적이 없는 후손의 의견보다 당시에 간행되었던 보고서의 내용이 더 신빙성이 있다고 판단된다.

그림 62. 졸업생 일동과 에비슨 및 허스트 교수.

---

97) 이 책의 676쪽을 보라. Report of Severance Hospital, Seoul, Korea, For the Year 1907~1908 (June 30th, 1908)
98) 이 책의 688쪽의 사진을 참조하라.

그림 63. 졸업식이 거행되었던 야외 천막. 왼쪽 위에 병원이 있다. 동은의학박물관 소장.

그림 64. 졸업식장에 들어가진 못한 하객을 위해 설치한 천막. 동은의학박물관 소장.

그림 65. 졸업식에 참석하는 이토 통감. 병원 건물에 태극기와 성조기가 걸려 있다. 동은의학박물관 소장

그림 66. 졸업식 광경. 동은의학박물관 소장.

그림 67. **졸업식 광경.** 동은의학박물관 소장.

그림 68. **졸업식 광경.** 동은의학박물관 소장.

김윤식, 속음청사 제13권 (1908년 6월)

3일(초5일 기축) 맑음. 상오(上午) 8시에 서궐 내 각 여학교 춘기 대운동회
에 나아갔다. 하오(下午), 2시 평동의 참령 이진호, 미동의 참령 이범래를 방문
하였다. 돌아올 때 남대문 밖 미국인 목사 에비슨 의학교 학생 졸업식에 갔다.
졸업자는 7명으로 이토가 상빈(上賓)으로 참석하여 졸업 증서를 수여하였다. 6
시에 집으로 돌아오니 오늘은 단양일이다. 서궐 내의 사녀(士女)들이 운집하니
수만 명을 밑돌지 않았고 에비슨 교회 서양인 남녀와 우리 교인 또한 수천 명
을 밑돌지 않았다. 이 밖에도 각처에서 유희를 즐겨 구경하는 자는 수를 셀
수 없을 정도였다. 광무대, 단성사 등 여러 놀이 무대에서 음악이 끊이지 않았
다. 겉으로 보면 성안은 가히 태평한 세상이라 할만했으나 성밖에는 비적들의
소요가 날로 치성하여 사망자가 줄을 이었고, 기호지방은 가뭄으로 모판이 말
라 죽고 있으니 매우 근심하고 한탄할 만하다.

Sok Umchungsa [Diary of Yun Sik Kim], Vol. 13 (June, 1908)

三日 初五日 己丑 晴, 上午 八時, 赴西闕內各女學校春期大運動會, 下午二時
訪平洞李參領軫鎬, 尾洞李參領範來, 回時 赴 南門外 美國人 牧師 魚丕信 醫學
校 學生 卒業式, 卒業者 七人, 伊藤 爲 上賓, 授與 卒業證書, 六時 還家, 今日
端陽日也, 西闕內士女雲集, 不下數萬, 魚丕信 敎堂 洋人 男女及 我國 敎人, 亦
不下 數千, 此外各處遊戲玩賞者, 不可勝數, 光武臺·團成社等諸戲臺, 音樂轟沸,
外面觀之, 城中可謂太平世界, 城外則匪擾日熾, 死亡相續, 圻湖旱災, 秧坂枯坼,
極可憂歎.

이토 공작이 졸업생들에게 학위를 수여하다.
Los Angeles Herald (1908년 6월 4일), 1쪽

병원의 첫 학년에 졸업장을 수여하다
이 행사가 한국에서 교육의 큰 전진을 나타냄을 선언하다
미국 영사가 역할을 하다

AP 통신 제공

한국 서울, 6월 4일 - 일본 통감 이토 공작이 오늘 세브란스 병원과 의학교에서 의학과를 졸업한 제1기 한국인 학생들에게 졸업장을 수여하였다. 그는 졸업생들과 약 1,000명에 달하는 많은 정부 고위 관리들과 저명한 한국인, 일본인 및 외국인들에 대한 연설에서 한국의 교육 발전에서 그러한 진전을 나타내는 행상에 참석하게 된 것을 큰 영광으로 생각한다고 말하였다.

그는 연설에서 병원장인 에비슨 박사의 성실한 노고와 한국인들의 발전을 위한 미국 장로교회 선교본부의 활동에 높은 경의를 표하였다.

미국 영사인 시어도어 새몬스도 졸업식에 참석하였다. 졸업생들과 초청된 내빈들에게 한 연설에서 새몬스 영사는 한국 정부가 이토 공작의 영향으로 한국에서 외국인들이 수행하고 있는 교육 사업을 크게 지원하고 있으며, 세브란스 병원과 의학교는 미국인이 기증한 미국 기관이며, 한국인들을 자립할 수 있도록 교육하는 위대한 사업을 수행하도록 한국 정부로부터 모든 격려를 받고 있다고 지적하였다.

Prince Ito Gives Graduates Degrees.
Los Angeles Herald (June 4th, 1908), p. 1

Presents Diplomas to First Hospital Class

Declares Event Marks Great Advancement in Education of Korea.

American Consul Takes Part

By Associated Press

Seoul, Korea, June 4 - Prince Ito, the Japanese resident general, today presented the diplomas to the first class of Korean students which graduated in medicine at the Severance hospital and medical school. In his address to the graduates and others present, who numbered about 1000 and included many high government officials and prominent Koreans, Japanese and foreigner, Prince Ito said that he considered it a great privilege to be present on this occasion, which marked such advancement in the educational development of Korea.

In the course of his remarks he paid a high tribute to the conscientious labors of Dr. Avison, head of the hospital, and to the work of the Presbyterian American board for the betterment of the Korean people.

Theodore Sammons, the American consul, also participated in the graduating exercises. In his speech to the graduates and invited guests Consul Sammons said the Korean government through the influence of Prince Ito was assisting greatly in the educational work conducted by foreigners in Korea, and pointed out that the Severance hospital and school was an American institution, endowed by an American, and that it was receiving every encouragement from the government to prosecute its great work of educating the Koreans to become a self-reliant people.

에비슨에 대한 찬사.

The Toronto Daily Star (토론토) (1908년 6월 4일), 13쪽

이토 공작이 한국에서 캐나다 인의 사업을 칭찬하다.

서울, 6월 4일. - 일본 통감인 이토 공작은 오늘 세브란스 병원 및 의학교에서 의학과를 졸업한 한국인 제1회 졸업생들에게 졸업증서를 수여하였다. 이토 공작은 많은 고위 관리들과 저명한 한국인, 일본인 및 외국인을 포함하여 약 1,000명에 달하는 졸업생 및 다른 하객들에게 하였던 연설에서 한국의 교육 발전에서 그러한 발전을 나타내는 이 자리에 참석하게 된 것을 큰 영광으로 생각한다고 말하였다. 그는 병원과 의학교의 책임자인 에비슨 박사의 성실한 노고와 한국민들의 발전을 위한 미국 장로교회 선교본부의 노고에 높은 경의를 표하였다.

에비슨 박사는 캐나다 인이며, 토론토에서 잘 알려져 있다.

Tribute to Avison.
The Toronto Daily Star (Toronto) (June 4th, 1908), p. 13

Prince Ito Compliments Canadians on Work In Korea.

Seoul, June 4. - Prince Ito, Japanese resident General, to-day presented the Diplomas to the first class of Korean students which graduated in medicine at the Severance Hospital and Medical School. In his address to the graduates and others present, numbering about one thousand and including many high Government officers and prominent Koreans, Japanese and foreigners, Prince Ito said that he held it a great privilege to be present on this occasion, which marked such advancement in the educational development of Korea. He paid a high tribute to the conscientious labors of Dr. Avison, head of the hospital and school, and to the work of the Presbyterian American Board for the betterment of the Korean people.

Dr. Avison is a Canadian, well-known in Toronto.

세브란스 병원 의학교. 졸업식.
The Seoul Press (서울) (1908년 6월 5일), 2~3쪽[99]

한국 최초의 의학교 졸업생

수요일 오후 서울에서 한국 서양 의학 역사의 새로운 장을 여는 행사가 개최되었다. 이날 한국 최초의 의대 졸업생들에게 졸업증서가 수여되었다. 이 특별한 영예를 안은 기관은 남대문 밖에 있는 세브란스 병원에 부속된 의학교이다.

행사는 제임스 S. 게일 목사를 의장으로, 기관 구내에 행사를 위해 세워진 넓은 천막 아래에서 거행되었다. 영예의 자리에는 이토 공작 각하가 자리하였고, 그 옆에 중추원(中樞院) 의장인 김윤식 씨가 앉았다. 그곳에는 특히 한국의 대신들, 영사관의 직원들, 한국과 일본의 주요 관리들, 그리고 한국과 외국의 거의 모든 저명 인사들이 참석하였다. 그곳에는 특히 한국 여자들이 많았다. 모인 인원은 거의 천 명에 달하였다.

행사는 한국인 목사의 기도로 시작되었다. 의장의 간단한 연설이 있은 후에 스크랜턴 박사는 다음과 같은 인사말을 하였다.

한국의 서양 의학 도입과 발전에 대한 약사

한국에서 의학교 학생의 첫 졸업식인 오늘, 연설을 할 기회가 주어져 영광스럽습니다. 이 행사는 이 땅의 서양 의학 도래와 관계가 있는 모든 사람들에게 특별한 기쁨 중의 하나입니다. 이 행사는 의술의 발전에 있어서 하나의 신기원을 나타내는 것이며, 의술의 미래 발전과 연관지어 볼 때 매우 중요한 의미가 있습니다. 우리는 오랫동안의 노력으로 오늘의 결실을 맺었고, 그들의 발전으로 인해 외국인과 자국민을 포함한 한국의 모든 사람들에 대한 의료를 한 차원 더 높인 세브란스 병원과 의학교에 진심 어린 축하를 보냅니다.

대략 25년 전, 세 명의 의사가 한국에서 선교지부의 창립을 위하여 미국의 두 개의 큰 선교 단체로부터 선발되었습니다. 나는 그들이 선발되고

---

99) 이 기사는 다음의 잡지에 인용되었다. Severance Hospital Medical College. Graduating Exercises. *The Korea Mission Field* (Seoul) 4(7) (July, 1908), pp. 98~102

위임받은 정확한 역사적 순서는 말할 수 없으나, 이 세 사람, 즉 알렌, 스크랜턴 및 헤론이 이 순서대로 이곳에 왔다는 것은 확실합니다. 알렌은 원래 중국의 남경으로 파송되었으나, 새로운 나라가 개방되고, 그곳에 기회가 있다는 것을 듣자마자 1884년 9월 20일 중국을 떠나 한국에 도착하였습니다. 첫 몇 달은 그보다 먼저 온 외국인 및 원주민과의 면식 및 친교를 위해 보냈고, 첫 달 동안은 분명히 의료 활동을 거의 하지 않았습니다.

1884년 12월 4일은 한국의 개방에 있어서 주목할 만한 날입니다. 그날 새로운 우정국의 개국을 알리는 연회가 벌어졌는데, 그 연회가 진행되던 중 특정 관리들을 색출해내기 위한 화재 경보가 울렸고, 그 시대 진보파에게 불필요하다고 생각되는 여러 사람이 단수되었는데, 그 당시 부상자 가운데, 마지막 왕비의 가까운 친척인 민영익이 있었습니다. 민 공(상)은 세계 일주 여행에서 막 돌아온 주미 한국공사관의 중요한 일원이었으며, 미국과의 조약 비준을 위임받고 있었습니다.

그 당시 미국의 전권대사였던 푸트 장군은 알렌이 그 부상자들을 돌보게 하는데 큰 역할을 했으며, 특별히 민 공을 보살피도록 하였습니다. 알렌의 노력은 성공적이었고, 오늘날 세브란스 병원의 전신인 그 당시의 정부병원은 왕가를 위하여 노력한 알렌에게 감사의 표시로 건립되었습니다.

이 기관은 한국에 세워진 많은 외국인 기관 중 최초의 것입니다. 이 기관은 공식적으로 1885년 2월 25일[100] 문을 열었습니다.

1885년 5월 3일 한국에 도착한 스크랜턴은 알렌을 제물포에서 처음 만나 다음 날 서울로 동행하였고, 5월 5일 제중원을 처음 방문하였습니다. 그때부터 헤론이 6월 말경에 오기까지 짧은 기간 동안 스크랜턴은 그 병원에서 알렌을 도왔습니다. 알렌이 왕가의 그 한 사람을 성공적으로 치료하여 얻은 서양 의학의 특별한 소개 과정으로 인해 그의 무료 진료소는 처음부터 모든 종류의 환자들로 가득 찼습니다. 그 수는 매일 백 명을 넘겼고, 알렌 혼자로는 그를 도울 수 있는 사람이 단 한 사람도 없는 상황에서, 갑자기 그에게 책임 지워진 수요를 충족시키는 것은 매우 무거운 짐이었습니다.

헤론이 도착하자 스크랜턴은 그가 파견된 임무를 수행하기 위하여, 그리고 선교의 하나로서 병원을 건립하기 위해 떠났습니다. 이 사업은 그해 6월 현재 벙커 교수가 살고 있는 그의 저택에서 시작했는데, 나중에 이 무료 진료소는 현재 정동의 감리교회 자리로 이전되었습니다. 이 병원은 왕에 의해 배재학당과 이화학당이 이름을 하사받을 때 함께 '시병원'이란 이름을 하사받았습니다. 몇 년 동안 이 기관은 매년 5천에서 7천 명의 환자를 돌보는 일을 수행하였습니다.

자, 우리가 특별히 관심을 가지고 있는 제중원으로 다시 돌아가 봅시다.

---

100) 이 날짜는 음력으로 표시된 것이다.

당신들 중 누군가는 한때 외아문 병원이라고 불렸던 오래된 병원을 기억하실 것입니다. 의학교는 알렌, 헤론 및 언더우드를 강사진으로 하여 1886년 4월 10일[101] 그곳에서 시작하였습니다.

그 해는 무섭게 창궐하던 아시아 콜레라에 대한 서양 의술의 치료 시도가 처음으로 행해졌습니다. 또한 그 당시에는 외국인들이 아기들을 약물 실험용으로 사용한다던가, 약물에 중독시킨다던가, 아기들의 눈을 사진을 찍을 목적으로 사용한다든가 하는 각종 죄목으로 그들을 악마로 몰아 체포하던 때였는데, 배재학당이 생긴 직후 그 밑의 지하실이 아기들을 숨기는 목적으로 사용된다는 소문이 돌았고 몇 명의 사람들이 그 소문의 진위를 확인하기 위해 그곳에 다녀갔습니다.

점점 그런 소문은 어느 정도 누그러졌습니다. 1887년 구 외아문병원은 나중에 에비슨이 살았던 곳이며, 최근 일본 전람회가 열렸던 곳인 구리개의 더 좋은 부지로 이전하였습니다.

다음으로 궁전에서 환자를 돌보는 일과, 한국의 여성 활동에 있어서 알렌을 돕기 위해 1886년 엘러스(지금은 벙커 부인)가 내한하였습니다.

이때 스크랜턴은 여성과 아이들을 전문적으로 돌보는 병원의 필요성을 발견하고 현재 보구녀관이라고 알려진 여성병원을 커틀러 박사의 책임 아래 개원하였습니다. 메타 하워드 박사는 이곳에 파송된 최초의 여의사입니다.

시간과 여러분의 인내심을 고려하여 여러 가지 중요한 분야에서 의료 활동을 수행했던 사람들을 언급해 보면, 이 봉사 활동에 일찍이 일생을 헌신한 헤론, 원산에서 하디와 함께 몇 년을 활동한 맥길, 부산의 어윈, 한국의 영국 선교 사업의 설립자인 제물포의 랜디스와 서울의 와일즈, 평양에서 의료 활동을 시작한 홀 부부, 이 글에서 빠져서는 안 될 이름인 웰스(Wells) 등인데, 오늘날 한국인의 마음속에 이 직업과 기술들에 대한 호의적인 입지는 일찍이 의술에서 훌륭한 일을 했던 이상의 모든 사람들 덕택입니다,

언급한 의료중심으로부터 필요한 거점에 서양 의학의 시술을 확립하기 위해 의료인들이 뻗어나갔는데, 지금도 외국인이건 일본인이건 서양 의학을 시술하는 사람이 있는 곳에서 멀리 떨어진 곳을 여행하기가 힘든 상황입니다.

우리 이외에 다른 집단에서도 의료 활동을 했는데, 무엇보다도 한국에 온 일본인들에 의해 서양식으로 실행되었던 의료 활동입니다. 이런 맥락에서 한성병원은 수년 동안의 명성과 입지에 있어서 주목할 만한 기관입니다.

그러나 이 시점에서 특별히 언급해야 할 한국 정부의 기관이 셋이 있습니다. (관립) 의학교는 10년 이상 존재하고 있습니다.

수년 전부터 정부의 주도 하에 한국의 백신 개발과 접종을 위해 시작

---

101) 스크랜턴이 착각한 것이다 정확한 날짜는 1886년 3월 29일이며, 4월 10일은 양력으로 했을 때 제중원의 공식 개원일이다.

한, 어떤 의미에서 구 외아문병원의 최근 계승자인 광제원, 최근 일제 치하에서 일본에 의해 경영되고 있는 적십자병원.

이토 통감은 한국의 개혁을 진행시키면서 조선 정부가 지원하는 이 세 개의 기관은 정부가 그들의 국민에게 이익을 주기 위한 희망대로 각각 잘해 나가고 있었음에도 불구하고 그 기관들 중 어떤 것도 그 고귀한 목적을 다하지 못하고 있다고 판단하였습니다. 이 기관들의 실용성과 개혁을 위해 이토 통감은 이 세 기관을 대한의원으로 통합하고 프-러전쟁과 청일전쟁, 도쿄에 있는 그의 개인병원과 공립병원에서 많은 경험을 가진 사토를 불러들였습니다.

이 기관은 이제 빠르게 완성되어가고 있으며, 조만간 공식적으로 개원하게 될 것입니다. 이 건물은 벽돌과 석재로 만들어진 넓은 프론트를 가진 2층 건물이며, 200에서 300개의 병상을 수용할 수 있는 7개의 넓은 병동과 연결될 것입니다. 기숙사와 교수를 위한 관사, 의과대학도 함께 지어질 것입니다.

그러나 이것에 관해서는 이 기관이 스스로 더 많은 것을 알려줄 것이며, 우리는 한국 최초의 제중원에 있어 사도의 길(apostolic line)로 다시금 돌아갑시다.

내 생각에 에비슨이 한국에 와서 오늘날의 성과에 확실히 공을 돌릴 만한 가치가 있는 성공적인 작업을 시작한 것이 1893년입니다, 에비슨의 관리 하에 훌륭한 활동으로 세브란스 병원의 현재 명성에 적지 않은 기여를 한 이 기관은 1904년에 구리개에서 우리가 지금 모여 있는 이 장소로 이전하였습니다. 세브란스 씨의 많은 기부는 이 기관을 사회에 대해 선행을 하게 만들고, 오늘날 첫 의학교 졸업생을 배출하게 한 노력과 견줄 만큼의 기여를 하였습니다. 지금 이 시간에 이 병원의 혜택을 굳이 언급하지 않더라도, 어떤 칭찬의 말로도 모자란 이 기관의 행적을 여러분 모두가 직접 목격하셨습니다.

지나간 날의 그 숱한 사건들을 되새기는 것이 고리타분하게 느껴질 수도 있습니다. 현재의 기쁨에 있어서 역할을 했던 많은 좌절과 용기를 잠깐 생각해봅시다. 우리는 많든 적든 간에 또 다른 기관이 들었을 수도 있는 것들을 목격했고, 한국인들이 칭찬을 금할 수 없는, 맹인(盲人)들에게 눈을 돌리고, 나무, 돌, 심지어 모든 중요하지 않은 것에까지 눈을 돌렸다는 것은 사실입니다. 우리는 서양 의학의 자신감이 점점 성장하는 것을 매우 흥미롭게 지켜보았습니다.

오늘은 한국 의학의 새 시대를 장식한 날입니다. 먼저 나서 일본에 가서 서양 의학교를 졸업하고 온 사람들은 다른 이들과 합류하기 위해 그렇게 하였습니다. 아무튼 한국에서 서양 의학의 작은 흐름은 이제 변화하고 있고, 두 부류는 섞이게 될 것입니다. 서양과 교화하기 위해 그들이 배우고, 몇 가지 방식으로 행해 온 원칙을 가지고 있는 일본의 서양 의학도들처럼, 우리도 한국이 헌신적으로 이전 받은 기술들에 대해 무의미한 형제가 되지 않기를 희망합니다. 우리는 서양에 의해서 의료라는 방식으로 한국에 혜택이 주어졌을 뿐 아니라, 한국도 같은 면에서 열정과 헌신을 주었다고 믿습니다.

나는 이 새로운 개업의들과 한국의 첫 의학교 졸업생들에게 진심으로 축하를 보냅니다. 나는 당신들에게 엄숙한 책임이 있음을 일깨워주고 싶습니다. 당신들은 자신이 아니라 남을 위해 봉사하는 직업을 갖고 있습니다. 당신들의 새로운 직업 윤리를 성취하기 위해서는 단지 이름뿐만이 아닌 동료들을 위해 봉사하는 데 있어서 자신의 삶에 얽매이지 않았던 사람들의 계승자가 되어야만 합니다. 당신은 헌신과 고된 연구와 높은 성취를 계승받았고, 당신들에게 그것들이 실제로 쓰여지는데 있어, 못쓰게 되거나 줄어들지 않도록 하는 책임이 있습니다. 당신은 인내와 헌신으로 당신의 바로 앞의 선교의 선구자들에 의해 희망적인 수업을 받아왔습니다,

뿐만 아니라 나는 당신들이 당신들의 나라에서 개척자가 되었으며, 당신의 민족과 계승자들을 위해 한국의 의술을 다져나가는 것이 당신들의 의무임을 일깨워주려 합니다. 의학은 한국에서 수행해야 할 거대한 임무가 있으며, 이 일을 수행해야 할 사람은 한국인 의사들입니다. 이곳의 외국인 의사들은 잠시 머물고 곧 떠날 테지만, 당신들은 그들이 가르쳤던 것을 계승하고, 그것들을 당신의 민족과 당신의 나라의 이익을 위해 사용해야만 합니다. 오랜 세월 동안 당신의 직업에 있어서 가르침을 받았던 많은 교수들의 많은 높은 이상들을 가지고, 당신의 직업과 당신의 스승과, 당신을 계승할 학생들의 영광과 이익을 위해 최선을 다해 일하십시오.

이어 학생들에 대한 학부대신인 이재곤의 연설이 있었다. 102)

그런 다음 행사의 가장 흥미롭고 중요한 부분, 즉 에비슨 박사가 주도한 졸업생들의 수여식이 있었고 이토 공장의 졸업장 수여가 이어졌다. 이 영예를 안은 7명의 젊은이는 홍종은, 김필순, 홍석후, 박서양, 김희영, 주현칙 그리고 신창희이다. 그들은 밝고 지적인 외모와 당당한 태도로 보는 이들의 감탄을 자아냈다.103)

졸업증서의 수여가 끝나자 통감이 다음과 같이 연설문을 낭독하였는데, 먼저 코쿠부 씨가 한국어로, 이어 주모토 씨가 영어로 통역하였다.

---

102) *The Korea Mission Field*에는 이 문장이 빠져 있다.
103) *The Korea Mission Field*에는 이 문장이 빠져 있다.

이토 공작

사절단들과 신사 숙녀 여러분,

저는 세브란스 병원의 첫 번째 졸업식에서 이러한 기념적인 일에 한 부분을 할 수 있는 특권에 대해 매우 감사하게 생각합니다. 나는 그들의 인생에서 매우 기쁘고 중요한 졸업식에서 졸업생들을 축하할 수 있게 된 것에 대해 더욱더 감사를 드립니다. 그리고 한국의 발전을 위해서 그들의 전문분야에서 보여준 에비슨 박사와 그의 동료들의 헌신적이고 효과적인 노력에 대해 감사를 드리고 싶습니다.

다른 극동의 나라들과 같이 한국도 의학교가 없진 않았습니다. 하지만 저보다 여러분이 더 잘 알듯이 조선 의학은 질병의 원인을 연구하고 새로운 약을 개발하기 위한 화학 연구에서 매우 중요한 해부학과 생리학적인 면에서 서양 의학과 비교가 되지 않습니다.

따라서 제가 처음 여기 통감으로 왔을 때 전 당장 조선 정부에 대한의원을 세우자고 건의하였습니다. 그와 동시에 발전된 서양 의학을 소개하고 병원과 함께 학교에서 서양 의학을 가르치자고 했습니다. 병원은 최근에야 열었고 아직 학교에서 어떠한 졸업생도 배출하지 못하였습니다.

오늘 제가 졸업장을 드리게 되는 제군들, 여러분은 배우고 숙련된 서양 의사에게서 문명 의학을 배울 수 있는 기회를 경험해 왔습니다. 여러분의 과정을 끝낸 후에 여러분은 지금 교실에서 배운 것들을 실제 적용하는 인생에서 매우 중요하고 새로운 단계에 와 있습니다. 여러분은 인생에서 매우 중요한 발전을 해 왔고 전 그것에 대해 진심으로 축하합니다. 결론적으로 전 여러분이 여러분의 나라에서 의학의 발전에 앞장서는 선구자가 되었으면 합니다. 그렇게 함으로써 여러분은 여러분의 스승과 국가가 여러분께 원했던 것을 충실히 이행할 수 있게 되는 것입니다.

내부대신인 임선준 각하는 새 의사들에게 잘 선택된 축하의 말 몇 마디를 하였다. 그리고 고별사는 졸업생 중 두 사람, 즉 한국어로 홍석후 박사가, 영어로 김필순 박사가 하였다.[104]

미국 총영사 새몬스 씨는 짧은 연설에서 이 기관이 모든 것을 빚지고 있는 세브란스 씨의 관대함을 적절하게 언급하였다. 그는 통감과 한국 정부가 기관에 보여준 지원과 공감을 강조하였으며, 연자는 그것이 무엇보다도 고귀한 미국인 자선가를 기쁘게 할 것이라고 말하였다. 또한 졸업생들이 그들에게 가르친 과목을 숙달하는데 있어 보여준 능력에 대해서도 언급하였는데, 그들 중 최고는 졸업 시험에서 평균 92점의 높은 점수를 얻었고 그들 모두의 평균

---

104) *The Korea Mission Field*에는 이 문단이 빠져 있다.

은 72점이었다.[105]

미국 총영사의 뒤를 이은 에비슨 박사는 자신이 처음 한국에 오고 의료 활동을 하게 된 상황에 대하여 흥미롭게 이야기하였다. 그것은 쉬운 일이 아니었다고 말하였다. 항상 고무적이지도 않았다. 학생들이 오기는 하였지만 그와 오랫동안 함께 할 수 있는 인내심을 가진 사람은 거의 없었다. 하지만 그의 인내는 마침내 보상을 받았고, 이제 그는 그 일곱 명의 영리한 젊은이들의 졸업식에서 그의 노력의 정점을 보게 되어 기뻤다. 그들의 기록은 한국인이 타락한 인종이라는 일부 사람들의 이론을 반박하였다고 그는 말하였다. 그는 이토 공작이 개업을 위하여 졸업생들에게 공식 증서를 수여하는 데 있어 보여준 따뜻한 지원과 동정에 대하여 진심으로 감사를 표하였다. 그는 또한 이러한 너그러운 조치에 대하여 한국 정부 관리들에게 감사를 표하였다. 그는 이 자리에 참석한 서양인과 동양인을 포함한 모든 내빈들에게 감사를 표하였으며, 그들이 이날의 행사에서 보여준 공통의 관심은 동양과 서양이 의료와 같은 인도주의적 사업 문제에서 단결할 수 있음을 보여주었다는 사실을 강조하였다.

행사는 M. N. 트롤로프 목사의 기도로 마무리되었다.

---

105) *The Korea Mission Field*에는 이 문장이 빠져 있다.

Severance Hospital Medical College. Graduating Exercises.
The Seoul Press (Seoul) (June 5th, 1908), pp. 2~3

First Graduates of Medicine in Korea.

On Wednesday afternoon there took place in Seoul an event which marks a new stage in the history of Western medicine in Korea. On that day diplomas were given to the first graduates of medicine in Korea. The institution to which this unique honour belongs, is the medical College attached to Severance Hospital, outside the South Gate.

The ceremony was performed under a spacious tent erected for the purpose in the compound of the institution, with the Rev. Dr. J. S. Gale as Chairman. The place of honour was occupied by His Excellency Prince Ito, and by him sat Mr. Kim Yunsik, President of the Privy Council. There were also present, among others, the Korean Ministers of State, the members of the Consular Body, the leading Japanese and Korean officials, and nearly all well-known members of the community, Korean and foreign. There was an especially large contingent of Korean ladies. The assemblage altogether numbered nearly a thousand.

The ceremony was opened with prayer by a Korean pastor. After a brief address by the Chairman, Dr. Scranton read the following address: -

A Short Sketch of the Advent and Progress of Western Medicine in Korea.
It is an honour to be given a voice and place to-day in this the first graduation exercises of medical students in Korea. The occasion is one of particular joy to all who have had any connection with the advent of western medicine into this land. It marks an epoch in the progress of this Art, and is full of meaning in its relations to the future progress of the same. We offer oar sincere congratulations to the Severance Hospital and Medical School, whose labours of many years bear this fruitage to-day, and whose development as an institution is thus marked by one more line of service to the people of Korea, both foreign and native.

It was at about the same time, nearly twenty-five years ago, that three physicians were selected and commissioned by two great Missionary Societies of the United States to go to Korea as an entering wedge, and under take the founding of Christian missions there. Of the exact historical order of their selection and commission, I cannot speak, but it is certain that the three, Dr. H. N. Allen, Dr. W. B. Scranton, and Dr. J. W. Heron arrived on the field in the order named. Dr. Allen was originally sent out to Nanking, China, but on hearing of the opening of a new country, and the opportunities there, he left China and arrived in Korea September 20, 1884. His first few months were passed in making acquaintances and friends among foreigners, who had preceded him, and among natives, as he had opportunity, and he evidently carried on little, if any, medical work for the first months.

December 4, 1884, is a noted date in the opening of Korea. On this day a banquet was given by the new Post Office authorities in recognition of the inauguration of that department, but during its continuance a cry of fire was raised to lure out certain officials, and the heads of several, who were not considered necessary to the progressive party of that day, were cut off, and among the wounded was Min Yon Ik, a near relative of the late Queen. Prince Min had been a prominent member of the Embassy to the U. S. which had just returned from a world-round trip, and especially and errand to ratify the Treaty with the U. S.

General Foote, the Minister Plenipotentiary and Extraordinary for the U. S. at that time, was instrumental in having Dr. Allen called in to see those wounded in the emeute, and especially to attend to Prince Min. Dr. Allen's efforts were successful, and the Government Hospital of that day, of which the Severance Hospital of to-day is the successor, stands as the grateful and worthy recognition of Dr. Allen's services to the royal family.

This institution was the first of the many foreign institutions that were to be established in Korea. It was formally opened February 25, 1885.

Dr. Scranton arrived in Korea May 3, 1885, met Dr. Allen for the first time in Chemulpo, accompanied him to Seoul on the following day, and visited the Government Hospital for the first time with him on May 5. From that time, for the short interval until the arrival of Dr. Heron in the latter part of June, Dr. Scranton assisted dr. Allen in the Hospital. The unusual introduction and prominence which foreign medicine thus had received through Dr. Allen's successful treatment of one of the royal family, caused his dispensary to be thronged from the first by the sick in all degrees of helplessness. The numbers ran over one hundred daily, and Dr. Allen, single handed, was heavily taxed to meet the demands thus suddenly put upon him, without assistance, or even one trained hand, to help.

From the time of Dr. Heron's arrival, Dr. Scranton departed to take up the work he had been sent out to do, and to establish a Hospital, under the auspices of his own Mission. This work was begun, first in his compound, (now occupied by Prof. Bunker), and the Hospital itself was opened next door, in the June following, and later a dispensary was conducted on the site of the present Methodist Church in Chong Dong. It was known as the "Si Pyeng Won", a name given to it by His Majesty the King, at the same time that names were also given to Pai Chai Hak Tang and to Ewa Hak Tang. Here for many years a flourishing institution was carried on receiving and treating from five to seven thousand patients yearly.

But to return to the Government Hospital with which we have especial interest to-day. Some of you will well remember the old Foreign Office Hospital, as it was some times called. A Medical School was started there on April 10, 1886, with Allen, Heron, and Underwood as its teaching staff.

It was in that year that western medicine had first to try its skill in a dread epidemic of Asiatic cholera. In those days too, the foreigner was accused of all sorts of things, called foreign devil, supposed to use babies for medicine and also to feast on them, and to use their eyes for his photographic purposes, and a little later when Pai Chai Hak Tang was built, and a cellar put under it, it was stated that the cellar was for the concealment of the babies. More than one man went there to see for himself, and to prove the truth or falsehood of the rumour.

Little by little somehow things quieted down. In 1887 the old Foreign Office Hospital was removed to better quarters at Koo-ri-gay, where Dr. Avison later lived, and where recently the Japanese Exposition was held

Next came Miss Annie Ellers, M. D., (now Mrs. Bunker, in 1886 to assist Dr. Allen in, his Palace work for the sick, and in work among the women of Korea.

By this time Dr. Scranton had found it necessary to have a Hospital exclusively for the treatment of women and children, and had inaugurated the Women's Hospital, now known as the Po Ku Yor Kwoan, at present under the charge of Dr. Cutler. Dr. Meta Howard was the first woman physician sent out for this post.

Time and your patience would fail me to make more than a passing mention of men and women who have established medical work in various centres of Dr. Heron, who early laid down his life in the service; of McGill who spent so many years in Wonsan, and Dr. Hardy with him; of Dr. Irvin in Fusan, and the excellent work he has done there, not to speak of his Hospital; of Dr. Landis in Chemulpo, and Dr. Wiles in Seoul, founders of the English medical work in Korea; of the Doctors Hall, husband and wife, who began medical work in Pyong Yang, the one among men, ad the other among women; and of Dr. Wells also, whose name should not be omitted in the same roll call; to all of whose excellent work in medicine in the earlier days is due in no small degree the favourable standing which this Profession and Art has to-day in the minds of the Koreans.

From these centres mentioned have also gone out other colonies of medical workers to establish the practice of western medicine in needy outposts, until now one will find it hard to travel far away from the vicinity of some practitioner of western medicine, either foreign or Japanese.

Mention may well be made, among many others, of medical work undertaken, and carried on, along western lines, by the Japanese who have come to Korea, and in this connection the Han Sung Pyong Won is notable as an institution of many years' standing and reputation.

There are three institutions, however, of the Korean Government, which need special mention in this place, namely the Kwal Ip Hak Kyo, a Medical School of more than ten years' existence, which is in reality.

The origin of the Government Hospital Medical School of the present day (immediately to be mentioned); the Koang Chei Won, in some sense the late successor of the old Foreign Office Hospital, an institution started by the Government many years ago for the manufacture of vaccine and the enforcement of vaccination throughout Korea; and last, the Chok Sip Cha Hospital, begun since the latest Japanese regime in Korea, and under Japanese management.

His excellency Prince Ito, with whose distinguished presence this occasion is graced this day, when he undertook the matter of reform in Korea, among other things found these three Korean institutions subsidized by the Korean Government, but none of them doing that dignified work, although each did well in its way, such as a Government might hope to do for the benefit of its own people. Being desirous of introducing useful, as well as necessary reforms, Prince Ito caused these three institutions to be united under the name of the

Tai Han Ui Won, and called to his aid the distinguished services of Dr. Baron Sato, a surgeon of wide experience, in the Franco-Prussian war, and nearer at home in the Japanese and Chinese war, and in his work in public Hospitals as well as notably in his own private Hospital in Tokyo.

This institution is now rapidly nearing completion, and will have its formal opening shortly. It is to consist of a large front two story structure of brick and stone, connected with seven large and separated wards contemplated to contain between 200 and 300 beds; a Medical School, with dormitories on the same compound, and residences for the staff of indoor workers.

But of this, the Institution itself will speak more in detail very soon, and meanwhile we will again return to the apostolic line of the first Government Hospital in Korea.

It was 1893, I think, that Dr. Avison came to Korea and began the successful career, of which certainly to-day's exercises are a worthy crowning. In 1904 the institution, whose excellent work under Dr. Avison's management had laid the foundation of not a little of the reputation of Severance Hospital, was moved from Koori-gay to this place, where we are now assembled. Mr. Severance's munificent gift has made an equal setting for the hard labors which have made this institution a benefaction to the community, and which in to-day's exercises sends forth the first graduates in Medicine. You have all of you too often witnessed the sights, in and about this Hospital, not to mention the reception of its many benefits, to need any word of commendation from me at this hour.

It makes one feel old to go over so many incidents of bye-gone days. To think, in a glance, of the many discouragements and encouragements, which have their capping to-day in the present rejoicing. We have all, more or less, been witnesses of what may have been spoken of another institution, and yet, which is equally true of this one, when a Korean once said, that eyes have been put in blind men, and wood, stone and all immaterial things even, cannot restrain their voices of praise. We have watched this gradual growth in confidence in foreign Medicine with keenest interest.

To-day marks a new era in Medicine in Korea. These men who go forth, do so to join others, who have been to Japan, and have already been graduated in foreign Medicine there. Two, one a man, and one a woman, have been to the U. S. and been graduated in that land. By no means a small current of western Medicine has now been turned on in Korea, and there is bound to be a blending of the two. As in Japan, where the students of Western Medicine have taken the principles which they have been taught, and have worked them out in more than one way, to the edification of the West, so too we may hope and expect that Korea will by devotion to the Art received, prove herself not an insignificant member of the fraternity. We may easily believe that not only have benefits been given to Korea in the way of Medicine by the West, but that also Korea will give energy and devotion and grace to the same profession in return.

I feel constrained to offer my sincere congratulations also to these new practitioners in the ranks, and first graduates of Medicine in Korea. I would remind you that you assume a solemn responsibility. You are taking up a profession of service, not of self, but of others. You must, to carry out the tenets of your new profession, be followers in deed, if not in name, of Him who counted not his life dear in the service of his fellow men. You receive an inheritance of devotion, laborious research, and high attainment, and it devolves on you to see to it that it does not become marred or lessened in the use. You have had faithful lessons given you, by your immediate missionary forerunners, in patience and devotion.

But more, I would remind you, that you are in your turn pioneers in your own land, and it becomes your duty to set the pace and standing of the Medical Art in Korea among your own people and for your successors. Medicine has a great mission to perform in Korea, and it is the native trained doctors who must do this work. The foreigner is here for only a day, and will be gone again soon, but you must take up what they have taught you, and work it out for your own people, and for the good of your native land. Take then the many high ideals of the many Masters you have had in the profession before you during the long centuries, and work them out as best you can, for the glory and advantage of your profession, your Masters before you, and your pupils that are to follow you in your turn.

This was followed by an address to the students by H. E. Mr. Chaikon, Minister of Education.

Then came the most interesting and important part of the proceedings, namely, the investiture of the graduates by Dr. Avison and the presentation of diplomas to them by His Excellency Prince Ito. Seven young men received this honour, their names being Hong Chongun, Kim Pilsoon, Hong Sukhoo, Pak Suhyang, Kim

Huiyung, Chu Hyunchik, and Sin Changhui. They impressed the spectators favourably by their bright and intelligent looks and their dignified bearing.

On the conclusion of the presentation of diplomas, the Resident-General read an address which was first interpreted into Korean by Mr. Kokubu, and then into English by Mr. Zumoto as follows: -

Prince Ito.

"Excellencies, Ladies and Gentlemen,

"I am proud of the part it is my privilege to play on this memorable occasion of the first graduating ceremony of the Severance Hospital. I appreciate the privilege all the more, because it has afforded me the pleasure of offering congratulations to the graduating class upon this happy and important even in their life, I want also to avail myself of this opportunity of expressing my grateful appreciation of the able and conscientious endeavours which Dr. Avison and his colleagues are making in their special field for the betterment of Korea.

"Korea, like most other Far Eastern Countries, has not been without a school of medicine. But, as you know better than I do, Korean medicine does not bear comparison with Western medicine, either in regard to those anatomical and physiological studies which are essential for the investigation of the causes of diseases or those chemical researches so important for the discovery of useful drugs.

"Consequently on my first arrival here as Resident-General, I at once advised the Korean Government to establish the present Tai Han Hospital, with a view to introducing improved medical treatment and to providing instructions in Western medicine at a school attached to the institution. The Hospital was only lately opened for work, and we have not had time to produce any graduates from the school.

"You, Gentlemen, to whom I have had the pleasure of presenting diplomas to-day have enjoyed the rare opportunity of studying civilized medicine under learned and experienced doctors from the West. Having finished your course, you are now entering upon a new and important stage in your career when your task will be to apply in practice what you have learned in class room. You have made a great advance in your life, for which you have my sincerest congratulations. In conclusion let me express my hope that you may become pioneers in the advancement of medicine in your country and that in so doing you may loyally fulfil what your instructors and your country expect of you."

H. E. Mr. Im Sunchoon, the Home Minister addressed a few well-chosen words of congratulation to the new Doctors of Medicine, and valedictory addresses were delivered by two of the latter, namely, by Dr. S. H. Hong in Korean and by Dr. P. S. Kim in English.

Mr. Sammons, the United States Consul-General, in a short address properly referred to Mr. Severance to whose generosity the institution owes everything. He laid emphasis on the support and sympathy shown to the institution by the Resident-General and the Korean Government - support and sympathy which, the speaker said, would please the noble American philanthropist more than anything else. Reference was also made to the ability displayed by the graduates in mastering the subjects taught them, the best of them obtaining at the graduating examinations as high in average of marks as ninety-two, the average for all of them being seventy-two.

Dr. Avison, who followed the American Consul-General, recounted in an interesting manner the circumstances under which he originally came out to Korea and under which he conducted his medical work. It was no easy work, he said; neither was it always encouraging. Students would come but few had the perseverance to stay with him long enough. His perseverance was, however, finally rewarded, and he was now happy to see the crowning of his efforts in the graduation of those seven bright youths. Their record, he said, refuted the theory advanced by some that the Koreans are a degenerate race. He expressed his sincere gratitude to Prince Ito for His Excellency's warm support and sympathy in securing the grant of official certificates for the graduates for practising medicine. He also thanked the members of the Korean Government for this act of liberality on their part. He thanked all his guests, both Occidental and Oriental, for their presence on the occasion, and emphasized the fact that the common interest they showed in the proceedings of the day showed that East and West could unite in matters of humanitarian work like that of medicine.

The proceedings were concluded with a prayer by the Rev. M. N. Trollope.

한국의 서양 의학. *The Seoul Press* (서울) (1908년 6월 5일), 3쪽

　　관련 기사가 실려 있는 세브란스 병원의학교의 첫 졸업식에 비상한 관심
이 쏠렸다. 이것은 한국에서 의학의 역사상 새로운 장을 여는 것이다. 수요일
졸업증서를 받은 젊은이들은 한국에서 교육을 완료한 첫 의학생들이다. 졸업
식장에서 스크랜턴 박사가 연설한 바와 같이 그들은 일본과 미국의 의학교에
서 졸업증서를 받은 여러 명이 있기에 의학사를 받은 첫 한국인들은 아니다.
그러나 수요일의 졸업식은 한국에서 의학 교육이 굳건한 발판을 만들었다는
것을 입증했다는 점에서 중요하다. 이것은 주로 에비슨 박사 및 그의 능력 있
는 동료에 의한 것이며, 한국에서 의료 사업에 개척자적인 그들의 힘들었던
노고가 스크랜턴 박사의 연설에 잘 나타나 있다. 일본이 처음에는 네덜란드로
부터, 후에는 독일로부터 주로 의학을 받아들인 것에 비하여 한국은 주로 미
국과 영국에서 의학을 받아들였다는 점이 흥미롭다. 이것은 새로운 의학이 그
나라에 소개된 상황이 달랐기 때문이다. 일본의 경우 서양 의학이 상업과 함
께 소개되었으며, 그것은 일본인들에게 지식을 전파하고자 하는 외국인 의사
측의 특별한 노력 때문이 아니라 우리 의료인들의 새로운 기술에 대한 억제할
수 없는 갈증 때문이었다. 거의 극복할 수 없는 어려움 중에 배웠던 일본의
서양 의학 선구자들의 굴하지 않는 인내보다 더 교훈적 혹은 영감을 주는 것
은 어느 국가에서건 교육의 역사에 있어 없을 것이다. 이야기는 길지만 그들
이 투쟁해야 했던 어려움의 본질을 바로 나타내 주는 한 예를 인용하고자 한
다. 60년 이상 전 에도에서 약 6명의 열렬한 의학도가 겉핥기식으로만 아는
네덜란드어로 된 해부서를 제외하고는 강사도 없이 스스로 학급을 만들었다.
그들은 책을 열심히 읽었으며, 책 속의 그림의 도움을 받고 혹은 때로 참수된
사형수의 시신을 해부하며 그 내용의 의미를 판독했다. 때로 그들은 어떤 어
려운 용어에 걸려 그들 스스로 한 단어로 정확한 의미를 갖는데, 때로는 며칠
을 소비해야 했다. 하지만 인내력으로 상당히 정확한 번역 작업의 완수에 성
공하였다. 이런 노력의 결과 보상이 주어져 1867~8년의 왕권 복위 전쟁 시기
에 일본은 이미 양 진영에서 아프고 상처받은 사람들에게 왕진을 갈 충분한
수의 훈련된 외과 의사들이 있었다. 한국에서 서양 의학은 선교 사업과 함께
들어왔으며, 초기에는 상당히 한국인들의 의지에 반해 시도되었다. 따라서 진
전은 느렸고 만족스럽지 못하였으며, 에비슨 박사가 언급한 바와 같이 한국에

서 시작하는데 의학 분야에 있는 외국인들이 경험한 바와 같이 상당한 어려움
이 있었다. 하지만 실험이 결국 성공적인 것으로 입증되었으며, 우리는 관립이
건 사립이건 지금 진행되고 있는 의학 교육에서의 노고에 같은 성공이 있을 것
을 믿어 의심치 않는다. 한국에서 서양 의학에 새로운 시대가 동이 트고 있다.

Western Medicine in Korea.
The Seoul Press (Seoul) (June 5th, 1908), p. 3

    Unusual interest attaches to the first graduation ceremony at the Severance
Hospital Medical College, of which an account is published elsewhere. It marked
the opening of a new chapter in the history of medical science in Korea. The
young men who received diplomas on Wednesday represent the first batch of
Korean medical students who have completed their education in Korea. As Dr.
Scranton tells us in an interesting address delivered on the same occasion, they are
not by any means the first among their countrymen to have received a medical
degree, there being several holders of diplomas given them by medical colleges in
Japan and America. But the ceremony of Wednesday derives importance from the
fact that it proves that medical education has taken a firm fooling in Korea. For
this credit is due largely to Dr. Avison and his able colleagues and in no small
degree to those pioneers in medical work in this country whose uphill labours are
well descried in Dr. Scranton's address. It is interesting to observe that whereas it
was principally from the Dutch and latterly from the Germans that the Japanese
learned Western medicine, the Koreans have had for their masters mostly
Americans and Englishmen. This is the result of the different circumstances under
which new medicine was introduced into those countries. In our case, Western
medicine came in company with commerce, and its introduction was due not to
any special effort on the part of foreign doctors to propagate the knowledge
among us on to irrepressible thirst for the new art on the part of our own
practitioners. Nothing could be more instructive or inspiring in the whole history
of learning in any country, than the indomitable perseverance with which our

pioneers of Western medicine prosecuted their studies amidst almost unsurmountable difficulties. The story is a long one, but we may cite one instance just to show the nature of the difficulties they had to struggle against. More than sixty years ago, about half a dozen ardent students of medicine in the city of Yedo (now Tokyo), formed a class by themselves with no instructor except a work on anatomy in Dutch, of which language they had but a smattering. They pored over the book and by the aid of drawings in it and occasional dissection of bodies of executed criminals, they set about deciphering the meaning of its contents. Sometimes they would get stuck at some difficult term, and on some occasions they had to spend several days in order to satisfy themselves that they had got the right meaning of a single word. By dint of perseverance, however, they succeeded in completing a fairly accurate translation of the work. Western medicine attacked in this resolute fashion could not but yield rich prizes, so that by the time of the war of the Restoration in 1867~8, Japan already had sufficient numbers of trained surgeons in both camps to attend to the sick and wounded. In Korea Western medicine has come us an adjunct of missionary endeavours, and in its initial stages its benefits had to be offered to the Koreans very much against their will. Progress has, therefore, been necessarily slow and unsatisfactory, and as mentioned by Dr. Avison, great difficulties have been experienced by foreign workers in the field of medicine in giving it a fair sturt in this country. The experiment has, however, finally proved successful, and we have no doubt that equal success will attend the efforts at medical education now being exerted at other institutions, whether official or private. A new day has dawned for Western medicine in Korea.

세브란스 병원의학교.
The Seoul Press (서울) (1908년 6월 6일), 2쪽106)

세브란스 병원의학교 졸업생들이 면허를 받다

1908년 6월 3일 세브란스 병원의학교에서 졸업 증서를 받은 새로운 의학 박사 7명, 즉 홍종은, 김필순, 홍석후, 박서양, 김희영, 주현칙, 신창희 등에게 이번 달 4일 의술 개업을 위한 면허가 발급되었다.

Severance Hospital Medical School.
The Seoul Press (Seoul) (June 6th, 1908), p. 2

Severance Hospital Medical School
Graduates Receive Licenses

Official licenses for practice of medicine and surgery were issued on the 4th instant to the seven new Doctors of Medicine, viz., Hong Chong Eun, Kim Pil Soon, Hong Suk Hoo, Pak Suh Yung, Kim Heui Yung, Chu Hyun Chenk, Shin Chang Hui, who received their diplomas from the Severance Hospital Medical College on June 3, 1908.

---

106) 이 기사는 다음의 신문에도 실렸다. 잡보. 개업장 수여. 황성신문(서울) (1908년 6월 7일), 1쪽

한국 최초의 의사 면허인 의술개업인허장(醫術開業認許狀)
Issuance of Korea's First Doctor's License

졸업식 다음 날인 1908년 6월 4일 졸업생들은 내부 위생국으로부터 의술 개업을 허락하는 의술개업인허장을 받았는데,107) 이것이 한국 최초의 의사 면허로서 1번부터 7번까지이었다. 실물이 남아 있지 않아 정확하게 알 수는 없지만 1911년에 발행된 인허장의 내용을 토대로 "○○○는 세브란스 병원의학교에서 의학 수업의 전 과정을 이수하고 동 기관에서 충분한 시험을 통과한 사실로 보아 의료를 행할 권리를 부여한다."는 내용이었을 것으로 추정된다.108)

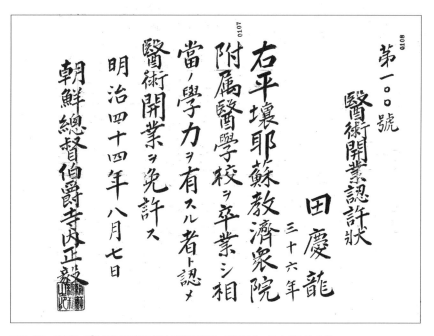

그림 69. 1911년 8월 7일 발행된 의술개업인허장. 제100호. 국가기록원 소장.

---

107) 에비슨은 이미 1906년 곧 배출될 졸업생들에게 정부의 공인된 자격을 주기 위하여 노력하고 있었으며, 인허장은 1908년 5월 말에 내부로부터 승인을 받았다. Oliver R. Avison (Seoul), Letter to Arthur J. Brown (Sec., BFM, PCUSA) (June 8th, 1906); 잡보 의업 승인. 황성신문(서울) (1908년 5월 31일), 2쪽

108) 현재 유일하게 국가기록원에 소장되어있는 전경룡(田慶龍)의 의술개업인허장 제100호의 내용을 토대로 추정한 것이다. 이것은 아쉽게도 1911년 조선총독부가 발행한 것이다.

그러면 의술개업인허장 1번을 받은 의사는 누구이었을까? 홍석후가 3번이었고, 주현측이 6번이었던 것은 확인되지만[109] 전체 졸업생의 면허 번호는 확실하게 알려져 있지 않다. 여기서 우리가 주목할 자료가 있다. 바로 졸업식 식순에 소개된 졸업생의 순서이며, 당시 신문에도 이 순서대로 인용되었다.

홍종은, 김필순, 홍석후, 박서양, 김희영, 주현측, 신창희

그 순서가 특이하다. 입학 순서도 아니고, 이름의 한국어, 영어 혹은 일본어 발음순서도 아니다. 그런데 연세대학교 의과대학의 학적부에 의하면 맨 앞에 철(綴)해 있는 홍종은의 면에 '1'이라는 표시가 있고, 신창희와 주현측의 순서가 바뀐 것을 제외하고는 위의 졸업생 순서와 동일한 번호가 매겨져 있다. 이 순서는 다름 아닌 졸업 점수 순서대로 철했던 것이고, 바로 이 성적에 따라 의술개업인허장이 수여된 것으로 추정된다. 이 추정을 근거로 하면 의술개업인허장의 번호는 다음과 같았다.

번호	이 름	점수(100점 만점)
1번	홍종은	92
2번	김필순	87.5
3번	홍석후	87.5
4번	박서양	85.5
5번	김희영	82
6번	주현측	74.5
7번	신창희	72

109) 本田六介 編纂: 朝鮮. 日本醫籍錄. 제1판, 醫事時論社, 東京, 1925, 5쪽, 47쪽.

잡보. 구식 전별연. 황성신문(서울) (1908년 6월 6일), 2쪽[110]

구식 전별연

제중원 의학교 의사 어비신 씨가 며칠 내에 귀국할 예정이라는데, 그 학교 졸업생들이 어제 감은정(感恩亭)[111]에서 송별연을 열었는데, 제반 절차는 옛날 방식으로 진행하였다고 한다.

[Miscellaneous. Old Fashioned Farewell Banquet.]
Hwangsung Shinmun (Seoul) (June 6th, 1908), p. 2

舊式 餞別宴

濟衆院 醫學校 醫師 魚丕信 氏가 日間 歸國홀 預定이라는디 該校 卒業生 諸氏가 日昨 感恩亭에셔 送別宴을 開ᄒ얏는디 諸般 節次는 舊式으로 設行ᄒ얏다더라

---

110) 다음 신문에도 같은 내용의 기사가 실렸다. 잡보. 구식 전회(餞會). 대한매일신보(서울) (1908년 6월 6일), 2쪽

111) 대한제국 시기의 관리이었던 현흥택의 사저에 있는 정자를 말한다. 1883년 전권대사 민영익의 수행원으로 미국과 유럽을 둘러보고 귀국하였다. 1895년 시위대 연대장으로 궁궐에 난입하는 일본군과 싸웠다. 춘생문(春生門) 사건에 가담하였고, 1896년 독립협회의 위원으로 선출되었다. 1901년 상원군수를 지냈고, 1903년에는 육군 부령(副領)의 계급으로 친위대 제1연대장에 임명되었다. 황성 기독청년회의 자문위원직을 맡았다.

세브란스 병원의학교.
The Seoul Press (서울) (1908년 6월 9일), 2쪽

세브란스 병원의학교
정정

세브란스 병원의학교 졸업식에서 새먼스 씨가 했던 축사에 대한 기사에서 우리는 그가 졸업생들의 평균 점수가 72점이라고 말했다고 썼다. 우리는 72점이 최하위 학생의 평균이었고, 모든 졸업생의 일반 평균이 83점만큼 높았다는 것을 알게 되었다.

Severance Hospital Medical School.
The Seoul Press (Seoul) (June 9th, 1908), p. 2

Severance Hospital Medical School
A Correction

On reporting Mr. Sammons' address on the occasion of the graduating ceremony at Severance Hospital Medical College, we made him say that the average marks obtained by the graduating students were seventy-two. We learn that seventy-two was the average for the student who stood at the bottom of the list, and that the general average for all the graduating students was as high as eighty-three.

19080609

잡보. 어 씨 전별회 발기.
황성신문(서울) (1908년 6월 9일), 2쪽[112]

어 씨 전별회 발기

제중원 의사 어비신 씨는 우리나라에 살고 있는지 17~8년인데, 신효한 방법과 자비한 심덕으로 일반 공중의 생명을 구료하여 치료되는 것을 도우며 청년에게 의학을 가르쳐 한국의 의학박사가 비로소 있게 하였으니 일반 사회에서 그 공덕에 감명받아 칭송하는지라 이번에 귀국함에 대하여 각 신사 등이 오늘 오후 3시에 종로 청년회관에서 전별 발기회를 열고 전별회 절차를 토의하여 정한다고 한다.

[Miscellaneous. Promotion of the Farewell Banquet for Dr. Avison.]
Hwangsung Shinmun (Seoul) (June 9th, 1908), p. 2

魚 氏 餞別會 發起

濟衆院 醫師 魚丕信 氏는 我國에 住在흔지 十有七八年에 神効흔 方法과 慈悲흔 心德으로 一般 公衆의 生命을 救療濟治ᄒ며 靑年의게 醫學을 敎授ᄒ야 韓國의 醫學博士가 始有케ᄒ얏스니 一般 社會에서 其功德을 感銘稱頌ᄒᄂ지라 此次 歸國흠에 對ᄒ야 各紳士 等이 本日 下午 三時에 鍾路 靑年會舘에셔 餞別 發起會를 開ᄒ고 餞別會 節次를 議定흔다더라

---

112) 다음 신문에도 같은 내용의 기사가 실렸다. 잡보. 의師餞別. 대한매일신보(서울) (1908년 6월 9일), 2쪽

19080611
잡보. 대우 협의. 황성신문(서울) (1908년 6월 11일), 2쪽

제중원 졸업생 7명의 학위를 박사로 대우한다고 함은 이전에 게재했거니와 그들을 박사로 대우해 주기로 그 교장 어비신 씨가 내부대신과 통감을 방문하여 협의하였다고 한다.

[Miscellaneous. Negotiation of Treatment.]
Hwangsung Shinmun (Seoul) (June 11th, 1908), p. 2

待遇 協議

濟衆院 卒業生 七人의 學位를 博士 待遇로 給與ㅎ다홈은 前報에 揭載ㅎ얏거니와 該氏 等에게 博士 待遇를 給與ㅎ기로 該校長 魚丕信 氏가 內大와 統監을 訪問 協議ㅎ얏다더라

19080611

광고. 제중원장 의학박사 어비신 씨.
황성신문(서울) (1908년 6월 11일), 3쪽[113]

　　제중원장 의학박사 어비신 씨가 우리나라에 와서 머문 것이 지금까지 십 칠팔 년인데 의술로써 우리 동포의 생명을 구한 사람이 얼마나 많은지 알 수 없음은 일반 사람들도 함께 보고 들은 바이거니와 이번에 듣기로 어비신 씨가 본월 스무날 무렵에 잠시 휴가를 얻어 귀국한다고 하기에 본인 등이 동(同) 씨를 위하여 전별회를 이번 달 16일 오후 3시에 개최하기로 하였기에 이에 알 려 드리오니 동정을 표하는 여러분은 이번 달 12일 오후 2시에 종로 청년회관 으로 오셔서 제반 사무를 의논하여 결정하시기 바랍니다.

　　발기인 일동

[Announcement. Dr. Avison, Superintendent of Jejoongwon.]
Hwangsung Shinmun (Seoul) (June 11th, 1908), p. 3

　　濟衆院長 醫學博士 魚丕信 氏가 來留我邦이 于玆 十有七八年에 醫我同胞 之 生命者ㅣ不知幾 千萬人은 一般世人之所共見聞者어니와 今聞 同氏가 本月 念間에 得暇歸國云이기 本人 等이 同氏를 爲ᄒ야 餞別會를 本月 十六日 下午 三時에 開催ᄒ깃ᄉ기 玆에 佈告ᄒ오니 同情을 表ᄒ시ᄂ 僉君子ᄂ 本月 十二日 下午 二時에 鍾路 靑年會館으로 來臨ᄒ시와 諸般事務를 議定ᄒ심을 切昖.

　　發起人 一同

---

113) 다음 신문에도 같은 내용의 광고가 실렸다. 廣告: 濟衆院長醫學博士. 대한매일신보(서울) (1908년 6월 11일), 3쪽

19080614

잡보. 청회(靑會) 선강(宣講).
황성신문(서울) (1908년 6월 14일), 1쪽

청년회 강연

오늘 오후 3시 반에 종로 청년회관에서 복음회를 열고 제중원 의사 어비신 씨를 초청하여 강연을 한다고 한다.

[Miscellaneous. Address at Y. M. C. A.]
Hwangsung Shinmun (Seoul) (June 14th, 1908), p. 1

靑會宣講

今日 下午 三時 半에 鍾路 靑年會館에셔 福音會를 開ᄒ고 濟衆院 醫士 魚조信 氏를 請邀ᄒ야 宣講ᄒ다더라

논설. 송(送) 대영국 의학박사 어비신 씨 귀국.
황성신문(서울) (1908년 6월 14일), 2쪽

논설. 송(送) 대영국 의학박사 어비신 씨 귀국

의학박사 어비신 씨는 대영국인이라 우리 한국에 와서 거주한 지 15년이니 올해 6월 20일에 항해 귀국하는데, 우리 일반 사회가 일찍 전별회를 베풀어 행하는 것이 여러 번이기에 모두들 사랑하고 사모하는 마음이 눈가에 넘치고 그리워하는 마음 아픈 소회가 가슴에 맺혀 장차 가게 되어 멀어짐에 울어서 흐르는 눈물을 금할 수 없더라.

대개는 30여 년 이래로 서양 신사가 우리 한국에 와서 머무른 사람이 잇따라 계속되며 우리 나라 인사들과 더불어 교제한 사람이 그 돌아갈 때에 이르러 전별의 경우가 대개는 많았으나 지금에 특별히 씨의 귀국하는 가야 할 시기에 대하여 사랑과 그리움이 이처럼 깊고 절실함은 어떠함이오. 대개 선이라는 것은 하늘의 이치의 본디 그대로이오. 사랑이라는 것은 사람이 본디 가지고 있는 고유함이라. 내가 선의 베품을 본령으로써 하면 천지만물이 모두 나와 한 몸이오. 내가 널리 사랑함을 위주로 하면 세상의 많은 사람들이 모두 나와 형제라. 비록 그 살고 있는 곳이 다른 땅이오 그 얼굴 빛이 다른 인종이라도 누구라도 감응하지 않음이며, 누구라도 공경하지 않으리오. 만일 선을 베품에 본령이 없고 널리 사랑함을 위주로 함이 없는 사람이면 한 집에서 창을 휘두르며 공격하는 골육상잔의 도리와 법리에 어긋남이 있거든 같은 땅, 같은 인종을 어찌 논할수 있겠는가.

어비신 씨는 구주인으로 수천 마일 태평양을 건너서 한반도에 와서 산 지 15년 동안 다른 언어의 사람을 대하여 널리 구제하는 사상이 지극한 정성에서 나왔으니 비록 위험하고 심한 증세와 냄새나고 더러운 질병이라도 진심 구료하되 침식을 제대로 할 틈도 없이 바람과 비를 피하지 않고 유행하는 전염병과 같은 것에 이르러서도 다른 사람들은 모두 이를 두려워하고 싫어하였으나 씨는 병을 살피어 치료함을 털끝만큼도 소홀함이 없게 하니, 그래서 우리 한국 동포가 씨의 자선을 받아 기사회생한 사람이 거의 수만으로써 헤아려진다.

우리 한국에 의학이 밝지 못함을 고민하고 한탄하여 청년 학생을 모집하여 똑똑한 인재에게 신묘한 비결을 말로 전하고 마음을 다해 전수하되 오래도록 부지런함을 더하니 제1회 졸업생이 7명이라 이때에 우리 한국에 의학박사가 비로소 있게 되니 그 7명의 개인에게 전하여 내려줌으로 이로써 장차 수십 수백 명에 달할 것이니, 그러한 즉 에비슨 씨는 우리 한국에 거주하며 의학을 발명함을 비유하건대 달마가 서쪽에서 와서 선종을 홀로 개창함과 같도다. 이로써 보게 되면 씨는 선을 베푼 사람이오 널리 사랑함을 보인 사람이니 그 공덕의 보급함이 자연히 우리 한국인으로 하여금 감동하고 기뻐함에 우러러 공경하는 정이 점점 더 오래되고 간절하도다.

씨가 이번에 귀국함이 우리들에게 일시 어긋남에 오래 만나지 못하는 한탄함이 있지만 오늘 전별회가 후에 환영회를 성대하게 할 기약을 약속함이 있으니 어찌 기쁘고 다행이 아니겠는가. 씨가 위로는 늙은 아버지가 있고 아래로는 사랑하는 자식이 있는데 15년 동안에 겨우 한 차례 돌아가 보고 만남의 행함이 있었고 이번에 또 귀국하여 자식이 돌아오길 기다리는 부모의 마음과 부모가 자녀를 사랑하는 지극한 정성을 위함은 인정 상 그칠 수 없는 것이니 우리들이 어찌 함께 가서 머무를 수 있으리오. 오직 그 푸른 바다 수 만리 먼 곳에 편안하고 평온하게 건너가며 후일 환영회가 멀지 않음에 있음에 경의를 표하며 기원하노라.

[Editorial. Farewell to the Return of British Dr. Avison.]
Hwangsung Shinmun (Seoul) (June 14th, 1908), p. 2

論說. 送 大英國 醫學博士 魚丕信 氏 歸國
醫學博士 魚丕信 氏는 大英國人이라 來住我韓이 十有五年이러니 以今年 六月 二十日로 航海 歸國홀식 我 一般 社會가 先期ᄒᆞ야 餞別會를 設行홈이 數回에 至ᄒᆞ민 皆愛戀之情이 溢於眉宇ᄒᆞ고 悵慕之懷가 結於胸衿ᄒᆞ야 遠于將之에 涕淚를 不禁ᄒᆞ더라

蓋自三十餘年 以來로 泰西紳士의 來遊我韓者ㅣ踵武相接ᄒᆞ민 本邦 人士의 與之交際者가 迨其歸也ᄒᆞ야 餞別의 境遇가 蓋亦多矣어늘 今에 特別히 氏의 歸國ᄒᆞᄂᆞᆫ 行期를 對ᄒᆞ야 愛戀悵慕가 若是其深切은 何也오 蓋善者는 天理의 本然이오 愛者는 人情의 固有라 我以仁善爲本領ᄒᆞ면 天地萬物이 皆吾一體오 我以 博愛爲主義ᄒᆞ면 四海衆生이 皆吾兄弟라 雖其居也ㅣ異洲오 其色也ㅣ異種이라도 孰不感應이며 孰不敬慕리오 若其仁善의 本領이 無ᄒᆞ고 博愛의 主義가 無ᄒᆞᆫ 者

면 同室操戈와 骨肉相殘의 不道不法이 有ᄒ거던 同洲同種을 何可論哉아

今夫魚丕信 氏ᄂ 歐洲人으로 累萬里 太平洋을 越ᄒ야 韓半島에 來住ᄒ지 十有五年間에 殊言異種의 人을 對ᄒ야 普濟思想이 出於至誠ᄒ니 雖危甚之症과 臭惡之疾이라도 盡心救療ᄒ되 寢食을 不暇ᄒ며 風雨를 不避ᄒ고 至若流行傳染 之疾ᄒ야ᄂ 人皆畏之厭之ᄒ되 氏ᄂ 診視救治를 毫無間焉ᄒ니 是以로 我韓同胞 가 氏의 慈善을 被ᄒ야 起死回生ᄒᄒ 者가 殆히 數萬으로써 計ᄒᆯ지며

我韓에 醫學이 不明ᄒᆷ을 憫歎ᄒ야 靑年學生을 募集ᄒ야 眞銓妙訣을 口傳 心授ᄒ되 久而益勤ᄒ니 第一回 卒業生이 七人이라 於是我韓에 醫學博士가 始 有ᄒ니 此七個人이 傳授로 以ᄒ야 將次幾十幾百人에 達ᄒᆯ지니 然則氏ᄂ 我韓 에 在ᄒ야 醫學을 發明ᄒᆷ이 譬ᄒ건딕 達摩가 西來ᄒ야 禪宗을 獨開ᄒᆷ과 如ᄒ 도다 以此觀之ᄒ면 氏ᄂ 仁善人也오 博愛人也니 其功德의 普及ᄒᆷ이 自然히 我 韓人으로ᄒ야곰 感悅敬慕ᄒᄂ 情이 愈久愈切ᄒ도다

氏가 此次 귀국함이 於吾儕에 一時 睽濶의 歎이 有ᄒ나 오늘 전별회가 後 日懽迎會를 成ᄒᆯ 期가 自在ᄒ니 豈不欣幸哉아 氏가 上有老父ᄒ고 下有愛子ᄒ 딕 十有五年間에 僅히 一次歸觀好合의 行이 有ᄒ얏고 今又歸國ᄒ야 倚閭의 望 과 舐犢의 情을 慰ᄒᆷ은 情不可已니 吾儕가 安得以留之리오 惟是滄海屢萬里에 利涉安穩ᄒ며 後日歡迎會가 不遠에 在ᄒᆷ을 額手以祝ᄒ노라

잡보. 삼청 전별회.
황성신문(서울) (1908년 6월 16일), 2쪽[114]

삼청 전별회

오늘 오후 3시에 사회의 일반 신사들이 제중원장 어비신 씨를 전별하기 위하여 삼청동 현흥택(玄興澤) 씨 정자에서 전별회를 열고 이상재, 윤치호, 안창호 세 명이 연설하는데, 남녀 사회에서 어 씨를 애모하는 사람들이 다수 왕림하여 참석한다고 한다.

[Miscellaneous. Farewell Banquet at Sangchung-dong.]
Hwangsung Shinmun (Seoul) (June 16th, 1908), p. 2

三淸 餞別會

本日 下午 三時에 社會上 一般 紳士들이 濟衆院長 魚丕信 氏를 餞別ᄒ기 爲ᄒ야 三淸洞 玄興澤 氏 亭子에서 餞別會를 設行ᄒ고 李商在, 尹致昊, 安昌浩 三氏가 演說ᄒᄂᄃᆡ 男女 社會의 魚 氏를 愛慕ᄒᄂ이ᄂ 多數 往叅ᄒ다더라

---

114) 다음 신문에도 같은 내용의 기사가 실렸다. 잡보. 전석(餞席) 연설. 대한매일신보(서울) (1908년 6월 16일), 2쪽

김윤식, 속음청사 제13권 (1908년 2~12월)

16일(18일 임인) 맑음. 제중원 의사 미국인 에비슨이 와서 이 16년 동안 병을 치료하여 살린 자가 수만이었다. 장차 귀국하려 하자 한인으로 혜택을 받은 자들이 삼청동 감은정에서 전별연을 열고, 물품 및 전별의 글이나 시를 주고 이로써 아쉬운 작별의 뜻을 표하려고 하였다. 나 또한 가서 참여하였다.

Sok Umchungsa [Diary of Yun Sik Kim], Vol. 13 (Feb.~Dec., 1908)

十六日 十八日壬寅 晴, 濟衆院 醫士 美人 魚丕信 來, 此 十六年 活 病數萬人, 而將歸國, 韓人受惠者, 開餞筵于三淸洞感恩亭, 贈與物品及贐章, 以表惜別之意, 余亦往參.

19080617

잡보. 전별 위원.
황성신문(서울) (1908년 6월 17일), 2쪽[115]

전별 위원

이전 보도와 같이 유지 신사들이 어제 삼청동 감은정에서 제중원장 어비신 씨의 전별회를 열었는데, 어비신 씨 영접 위원은 학무국장 윤치호 씨와 그 부인 윤고라 씨로 추천 거행하였다고 한다.

[Miscellaneous. Member of the Farewell Banquet.]
Hwangsung Shinmun (Seoul) (June 17th, 1908), p. 2

餞別委員

前報와 如히 有志紳士들이 昨日 三清洞 感恩亭에서 濟衆院長 魚丕信 氏의 餞別會를 設行ᄒᆞ얏는ᄃᆡ 魚丕信 氏 迎接委員은 學務局長 尹致旿 氏와 其 夫人 尹高羅 氏로 推遷 擧行ᄒᆞ얏다더라

115) 다음 신문에도 같은 내용의 기사가 실렸다. 잡보. 요접(邀接) 위원. 대한매일신보 (Seoul) (1908년 6월 17일), 2쪽

잡보. 어(魚) 씨 발정(發程).
황성신문(서울) (1908년 6월 18일), 2쪽[116]

어 씨 출발

제중원장 어비신 씨가 귀국하기 위하여 어제 오전 8시에 경부철도 제1번 열차에 탑승하여 떠났는데, 신사 모모 씨 등이 남대문 밖 정거장에서 환송하였다고 한다.

[Miscellaneous. Departure of Dr. Avison.].
Hwangsung Shinmun (Seoul) (June 18th, 1908), p. 2

魚 氏 發程

濟衆院長 魚丕信 氏가 歸國홀 次로 昨日 上午 八時에 京釜鐵道 第一番 列車를 搭乘發向ㅎ얏는듸 紳士 某某氏가 南大門外 停車場에셔 餞別ㅎ얏다더라

---

116) 다음 신문에도 같은 내용의 기사가 실렸다. 잡보. 원장 전별. 대한매일신보(서울) (1908년 6월 18일), 2쪽; 잡보. 어비손씨 발정. 대한매일신보(서울) (한글판) (1908년 6월 18일), 2쪽

한국의 외국인 신문 잡지.
The Seoul Press (서울) (1908년 6월 19일), 2, 3쪽

한국의 외국인 신문 잡지.
베델 씨에 대한 변론.
화요일, 6월 16일

공판은 위 날짜 오전 10시에 다시 개정하였는데, 변호를 위한 한국인 증인이 없었기 때문에 크로스 씨는 그의 소송 의뢰인인 베델 씨를 증인석에서 세워 선서 후 발언을 하게 하였다.

(중략)

증인: (......) 작년 8월 1일 나는 일본군이 습격하여 점령한 서소문(小西門)에 있는 한국군 막사를 방문한 첫 외국인 중 한 명이었습니다. 나는 에비슨 박사와 함께 있었고 그가 부상자를 병원으로 보내는 것을 도왔습니다. 한 한국인은 18개의 총검 상처를 입었습니다. 물론 많은 사람들이 죽었고, 많은 사람들이 탈출하였습니다. 이 사람들은 제 영향을 받지 않는 "자원 봉사자"에 속합니다.

(중략)

Foreign Journalism in Korea.
The Seoul Press (Seoul) (June 19th, 1908), pp. 2~3

Foreign Journalism in Korea.

Proceedings Against Mr. Bethell.

Tuesday, June 16th

The Court re-assembled on the above date, at 10 a. m., when owing to the absence of the Korean witnesses for the defense, Mr. Crosse put his client, Mr. Bethell, in the witness box, to make a statement under oath.

(Omitted)

Witness: (......) On August 1st last year I was one of the first foreigners to enter the Korean barracks at Little West Gate when these barracks were stormed and taken by the Japanese. I was in the company of Dr. Avison and helped him to send the wounded to the hospital. One Korean had eighteen bayonet wounds in him. Of course a number were dead and a large number escaped. These men, sir, are among the "volunteers" not influenced by me.

(Omitted)

에스터 L. 쉴즈의 연례 보고서(서울),
1907년 7월 1일부터 1908년 6월 30일 (1908년 6월 30일)

(중략)

또한 이 보고서에 우리 병원 사업과 관련하여 에비슨 박사가 쓴 다음의 기록을 언급하는 것이 적절해 보인다: "당신의 노력으로 성공을 쟁취하였을 때 육체적 피로는 정신적 유쾌함으로 상쇄된다. 하지만 성공이 항상 우리의 노력에 따라오는 것은 아니며, 우리는 그에 따르는 슬픔을 달래는 것을 멈추고 성공이 실패보다 더 자주 온다는 기쁜 느낌으로 나아감으로써 그로 인한 우울함을 떨쳐 버려야 한다. 그것은 유체의 힘에까지 영감과 고양을 의미하는 마음의 상태이다. 자신의 일을 성실하게 수행하고 그 결과를 하나님께 위탁하는 사람은 좀처럼 아프거나 신경질적이지 않다. 결국 의사와 간호원은 육체의 힘을 제어할 수 없으며, 힘이 작용할 수 있는 최상의 조건을 제공할 수 있을 뿐이며 실제 결과는 그들의 책임이 아니다. 의사와 간호원은 이것을 깨달아야 한다. 그렇지 않으면 견딜 수 없을 것이다."

(중략)

Annual Report of Esther L. Shields (Seoul), July 1st, 1907 to June 30, 1908, (June 30th, 1908)

(Omitted)

It seems fitting, also, to place in this report, the note following written by Dr. Avison regarding our Hospital work: "When success crowns your efforts the physical weariness is offset by the mental exhilaration. However, success does not always follow our efforts, and we must just let the consequent depression roll off us by ceasing to nurse our regrets and going forward with the glad feeling that success comes oftener than failure. That is a state of mind that means inspiration and uplift even to the bodily powers. A person seldom gets sick and nervous who does his work faithfully and leaves the results with God. After all has been said and done the doctor and the nurse cannot control the forces of the living body, they can only provide the best conditions they know of for the forces to work in and then the actual outcome is not their burden. Doctor and nurses must realize this or they will not be able to endure."

(Omitted)

한국 서울 세브란스 병원의 1907~1908년 보고서
(1908년 6월 30일)

세브란스 병원과 의학교의 연례 보고서
한국 서울

미국 장로교회 선교부가 운영함

일반 사항

세브란스 병원은 국적을 불문하고 남자, 여자 및 어린이를 위하여 한국 서울에 위치한 종합병원이며, 미국 북장로교회 한국 선교의 후원으로 운영되고 있다.

부지를 포함한 전체 기지는 뉴욕의 세브란스 씨가 기증하였으며, 그가 모르게 그의 이름을 따서 붙인 것이다. 그것은 모든 설비가 현대식이며, 온수 계통으로 난방이 되고 냉온수가 나오며 전기로 조명이 된다. 1904년 9월에 환자 진료를 위하여 문을 연 후 매년 한국인과 외국인의 후원 하에 지속적인 성장을 보여 왔다.

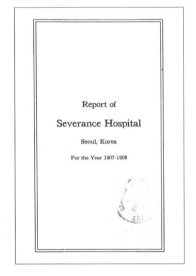

그림 70. 보고서 표지.

다음과 같은 부서가 운영되고 있다.

병실 - 세 등급의 병실이 있다. 한 명의 환자를 위한 특실, 두세 명의 환자를 위한 반특실, 세 명 이상의 환자를 위한 일반 병실이다. 병실은 외부에서 직접 끌어들인 공기로 환기가 되며, 온수관을 통과하면서 열이 가해진다.

그림 71. 세브란스 병원. 1908년 6월 3일 졸업식 날. 이토 공작과 참모들이 졸업식장을 떠나고 있다.

특진실 - 공개적인 일반 진료실보다 더 사적으로 의사의 진료를 원하는 서양인 및 한국인을 위한 것임

일반 진료실 - 특진 비용을 지불할 수 없는 환자를 위한 것임

가정 왕진 - 병원에 올 수 없거나 오고 싶지 않은 환자를 위한 의사의 가정 왕진

수술실 - 수술실은 최신 설비를 갖추고 있으며, 무균법을 엄격하게 시행하고 있다. 모든 종류의 수술이 시행된다.

안경과 - 눈의 굴절을 측정하고, 안경은 재고에서 직접 공급되거나 미국 또는 영국에서 특별히 주문하여 공급된다.

광견병 접종과 - 이곳에서 바이러스를 준비하고 물린 사람과 개를 즉시 치

그림 72. 루이스 H. 세브란스 씨.

료할 수 있다. 여태껏 치료된 사례 중 공수병 증세가 발생한 사례는 없다.

제약과 - 제약과는 이 병원에 알약, 정제, 유제 등을 공급하는 업무를 수행하며, 의약품의 재고가 많고 꽉 차 있기 때문에 다른 기관은 제조되지 않은 약품뿐만 아니라 이것들 중 어느 것이든 공급받을 수 있다. 이것은 한국 전역의 다른 기관들은 촉박하게 주문을 해도 이곳에서 필요한 것을 얻을 수 있어 그렇게 많은 재고를 보유할 필요가 없기 때문에 상당한 비용 절감의 가능성을 열어주고 있다. 내년에는 이 분야에서 상당한 발전이 있을 것이다.

간호과 - 간호원으로 적합한 한국인 여자를 교육하고 훈련시키기 위하여 병원에서 간호사 양성소를 운영하고 있으며 능력에 따라 개인 간호에 고용될 수 있다. 이 부서는 엘라 버피 양의 도움을 받는 E. L. 쉴즈 양이 책임을 맡고 있다. 버피 양은 지역 간호협회의 규칙에 따라 서울에 있는 모든 서양 외국인이 개인 간호를 위하여 고용할 수 있다.

기 금

외국인 급여를 제외한 현재의 지출은 연간 약 7,000달러이며, 이는 업무가 많아짐에 따라 증가해야 한다. 만일 업무의 성장이 수입과 연결된다면 재정적인 문제는 없을 것이지만, 우리의 사업은 대체로 자선의 성격이며 우리의 재정적인 문제는 대중들의 병원 이용이 많아지면서 증가한다. 우리의 유일한 수입원은 다음과 같다.

1. 병원 및 특진 진료비
2. 안경과의 판매 수익
3. 제약과의 판매 수익
4. 경상비 기부
5. 기금 수입

모든 종류의 모든 수입은 병원 유지를 위해 사용되며, 친구들의 기부는 감사하게 받아 소중하게 사용된다.

훌륭한 대규모 기금은 잘 투자되어 기관의 향후 발전을 위한 적절한 준비가 이루어지는 것이 대단히 바람직하며, 그러한 기금에 대한 기부가 특별히 필요하다.

세브란스 씨는 기지를 기증하였을 뿐만 아니라 외국인 의사 중 한 사람의 급여도 기부하였다.

클리블랜드의 S. L. 세브란스 씨는 수간호원과 간호원의 급여로 300.00달러를 기부한다.

　뉴욕 브루클린의 커일러 선교대는 간호원 훈련 비용으로 연간 90.00달러를 제공하고 있다.

　50.00달러를 기부하면 침대 하나에 1년 동안 이름을 붙일 수 있으며, 1,000달러의 기금을 기부하면 영구적으로 이름을 붙일 수 있다.

세브란스 병원의 보고서
한국, 서울
1908년 6월 30일에 끝나는 회계 연도

책임 의사 (O. R. 에비슨 박사
(J. W. 허스트 박사

　작년은 우리의 경험에서 가장 순조로웠다. 우리의 노력에 따른 성공에 대하여 우리는 하나님께 감사하며, 올해의 일과 우리에 대한 그분의 신실하심을 돌아보면서 희망과 확신으로 미래를 고대하고 있다. 이 업무에 종사하는 우리에게는 해마다 우리에게 요구되는 요구의 건수와 다양성이 더해지는 것 같다. 그러나 각각의 새로운 요구는 개인이나 대중이 우리 기관이 충족하기를 기대하는 요구 또는 요구의 종류를 나타내기 때문에, 비록 우리 쪽에 더 신중한 생각, 계획, 제도 및 감독에 대한 추가적인 책임과 필요성을 더해 주지만 우리는 그것들을 우리에게 가져와서 병원이 유용한 영역을 확대하게 된 것을 기쁘게 생각한다.

　올해는 또한 우리 병원의 역사에서 분명한 단계의 완성을 표시한다. 에비슨 박사는 오랜 노력과 실망을 통하여 한국 젊은이들이 의료 행위를 할 수 있

그림 73. 올리버 R. 에비슨 박사.

도록 준비시키기 위해 애를 써 왔다. 올해에는 훌륭하게 준비된 7명의 젊은이들이 우리 병원 의학교를 졸업하면서 그의 희망과 노력은 결실을 맺었다. 이들은 처음으로 충분히 준비된 한국에서 졸업하는 의학도들로 나중에 더 이야기할 것이다. 게다가 올해는 에비슨 박사가 두 번째 근무 기간을 마치고 고국에서 안식년을 갖게 된다.

병 동

병동에서의 업무, 이른바 '입원 환자' 업무는 작년에 비해 43%가 증가하여 빠르게 성장하였다. 입원 환자 수는 655명이었다. 이 중 내과 환자가 316명, 외과가 332명, 산과가 7명이었다.

내과(현지인)

병동에서 현지인의 내과 환자는 다양하다.

말라리아 질병은 모두 85명으로 질병 사례에서 가장 많았다. 20예에 달하는 특별 사례는 아직 더 나은 분류가 없기 때문에 이 질병에 포함시켰다. 그들은 보통 노무자 계급에 속하며 철도 변의 붐비는 천막에서, 그리고 일본인들이 많은 일반 노동자들을 고용하고 있고 그들을 잘 돌보지 않는다고 믿을 만한 이유가 있는 용산에서 우리에게 온다. 이러한 예들은 알려진 유형에 해당하지 않는다. 외모의 특징은 눈에 이르기까지 모든 조직을 빠르게 염색시키는 밝은 샛노랑 황달이다. 그들은 지금까지 피하로 투여되는 퀴닌으로 가장 잘 치료되었다. 이것조차도 고용량으로도 모든 예를 살리지 못한다. 실험실 시설이 보강되면 이러한 종류의 사례를 보다 면밀히 연구할 수 있기를 희망한다.

폐렴은 다음으로 환자가 많은데, 31명 또는 내과 환자의 약 10%이지만 다른 나라에서의 일반적인 증상과 다를 바가 없다. 우리는 또한 '토질' 폐렴의 여러 예가 있었다. '토질'은 풍토성 각혈의 한국 이름이다. 폐는 일반 폐렴과 유사한 경화된 부위를 보여주지만, 때때로 너무 광범위하여 감염이 일반 유형인 경우 사망에 이를 수도 있지만, 이들은 종종 가망 없는 상태로 보이는 상태에서 회복되어 급

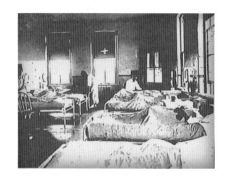

그림 74. 세브란스 병원의 병동.

성 발병 전과 같은 상태로 된다. 풍토성 각혈의 일반적인 경우는 끝없이 만성 과정을 거치며, '토질' 감염 또는 주혈흡충과 마찬가지로 다른 질병으로 사망할 가능성이 높다.

지금까지 인정된 폐결핵의 사례를 받아들이는 것이 우리의 관행이 아니었지만, 올해는 그렇게 하였는데 우리는 그들의 이익을 위하여 우리의 판단에 실험이 타당하다고 판단되는 일련의 치료, 즉 뉴욕의 화이트 박사의 치료를 개시하였다. 지금까지 우리는 6예에서 시도하였다. 그 중 5명은 눈에 띄게 도움을 받았으나 6번째 예는 치료가 시작되기 전에 너무 진행되어 아무런 반응을 보이지 않고 계속해서 전과 같은 빠른 속도로 나빠져 사망하였다. 첫 번째 환자는 발열, 식은땀, 심한 기침, 가래에 많은 수의 간균이 있었지만, 열흘이 지나면서 열이 사라지고 기침과 식은땀이 줄어들었다. 그리고 한 달이 지날 무렵 가래는 간헐적으로 간균만을 보였다. 치료가 충실히 지속된다면 그녀의 완전한 회복에 대한 합당한 희망이 있는 것 같다. 다른 4명의 환자도 빠르게 호전되었다. 사실 너무 빨라서 검사를 완료하고 완전한 효능을 보장할 수 있을 만큼 충분히 오래 병원에 머물도록 그들을 설득할 수 없었다.

단독(丹毒) 환자는 병원 건물에 있는 진료소에 계속 나타나며, 때때로 병원으로 들어가는 길을 찾아 우리를 괴롭히고 있다. 이러한 사례가 다소 지속적으로 다시 나타나는 것은 우리 업무의 외과적 측면에 대한 계속적인 위협이 되며, 발진티푸스, 천연두, 콜레라, 디프테리아, 괴저, 볼거리, 홍역, 백일해 등의 몇 가지 사례와 함께 격리 건물의 필요성과 유용성을 입증하였다.

이질, 설사 및 유사 사례는 더운 계절에 매우 흔하며, 우리가 알지 못하는 진성 콜레라 사례가 잠복해 있지 않도록 경계하도록 만들고 있다.

신경 질환의 경우는 거의 주목을 받지 못하였으며, 때때로 치매의 경우는 신약성경 시대를 생각나게 한다.

모르핀과 아편 환자가 수시로 나타나는데, 이것은 이러한 독극물의 수입에 대한 이전의 엄격한 한국법이 '개혁'의 시대에 경시되고 있음을 나타내는 것이다.

외과(현지인)

우리의 외과 업무는 수와 위중함 모두에서 내과 업무를 능가하였다. 어떤 종류의 수술, 특히 전신 마취의 영향을 받는 수술에 한국인들을 설득하기 어려웠던 시절이 있었다. 이제 우리가 (내과적 문제이기 때문에) 수술을 거절하였기 때문에 섭섭해하며 병원을 나가는 환자들이 가끔 있다.

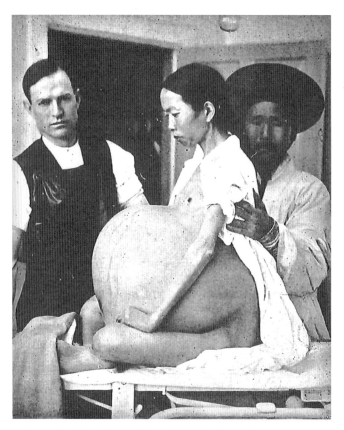

그림 75. 세브란스 병원에서 복부 종양이 성공적으로 제거되었다. 왼쪽, 허스트 박사.

　한꺼번에 가장 많이 하였던 종류의 수술은 1907년 8월 1일 서울에서 총격전으로 인한 총상이었으며, 그 사건 이후 주위 지역에서 불안한 상황이 계속되었다. 이런 종류의 62건이 입원하였으며, 6건의 총검 상처 및 자상이 있었다. 그중 한 명에는 27군데의 찔린 상처가, 다른 한 명에는 18군데의 찔린 상처가 있었다.

　병원이 직면하였던 가장 큰 응급 상황은 위에서 언급한 8월 1일이었는데, 40명의 부상자가 병동에 입원하였고 이 밖에 많은 사람들이 상처를 치료받은 후 병원을 떠날 수 있었다. 수술실은 이틀 동안 이른 아침부터 자정까지 사용되었다. 이 사건의 흥미로운 결과 중의 하나는 해산된 한국 군대와 그 후 그들과 함께 한 다른 사람들이 게릴라전을 할 때 그들의 작전으로 인하여 기독교인이 부상을 입지 않도록 특별한 주의를 기울였다는 것이다. 이 증언은 부상을 당한 군인들이 세브란스 병원으로 이송되어 그곳의 기독교인들이 치료한 방식 때문이라는 언급과 함께 한국 각지에서 우리에게 전해졌다. 뿐만 아니라 기독교 선교사들이 저항하는 군인들과 접촉하는 곳마다 친절하게 대하였으며, 때때로 자신들에게 복음을 가르쳐 달라는 요청도 받았다. 우리 선교사 중 적어도 세 명이 수평으로 놓인 그 사람들의 소총에 맞서 뛰어 올라갔지만 다행히 발포하기 전에 그들의 신분을 알았고 가장 정중한 배려를 받았다.

매우 광범위한 농양과 결핵성 골 질환은 일상적인 외과 수술의 큰 부분을 차지한다.

흉부와 복부는 우리의 가장 심각하고 중요한 수술 사례를 계속 제공해 왔으며, 전자의 대부분은 농흉이고 후자의 대부분은 부인과와 관련된 것이다.

복부 수술의 특이한 예는 소뿔이 불행한 사람을 찔러 그 사람의 비장에 생긴 광범위한 상처를 봉합하는 것이었는데, 그는 병원에 오기 전에 출혈이 너무 심해서 수술로 잘 회복되지 않고 곧 사망하였다. 이 나라에서 흔히 발생하는 암의 경우, 다음 사항을 언급하는 것이 흥미로울 것이다. 아메리칸 인디언이 한 것처럼 깨끗하게 한 "두피"의 경우, 치료를 위해 두피 중 하나는 폭이 6인치인 "대머리" 부위를 남겼다. 등에 있는 다른 하나는 피부 이식으로 벗겨진 부분을 덮은 대단히 넓은 부분이었는데, 한 구경꾼은 그것이 마치 누더기처럼 보였다고 말하였다. 마취에서 회복된 환자 자신은 언제 자신의 등에서 '판자'를 제거하는지 물었다. 이 부류의 슬픈 사례 중 하나는 이제 간(肝)에 대한 탐색 수술에서 회복되고 있었는데, 암이 너무 광범위한 것이 밝혀져 안전하게 제거할 수 없는 경우이다. 그 여자는 여전히 수술이 완전히 끝났고, 그녀가 회복의 길에 있다는 인상을 가지고 우리는 아직 그녀의 마음을 풀어줄 용기가 없었다. 암 수술로 혀의 대부분을 잃은 한 여자는 그 이후로 병원 교회에 정기적으로 출석하며 일상 생활에서 완전히 변화된 마음을 보여주고 있다.

눈병은 이곳에서 열대지방만큼 만연하고 있지는 않지만 일반적인 종류를 볼 수 있다. 1년 동안 8건의 백내장 수술을 집도하였으며, 허스트 부인은 일요일 성경반에 가장 정기적으로 참석하는 사람 중 한 명은 시력이 회복된 후 참석하기 시작한 여성이라고 말하였다. 우리가 접하는 가장 안타까운 사례 중에는 아마도 어린 시절에 이전 염증의 결과로 치료할 수 없을 정도로 실명된 눈을 가진 환자들이 있다. 때때로 그들은 외국인 의사가 이웃과 마찬가지로 시력을 회복시켜 며칠 안에 집으로 돌려보낼 수 있다는 어린아이 같은 믿음으로 먼 거리를 온다.

또 다른 안타까운 부류는 자해로 고통받는 사람들이다. 한 남자가 "귀에서 귀까지" 목이 찢어진 채 들어왔다. 그는 재산 싸움에서 상대방에게 수치를 주기 위하여 스스로 그렇게 했지만, 자신의 곤경에 대해 충분히 안타까워하며 조용히 앉아서 마취 없이 상처를 봉합하는 데 기꺼이 따랐다. 얼마 전에 그가 우리를 찾아왔는데, 너무 좋아 보여 나는 그를 알아보지 못하였다. 때때로 어떤 실재하는 혹은 상상의 모욕감 때문에 남편을 괴롭히기 위하여 진한 잿물을 마신 여자들이 우리의 보살핌을 받는다. 이러한 경우는 일반적으로 식도가 닫히는 결과를 초래하고 전복벽을 통하여 위에 새로운 영구 입구를 만들어 느린 기아로부터 그들을 구해야만 도움이 될 수 있기 때문에 뒤따르는 끔찍한 응보를 생각해 보라.

항문 누공은 이 나라에서 매우 많다. 18건의 환자가 병동에 입원하여 수술을 받았지만, 아주 심한 경우만 입원하였고 대다수가 진료소에서 수술을 받았다.

산 과

올해는 산과 분야에서 큰 진전을 보였다. 우리 역사상 처음으로 현지인 여자들이 자발적으로 병원에서 애를 낳았다. 2예는 분만이 비정상적인 것으로 밝혀진 후 친구들이 데려왔다. 이전에는 가장 격렬하게 촉구함에도 불구하고 그러한 환자들이 병원으로 옮겨지기를 단호하게 거부하였고, 우리는 그들이 병원이 제공하는 시설도 없이 그들 자신의 작은 방바닥에 누워 있는 상태로 우리가 할 수 있는 일을 해야만 하였다. 지금까지 우리의 기록은 훌륭하였고 병동에서 치료받은 모든 사례가 회복되었다. 한 여자의 남편은 아내의 병원비를 지불하는 것 외에도 1년 동안 무료 침대를 지원하기 위하여 50달러를 기부하였다.

진료소

우리의 진료소 업무는 여전히 병원 건물 지하에서 진행되고 있다. 올해 치료 건수는 약 17,000건이었으며, 이 중 거의 6,000건이 신환이었다. 이 부서의 특징은 이와 관련하여 진행된 수술의 건수이며, 이러한 수술이 1,241건이 기록되었다. 이 업무는 우리 의학생의 훈련을 위한 훌륭한 분야를 제공한다. 사실, 대부분의 진료소 업무는 그들에 의해 이루어진다. 다양한 종류의 농양을 절개한다. 누공은 거의 매일 수술하고, 부스럼과 종기 치료, 치아 발치, 눈병 관리 등을 한다. 병원에 입원하는 대부분의 환자들은 진료소를 먼저 방문한다. 심지어 사고 환자조차도 종종 그곳에 먼저 도착한다.

그림 76. 진료소 환자들.

특진(현지인)

우리 진료의 또 다른 부서는 한국의 부유한 환자들을 위하여 매일 개설하는 개인 진료실이다. 많은 한국인들이 주로 자선 사업의 성격이 있는 진료소를 방문하는 데 관심이 없고 개인적으로 의사를 만나 진료를 받고 정상적인 진료비를 지불하는 것을 선호한다는 것을 알게 되었다. 그래서 이 진료실을 지난 회계 연도에 시작하였고, 점차 인기가 높아졌다. 각 환자는 1엔(50센트)을 지불하며, 추가로 약을 구입한다. 이 부서의 진료 수입은 367달러이다.

광견병 예방접종과

광견병 접종과는 한 해 동안 약간의 업무를 수행하였는데, 미친 개에게 물린 7건의 환자가 파스퇴르 법으로 치료를 받았지만 이후 아무도 공수병이 생기지 않았다.

현지인 왕진

과거에는 한국 환자들의 왕진을 다소 억제하였는데, 그러한 방문을 하는 데 소비해야 하는 시간을 낼 수 없었기 때문이었다. 그런데 지금은 한국인 조수들의 실력이 좋아져서 우리는 그런 요청에 응하여 그들을 보내고 있다. 역시 치료비를 지불할 수 있는 사람들로부터 요청이 더 자주 오고 있다. 우리는 이제부터 이 업무에서 우리의 새로운 졸업생들을 잘 활용할 것으로 기대하고 있다. 우리는 정식 요금을 설정하고 미국의 관례와 유사한 기준으로 업무를 계획하려 한다. 이 부서는 필요한 격려와 관심을 받는다면 좋은 발전을 이룰 것이다.

외국인 진료

미국인과 유럽인에 대한 진료는 우리 업무의 작은 부분이 아니며, 병원 유지를 위한 수입의 상당 부분을 여기에서 얻는다. 외국인 환자는 세 부류로 나눌 수 있다. - 진료실을 방문하는 사람, 집에서 진료를 받는 사람, 병원에 입원하는 사람. 처음 두 부류에 대해서는 말할 필요가 거의 없지만, 마지막 부류는 중요성이 증가하는 문제를 던지고 있다. 현재까지 그러한 사례의 수는 많지는 않았지만, 지난 1년 동안 병원에 입원한 사람들은 1주에서 거의 6개월에 이르는 기간 동안 우리와 함께하였으며, 우리가 그들이 입원하는 것을 권한다면 그 수는 더 많아질 것이다.

외국인의 수, 특히 선교사들이 해마다 증가하고 있지만, 병원이나 요양소 치료를 받을 수 있는 곳이 마땅치 않으며, 그들은 이미 과중한 부담을 안고 있는 동료들의 도움에 의존해야 한다.

우리 병원은 특별히 한국인을 위해 지어지고 관리된다. 필연적으로 한국인 생활의 모든 다양한 표현이 그 안팎으로 흐르고 있고, 많은 광경과 소리, 한국 음식의 냄새 등은 일부 외국인들에게, 특히 그들이 아플 때 극도로 불쾌하다.

우리는 외국인 환자를 위하여 조그만 방을 따로 마련하였지만, 우리의 현재 상태는 외국인 주방을 갖는 것을 허용하지 않는다. 이것이 없어 연중 대부분의 시간 동안 우리의 유일한 미국인 간호원인 쉴즈 양 혹은 의사들의 아내들에게 식사를 준비하는 추가 부담을 안겨주었다. 우리는 외국인 환자를 위해 최선을 다하는 것을 기쁘게 생각하지만, 일반적으로 우리의 설비는 더 유리한 조건에서 필요한 것보다 더 많은 시간과 노동을 지출하지 않고는 환자를 돌볼 수 없다. 그리고 시간 요소는 일반적인 업무의 유익을 위해 고려되어야 하는 요소이다. 그러므로 외국 환자를 돌보는 일을 용이하게 하고 그들의 안락함을 더하여 그들의 완전한 건강 회복을 앞당길 수 있는 설비를 갖춘 요양소 부서의 설립을 기대하는 것이 현명할 것이다. 병원에서 우리 동포들에게 베푸는 보살핌은 비록 우리의 관점에서 볼 때 매우 부족하였지만 그들로부터 많은 감사를 받았다. 때때로 우리는 그들의 안락함을 높이고 병원의 부담을 덜어주기 위하여 준병약자들을 우리 집으로 데려왔으나, 우리는 이 방법에 의존할 수 없다.

한 해 동안 외국인 진료로 병원에서 받은 수입은 다음과 같다. 특진 및 왕진에서 2,700.82½달러; 병원 입원 환자에서 1,512.00달러; 합계 4,212. 82½.달러

이상과 같이 우리의 의료 업무는 다음과 같이 앞서 구성되어 있음을 알수 있다.

1. 현지인 내과와 외과 입원 진료
2. 현지인 진료 업무
3. 현지인 특진
4. 현지인 왕진
5. 외국인 내과와 외과 입원 진료
6. 외국인 특진
7. 외국인 왕진
8. 광견병 접종과
9. 전염병과
10. 안경과

의학교

보고서라는 한계 내에서 다양한 부서에서 수행되고 있는 전체 업무를 적절하게 보여주는 것은 불가능하다. 게다가, 실행을 위하여 많은 시간과 생각을 요구하는 우리 업무의 다른 측면이 있다. 이러한 관련 노력 중 가장 중요한 것은 세브란스 병원 의학교로서, 올해 6월 3일 제1회 졸업생들에게 의학박사의 학위를 수여함으로써 개교 역사상 굉장한 시기를 마무리하였다. 15년 동안 에비슨 박사는 그의 나머지 모든 의료 업무와 함께 의학생들을 가르치기 위하여 노력하였으며, 동시에 서양 의학의 신비를 그들에게 설명할 일련의 의학 교과서를 완성하기 위하여 노력하였다. 병원의 흥미로운 곳 중의 하나는 에비슨 박사의 지시에 따라 여러 한국인 남자들이 의학 교과서의 번역, 복사 및 등사 작업으로 끊임없이 바쁘게 지내는 방이다. 지금까지 다음의 책들이 강의 목적으로 사용할 수 있는 수준까지 진행되었다. 해부학(3권), 생리학, 화학(2권), 현미경학, 병리학, 세균학, 약물학, 치료학, 진단학(2권)이 완료되었고, 피부 질환. 외과, 내과, 의학 사전 등이 진행 중이다. 의학 사전과 마찬가지로 한국어에는 의학 용어가 없었다. 따라서 이러한 교과서를 준비하는 동안, 그리고 교육을 진행하는 동안 의학 용어가 만들어지고 어휘를 조금씩 늘려야 했다. 후에는 과학 용어를 선택하고 채택하는데 일본어 교과서에서 많은 도움을 받았다. 완성된 첫 번째 책은 해부학이었는데, 그 원고는 에비슨 박사가 첫 안식년으로 미국으로 돌아가기 전에 완성되었다. 그러나 그가 없는 동안 설명할수 없는 이유로 없어졌고, 그가 한국에 돌아와서 다시 일을 해야 했다.

그림 77. 제1회 졸업생, 1908년 6월 3일.

김필순   홍종은   신창희
홍종은 J. W. 허스트 박서양
김희영   주현칙

　　이번 봄에 졸업한 7명은 모두 진료실, 수술실 및 병동에서 의사들과 함께
일을 하였기 때문에 실제적인 관찰과 일을 할 수 있는 특별한 기회를 가졌다.
미국에서 졸업하는 사람도 과정 중에 이들에게 주어진 것과 같은 실용적인 기
술을 습득할 수 있는 기회를 갖는 의사는 드물다. 그들 중 일부는 졸업하기
전에 큰 수술을 성공적으로 수행하였으며, 그들 모두는 모든 종류의 작은 수
술을 수행하였다. 그들 중 일부는 교과서 준비에도 참여하였다. 몇몇은 세브란
스 병원 건립 과정에서 병원 건축 실무 교육을 받았다. 그들이 어디에서나 볼
수 있는 젊은이들처럼 훌륭하고 지적으로 보였다는 것이 졸업일에 모인 많은
사람들과 저명한 하객들의 보편적인 증언이었다.

　　학위수여식은 도시의 '행사'이자 한국 근대 문명의 발전에 있어 매우 중요
한 행사의 하나였다. 이를 빛낸 대표 하객들도 이를 증명하였다. 황실 대표,
통감 이토 공작과 그의 참모, 내각 각료 및 한국인과 일본인 주요 정부 관리,

외국 영사단 대표, 다른 교육 기관 및 기독교 교회 대표, 일반 외국인 공동체 및 관심 있는 현지인 등 모두 합쳐 천명 이상이 가장 큰 관심을 가지고 행사를 목격하였으며 달성한 것에 대해 우리와 함께 기뻐하였다.

정부는 한국에서 최초로 발급되는 정부 면허를 졸업생에게 수여함으로써 수행한 업무의 가치를 공식적으로 인정하였다. 이 조치는 새로운 의사들에게 매우 귀중한 인정이 될 지위를 부여한다. 이토 통감은 학위 수여식에서 수행한 업무에 대한 감사를 공개적으로 표명하고 각 졸업생에게 의학교의 졸업 증서를 수여하였다.

졸업생 중 4명은 내년에 병원에서 계속 일을 할 것이고, 2명은 서울에서 개업을 할 것이며, 1명은 최북단에 있는 그의 고향 마을에서 진료를 하기 위하여 갔다. 도시에 남아 있는 두 사람 모두 의학 강습반을 가르치는 데 도움을 줄 것이다.

우리는 의학 교육을 통해 확보한 이점을 개인적인 이익이 아닌 한국인들의 발전을 위하여 사용하는 것이 이 사람들의 지속적인 목적이 될 것이라고 믿고 있다. 우리는 여태껏 그들이 성취한 것을 자랑스러워할 이유가 있으며, 그들이 한국의 의료 및 기독교 사업의 지도자가 되기를 희망적으로 기대한다.

간호과
책임자 (E. L. 쉴즈 양
(엘라 버피 양

우리 병원의 효율성을 높이기 위하여 가장 최근에 설립된 부서는 쉴즈 양의 개교한 지 채 2년이 되지 않은 간호사 양성소이다. 그녀는 현재 일곱 명의 젊은 여자로 구성된 학급을 훈련시키고 있다. (이 보고서가 작성된 이후로 5명이 더 합류하였다.) 그들 중 세 명은 개교 초기부터 훈련을 받았고, 이제 병동에서 상당한 책임을 맡을 수 있다. 지난 1년 동안 학급 전체가 상당한 발전을 이루었으며, 이 업무의 개발이 현재 병원 진료에서 부족한 부분에 많은 도움이 될

그림 78. 에스터 L. 쉴즈 양.

때를 고대하고 있다. 과거에는 효율적인 간호의 부족이 가장 큰 단점이었으며, 이제 숙련된 여자 간호원의 등장으로 병원 업무는 비약적인 발전을 이루게 될 것이다.

그림 79. 세브란스 병원의 학생 간호원.

또한 여자 간호원의 발전이 병원에 오는 남자 환자와 여자 환자 사이의 엄청난 수의 불균형을 줄이는 데 도움이 될 가능성이 있다. 올해는 남성 환자가 여자보다 3배 이상 많았다. 이는 여자가 치료를 덜 필요로 하기 때문이 아니라 은둔의 관습으로 인하여 집을 떠나 우리와 같은 공공 기관에 강제로 입원하도록 유도하기가 어렵기 때문이며, 병동에 있는 유능한 여성 간호원의 영향력과 그 존재보다 더 확실하게 이를 달성하는 것은 없다.

이번 해에 서울의 외국인 공동체에서는 그들 사이에서 발생할 수 있는 환자를 돌볼 준비가 되어 있는 미국 간호원을 확보하기 위한 움직임이 시작되었다. 우리와 관련하여 그녀가 다른 곳에서 근무하지 않을 때 병원에서 일을 하도록 협의되었다. 밴쿠버의 엘라 버피 양이 이 자리로 5월 1일 서울에 도착하여 간호 부서의 효율성을 크게 향상시켰을 뿐만 아니라 그녀가 집을 짓는 이곳의 작은 외국인 공동체에 그녀의 쾌활하고 밝은 성격을 더하였다.

전 도

우리는 육신의 병을 고치는 것 자체가 받는 이에게 말할 수 없는 축복을 가져다주고 병원의 치유의 역사가 하나님이 주신 사명이라고 믿으며, 그리스도께서 우리에게 주신 이상 안에서 육신의 치유와 영혼의 치유가 함께 진행되었음을 기억한다.

그리스도께서 우리에게 주신 치유의 이상 속에 있음을 기억한다. 몸의 치유와 영혼의 치유는 함께 진행되었다. 이러한 이상을 염두에 두고, 우리는 육신의 진료를 통하여 우리에게 유리한 성향을 가진 사람들의 영적 복지에 도움이 되는 점을 소홀히 하지 않으려고 노력하였다.

회복 중인 환자와 병원 관계자를 위한 평일 정기예배는 평소와 같이 계속된다. 병동에서 받을 수 있는 환자에게는 개별 교육을 하고, 진료소로 오는 사람들은 치료를 기다리는 동안 교육을 받는다. 그 의도는 치료를 위해 병원에 오는 사람이 위대한 의사와 세상을 위한 그분의 위대한 사업에 대해 듣지 않고 떠나지 않도록 하는 것이다.

매일 드나드는 진료소 환자들 중 확실한 결과를 보고하기는 어렵다. 그러나 길거나 짧게 병원에 있는 사람들에 대해서는 더 명확한 결과를 얻을 수 있다. 많은 사람들이 말씀을 기쁘게 받아들이고 더 많은 것을 배우기 위해 성경과 다른 기독교 서적들을 가지고 여러 지방에 있는 집으로 간다. 그러한 씨뿌리기가 열매를 맺었다는 소문이 우리에게 자주 들려온다. 신자가 된 환자의 수에 대한 기록은 없지만, 지난 해에는 이곳에서는 남자나 소년, 저곳에서는 여자나 소녀, 때로는 가족의 일부, 때로는 온 가족이, 병원에 있는 가족의 한 명을 통해 기독교인이 되기로 결정하였다. '이들 중 가장 작은 한 사람'인 작은 부랑자 소녀의 이야기는 그 작은 환자가 경계 지역에 가까워지고 있는 것처럼 지금 마음에 떠오른다. 어떤 방법으로 그녀는 몇 달 전에 병원에 왔고 아무도 그녀를 데려가려고 오지 않았다. 병든 뼈가 조금씩 제거되는 오랜 고통을 통하여 그녀는 열렬하고 확고한 작은 기독교인이 되었으며, 고통에서 휴식을 취할 때마다 항상 배우고 연구하기를 열망하였지만 불구가 된 작은 몸의 한계 때문에 종종 슬퍼하였다. 그러나 그 제약들은 곧 모두 지나갈 것이며, 우리는 그녀가 "귀중한 보석" 중 하나가 될 것이라고 확신하고 그녀가 한동안 우리의 보살핌을 받았다는 것을 기쁘게 생각한다.

이 부지의 일요일 예배는 한 해 동안 빠르게 발전하였다. 원래는 다른 곳으로 갈 수 없는 병원 직원들과 병원의 하인들, 우리와 함께하기를 원하는 회복기 환자들을 위하여 시작되었고, 길가에 있는 한 한옥에서 모임이 열렸으며, 이제 매주 일요일 아침 외부에서 온 100명 이상의 사람들이 참석한다. 많은 사람들이 회심하였고 번영하는 교회를 만들기 위해 노력하는 미조직 교회가 빠르게 형성되고 있다. 에비슨 박사는 한 해 동안 주일 아침 예배에서 설교를 하였고, 허스트 박사는 주일 학교를 인도하였으며, 에비슨 부인과 허스트 부인은 어린이와 여자를 가르쳤다. 다른 주일 예배와 모든 주중 예배, 여자를 위한 성경반을 제외한 모든 수업은 현지 기독교인들이 열심히 진행하였다.

서적 판매 업무는 평소와 같이 길가에서 진료소 대기실과 연결되어 계속되었다. 약을 받으러 오는 사람들이 복음을 들을 뿐만 아니라 인쇄된 형태로 가지고 갈 수 있는 기회를 가지기 때문에 이것은 우리 전도 사업의 매우 유용한 특징이다.

재정 보고서 (미국 금화)

회계연도 초의 잔액:

현금	29.10달러	
미결재 계정 (공제 후)	1502.165	1531.265달러

연중 현금 및 장부 수입

외국인 진료	2700.825달러	
병동 - 외국인	1512.00	
현지인	1146.945	
진료소	824.75	
현지인 특진	367.325	
현지인 왕진	168.825	
안경(총 판매액)	439.92	
의약품	185.16	
임대료	223.18	
은행 이자	11.21	
생명보험 신체검사	5.075	
기부	1597.135	
선교부 재부	162.00	9344.35달러
		10875.615달러

지출:

음식물	1360.6625달러
얼음	45.875
의약품 및 붕대	874.95
안경 (총액)	559.535
광견병 접종과	16.03
일반 물품	146.4775
가구	263.16
간호	475.1925
하인	471.23
학생, 업무를 한 만큼	269.85
수리	307.5375
연료	237.215
등촉	200.825
여행	167.1225
교육과 (공제 후)	419.23
문서 조수	114.125

전도	116.39	
기부	100.00	
잡비	45.86	
할인 및 쓸모없는 청구서	107.475	
사무실 경비	187.8925	6487.535달러
연말 잔금		4388.08달러
현금	1195.1075달러	
미수 계정(순액)	3192.9725	4388.08

행 정

선교 병원과 관련하여 의사가 해야 할 가장 힘든 일은 이미 설명된 것이 아니라 다음과 같은 일상적인 관리의 세부적인 사항이다. - 숙련되지 않은 현지인의 노동력으로 외국식 건물의 유지; 배관 및 난방 장치의 감독과 의사가 자신의 손으로 수행해야만 하는 배관 작업; 우물이 자주 마르는 땅에 지어진 대형 건물에 충분한 물 공급; 유럽이나 미국에서 구입하여 기관을 효율적으로 운영할 수 있도록 약물과 일반 장비의 충분한 확보; 다양한 정도의 무지와 무책임으로부터 충분한 효율성을 이끌어 내야 하는 직원들과 하인의 훈련과 관리; 아직은 부분적으로만 책임을 지고 있는 하인과 직원들로부터 건물의 모든 부분에서 매시간 쏟아지는 질문과 요청으로 인한 업무 중단; 지방에서 공급받는 연료, 식량 공급 및 기타 필수품에 대한 현지인 상인과의 흥정; 하인 숙소 및 별채의 통상적인 검사; 이 모든 것은 자신의 바람을 알리고 다른 사람의 바람을 이해하는 데 종종 방해가 되는 언어의 혼란을 통해 이루어진다.

회계 경리, 출납 및 의무 기록은 한 사람에게 충분한 업무이다. 우리 장부에는 약 200개의 개인 계정이 있으며, 위의 재무 보고서에서 볼 수 있는 상당한 수의 일반 계정이 있다. 1년에 10,000달러에 불과하지만 항목은 적고 세부 작업의 양은 비례하여 크다. 우리가 사무를 완전히 덜어줄 수 있는 유능한 사람을 구할 수 있다면 우리에게 큰 도움이 될 것이다. 얼마 전에 젊은 한국인이 우리를 도왔지만 그는 한 달 정도만 우리와 함께 있었다. 이 글을 쓰고 있는 지금 우리는 그 청년과 다른 시도를 하고 있는데, 사무는 의사가 아닌 다른 사람이 돌봐야 한다는 것이 명백하기 때문에 더 성공적이기를 바라고 있다.

미래의 발전

우리 업무의 미래 성장과 관련하여, 우리는 한국의 수도이자 대도시인 이곳에서 기독교와 서양 의학이 모두 가치 있는 기관으로 대표되어야 한다고 생각하지만, 강제적이 발전을 바라지 않고 기지의 성장이 사람들의 요구에 부응하고 그들의 비참한 육체적 상황의 필요에 가장 잘 부응하는 정상적인 것이기를 바라고 있다.

다음은 현시점에서 우리의 관심을 가장 두드러지게 갖도록 요구하는 몇 가지 사항이다.

진료소는 병원 자체와 떨어져 있어야 하는데, 전염원이 병원 병동으로 도달할 위험을 줄이고 빠르게 증가하는 환자 수를 위하여 더 큰 공간을 제공하며 의학생들의 임상 실습을 위한 더 나은 시설을 제공하기 위하여 병원에서 분리된 독립된 건물에서 수행되어야 한다.

화학, 해부학, 생리학, 조직학, 병리학 및 세균학을 가르치기 위한 실험실 시설은 즉각적이고 시급하게 필요하다.

외과적으로 청결한 환자를 위한 두 번째 수술실은 현명하고 인도적인 준비가 될 것이다. 수술을 위하여 우리에게 오는 대부분의 경우는 이미 감염된 상태이므로 깨끗한 경우에는 일반 수술실이 다소 안전하지 않다.

잘 갖추어진 세균 및 병리학 실험실은 한국과 같은 나라에서 병원 업무에 특별한 이점이 될 것이다. 이곳에는 적절하게 치료하기 위해 조사와 특별 연구가 필요한 특이한 질병이 많이 있다. 그러나 현재 우리에게는 이 일을 수행할 시설도 인력도 없다. 이곳에는 훈련된 병리학자를 위한 특별한 자리가 있으며, 미국 병리학 연구 협회가 이 분야에서 그러한 직원을 유지하는 방법을 찾을 수 있기를 바란다.

외국인을 위한 요양소 문제는 이미 이 보고서 본문에서 언급한 바 있다. 이를 위해서는 우리 병원과 연결되거나 인근에 위치한 또 다른 건물이 필요하며, 운영에 필요한 시설이 필요하다.

병원 업무가 현재의 빠른 속도로 계속 증가한다면 궁극적으로 전반적인 확장을 기대해야만 한다. 서울 지부는 지금도 이 부지의 남아있는 유휴부지를 지부의 일반 업무의 요구에 맞게 어떻게 활용할 것인가의 문제를 해결하려고 노력하고 있다. 우리는 상당한 부지를 가지고 있지만, 높이가 상당히 다양해 정지 작업에 큰 비용이 들 것이다. 따라서 현재의 수요를 충족시키는 것이 어렵다면 우리가 현재의 부지 면적을 늘리기 위한 조치를 취하지 않는다면 미래의 수요를 충족시키는 것은 얼마나 더 어려울까. 인접한 지역이 작지만 높은 가격에 거래되고 있기 때문에 현재로서는 쉬운 문제가 아니지만 어려움은 매년 더 커질 것이며, 이 토지 문제는 우리가 즉시 직면해야만 하는 문제이다.

10만 달러의 기금은 우리에게 가능한 모든 발전을 제공하고, 기관을 확고

한 기반 위에 놓을 수 있게 해 줄 것이다.

L. H. 세브란스 씨의 방문

이 보고서를 마감하면서 우리는 관대함으로 이 병원이 건축된 L. H. 세브란스 씨가 지난 가을 방문하였을 때의 기쁨을 언급하는 것을 생략할 수 없다. 세브란스 씨는 업무의 모든 세부 사항과 업무를 수행하는 가장 좋은 방법에 관심이 있었고, 동정심 많은 동료이자 현명한 조언자임을 증명하였다. 그의 비판과 조언, 그리고 그의 동정과 격려는 이미 우리 사업에서 결실을 맺었다. 세브란스 씨를 접한 한국인들은 우리 못지않게 그를 높이 평가하고 사랑하였으며, 그의 이름이 언급될 때 그들의 얼굴은 말 그대로 빛난다. 세브란스 씨는 병원에만 관심을 두지 않고 상황을 조사하고, 교회와 학교를 방문하고, 여러 곳의 필요를 파악하여 도왔으며, 사람들과 접촉하고 그들에게 관심을 가지게 하여 그들을 감동시켰고 그가 자신들의 친구임을 깨달았다. 그들은 그를 잊지 않을 것이다. 얼마 전, 이 보고서의 다른 곳에서 언급된 작은 절름발이 소녀가 몹시 울고 있는 것이 발견되었는데, 그녀의 두 친구인 세브란스 씨와 에비슨 박사를 이 세상에서 다시 볼 수 없기 때문이다. 세브란스 씨와 동행한 러들로 박사도 머무는 동안 우리의 즐거움을 더해 주었고, 수술에서 우리를 도와주었다.

통 계
병 동

입원 환자 수	655명
1907년 6월 30일 현재 입원 환자	34
치료 환자 수	689
남자	529
여자	160
내과 입원 환자	316
외과 입원 환자	332
입원 산모	7
총 치료일	8,127일
환자 당 평원 입원일	12.4
매일 평균 환자 수	22[+]
매일 환자 평균 비용(대략)	52센트
전체 혹은 일부를 지불한 환자	233명 혹은 36%

퇴원 환자의 상태

완치	464명
호전	75
호전되지 않음	18
치료하지 않음	21
입원 24시가 내에 사망함	35
다소의 치료 후에 사망함	54
사망률, 위의 두 부류 모두를 포함하여	13.43%
사망률, 두 번째 부류만 포함하여	8.09%
1908년 6월 30일 현재 입원 환자	22명

진료소

신환	5674명
구환	11000
수술	1241

특진

현지인	939명
외국인	657

외부 왕진

현지인	131번
외국인	605
궁궐	57

안경 업무

시력 검사 및 안경 제작	164건
무료 치료 및 급식 환자	64%

Report of Severance Hospital, Seoul, Korea, For the Year 1907~1908 (June 30th, 1908)

Annual Report of Severance Hospital and Medical College
Seoul, Korea

Conducted by American Presbyterian Mission

General Information

Severance Hospital is a General Hospital for Men, Women and Children of any nationality, situated in Seoul, Korea, and carried on under the auspices of the Korea Mission of the Presbyterian Church in the U. S. A.

The entire plant, including site, was donated by Mr. L. H. Severance, of New York, after whom it was named, though without his knowledge. It is modern in all its appointments, heated with a hot water system, supplied with hot and cold water service, and lighted with electricity. It was opened for patients in September, 1904, since which time each year has shown a steady increase in the patronage of both Koreans and Westerners.

The following departments are conducted:

Wards - Three classes of wards are available: Private, for one patient, Semi-private, for two or three patients, and Public for more than three patients. The wards are ventilated with air drawn directly into them from outdoors and heated in its passage over hot water pipes.

Private Office Clinics - For westerners and for Koreans who desire to consult the physicians privately rather than in the more public clinic.

Public Dispensary - For all who feel unable to pay the fee required for the private clinic.

Home Visitation - By the physicians in cases unable or unwilling to enter the Hospital.

Operating Department - The operating room is modern in its equipment, and aseptic methods are strictly carried out. All classes of surgical work are undertaken.

Optical Department - Eyes are refracted, and spectacles supplied either directly from stock or by special order from America or England.

Pasteur Institute - The virus is prepared here and persons bitten by and dogs can be treated immediately. Thus far no treated cases have afterwards developed hydrophopia.

Pharmaceutical Department - A manufacturing Pharmacy is carried on for the supplying of this Hospital with pills, tablets, emulsions; etc., and other institutions can be supplied with any of those as well as with unmanufactured drugs, as the stock of drugs is kept large and full. This opens up a possibility of a considerable saving to other institutions throughout Korea, as they need not keep such large stocks, for they can obtain what they need here at short notice. The coming year will be marked by a considerable advance in this line of work.

Nursing Department - A training school for nurses is carried on in the Hospital for -the teaching and training of suitable Korean women as nurses and these may be employed in private nursing so far as their ability goes. This department is under the care of Miss E. L. Shields, assisted by Miss Ella Burpee who is also open for engagement by any Western foreigner in Seoul for private nursing, subject to the rules of the Community Nursing Association.

Endowment Fund

The present expenditure, outside of salaries of foreigners, is about $7,000 per year and this must of necessity increase as the work grows. If the growth of the work were only along the lines from which we can get revenue there would be no financial problem, but our work is largely one of benevolence and our financial problem increases with increased use of the Hospital by the masses. Our only sources of income are:

1. Fees from patients in hospital and private practice.
2. Optical Department sales profits.
3. Pharmaceutical Department sales profits.
4. Donations to current expense, etc.

5. Income from Endowment.

All receipts from all sources are used for the up-keep of the Hospital and contributions of friends will be thankfully received and carefully used.

It is very desirable that there should be a good, large endowment fund well invested, so that adequate provision be made for the further development of the institution and contributions to such a fund are specially desired.

Mr. Severance has not only donated the plant but contributes also the salary of one of the foreign physicians.

Mr. S. L. Severance, of Cleveland, contributes the sum of $300.00 yearly toward the salary of the matron and nurse.

The Cuyler Mission Band of Brooklyn, N. Y., provides $90.00 per year for the expense of training a nurse.

A bed for one year can be named for a contribution of $50.00, or it can be endowed in perpetuity for a contribution to the endowment fund of $1,000.00.

Report of Severance Hospital
Seoul, Korea
For the Year Ending June 30, 1908

Physicians In Charge (Dr. O. R. Avison
                             (Dr. J. W. Hirst

The past year has been the most prosperous in our experience. We are thankful to God for the success that has attended our efforts, and, in reviewing the work of the year and His faithfulness to us, we look forward with hope and confidence to the future. It seems to us who are engaged in the work that each year adds to the number and variety of the demands made upon us. Yet, as each new demand represents a need, or class of needs, that individuals or the public look to our institution to meet, we are glad to have them brought to us and to thus enlarge the sphere of usefulness of the Hospital, although they bring added responsibility and the necessity for yet more careful thought, planning, system and supervision on our part.

This year also marks the completion of a distinct period in our Hospital history. Dr. Avison has been, through long years of struggle and discouragement, endeavoring to prepare Korean young men for the practice of medicine. This year saw the consummation of his hopes and labors in the graduation from our Hospital medical school of seven finely equipped young men - the first adequately equipped medical students to be graduated in Korea, of whom we will have more to say later. The year, moreover, completes Dr. Avison's second term of service and brings him his furlough in the homeland.

Wards

The work in the hospital wards, or so-called "in-patient" work, has grown rapidly, having increased 43% over that of last year. The number of patients admitted was 655. Of these the medical cases numbered 316, surgical 332, and obstetrical 7.

Medical (Native)

The native medical cases in the wards represent a wide range of conditions.

Malarial diseases comprise the largest individual group of cases: - eighty-five in all. A special series of cases, twenty in number, have been included in this group because we have, as yet, no better classification for them. They are usually of the coolie class and come to us from the crowded camps along the railroad and from Yong San where the Japanese are employing a large number of common laborers and where we have reason to believe they are not well cared for. These cases do not correspond to any recognized type. The special feature of their external appearance is a bright saffron jaundice which rapidly dyes all their tissues, even to the eyes. They have been best treated so far by quinine, administered hypodermically. Even this in large doses does not save all cases. We are hoping to be able to study this class of cases more carefully when our laboratory facilities are increased.

Pneumonia comes next in point of numbers, thirty-one patients or about ten per cent. of the medical cases, but offers nothing different from its usual manifestations in other lands. We have also had several cases of "tojil" pneumonia. "Tojil" is the Korean name for Endemic Haemoptysis. The lungs show consolidated areas similar to those in ordinary pneumonia, but at times so extensive that death would result if the infection was of the ordinary type, but these often rally from what appears to be a hopeless condition and go on as before the acute attack. Ordinary cases of Endemic Haemoptysis run an indefinitely chronic course and are as likely to die from some other disease as from the "tojil" infection, or Distomum of Ringer.

It has not, heretofore, been our custom to admit acknowledged cases of Pulmonary Tuberculosis, but this year we have done so, having inaugurated for their benefit a line of treatment which in our judgment warranted experiment viz., that of Dr. White of New York. Thus far, we have tried six cases. Five of them have been markedly helped but the sixth being too far advanced before the treatment was instituted did not respond in any degree, but continued to fail as rapidly as before, the case ending fatally. The first case had fever, night sweats, severe cough, and bacilli in large numbers in the sputum, but in the course of ten days the fever was gone and the cough and night sweats diminished; and by the end of a month the sputum showed only an occasional bacillus. There seems to be a reasonable hope of her complete recovery if the treatment is faithfully continued. The four other patients also improved rapidly; in fact, so rapidly that we could not prevail upon them to stay in the Hospital long enough to complete the test and to assure ourselves of its complete efficacy.

Erysipelas has continued to appear in the Dispensary, which is in the Hospital building, and to trouble us by occasionally finding its way into the Hospital proper. The more or less continuous reappearance of these cases is a constant menace to the surgical side of our work, and together with a few cases each of Typhus, Smallpox, Cholera, Diphtheria, Gangrene, Mumps, Measles, Whooping Cough, etc., has proved the need and usefulness of our Isolation Building.

Dysentery, Diarrhea, and kindred cases are quite common in the hot season and keep us on the alert lest we harbor any cases of true cholera unawares.

Nervous cases have taken quite a little attention, and occasionally one of dementia serves to keep us in mind of the New Testament era.

Morphine and opium cases appear from time to time, indicating that the former strict Korean law against the importation of these poisons is being disregarded in these days of "'reform."

Surgical (Native)

Our Surgical work has outclassed the Medical in both number and gravity of cases. The time was when it was difficult to induce a Korean to submit to an operation of any kind, especially one under the influence of a general anaesthetic. Now we have occasional patients who leave the Hospital in disgust because (being medical cases) we refuse to operate on them.

The largest number of any one class during the year consisted of gunshot injuries due to the fight in Seoul on August 1st, 1907, and the disturbed condition of the surrounding country following that event. Sixty-two cases of this class were admitted; also six cases of bayonet and sword wounds. One of these men had twenty-seven separate wounds on his person, another eighteen.

The largest emergency that the Hospital has had to meet was on the above mentioned 1st of August, when forty wounded men were admitted to the wards, in addition to the large number who were able to leave after their wounds were dressed. For two days the operating room was in use from early in the day until midnight. One of the interesting results of this incident was that when the disbanded Korean soldiers and others with them afterwards engaged in guerilla warfare, special care was exercised that no Christian should receive injury through their operations. This testimony reached us from many parts of Korea with the statement that it was because of the way those wounded soldiers were taken into Severance Hospital and treated by the Christians there. And not only so, but also wherever Christian missionaries came into contact with the insurgents they were treated with kindness and sometimes asked to teach them the Gospel. At least three of our missionaries ran up against the leveled rifels of those men, but fortunately their identity was learned before the shots were fired and then they received most kind attention.

Very extensive abscesses and tubercular bone diseases make up a large part of our routine surgical work.

The chest and abdomen have continued to furnish our most severe and important cases of surgery, a large part of the former being empyemic and most of the latter gynecological.

An unusual case of abdominal work was the suturing of an extensive wound in the spleen made by the horn of a bull, which had gored the unfortunate man;

but the loss of blood had been so great before he reached the hospital, that he did not rally well from the operation and soon died. Among the cases of cancer, which are rather common in this country, the following might be interesting to note: one of the scalp in which the cure involved as clean a case of "scalping" as was ever done by an American Indian, leaving a "bald" spot six inches across; another of the back - very extensive - of which, after the denuded area had been closed in by skin transplantation, an onlooker said it looked like a patch-work quilt. The patient himself, after recovering from the anaesthetic, asked when the "board" would be removed from his back. One of the sad cases of this class is now recovering from an exploratory operation on the liver, which revealed a cancer so extensive that it could not safely be removed. The woman is still under the impression that the operation was fully performed and that she is on the road to recovery, and we have not yet had the courage to disabuse her mind. One woman, who lost most of her tongue by an operation for cancer, has ever since been a regular attendant at the hospital church and is showing a complete change of heart in her daily life.

Eye diseases are not as prevalent here as in tropical climates, yet we meet the usual kinds. Eight cases of cataract were operated upon during the year, and Mrs. Hirst says that one of the most regular attendants on her Sunday Bible class is a woman who began to attend after her sight had been thus restored. Among the most pitiful cases we encounter are patients who come with eyes incurably blinded as the result of former inflammation, perhaps in childhood. Sometimes they come great distances in childlike faith that the foreign doctor can restore their sight and send them back home in a few days seeing as well as their neighbors.

Another sad class consists of those who are suffering from self-inflicted injuries. One man came in with his throat cut from "ear to ear." He had done it himself in order to bring discredit upon an opponent in a property dispute, but he was sufficiently sorry for his own plight to be willing to sit quietly and submit to having the wound sewed up without an anaesthetic. A short time ago he called upon us looking so well that I did not recognize him. From time to time women come under our care who have drunk concentrated lye in order to spite their husbands for some real or fancied slight. Think of the terrible retribution that follows, since these cases usually result in the closing up of the oesphagus and can only be helped by making a new permanent entrance into the stomach through the anterior abdominal wall, thus saving them from slow starvation.

Anal fistulae are very numerous in this country; eighteen cases were admitted to the wards and operated upon, but only the worst cases are thus admitted, the vast majority being operated on in the Dispensary.

Obstetrical

This year has shown a long step in advance in Obstetrical work. For the first time in our history, native women have, of their own initiative, come to be confined in the Hospital. Two cases were brought in by their friends after labor had been discovered to be abnormal. Formerly such cases flatly refused to be removed to the Hospital in spite of the most strenuous urging, and we were compelled to do what we could for them as they lay on the floors of their own tiny rooms and without the facilities which the Hospital affords. Our record thus far has been excellent, all the cases treated in the wards having recovered. The husband of one of the women, besides paying his wife's hospital bill, has given fifty dollars to support a free bed for a year.

Dispensary

Our Dispensary work is still conducted in the basement of the Hospital building. The number of treatments this year was about 17,000 of which nearly 6 000 were new cases. A feature of this department is the number of operations done in connection with it, 1,241 such operations being recorded. This work affords a magnificent field for the training of our medical students; in fact, most of the dispensary work is done by them. Abscesses of various kinds and degrees of extension are opened. Fistulae are operated upon almost daily, boils and carbuncles treated, teeth extracted, eye cases cared for, etc. Most of the cases admitted to the Hospital first come to the Dispensary. Even accident cases often get in there first.

Office Practice (Native)

Another department of our work is a private clinic that is held daily for Korean patients of the richer class. It was discovered that many Koreans did not care to visit the Dispensary, which is largely a charitable work, but preferred to see the doctor privately and pay a regular fee for the services rendered. So this clinic was begun during the last fiscal year and has gradually increased in popularity. Each patient pays one yen (50 cents) and then buys his medicine in addition. The income for consultation from this department was $367.

Pasteur Work

The Pasteur department has done a small amount of work during the year, seven cases of persons bitten by mad dogs having been treated by Pasteur methods, none of whom afterwards developed hydrophobia.

Native Home Practice

The visiting of Korean patients in their homes has been more or less discouraged in the past, owing to our inability to spare the amount of time that must be consumed in making such visits. But now, with the advance in skill on the part of our Korean assistants, we are sending them to answer such calls. The calls, too, are coming more frequently from persons who are able to pay for their treatment. We expect to make good use of our new graduates in this work from now on. We are trying to establish a regular fee rate and plan the work on a basis similar to that customary in America. This department, if given the necessary encouragement and attention, will make good progress.

Foreign Practice

Practice among Americans and Europeans is no small part of our work, and from it we derive a large part of our income for the maintenance of the Hospital. Foreign patients may be divided into three classes: - those who visit the office, those whom we see in their homes and those who are admitted to the Hospital. Little needs to be said about the first two classes, but the last one presents a problem of increasing importance. While the number of such cases has not been large up to the present time, those who have been admitted to the Hospital during the year have been with us for periods of time ranging from one week to nearly six months, and the number would be larger if we could encourage their coming.

Although the foreign population of the country is yearly increasing, especially the missionary class, yet there is no place provided for them where they can receive Hospital or Sanatarium treatment, and they must depend upon such aid as can be offered by their already over-burdened fellow-laborers.

Our Hospital was built and is managed especially for the Koreans. Of necessity, all the various manifestations of Korean life flow in and out of it, and many of the sights and sounds, odor of Korean food, etc., are extremely disagreeable to some foreigners, especially when they are ill.

We have but little room that we can set aside for foreign patients and our present arrangements do not admit of the Hospital possessing a foreign culinary department. The lack of this has thrown an extra burden on Miss Shields who, during most of the year, was our sole American nurse, or has necessitated the preparing of those meals by the physicians' wives. While we are glad to do all in our power for foreign patients, our equipment in general is such that we cannot care for them without a greater expenditure of time and labor than the cases would require under more favorable conditions; and the time element is one which must be considered for the good of the general work. It would, therefore, seem wise to look forward to the establishment of a Sanatarium Department with such equipment as would facilitate the work of caring for foreign patients, add to their comfort and so hasten their restoration to full health. The care given in the Hospital to our fellow-countrymen has been much appreciated by them, although from our point of view it has been very much lacking. At times we have taken semi-invalids into our own homes in order to increase their comfort and relieve the strain upon the Hospital, but we cannot depend upon this method of meeting the need.

The income to the Hospital from practice among foreigners during the year was:-From office consultations and visits to homes, $2,700.82½; from patients admitted to Hospital, $1,512.00; total, $4,212. 82½.

From the foregoing, it is seen that our medical work proper comprises the following departments:

1. Native Medical and Surgical Ward Work.

2. Native Dispensary Work.

3. Native Private Office Consultation Work.

4. Native Home Visitation Work.

5. Foreign Medical and Surgical Ward Work.

6. Foreign Office Consultation Work.

7. Foreign Home Visitation Work.

8. Pasteur Institute.

9. Contagious Department.

10. Optical Department.

Medical College

Within the limits of a report it is impossible to give an adequate picture of the full round of work that is being carried on in the various departments. Moreover, there are other phases of our work which demand much time and thought for their prosecution. Foremost among these correlated lines of effort is the Severance Hospital Medical College, which this year rounded out a unique period in its history by graduating, on June 3d, its first class, conferring upon them the degree of Doctor of Medicine and Surgery. For fifteen years Dr. Avison has been, along with all the rest of his medical work, striving to prepare medical students and at the same time to complete a series of medical text-books from which to expound to them the mysteries of Western medical science. One of the interesting corners of the Hospital is a room where several Korean men are kept constantly busy with translating, copying and mimeographing work on medical text-books, under Dr. Avison's direction. Thus far the following works have been carried forward to a point where they can be used for class-room purposes: Anatomy in three volumes, Physiology, Chemistry in two volumes, The Microscope, Pathology, Bacteriology, Materia Medica, Therapeutics, Diagnosis in two volumes, and Skin Diseases. Surgery, Practice of Medicine, and a Medical Dictionary are now in course of preparation. Apropos the Medical Dictionary, the Korean language did not possess a medical nomenclature. Medical terms had therefore to be invented and a vocabulary built up, piece by piece, during the preparation of these text-books and in the course of the teaching work. In later years much assistance has been obtained from Japanese text-books, from which scientific terms have been selected and adapted. The first book to be completed was the Anatomy, the manuscript of which was finished before Dr. Avison's return to America on his first furlough. But, during his absence, it was unaccountably lost, and the work had to be done over again on his return to Korea.

The seven men graduated this Spring have all had unusual opportunities for practical observation and work, since each labored side by side with the doctors in Dispensary, Operating Room and Wards. Very few men, if any, who graduate in America have such opportunities, during their course, for gaining practical skill as these men have been given. Some of them had, before graduation, successfully performed major operations and all of them have done every kind of minor surgery. Some of them, too, have taken part in the Preparation of the text-books. Several had practical instruction in hospital building during the erection of Severance Hospital. It was the universal testimony of the large and distinguished audience assembled on Commencement Day 20 that they were as fine and intelligent looking a body of young men as could be found anywhere.

The Commencement occasion was an "event" in the city and one of great importance in the progress of modern civilization in Korea. The representative audience which graced the occasion attested this fact. Representatives of the royal family, Resident General Prince Ito and his Staff, Cabinet Ministers and leading government officials, both Korean and Japanese, representatives of the foreign Consular body, representatives from other educational institutions and the Christian churches, the foreign community in general and interested natives-in all numbering a thousand or more - witnessed the exercises with the greatest interest and rejoiced with us in what had been attained.

The Government formally recognized the value of the work done by presenting to the graduates Government certificates, the first of the kind to be issued in Korea. This act gives the new doctors a recognized standing which will be invaluable to them. Prince Ito, the Resident General, on the Commencement occasion, gave public expression of his appreciation of the work done and presented to each graduate his Medical College Diploma.

Four of the graduated men will be associated with the Hospital during the coming year; two will begin practice for themselves in Seoul and one has gone to take up medical work in his native town in the far north; both of those who remain in the city will assist in teaching the medical classes.

We believe that it will be the continued purpose of these men to use the advantages secured by their medical education for the betterment of their people and not for personal gain. We have reason to be proud of their achievements so far and look forward with hope to their becoming leaders of medical and Christian work in Korea.

Nursing Department

Nurses in Charge   (Miss E. L. Shields

(Miss Ella Burpee

The latest established department for increasing our Hospital efficiency is the School for Nurses inaugurated by Miss Shields less than two years ago. She has now in training a class of seven young women. (Since this report was written five more have joined the class.) Three of them have been in training since the early part of the school work and are now able to take a fair share of responsibility in the Wards. During the past year the whole class has made considerable progress, and we are looking forward to the time when the development of this work will supply much that is now lacking in our Hospital service. The lack of efficient nursing in the past has been the most serious drawback, and with the advent of the trained woman nurse, hospital work will make immense strides.

It is also probable that the development of women nurses will aid in decreasing the vast disproportion in numbers between men and women patients who come to the Hospital. This year the male patients outnumbered the female more than three to one. This is not because women are less in need of medical treatment, but because that, owing to customs of seclusion, it is difficult to induce them to leave their homes and enter a public institution such as ours, and nothing will accomplish this more surely than the influence and presence of competent women nurses in the wards.

During the year a movement was set on foot by the foreign community of Seoul to secure a nurse from America to be in readiness to care for any case of illness that might arise among their number. In connection with us an arrangement was made by which she is to serve the Hospital when she is not on duty elsewhere. Miss Ella Burpee, of Vancouver, arrived in Seoul on May 1st to fill this position and has added greatly to the efficiency of the nursing department, as well as adding the vigor and brightness of her personality to the little foreign community on this compound, where she makes her home.

Evangelistic

While we believe that the healing of the ills of the body in itself brings untold blessing to the recipients and that the Hospital in its work of healing is fulfilling a God-given mission, yet we remember that in the ideal which Christ gave us the healing of the body and the healing of the soul went hand in hand. Having this ideal in mind, we have tried not to neglect any point that would minister to the spiritual welfare of those favorably predisposed toward us through the physical ministrations we have rendered them.

The regular weekday chapel service for convalescents and Hospital attendants has been continued as usual. Individual teaching is given to each patient in the wards who is able to receive it, and those who come to the Dispensary are taught while they wait their turn to be treated. The intention is that no one who comes to the Hospital for treatment shall go away without hearing of the Great Physician and His great work for the world.

Of the Dispensary patients who come and go daily, it is difficult to report definite results; but of those who remain in the Hospital for a longer or shorter period of time, more definite knowledge is obtainable. Many receive the Word gladly and take with them the Scriptures and other Christian books to their homes in various sections of the country in order to learn more. Frequently word drifts back to us that such seed sowing has borne fruit. While no record has been kept of the number of patients who have become believers, yet the year is dotted with incidents of how here a man or a boy, there a woman or a girl, sometimes part of a family, sometimes a whole family, through one member being in the Hospital, has decided to be Christian. The story of "one of the least of these," a little waif girl, comes to mind just now as the little sufferer is nearing the border-land. Through some means she reached the Hospital many months ago and no one has ever come to take her away. Through a long period of suffering, as diseased bones were being removed piecemeal, she has been an earnest, steadfast little Christian, always eager to learn and to study whenever there was a respite from pain, but sorrowful often because of the limitations of the crippled little body. But the limitations will soon all be passed, and we feel sure that she will be one of the "precious jewels," and are glad that she was in our care for a while.

The Sunday services on this compound have developed rapidly during the year. They were originally started for the sake of the Hospital workers who could not well go elsewhere, the servants on the place and such convalescent patients as cared to join with us, the meetings being held in one of the Korean buildings on the street front, but they are now attended by a hundred or more persons from outside every Sunday morning. Numbers of persons have been converted and a group is rapidly forming which bids fair to result in a prosperous church. During the year, Dr. Avison has preached at the Sunday morning service and Dr. Hirst has conducted the Sunday School, while Mrs. Avison and Mrs. Hirst have taught the children's and women's classes. Other Sunday services and all midweek services and classes, except one Bible class for women, have been earnestly carried on by the native Christians themselves.

The book-selling work has continued at the usual place on the street front and in connection with the Dispensary waiting-room. This is a very useful feature of our evangelistic work, as the people who come to get medicine not only hear the message but have the opportunity to carry it away with them in printed form.

Financial Report (U.S. Gold)

Balance at beginning of year:		
In Cash .	$ 29.10	
In Outsanding Accounts (net)	1502.165	$1531.265
Cash and Book Income for the year from		
Foreign Practice	$2700.825	
Wards - Foreign	1512.00	
Native	1146.945	
Dispensary	824.75	
Native Office Practice	367.325	
Native Home Practice	168.825	
Spectacles (gross sales)	439.92	
Medicines	185.16	

Rent	223.18	
Bank Interest	11.21	
Life Insurance Examination	5.075	
Donations	1597.135	
Mission Treasurer	162.00	$9344.35
		$10875.615

Expenditures :

Food	$1360.6625	
Ice	45.875	
Medicines and Dressings	874.95	
Spectacles (gross cost)	559.535	
Pasteur Institute	16.03	
General Supplies	146.4775	
Furnishings	263.16	
Nursing	475.1925	
Servants	471.23	
Students, for work done	269.85	
Repairs	307.5375	
Fuel	237.215	
Light	200.825	
Travel	167.1225	
Teaching Department (net)	419.23	
Literary Assistant	114.125	
Evangelistic	116.39	
Donations	100.00	
Sundry	45.86	
Loss by discounted & worthless bills	107.475	
Office Expenses	187.8925	$6487.535
Balance at end of year		$4388.08
In Cash	$1195.1075	
In Outstanding Accoutns (net)	3192.9725	4388.08

Administration

The most trying work of a physician in connection with a mission hospital is not that already outlined, but the details of daily administration: - the up-keep of a foreign building with unskilled native labor; the supervision of the plumbing and heating apparatus and often the doing of the plumbing work by the physician with his own hands; the provision of a sufficient water supply for a large building in a land where wells frequently run dry; the keeping on hand of sufficient drugs and general equipment to keep the institution in efficient working order, when these things must be obtained from Europe or America; the management and discipline of attendants and servants who have to be brought up to a sufficient degree of efficiency from varying depths of ignorance and irresponsibility; the interruptions that come through the inquiries and demands that pour in hourly from every part of the building from the, as yet, only partially responsible servants and attendants; the bargaining with native merchants for fuel, food supplies and other necessaries furnished from the country; the routine inspection of servants' quarters and outbuildings; all to be done through the medium of a language that frequently baffles one in making known his own desires and understanding those of others.

The book-keeping, cashiering and medical records constitute enough work for one person. There are about two hundred private accounts on our books, besides the goodly number of general accounts as seen in the above financial report; and while the work only amounts to something like ten thousand dollars a year, yet the items are small and the amount of detail work proportionately great. If we could get a competent person to relieve us entirely of the office work, it would be a great boon. Some time ago we secured the services of a young Korean, but he only remained with us a month or so. At this writing we are making another trial of the same young man, and we hope the experiment will be more successful for it is evident that the office work must be cared for by some one other than the physicians.

Future Development

In reference to the future growth of our work, while we think that Christianity and Western Medical Science should be represented in this, the capital city and metropolis of Korea, by an institution worthy of both, yet we do not desire a forced development, but a normal one in which the growth of the plant shall keep pace with the demands made upon it by the people and best minister to the needs of their wretched physical conditions.

The following are some of the needs that are most prominently forcing themselves on our attention at this time.

The Dispensary should be removed from the Hospital proper and be conducted in a separate building in order to lessen the danger of contagion reaching the Hospital wards, provide more room for the rapidly increasing numbers, and afford better facilities for the practical training of the medical students.

Laboratory facilities for teaching Chemistry, Anatomy, Physiology, Histology, Pathology and Bacteriology constitute an immediate and urgent need.

A second operating room for surgically clean cases would be a wise and humane provision. The majority of the cases that come to us for operation are already infected, thus making the general operating room more or less unsafe for clean cases.

A well equipped Bacteriological and Pathological Laboratory would be a special advantage to hospital work in a country like Korea. There are many unusual diseased conditions here which need investigation and special study in order to properly treat them. At present, however, we have neither the facilities nor the workers to carry on this work. There is a special opening here for a trained pathologist and we hope that an American Society for Pathological research may see its way to maintaining such a worker in this field.

The matter of a Sanatarium Department for foreigners has already been referred to in the body of this report. This would require another building in connection with or near our Hospital, and the necessary facilities for operating it.

If the Hospital work continues to increase at its present rapid rate, we must ultimately look forward to general enlargement. Seoul Station is even now trying to solve the problem of how to utilize the remaining unoccupied land of this compound to meet the requirements of general station work. We have considerable ground, but on such widely varying levels that the cost of filling in and grading would be large. If, therefore, it is difficult to meet the present demands, how much more difficult will it be to meet future needs as they arise, unless we take steps to increase our present land area. This, at the present time, would be no easy matter, as adjoining areas are small and held at a high price, but the difficulty will grow greater each year, and this land problem is one that we must face immediately.

An Endowment Fund of $100,000.00 would enable us to provide for all probable development and put the institution on a firm footing.

Visit of Mr. L. H. Severance

In closing this report, we cannot omit to mention the pleasure we had last fall in the visit of Mr. L. H. Severance, the man through whose generosity this Hospital was built. Mr. Severance was interested in every detail of the work, and the best means of its accomplishment, and proved both a sympathetic friend and a wise counsellor. His criticism and counsel, as well as his sympathy and encouragement, have already borne fruit in our work. Not less than ourselves did the Koreans who came in contact with Mr. Severance appreciate and love him, and their faces literally shine when his name is mentioned. Mr. Severance did not confine his interest to the Hospital, but investigated conditions, visited churches and schools, learned the needs of various places and helped to supply them, came in contact with the people and interested himself in them in a way that made them realize that he was their friend. They will not forget him. Only the other day, the little cripple girl mentioned elsewhere in this report, was found weeping bitterly because she could not see again in this world her two friends - Mr. Severance and Dr. Avison. Dr. Ludlow, who accompanied Mr. Severance, also added much to our pleasure during his stay, and assisted us in our surgical work.

Statistics

Wards

Number of patients admitted	655
Patients remaining June 30, 1907	34
Total number treated	689
Males	529
Females	160
Medical cases admitted	316
Surgical cases admitted	332
Maternity cases admitted	7
Total number of days' treatment	8127
Average number of days per patient	12.4
Average number of patients daily	22 plus
Average cost of patients per day (approximate)	52 cents

Patients who paid in part or whole	233 or 36%

Condition of Patients Discharged

Cured	464
Improved	75
Not improved	18
Not treated	21
Died inside of 24 hours after admittance	35
Died after more or less treatment	54
Death rate, both above classes included	13.43%
Death rate, second class only	8.09%
Patients remaining June 30, 1908	22

Dispensary

New cases	5674
Return cases	11000
Operations	1241

Office Consultations

Native	939
Foreign	657

Outside Visits

Native	131
Foreign	605
Palace	57

Optical Work

Eyes tested and fitted with glasses	164
Patients treated and fed free of cost	64%

평양 여병원 정초식.

The Korea Mission Field (서울) 4(7) (1908년 7월호), 103쪽

감리교회의 여자 선교회의 후원하에 운영됨. 로제타 홀 박사가 책임을 맡음.

이 행사는 1908년 5월 20일 서문 근처의 병원 새 부지에서 거행되었다. (......) 그리고 무라타 목사와 노블 박사의 적절한 발언이 있은 후에, 폴웰 박사는 노블 박사에게 병원 이름이 새겨진 은제 흙손을 건넸고 그는 다음의 물건, 즉 현지어로 된 인쇄물인 (1) 에비슨 박사가 선물한 해부학, (......) 등을 담은 봉인된 상자를 넣고 정초석을 놓았다.

Cornerstone Laying, Woman's Hospital, Pyong Yang.

The Korea Mission Field (Seoul) 4(7) (July, 1908), p. 103

Operated under the Auspices of the Woman's Board of the M. E. Church. Dr. Rosetta Hall in Charge.

This ceremony took place at the new hospital site near the West Gate, May 20th 1908. (......) and after some appropriate remarks from Rev. Murata and Dr. Noble, Dr. Follwell handed Dr. Noble a silver trowel engraved with the hospital's name and he laid the cornerstone placing within it the sealed box containing the following: in native print, (1) Anatomy presented by Dr. Avison, (......)

에비슨 박사의 한국 문제에 대하여.

The Seoul Press (서울) (1908년 7월 2일), 2쪽

에비슨 박사의 한국 문제에 대하여

*Kobe Herald*의 대표는 최근 귀국 중에 고베를 지나는 에비슨 박사와 긴 면담을 진행하였는데, 다음과 같이 말한 것으로 인용되었다.

전 황제에 대한 질문을 받은 에비슨 박사는 다음과 같이 말하였다. "나는 오랫동안 황제의 주치의이었으며, 그와 다소 친밀해졌습니다. 나는 그가 상냥하고 총명하며 모든 문제와 관련하여 진정으로 부드러운 마음을 가졌다는 것을 알았습니다. 다른 상황을 감안할 때 그는 훌륭한 통치자의 자질을 가지고 있었다고 생각합니다."

대화는 청일전쟁이 끝난 후 서울의 발달로 바뀌었다. 그 군사 행동이 종료된 후 에비슨 박사는 수도의 상황이 급격하게 변하였다고 말하였다. "당시 한성 판윤은 이름이 이채연이었다고 생각하는데, 그는 워싱턴에서 살았고 위생, 경찰 업무 등과 관련하여 도시의 이익이 증진되기를 전적으로 원하였습니다. 서울에는 세관장을 맡고 있던 영국인인 맥리비 브라운 씨[지금은 존 경(卿)]도 있었는데, 그는 한국인들의 철저한 신임을 받고 있었습니다. 이 두 사람이 합심하여 서울의 발전을 이루었고 많은 일이 이루어졌습니다."

여기서 에비슨 박사는 서울이 처음 건설되었을 때 거리가 직각으로 만들어졌고 매우 넓었는데, 주요 도로의 폭이 60에서 100피트에 달하였다고 설명하였다. 하지만 시간이 지남에 따라 사람들은 점차 건물을 지어 거리를 잠식하였고 1893년에는 단순한 오솔길이 되었다. 밤에는 도시의 어느 곳에도 전등이 없었는데, 이상한 규정에 따라 남자는 밤에 거리에 있을 수 없었고 여자만 외출할 수 있었다. 에비슨 박사는 불행하게도 통금 시간 이후에 외출한 남성을 경찰이 체포하는 것을 자주 보았으며, 거리에 있는 유일한 다른 사람들은 등불을 들고 있는 하인이 시중을 드는 여자들뿐이었다. 판윤과 맥리비 브라운 씨가 이 모든 것을 바꾸었다. 노점은 거리에서 철거되었고 후자는 원래 너비로 복원되었으며, 어떤 경우에는 자갈이 깔렸다. 모든 상점 주인이 자신의 가게 밖에 조명을 설치해야 하는 규정이 만들어졌다. 남자가 밤에 외출하는 것을 금지하는 규칙이 폐지되었다.

"동시에," 에비슨 박사가 말을 이었다. "길가의 도랑을 청소하고 개방하여 물이 통과할 수 있도록 하였습니다. 사실 그 당시 도시를 위생적인 상태로 만들기 위한 첫 번째 조치가 취해졌습니다.

그 과정은 그 이후로 계속 진행되어 왔으며, 지금은 더 빠른 속도로 진행되고 있습니다. 그러나 초기에는 진행이 내부에서 이루어졌지만, 현재의 업무는 내부 계몽의 결과가 아니라 외부에서의 더 빠른 진보에 의한 것입니다. 그렇지 않았더라면 더 느리게 이루어졌을 수도 있는 많은 일들이 지금 빠르게 일어나고 있습니다. 누구도 개혁이 진행되지 않는다고 말할 수 없습니다. 그것들은 전에도 진행되었고 지금은 더 빠르게 진행되고 있습니다."

에비슨 박사는 서울의 경우에서 설명한 것과 유사한 진전이 현 정권 이전 지방에서도 진행되고 있었느냐는 질문에 계몽의 원천이 있는 곳에서 발전이 있었다고 말하였다. 지금까지 한국의 큰 개혁 요인은 선교이었다. 최초의 학교와 병원은 모두 그들에 의해 시작되었고, 선교부가 세워진 곳마다 어느 정도 변화가 일어나고 있었다. 예를 들어 선교부는 위생을 증진하고 영아 사망률을 줄이며 가정의 건강을 개선하는 데 많은 일을 하였다. 그들은 또한 예방 접종을 권장하였다.

결론적으로 에비슨 박사는 한국에서 기독교의 전파에 있어 놀라운 진전을 이루었다고 말하였는데, 그는 진지한 기독교 기반이 없는 다른 선교 지역에서 성취된 것보다 더 빠른 진전이라고 생각하고 있다. 그는 특히 현지 기독교인들이 신앙에 진지하고 간절함을 나타내는 한국 교회의 자립적 성격을 강조하였다. 에비슨 박사는 또한 선교사들이 정치 문제에 관심이 있다는 일본 신문의 주장을 단호하게 반박하였다. 그들은 간부 회의에서 어떤 편에도 반대하지 않기로 결정하였고 고국에서도 비슷한 지시를 받았다. 그는 최근에 이토 공작과 긴 대화를 나누었는데, 그는 언제나처럼 선교부의 교육 사업에 대하여 매우 호의적으로 말하였다. 에비슨 박사는 질문에 대한 대답으로 그가 아는 한 일본인은 한반도에서 선교 사업을 방해한 적이 없다고 덧붙였다. 한국인 개종자들의 입장에 대하여 에비슨 박사는 자신의 의견으로는 현지 기독교인들이 의심할 여지없이 오늘날 한국 사상의 지도자들이라고 말하였다. 그들 중에는 왕실의 일원과 일부 고위 관리들이 있었고, 서울에서 가장 활동적인 기독교 사역자 중 일부는 협판과 같은 정부의 고위직을 역임하였다.

Dr. Avison on Korean Affairs.
The Seoul Press (Seoul) (July 2nd, 1908), p. 2

Dr. Avison on Korean Affairs

In the course of a long interview which a representative of the *Kobe Herald* had with Dr. Avison when he passed through Kobe on his way home recently, he is quoted to have said as follows: -

Questioned as to the Ex-Emperor, Dr. Avison said: - "I was physician to the Emperor for years and became rather intimately acquainted with him. I found him to he amiable, intelligent, and really tender-hearted with reference to any troubles which his people got into. I believe that, given other circumstances, he had the makings of a good ruler."

The conversation then turned to the progress of Seoul since the conclusion of the Chino-Japan war. After the close of that campaign, Dr. Avison remarked, the conditions in the Capital changed rapidly. "The then Governor of Seoul - I believe his name was Yichai-yun - had lived in Washington and was thoroughly desirous of advancing the interests of the City in regard to sanitation, police work, etc. There was also at Seoul Mr. (now Sir John) McLeavy Brown, the Englishman in charge of the Customs, who was thoroughly trusted by the Koreans. These two men combined their efforts for the advancement of Seoul, and a great deal was done."

Dr. Avison here explained that when Seoul was first laid out the streets were built at right angles and were very broad, the main streets being us much as from 60 to 100 ft. in width. In the course of time, however, the people gradually encroached upon the streets with buildings, and by 1893 they had become mere lanes. At night, too, there were no lights in any part of the City, while, under a curious regulation, no men were allowed to be in the streets at night, only women being allowed to go out. Dr. Avison has frequently seen the police arresting men who had the misfortune to be out after hours, while the only other persons in the streets were women attended by servants carrying lanterns. Under the Governor and Mr. McLeavy Brown, all this was changed. The booth were removed from the streets, the latter being restored to their original width, and in some cases macadamised; a regulation was made under which every shopkeeper had to put a light outside his premises; and the rule against men going out at night was repealed.

"At the same time," Dr. Avison proceeded, "the ditches at the sides of the streets were cleaned and opened out, so that water could run through them. In fact, at that time the first steps were taken toward putting the City into a sanitary condition.

The process has been going on ever since and is proceeding with greater rapidity now. But in the earlier period the progress came from within, whereas the present work is not the result of internal enlightenment but constitutes a more rapid advance from outside. Many things are now happening rapidly which might otherwise also have been done, but more slowly. No one can say that reforms are not going on. They were going on before and are going on more rapidly now."

Asked if progress similar to that which he described in the case of Seoul had also been going on in the Provinces previous to the present regime, Dr. Avison said that there had been progress where sources of enlightenment existed. Hitherto the great reforming factor in Korea had been the Missions. All the first schools and hospitals were started by them, and changes had been going on to some extent wherever Missions were established. The Missions, for instance, had done much to promote hygiene, to lessen infant mortality, and to improve the health of the homes. They had also encouraged vaccination.

In conclusion Dr. Avison spoke of the remarkable progress made in the dissemination of Christianity in Korea, a progress which he consider to be more rapid than that achieved in any other mission field where there was no serious Christian basis upon which to make a start. He dwelt especially upon the self-supporting character of the Korean Churches as indicating that the native Christians are sincere and eager in their faith. Dr. Avison also emphatically contradicted the assertion sometimes made in Japanese papers, that the missionaries concern themselves in political affairs. They had decided in caucus not to work for or against any side, and had also been similarly instructed from home. Lately, he had had a long conversation with Prince Ito, who, as always, expressed himself very fovourably in regard to the educational work of the Missions. The Japanese, Dr. Avison added in answer to a question, had never, as far as he knew, put any obstacle in the way of missionary work in the Peninsula. With regard to the standing of the Korean converts, Dr. Avison said that in his opinion the native Christians were without doubt the leaders of thought in Korea to-day. Among them were members of the Royal family and some of the highest officials, while some of the most active Christian workers in Seoul held high positions in the Government, such as that of Vice-Minister.

어 의사 귀국. 공립신보(샌프란시스코) (1908년 7월 8일), 2쪽

어 의사 귀국

서울 제중원장 미국 의사 에비슨 씨가 볼 일이 있어 잠시 귀국한다는데, 역시 13일 코리아 선편으로 상항(桑港)에 도착할 예정이라고 한다.

Return of Dr. Avison.
Konglip Shinbo (San Francisco) (July 8th, 1908), p. 2

어 의사 귀국

셔울 제즁원댱 미국 의사 에비슨 씨ㄱ 볼일이 잇셔 잠시 귀국ᄒᆞᆫ다ᄂᆞ되 역시 금 十三日 코레아 선편으로 상항에 도착ᄒᆞᆯ 예뎡이라더라.

에드워드 H. 밀러(서울)가 아서 J. 브라운(미국 북장로교회 해외선교본부 총무)에게 보낸 편지 (1908년 7월 14일)

(중략)

허스트 박사는 새로 졸업한 한국인 의사들이 자신들의 시간에 대한 첫 요청에 기꺼이 병원을 택하였고, 그들의 교수 능력과 의과대학에서의 시간을 대가 없이 무상으로 제공하였으며, 가능한 금전적 이득보다 도움을 주는 가장 분명한 열망을 보였다고 보고하였다. 졸업 후 지난 2주 동안 그들의 친구, 다양한 상업 협회, 교회 지도자 등이 환영회를 해주었고, 부부의 환송회에서 에비슨 박사는 비록 짧은 휴가라도 한국을 떠나게 된 것이 매우 유감스럽다고 말하였다.

(중략)

Edward H. Miller (Seoul),
Letter to Arthur J. Brown (Sec., BFM, PCUSA) (July 14th, 1908)

(Omitted)

Dr. Hirst reported that the newly graduated Korean Physicians had gladly put at the disposal of the hospital the first call upon their time, had freely offered, without renumeration, their teaching ability and time in the Medical College and, have show the most evident desire to put helpfulness above possible pecuniary gain. The past fortnight following the graduation had been full or receptions to the new physicians given by their friends, various mercantile association the church leaders &c. and in farewell receptions to Dr. & Mrs. Avison, who spoke of their great regret in leaving Korea at this time even for the short furlo time.

(Omitted)

우드브릿지 O. 존슨(대구)이 아서 J. 브라운(미국 북장로교회 해외선교본부 총무)에게 보낸 편지 (1908년 7월 19일)

(중략)

그리고 이것은 지난달 서울에서 열린 세브란스 병원의학교 제1회 졸업식 행사가 생각이 나게 합니다. 저는 그 행사에 참석하였고 에비슨 박사의 노력의 결과에 놀랐습니다. 7명의 졸업생들은 미국에 있는 많은 의과대학에서 인정을 받았을 것입니다. 그들의 졸업 시험지는 제가 미국에서 보았던 것처럼 대부분의 면에서 어려운 것이었습니다. 그리고 전체 행사, 그들에 대한 일본 통감부의 공식 인정, 그리고 많은 저명한 한국인들이 에비슨 박사 부부에게 보여준 애정과 존경의 위대한 표현은 한국 교육 사업의 역사에서 한 획을 그었으며, 저는 우리의 모든 장로교회 학교, 학원, 대학은 물론 병원과 의료 사업에도 지속적인 혜택이 되지 않을 수 없다고 확신합니다. 에비슨 박사는 일본인이 졸업장에 도장을 찍고 졸업식에 적극적으로 참여할 수 있도록 하는데 탁월한 능력과 재치를 보여주었습니다. 에비슨 박사와 이토는 그것들을 직접 졸업생들에게 수여하였습니다.

(중략)

Woodbridge O. Johnson (Taiku),
Letter to Arthur J. Brown (Sec., BFM, PCUSA) (July 19th, 1908)

(Omitted)

And this reminds me of the 1st Commencement Exercises of the Medical School of the Severance Hospital held last month in Seoul. I attended them and was surprised at the result of Dr. Avison's work. The seven graduates would have done credit to many of our medical schools in the State. Their final examination papers were a difficult in most respects as many I have seen in America and the whole affair, the publicity given to it by the Official recognition of them Japanese Residency the great demonstration of affection and esteem given to Dr. Avison and his wife by many prominent Koreans marked an epoch in the history of educational work in Korea which I feel sure cannot fail to be of lasting benefit to all our Presbyterian schools academies, colleges as well as to our hospitals and medical work. Dr. Avison showed marked ability and tact in securing as he sis form the Japanese their stamp for the students diplomas and their active participation in the Commencement. Dr. Avison and Ito himself presenting them to the graduates.

(Omitted)

제시 W. 허스트(서울)가 아서 J. 브라운(미국 북장로교회 해외선교본부 총무)에게 보낸 편지 (1908년 7월 25일)

(중략)

우리의 특별한 기쁨 중의 하나는 의학교 첫 학급의 졸업식이었습니다. 박사님이 흥미를 느낄 수 있는 이 사건에 대한 설명의 사본을 동봉해 드립니다. 박사님은 곧 에비슨 박사와 연락하게 될 것이며, 그는 보고서와 인쇄된 기록으로는 상상할 수 없는 이곳에서의 우리 업무에 대한 많은 흥미롭고 고무적인 세부 사항을 제공할 것입니다. 에비슨 박사의 부재는 남아 있는 사람들의 추가적인 주의, 관심 및 노력을 의미하지만, 우리는 좋은 한 해가 될 것이라고 믿으며 에비슨 박사가 이러한 변화를 갖는 것이 우리에게 큰 만족입니다. "직업 변경"을 통해 그가 게을러지는 것을 거의 상상할 수 없기 때문입니다.

우리 부부는 병원에서 가장 가까운 에비슨 사택에 거주하고 있으며 매우 만족스럽게 수리되어 있습니다. 우리는 1년 동안 살림살이를 하며 수많은 친구와 방문객들을 집과 식탁에서 만나는 기쁨을 누렸으며, 집을 갖는 데서 오는 많은 기쁨을 누리고 있습니다.

(중략)

Jesse W. Hirst (Seoul),
Letter to Arthur J. Brown (Sec., BFM, PCUSA) (July 25th, 1908)

(Omitted)

One of our special occasions of rejoicing was the graduation of our first class of medical students. Will enclose you a copy of an account of this event which you may find interesting. You will soon be in touch with Dr. Avison and he will give many interesting and inspiring details about our work here, which reports and printed accounts fail to picture. Dr. Avison's absence will mean extra watchfulness, care and effort on the part of those of who remain, but we trust to have a good year, and it is a great satisfaction to us that Dr. Avison is getting this change,- and rest by way of "Change of occupation", for we can hardly imagine him being idle.

Mrs. Hirst and I are located in the Avison house, which is nearest the Hospital, for the year, and are very delightfully fixed. During the year we have been housekeeping we have had the pleasure of having numberless friends and strangers, from both far and hear, in our home and at our table, and have realized much joy in having a home.

(Omitted)

19080800

사설. *The Korea Mission Field* (서울) 4(8) (1908년 8월호), 121~122쪽

우리는 세브란스 병원의학교 졸업식에 대한 또 다른 기사를 싣는다. 연이은 호에 동일한 주제로 두 편의 기사를 게재하는 무례한 행동을 한 점에 대하여 독자 여러분께 사과의 말씀을 드리고 싶지 않다. 그 이유는 세브란스 병원이 한국에서 가장 중요한 선교 기관 중 하나이며, 지난 15년 동안 이 기관의 사역에 대하여 독자들에게 완전한 정보를 제공하지 못한 것이 우리의 태만이라고 생각하기 때문이다. 에비슨 박사는 오랫동안 열심히 일하였다. 그는 15년의 다양한 경험을 통하여 건전한 기반 위에 한국인을 위한 의학교를 성공적으로 이끌어 냈다. 그는 노력의 결실로 한국 정부의 열렬한 지지를 얻었다. 6월 3일 세브란스 의학교를 졸업한 사람들에게 현 제도 하에서 처음으로 의료 행위에 대한 정부 면허가 발급되었다. 한국의 선교 단체들이 이 한 가지 점에 힘을 합쳐 이 기독 의학교의 확고한 설립을 지지하지 못하는 이유는 무엇일까?. 부산, 평양, 송도, 순천, 대구, 원산 등지의 의료 사업과 함께 선발된 학생들을 제공하고, 여러 병원을 담당하는 의사들이 교육과 번역에 시간을 할애하며, 서울의 한 의사가 대학에서 가르치고 병리 업무를 위하여 따로 세워져 있는데, 왜 한국 교회는 그 누구와도 견줄 수 없는 의과대학을 세울 수 없는가? 해보자!

Editorial.

The Korea Mission Field (Seoul) 4(8) (Aug., 1908), pp. 121~122

We print in this issue of the Field another account of the graduating exercises of Severance Hospital Medical College. We do not feel like apologizing to our readers for thus trespassing upon them by printing two articles on the same subject in succeeding issues. The reason is that Severance Hospital is one of the most important institutions of missionary work in Korea and we feel that failure to give to our readers complete information concerning the work of this institution for the past fifteen years would be negligence on our part. Dr. Avison has wrought long, hard and well. He has brought to a successful issue and established upon a sound basis, though fifteen years of varied experiences, a college of medicine for Koreans. He has secured the hearty indorsement of the Korean Government to the culmination of his efforts. The first Government certificates to be issued for the practice of medicine, under the present regime were given to those who were graduated from Severance College on June the 3rd. What is the reason the missionary bodies in Korea cannot unite on this one thing and lend support to the firm establishment of this Christian Medical College. With the medical work of Fusan, Pyeng Yang, Songdo, Sunchun, Taiku, Wonsan and other places furnishing a picked body of students; with the physicians in charge of these various hospitals giving time to instruction and translation; with a physician in Seoul set apart for teaching in the college and for pathological work, why cannot the Church in Korea, thereby establish a Medical College equal to any and surpassed by none? Let us try!

19080800

졸업식. 한국 서울 세브란스 병원의학교의 첫 졸업반.
The Korea Mission Field (서울) 4(8) (1908년 8월호), 123~127쪽

1908년 6월 3일, 오후 4시

청년들에게 삶의 방도를 열어준 이 중요한 행사는 한국에서 우리의 의료 선교 역사에서도 중요한 사건이었다. 현 상황이 실현되는데 있어 선교사들의 모든 노고를 다루기보다 에비슨 박사가 한국에 들어와 옛 한국 정부 병원에서 업무를 시작한 이후 지난 15년 동안 수행한 작업만 언급하는 것만으로도 충분하다.

그 당시 병원은 모든 면에서 수리가 부족한 많은 한옥들이었지만 기관의 업무는 어느 정도 수리가 된 3개의 작은 방으로 이루어진 한 건물에 제한되었다. 이것들은 각각 대기실(15×12피트), 진찰실(12×7피트) 및 약품실(15×7.5피트)로 사용되었고, 나머지 건물은 기관의 필요와 관계없이 정부 기관의 후원자에 의하여 자리를 차지하게 된 35명의 하인과 40명의 관리들이 사용하고 있었다. 당연히 이들은 정부가 병원 경비로 제공한 돈의 전부 또는 거의 전부를 착복하였다. 병동이 없었고, 당연히 병동 환자도 없었다. 따라서 에비슨 박사의 첫 번째 업무는 건물을 통제하고, 불필요하게 얹혀살고 있는 사람들을 제거하며, 가능하면 자금에 대한 통제권을 확보하는 것이었다. 처음 두 가지는 첫 해에 성취되었지만, 결국 그는 정부의 자금 없이 운영하는 것이 그것을 정말 효율적인 선교 기관으로 전환시키는데 유리할 것이라고 결정하였고, 이에 선교부와 선교본부 모두 진심으로 동의하였다. 에비슨 박사는 고국인 캐나다 토론토 시에서 개업의로 일하였을 뿐만 아니라 다년간 약학대학과 토론토 대학교 의학부에서 교수로 일하면서, 선교사들이 시작하는 것 이상으로 할 수 없는 사업을 장래에 수행할 사람들을 양육할 목적으로 의학 분야에서 한국인 기독교 청년들을 교육하는 데 상당한 시간을 할애하겠다는 열망과 결심을 하게 되었다.

이 목적을 염두에 두고 그는 환자를 진료하고 전도할 뿐만 아니라, 도입해야 할 새로운 과학적 개념을 표현할 용어가 없었기 때문에 의학 교과서를 만들고 의학 어휘를 구축할 목적으로 언어를 공부하였다.

세브란스 씨의 선물

1899년 에비슨 박사는 미국으로 귀국하여 18개월 동안 한국을 떠나 있었는데, 그동안 준비하였던 해부학의 번역 원고를 잃어버리고 1900년 가을에 돌아와서 새롭게 시작해야만 했다. 그러나 그가 새 병원 건립을 위한 L. H. 세브란스 씨의 1만 달러의 기부금을 가져왔기 때문에, 이 손실도 덜 부담스러웠다.

많은 어려움을 극복해야 했는데, 새 부지 구입의 문제는 세브란스 씨가 또 5,000달러를 보내 확보함으로써 1904년 9월에 새 병원이 환자를 받을 준비가 되었다. 그 4년 동안 병원 업무와 대규모 외국인 공동체에 대한 돌봄, 건물 건축의 감독 외에도 번역 및 교육 업무를 한 사람이 모두 수행해야 했던 이 일들이 상상할 수 있듯이 운에 맡기고 이루어졌다. 특히 현대식 배관, 냉온수 공급 장치와 온수 가열 설비의 모든 설치는 이러한 업무를 할 수 있는 사람이 이 나라에 없었기 때문에 의사와 건축가가 자신의 손으로 수행해야 했다는 사실을 기억할 때 그러했을 것이다.

허스트 박사의 도착

1904년 개원 준비가 되었을 때, 세브란스 씨가 그를 지원하기 위하여 보낸 J. W. 허스트 박사가 도우러 왔지만, 1906년 가을 E. L. 실즈 양이 의료진으로 합류하여 상황이 완화될 때까지 이러한 일을 담당할 훈련된 간호원이 없었기 때문에 간호 및 관리의 모든 세부 사항까지 작업을 감독해야만 했다. 그때부터 에비슨 박사는 교육 및 번역 업무에 더 많은 시간을 할애하였다. 그러나 의사 자신까지 거의 낙담하게 만든 긴 세월은 차례로 낙담하게 된 학생들의 인내심에 크게 영향을 미쳤다. 하지만 올해 6월 3일 7명이 정규로 졸업하고 의학박사의 학위를 받을 때까지 일정 수를 꽉 붙잡았다.

여러 외부 의사들이 확인한 바와 같이 그 시험은 결코 허구가 아니었으며, 7명의 남자들이 모든 과목에서 다음과 같은 평균 백분율을 받았다는 사실을 알게 되어 매우 기뻤다.

92, 87.5, 87.5, 85.5, 82, 74.5, 72 전체 학급 평균 83점.

일본 당국의 보증

박사들은 일본 당국이 이 졸업생들에 대하여 그들이 공포하기로 한 현재의 규정에 따라 관립 의학교를 졸업하는 사람들과 동일한 자격으로 의료 행위를 할 수 있는 학위와 면허를 인정할 수 있는지에 대하여 상당한 우려를 느꼈다. 그래서 그들은 일본 통감부의 이토 공작을 면담하고 그 문제를 논의하였다. 그들은 공작이 그의 관점에서 매우 동정적이고 매우 자유주의적이라는 것을 알았고, 우리 졸업생들이 정부의 인정을 받아야 한다는 요청에 기꺼이 동의하였다. 공작은 또한 졸업식에 참석하여 졸업장을 수여하는 동시에 축사를 하기로 정중히 동의하였다.

이것은 당연히 행사의 성공을 보장하였다. 박사들은 또한 한국의 학부대신과도 상의하였고 그들도 참석하여 연설하기로 동의하였다. 모두가 한국의 발전에서 획기적인 사건이 될 것이라는 것을 인식한 만큼 어느 정도 치밀한 준비가 이루어졌다. 병원에는 충분한 공간이 없었기 때문에 잔디밭과 테니스장에 큰 천막을 설치하고 700명을 수용할 수 있는 좌석을 배치하였다. 주요 내빈의 국적을 인정하여 부지에 이르는 주요 도로를 따라 일장기와 태극기가, 병원 당국의 국적을 인정하여 병원에 성조기가, 다른 큰 깃대에 태극기가, 에비슨 박사의 국적을 인정하여 다른 큰 깃대에 영국 국기가, 천막 주위에 태극기와 성조기 등 수많은 국기가 게양되었다. 연단 뒤에는 천막 벽에 두 개의 큰 적십자 깃발이 걸려 있었다. 단상에는 100명의 주요 내빈이 앉았는데, 이토 공작이 중앙의 주빈석에 앉았고, 주요 하객석을 가득 메운 800~900명의 사람들이 큰 관심을 가지고 행사를 지켜보았다.

내빈은 다음과 같았다. 이토 공작과 그의 보좌관인 무라타 소장 및 그의 참모, 후지타 군의총감 및 기타 많은 주요 일본인 관리. 한국 내각의 여러 대신들과 수많은 다른 한국 고위 인사들; 전(前) 황제의 차남이자 현 황제의 형인 의화군 전하가 보낸 대리인. 제물포의 위어 박사 부부, 대구의 존슨 박사, 평양의 베어드 목사 부부, 미국 오하이오 주 신시내티의 갬블 씨 부부와 아들들, 중국 상하이의 왕실 변호사인 H. W. 윌킨슨 씨, 서울 및 인근 지역의 여러 교회에서 온 많은 한국 신사 숙녀들, 그리고 우리 선교부 서울 지부의 J. S. 게일 목사가 사회를 보았다. 게일 박사의 교회의 장로인 이 씨는 한국어로 기도를 드렸다. 현재 선교지에 있는 한국의 선임 의료 선교사인 W. B. 스크랜턴 박사는 한국에서 서양 의학의 발전에 대하여 훌륭하게 회고하였다. 학부대신 이재곤은 새 졸업생들에게 연설을 하였고, 그런 다음 많은 청중의 관심은 오늘의 주요 행사인 의학박사의 두건을 가진 새로운 졸업생에 대한 수여식에 집중되었다. 그들은 자신들의 전통 의상 위에 규정된 모자와 가운을 입었고 모두들 그들이 잘 생겼다고 말하였다.

졸업생들에 대한 수여식

허스트 박사는 그들의 이름을 호명하였고, 각 사람은 연단에 오면서 이토 공작이 주는 졸업장을 받았고 에비슨 박사가 두건을 수여하였다. 그런 다음 그는 의장, 공작 및 박사에게 절을 하고 단상에서 걸어 나오면서 장미 꽃다발을 받으면서 열렬한 축하의 박수를 받았다.

이 의식이 끝난 후 이토 공작은 다음과 같은 연설을 일본어로 하였지만, 그의 개인 비서인 코쿠부 씨가 한국어로, *The Seoul Press*의 주모토 씨가 영어로 통역하였다.

이토 공작의 연설.

(중략)117)

이어 내부대신 임선준이 졸업생들에게 연설을 하였고, 졸업생 중 한 명인 홍석후 박사가 깔끔한 한국어 인사말로 자신과 동료들에게 감사의 인사를 전하였는데, 하나님께서 자신들이 발전에서 행복한 단계에 도달하도록 허락하심과, 또한 그들을 가르치기 위한 노력뿐만 아니라 너무 자주 그들의 눈에는 거의 절망적이어서 그들이 그렇게 오래고 힘든 투쟁을 포기하려고 할 때 끈질기게 격려해 준 그들의 스승에게 감사를 표하였다. 또 다른 졸업생인 김필순 박사는 영어로 연설을 하여 영어를 사용하는 많은 하객들의 찬사를 받았다.

미국 총영사

그 후 의장은 미국 총영사 토머스 새몬스 씨를 소개하였는데, 그는 수행한 업무의 중요성에 대해 이야기하였으며 병원의 유익한 업무뿐만 아니라 선교부의 전도 및 교육 업무 모두의 가치 있는 특성을 강조하였다. 그는 L. H. 세브란스 씨가 한국에서 10주 동안 체류하며 선교 사업을 면밀하게 조사한 후, 유용한 방향에 돈을 투자하면 좋은 성과를 거두고 가장 큰 수익을 낼 수 있다고 느꼈기 때문에 기부를 크게 늘렸다는 사실에 주목하였다.

에비슨 박사의 연설

마지막 연자는 에비슨 박사이었는데, 그는 시도된 것과 성취된 것을 간략하게 언급하고, 이론과 실습 모두 교육을 받은 한 반의 의사를 양성하려는 그의 오랜 노력의 첫 결실이 그를 넘치는 기쁨으로 채웠다는 증거를 주었다.

---

117) 이 부분은 다음 자료에 실려 있다. Severance Hospital Medical College. Graduating Exercises. *The Seoul Press* (Seoul) (June 5th, 1908), pp. 2~3

그는 성취된 업무에 대하여 통감이 보여준 동정과 관심에 감사를 표하였으며, 더 이상의 시험 없이 이 젊은이들에게 정부 면허를 부여해 주기로 약속한 호의에 대하여 통감과 한국 대신들에게 감사를 표하였다.

그는 많은 동서양 국가의 대표자들이 이렇게 많이 모인 것은 동서양이 문명의 발전과 인류의 진보를 위해 함께 만나는 것이 불가능하지 않다는 것을 보여주었다고 말하였다. 한국인들의 실상을 전혀 모르는 어떤 사람들이 한국인들은 퇴화된 민족이라 별로 기대할 것이 없다고 한 말을 언급하면서 그는 그들을 15년 동안 가르치고 일하면서 그들의 능력과 정신적 자질을 알 수 있는 위치에 있었고, 최고 졸업자는 모든 과목에서 평균 92점을 얻었고 최저 졸업자는 72점을 받았으며 학급 평균이 83점이라는 사실이 보여주듯이 그들이 다른 나라 사람들보다 조금도 뒤처지지 않는다고 주저 없이 선언하였다. 그는 이 민족의 발전에 어떤 식으로든 참여한 모든 사람들은 어느 나라보다 열등하지 않을 나라를 만드는 데 역할을 하였다고 자랑스럽고 감사하게 느낄 이유를 가질 때가 올 것이라고 말하였다. 그는 새로운 졸업생들에게 그들이 맡게 된 책임에 대하여 몇 가지 조언을 하면서 끝을 맺었다.

행사는 성공회 선교부의 M. N. 트롤로프 주교의 기도와 축도로 끝이 났지만, 많은 청중은 얼마 동안 남아서 새로운 의사들을 축하하고 그들의 성공을 기원하였다. 에비슨 박사는 자신의 업무에 대한 관심과 한국 청년들의 노력에 공감하고 15년 동안 많은 어려움과 싸운 끝에 이 경사스러운 끝맺음을 맺는 그와 그들과 기뻐하기 위하여 모인 많은 친구들의 축하에 거의 압도당하였다.

주(注)

다음 날 7명의 졸업생은 내부대신의 요청에 따라 내부를 통하여 다음과 같은 내용의 정부 면허를 받았다. "ㅇㅇㅇ은(는) 세브란스 병원의학교에서 의학의 전 과정을 수료하고 시험에 만족스럽게 통과하였으므로, 그에게 의료 개업을 할 권리 등등을 부여한다." 이 면허는 1번부터 7번까지이며, 이 정부에서 발급한 최초의 의료 면허이었다.

Graduation Exercises. First Graduating Class,
Severance Hospital Medical College, Seoul, Korea.
The Korea Mission Field (Seoul) 4(8) (Aug., 1908), pp. 123~127

June, 3rd 1908, 4 P. M.

This function, so important to the young men to whom it opened up the way of life, was also an important epoch in the history of our medical mission work in Korea. Without dwelling upon all the effort that preceded the work of the missionaries, under whom the present conditions have materialized, let it suffice to refer here only to the work done during the last fifteen years the period since Dr. Avison entered Korea and took up the work in the old Korean Government Hospital.

At that time the hospital was represented by a large group of Korean buildings, in all stages of lack of repair, but the work of the institution was confined to three small rooms in one building which had been to some extent restored. These were used respectively as waiting room (15x12ft), consultation room (12x7ft), drug room (15x7.5ft), while all the other buildings were occupied by the thirty-five servants and forty officials who had in the course of time been put upon the force by patrons in government circles, without any regard to the needs of the institution. These of course ate up all or nearly all of the money provided by the government for hospital expenses. There were no wards and consequently no ward patients. Dr. Avison's first task, therefore, was to get control of the buildings, to get rid of the surplus hangers on and if possible get hold of the funds. The first two were accomplished during the first year, but he finally decided it would be advantageous to do without the government funds so as to enable him to convert it into a really effective missionary institution, and to this both the mission and board cordially agreed. Dr. Avison's work in the homeland, where he had not only been a practitioner in the city of Toronto, Canada, but also for many years a teacher in the College of Pharmacy and in the Medical Department of Toronto University, had begotten in him the desire and determination to devote a considerable share of his time to the instruction of Korean christian young men in medical science with a view to raising up those who should in the future carry on the work which the missionaries could do no more than begin.

With this end in view he studied the language, not only that he might carry on his medical work and preach, but with the aim of producing medical text books and building up a medical vocabulary for as yet there were no terms in the language with which to express the new scientific ideas which must be introduced.

Mr. Severance's Gift.

In 1899 Dr. Avison returned to America and was away from Korea for 18 months, during which time the manuscript of a complete work on Anatomy, which had been prepared, was lost and a new beginning had to be made when he returned in the Fall of 1900; but, as he brought with him Mr. L. H. Severance's gift of $10,000.00 with which to erect a new hospital, even this loss bore less bore less heavily than it might otherwise have done.

So many difficulties had to be overcome, in the matter of purchase of a new site, to secure which Mr. Severance had sent another sum of $5,000.00 that it was Sept. 1904 before the new hospital was ready to receive patients. During those four years the work of translation and teaching, which had all to be carried on by one person, in addition to the hospital work and the care of a large foreign community, as well as the oversite of the building operations, was done in hit and miss fashions as may well be imagined. Especially must this have been so when it is remembered that all the installation of modern plumbing, with hot and cold water supply and of a hot water heating plant, had to be done by the doctor and architect with their own hands as there was no one in the country able to do such work.

Dr. Hirst's Arrival.

In 1904 just when the hospital was ready to be opened relief came in the person of Dr. J. W. Hirst, whom Mr. Severance generously sent to his assistance, but even then the work had to be overseen in all the details even of nursing and housekeeping, as there was no trained nurse to take charge of these things, until the fall of 1906 when Miss E. L. Shields joined the force and relieved the situation. From that time Dr. Avison devoted more time to the teaching and translation work; but the long years told heavily on the patience of the students who came and went away discouraged, one after another until the doctor himself was almost discouraged. However, a certain number stuck fast until on June 3rd of this year seven were regularly graduated and given the title of Doctors of Medicine and Surgery.

The examination, as testified to by several outside physicians, was by no means a make-believe one, and it was very gratifying to find that the seven men received average percentages in all subjects as follows: -

92, 87.5, 87.5, 85.5, 82, 74.5, and 72 an average for whole class of 83%.

Indorsement of Japanese Authorities.

The Doctors felt considerable anxiety concerning the view which the Japanese authorities might take of these graduates, as to whether they would recognize their diplomas and license to practice medicine on the same footing with those who should graduate from the government medical school under the now regulation which were to be promulgated. They, therefore, sought an interview with the Japanese Resident-General, Prince Ito, and talked the matter over with him. They found the Prince very sympathetic and very liberal in his views and received a ready assent to their request that our graduates should receive government recognition. The Prince also cordially consented to attend the graduation ceremony and present the diplomas, at the same time delivering an address.

This of course insured the success of the function. The doctors also consulted with the Korean Ministers of Education and Home Affairs, who also consented to attend and deliver addresses. Somewhat elaborate preparations were made for what every body realized would be an epoch-making event in the development of Korea. As there was no room large enough in the hospital, a large tent was erected on the lawn and tennis court and seats placed to accommodate 700 persons. Numerous flags were flown: - Japanese and Korean over the main gateway to the compound, in recognition of the nationality of the chief guests; American over the hospital, in recognition of the nationality of the hospital authorities; Korean from another prominent flagpole; English from another, in recognition of Dr. Avison's nationality, and Korean and American over the tents. Behind the platform two large red-cross flags were hung on the wall of the tent. The platform accommodated one hundred of the chief guests, H. E. Prince Ito occupying the seat of honor in the centre, while between 800 and 900 people crowded the main floor and watched the proceedings with great interest.

The guests included Prince Ito with his Aide de Camp Major-General Murata and other members of his staff, Surgeon-General Fujita, and many other leading Japanese officials; several members of the Korean Cabinet and numerous other high Korean dignitaries; His Highness Prince Eui Wha, second son of the Ex-Emperor and brother of the present Emperor sending his representative; most of the members of the Foreign community of Seoul, Dr. and Mrs. Weir of Chemulpo, Dr. Johnston of Taiku, Rev. Dr. and Mrs. Baird of Pyeng Yang, Mr. and Mrs. Gamble and sons of Cincinnati, Ohio, U. S. A., Mr. H. W. Wilkinson, Crown Advocate of Shanghai, China, and a large number of Korean ladies and gentlemen from the various Churches of Seoul and vicinity, Rev. Dr. J. S. Gale, of the Seoul Station of our own mission, presided. Mr. Ye an elder of Dr. Gale's Church led in prayer in the Korean language; Dr. W. B. Scranton, Senior Medical Missionary to Korea now on the field, gave an excellent review of the progress of Western Medicine in Korea; H. E. Mr. Ye Chai Kwon, Minister of Education, addressed the new graduates; and then the interest of the large audience centered in the chief event of the day, the investiture of the new graduates with the hood of a doctor of medicine. They wore the regulation cap and gown over their own native costume and all declared them to be a fine looking lot of men.

Investure of the Graduates.

Dr. Hirst called them up by name and as each man came to the platform he received his diploma at the hand of Prince Ito and was invested with the hood by Dr. Avison. He then made his bows to the chairman, the Prince and the Doctor and, as he stepped from the platform and received a bouquet of roses, he was greeted with hearty applause.

After this ceremony had been completed, H. E. Prince Ito made the following address, delivered in Japanese, but interpreted into Korean by his private secretary Mr. Kokubu, and into English by Mr. Zumoto of the Seoul Press: -

Prince Ito's Speech.

(Omitted)[118]

Then H. E. Im Sun Choon, Minister for Home Affairs, addressed the graduates after which one of the graduates, Dr. Hong Suk Hoo, expressed the thanks of himself and his associates, in Korean in a neat address, in which he acknowledged the goodness of God in permitting them to reach such a happy stage in their development, at the same time expressing their gratitude to their teacher not only for his efforts to instruct them but for his persistent encouragement when they were inclined to give up the struggle which had been so long and so often almost hopeless in their eyes. Another graduate, Dr. Kim Pil Soon, followed in an address in English which won him the admiration of the large number of English speaking guests.

The American Consul General.

After this the chairman introduced the American Consul General, Mr. Thos. Sammons, who spoke of the importance of the work that had been done, emphasised the valuable character of both the evangelistic and educational work of the missions as well as the beneficent work of the hospitals, and drew attention to the fact that Mr. L. H. Severance, after spending 10 weeks in Korea in a close investigation of the mission work had largely increased his gifts, feeling that in so doing he was putting his money into channels of usefulness that would produce the highest returns in good accomplished.

Dr. Avison's Address.

The last speaker was Dr. Avison, who referred briefly to what had been attempted and what had been accomplished, and gave evidence that these first fruits of his long effort to produce a class of doctors, educated both in the theory and practice of their art, had filled him with overflowing joy.

He expressed his appreciation of the sympathy and interest shown by the

---

118) This section is included in the following article. Severance Hospital Medical College. Graduating Exercises. *The Seoul Press* (Seoul) (June 5th, 1908), pp. 2~3

Resident-General in the work accomplished, and thanked him and the Korean Ministers for the courtesy extended in their promise to grant government licenses to these young men without further examination.

He said that the presence of such a large gathering of representatives of so many of both Eastern and Western nations showed that it was not impossible for the East and West to meet together for the furtherance of civilization and in the interests of the progress of mankind. Referring to the statement made by certain men, quite ignorant of the real qualities of the Korean people, that this was a degenerate race from which little wast to be expected, he said that, after working with and teaching them for fifteen years, he was in a position to know their ability and their mental qualities; and he had no hesitation in declaring that in these respects they were not in any degree behind the people of other lands, as was shown by the fact that the man who graduated highest secured an average in all subjects of 92% and the lowest obtained 72%, the average for the whole class being 83%. He said that in the years to come all who had in any way taken a hand in the development of this people would have reason to feel proud and grateful that they had had a part in producing what, he believed, would be a nation inferior to none. He ended by giving the new graduates some advice as to the responsibilities they had assumed.

The meeting was then brought to a close by a prayer and benediction by Rev. M. N. Trollope, of the Episcopalian Mission, but the large audience remained for some time to congratulate the new doctors and wish them success. Dr. Avison was almost overwhelmed with the congratulations of the many friends, who had met to show their interest in the work, their sympathy with the efforts of the Korean young men to rise above environment and to rejoice with him and them in this felicitous ending to fifteen years' struggle with many difficulties.

Note.

On the following day the seven graduates, at the request of the Home Minister, repaired to the Home Office and received their Government Certificates which state that - "In view of the fact that .... has completed a full course of medical studies at the Severance Hospital College and passed a satisfactory examination on the same he is hereby granted the right to practice medicine etc.

etc." These certificates were numbered 1 to 7 and were the first medical certificates to be issued by this Government.

19080823

평양에서 개최된 연례 회의에 제출한 미국 북장로교회 한국 선교부의 보고서 (1908년 8월 23일), 8, 13~15, 16쪽

서울 지부

(......)

8쪽

I. 도시 전도 사업

(......)

D. 동막의 S. F. 무어 기념 교회 - A. A. 피터스, 목사

세례받은 사람 총 48명; 연중 18명이 추가됨; 전체 출석 교인 100명; 예비신자 18명; 연중 18명이 추가됨; 헌금 미국 금화 186달러

이 교회는 교인의 수가 꾸준히 성장해 왔지만, 아직도 더욱 열심이다. 초기의 옛 교회 건물은 회중이 사용하기에 완전히 부적합해져서 매각되었다. 사람들은 두 번에 걸쳐 금화 150달러를 모금하였다. 그들은 부지를 매입하려고 하였으나 오래된 이교도 절이었던 부지를 무료로 제공받았다. 그들은 현재 32x32피트 크기의 건물을 300달러의 비용으로 짓고 있다.

E. 에비슨 및 허스트 박사가 책임을 맡고 있는 병원의 전도 사업. 이 집단은 100명 정도의 참석자들과 함께 교회의 모든 정규 예배가 열리지만 아직 독립된 교회로 분류되지 않았다. 머지않아 그곳에 교회가 조직되어야 할 것이다.

(중략)

IV. 여자 전도 사역

(......) 평일 예배에서는 피터스 부인, 웸볼드 양, 게일 부인, 에비슨 부인, 허스트 부인 및 헤론 양이 가르쳤다. (......) 한국 여자들의 가정을 방문하는 것은 우리의 업무 중 가장 귀중한 부분 중의 하나이다. 웸볼드 양, 피터스 부인, 에비슨 부인, 헤론 양, 그린필드 부인 및 클라크 부인이 참여하였다.

VI. 의료 사업

올해 세브란스 병원의 사업은 이 정도 크기의 보고서에서 수행되는 부서를 열거하는 것보다 더 많이 다룰 수 없을 정도의 비율로 성장하였다.

그것들은 다음과 같다.

1. 현지인 내과 및 외과 진료
2. 현지인 진료소 업무
3. 현지인 특진 진료
4. 현지인 왕진 업무
5. 외국인 내과 및 외과 진료
6. 외국인 특진
7. 외국인 왕진
8. 광견병 접종과
9. 전염병
10. 안경과
11. 의학교
12. 간호원 양성소
13. 전도 사업
14. 번역

올해 병원의 병동 진료는 작년보다 43% 증가하였다. 내과 316건, 외과 332건, 산과 7건 등 총 655건이었다.

진료소는 지금까지와 마찬가지로 지하에서 진행되었다. 올해 치료한 총 건수는 지난해보다 약간 적었지만 신환은 훨씬 많았다. 진료소에서 5,674건의 신환, 3,638건의 구환, 그리고 1,241건의 경미한 수술이 수행되었다.

의사들이 시간을 낼 수 없기 때문에 한국인 환자들의 왕진은 지금까지 권장되지 않았다. 올해 졸업하는 의학생들이 도와주면서 훨씬 더 많은 일이 이루어졌다.

병원의 외국인 진료는 총 657건의 특진과 605건의 왕진으로 매우 크다. 이외에도 병동에 많은 환자들이 입원하였다. 의사들은 이 외국인 병동 진료를 위한 장비가 부족하고, 외국 음식을 준비하거나 한국인들로부터 환자들을 분리할 준비가 되어 있지 않음을 느끼며, 그들은 요양소 문제가 병원의 미래 업무와 관련하여 다루어지기를 간절히 원하고 있다.

올해 광견병 접종과는 미친개에 물린 7명을 치료하였다.

병원과 연관된 의학교는 지난 6월 3일 제1회로 의학 박사 학위를 수여하며 개교 이래 유일무이한 시기를 마무리하였다. 이것은 에비슨 박사가 15년 동안 노력을 하였던 결과의 정점이며, 전체 선교부가 자랑스러워할 수 있는 것이다. 이 졸업생들은 실제적인 업무를 할 수 있는 특별한 기회를 가졌다. 그들 중 일부는 졸업하기 전에 외과에서 대수술을 성공적으로 수행하였으며, 그들 모두는 모든 종류의 작은 수술을 수행하였다. 졸업식은 도시의 행사이자 한국 근대 문명의 발전에 매우 중요한 의미를 지닌다. 졸업식에는 왕실 대표, 통감부 및 그의 참모, 외국 외교관을 비롯한 다른 저명한 인사들이 다수 참석하였다. 정부는 한국에서 처음으로 발행되는 정부의 면허를 졸업생들에게 수여하여 수행한 작업의 가치를 공식적으로 인정하였다. 이러한 조치는 이들 의사들에게 국가에서 인정받는 지위를 부여하였다. 통감인 이토 공작은 수행한 업무에 대한 감사를 공개적으로 표명하고 각 졸업생에게 의학교의 졸업증서를 수여하였다.

간호원 양성소에서 쉴즈 양에게는 7명의 학생이 있었다. 6월 12일에는 가관식이 열렸고, 5명이 모자를 받았다. 쉴즈 양은 3월에 '직업을 발전시키고 한국에서 효과적인 업무를 수행하는 최선의 방법을 배우는 것'을 목적으로 하는 한국 졸업 간호원 협회의 조직에 참여하였다.

재정 통계에 관하여 병원은 역사상 가장 위대한 한 해를 보냈다. 정부로부터 아무런 돈도 받지 않았지만 총 수입이 미화 9,344.35달러로 작년보다 50% 증가하였다. 병원 전도사와 허스트 박사의 언어 선생의 급여 외에는 선교본부로부터 돈을 받지 않았다. 수입은 -

	미국 금화
한국인	3,132.925달러
외국인 진료	4,212.825
기부	1,597.135
선교본부	163.000
잡다한 재원	239.465
총계	9,344.350

16쪽

VI. 문서 사업

(......) 에비슨 박사는 고등 생리학(의 번역)을 끝냈고, 외과, 내과 및 의학 사전에 대한 진전을 보고하였다. (......)

재령 지부

(중략)

56~57쪽

지부의 일상

(......)

방문객들이 한 해를 즐겁게 만들어 주어 우리는 대단히 운이 좋았다. 중국의 애커슨 씨가 처음이었고, 곧 세브란스 씨, 에비슨 박사, 러들로 박사, 카긴 씨가 그 뒤를 이었다.

(중략)

Report of the Korea Mission of the Presbyterian Church in the U. S. A. to the Annual Meeting Held at Pyeng Yang (Aug., 1908), pp. 8, 13~15, 16

Seoul Station

(......)

p. 8

I. City Evangelistic Work

(......)

D. S. F. Moore Memorial Church at Tongmak. - A. A. Pieters, Pastor.

Baptized total 48; Added during the year 18; Total Adherents 100. Catechumens 18; Added during the year 18; Offerings U. S. Gold $186.00.

This Church has steadily grown in numbers, but still more in zeal. The old church building early in the year became utterly inadequate for the congregation and so was sold. In two collections the people raised $150 Gold. They intended to buy a site, but were offered free the site of what had been an old heathen temple. They are now putting up a building, 32x32 ft. to cost $300 Gold.

E. Evangelistic Services at the Hospital in charge of Drs. Avison and Hirst. This group has not been set aside as a separate church, although all regular church services are held, with an attendance of about 100. A church will have to be organized there before long.

(Omitted)

IV. Womens Evangelistic Work

(......) Week-day services have been taught by Mrs. Pieters, Miss Wambold, Mrs. Gale, Mrs. Avison, Mrs. Hirst and Miss Heron. (......) Calling in the homes of the Korean women, is one of the most valuable parts of our work. It has been participated in by Miss Wambold, Mrs. Pieters, Mrs. Avison Miss Heron, Mrs. Greenfield, and Mrs. Clark.

pp. 13~15

VI. Medical Work

The work of the year in and about the Severance Hospital has grown to such proportions that one can barely do more in a report of this size than enumerate the departments carried on.

They are as follows: -

1. Native Medical and Surgical Practice.
2. Native Dispensary Work.
3. Native Private Office Consultations.
4. Native Home Visitation Work.
5. Foreign Medical and Surgical Practice.
6. Foreign Office Consultations.
7. Foreign Home Visitations.
8. Pasteur Institute.
9. Contagious Diseases.
10. Optical Department.

11. Medical School.

12. Nurses School.

13. Evangelistic Work.

14. Translation.

The ward practice of the hospital this year has increased 43% over last year. Medical cases numbered 316, Surgical 332, and Obstetrical 7, a total of 655.

The Dispensary has been conducted in the basement as here to fore. The total number of treatments this year is slightly less than last year, but the number of new cases was much greater. There were 5,674 new cases, 3638 return cases, and 1,241 minor operations performed in the Dispensary.

The Visiting of Korean patients in their homes has heretofore been discouraged, on account of the inability of the physicians to give the time to it. This year, with the graduating medical students to assist, much more has been done.

The Foreign practice of the Hospital is necessarily very large, totalling 657 Office Consultations and 605 outside visits; and besides this a number of patients have been received in the wards. The doctors feel their lack of equipment to care for this foreign ward practice, there being no arrangement for preparing foreign food or for isolating the patients from the Koreans, and they desire very much that the matter of Sanitarium be taken up in connection with the future work of the Hospital.

The Pasteur Department this year has treated 7 persons bitten by mad dogs.

The Medical College connected with the Hospital has rounded out an unique period in its history by graduating, on June 3, its first class, conferring on them the degree of Doctor of Medicine and Surgery. This was the culmination of 15 years work by Dr. Avison, and is something of which the whole Mission can be proud. These graduates have had exceptional opportunities for practical work. Some of them had before graduation successfully performed major operations in surgery, and all of them had done every kind of minor surgery. The Commencement was an event in the city, and of great importance in the progress of modern civilization in Korea. Representatives of the Royal family, the Resident General and his staff, and numbers of other prominent people, including the Foreign

Diplomats attended the Graduating Exercises. The Government formally recognized the value of the work done by presenting to the graduates Government Certificates, the first of the kind issued in Korea. This act gives the doctors a recognized standing in the country. Prince Ito the Resident General gave public expression of his appreciation of the work done, and presented each graduate with his Medical College Diploma.

In the School for Nurses Miss Shields has had 7 pupils. On June 12 Capping exercises were held for them and 5 received their caps. In March Miss Shields participated in the organizing of the Graduate Nurses Association of Korea, whose object is to "advance the profession, and to learn the best ways of doing effective work in Korea."

As to financial statistics the Hospital has had the greatest year in its history. Although no money was received from the Government, the total receipts were $9,344.35 U. S. Gold, an increase of 50% over last year. No money was received from the Board except the salary of the Hospital Evangelist and of Dr. Hirst's language teacher. The receipts are

	U. S. Gold.
From Korean Sources	$3,132.925
From Foreign Practice	$4,212.825
Donations from all sources	$1,597.135
From the Board	$ 163.000
Sundries	$ 239.465
Total.	$9,344.350

p. 16

VI. Literary Work

(......) Dr. Avison has completed an Advanced Physiology, and reports progress on a Surgery, Practice of Medicine, and a Medical Dictionary.

(Omitted)

Chai Ryung Station

(Omitted)

pp. 56~57

Station Life

(......)

We have been most fortunate in the visitors who have helped make the year pleasant. Mr. Eckerson of China was the first, followed soon by Mr. Severance, Dr. Avison, Dr. Ludlow, and Mr. Kagin.

(Omitted)

1908년 8월 23일부터 9월 1일까지 평양에서 개최된 미국 북장로교회 한국 선교부의 제24차 연례 회의 회의록 및 보고서, 5쪽

인원 변동

(......)

한국을 떠남

(......)

O. R. 에비슨 박사, 부인 및 5명의 아이들   1908년 6월 17일

(......)

Minutes and Reports of the Twenty-Fourth Annual Meeting of the Korea Mission of the Presbyterian Church in the U. S. A. Held at Pyeng Yang, August 23~September 1, 1908, p. 5

Changes in Personnel.

(......)

Left Korea

(......)

Dr. O. R. Avison, wife and five children   June 17, 1908

(......)

19080900

지회의 보고서들.
The China Medical Journal 22(5) (1908년 9월호), 334쪽

지회의 보고서들

한국 의료 선교사협회, 중앙 지구

제7회 모임이 6월 12일 2시 30분에 스크랜턴 박사의 사무실에서 열렸다. 허스트 박사가 좌장을 맡았다.

참석: 회원: 에비슨, 커틀러, 언스버거, 허스트, 리드(Reid), 리드(Reed), 스크랜턴, 위어 박사. 방문객: 김희영119)(?) 및 에스터 K. 박

정규 간호원: 버피, 모리스 및 쉴즈 양

제6차 모임의 회의록 일부를 낭독하고 동의를 받아 완성하도록 지시받았다.

서울에서 먼 거리에 있는 한국 의료 선교사협회의 회원들이 중앙 지구 모임의 진행 상황을 계속 파악하기 위하여 회의록 사본을 요청하였기 때문에 회의록 출판 계획을 제출하도록 J. W. 리드 박사가 임명되었다.

다음 모임은 7월 14일 같은 시간과 장소에서 열기로 하였고, J. W. 리드 박사가 좌장을 맡기로 하였다.

최면술 주제에 관하여 에비슨 박사가 논문을 낭독하였다.

논문을 낭독하는 동안 적은 기록이다.

잠재의식적인 자아 또는 주관적인 마음이 있다. 사건은 일시적으로 잊혀질 수 있지만 지울 수 없이 마음 속에 고정되어 있다. 주관적 마음은 직관이라는 것이 보여주듯이 객관적인 것보다 더 나은 추리력을 가지고 있으며 제시된 전제로부터 정확하게 추론하지만 전제의 진실을 고려하지 않는다. 일반적으로 객관적인 마음은 감각을 통해 인상을 받고 잘못된 전제에서 추론할 때 주관적인 마음이 도달한 잘못된 결과를 수정한다. 객관적 마음은 의지를 행사하여

---

119) 원문은 'Dr. H. Y. Kim'인데, 이 모임이 개최된 6월 12일은 세브란스 병원의학교의 제1회 졸업생이 배출된 다음이기에 이들 중 한 명인 김희영으로 판단하였다.

주관적 마음을 통제하며, 주관적 마음은 객관적 마음이 지시할 때 스스로 행동할 수 있다. 신체의 여러 기관이 이렇게 작용한다. 사람들의 다른 특성과 성향은 아마도 이 두 마음의 활동이 다르기 때문일 것이다. 둘 중 하나를 왜곡하면 광기로 이어질 수 있다. 현재의 생각은 즉각적인 행동을 일으킨다.

최면 상태에서 객관적인 마음은 쉬고 주관적인 마음은 자신에게 제시된 어떠한 전제들을 통제 없이 받아들이고 행동한다.

최면 상태를 얻는 방법. 그것은 일반적으로 누구나 스스로 할 수 있으며, 다른 사람에 의해 유발되는 경우는 거의 없다. 일상생활에는 무의식적인 자기 최면이 많이 있다. 그것은 항상 거의 환자에게 달려 있으며, 시술자는 단지 자연스러운 과정을 돕고 환자가 행동할 수 있는 조건을 마련할 뿐이다. 적절한 조건을 찾을 수 있다면 아마도 모든 사람이 최면에 걸릴 수 있다. 기술은 어떻게 조정하는가를 아는 데 있다. 적절한 조건을 찾을 수 있다면 아마도 모든 사람이 최면에 걸릴 수 있다.

최면에 걸릴 가능성은 환자의 지적 능력에 달려 있지 않다. 아마도 모든 사람이 작동시킬 수 있으며 때때로 무의식적으로 작동한다. 방법은 가장 다양하며 거의 모든 사람이 일상적으로 할 것이다.

어떤 사람들은 진정될 때까지만 도달할 수 있다. 모두 이전의 노출로 인해 통과하지 못하는 한계를 가지고 있으며 이를 통과하려는 모든 시도는 일반적으로 그들을 깨어나게 한다.

깨우는 것은 일반적으로 매우 쉽다. 환자는 홀로 남겨지면 머지않아 깨어난다고 한다. 후의 상태는 최면 중에 만들어진 암시에 따라 다르다.

따라서 기능적 상태는 치유될 수 있으며 때때로 기질적 질병도 치료될 수 있다.

이어 에비슨 박사가 김 박사가 시연을 하였고, 자유토론이 이어지면서 위의 내용을 보다 명확하게 이끌어냈다.

회의는 에비슨 박사에게 명예 회원인 러들로 박사에게 인사를 전하도록 요청하였다.

에비슨 박사의 기도로 폐회하다.

주(註) - 다음 모임(7월 14일)의 주제는 5월 모임에서 결정되었다. 엠마 언스버거 박사의 "조산술의 소개"

Reports of Local Branches.

The China Medical Journal 22(5) (Sept., 1908), p. 334

Reports of Local Branches.

Korea M. M. A., Central District.

The seventh meeting was held at Dr. Scranton's office on June 12th, at 2.30. Dr. Hirst in the chair.

Present: Members: Drs. Avison, Cutler, Ernsberger, Hirst, Reid, Reed, Scranton, Weir. Visitors: Drs. H. Y. Kim and Esther K. Park.

Trained Nurses: Misses Burpee, Morrison and Shields.

The minutes of the sixth meeting were read in part and agreed to and ordered to be completed.

Members of the K. M. M. A. at long distances from Seoul having asked for copies of the minutes in order to be kept in touch with the proceedings of the central district meetings, therefore Dr. J. W. Reed was appointed to present a plan for publishing the minutes.

The next meeting was arranged for the same time and place on July 14th; the chair to be taken by Dr. J. W. Reed.

A paper was read by Dr. Avison on the subject of Hypnotism.

Notes taken during the reading of the paper: -

There is a subconscious self or subjective mind. Events are ineffacibly [sic] fixed in the mind, though they may be temporally forgotten. The subjective mind has better reasoning power than the objective, as is shown by what is called intuition, and deduces correctly from the premises presented to it, but does not consider the truth of the premises. Normally the objective mind gets impressions through the senses and corrects the false results arrived at by the subjective mind when reasoning from false premises. The objective mind exercises the will and thus controls the subjective, which can act by itself when instructed by the objective. The various organs of the body act thus. Different characteristics and dispositions of persons are probably due to varying activities of these two minds. Perversion of either may lead to insanity. The present thought causes the immediate action.

In the hypnotic state the objective mind is at rest and the subjective mind accepts and acts on any premises presented to it, being without control.

How to obtain the hypnotic state. It can generally be done by anyone for themselves and is rarely induced by any one else. There is much unconscious autohypnotism in ordinary life. It always depends mostly on the patient and the operator merely helps the natural process and arranges conditions favour able for the patient to act in. Skill consists in knowing how to arrange. Probably every one can be hypnotised if the right conditions can be found.

The possibility of being hypnotised does not depend on the intellectual capacity of the patient. Probably every one can operate and all do so at times unconsciously. Methods are most varied and almost anyone will do for routine.

Some people can only be got as far as to be soothed; all have a limit which they will not pass due to their previous impressions and any attempt to pass it generally wakes them.

Waking is generally quite easy; the patient is said to wake before long if left alone. The after-condition depends on the suggestions made during hypnosis.

Functional conditions can be thus cured and organic disease sometimes.

Dr. Avison then gave a demonstration on Dr. Kim, and a free discussion followed, bringing out the above points more clearly.

The meeting asked Dr. Avison to convey greetings to Dr. L,udlow, our honorary member.

Adjourned with prayer by Dr. Avison.

Note. - Subject for next meeting (July 14th) was decided at the May meeting: "Instruction in Midwifery," by Dr. Emma Ernsberger.

세브란스 병원 연례 보고서.
The Seoul Press (1908년 9월 4일), 2쪽

세브란스 병원 연례 보고서

세브란스 병원은 지난 8월 23일 평양에서 개최된 장로교회 선교회 연례 회의에서 지금까지의 역사에서 가장 고무적인 보고를 하였다.

회계 연도 동안 655명의 환자가 치료를 위하여 병원에 입원하였다. 이는 이전 회계 연도에 입원한 수보다 43%가 많은 것이다. 진료소에서는 9,000~ 10,000건이 치료받았으며, 1,600건의 특진과 800건의 왕진이 있었다. 1,241건의 경미한 수술과 332건의 큰 수술 또는 심각한 수술이 시행되었다.

연간 기관의 지출(외국인 의사 및 간호원의 급여는 제외)은 13,000엔에 조금 못 미쳤다. 이 액수 중 2,500엔이 한국인들로부터 나왔다. 3,200엔은 기부금으로 받았고, 그보다 적은 금액은 잡다한 출처에서 받았으며, 외국인 입원 환자 진료와 두 의사의 외국인 진료 수입은 병원의 지원에 사용되며 현금 및 장부 계정으로 8,500엔에 이른다.

의학적 및 과학적 관점에서 이 업무는 매우 다양하고 흥미로웠으며, 병원 의학교와 연관된 의학생들에게 관찰과 실습을 위한 넓은 분야를 제공하였다. 6월에 졸업한 7명의 남자들은 이례적인 실습 기회를 가졌는데, 그들 중 일부는 졸업 전에 큰 수술을 성공적으로 집도하였고, 그들 모두는 모든 종류의 경미한 수술을 집도하였다. 의학 교과서의 번역이 꾸준하게 진행되고 있다. 해부학 3권, 생리학, 화학 2권, 병리학, 세균학, 약물학, 치료학, 진단학 및 피부질병이 끝난 책들이다. 외과 책, 내과에 관한 책, 그리고 의학 사전이 현재 준비 중에 있다.

2년 전에 설립된 간호원 양성소는 지난 한 해 동안 많은 발전을 이루었으며, 이 중요한 업무의 추가적인 발전은 지금까지 병원의 조력에서 부족하였던 많은 것을 제공할 것으로 기대된다.

Severance Hospital Yearly Report.
The Seoul Press (Sept. 4th, 1908), p. 2

Severance Hospital Yearly Report.

The Severance Hospital presented to the Annual Meeting of the Presbyterian Mission, which convened in Pyong Yang August 23, the most encouraging report in its history up to the present time.

During the fiscal year 655 patients were admitted to the Hospital for treatment. This was 43% in advance of the number admitted the previous fiscal year. Between 9,000 and 10,000 cases were treated in the Dispensary, besides 1,600 private office consultations and 800 visits to patients in their own homes. 1,241 minor surgical operations were performed and 332 major or serious ones.

The expenses of the institution for the year (not including the salaries of foreign physicians and nurse) were slightly under 13,000 yen. Of this amount 2,500 yen came from Korean sources. 3,200 yen was received in donations, smaller sums were received from sundry sources, while the foreign in-patient work and the foreign practice earnings of the two physicians, which also go to the support of the Hospital, amounted in cash and book accounts to 8,500 yen.

From a medical and scientific standpoint the work has yielded large variety and interest, and has offered a wide field for observation and practice to the medical students connected with the Hospital Medical College. The seven men graduated in June have had unusual opportunities for practical work, some of them, before graduation, having successfully performed major surgical operations, and all of them every kind of minor surgical work. Translation of medical text-books is being steadily prosecuted. Anatomy in 3 vols., Physiology, Chemistry in 2 vols., Pathology, Bacteriology, Materia Medica, Therapeutics, Diagnosis and Skin Diseases are the books that have been completed. A book on Surgery, one on the Practice of Medicine and a Medical Dictionary are now in course of preparation.

The Nurse Training Department which was established two years ago has made progress during the past year, and it is expected that the further development of this important work will supply much that has heretofore been lacking in the Hospital service.

제5절 의육기관.
제2차 한국시정연보, 명치 41년 (통감부, 1909년 12월), 167~168쪽

제5절 의육기관

한국에서 의학 교육 기관은 대한의원 의육부 외에 대구 및 평양 동인병원에서 소규모로 운영되고 있고, 미국인이 설립한 세브란스 병원 부속의학교가 있다.

(......)

전기 세브란스병원 부속의학교는 본년 (1908년) 6월에 이르러 한인 졸업생 7명을 배출함으로써 그 실력을 조사하여 특히 의술개업인허장을 교부하였다. 한국에서 한국인을 의사로 공인하는 것은 좋은 일이다. 예전부터 한국에 있어서는 의사규칙이 있었는데, 아직 이를 실제로 적용한 적은 없었다. 한인으로서 스스로를 의사라 칭하고 현재 그 의료업을 운영하는 사람은 앞에서 기재한 7명을 제외하고 그 수가 2,600명에 이른다. 그렇지만 모두가 공인을 받은 것은 아니다.

[5. Medical Education Institution.]
[The Second Annual Report on the Governance of Korea, 1908]
(Residency-General, Dec., 1909), pp. 167~168

第五節 醫育機關

韓國ニ於ケル醫育機關ハ大韓醫院醫育部ノ外大邱及平壤同仁病院ニ於テ小規模ノ經營ヲ爲スモノ及米國人ノ設立ニ係ル世富蘭偲病院附屬醫學校ァルニ過キス
(……)

前記世富蘭偲病院附屬醫學校ハ本年六月ニ至リ韓人卒業生七名ヲ出シタルヲ以テ其ノ實力ヲ考査シ特ニ醫術開業認許狀ヲ交付セリ韓國ニ於テ韓人ヲ醫師ニ公認シタルハ之ヲ以テ嚆矢トス由來韓國ニ於テハ醫師規則ナルモノァルモ未タ曾テ之ヲ實際ニ適用シタルコトナキヲ以テ韓人ニシテ自カラ醫師ト稱シ現ニ其ノ業ヲ營ミツツアルモノ前條記載ノモノヲ除キ其ノ數二千六百餘人ニ及フト雖何レモ何等公認ヲ與ヘラレタルモノニアラス.

19320720

어비신 박사 소전(26). 조선 의료 교육의 시작(3).
기독신보(서울) 제868호 (1932년 7월 20일), 5쪽[120]
[A Short Story of Dr. Oliver R. Avison (26).
The Beginning of Medical Education in Korea (3).]
The Christian Messenger (Seoul) No. 868 (July 20th, 1932), p. 5

1907년이 되자 학생들은 언제 졸업하여 의사가 될 수 있을지 궁금해 하였다. 만일 내가 졸업 기한을 확실히 말해주지 않으면 공부를 중단하려는 학생도 있어 가까스로 얻은 학생을 중도에 잃어버릴 염려도 있었다. 곰곰이 생각한 끝에 아직 공부할 것이 얼마나 남았는지 설명해 주었다. 만일 학생들이 공부에 좀 더 힘쓰고 실습 시간을 더 늘린다면 일 년 안에 모든 과목을 다 마칠수 있겠다고 말하였다.

한 사람의 교수가 여러 과정을 가르쳤으므로 그들은 각 과목에 대해 단편적 지식을 얻었을 뿐이었다. 그러므로 졸업을 위해 각 과목에서 반드시 알아야 할 것을 충분히 가르쳐야겠다고 결심하였다. 그래서 나는 각 과목[121])에 대하여 근본이 되는 문제 백 개씩을 만들었다. 그리고 누구든지 이 문제에 대하여 답을 하지 못한다면 개업 의사나 의사 노릇을 하지 못할 사람으로 간주하기로 하였다. 각 과에서 뽑은 문제 백 개는 가장 중요하고 가장 필요한 것들이었다. 이 문제에 대한 답을 할 수 있는 학생은 과정을 끝낸 뒤에 진료를 할때 환자가 자신의 생명을 맡길 수 있다는 것을 의미하는 것으로 간주하기로 한 것이었다.

예를 들어 의사로서 마취제를 사용하는데 두 가지 약을 보통 사용한다. 클로로포름과 에테르이다. 규정한 분량보다 과량을 쓰면 생명에 위험이 있고 혹은 죽지는 않는다 하더라도 여러 가지로 해를 받게 된다. 그래서 의사들은 이런 약을 쓰는 법을 철저히 알아야 한다. 또 이런 약을 과도하게 써서 중독된 환자를 치료하는 방법을 알아야 한다. 만일 이것에 대한 지식이 완전하지 못할 때는 환자의 생명을 구하지 못하게 된다. 특히 외과에서는 이것이 매우 필요하고 중요하며 많이 쓰는 약이다. 이와 마찬가지로 다른 과에 있어서도 가

---

120) 원문을 이해하기 쉽게 고쳤다.
121) 실제 시험은 크게 내과, 외과, 그리고 산과로 나누어 치렀다.

장 필요한 문제만 뽑아서 학생이 답을 달도록 하였다. 이것은 모두 필기시험을 말한 것이다. 하지만 이 밖에도 실제 실습 시험을 보았다. 그런데 당시 우리 학생들은 실습 시험이 필기시험보다 비교적 쉬웠다. 왜냐하면 반에 학생수가 적고 모든 수술에 학생들이 같이 조수 역할을 하였기 때문이었다. 그들은 일반 외과뿐 아니라 진찰과 치료에 있어서 모든 종류의 질병을 전부 다 경험하였음으로 그들의 기술이나 경험은 이론에 비할 것이 아니었다.

내가 토론토 대학교 의학부에 있을 때 학생 시험을 받아 본 경험이 많았다. 하지만 당시 일곱 명 학생의 성적과 같이 우수한 성적을 보지 못하였다. 일곱 명 중에 한 사람도 70점 이하를 받은 사람이 없었다.[122] 그 후 나는 종종 이때 출제한 시험 문제들이 캐나다에서 출제한 것들보다 쉬웠으려니 생각하였다. 그러나 얼마 전에 집 어느 구석에서 종이 뭉치 하나를 발견하였다. 펴보니 그때 낸 시험 문제들이었다. 다시 한 번 읽어보니 캐나다에서 보통으로 내는 것보다 훨씬 더 어려운 것들이었음을 알게 되었다.

이와 같이 시험을 다 마치고 나 스스로 이렇게 말하였다. "우리 학생들이 오랫동안 힘써 공부해 좋은 성적을 내었다. 졸업식을 성대하게 거행하여 한국에서 서양 의술을 교수해 처음으로 주는 졸업장인 만큼 한국 의학의 새기원을 기념할 수 있도록 준비해야겠다."

그리고 나는 당시 한국에 있던 통감 이토를 찾아가 우리 학생들이 의학공부를 하였던 기간과 성심, 성의껏 학업에 종사한 사실을 이야기한 다음에 졸업식을 거행할 것임을 말하였다. 이 졸업식은 학생들의 일생에만 특별한 날일 뿐 아니라 한국 의학 발달사에 있어서 새 기원이 됨을 알리는 날이 되기를 희망한다고 하였다. '졸업식을 성대하게 거행하려면 사람을 많이 초청해야 할텐데 많은 사람을 수용할 수 있는 건물이 없다. 그래서 옥외 광장에 천막을 쳐서 약 천 명을 수용하고 싶다. 육군용 큰 천막을 빌려 줄 수 있겠느냐'고 요청하였다. 그는 그러겠다고 하였다. 그리고 또 요청하기를 '그날에 친히 왕림해서 학생들에게 졸업장을 수여하고 축사를 해주기 바란다'고 하였다. 그는 기꺼이 해주겠다고 하였다. 이와 같이 그와 협의한 결과 6월 3일에 졸업식을 거행하기로 약속을 하고 돌아와 그날 날씨가 좋기를 기도하였다.

---

122) 실제 평균 점수는 92, 87.5, 87.5, 85.5, 82, 74.5, 72점이었으며, 전체 평균은 83점이었다.

19320727

어비신 박사 소전(27). 조선 의료 교육의 시작(4).
기독신보(서울) 제869호 (1932년 7월 27일), 5쪽[123]
[A Short Story of Dr. Oliver R. Avison (27).
The Beginning of Medical Education in Korea (4).]
The Christian Messenger (Seoul) No. 869 (July 27th, 1932), p. 5

그럭저럭 졸업식 날이 왔다. 1908년 6월 3일 허스트와 나는 우리 학교 가운과 모자를 쓰고 나왔다. 여러 해 동안의 고심 노력의 결정을 표시하는 졸업 증서는 우리 학교를 상징하는 색깔의 리본으로 동여매었다. 그때까지 병원 외에는 아무 것도 없었다. 학교로서의 설비는 아주 보잘 것이 없었다. 하지만 제1회 졸업생을 내게 된 만큼 우리는 이것을 의학 전문학교라고 말하게 되었다. 그리고 우리가 교수회가 되어 졸업생에게 학위를 주는 것으로 생각하였다.

강단 전면 앞자리는 졸업생 자리로 정하였다. 강단 위에는 사회자인 제임스 S. 게일, 이토 히로부미 공, 만족한 모습의 교장인 나(에비슨), 졸업증서 수여시에 이름을 부르는 직분을 맡은 제시 W. 허스트, 일본인과 한국 정부에서 온 고관들이 열석하였다. 구한국 정부의 요직에 있던 대관들과 당시 서울에 있는 일반 신도 중 유수한 인물들에게 초청장을 발송하였다. 결과 천여 명의 내빈을 수용할 계획으로 설치된 천막은 식이 시작되자마자 하객들로 가득 찼다.

예배가 끝나자 허스트 박사가 학생의 이름을 불러 강단 앞으로 모두 나오게 하였다. 나는 졸업증서를 이토 공에게 전해 주었다. 그로 하여금 학생에게 수여하도록 하였다. 그리고 증서 수여가 끝나자 나의 아들인 고든 윌버로 하여금 각 졸업생에게 장미꽃 한 다발씩을 나눠 주게 하였다. 이것이 끝난 뒤에 이토 공의 훈사가 있었다. 그는 일어로 말하였고 다른 사람이 통역을 하였다. 그의 말은 감동으로 가득 찼다. 우리와 학생이 애써 공부한 것을 감사하게 생각하는 치하의 말이었다. 그의 말이 끝난 뒤에 미국 영사, 게일, 윌리엄 B. 스크랜턴과 여러 내빈들의 축사가 있었다. 마지막으로 나는 다음과 같이 말하였다.

"나는 오늘 이 자리에서 졸업하는 청년들에 대해 말하고자 합니다."라고 시작하였다. 그리고 그들이 공부를 시작하게 되었던 일부터 시작하여 공부한 연수(年數)와 공부하는 중에 당한 여러 가지 어려운 일을 일일이 이야기하였

---

123) 원문을 이해하기 쉽게 고쳤다.

다. 그리고 어제 나는 이 청년들을 불러 놓고 이 같은 말을 해주었다고 말하였다.

"학생 제군, 제군은 내일로 졸업장을 받아 나가게 됐다. 나는 제군의 장래 방침을 듣기 원한다. 여러분이 졸업장을 받기 전에 여러분이 생각하는 바를 알기 원한다."

그들은 한동안 침묵하고 있었다. 그러다가 한 사람이 일어나 말하기를

"그렇지 않아도 졸업한 뒤에 어떻게 할까 하는 문제를 갖고 이미 많이 이야기하였습니다. 우리는 오랜 시간을 바쳐 공부하였습니다. 우리들은 교장께서 주시는 적은 돈으로 가까스로 지내왔습니다. 우리들은 다 가족이 있는 사람들이요, 공부하는 동안에 경제적으로 상당히 곤란하였던 것이 사실입니다. 그래서 낙심도 여러 번하고 어느 때는 몇 번씩 도망질을 치려고 하였습니다. 그러나 언제나 당신이 붙잡아 주셨고 혹 달아나려 할 때는 만류하셨던 것입니다. 지금 와서 뿐 아니라 늘 말해오던 것은 언제나 우리가 졸업을 하고 개업을 해 돈을 벌게 되겠습니까 하는 물음이었습니다. 그러나 이 자리에서 다시 생각해 보니 어찌할 바를 모르겠습니다. 지금 같아서 우리 앞에 장래가 없는 것 같습니다. 우리는 어찌할 바를 모르겠습니다. 에비슨 박사가 우리들에게 기회를 주시겠지. 그가 우리를 가르쳐 놓았으니. 그가 우리를 이만큼 만들어 놓았다. 우리는 병원에 남아 우리 뒤에 입학한 반을 가르침이 어떠할까?' 우리는 이렇게 이야기하였습니다."

이 말에 나는 열정이 용솟음쳤다. 나는 스스로 말하기를 "오! 나는 일곱 사람의 의사를 양성한 줄로 생각하였더니 의사뿐 아니라 참다운 인격자를 양성하였구나!"하고 감탄하였다. 남을 위하는 책임감이 없다 하면 그 어찌 인격자라 하랴! 이들은 남을 위한 책임감을 가졌으니 정말로 훌륭한 인격을 구비하였다.

(중략)

올리버 R. 에비슨 지음, 박형우 편역, 올리버 R. 에비슨이 지켜본 근대 한국 42년 1893~1935. 하 (서울: 청년의사, 2010), 188~192쪽

조선과 선교사에 대한 이토의 생각

이토가 졸업식에 참석하겠다고 미소를 지으며 약속하자 나는 떠나려고 자리에서 일어섰다. 하지만 그는 다시 앉아 한국민에 대한 그의 계획에 대하여 나와 이야기를 나누고 싶다고 하였다. 그는 일본의 많은 영향력 있는 사람들은 조선을 병합시켜 일본 제국의 한 현(縣)으로 합병하기를 원하고 있지만, 자신은 그것을 찬성하지 않았다고 말하였다. 그는 독립 국가로서 일본과 조선 양쪽 나라의 최상의 이득은 일본의 우호적인 이웃이 되는 것이며, 그는 조선을 도울 수 있는 것을 모두 하겠다고 말하였다. 그는 자신이 주장하면 일본 정부가 분명 이런 행로에 동의하겠지만, 만일 조선이 독립을 유지하려면 일본과 매우 우호적이어야 하는 것이 절대적으로 필요하다고 말하였다. 그리고 그런 이해 위에서만 조선이 강한 나라가 되는 것을 진정으로 바라는 자신의 이상이 성취되도록 헌신할 수 있다고 말하였다.

이 논의는 2시간 이상 동안 계속되었다. 그는 이 주제에 관하여 오랫동안 이야기하였다. 내가 그의 견해를 사회의 나머지 사람들, 특히 동료 선교사들에게 전해 주리라는 희망으로 내게 말하였음을 알았기에 나는 최대한 진지하게 경청하였다. 그는 새로운 일본을 만들었던 현명한 정치가로서 외국인이건 한국인이건 어떤 사람들보다 한국민에 더 영향력을 가진 것으로 믿었던 외국인 집단들에게 내가 자신의 대변인 역할을 해달라고 원하였던 것은 아니었다.

나는 그에게 선교사들은 조선에서 단 하나, 즉 사람들을 가르치고 모범을 보이며, 교회, 학교, 그리고 병원을 통하여 도와줌으로써 그들의 복지가 개선되도록 하는 우리들의 바람을 납득시킴으로써 사람들이 기독교 신념을 갖도록 하는 목적만을 갖고 있다고 설명하였다. 더 나아가 나는 그에게 어떠한 정치적 일에도 간섭하지 않는다는 우리의 결정이 확고하다는 점을 납득시켰다. 그는 이것이 올바른 태도라는 것에 동의하였다. 나는 외국의 정치에 선교사가 간섭하는 문제에 관해 길게 그에게 이야기하였다.

나는 그에게 최근 예일 대학교의 조지 T. 래드 교수가 출판한 '한국에서 이토 후작과 함께'라는 제목의 책을 언급하였다.124) 래드 교수는 일본을 몇 번 방문하였고 그곳에서 이토와 대화를 가졌다. 이토가 조선의 통감으로 임명 받았을 때 그들은 함께 조선을 방문하였다.

조선에 도착한 래드는 서울의 기독교 청년회에 자신이 그 건물에서 한국의 젊은이들에게 일련의 강연을 할 수 있게 허락해 달라고 요청하였다. 조선과 일본의 향후 관계와 관련된 그의 견해를 알고 있는 기독교 청년회의 미국인 총무는 기독교 청년회는 비정치적인 단체이기 때문에 래드 박사가 정치적 내용이 담긴 강연을 위하여 청년회의 연단을 사용하는 것은 허용하기 어려울 것이라고 말하였다. 그는 회장만이 그 요청을 결정할 수 있다며 자신이 모임을 소집할 테니 래드 박사가 참석하여 자신이 요청하는 바에 대하여 설명해도 좋다고 말하였다.

이사회에 참석한 래드 교수는 자신의 요청을 반복하였다. 이사들이 주제에 관하여 질문을 하였을 때 그는 모든 것이 조선과 일본의 관계에 관한 것이라고 답하였다. 이사회는 그 연단이 그런 토론을 위하여 사용될 수 없다고 결정하였다. 그런 문제에 관하여 한쪽의 이야기를 하도록 특권을 주는 것은 그런 정책을 반대하는 사람에게도 유사한 특권을 줄 필요가 있었기 때문이었다. 또 이로 인하여 심각한 문제가 일어날 수도 있었다.

이사회는 매우 조심스럽게 래드 교수에게 그가 관심이 있는 문제에 대하여 어떤 의견을 내는 것이 아니며, 만일 그가 다른 토론회에서 연설을 한다면 기꺼이 듣겠노라고 말하였다. 이사회의 일원으로서 나도 회의에 참석하였다. 래드 교수는 우리들의 결정에 실망했을 뿐 아니라 기분이 상한 것을 발견하고 불쾌하였다. 그는 우리를 심하게 매도하였다. 정치적 상황에 선교사들이 지속적으로 간섭하고 있다고 비난하였다. 그는 선교사들이 모든 한국인들과 밀접한 관계를 가지려는 일본의 모든 노력을 거부하도록 몰아붙였다고 주장하였다.

래드 교수는 이 모든 것을 내가 주동하였다고 여기는 것 같았다. 시의로서 나와 왕과의 관계가 일본에 대항하는 첩자의 역할이며, 나의 업무가 시의로서가 아니라 궁궐 안팎의 소식을 전하는 심부름꾼 역할에 불과하다고 떠들어댔다.

나는 이토에게 래드 교수가 미국으로 돌아간 후 출판한 책에 그런 비난을 반복하였다는 점을 지적하였다. 그 책에서 그는 조선과 관련하여 이토의 고문으로 활동하고 있다고 하였는데, 우리는 통감이 책의 저자가 아는 것보다 조

---

124) George T. Ladd, In Korea with Marquis Ito (New York: C. Scribner's Sons, 1908)

선에 대하여 훨씬 잘 알고 있다는 것을 알기 때문에 선교사들은 그의 주장을 우습게 여기고 있다고 말하였다.

그리고 내가 왕을 위한 첩자이었다는 비난에 대하여, 나와 왕, 그리고 궁궐의 다른 인사들과의 관계를 잘 아는 통감에게는 그것이 웃기는 일임에 틀림없었을 것이라고 말하였다. 나는 궁궐과 외부에서 여러 차례 통감을 만났기에 통감이 그곳에서 일어나는 일을 아는 어떤 수단을 가지며, 그곳에서 일어난 모든 일에 대해 알고 있다고 확신한다고 말하였다.

이 모든 것에 대한 그의 대답은 가장 매력적인 미소이었다. 당연히 무엇이 진행되고 있는지 아는 수단을 갖고 있다고 말하였다. 그리고 나와 궁궐의 관계가 모든 측면에서 적절하였음에 상당히 확신하고 있었다.

나아가 그는 이 일의 본질에 대하여 말하였다. 그의 호감을 사고 싶어 하는 많은 경찰과 다른 사람들이 계속 그에게 그들이 무엇을 들었는지 혹은 다른 사람들이 무엇을 말하였는지에 관한 보고서를 갖고 왔다고 하였다. 하지만 그는 이 보고서들의 많은 것이 철저하게 풍문으로 들은 일부 구절에 근거하여 사람들이 이야기하였을 것이라는 자신들의 생각을 채운 것에 불과하다는 것을 알았다고 말하였다. 그러나 그는 보고하는 사람의 됨됨이를 알고 있기에 어떤 식으로 든 거짓과 참된 것을 구분할 수 있다고 말하였다. 어느 누구도 분명하게 왜곡된 말을 자신이 즉시 수용할 것이라고 두려워할 필요가 없다고 말하였다.

"나는 당신들이 성실한 사람이라는 것을 잘 알고 있습니다. 그렇기 때문에 내가 당신과 당신의 동료들을 잘못 판단할 것이라고 걱정하지 마세요." 그가 말하였다.

나는 그에게 감사를 표하였다. 선교사들 중 누구도 래드 교수의 말에 반응을 보이지 않았다고 말하였다. 그러나 나는 정치적인 일에 간섭함으로써 예의의 범위를 벗어난 선교사는 한 사람도 없다는 것을 확신하지만, 한국민의 복지 증진을 위하여 자신들의 일생을 바치는 선교사들이 그들의 슬픔에 공감하는 것은 상당히 자연스러운 것이라고 말하였다. 또한 그들은 일본에서 선교사들이 하였던 것과 동일하게 자신들이 만나는 한국인에 대하여 깊은 공감을 가졌다고 말하였다.

나는 만일 일본이 러시아와의 최근 전쟁에서 졌다면 러시아가 덤벼들어 일본을 속지로 만들지 않았겠느냐고 감히 말하였다. 그리고 만일 그렇게 되어 선교사들이 일본인에 대한 관심을 버리고 러시아를 도와야 했다면 일본인들은 그들을 어떻게 생각했을까 하는 질문을 던졌다. 그는 그렇게 되면 일본인들은 선교사들에 대한 모든 존경심을 잃게 될 것인데, 당연히 자신은 그런 가능성

을 상상하기 어려우며 선교사들은 여태껏 해왔던 것처럼 그곳에서 활동할 것
이라고 말하였다.

나는 말하였다. "좋습니다. 일본은 전쟁에 이겨 한국을 장악하였습니다. 그
런데 만일 러시아 편을 들었다면 일본에 있는 선교사들을 경멸했을 것처럼 지
금 한국에 있는 선교사들을 경멸하려 하고 있습니다. 그것이 올바르다고 생각
하십니까?"

그는 잠시 침묵하더니 내가 지적한 핵심을 이해하였으며 조선의 선교사들
은 그들이 할 수 있는 일들만 해야 한다는 것을 알게 되었다고 말하였다.

당연히 나는 이 모든 것을 다른 선교사들에게 알렸다. 그들은 두 나라 사
이에 존재할 관계와 우리 선교사들의 올바른 태도를 인정한 그의 정치가로서
의 입장 표명에 상당히 만족해하였다.

Oliver R. Avison, Edited by Hyoung W. Park, *Memoires of Life in Korea*
(Seoul: The Korean Doctors' Weekly, 2012), pp. 318~321

Ito's View on Chosun and the Missionaries

When he smilingly promised to do this I arose to leave but he asked me to
sit down again as he would like to talk with me about his plans for the Korean
people. He said he knew that many influential men in Japan wanted to annex
Korea and merge it into the Japanese Empire as a province, but he did not
approve of that. He believed the best interests of both Japan and Korea, as an
independent country, would be a friendly neighbor to Japan, he would do all he
could to help her. He felt sure the Japanese Government would agree to such a
course if he urged it but, he insisted, it would be absolutely necessary for Korea
to be really friendly with Japan if it was to maintain its independence and it
would be only on such an understanding that he, who had a real desire to see
Korea become a strong power, could devote himself to this ideal.

This conference lasted more than two hours during which time he talked at
length on the subject. Realizing that he was doing this in the hope that I would

pass his views on to the rest of the community, especially to my fellow missionaries, I listened with the greatest interest for here was the wisest of all Japan's statesmen, the man who had really made the new Japan, wanting little me to be his mouth piece to the group of foreigners who he felt had more influence with the Korean people than any other persons, either foreign or Korean.

I explained to him that the missionaries had only one purpose in Korea - to win the people to the Christian faith by teaching and example and by convincing them of our desire for their welfare by helping them through our churches, schools and hospitals to a better mode of life. I further assured him that we were all firm in our decision not to interfere many political matters. When he agreed this was a proper attitude, I talked with him at length about this question of missionary interference in foreign politics.

I referred him to a book recently published by Prof. Ladd of Yale University entitled "With Prince Ito in Korea." Prof. Ladd had spent some time in Japan where he had been in conference with Prince Ito and they had come to Korea together when the Prince took up his assignment as Resident General.

On reaching Korea, Ladd had asked the Y. M. C. A in Seoul to allow him to deliver a series of lectures to Korean young men in the Y. M. C. A. building. The "Y" Secretary, an American, having learned of his views concerning the future relations of Korea to Japan, said it would be difficult for him to allow Dr. Ladd to use the Y. M. C. A. platform for the delivery of lectures of a political nature because that organization was an entirely non-political institution. Only the directors, he said, could decide on his request and he would call a meeting at which he, Dr. Ladd, could present his request.

At the meeting of the Board, Prof. Ladd repeated his request. When the Board members questioned him concerning the topics he would discuss it was found all were connected with the relations between Korea and Japan and the Board decided that the platform could not be used for such a discussions. To give one person the privilege of speaking on one side of such a question would necessitate the granting of a familiar privilege to opponents of that policy and serious trouble might ensue. The Board was very careful to remind Prof. Ladd that it was expressing no opinion concerning the matters in which he was interested and suggested that they would be glad to listen to his addresses if he delivered them from some other platform. As a member of the Board, I was present at the meeting and was much hurt to find Prof. Ladd not only disappointed but aggrieved at our decision. He really abused us a good deal and accused the missionaries of constant interference in the political situation. He claimed they urged the Koreans to refuse all Japan's efforts to bring about closer relationships.

The professor seemed to regard me as the prime mover in all this and declared that my relation with the King as physician was that of a spy against the Japanese and my business was less that of a physician than of a messenger to carry news to and from the palace.

I pointed out to the Prince that Prof. Ladd repeated those charges in a book which he published after his return to America. In it he claimed to be Prince Ito's adviser in matters connected with Korea, a claim that seemed to us ridiculous as we were well aware that His Excellency knew far more about Korea than the writer of the book could possibly do.

As for the charge he made that I was a spy on behalf of the King - that was something that must be amusing to His Excellency because all my relations with His Majesty or with any other persons in the palace were well known to him. I was sure he, the Prince, had ways of learning all about what took place there for I had had the honor of meeting him many times both in the palace and outside and I was sure he knew everything that took place there.

His answer to all this was a most charming smile and the remark that of course he had means of knowing what was going on and was quite sure my relations with the palace were in all respects proper.

He went on to say further that, in the nature of things, many policemen and others, who desired his favor, were constantly bringing him reports of what they had heard this or the other man say but he knew that many of those reports were based on parts of sentence they had heard uttered and then filled in with their own ideas of what the people had been talking about. But, he said, he knew how to distinguish the false from the true especially as he knew the real character of the men being reported on. No one need fear that he would too readily accept what were clearly distorted statements.

"Do not be afraid that I shall misjudge you and your companions for I know you to be men of integrity," he said.

I thanked him and said that none of us ever replied to Prof. Ladd's statements. However, it was quite natural that the missionaries who were giving their lives to promote the welfare of the Korean people should sympathize with them in their sorrow though I was sure none of them ever transgrossed the bounds of propriety by interfering in any of their political affairs. They were keenly sympathetic toward the Koreans just in the same way that the missionaries in Japan were towards the people they were trying to serve.

Then I ventured to say that if Japan had lost the recent war with Russia, the Russians might have gone over and taken possession of Japan. If that had happened and the missionaries, dropping their interest in the Japanese people, should have helped the Russians what would the japanese have thought of them?

He said they would have lost all their respect for the missionaries, of course, and it would be difficult for him even to imagine such a possibility, knowing the missionaries there as well as he did.

"Well," I said, "you won the war and took possession of Korea, and now you are expecting the missionaries in Korea to do the very thing for which you would have despised those in Japan if they had sided with the Russians. Is that fair?"

He was quiet for a moment or two and then said he saw my point and realized the missionaries in Korea were doing the only thing that could be expected of them.

Of course I reported all this to the other missionaries, who were much pleased with his statesmanlike point of view of the relations that might exist between the two countries and with his recognition of the correctness of our attitude.

1905년	2월 9일	자궁외 임신으로 고생하는 윤치호의 부인을 수술함
	2월 16일	알렌 공사, 이하영 외부대신에게 세브란스 병원 보조금을 요청함
	2월 24일	겨울 사경회를 도우러 대구로 내려감
	2월	윌버 및 더들러스 에비슨, 즈푸의 학교에 입학함
	3월 4일	하야시 공사, 이하영 외부대신에게 제중원 부지 환수 협의가 타협되었음을 알리며, 일부 민가 매입 활용에 대하여 요청함
	3월 7일	외부대신, 제중원 구매비 지출을 요청함
	3월 30일	의정부 회의, 제중원 구매비 지출을 의결함
	3월 31일	고종, 제중원 구매비 지출을 재가함
	4월 10일	이하영과 빈튼, 제중원 반환에 관한 약정서에 서명함
	4월 21일	일본 공사, 1년치 임대료와 이사비, 즉 주거 권리의 1년 동안 부담금을 지불하여 미국 선교부가 즉시 제중원을 비우도록 협상하였음을 조선 정부에 알림
	6월 6일	알렌, 에비슨에게 이임 인사 편지를 보냄
	6월 24일	교육 사업의 교파간 연합 가능성에 대한 회의가 열림
	6월 28일	막내 에드워드 S. 에비슨이 태어남
	7월 11일	고종, 미국인 주거 권리 부담금 지불을 재가함
	9월 7일	언더우드, 한강의 선교사 소유 부지로 경원선이 가로 지르게 된다는 것을 패독 영사에게 알림
	9월 30일	아서 맥아더 주니어 미육군 소장, 세브란스 병원을 방문함

10월 16일	군용 철도국, 한강 부지 수용에 대한 제안 조건을 제시함
11월~12월	고종을 진료함
11월 4일	언더우드 등, 한강 부지 수용에 대한 군용 철도국의 제안에 역제안을 함
11월 17일	을사늑약으로 일본이 외교권을 빼앗음
12월	약물학 상권이 간행됨
12월 25일	고종, 에비슨에게 1,000엔의 특별 선물을 하사함
1906년	해부학 권1, 권2, 권3, 신편 화학교과서. 무기질, 신편 화학교과서. 유기질, 신편 생리교과서. 전, 진단학 1, 세균학 등의 의학 교과서가 출판됨
1월 4일	제니 B. 에비슨, 도르가 회를 조직함
1월 중순	고종, 전차에 치어 에비슨이 다리를 절단한 소년에게 의족 비용을 하사함
2월	소래 해변의 휴양지 조성 움직임이 알려짐
2월 4일	기독교 청년회에서 니고데모의 행적에 대한 강연을 함
봄	선천을 방문함
4월 5일	고종, 에비슨에게 훈4등에 서훈하고 태극장을 하사하라고 조령을 내림
5월 9일	고종의 부탁으로 샌프란시스코 지진으로 한국인이 피해를 받았는지 문의하는 전보를 선교본부로 보냄
5월 15일	기독교 청년회에서 '개인적 청결 문제'란 제목으로 강연을 함
5월 31일	고종, 제중원 찬성금 3,000엔의 지출을 재가함
6월 20일경	고종, 에비슨에게 3,000엔을 하사함
7월	2주일 동안 평양, 선천 및 의주를 방문함
10월 16일	제니 B. 에비슨, 어린 소년들을 가르치기 시작함
	제임스, 다윈 부부가 방문함
11월 초	세브란스 씨의 한국 방문을 알게 됨
11월 16일	무어, 에비슨의 진료를 받음
12월	즈푸에서 월버와 더글러스가 돌아옴
12월 16일	기독교 청년회에서 기독교 교리를 설명함
12월 22일	새뮤얼 F. 무어가 소천함

1907년	진단학 2, 피부병 진단치료법. 단, 병리통론이 간행됨
1월 30일	보구녀관 간호원 양성소의 가관식에서 인사말을 함
	제니 B. 에비슨, 보구녀관 간호원 양성소의 명예 회
	원증을 받음
2월 4일	윌버와 더들러스가 즈푸로 돌아감
3월 11일	허스트, 새디 B. 하보 양과 결혼함
3월 25일	기독교 청년회에서 기독교 교리를 설명함
3월 30일	조지 T. 래드 교수의 강연회를 주재함
3월 31일	조지 T. 래드 교수의 강연회를 주재함
4월 12일	상하이로 떠남
4월 19일	세브란스 씨의 초청으로 상하이에서 개최된 중국 의
	료 선교사 협회의 회의에 참석하여 세브란스 씨를
	만남
5월 12일	즈푸를 거쳐 한국으로 귀국함
6월 9일	기독교 청년회에서 기독교 교리를 설명함
6월 14일	서양인 공동체를 위한 외국인 정규 간호원 기금 관
	련 회의가 열림
6월 18일	기독교 청년회에서 '공기와 인생의 관계는 어떠한가'
	라는 제목의 강연을 함
7월 19일	고종이 강제로 퇴위함
7월 20일	순종이 즉위함
8월 1일	일본군의 구한국 군대 강제 해산 과정에서 부상 당
	한 많은 한국인 군인들이 세브란스 병원에서 진료를
	받음
8월 5일	이토가 세브란스 병원을 방문함
8월 25일	세브란스 씨와 러들로, 한국에 도착함 (11월 12일까지)
9월 2일	세브란스 씨와 러들로, 황제를 알현함
9월 9일	한국 의료 선교사 협회가 조직됨
9월 12일	세브란스 씨와 러들로에 대한 환영회가 에비슨 사
	택에서 열림
9월 23일	평양에서 미국 북장로교회 한국 선교부 연례회의가
	개최됨

1908년	1월 20일	해외선교본부, 세브란스 인접 부지 구입 예산으로 세브란스 씨가 특별히 기부한 금화 1,100달러를 책정함
	3월 2일	해외선교본부, 세브란스의 격리병동을 위한 예산으로 세브란스 씨가 특별히 기부한 금화 1,750달러를 책정함
	6월 3일	제1회 졸업식이 거행됨
	6월 3일	졸업생들에게 의술개업인허장이 수여됨
	6월 5일	졸업생들, 감은정에서 에비슨 송별연을 염
	6월 9일	에비슨 전별 발기회를 염
	6월 12일	한국 의료 선교사협회 중앙 지구 제7회 모임에서 최면술에 대한 발표를 함
	6월 14일	기독교 청년회에서 강연을 함
	6월 16일	에비슨 전별회가 열림
	6월 17일	경부선 철도로 서울을 떠남
	6월 30일	세브란스 병원 1907~8년 보고서가 간행됨

1. 각종 공문서

주본존안, 규장각 17704 *Document to the King*, Kyujanggak Document No. 17704

구한국 관보 *The Gazette of Korean Government*

승정원 일기 *Diaries of the Royal Secretariat*

고종실록 *Annals of King Gojong*

[제중원 반환에 관한] 약정서. 규장각 23174 Kyujanggak Documents No. 23174

[병원 건물 및 기념관 양도 대금 수수 영수증]. 규장각 23206 [Receipt for Transfer of Hospital Building and Jacobson Memorial Home to Government]. Kyujanggak Documents No. 23206

[토지 매매 계약서]. 규장각 23207 [Agreement of Property Sale]. Kyujanggak Documents No. 23207

미원안(美原案), 규장각 18046-1 *Original Diplomatic Documents of Korea with U. S. A.*, Kyujanggak Document No. 18046-1

미안(美案), 규장각 18047 *Diplomatic Documents of Korea with U. S. A.*, Kyujanggak Document No. 18047

일원안(日原案), 규장각 18058 *Original Diplomatic Documents of Korea with Japan*, Kyujanggak Document No. 18058

일안(日案), 규장각 19572 *Diplomatic Documents of Korea with Japan, Chinese Translation*, Kyujanggak Document No. 19572

2. 선교부 관련 자료

Annual Report of the BFM of the PCUSA. Presented to the General Assembly

Annual Report of Taiku Station Presented to the Korea Mission of the Presbyterian Church in the United States of America at its Annual Meeting

Annual Report of the Seoul Station Presented to the Korea Mission of the Presbyterian Church in the United States of America at its Annual Meeting

Minutes [of Executive Committee, PCUSA], 1837~1919

Minutes of the First Annual Meeting of the General Council of Evangelical Missions in Korea

Minutes, Seoul Station, Korea, 1891~1921

Minutes and Reports of the Annual Meeting of the Korea Mission of the Presbyterian Church in the U. S. A.

Report of the Korea Mission of the Presbyterian Church in the U. S. A. to the Annual Meeting

3. 각종 신문

공립신보(샌프란시스코)

그리스도 신문 *The Christian News*

기독신보 *The Christian News* (Seoul)

대한매일신보(서울) *The Korea Daily News*

황성신문(서울) *Hwangsung Shinmun* (Seoul)

Los Angeles Herald

The Seoul Press (Seoul)

The Toronto Daily Star (Toronto)

4. 각종 잡지

All the World (New York)

The Assembly Herald

The Korea Methodist (Seoul)

The Korea Mission Field (Seoul)

The Korea Review (Seoul)

The China Medical Journal

The Morning Calm (London)

Woman's Work

5. 개인 자료

김윤식, 속음청사
윤치호의 영어 일기 *English Diary of Chi Ho Yun*
황현, 매천야록

ㄱ

무어, 새뮤얼 F.	66, 168, 322, 452, 511
민영기(閔泳綺)	60, 306
민휴	528
밀러, 에드워드 H.	239, 323, 451, 573, 624, 734
밀러, 프레더릭 S.	115, 208, 239, 632
밀러, 휴	359

ㅂ

바렛, 메리 B.	56, 200, 325, 456, 488, 546, 573
바렛, 윌리엄 M.	375
박 에스더	762
박서양(朴瑞陽)	638f, 668
박성환	524
박자혜	609
박제순	306
버피, 엘라	700
베델, 어네스트 T.	682
베어드, 애니 L. A.	350, 536
병리통론	591f
병원관제 개정(病院官制 改正)	319
보구녀관	650
분쉬, 리하르트	29
브라운, J. 맥리비	4
브라운, 메리 E.	196, 202, 216, 270, 552
브루스, J. 미첼	227, 228f
빈튼, 캐드월러더 C.	15, 69, 74, 76, 80, 100, 122, 322, 573

ㅅ

사사키(佐佐木四方志)	319
사이드보텀, 리처드 H.	377
산과	694
상하이	538f

ㅇ

ㅈ

Hall, Ernest F.	244, 251, 302, 330, 396
Harbaugh, Sadie B.	239, 462
Hayashi Konsuke	48, 53, 224
Hirst, Jesse W.	44, 191, 218, 244, 255, 259, 330, 340, 399, 453, 462, 476, 505, 509, 514, 518, 566, 614, 738
Hulbert, Helen	41, 87
Hulbert, May H.	41, 87
Hypnotism	764

I

Ishii Kikujirō	5
isolation building	616

J

Jacobsen Memorial House	459
James, Darwin	514
Jejoongwon Site	48, 53, 62, 84, 86
John D. Wells Training School	336
Johnson, Woodbridge O.	376, 736
Jones, Geo. Heber	469
Jordan, John N.	210

K

Kim, Pil Soon	227
Kim, Yun Sik	643, 655, 679
Korea Medical Missionary Association	544, 565, 614
Kwangjewon	318, 319

L

Ladd, George T.	469, 472
Lee, Graham	239

Lehrbuch der physikalischen

    Untersuchungs-methoden innerer Krankheiten   434

Ludlow, A. Irving   537, 545, 567

M

MacArthur, Arthur Jr.   191

MacArthur, Douglas A.   189

McMillan, Kate   566

Medical Missionary Association of Korea   545

microscope   376

Military Railway Bureau   199

Miller, Edward H.   239, 329, 451, 577, 627, 734

Miller, Frederick S.   116, 210, 239, 632

Miller, Hugh   361

Moffett, Alice F.   580

Moffett, Samuel A.   226, 580

Moore, Rose Ely   495, 570

Moore, Samuel F.   67, 168, 329, 453, 514

Morgan, Edwin V.   207, 210, 215

Morse, James R.   6

N

Nolan, J. W.   567

Null, Marion M.   195

O

Owen, Clement C.   239

P

Physiology   536

Pieters, Alexander A.   58, 222, 328

Pieters, Eva F.   23

Presbyterian Council   575

union on medical work   155

상우(尙友) 박형우(朴瀅雨) | 편역자

연세대학교 의과대학을 졸업하고, 모교에서 인체해부학(발생학)을 전공하여 1985년 의학박사의 학위를 취득하였다. 1992년 4월부터 2년 6개월 동안 미국 워싱턴 주 시애틀의 워싱턴 대학교 소아과학교실(Dr. Thomas H. Shepard)에서 발생학과 기형학 분야의 연수를 받았고, 관련 외국 전문 학술지에 다수의 연구 논문을 발표하고 귀국하였다.

1996년 2월 연세대학교 의과대학에 신설된 의사학과의 초대 과장을 겸임하며 한국의 서양의학 도입사 및 북한 의학사에 대하여 연구하였다. 1999년 11월에는 재개관한 연세대학교 의과대학 동은의학박물관의 관장에 임명되어 한국의 서양의학과 관련된 주요 자료의 수집에 노력하였다. 2009년 4월부터 대한의사학회 회장을 역임하였다.

최근에는 한국의 초기 의료선교의 역사에 대한 연구를 진행하여, 알렌, 헤론, 언더우드 및 에비슨의 내한 과정에 관한 논문을 발표하였다. 이를 바탕으로 주로 초기 의료 선교사들과 관련된 다수의 자료집을 발간하였으며, 2021년 8월 정년 후에는 연세대학교 의과대학 객원 교수 및 상우연구소 소장으로 연구를 계속하고 있다.

박형우는 이러한 초기 선교사들에 대한 연구 업적으로 2017년 1월 연세대학교 의과대학 총동창회의 해정상을 수상하였고, 2018년 9월 남대문 교회가 수여하는 제1회 알렌 기념상을 수상하였다.